Kusch · *Rosenthal* Lösungsbuch zu Mathematik Band 4: Integralrechnung

Lösungsbuch

zu Mathematik Band 4: Integralrechnung

Von
Lothar Kusch
Hans-Joachim Rosenthal

Passend zur fünften, neubearbeiteten Auflage

Cornelsen
GIRARDET

Erläuterungen

Die vorliegenden Lösungen sind bewußt auf eine möglichst einfache Form gebracht. Lösungen von Aufgaben, die zu keinem glatten Ergebnis führen, wurden entsprechend den üblichen Genauigkeitsforderungen gerundet. Die Genauigkeit der Ergebnisse, die mit Rechenhilfsmitteln errechnet wurden, hängt naturgemäß von deren Stellenzahl ab. Man muß also beim Nachrechnen gewisse Abweichungen hinnehmen.

(erschienen 1987 im W. Girardet Buchverlag, Düsseldorf, unter ISBN 3-7736-2624-X)

Bestellnummer 826240
5. Auflage
Druck 5 4 3 2 / 92 91 90 89

Vertrieb: Cornelsen Verlagsgesellschaft, Bielefeld
Satz: Brühlsche Universitätsdruckerei, Gießen
Druck: Cornelsen Druck, Berlin
Bindearbeiten: Lüderitz & Bauer, Berlin

ISBN 3-590-82624-X

Vorwort

Das vorliegende Lösungsbuch zu „Band 4: Integralrechnung“ ergänzt das Lehrbuch und bietet mehr als nur Ergebnisse. Verlag und Verfasser geben dem getrennten Lösungsbuch den Vorzug, um die Lösungen der Aufgaben des Lehrbuches umfassender mit Angabe des Rechenweges darstellen zu können.

Neben den 370 durchgerechneten Beispielen des Lehrbuches stehen dem Adressaten dadurch zusätzlich die 990 Übungsaufgaben mit detaillierten Lösungsansätzen und Lösungen zur Verfügung, die auch in überschaubaren Lernschritten methodisch aufgegliedert sind.

Alle Hinweise unserer Leser sind dankbar aufgegriffen und verarbeitet worden. Auch in Zukunft sind wir für alle Anregungen dankbar.

Lothar Kusch
Hans J. Rosenthal

Verzeichnis der Übungen

1. Das bestimmte Integral

1.1 Das bestimmte Integral als Grenzwert

Die Zerlegung der Fläche A unter dem Graphen einer Funktion $f=\langle x \mapsto f(x)\rangle$ innerhalb eines Intervalls $[a, b]$ in n Flächenstreifen mit der Breite $\Delta x = \frac{b-a}{n}$ führt zu der Untersumme $s_n = \sum_{k=0}^{n-1} f(x_k) \cdot \Delta x$ und der Obersumme $S_n = \sum_{k=1}^{n} f(x_k) \cdot \Delta x$.
Haben die Untersumme s_n und die Obersumme S_n den gleichen Grenzwert, so entspricht dieser Grenzwert der Fläche A.

$$\lim_{n \to \infty} s_n = A = \lim_{n \to \infty} S_n$$

1. $f=\langle x \mapsto 10 \mid x \in [0, 4]\rangle$
Die Fläche A unter dem Graphen der Funktion $f=\langle x \mapsto 10\rangle$ im Intervall $[0, 4]$ ist ein Rechteck. Damit entfällt die Berechnung von s_n und S_n.

$$A = (x_2 - x_1)\,y$$
$$= (4-0)\,10$$
$$= 4 \cdot 10$$
$$= \underline{\underline{40\,E^2}}$$

2. $f=\langle x \mapsto 2x \mid x \in [0, 3]\rangle$
Die Fläche A unter dem Graphen der Funktion $f=\langle x \mapsto 2x\rangle$ im Intervall $[0, 3]$ ist ein Dreieck. Die Berechnung von s_n und S_n ist nicht nötig.

$$A = \frac{1}{2}(x_2 - x_1)\,y$$
$$= \frac{1}{2}(3-0)\,6$$
$$= \frac{1}{2} \cdot 18$$
$$\triangleq \underline{\underline{9\,E^2}}$$

3. $f=\langle x \mapsto 3x^2 \mid x \in [1, 4]\rangle$
s_{n_1} ist die Fläche unter dem Graphen der Funktion f im Intervall $[0, 4]$.

s_{n_2} ist die Fläche unter dem Graphen der Funktion f im Intervall $[0, 1]$.

Die Differenz $s_n = s_{n_1} - s_{n_2}$ ergibt die gesuchte Fläche unter dem Graphen der Funktion f im Intervall $[1, 4]$.

$$s_n = s_{n_1} - s_{n_2}$$
$$s_{n_1} = 3x_1^2 \cdot \Delta x + 3x_2^2 \cdot \Delta x + \ldots + 3x_{n-1}^2 \cdot \Delta x$$
$$x_k^2 = (k \cdot \Delta x)^2$$
$$= \sum_{k=1}^{n-1} 3(k \cdot \Delta x)^2 \cdot \Delta x$$
$$= \sum_{k=1}^{n-1} 3 \cdot k^2 \cdot (\Delta x)^3$$

1.1

Die Summenformel für die Quadratzahlen k^2 lautet für $n-1$:

$$\sum_{k=1}^{n-1} k^2 = \frac{1}{6} n(n-1)(2n-1)$$

$$= 3(\Delta x)^3 \cdot \sum_{k=1}^{n-1} k^2 \quad \blacktriangleright \Delta x = \frac{4}{n}$$

$$= 3 \cdot \frac{4^3}{n^3} \cdot \frac{1}{6} n(n-1)(2n-1)$$

$$= \frac{192}{6} \cdot \frac{1}{n}(n-1) \cdot \frac{1}{n}(2n-1)$$

$$= 32\left(1-\frac{1}{n}\right)\left(2-\frac{1}{n}\right)$$

$$= \lim_{n\to\infty} 32\left(1-\frac{1}{n}\right)\left(2-\frac{1}{n}\right) \mathrel{\hat=} \underline{\underline{64\,E^2}}$$

$$s_{n_2} = 3(\Delta x)^2 \cdot \sum_{k=1}^{n-1} k^2 \quad \blacktriangleright \Delta x = \frac{1}{n}$$

$$= 3 \cdot \frac{1^3}{n^3} \cdot \frac{1}{6} n(n-1)(2n-1)$$

$$= \frac{1}{2}\left(1-\frac{1}{n}\right)\left(2-\frac{1}{n}\right)$$

$$= \lim_{n\to\infty} \frac{1}{2}\left(1-\frac{1}{n}\right)\left(2-\frac{1}{n}\right) = \underline{\underline{1\,E^2}}$$

$$s_n = s_{n_1} - s_{n_2} = 64 - 1 \mathrel{\hat=} \underline{\underline{63\,E^2}}$$

Die Gleichung für die Obersumme S_n wird entsprechend entwickelt.

Die Summenformel für die Quadratzahlen k^2 für n lautet:

$$\sum_{k=1}^{n} k^2 = \frac{1}{6} n(n+1)(2n+1)$$

$$S_n = S_{n_1} - S_{n_2}$$

$$S_{n_1} = 3x_1^2 \cdot \Delta x + 3x_2^2 \cdot \Delta x + \ldots + 3x_n^2 \cdot \Delta x$$

$$= \sum_{k=1}^{n} 3(k \cdot \Delta x)^2 \cdot \Delta x \quad \blacktriangleright \Delta x = \frac{4}{n}$$

$$= 3 \cdot \frac{4^3}{n^3} \cdot \frac{1}{6} n(n+1)(2n+1)$$

$$= \lim_{n\to\infty} 32\left(1+\frac{1}{n}\right)\left(2+\frac{1}{n}\right) = \underline{\underline{64\,E^2}}$$

$$S_{n_2} = 3(\Delta x)^3 \cdot \sum_{k=1}^{n} k^2 \quad \blacktriangleright \Delta x = \frac{\mathbf{1}}{\mathbf{n}}$$

$$= 3 \cdot \frac{1^3}{n^3} \cdot \frac{1}{6} n(n+1)(2n+1)$$

$$= \lim_{n\to\infty} \frac{1}{2}\left(1+\frac{1}{n}\right)\left(2+\frac{1}{n}\right) \mathrel{\hat=} \underline{\underline{1\,E^2}}$$

$$S_n = S_{n_1} - S_{n_2}$$
$$= 64 - 1 \triangleq \underline{\underline{63\,E^2}}$$

Da s_n und S_n übereinstimmen, handelt es sich um die gesuchte Fläche $A \triangleq 63\,E^2$.

$$s_n \leq A \leq S_n \Rightarrow 63 \leq A \leq 63$$
$$\Rightarrow A \triangleq \underline{\underline{63\,E^2}}$$

4. $f = \langle x \mapsto \frac{1}{3}\,x^3 | x \in [1,2] \rangle$

s_{n_1} ist die Fläche unter dem Graphen der Funktion f im Intervall [0, 2].

$$s_n = s_{n_1} - s_{n_2}$$
$$s_{n1} = \frac{1}{3}\,x_1^3 \cdot \Delta x + \frac{1}{3}\,x_2^3 \cdot \Delta x + \ldots \frac{1}{3}\,x_{n-1}^3 \cdot \Delta x$$
$$x_k^3 = (k \cdot \Delta x)^3$$
$$= \sum_{k=1}^{n-1} \frac{1}{3}\,(k \cdot \Delta x)^3 \cdot \Delta x$$
$$= \frac{1}{3} \cdot (\Delta x)^4 \cdot \sum_{k=1}^{n-1} k^3 \quad \blacktriangleright \Delta x = \frac{2}{n}$$
$$= \frac{1}{3} \cdot \frac{2^4}{n^4} \cdot \frac{n^2}{4}\,(n-1)^2$$
$$= \frac{16}{12} \cdot \frac{1}{n^2}\,(n-1)^2 = \frac{4}{3}\left(1 - \frac{2}{n} + \frac{1}{n^2}\right)$$
$$= \lim_{n \to \infty} \frac{4}{3}\left(1 - \frac{2}{n} + \frac{1}{n^2}\right) \triangleq \underline{\underline{\frac{4}{3}}}\,E^2$$

s_{n_2} ist die Fläche unter dem Graphen der Funktion f im Intervall [0, 1].

Die Summenformel für die Kubikzahlen k^3 für $n-1$ lautet:

$$k^3 = \frac{n^2}{4}\,(n-1)^2$$

$$s_{n_2} = \frac{1}{3}\,x_1^3 \cdot \Delta x + \frac{1}{3}\,x_2^3 \cdot \Delta x + \ldots + \frac{1}{3}\,x_{n-1}^3 \cdot \Delta x$$
$$= \sum_{k=1}^{n-1} \frac{1}{3}\,(k \cdot \Delta x)^3 \cdot \Delta x$$
$$= \frac{1}{3} \cdot (\Delta x)^4 \cdot \sum_{k=1}^{n-1} k^3 \quad \blacktriangleright \Delta x = \frac{1}{n}$$
$$= \frac{1}{3} \cdot \frac{1^4}{n^4} \cdot \frac{n^2}{4}\,(n-1)^2$$
$$= \frac{1}{12}\left(1 - \frac{2}{n} + \frac{1}{n^2}\right)$$
$$= \lim_{n \to \infty} \frac{1}{12}\left(1 - \frac{2}{n} + \frac{1}{n^2}\right) \triangleq \underline{\underline{\frac{1}{12}\,E^2}}$$

$$s_n = \frac{4}{3} - \frac{1}{12} \triangleq \underline{\underline{\frac{5}{4}}}\,E^2$$

1.1

Die Obersumme S_n wird entsprechend entwickelt.

Die Summenformel für die Kubikzahlen k^3 lautet:

$k^3 = \frac{n^2}{4}(n+1)^2$

$$S_n = S_{n_1} - S_{n_2}$$

$$S_{n_1} = \frac{1}{3}x_1^3 \cdot \Delta x + \frac{1}{3}x_2^3 \cdot \Delta x + \ldots + \frac{1}{3}x_n^3 \cdot \Delta x$$

$$= \frac{1}{3} \cdot (\Delta x)^4 \cdot \sum_{k=1}^{n} k^3 \quad \blacktriangleright \Delta x = \frac{2}{n}$$

$$= \lim_{n\to\infty} \frac{4}{3}\left(1 + \frac{2}{n} + \frac{1}{n^2}\right) \mathrel{\hat=} \underline{\underline{\frac{4}{3}}}\,E^2$$

$$S_{n_2} = \frac{1}{3}x_1^3 \cdot \Delta x + \frac{1}{3}x_2^3 \cdot \Delta x + \ldots + \frac{1}{3}x_n^3 \cdot \Delta x$$

$$= \frac{1}{3} \cdot (\Delta x)^4 \cdot \sum_{k=1}^{n} k^3 \quad \blacktriangleright \Delta x = \frac{1}{n}$$

$$= \lim_{n\to\infty} \frac{1}{12}\left(1 + \frac{2}{n} + \frac{1}{n^2}\right) \mathrel{\hat=} \underline{\underline{\frac{1}{12}\,E^2}}$$

Da s_n und S_n übereinstimmen, handelt es sich bei $A = \frac{5}{4}\,E^2$ um die gesuchte Fläche.

$$S_n = S_{n_1} - S_{n_2} = \frac{4}{3} - \frac{1}{12} \mathrel{\hat=} \underline{\underline{\frac{5}{4}}}\,E^2$$

$$s_n \leq A \leq S_n \Rightarrow A \mathrel{\hat=} \underline{\underline{\frac{5}{4}}}\,E^2$$

5. $f = \langle x \mapsto 4 \mid x \in [2, 7] \rangle$
Die Fläche A unter dem Graphen der Funktion f im Intervall $[2, 7]$ ist ein Rechteck.

Die Berechnung von s_n und S_n entfällt.

$$A = (x_2 - x_1)\,y$$
$$= (7-2)\,4$$
$$\mathrel{\hat=} \underline{\underline{20\,E^2}}$$

6. $f = \langle x \mapsto -7 \mid x \in [-3, 5] \rangle$
Die Fläche A ist ein Rechteck. Der Zahlenwert der Fläche soll positiv sein, deshalb werden die Betragstriche verwendet.

$$A = |(x_2 - x_1)\,y|$$
$$= |(5-(-3)\cdot(-7)|$$
$$\mathrel{\hat=} \underline{\underline{56\,E^2}}$$

7. $f = \langle x \mapsto 3x \mid x \in [0, 10] \rangle$
Die Fläche A unter dem Graphen der Funktion f im Intervall $[0, 10]$ ist ein Dreieck.

$$A = \frac{1}{2}(x_2 - x_1)\,y$$
$$= \frac{1}{2}(10-0)\,3x \quad \blacktriangleright x = 10$$
$$\mathrel{\hat=} \underline{\underline{150\,E^2}}$$

8. $f=\left\langle x\mapsto\frac{x}{6}\,\middle|\,x\in[-4,4]\right\rangle$

Die Fläche A zwischen der x-Achse und dem Graphen der Funktion f im Intervall $[-4,4]$ besteht aus zwei Dreiecken A_1 und A_2.

Der Zahlenwert der Fläche A_2 soll positiv sein, deshalb werden Betragstriche gesetzt.

$$A=A_1+A_2$$

$$A_1=\frac{1}{2}(x_2-x_1)y$$

$$=\frac{1}{2}(4-0)\frac{x}{6}\quad \blacktriangleright x=4$$

$$\triangleq\underline{\underline{\frac{4}{3}E^2}}$$

$$A_2=\left|\frac{1}{2}(x_1-x_3)y\right|$$

$$=\left|\frac{1}{2}(0-(-4))\cdot\frac{x}{6}\right|\quad \blacktriangleright x=-4$$

$$\triangleq\underline{\underline{\frac{4}{3}E^2}}$$

$$A=\frac{4}{3}+\frac{4}{3}\triangleq\underline{\underline{\frac{8}{3}E^2}}$$

9. $f=\langle x\mapsto -5x\,|\,x\in[-2,3]\rangle$

Die Fläche A zwischen der x-Achse und dem Graphen der Funktion f im Intervall $[-2,3]$ besteht aus den Dreiecken A_1 und A_2. Der Zahlenwert der Fläche A_1 soll positiv sein, deshalb werden Betragstriche gesetzt.

$$A=A_1+A_2$$

$$A_1=\left|\frac{1}{2}(x_2-x_1)\cdot y\right|$$

$$=\left|\frac{1}{2}(3-0)\cdot(-5x)\right|\quad \blacktriangleright x=3$$

$$=\left|-\frac{45}{2}\right|\triangleq\underline{\underline{\frac{45}{2}E^2}}$$

$$A_2=\frac{1}{2}(x_1-x_3)\cdot(-5x)\quad \blacktriangleright x=-2$$

$$=\frac{1}{2}(0-(-2))10\triangleq\underline{\underline{10E^2}}$$

$$A=\frac{45}{2}+10\triangleq\underline{\underline{\frac{65}{2}E^2}}$$

10. $f=\left\langle x \mapsto -\frac{3}{4}x \,\middle|\, x\in[-8,2]\right\rangle$

Die Fläche A zwischen der x-Achse und dem Graphen der Funktion f im Intervall $[-8,2]$ besteht aus den Dreiecken A_1 und A_2. Der Zahlenwert der Fläche A_1 soll positiv sein, deshalb werden Betragstriche gesetzt.

$$A=A_1+A_2$$

$$A_1=\left|\frac{1}{2}(x_2-x_1)\,y\right|$$

$$=\left|\frac{1}{2}(2-0)\cdot\left(-\frac{3}{4}x\right)\right| \quad \blacktriangleright x=2$$

$$=\left|1\cdot\left(-\frac{3}{2}\right)\right| \mathrel{\hat=} \underline{\underline{\frac{3}{2}\,E^2}}$$

$$A_2=\frac{1}{2}(x_1-x_3)\,y$$

$$=\frac{1}{2}(0-(-8))\cdot\left(-\frac{3}{4}x\right) \quad \blacktriangleright x=-8$$

$$=4\cdot 6 \mathrel{\hat=} \underline{\underline{24\,E^2}}$$

$$A=\frac{3}{2}+24 \mathrel{\hat=} \underline{\underline{\frac{51}{2}\,E^2}}$$

11. $f=\langle x \mapsto 3x+2 \mid x\in[-1,1]\rangle$

Die Fläche A zwischen der x-Achse und dem Graphen der Funktion f im Intervall $[-1,1]$ besteht aus den Dreiecken A_1 und A_2. Der Zahlenwert der Fläche A_2 soll positiv sein, deshalb werden Betragstriche gesetzt.

$$A=A_1+A_2$$

$$A_1=\frac{1}{2}(x_2-x_1)\,y$$

$$=\frac{1}{2}\left(1-\left(-\frac{2}{3}\right)\right)(3x+2) \quad \blacktriangleright x=1$$

$$=\frac{5}{6}\cdot 5 \mathrel{\hat=} \underline{\underline{\frac{25}{6}\,E^2}}$$

$$A_2=\left|\frac{1}{2}(x_1-x_3)\,y\right|$$

$$=\left|\frac{1}{2}\left(\left(-\frac{2}{3}\right)-(-1)\right)(3x+2)\right| \quad \blacktriangleright x=-1$$

$$=\left|\frac{1}{6}\cdot(-1)\right| \mathrel{\hat=} \underline{\underline{\frac{1}{6}\,E^2}}$$

$$A=\frac{25}{6}+\frac{1}{6} \mathrel{\hat=} \underline{\underline{\frac{13}{3}\,E^2}}$$

12. $f=\left\langle x \mapsto \frac{x}{2}-8 \mid x \in [-3, 6]\right\rangle$

Die Fläche A zwischen der x-Achse und dem Graphen der Funktion f im Intervall $[-3, 6]$ besteht aus der Differenz der Dreiecke A_1 und A_2. Der Zahlenwert der Flächen beider Dreiecke soll positiv sein, deshalb werden Betragstriche gesetzt.

$$A = A_1 - A_2$$

$$A_1 = \left|\frac{1}{2}(x_3 - x_1)\,y\right|$$

$$= \left|\frac{1}{2}(16-(-3))\cdot\left(\frac{x}{2}-8\right)\right| \quad \blacktriangleright x=-3$$

$$= \left|\frac{19}{2}\left(-\frac{19}{2}\right)\right| \mathrel{\hat=} \underline{\underline{90{,}25\,E^2}}$$

$$A_2 = \left|\frac{1}{2}(x_3 - x_2)\,y\right|$$

$$= \left|\frac{1}{2}(16-6)\cdot\left(\frac{x}{2}-8\right)\right| \quad \blacktriangleright x=6$$

$$= |5\cdot(-5)| \mathrel{\hat=} \underline{\underline{25\,E^2}}$$

$$A = 90{,}25 - 25 \mathrel{\hat=} \underline{\underline{65{,}25\,E^2}}$$

1.2 Die Integration als Umkehrung der Differentiation

Zu jeder im Intervall $[a, x]$ integrierbaren Funktion $f=\langle t \mapsto f(t)\rangle$, der sogenannten *Integrandfunktion*, existiert eine Funktion $I_a=\langle x \mapsto \int_a^x f(t)\,\mathrm{d}t\rangle$, die als *Integralfunktion* bezeichnet wird.

Die Integralfunktion I_a gibt den Flächeninhalt unter dem Graphen der Integrandfunktion f in Abhängigkeit von der oberen Integrationsgrenze an.

Da $a \in \mathbb{R}$ beliebig gewählt werden kann, gibt es zu jeder *Integrandfunktion* unendlich viele, verschiedene *Integralfunktionen*.

Eine Funktion F wird als *Stammfunktion* zu einer Funktion f bezeichnet, wenn ihre erste Ableitung F' die Funktion f ergibt, d.h. wenn $F'=f$ ist.

1. $f(x)=4x$

Für die Stammfunktion gilt:

$F'(x)=f(x)$

Eine Integralfunktion ist eine spezielle Stammfunktion F_a. Die Konstante c_1 kann bestimmt werden.

$$F(x) = \int f(x)\,\mathrm{d}x = \int 4x\,\mathrm{d}x$$

$$= \underline{\underline{2x^2 + c}};\ c \in \mathbb{R}.$$

$$F_a(x) = \int_a^x 4t\,\mathrm{d}t = 2x^2 + c_1$$

$$\int_a^a 4t\,\mathrm{d}t = 2a^2 + c_1 = 0$$

$$c_1 = -2a^2$$

$$F_a(x) = \underline{\underline{2x^2 - 2a^2}}$$

1.2

2. $f(x) = 2x + 4$

$F(x) = \int (2x+4)\,dx$

$= \underline{\underline{x^2 + 4x + c}}$

$c_1 = -a^2 - 4a$

$F_a(x) = \int_a^x (2t+4)\,dt$

$= [t^2 + 4t]_a^x = \underline{\underline{x^2 + 4x - (a^2 + 4a)}}$

3. $f(x) = x^4$

$F(x) = \int x^4 \cdot dx = \underline{\underline{\frac{1}{5}x^5 + c}}$

$c_1 = -\frac{1}{5}a^5$

$F_a(x) = \left[\frac{1}{5}t^5\right]_a^x = \underline{\underline{\frac{1}{5}x^5 - \frac{1}{5}a^5}}$

4. $f(x) = ax^2 + bx - d$

$F(x) = \int (ax^2 + bx - d)\,dx$

$= \underline{\underline{\frac{a}{3}x^3 + \frac{b}{2}x^2 - dx + c}}$

$c_1 = -\frac{a}{3}n^3 - \frac{b}{2}n^2 + dn$

$F_n(x) = \left[\frac{a}{3}t^3 + \frac{b}{2}t^2 - dt\right]_n^x$

$= \underline{\underline{\frac{a}{3}x^3 + \frac{b}{2}x^2 - dx - \left(\frac{a}{3}n^3 + \frac{b}{2}n^2 - dn\right)}}$

5. $f(x) = 7x^2 + 7$

$F(x) = \int (7x^2 + 7)\,dx$

$= \underline{\underline{\frac{7}{3}x^3 + 7x + c}}$

$c_1 = -\frac{7}{3}a^3 - 7a$

$F_a(x) = \left[\frac{7}{3}t^3 + 7t\right]_a^x$

$= \underline{\underline{\frac{7}{3}x^3 + 7x - \left(\frac{7}{3}a^3 + 7a\right)}}$

6. $f(x) = 5$

$F(x) = \int 5\,dx = \underline{\underline{5x + c}}$

$c_1 = -5a$

$F_a(x) = [5t]_a^x = \underline{\underline{5x - 5a}}$

7. $f(x)=\frac{2}{3}x+b$

$$F(x) = \int\left(\frac{2}{3}x+b\right)\cdot \mathrm{d}x = \frac{1}{3}x^2+bx+c$$

$c_1 = -\frac{1}{3}a^3 - ba$

$$F_a(x)=\left[\frac{1}{3}t^3+bt\right]_a^x = \frac{1}{3}x^3+bx-\left(\frac{1}{3}a^3+ba\right)$$

8. $f(x)=abx^4$

$$F(x) = \int abx^4\cdot \mathrm{d}x = \frac{ab}{5}x^5+c$$

$c_1 = -\frac{ab}{5}n^5$

$$F_n(x)=\left[\frac{ab}{5}t^5\right]_n^x = \frac{av}{5}x^5-\frac{ab}{5}n^5$$

9. $f(x)=3x^6$

$$F(x) = \int 3x^6\cdot \mathrm{d}x = \frac{3}{7}x^7+c$$

$c_1 = -\frac{3}{7}a^7$

$$F_a(x)=\left[\frac{3}{7}t^7\right]_a^x = \frac{3}{7}x^7-\frac{3}{7}a^7$$

10. $f(x)=2x^4+a^2b$

$$F(x) = \int (2x^4+a^2b)\cdot \mathrm{d}x = \frac{2}{5}x^5+a^2bx+c$$

$c_1 = -\frac{2}{5}n^5 - a^2bn$

$$F_n(x)=\left[\frac{2}{5}t+a^2bt\right]_n^x = \frac{2}{5}x^5+a^2bx-\left(\frac{2}{5}n^5+a^2bn\right)$$

1.2

11. $f(x) = 5 - 3x^2$

$F(x) = \int (5 - 3x^2) \cdot dx$

$= \underline{\underline{5x - x^3 + c}}$

$c_1 = -5a + a^3$

$F_a(x) = [5t - t^3]_a^x = \underline{\underline{5x - x^3 - (5a - a^3)}}$

12. $f(x) = e^x$

$F(x) = \int e^x \cdot dx$

$= \underline{\underline{e^x + c}}$

$c_1 = -e^a$

$F_a(x) = [e^t]_a^x = \underline{\underline{e^x - e^a}}$

13. $f(x) = \sin x$

$F(x) = \int \sin x \cdot dx$

$= \underline{\underline{-\cos x + c}}$

$c_1 = \cos a$

$F_a(x) = [-\cos t]_a^x = \underline{\underline{-\cos x + \cos a}}$

14. $f(x) = 2 + \cos x$

$F(x) = \int (2 + \cos x) \cdot dx$

$= \underline{\underline{2x + \sin x + c}}$

$c_1 = -2a - \sin a$

$F_a(x) = [2x + \sin x]_a^x$

$= \underline{\underline{2x + \sin x - (2a + \sin a)}}$

15. $f(x) = 4 - e^x$

$F(x) = \int (4 - e^x) \cdot dx$

$= \underline{\underline{4x - e^x + c}}$

$c_1 = -4a + e^a$

$F_a(x) = [4t - e^t]_a^x$

$= \underline{\underline{4x - e^x - (4a - e^a)}}$

1.3 Eigenschaften des bestimmten Integrals

$$\int_a^b f(x)\,dx = -\int_b^a f(x)\,dx$$

$$\int_a^c f(x)\,dx + \int_c^b f(x)\,dx = \int_a^b f(x)\,dx$$

$$\int_a^b k\cdot f(x)\,dx = k\cdot\int_a^b f(x)\,dx$$

$$\int_a^b [f(x)+g(x)-h(x)]\,dx = \int_a^b f(x)\,dx + \int_a^b g(x)\,dx - \int_a^b h(x)\,dx$$

1. $\int_{-2}^{3} 3\,dx$

$\int_{-2}^{3} 3\,dx = [3x]_{-2}^{3} = 9+6 = \underline{\underline{15}}$

$-\int_{3}^{-2} 3\,dx$

$-\int_{3}^{-2} 3\,dx = -[3x]_{3}^{-2} = -(-6-9) = \underline{\underline{15}}$

2. $\int_0^4 x^2\,dx$

$\int_0^4 x^2\,dx = \left[\frac{x^3}{3}\right]_0^4 = \underline{\underline{\frac{64}{3}}}$

$\int_4^0 (-x^2)\,dx = -\int_4^0 x^2\,dx$

$-\int_4^0 x^2\,dx = -\left[\frac{x^3}{3}\right]_4^0 = \underline{\underline{\frac{64}{3}}}$

3. $\int_0^2 5x\,dx$

$\int_0^2 5x\,dx = \left[\frac{5}{2}x^2\right]_0^2 = \underline{\underline{10}}$

$\int_2^3 5x\,dx$

$\int_2^3 5x\,dx = \left[\frac{5}{2}x^2\right]_2^3 = \frac{45}{2} - 10 = \underline{\underline{\frac{25}{2}}}$

$\int_0^3 5x\,dx$

$\int_0^3 5x\,dx = \left[\frac{5}{2}x^2\right]_0^3 = \underline{\underline{\frac{45}{2}}}$

$\Rightarrow \int_0^2 f(x)\,dx + \int_2^3 f(x)\,dx = \int_0^3 f(x)\,dx$

1.3

4. $\int_0^7 7x^3\,dx - \int_0^7 6x^3\,dx$

$\left[\frac{7}{4}x^4\right]_0^7 - \left[\frac{6}{4}x^4\right]_0^7 = \frac{16807}{4} - \frac{14406}{4}$

$= \underline{\underline{600{,}25}}$

5. $\int_1^2 \frac{x^2}{3}\,dx$

$\int_1^2 \frac{x^2}{3}\,dx = \left[\frac{x^3}{9}\right]_1^2 = \frac{2^3}{9} - \frac{1^3}{9} = \underline{\underline{\frac{7}{9}}}$

6. $\int_{-1}^0 x\,dx$

$\int_{-1}^0 x\,dx = \left[\frac{1}{2}x^2\right]_{-1}^0 = \underline{\underline{-\frac{1}{2}}}$

7. $\int_{-2}^4 2\,dx$

$\int_{-2}^4 2\,dx = [2x]_{-2}^4 = \underline{\underline{12}}$

8. $\int_{-6}^6 x^3\,dx$

$\int_{-6}^6 x^3\,dx = \left[\frac{1}{4}x^4\right]_{-6}^6 = \underline{\underline{0}}$

9. $\int_{-2}^2 (3x+3)\,dx$

$\int_{-2}^2 (3x+3)\,dx = \left[\frac{3}{2}x^2 + 3x\right]_{-2}^2 = \underline{\underline{12}}$

10. $\int_2^3 (6x^2 - x^3)\,dx$

$\int_2^3 (6x^2 - x^3)\,dx = \left[2x^3 - \frac{1}{4}x^4\right]_2^3 = \underline{\underline{21{,}75}}$

11. $\int_{-1}^3 (3 - 4x - x^2)\,dx$

$\int_{-1}^3 (3 - 4x - x^2)\,dx = \left[3x - 2x^2 - \frac{1}{3}x^3\right]_{-1}^3 = \underline{\underline{-13{,}\bar{3}}}$

12. $\int_{-\sqrt{3}}^{\sqrt{3}} (4x^3 - 3x^5)\,dx$

$\int_{-\sqrt{3}}^{\sqrt{3}} (4x^3 - 3x^5)\,dx = \left[x^4 - \frac{1}{2}x^6\right]_{-\sqrt{3}}^{\sqrt{3}} = \underline{\underline{0}}$

13. $\int_{\sqrt{3}}^{\sqrt{6}} \left(\frac{x^4}{4} - x^2\right)dx$

$\int_{\sqrt{3}}^{\sqrt{6}} \left(\frac{x^4}{4} - x^2\right)dx = \left[\frac{1}{20}x^5 - \frac{1}{3}x^3\right]_{\sqrt{3}}^{\sqrt{6}} \approx \underline{\underline{0{,}46}}$

14. $\int_{-1}^4 \frac{x^3 - x}{4}\,dx$

$\int_{-1}^4 \frac{x^3 - x}{4}\,dx = \frac{1}{4}\left[\frac{1}{4}x^4 - \frac{1}{2}x^2\right]_{-1}^4 \approx \underline{\underline{14{,}06}}$

15. $\int_{-2}^{-0{,}5} \left(\frac{1}{2}x^2 - \frac{2}{x^3}\right)dx$

$\int_{-2}^{-0{,}5} \left(\frac{1}{2}x^2 - \frac{2}{x^3}\right)dx = \left[\frac{1}{6}x^3 + \frac{1}{x^2}\right]_{-2}^{-0{,}5} = \underline{\underline{5{,}0625}}$

16. $\int_1^4 \frac{4-2x}{x^3}\,dx$

$\int_1^4 \frac{4-2x}{x^3}\,dx = \left[\frac{2}{x} - \frac{2}{x^2}\right]_1^4 = \underline{\underline{\frac{3}{8}}}$

17. $\int_{0,5}^{1} \left(x + \frac{x^2}{2} - \frac{3}{2x^2}\right) dx$

$\int_{0,5}^{1} \left(x + \frac{x^2}{2} - \frac{3}{2x^2}\right) dx = \left[\frac{1}{2}x^2 + \frac{1}{6}x^3 + \frac{3}{2x}\right]_{0,5}^{1} = \underline{\underline{-0,98}}$

18. $\int_1^3 \frac{2\sqrt{x}}{x}\,dx$

$\int_1^3 \frac{2\sqrt{x}}{x}\,dx = [4\sqrt{x}]_1^3 = \underline{\underline{4,92}}$

19. $\int_2^4 \left(\frac{2}{\sqrt{x}} + 2x\right) dx$

$\int_2^4 \left(\frac{2}{\sqrt{x}} + 2x\right) dx = [4\sqrt{x} + x^2]_2^4 \approx \underline{\underline{14,34}}$

20. $f = \langle x \mapsto 2x^2 - 4\rangle$

$2x^2 - 4 = 0 \Rightarrow x_1 = \sqrt{2},\ x_2 = -\sqrt{2}$

$\int_{-\sqrt{2}}^{\sqrt{2}} (2x^2 - 4)\,dx = \left[\frac{2}{3}x^3 - 4x\right]_{-\sqrt{2}}^{\sqrt{2}} = \underline{\underline{-7,542}}$

21. $f = \langle x \mapsto \frac{1}{4}x^3 - x\rangle$

$\frac{1}{4}x^3 - x = 0 \Rightarrow x_1 = 0,\ x_2 = 2,\ x_3 = -2$

$\int_{-2}^{2} \left(\frac{1}{4}x^3 - x\right) dx = \left[\frac{1}{16}x^4 - \frac{x^2}{2}\right]_{-2}^{2} = \underline{\underline{0}}$

22. $f = \langle x \mapsto x^3 - 2x^2 + 1\rangle$

$x^3 - 2x^2 + 1 = 0 \Rightarrow x_1 = 1,\ x_2 \approx 1,62,\ x_3 \approx -0,62$

$\int_{-0,62}^{1,62} (x^3 - 2x^2 + 1)\,dx = \left[\frac{x^4}{4} - \frac{2}{3}x^3 + x\right]_{-0,62}^{1,62} \approx \underline{\underline{0,93}}$

23. $f = \langle x \mapsto 0,25x^3 + 0,3^2 - 0,5x\rangle$

$0,25x^3 + 0,3^2 - 0,5x = 0 \Rightarrow x_1 \approx -1,5,\ x_2 \approx 0,18,$

$x_3 \approx 1,3$

$\int_{-1,5}^{1,3} (0,25x^3 - 0,5x + 0,09)\,dx =$

$= [0,0625x^4 - 0,25x^2 + 0,09x]_{-1,5}^{1,3}$

$= \underline{\underline{0,254}}$

2.1

2. Das unbestimmte Integral

2.1 Stammfunktionen – Grundintegrale

$$\int f(x)\,\mathrm{d}x = F(x)+c \Rightarrow (F(x)+c)' = f(x)$$

1. $y=\frac{x^4}{4}=f(x)$

$$\int \frac{x^4}{4}\,\mathrm{d}x=\frac{x^5}{20}+c$$

$$F_1(x)=\frac{x^5}{20}+5;\quad F_1'(x)=\frac{x^4}{4}=f(x)$$

$$F_2(x)=\frac{x^5}{20}-3;\quad F_2'(x)=\frac{x^4}{4}=f(x)$$

$$\Rightarrow F_1'=F_2'=f$$

2. $y=\frac{x^n}{n}=f(x)$

$$\int \frac{x^n}{n}\,\mathrm{d}x=\frac{x^{n+1}}{n(n+1)}+c$$

$$F_1(x)=\frac{x^{n-1}}{n(n+1)}+c_1;\quad F_1'(x)=\frac{x^n}{n}=f(x)$$

$$F_2(x)=\frac{x^{n+1}}{n(n+1)}+c_2;\quad F_2'(x)=\frac{x^n}{n}=f(x)$$

$$\Rightarrow F_1'=F_2'=f$$

3. $y=\sqrt{x}=x^{\frac{1}{2}}=f(x)$

$$\int \sqrt{x}\,\mathrm{d}x=\frac{2}{3}\,x^{\frac{3}{2}}+c$$

$$F_1(x)=\frac{2}{3}\sqrt{x^3}+1;\quad F_1'(x)=\sqrt{x}=f(x)$$

$$F_2(x)=\frac{2}{3}\sqrt{x^3};\quad F_2'(x)=\sqrt{x}=f(x)$$

$$\Rightarrow F_1'=F_2'=f$$

4. $y=\frac{2}{3}\,x\sqrt{x}=\frac{2}{3}\sqrt{x^3}=\frac{2}{3}\,x^{\frac{3}{2}}=f(x)$

$$\int \frac{2}{3}\,x^{\frac{3}{2}}\,\mathrm{d}x=\frac{4}{15}\,x^{\frac{5}{2}}+c$$

$$F_1(x)=\frac{4}{15}\,x^{\frac{5}{2}}+\frac{2}{3};\quad F_1'(x)=\frac{2}{3}\,x^{\frac{3}{2}}=f(x)$$

$$F_2(x)=\frac{4}{15}x^{\frac{5}{2}}-\pi; \quad F_2'(x)=\frac{2}{3}x^{\frac{3}{2}}=f(x)$$

$$\Rightarrow F_1'=F_2'=f$$

5. $y=\frac{a}{b}\sqrt[a]{x^b}=\frac{a}{b}x^{\frac{b}{a}}=f(x)$

$$\int\frac{a}{b}x^{\frac{b}{a}}\,\mathrm{d}x=\frac{a}{b}\frac{x^{\frac{b}{a}+1}}{\frac{b}{a}+1}+c$$

$$\Rightarrow F_1(x)=\frac{a}{b}\frac{x^{\frac{b}{a}+1}}{\frac{b}{a}+1}+c_1; \quad F_1'(x)=\frac{a}{b}x^{\frac{b}{a}}=f(x)$$

$$F_2(x)=\frac{a}{b}\frac{x^{\frac{b}{a}+1}}{\frac{b}{a}+1}+c_2; \quad F_1'(x)=\frac{a}{b}x^{\frac{b}{a}}=f(x)$$

$$\Rightarrow F_1'=F_2'=f$$

6. $y=\frac{\sqrt[3]{x^a}}{\sqrt[6]{x^{3a}}}=\sqrt[6]{\frac{x^{2a}}{x^{3a}}}=x^{-\frac{a}{6}}=f(x)$

$$\int x^{-\frac{a}{6}}\,\mathrm{d}x=\frac{x^{1-\frac{a}{6}}}{1-\frac{a}{6}}+c$$

$$\Rightarrow F_1(x)=\frac{x^{1-\frac{a}{6}}}{1-\frac{a}{6}}+c_1; \quad F_1'(x)=x^{-\frac{a}{6}}=f(x)$$

$$F_2(x)=\frac{x^{1-\frac{a}{6}}}{1-\frac{a}{6}}+c_2; \quad F_2'(x)=x^{-\frac{a}{6}}=f(x)$$

$$\Rightarrow F_1'=F_2'=f$$

7. $y=e^x=f(x)$

$$\int e^x\,\mathrm{d}x=e^x+c$$

8. $y=b^x=f(x)$

$$\int b^x\,\mathrm{d}x=\frac{b^x}{\ln|b|}+c$$

9. $y=10^x=f(x)$

$$\int 10^x\,\mathrm{d}x=\frac{10^x}{\ln 10}+c$$

10. $y=\frac{1}{x}=f(x)$

$$\int\frac{1}{x}\,\mathrm{d}x=\ln|x|+c$$

11. $y=\log_b a=f(x)$

$$\int\log_b a\,\mathrm{d}x=\log_b a\int\mathrm{d}x=\log_b a\cdot x+c$$

2.1

12. $y=\log_4 10=m=f(x)$ $\quad\int m\cdot \mathrm{d}x=m\int \mathrm{d}x=m\cdot x=x\log_4 10+c$

13. $y=\sin x=f(x)$ $\quad\int \sin x\,\mathrm{d}x=-\cos x+c$

14. $y=\cos x=f(x)$ $\quad\int \cos x\,\mathrm{d}x=\sin x+c$

15. $y=\dfrac{1}{\cos^2 x}=f(x)$ $\quad\int \dfrac{1}{\cos^2 x}\,\mathrm{d}x=\tan x+c$

16. $y=\dfrac{1}{1+x^2}=f(x)$ $\quad\int \dfrac{1}{1+x^2}\,\mathrm{d}x=\operatorname{Arctan} x+c$

17. $y=\dfrac{1}{\sin^2 x}=f(x)$ $\quad\int \dfrac{1}{\sin^2 x}\,\mathrm{d}x=-\cot x+c$

18. $y=\dfrac{m}{n\sin x}=f(x)$ $\quad\int \dfrac{m}{n\sin x}\,\mathrm{d}x=\dfrac{m}{n}\ln\left|\tan\dfrac{x}{2}\right|+c$

19. $y=\dfrac{1}{\sqrt{1-x^2}}=f(x)$ $\quad\int \dfrac{1}{\sqrt{1-x^2}}\,\mathrm{d}x=\operatorname{Arcsin} x+c$

20. $y=\sinh x=f(x)$ $\quad\int \sinh x\,\mathrm{d}x=\cosh x+c$

21. $y=\cosh x=f(x)$ $\quad\int \cosh x\,\mathrm{d}x=\sinh x+c$

22. $y=\dfrac{1}{x^2-1}=f(x)$ $\quad\int \dfrac{1}{x^2-1}\,\mathrm{d}x=-\operatorname{Arcoth} x+c$

23. $y=\dfrac{1}{\sinh^2 x}=f(x)$ $\quad\int \dfrac{1}{\sinh^2 x}\,\mathrm{d}x=-\coth x+c$

24. $y=\dfrac{1}{\sqrt{x^2+1}}=f(x)$ $\quad\int \dfrac{1}{\sqrt{x^2+1}}\,\mathrm{d}x=\operatorname{Arsinh} x+c$

25. $y=\dfrac{1}{1-x^2}=f(x)$ $\quad\int \dfrac{1}{1-x^2}\,\mathrm{d}x=\operatorname{Artanh} x+c$

26. $y=\dfrac{1}{\sqrt{x^2-1}}=f(x)$ $\quad\int \dfrac{1}{\sqrt{x^2-1}}\,\mathrm{d}x=\operatorname{Arcosh} x+c$

27. $y=\dfrac{1}{\cosh^2 x}=f(x)$ $\quad\int \dfrac{1}{\cosh^2 x}\,\mathrm{d}x=\tanh x+c$

28. $\int x^{a+3b}\,\mathrm{d}x$ $\quad\int x^{a+3b}\,\mathrm{d}x=\dfrac{x^{a+3b+1}}{a+3b+1}+c$

29. $\int \frac{x^a}{x^b}\,dx$

$$\int \frac{x^a}{x^b}\,dx = \int x^{a-b}\,dx$$
$$= \underline{\underline{\frac{x^{a-b+1}}{a-b+1} + c}}$$

30. $\int \frac{x^{-1}}{x^5}\,dx$

$$\int \frac{x^{-1}}{x^5}\,dx = \int x^{-6}\,dx$$
$$= \frac{1}{-5}\cdot x^{-5} + c$$
$$= \underline{\underline{-\frac{1}{5x^5} + c}}$$

31. $\int \frac{\sqrt[3]{x}}{x}\,dx$

$$\int \frac{\sqrt[3]{x}}{x}\,dx = \int x^{-\frac{2}{3}}\,dx$$
$$= \frac{x^{\frac{1}{3}}}{\frac{1}{3}} + c$$
$$= \underline{\underline{3\cdot\sqrt[3]{x} + c}}$$

32. $\int x\sqrt{x^{-1}}\,dx$

$$\int x\cdot\sqrt{x^{-1}}\,dx = \int x\cdot x^{-\frac{1}{2}}\,dx$$
$$= \int x^{\frac{1}{2}}\,dx$$
$$= \frac{x^{\frac{3}{2}}}{\frac{3}{2}} + c$$
$$= \underline{\underline{\frac{2}{3}\,x\sqrt{x} + c}}$$

33. $\int \frac{x^4}{x^{\frac{2}{3}}}\,dx$

$$\int \frac{x^4}{x^{\frac{2}{3}}}\,dx = \int x^{\frac{10}{3}}\,dx$$
$$= \frac{x^{\frac{13}{3}}}{\frac{13}{3}} + c$$
$$= \underline{\underline{\frac{3}{13}\,x^4\cdot\sqrt[3]{x} + c}}$$

34. $\int \frac{\sqrt{x^a}}{x^{a+2}}\,\mathrm{d}x$

$$\int \frac{\sqrt{x^a}}{x^{a+2}}\,\mathrm{d}x = \int x^{\frac{a}{2}} \cdot x^{-a-2}\,\mathrm{d}x$$
$$= \int x^{-\frac{a}{2}-2}\,\mathrm{d}x$$
$$= \frac{x^{-\frac{a}{2}-1}}{-\frac{a}{2}-1} + c$$
$$= -\frac{2}{(a+2)x\sqrt{x^a}} + c$$

35. $\int \sqrt{x^2\sqrt{x^a\sqrt{x}}}\,\mathrm{d}x$

$$\int \sqrt{x^2\sqrt{x^a\sqrt{x}}}\,\mathrm{d}x = \int x(x^a \cdot x^{\frac{1}{2}})^{\frac{1}{4}}\,\mathrm{d}x$$
$$= \int x^{1+\frac{a}{4}+\frac{1}{8}}\,\mathrm{d}x$$
$$= \int x^{\frac{9}{8}+\frac{a}{4}}\,\mathrm{d}x$$
$$= \frac{x^{\frac{17}{8}+\frac{a}{4}}}{\frac{17}{8}+\frac{a}{4}} + c$$
$$= \frac{8}{17+2a}\, x^2 \cdot \sqrt[8]{x^{2a+1}} + c$$

36. $\int \frac{x^2\sqrt[4]{x}}{x^{-3}\sqrt{x^3}}\,\mathrm{d}x$

$$\int \frac{x^2\sqrt[4]{x}}{x^{-3}\sqrt{x^3}}\,\mathrm{d}x = \int x^{2+\frac{1}{4}+3-\frac{3}{2}}\,\mathrm{d}x$$
$$= \int x^{\frac{15}{4}}\,\mathrm{d}x$$
$$= \frac{x^{\frac{19}{4}}}{\frac{19}{4}} + c$$
$$= \frac{4}{19}\, x^4 \cdot \sqrt[4]{x^3} + c$$

37. $\int x^3 \cdot \sqrt{x^{\frac{1}{3}}}\, dx$

$$\int x^3 \cdot \sqrt{x^{\frac{1}{3}}}\, dx = \int x^{\frac{19}{6}}\, dx$$

$$= \frac{x^{\frac{25}{6}}}{\frac{25}{6}} + c$$

$$= \frac{6}{25}\, x^4 \cdot \sqrt[6]{x} + c$$

38. $\int \sqrt{x\sqrt{x\sqrt{x}}}\, dx$

$$\int \sqrt{x\sqrt{x\sqrt{x}}}\, dx = \int (x[x \cdot x^{\frac{1}{2}}]^{\frac{1}{2}})^{\frac{1}{2}}\, dx$$

$$= \int x^{\frac{1}{2}} \cdot x^{\frac{1}{4}} \cdot x^{\frac{1}{8}}\, dx$$

$$= \int x^{\frac{7}{8}}\, dx$$

$$= \frac{x^{\frac{15}{8}}}{\frac{15}{8}} + c$$

$$= \frac{8}{15}\, x \cdot \sqrt[8]{x^7} + c$$

39. $\int \frac{x^{\frac{1}{2}} \cdot \sqrt[3]{x^2}}{\sqrt{x^3} \cdot \sqrt[6]{x^5}}\, dx$

$$\int \frac{x^{\frac{1}{2}} \cdot \sqrt[3]{x^2}}{\sqrt{x^3} \cdot \sqrt[6]{x^5}}\, dx = \int x^{\frac{1}{2}+\frac{2}{3}-\frac{3}{2}-\frac{5}{6}}\, dx$$

$$= \int x^{-\frac{7}{6}}\, dx$$

$$= \frac{x^{-\frac{1}{6}}}{-\frac{1}{6}} + c$$

$$= -\frac{6}{\sqrt[6]{x}} + c$$

40. $\int \frac{x^{a+b} \cdot \sqrt[a+b]{x^a}}{\sqrt[a+b]{x^b}}\, dx$

$$\int \frac{x^{a+b} \cdot \sqrt[a+b]{x^a}}{\sqrt[a+b]{x^b}}\, dx = \int x^{a+b+\frac{a}{a+b}-\frac{b}{a+b}}\, dx$$

$$= \int x^{a+b+\frac{a-b}{a+b}}\,dx$$

$$= \frac{x^{a+b+1+\frac{a-b}{a+b}}}{a+b+1+\frac{a-b}{a+b}} + c$$

$$= \frac{x^{a+b+\frac{a+b+a-b}{a+b}}}{\frac{(a+b)^2+a+b+a-b}{a+b}} + c$$

$$= \frac{(a+b)\cdot x^{a+b}\cdot \sqrt[a+b]{x^{2a}}}{(a+b)^2+2a} + c$$

41. $\int \frac{x^{-2}}{x^{-1}}\,dx$

$$\int \frac{x^{-2}}{x^{-1}}\,dx = \int x^{-1}\,dx$$

$$= \ln|x| + c$$

42. $\int 4^x\,dx$

$$\int 4^x\,dx = \frac{4^x}{\ln 4} + c$$

43. $\int \operatorname{Arccos} x\,dx =$

$= x \cdot \operatorname{Arccos} x - \sqrt{1-x^2}$

$$y = x \cdot \operatorname{Arccos} x - \sqrt{1-x^2}$$

$$y' = \operatorname{Arccos} x + x \cdot \frac{-1}{\sqrt{1-x^2}} - \frac{-2x}{2\sqrt{1-x^2}}$$

$$= \operatorname{Arccos} x - \frac{x}{\sqrt{1-x^2}} + \frac{x}{\sqrt{1-x^2}}$$

$$= \operatorname{Arccos} x$$

44. $\int \operatorname{Arcosh} x\,dx =$

$= x \cdot \operatorname{Arcosh} x - \sqrt{x^2-1}$

$$y = x \cdot \operatorname{Arcosh} x - \sqrt{x^2-1}$$

$$y' = \operatorname{Arcosh} x + x \cdot \frac{1}{\sqrt{x^2-1}} - \frac{1}{2\sqrt{x^2-1}} \cdot 2x$$

$$= \operatorname{Arcosh} x + \frac{x}{\sqrt{x^2-1}} - \frac{x}{\sqrt{x^2-1}}$$

$$= \operatorname{Arcosh} x$$

45. $\int \operatorname{Arccot} x \, dx =$

$= x \cdot \operatorname{Arccot} x + \frac{1}{2} \ln(1+x^2)$

$y = x \cdot \operatorname{Arccot} x + \frac{1}{2} \ln(1+x^2)$

$y' = \operatorname{Arccot} x + x \cdot \frac{-1}{1+x^2} + \frac{1}{2} \cdot \frac{1}{1+x^2} \cdot 2x$

$= \operatorname{Arccot} x - \frac{x}{1+x^2} + \frac{x}{1+x^2}$

$= \underline{\underline{\operatorname{Arccot} x}}$

46. $\int \operatorname{Arcoth} x \, dx =$

$= x \cdot \operatorname{Arcoth} x + \frac{1}{2} \ln(x^2-1)$

$\frac{x}{x^2-1} = \frac{-x}{-(x^2-1)} = -\frac{x}{1-x^2}$

$y = x \cdot \operatorname{Arcoth} x + \frac{1}{2} \ln(x^2-1)$

$y' = \operatorname{Arcoth} x + x \cdot \frac{1}{1-x^2} + \frac{1}{2} \cdot \frac{1}{x^2-1} \cdot 2x$

$= \operatorname{Arcoth} x + \frac{x}{1-x^2} + \frac{x}{x^2-1}$

$= \operatorname{Arcoth} x + \frac{x}{1-x^2} - \frac{x}{1-x^2}$

$= \underline{\underline{\operatorname{Arcoth} x}}$

2.2 Integration von Funktionen mit konstantem Faktor

Ein konstanter Faktor kann vor das Integralzeichen gesetzt werden. Er bleibt beim Integrieren erhalten.

$$\int k \cdot f(x) \, dx = k \cdot \int f(x) \, dx$$

1. $\int 4x^3 \, dx$

$\int 4x^3 \, dx = 4 \int x^3 \, dx$

$= 4 \cdot \frac{x^4}{4} + c$

$= \underline{\underline{x^4 + c}}$

2.2

2. $\int 5\sqrt[5]{x^4}\,dx$

$$\int 5\sqrt[5]{x^4}\,dx = 5\int x^{\frac{4}{5}}\,dx$$
$$= 5\cdot\frac{x^{\frac{9}{5}}}{\frac{9}{5}} + c$$
$$= \underline{\underline{\frac{25}{9}\,x\cdot\sqrt[5]{x^4} + c}}$$

3. $-\int \sin x\,dx$

$$-\int \sin x\,dx = -(-\cos x) + c$$
$$= \underline{\underline{\cos x + c}}$$

4. $\int 8x^3\,dx$

$$\int 8x^3\,dx = 8\int x^3\,dx$$
$$= 8\cdot\frac{x^4}{4} + c$$
$$= \underline{\underline{2x^4 + c}}$$

5. $\int 10\sqrt[6]{x^5}\,dx$

$$\int 10\sqrt[6]{x^5}\,dx = 10\int x^{\frac{5}{6}}\,dx$$
$$= 10\cdot\frac{x^{\frac{11}{6}}}{\frac{11}{6}} + c$$
$$= \underline{\underline{\frac{60}{11}\,x\cdot\sqrt[6]{x^5} + c}}$$

6. $5\int \cos x\,dx$

$$5\int \cos x\,dx = \underline{\underline{5\sin x + c}}$$

7. $\int 9x^7\,dx$

$$\int 9x^7\,dx = 9\int x^7\,dx$$
$$= 9\cdot\frac{x^8}{8} + c$$
$$= \underline{\underline{\frac{9}{8}\,x^8 + c}}$$

8. $\int \frac{5}{\sqrt{x}}\,dx$

$$\int \frac{5}{\sqrt{x}}\,dx = 5\int x^{-\frac{1}{2}}\,dx$$
$$= 5\cdot\frac{x^{\frac{1}{2}}}{\frac{1}{2}} + c$$
$$= \underline{\underline{10\cdot\sqrt{x} + c}}$$

9. $B\int \frac{1}{\cos^2 x}\,dx$

$$B\int \frac{1}{\cos^2 x}\,dx = \underline{\underline{B\tan x + c}}$$

10. $\int \alpha\cdot x^{\beta}\,dx$

$$\int \alpha\cdot x^{\beta}\,dx = \alpha\int x^{\beta}\,dx$$
$$= \alpha\cdot\frac{x^{\beta+1}}{\beta+1} + c$$
$$= \underline{\underline{\frac{\alpha}{\beta+1}\,x^{\beta+1} + c}}$$

11. $\int \frac{4}{\sqrt[3]{x^2}}\,dx$

$$\int \frac{4}{\sqrt[3]{x^2}}\,dx = 4\int x^{-\frac{2}{3}}\,dx$$
$$= 4\cdot\frac{x^{\frac{1}{3}}}{\frac{1}{3}} + c$$
$$= \underline{\underline{12\cdot\sqrt[3]{x} + c}}$$

12. $\int \frac{1}{3}\cdot\frac{1}{\sin^2 x}\,dx$

$$\int \frac{1}{3}\cdot\frac{1}{\sin^2 x}\,dx = \underline{\underline{-\frac{1}{3}\cot x + c}}$$

13. $\int \frac{b}{a}\,x^{\frac{a}{b}}\,dx$

$$\int \frac{b}{a}\,x^{\frac{a}{b}}\,dx = \frac{b}{a}\int x^{\frac{a}{b}}\,dx$$
$$= \frac{b}{a}\cdot\frac{x^{\frac{a}{b}+1}}{\frac{a}{b}+1} + c$$
$$= \underline{\underline{\frac{b^2}{a(a+b)}\cdot x^{\frac{a+b}{b}} + c}}$$

2.2

14. $\int \frac{5}{\sqrt[4]{x^3}}\,dx$

$$\int \frac{5}{\sqrt[4]{x^3}}\,dx = 5\int x^{-\frac{3}{4}}\,dx$$
$$= 5\cdot\frac{x^{\frac{1}{4}}}{\frac{1}{4}} + c$$
$$= \underline{\underline{20\cdot\sqrt[4]{x} + c}}$$

15. $\int e\cdot e^x\,dx$

$$\int e\cdot e^x\,dx = e\int e^x\,dx$$
$$= e\cdot e^x + c$$
$$= \underline{\underline{e^{x+1} + c}}$$

16. $\int \frac{x\,dx}{b}$

$$\int \frac{x\,dx}{b} = \frac{1}{b}\int x\,dx$$
$$= \frac{1}{b}\cdot\frac{x^2}{2} + c$$
$$= \underline{\underline{\frac{x^2}{2b} + c}}$$

17. $\int \frac{2}{3\sqrt{x}}\,dx$

$$\int \frac{2}{3\sqrt{x}}\,dx = \frac{2}{3}\int x^{-\frac{1}{2}}\,dx$$
$$= \frac{2}{3}\cdot\frac{x^{\frac{1}{2}}}{\frac{1}{2}} + c$$
$$= \underline{\underline{\frac{4}{3}\cdot\sqrt{x} + c}}$$

18. $\int 4\cdot\sinh x\,dx$

$$\int 4\cdot\sinh x\,dx = 4\int \sinh x\,dx$$
$$= \underline{\underline{4\cosh x + c}}$$

19. $\int \frac{b\,dx}{x^3}$

$$\int \frac{b\,dx}{x^3} = b\int x^{-3}\,dx$$
$$= \underline{\underline{-\frac{b}{2x^2} + c}}$$

20. $\int \frac{3}{4\cdot\sqrt[3]{x}}\,dx$

$$\int \frac{3}{4\cdot\sqrt[3]{x}}\,dx=\frac{3}{4}\int x^{-\frac{1}{3}}\,dx$$
$$=\frac{3}{4}\cdot\frac{x^{\frac{2}{3}}}{\frac{2}{3}}+c$$
$$=\underline{\underline{\frac{9}{8}\cdot\sqrt[3]{x^2}+c}}$$

21. $\frac{1}{10}\int \cosh x\,dx$

$$\frac{1}{10}\int \cosh x\,dx=\underline{\underline{\frac{1}{10}\sinh x+c}}$$

22. $\int \frac{3\,dx}{4x^6}$

$$\int \frac{3\,dx}{4x^6}=\frac{3}{4}\int x^{-6}\,dx$$
$$=\frac{3}{4}\cdot\frac{x^{-5}}{-5}+c$$
$$=\underline{\underline{-\frac{3}{20x^5}+c}}$$

23. $\int 3\sin x\,dx$

$$\int 3\sin x\,dx=3\int \sin x\,dx$$
$$=\underline{\underline{-3\cos x+c}}$$

24. $5\int \frac{dx}{\cos^2 x}$

$$5\int \frac{dx}{\cos^2 x}=\underline{\underline{5\tan x+c}}$$

25. $\int 2\sqrt{x}\,dx$

$$\int 2\sqrt{x}\,dx=2\int x^{\frac{1}{2}}\,dx$$
$$=2\cdot\frac{x^{\frac{3}{2}}}{\frac{3}{2}}+c$$
$$=\underline{\underline{\frac{4}{3}x\cdot\sqrt{x}+c}}$$

26. $2\int \cos x\,dx$

$$2\int \cos x\,dx=\underline{\underline{2\cdot\sin x+c}}$$

27. $\int \frac{5\,dx}{\sin^2 x}$

$$\int \frac{5\,dx}{\sin^2 x}=5\cdot\int \frac{1}{\sin^2 x}\,dx$$
$$=\underline{\underline{-5\cot x+c}}$$

28. $\int 5\sqrt[3]{x}\,\mathrm{d}x$

$$\int 5\cdot\sqrt[3]{x}\,\mathrm{d}x = 5\int x^{\frac{1}{3}}\,\mathrm{d}x$$
$$= 5\cdot\frac{x^{\frac{4}{3}}}{\frac{4}{3}} + c$$
$$= \frac{15}{4}\,x\cdot\sqrt[3]{x} + c$$

29. $\frac{1}{2}\int \sin x\,\mathrm{d}x$

$$\frac{1}{2}\int \sin x\,\mathrm{d}x = -\frac{1}{2}\cos x + c$$

30. $\int \frac{3\,\mathrm{d}x}{7(1+x^2)}$

$$\int \frac{3\,\mathrm{d}x}{7(1+x^2)} = \frac{3}{7}\int \frac{1}{1+x^2}\,\mathrm{d}x$$
$$= \frac{3}{7}\,\mathrm{Arctan}\,x + c_1 = -\frac{3}{7}\,\mathrm{Arccot}\,x + c_2$$

31. $\int 8\sqrt[4]{x}\,\mathrm{d}x$

$$\int 8\sqrt[4]{x}\,\mathrm{d}x = 8\int x^{\frac{1}{4}}\,\mathrm{d}x$$
$$= 8\cdot\frac{x^{\frac{5}{4}}}{\frac{5}{4}} + c$$
$$= \frac{32}{5}\,x\cdot\sqrt[4]{x} + c$$

32. $\int \frac{1}{3}\cos x\,\mathrm{d}x$

$$\int \frac{1}{3}\cos x\,\mathrm{d}x = \frac{1}{3}\int \cos x\,\mathrm{d}x$$
$$= \frac{1}{3}\sin x + c$$

33. $10\int 10^x\,\mathrm{d}x$

$$10\int 10^x\,\mathrm{d}x = 10\cdot\frac{10^x}{\ln 10} + c$$
$$= \frac{10^{x+1}}{\ln 10} + c$$

34. $\int a\sqrt[p]{x}\,\mathrm{d}x$

$$\int a\sqrt[p]{x}\,\mathrm{d}x = a\int x^{\frac{1}{p}}\,\mathrm{d}x$$
$$= a\cdot\frac{x^{\frac{1}{p}+1}}{\frac{1}{p}+1} + c$$

$$=\frac{ap}{1+p}\,x\cdot\sqrt[p]{x}+c$$

35. $\int -3\cos x\,dx$

$$\int -3\cos x\,dx = -3\int \cos x\,dx$$
$$= -3\sin x + c$$

36. $\int a^x b^x\,dx$

$$\int a^x\cdot b^x\,dx = \int (a\cdot b)^x\,dx$$
$$=\frac{(a\cdot b)^x}{\ln a\cdot b}+c$$

37. $\int 2\sqrt[3]{x^2}\,dx$

$$\int 2\sqrt[3]{x^2}\,dx = 2\int x^{\frac{2}{3}}\,dx$$
$$=2\cdot\frac{x^{\frac{5}{3}}}{\frac{5}{3}}+c$$
$$=\frac{6}{5}\,x\cdot\sqrt[3]{x^2}+c$$

38. $\int -5\sin x\,dx$

$$\int -5\sin x\,dx = -5\int \sin x\,dx$$
$$=5\cos x+c$$

39. $\int \frac{2\sqrt{x}}{x}\,dx$

$$\int \frac{2\sqrt{x}}{x}\,dx = \int 2x^{\frac{1}{2}}x^{-1}\,dx$$
$$=\int 2x^{-\frac{1}{2}}\,dx$$
$$=4\sqrt{x}+c$$

40. $\int 5\sqrt[4]{x^2}\,dx$

$$\int 5\sqrt[4]{x^2}\,dx = 5\int x^{\frac{1}{2}}\,dx$$
$$=5\cdot\frac{x^{\frac{3}{2}}}{\frac{3}{2}}+c$$
$$=\frac{10}{3}\,x\cdot\sqrt{x}+c$$

2.2

41. $\left(-\frac{1}{2}\right)\int \cos x \, dx$

$$\left(-\frac{1}{2}\right)\int \cos x \, dx = -\frac{1}{2}\int \cos x \, dx$$

$$= \underline{\underline{-\frac{1}{2}\sin x + c}}$$

42. $\int \frac{2\,dx}{\sqrt{1-x^2}}$

$$\int \frac{2\,dx}{\sqrt{1-x^2}} = 2\int \frac{1}{\sqrt{1-x^2}}\,dx$$

$$= \underline{\underline{2\,\text{Arcsin}\,x + c_1 = -2\,\text{Arccos}\,x + c_2}}$$

43. $\int 3\sqrt[5]{x^3}\,dx$

$$\int 3\sqrt[5]{x^3}\,dx = 3\int x^{\frac{3}{5}}\,dx$$

$$= 3\cdot\frac{x^{\frac{8}{5}}}{\frac{8}{5}} + c$$

$$= \underline{\underline{\frac{15}{8}\,x\cdot\sqrt[5]{x^3} + c}}$$

44. $-\int \frac{1}{3}\sin x\,dx$

$$-\int \frac{1}{3}\sin x\,dx = -\frac{1}{3}\int \sin x\,dx$$

$$= \underline{\underline{\frac{1}{3}\cos x + c}}$$

45. $\int \frac{2\,dx}{\sqrt{1+x}\,\sqrt{1-x}}$

$$\int \frac{2\,dx}{\sqrt{1+x}\,\sqrt{1-x}} = 2\int \frac{1}{\sqrt{1-x^2}}\,dx$$

$$= \underline{\underline{2\,\text{Arcsin}\,x + c_1}}$$

$$= \underline{\underline{-2\,\text{Arccos}\,x + c_2}}$$

46. $\frac{1}{2}\int \frac{dx}{1-\sin^2 x}$

$\cos^2 x + \sin^2 x = 1$

$\Rightarrow 1 - \sin^2 x = \cos^2 x$

$$\frac{1}{2}\int \frac{dx}{1-\sin^2 x} = \frac{1}{2}\int \frac{1}{\cos^2 x}\,dx$$

$$= \underline{\underline{\frac{1}{2}\tan x + c}}$$

47. $\int \frac{7}{8\cdot\cos^2 x}\,dx$

$$\int \frac{7}{8\cdot\cos^2 x}\,dx = \frac{7}{8}\int \frac{1}{\cos^2 x}\,dx$$

$$= \underline{\underline{\frac{7}{8}\tan x + c}}$$

48. $\int \frac{a^2}{1+x^2}\,dx$

$$\int \frac{a^2}{1+x^2}\,dx = a^2 \int \frac{1}{1+x^2}\,dx$$
$$= a^2 \operatorname{Arctan} x + c_1 = -a^2 \operatorname{Arccot} x + c_2$$

49. $\int \frac{10^x}{10}\,dx$

$$\int \frac{10^x}{10}\,dx = \frac{1}{10}\int 10^x\,dx$$
$$= \frac{1}{10}\cdot\frac{10^x}{\ln 10} + c$$
$$= \frac{10^{x-1}}{\ln 10} + c$$

50. $\int \frac{dx}{\cos x \cdot \sqrt{1-\sin^2 x}}$

$\cos^2 x + \sin^2 x = 1$

$\Rightarrow 1 - \sin^2 x = \cos^2 x$

$$\int \frac{dx}{\cos x \cdot \sqrt{1-\sin^2 x}} = \int \frac{dx}{\cos x \cdot \sqrt{\cos^2 x}}$$
$$= \int \frac{dx}{\cos^2 x}$$
$$= \tan x + c$$

51. $\int \frac{a\sqrt{x}\cdot\sqrt[b]{x}}{b\cdot\sqrt[3]{x^2}\cdot\sqrt[a]{x^2}}\,dx$

$$\int \frac{a\sqrt{x}\cdot\sqrt[b]{x}}{b\cdot\sqrt[3]{x^2}\cdot\sqrt[a]{x^2}}\,dx = \frac{a}{b}\int \frac{x^{\frac{1}{2}}\cdot x^{\frac{1}{b}}}{x^{\frac{2}{3}}\cdot x^{\frac{2}{a}}}\,dx$$
$$= \frac{a}{b}\int x^{\frac{1}{2}+\frac{1}{b}-\frac{2}{3}-\frac{2}{a}}\,dx$$
$$= \frac{a}{b}\,\frac{x^{\frac{5}{6}+\frac{1}{b}-\frac{2}{a}}}{\frac{5}{6}+\frac{1}{b}-\frac{2}{a}} + c$$
$$= \frac{6a^2\cdot\sqrt[6]{x^5}\cdot\sqrt[b]{x}}{(5ab+6a-12b)\cdot\sqrt[a]{x^2}} + c$$

2.3 Integration algebraischer Summen

Eine algebraische Summe wird integriert, indem man jedes Glied einzeln integriert. Die einzelnen Integrationskonstanten $c_1, c_2, c_3 \ldots$ können zu einer Konstanten c zusammengefaßt werden.

$$\int [f_1(x) \pm f_2(x) \pm f_3(x) \pm \ldots]\,dx = \int f_1(x)\,dx \pm \int f_2(x)\,dx \pm \int f_3(x)\,dx \pm \ldots$$

2.3

1. $\int (3-x)\,dx$

$$\int (3-x)\,dx = \int 3\,dx - \int x\,dx$$
$$= 3x - \frac{x^2}{2} + c$$

2. $\int (x^3 - 2x^4)\,dx$

$$\int (x^3 - 2x^4)\,dx = \int x^3\,dx - 2\int x^4\,dx$$
$$= \frac{x^4}{4} - \frac{2x^5}{5} + c$$

3. $\int (a^2 - x^2)\,dx$

$$\int (a^2 - x^2)\,dx = \int a^2\,dx - \int x^2\,dx$$
$$= a^2 \cdot x - \frac{x^3}{3} + c$$

4. $\int (2-t)^3\,dt$

$$\int (2-t)^3\,dt = \int (8 - 12t + 6t^2 - t^3)\,dt$$
$$= \int 8\,dt - \int 12t\,dt + \int 6t^2\,dt - \int t^3\,dt$$
$$= 8t - 6t^2 + 2t^3 - \frac{1}{4}t^4 + c$$

5. $\int \left(\frac{x^2}{a} - \frac{a}{x^2}\right) dx$

$$\int \left(\frac{x^2}{a} - \frac{a}{x^2}\right) dx = \frac{1}{a}\int x^2\,dx - a\int x^{-2}\,dx$$
$$= \frac{x^3}{3a} + \frac{a}{x} + c$$

6. $\int (a_0 + a_1 z + a_2 z^2)\,dz$

$$\int (a_0 + a_1 z + a_2 z^2)\,dz =$$
$$= \int a_0\,dz + \int a_1 z\,dz + \int a_2 z^2\,dz$$
$$= a_0 \int dz + a_1 \int z\,dz + a_2 \int z^2\,dz$$
$$= a_0 \cdot z + \frac{a_1}{2} \cdot z^2 + \frac{a_2}{3} z^3 + c$$

7. $\int (v+3)(v-3)\,dv$

$$\int (v+3)(v-3)\,dv = \int (v^2-9)\,dv$$
$$= \int v^2\,dv - 9\int dv$$
$$= \frac{v^3}{3} - 9v + c$$

8. $\int \left(\sqrt{x} + \frac{1}{\sqrt{x}}\right) dx$

$$\int \left(\sqrt{x} + \frac{1}{\sqrt{x}}\right) dx = \int x^{\frac{1}{2}}\,dx + \int x^{-\frac{1}{2}}\,dx$$
$$= \frac{x^{\frac{3}{2}}}{\frac{3}{2}} + \frac{x^{\frac{1}{2}}}{\frac{1}{2}} + c$$
$$= \frac{2}{3}\,x\cdot\sqrt{x} + 2\sqrt{x} + c$$

9. $\int \left(\sqrt{\frac{x}{a}} \pm \sqrt{\frac{a}{x}}\right) dx$

$$\int \left(\sqrt{\frac{x}{a}} \pm \sqrt{\frac{a}{x}}\right) dx = \frac{1}{\sqrt{a}} \int x^{\frac{1}{2}}\,dx \pm \sqrt{a} \int x^{-\frac{1}{2}}\,dx$$
$$= \frac{2x\cdot\sqrt{x}}{3\sqrt{a}} \pm 2\sqrt{a}\sqrt{x} + c$$
$$= \frac{2}{3}\,x\cdot\sqrt{\frac{x}{a}} \pm 2\sqrt{ax} + c$$

10. $\int (x^2-b)\cdot\sqrt[3]{x}\,dx$

$$\int (x^2-b)\cdot\sqrt[3]{x}\,dx = \int x^2\sqrt[3]{x}\,dx - b\int \sqrt[3]{x}\,dx$$
$$= \int x^{\frac{7}{3}}\,dx - b\int x^{\frac{1}{3}}\,dx$$
$$= \frac{3}{10}\,x^{\frac{10}{3}} - \frac{3}{2}\,bx^{\frac{4}{3}} + c$$
$$= \frac{3}{10}\,x^3\cdot\sqrt[3]{x} - \frac{3}{4}\,bx\cdot\sqrt[3]{x} + c$$

11. $\int \frac{2x^4+4x^3+8x^2}{2x^2}\,dx$

$$\int \frac{2x^4+4x^3+8x^2}{2x^2}\,dx =$$
$$= \int \left(\frac{2x^4}{2x^2} + \frac{4x^3}{2x^2} + \frac{8x^2}{2x^2}\right) dx$$

$$= \int x^2 \, dx + 2 \int x \, dx + 4 \int dx$$

$$= \frac{1}{3} x^3 + x^2 + 4x + c$$

12. $\int \frac{x^3 - x^2 - x - 2}{x\sqrt{x}} \, dx$

$$\int \frac{x^3 - x^2 - x - 2}{x\sqrt{x}} \, dx =$$

$$= \int \left(\frac{x^3}{x^{\frac{3}{2}}} - \frac{x^2}{x^{\frac{3}{2}}} - \frac{x}{x^{\frac{3}{2}}} - \frac{2}{x^{\frac{3}{2}}} \right) dx$$

$$= \int x^{\frac{3}{2}} \, dx - \int x^{\frac{1}{2}} \, dx - \int x^{-\frac{1}{2}} \, dx - 2 \int x^{-\frac{3}{2}} \, dx$$

$$= \frac{2}{5} x^{\frac{5}{2}} - \frac{2}{3} x^{\frac{3}{2}} - 2x^{\frac{1}{2}} + 4x^{-\frac{1}{2}} + c$$

$$= \frac{2}{5} x^2 \cdot \sqrt{x} - \frac{2}{3} x \cdot \sqrt{x} - 2\sqrt{x} + \frac{4}{\sqrt{x}} + c$$

13. $\int (\sqrt{x} + x)^2 \, dx$

$$\int (\sqrt{x} + x)^2 \, dx = \int (x + 2x\sqrt{x} + x^2) \, dx$$

$$= \int x \, dx + 2 \int x^{\frac{3}{2}} \, dx + \int x^2 \, dx$$

$$= \frac{x^2}{2} + \frac{4}{5} x^2 \cdot \sqrt{x} + \frac{x^3}{3} + c$$

14. $\int \left(\sqrt[3]{x} - \sqrt[4]{x} \right)^3 dx$

$$\int \left(\sqrt[3]{x} - \sqrt[4]{x} \right)^3 dx =$$

$$= \int \left[x - 3\left(\sqrt[3]{x}\right)^2 \cdot \sqrt[4]{x} + 3\sqrt[3]{x} \left(\sqrt[4]{x}\right)^2 - \left(\sqrt[4]{x}\right)^3 \right] dx$$

$$= \int x \, dx - 3 \int x^{\frac{11}{12}} \, dx + 3 \int x^{\frac{5}{6}} \, dx - \int x^{\frac{3}{4}} \, dx$$

$$= \frac{x^2}{2} - 3 \frac{x^{\frac{23}{12}}}{\frac{23}{12}} + 3 \frac{x^{\frac{11}{6}}}{\frac{11}{6}} - \frac{x^{\frac{7}{4}}}{\frac{7}{4}} + c$$

$$= \frac{x^2}{2} - \frac{36}{23} x \cdot \sqrt[12]{x^{11}} + \frac{18}{11} x \cdot \sqrt[6]{x^5} - \frac{4}{7} x \cdot \sqrt[4]{x^3} + c$$

15. $\int (\sqrt{x}+x)(\sqrt{x}-x)\,dx$

$$\int (\sqrt{x}+x)(\sqrt{x}-x)\,dx=\int (x-x^2)\,dx$$

$$=\int x\,dx-\int x^2\,dx$$

$$=\frac{x^2}{2}-\frac{x^3}{3}+c$$

16. $\int \left(a_0+\frac{a_1}{x}+\frac{a_2}{x^2}\right)dx$

$$\int \left(a_0+\frac{a_1}{x}+\frac{a_2}{x^2}\right)dx=$$

$$=a_0\int dx+a_1\int \frac{dx}{x}+a_2\int \frac{dx}{x^2}$$

$$=a_0x+a_1\ln|x|-\frac{a_2}{x}+c$$

17. $\int \left(a_0\cdot 5^x+5a_1x^4+\frac{a^2}{x^2}\right)dx$

$$\int \left(a_0\cdot 5^x+5a_1x^4+\frac{a^2}{x^2}\right)dx=$$

$$=a_0\int 5^x\,dx+5a_1\int x^4\,dx+a^2\int \frac{dx}{x^2}$$

$$=a_0\,\frac{5^x}{\ln 5}+a_1x^5-\frac{a^2}{x}+c$$

18. $\int \left(x^3-7\cdot\sqrt{x}-\frac{11}{\sqrt[3]{x^5}}\right)dx$

$$\int \left(x^3-7\cdot\sqrt{x}-\frac{11}{\sqrt[3]{x^5}}\right)dx=$$

$$=\int x^3\,dx-7\int x^{\frac{1}{2}}\,dx-11\int x^{-\frac{5}{3}}\,dx$$

$$=\frac{x^4}{4}-7\,\frac{x^{\frac{3}{2}}}{\frac{3}{2}}-11\,\frac{x^{-\frac{2}{3}}}{-\frac{2}{3}}-c$$

$$=\frac{1}{4}x^4-\frac{14}{3}x\cdot\sqrt{x}+\frac{33}{2\cdot\sqrt[3]{x^2}}+c$$

2.3

19. $\int (3x^5 + \cos x - e^x)\,dx$

$$\int (3x^5 + \cos x - e^x)\,dx =$$
$$= 3\int x^5\,dx + \int \cos x\,dx - \int e^x\,dx$$
$$= \frac{1}{2}x^6 + \sin x - e^x + c$$

20. $\int \frac{(x^2-1)^2}{x}\,dx$

$$\int \frac{(x^2-1)^2}{x}\,dx = \int \frac{1}{x}(x^4 - 2x^2 + 1)\,dx$$
$$= \int x^3\,dx - 2\int x\,dx + \int \frac{dx}{x}$$
$$= \frac{x^4}{4} - x^2 + \ln|x| + c$$

21. $\int \frac{(\sqrt{x}-1)^2}{\sqrt{x}}\,dx$

$$\int \frac{(\sqrt{x}-1)^2}{\sqrt{x}}\,dx = \int x^{-\frac{1}{2}}(x - 2x^{\frac{1}{2}} + 1)\,dx$$
$$= \int x^{\frac{1}{2}}\,dx - 2\int dx + \int x^{-\frac{1}{2}}\,dx$$
$$= \frac{2}{3}x \cdot \sqrt{x} - 2x + 2\sqrt{x} + c$$

22. $\int \left(a + b \cdot \sqrt[4]{x}\right)^3 dx$

$$\int \left(a + b \cdot \sqrt[4]{x}\right)^3 dx =$$
$$= \int \left(a^3 + 3a^2b\sqrt[4]{x} + 3ab^2\sqrt[4]{x^2} + b^3\sqrt[4]{x^3}\right) dx$$
$$= a^3\int dx + 3a^2b\int x^{\frac{1}{4}}\,dx + 3ab^2\int x^{\frac{1}{2}}\,dx + b^3\int x^{\frac{3}{4}}\,dx$$
$$= a^3x + \frac{12}{5}a^2bx \cdot \sqrt[4]{x} + 2ab^2x \cdot \sqrt{x} + \frac{4}{7}b^3x \cdot \sqrt[4]{x^3} + c$$

23. $\int\left(4\sqrt{x\sqrt{x}}+3x\sqrt{\sqrt{x}}\right)\mathrm{d}x$

$$\int\left(4\sqrt{x\sqrt{x}}+3x\sqrt{\sqrt{x}}\right)\mathrm{d}x$$

$$=\int\left[4\left(x\cdot x^{\frac{1}{2}}\right)^{\frac{1}{2}}+3x\left(x^{\frac{1}{2}}\right)^{\frac{1}{2}}\right]\mathrm{d}x$$

$$=\int\left[4x^{\frac{3}{4}}+3x^{\frac{5}{4}}\right]\mathrm{d}x$$

$$=4\int x^{\frac{3}{4}}\,\mathrm{d}x+3\int x^{\frac{5}{4}}\,\mathrm{d}x$$

$$=4\,\frac{x^{\frac{7}{4}}}{\frac{7}{4}}+3\,\frac{x^{\frac{9}{4}}}{\frac{9}{4}}+c$$

$$=\frac{16}{7}\,x\cdot\sqrt[4]{x^3}+\frac{4}{3}\,x^2\cdot\sqrt[4]{x}+c$$

24. $\int\frac{\sqrt{x}+x^3+\sqrt[3]{x}}{\sqrt[3]{x^2}}\,\mathrm{d}x$

$$\int\frac{\sqrt{x}+x^3+\sqrt[3]{x}}{\sqrt[3]{x^2}}\,\mathrm{d}x=$$

$$=\int\left(\frac{\sqrt{x}}{\sqrt[3]{x^2}}+\frac{x^3}{\sqrt[3]{x^2}}+\frac{\sqrt[3]{x}}{\sqrt[3]{x^2}}\right)\mathrm{d}x$$

$$=\int\left(\frac{x^{\frac{1}{2}}}{x^{\frac{2}{3}}}+\frac{x^3}{x^{\frac{2}{3}}}+\frac{x^{\frac{1}{3}}}{x^{\frac{2}{3}}}\right)\mathrm{d}x$$

$$=\int\left(x^{\frac{1}{2}-\frac{2}{3}}+x^{3-\frac{2}{3}}+x^{\frac{1}{3}-\frac{2}{3}}\right)\mathrm{d}x$$

$$=\int\left(x^{-\frac{1}{6}}+x^{\frac{7}{3}}+x^{-\frac{1}{3}}\right)\mathrm{d}x$$

$$=\int x^{-\frac{1}{6}}\,\mathrm{d}x+\int x^{\frac{7}{3}}\,\mathrm{d}x+\int x^{-\frac{1}{3}}\,\mathrm{d}x$$

$$=\frac{x^{\frac{5}{6}}}{\frac{5}{6}}+\frac{x^{\frac{10}{3}}}{\frac{10}{3}}+\frac{x^{\frac{2}{3}}}{\frac{2}{3}}+c$$

$$=\frac{6}{5}\sqrt[6]{x^5}+\frac{3}{10}\,x^3\cdot\sqrt[3]{x}+\frac{3}{2}\sqrt[3]{x^2}+c$$

2.3

25. $\int \frac{x^{\frac{1}{2}}+x^{\frac{1}{3}}+x^{\frac{1}{4}}}{\sqrt{x}}\,dx$

$$\int \frac{x^{\frac{1}{2}}+x^{\frac{1}{3}}+x^{\frac{1}{4}}}{\sqrt{x}}\,dx=$$
$$=\int \frac{x^{\frac{1}{2}}+x^{\frac{1}{3}}+x^{\frac{1}{4}}}{x^{\frac{1}{2}}}\,dx$$
$$=\int \left(1+x^{-\frac{1}{6}}+x^{-\frac{1}{4}}\right)dx$$
$$=\int dx+\int x^{-\frac{1}{6}}\,dx+\int x^{-\frac{1}{4}}\,dx$$
$$=x+\frac{6}{5}\sqrt[6]{x^5}+\frac{4}{3}\sqrt[4]{x^3}+c$$

26. $\int \frac{\sqrt{x}-\sqrt{\sqrt[3]{x^2}}}{\sqrt{x\sqrt{x}}}\,dx$

$$\int \frac{\sqrt{x}-\sqrt{\sqrt[3]{x^2}}}{\sqrt{x\sqrt{x}}}\,dx=\int \frac{x^{\frac{1}{2}}-(x^{\frac{2}{3}})^{\frac{1}{2}}}{(x\cdot x^{\frac{1}{2}})^{\frac{1}{2}}}\,dx$$
$$=\int \frac{x^{\frac{1}{2}}-x^{\frac{2}{6}}}{x^{\frac{3}{4}}}\,dx$$
$$=\int \left(x^{\frac{1}{2}-\frac{3}{4}}-x^{\frac{2}{6}-\frac{3}{4}}\right)dx$$
$$=\int x^{-\frac{1}{4}}\,dx-\int x^{-\frac{5}{12}}\,dx$$
$$=\frac{4}{3}\sqrt[4]{x^3}-\frac{12}{7}\sqrt[12]{x^7}+c$$

27. $\int \frac{x\sqrt{x}-x^{-\frac{2}{3}}}{x^{-\frac{1}{2}}}\,dx$

$$\int \frac{x\sqrt{x}-x^{-\frac{2}{3}}}{x^{-\frac{1}{2}}}\,dx=\int x^{\frac{1}{2}}\left(x^{\frac{3}{2}}-x^{-\frac{2}{3}}\right)dx$$
$$=\int \left(x^2-x^{-\frac{1}{6}}\right)dx$$
$$=\int x^2\,dx-\int x^{-\frac{1}{6}}\,dx$$
$$=\frac{x^3}{3}-\frac{6}{5}\sqrt[6]{x^5}+c$$

28. $\int \frac{\sqrt{x}+\sqrt[3]{x^2}+\sqrt[4]{x}+\sqrt[5]{x}}{\sqrt[3]{x}}\,\mathrm{d}x$

$$\int \frac{\sqrt{x}+\sqrt[3]{x^2}+\sqrt[4]{x}+\sqrt[5]{x}}{\sqrt[3]{x}}\,\mathrm{d}x=$$

$$=\int \frac{x^{\frac{1}{2}}+x^{\frac{2}{3}}+x^{\frac{1}{4}}+x^{\frac{1}{5}}}{x^{\frac{1}{3}}}\,\mathrm{d}x$$

$$=\int \left(x^{\frac{1}{6}}+x^{\frac{1}{3}}+x^{-\frac{1}{12}}+x^{-\frac{2}{15}}\right)\mathrm{d}x$$

$$=\int x^{\frac{1}{6}}\,\mathrm{d}x+\int x^{\frac{1}{3}}\,\mathrm{d}x+\int x^{-\frac{1}{12}}\,\mathrm{d}x+\int x^{-\frac{2}{15}}\,\mathrm{d}x$$

$$=\frac{x^{\frac{7}{6}}}{\frac{7}{6}}+\frac{x^{\frac{4}{3}}}{\frac{4}{3}}+\frac{x^{\frac{11}{12}}}{\frac{11}{12}}+\frac{x^{\frac{13}{15}}}{\frac{13}{15}}+c$$

$$=\frac{6}{7}\,x\cdot\sqrt[6]{x}+\frac{3}{4}\,x\cdot\sqrt[3]{x}+\frac{12}{11}\sqrt[12]{x^{11}}+\frac{15}{13}\sqrt[15]{x^{13}}+c$$

29. $\int \left(2^x+\frac{3}{\cos^2 x}+\frac{a}{\sqrt[3]{x}}+1\right)\mathrm{d}x$

$$\int \left(2^x+\frac{3}{\cos^2 x}+\frac{a}{\sqrt[3]{x}}+1\right)\mathrm{d}x=$$

$$=\int 2^x\,\mathrm{d}x+3\int \frac{\mathrm{d}x}{\cos^2 x}+a\int x^{-\frac{1}{3}}\,\mathrm{d}x+\int \mathrm{d}x$$

$$=\frac{2^x}{\ln 2}+3\tan x+\frac{3}{2}\,a\sqrt[3]{x^2}+x+c$$

30. $\int \frac{a^2-x^2}{x+a}\,\mathrm{d}x$

$$\int \frac{a^2-x^2}{x+a}\,\mathrm{d}x=\int \frac{(a+x)(a-x)}{x+a}\,\mathrm{d}x$$

$$=\int (a-x)\,\mathrm{d}x$$

$$=a\int \mathrm{d}x-\int x\,\mathrm{d}x$$

$$=ax-\frac{x^2}{2}+c$$

2.3

31. $\int \frac{4x^2+4x+1}{4x+2}\,dx$

$$\int \frac{4x^2+4x+1}{4x+2}\,dx = \int \frac{(2x+1)^2}{2(2x+1)}\,dx$$

$$= \int \frac{1}{2}(2x+1)\,dx$$

$$= \int x\,dx + \frac{1}{2}\int dx$$

$$= \underline{\underline{\frac{x^2}{2} + \frac{x}{2} + c}}$$

32. $\int \frac{3-x^2}{x-\sqrt{3}}\,dx$

$$\int \frac{3-x^2}{x-\sqrt{3}}\,dx = \int \frac{(\sqrt{3}+x)(\sqrt{3}-x)}{-(-x+\sqrt{3})}\,dx$$

$$= -\int (\sqrt{3}+x)\,dx$$

$$= -\sqrt{3}\int dx - \int x\,dx$$

$$= \underline{\underline{-\sqrt{3}\cdot x - \frac{x^2}{2} + c}}$$

33. $\int \frac{\cos(2x)}{\cos^2 x - \frac{1}{2}}\,dx$

Man benutzt die goniometrische Beziehung $\cos(2x) = 2\cos^2 x - 1$.

$$\int \frac{\cos(2x)}{\cos^2 x - \frac{1}{2}}\,dx = \int \frac{2\cos^2 x - 1}{\cos^2 x - \frac{1}{2}}\,dx$$

$$= \int \frac{2\left(\cos^2 x - \frac{1}{2}\right)}{\cos^2 x - \frac{1}{2}}\,dx$$

$$= 2\int dx$$

$$= \underline{\underline{2x + c}}$$

34. $\int \left(2\sin^2 \frac{x}{2} - 1\right) dx$

Das Integral läßt sich mit der goniometrischen Beziehung

$1 - \cos x = 2\sin^2 \frac{x}{2}$ auf das Grundintegral $\int \cos x\,dx$ zurückführen.

$$\int \left(2\sin^2 \frac{x}{2} - 1\right) dx = \int (1 - \cos x - 1)\,dx$$

$$= -\int \cos x\,dx$$

$$= \underline{\underline{-\sin x + c}}$$

35. $\int \sin^2 x\,dx + \int \cos^2 x\,dx$

$\sin^2 x + \cos^2 x = 1$

$$\int \sin^2 x\,dx + \int \cos^2 x\,dx = \int (\sin^2 x + \cos^2 x)\,dx = \int 1\,dx = \underline{\underline{x + c}}$$

36. $\int \frac{\tan x}{\sin(2x)}\,dx$

Zur Lösung verwendet man die goniometrischen Beziehungen

$\tan x = \frac{\sin x}{\cos x}$ und

$\sin(2x) = 2\sin x \cdot \cos x$.

$$\int \frac{\tan x}{\sin(2x)}\,dx = \int \frac{\frac{\sin x}{\cos x}}{2\sin x \cdot \cos x}\,dx = \frac{1}{2}\int \frac{1}{\cos^2 x}\,dx = \underline{\underline{\frac{1}{2}\tan x + c}}$$

37. $\int \frac{1+\tan^2 x}{\tan^2 x}\,dx$

Man verwendet die goniometrischen Beziehungen $\tan x = \frac{\sin x}{\cos x}$ und $1 + \tan^2 x = \frac{1}{\cos^2 x}$.

$$\int \frac{1+\tan^2 x}{\tan^2 x}\,dx = \int \frac{\frac{1}{\cos^2 x}}{\frac{\sin^2 x}{\cos^2 x}}\,dx = \int \frac{1}{\sin^2 x}\,dx = \underline{\underline{-\cot x + c}}$$

38. $\int dx + \int \tan^2 x\,dx$

$1 + \tan^2 x = \frac{1}{\cos^2 x}$

$$\int dx + \int \tan^2 x\,dx = \int (1 + \tan^2 x)\,dx = \int \frac{1}{\cos^2 x}\,dx = \underline{\underline{\tan x + c}}$$

39. $\int 3 \cdot \sin^2 x \cdot \cos x \, dx$

$\cos^2 x + \sin^2 x = 1$

$\Rightarrow \sin^2 x = 1 - \cos^2 x$

$\int \cos^3 x \, dx$ ← siehe 5.3 Integraltafel im Band 4

$$\int 3 \cdot \sin^2 x \cdot \cos x \, dx = 3 \int (1 - \cos^2 x) \cdot \cos x \, dx$$

$$= 3 \int (\cos x - \cos^3 x) \, dx$$

$$= 3 \int \cos x \, dx - 3 \int \cos^3 x \, dx$$

$$= 3 \sin x - 3 \left[\frac{1}{3} \cos^2 x \cdot \sin x + \frac{2}{3} \int \cos x \cdot dx \right]$$

$$= 3 \sin x - \cos^2 x \cdot \sin x - 2 \sin x + c$$

$$= \sin x - \cos^2 x \cdot \sin x + c$$

$$= \sin x \, (1 - \cos^2 x) + c$$

$$= \underline{\underline{\sin^3 x + c}}$$

40. $\int (4 \cosh x + \sin x) \, dx$

$$\int (4 \cosh x + \sin x) \, dx = 4 \int \cosh x \, dx + \int \sin x \, dx$$

$$= \underline{\underline{4 \sinh x - \cos x + c}}$$

41. $\int \frac{\sqrt{1-x^2}}{1-x^2} \, dx$

$$\int \frac{\sqrt{1-x^2}}{1-x^2} \, dx = \int \frac{1}{\sqrt{1-x^2}} \, dx$$

$$= \underline{\underline{\operatorname{Arcsin} x + c_1 = -\operatorname{Arccos} x + c_2}}$$

42. $\int \frac{1-x^2}{1-x^4} \, dx$

$$\int \frac{1-x^2}{1-x^4} \, dx = \int \frac{1-x^2}{(1-x^2)(1+x^2)} \, dx$$

$$= \int \frac{1}{1+x^2} \, dx$$

$$= \underline{\underline{\operatorname{Arctan} x + c_1 = -\operatorname{Arccot} x + c_2}}$$

43. $\int \frac{\sqrt{(1+x)(1-x)}}{(1+x)(1-x)} \, dx$

$$\int \frac{\sqrt{(1+x)(1-x)}}{(1+x)(1-x)} \, dx = \int \frac{1}{\sqrt{(1+x)(1-x)}} \, dx$$

$$= \int \frac{1}{\sqrt{1-x^2}} \, dx$$

$$= \underline{\underline{\operatorname{Arcsin} x + c_1 = -\operatorname{Arccos} x + c_2}}$$

44. $\int e^x\,dx - \int e^{-x}\,dx$

Erweiterung mit $\frac{2}{2}=1$

$\frac{1}{2}(e^x - e^{-x}) = \sinh x$

$$\int e^x\,dx - \int e^{-x}\,dx = \int (e^x - e^{-x})\,dx$$
$$= 2\int \frac{1}{2}(e^x - e^{-x})\,dx$$
$$= 2\int \sinh x\,dx$$
$$= \underline{\underline{2\cosh x + c}}$$

45. $\int \left(\frac{1}{1-x^2} + \frac{1}{x^2+1}\right) dx$

Es sind vier Lösungen möglich.

$$\int \left(\frac{1}{1-x^2} + \frac{1}{x^2+1}\right) dx =$$
$$= \int \frac{1}{1-x^2}\,dx + \int \frac{1}{x^2+1}\,dx$$
$$= \begin{cases} \operatorname{Artanh} x + \begin{cases} \operatorname{Arctan} x + c_1 \\ -\operatorname{Arccot} x + c_2 \end{cases} \\ \operatorname{Arcoth} x + \begin{cases} \operatorname{Arctan} x + c_3 \\ -\operatorname{Arccot} x + c_4 \end{cases} \end{cases}$$

46. $\int \frac{2}{x^4-1}\,dx$

Es sind vier Lösungen möglich.

$$\int \frac{2}{x^4-1}\,dx = \int \frac{2}{(x^2+1)(x^2-1)}\,dx$$
$$= \int \left(\frac{1}{x^2-1} - \frac{1}{x^2+1}\right) dx$$
$$= \int \frac{1}{x^2-1}\,dx - \int \frac{1}{x^2+1}\,dx$$
$$= -\int \frac{1}{1-x^2}\,dx - \int \frac{1}{1+x^2}\,dx$$
$$= \begin{cases} -\operatorname{Artanh} x - \begin{cases} \operatorname{Arctan} x + c_1 \\ -\operatorname{Arccot} x + c_2 \end{cases} \\ -\operatorname{Arcoth} x - \begin{cases} \operatorname{Arctan} x + c_3 \\ -\operatorname{Arccot} x + c_4 \end{cases} \end{cases}$$

47. $\int \left(\frac{1}{\sqrt{x^2+1}} - \frac{1}{\sqrt{x^2-1}}\right) dx$

$$\int \left(\frac{1}{\sqrt{x^2+1}} - \frac{1}{\sqrt{x^2-1}}\right) dx =$$
$$= \int \frac{1}{\sqrt{x^2+1}}\,dx - \int \frac{1}{\sqrt{x^2-1}}\,dx$$
$$= \underline{\underline{\operatorname{Arsinh} x - \operatorname{Arcosh} x + c}}$$

48. $\int\left(\frac{6}{\sqrt{4x^2-4}}+\sqrt{4x}\right)\mathrm{d}x$

$$\int\left(\frac{6}{\sqrt{4x^2-4}}+\sqrt{4x}\right)\mathrm{d}x=$$
$$=6\int\frac{1}{2\sqrt{x^2-1}}\,\mathrm{d}x+\int 2x^{\frac{1}{2}}\,\mathrm{d}x$$
$$=\underline{\underline{3\ \operatorname{Arcosh} x+\frac{4}{3}\,x\cdot\sqrt{x}+c}}$$

49. $\int\frac{\cosh^2 x+\sinh^2 x}{(\cosh x\cdot\sinh x)^2}\,\mathrm{d}x$

$$\int\frac{\cosh^2 x+\sinh^2 x}{(\cosh x\cdot\sinh x)^2}\,\mathrm{d}x=$$
$$=\int\frac{\cosh^2 x\,\mathrm{d}x}{(\cosh x\cdot\sinh x)^2}+\int\frac{\sinh^2 x\,\mathrm{d}x}{(\cosh x\cdot\sinh x)^2}$$
$$=\int\frac{1}{\sinh^2 x}\,\mathrm{d}x+\int\frac{1}{\cosh^2 x}\,\mathrm{d}x$$
$$=\underline{\underline{-\coth x+\tanh x+c}}$$

50. $\int\frac{\sqrt{x^2+1}+\sqrt{x^2-1}}{\sqrt{x^4-1}}\,\mathrm{d}x$

$\sqrt{x^4-1}=\sqrt{(x^2+1)(x^2-1)}$

$$\int\frac{\sqrt{x^2+1}+\sqrt{x^2-1}}{\sqrt{x^4-1}}\,\mathrm{d}x=$$
$$=\int\frac{\sqrt{x^2+1}}{\sqrt{(x^2+1)(x^2-1)}}\,\mathrm{d}x+\int\frac{\sqrt{x^2-1}}{\sqrt{(x^2+1)(x^2-1)}}\,\mathrm{d}x$$
$$=\int\frac{1}{\sqrt{x^2-1}}\,\mathrm{d}x+\int\frac{1}{\sqrt{x^2+1}}\,\mathrm{d}x$$
$$=\underline{\underline{\operatorname{Arcosh} x+\operatorname{Arsinh} x+c}}$$

2.4 Integration durch Substitution

$$\int f[\varphi(x)]\,\mathrm{d}x=\int f(z)\,\frac{\mathrm{d}z}{\varphi'(x)}\quad\text{für}\quad\varphi(x)=z;\quad\mathrm{d}x=\frac{\mathrm{d}z}{\varphi'(x)}$$

- Integrale des Typs $\int \mathrm{e}^z\,\mathrm{d}x$ mit $z=\varphi(x)$.

1. $\int \mathrm{e}^{-x}\,\mathrm{d}x$

$z=-x;\quad -\mathrm{d}z=\mathrm{d}x$

$\varphi'(x)=-1$

$$\int \mathrm{e}^{-x}\,\mathrm{d}x=-\int \mathrm{e}^z\,\mathrm{d}z$$
$$=-\mathrm{e}^z+\mathrm{c}$$
$$=\underline{\underline{-\mathrm{e}^{-x}+c}}$$

2. $\int e^{7x+2}\,dx$

$z=7x+2;\quad dx=\frac{dz}{7}$

$\varphi'(x)=7$

$$\int e^{7x+2}\,dx=\frac{1}{7}\int e^z\,dz=\frac{1}{7}e^z+c=\underline{\underline{\frac{1}{7}e^{7x+2}+c}}$$

3. $\int e^{cx+a}\,dx$

$z=cx+a;\quad dx=\frac{dz}{c}$

$\varphi'(x)=c$

$$\int e^{cx+a}\,dx=\frac{1}{c}\int e^z\,dz=\frac{1}{c}e^z+c_1=\underline{\underline{\frac{1}{c}e^{cx+a}+c_1}}$$

4. $\int \frac{dx}{e^{-2x-3}}$

$z=2x+3;\quad dx=\frac{dz}{2}$

$\varphi'(x)=2$

$$\int \frac{dx}{e^{-2x-3}}=\int e^{2x+3}\,dx=\frac{1}{2}\int e^z\,dz=\frac{1}{2}e^z+c=\underline{\underline{\frac{1}{2}e^{2x+3}+c}}$$

5. $\int \frac{e^{3x-4}}{e^{x+2}}\,dx$

$z=2x-6;\quad dx=\frac{dz}{2}$

$\varphi'(x)=2$

$$\int \frac{e^{3x-4}}{e^{x+2}}\,dx=\int e^{2x-6}\,dx=\frac{1}{2}\int e^z\,dz=\underline{\underline{\frac{1}{2}e^{2x-6}+c}}$$

6. $\int \frac{a\cdot e^{-cx}}{c\cdot e^{x+a}}\,dx$

$z=-(c+1)x-a;\quad dx=\frac{dz}{-(c+1)}$

$\varphi'(x)=-(c+1)$

$$\int \frac{a\cdot e^{-cx}}{c\cdot e^{x+a}}\,dx=\frac{a}{c}\int e^{-(c+1)x-a}\,dx=-\frac{a}{c(c+1)}\int e^z\,dz=\underline{\underline{-\frac{a}{c(c+1)}e^{-(c+1)x-a}+c_1}}$$

7. $\int \frac{x \cdot e^{x^2+x}}{e^{x+1}} dx$

$z = x^2 - 1; \quad dx = \frac{dz}{2x}$

$\varphi'(x) = 2x$

$$\int \frac{x \cdot e^{x^2+x}}{e^{x+1}} dx = \int x \cdot e^{x^2-1} dx$$
$$= \frac{1}{2} \int e^z dz$$
$$= \underline{\underline{\frac{1}{2} e^{x^2-1} + c}}$$

8. $\int \frac{e^{(2x+4)^2}}{e^{4x^2-4}} dx$

$z = 16x + 20; \quad dx = \frac{dz}{16}$

$\varphi'(x) = 16$

$$\int \frac{e^{(2x+4)^2}}{e^{4x^2-4}} dx = \int \frac{e^{4x^2+16x+16}}{e^{4x^2-4}} dx$$
$$= \int e^{16x+20} dx$$
$$= \frac{1}{16} \int e^z dz$$
$$= \underline{\underline{\frac{1}{16} \cdot e^{16x+20} + c}}$$

9. $\int \frac{\sqrt{e^{2x-4}}}{e^{2x+2}} dx$

$z = -x - 4; \quad dx = -dz$

$\varphi'(x) = -1$

$$\int \frac{\sqrt{e^{2x-4}}}{e^{2x+2}} dx = \int \frac{(e^{2x-4})^{\frac{1}{2}}}{e^{2x+2}} dx$$
$$= \int \frac{e^{x-2}}{e^{2x+2}} dx$$
$$= \int e^{-x-4} dx$$
$$= -\int e^z dz$$
$$= \underline{\underline{-e^{-x-4} + c}}$$

- Integrale der Typen $\int \sin z \, dx$, $\int \cos z \, dx$, $\int \sinh z \, dx$ und $\int \cosh z \, dx$ mit $z = \varphi(x)$.

10. $\int \sin(6x) \, dx$

$$\int \sin(6x) \, dx = \int \sin z \, \frac{dz}{6}$$

$z=6x;\quad dx=\frac{dz}{6}$

$\varphi'(x)=6$

$$\int \sin(6x)\,dx = -\frac{1}{6}\cos z + c$$
$$= -\frac{1}{6}\cos(6x) + c$$

11. $\int \sin(3x-2)\,dx$

$z=3x-2;\quad dx=\frac{dz}{3}$

$\varphi'(x)=3$

$$\int \sin(3x-2)\,dx = \frac{1}{3}\int \sin z\,dz$$
$$= -\frac{1}{3}\cos z + c$$
$$= -\frac{1}{3}\cos(3x-2) + c$$

12. $\int (x+1)\cdot\sin(x^2+2x)\,dx$

$z=x^2+2x;\quad dx=\frac{dz}{2x+2}$

$\varphi'(x)=2x+2$

$$\int (x+1)\cdot\sin(x^2+2x)\,dx =$$
$$= \int (x+1)\cdot\sin z\cdot\frac{dz}{2x+2}$$
$$= \frac{1}{2}\int \sin z\,dz$$
$$= -\frac{1}{2}\cos(x^2+2x) + c$$

13. $\int x\cdot\sin(x^2-1)\,dx$

$z=x^2-1;\quad dx=\frac{dz}{2x}$

$\varphi'(x)=2x$

$$\int x\cdot\sin(x^2-1)\,dx = \int x\cdot\sin z\cdot\frac{dz}{2x}$$
$$= \frac{1}{2}\int \sin z\,dz$$
$$= -\frac{1}{2}\cos(x^2-1) + c$$

14. $\int x\cdot\sin\frac{6x^4-2x^2}{x^2}\,dx$

$z=6x^2-2;\quad dx=\frac{dz}{12x}$

$\varphi'(x)=12x$

$$\int x\cdot\sin\frac{6x^4-2x^2}{x^2}\,dx = \int x\cdot\sin(6x^2-2)\,dx$$
$$= \frac{1}{12}\int \sin z\,dz$$
$$= -\frac{1}{12}\cos(6x^2-2) + c$$

15. $\int 4x \cdot \sin \frac{2+x^2}{4}\, dx$

$z = \frac{2+x^2}{4}; \quad dx = \frac{2\,dz}{x}$

$\varphi'(x) = \frac{x}{2}$

$$\int 4x \cdot \sin \frac{2+x^2}{4}\, dx = 8 \int \sin z\, dz$$
$$= -8 \cos z + c$$
$$= -8 \cos \frac{2+x^2}{4} + c$$

16. $\int \tan(2x) \cdot \cos(2x)\, dx$

$\tan \alpha = \frac{\sin \alpha}{\cos \alpha}$

$2x = z; \quad dx = \frac{dz}{2}$

$\varphi'(x) = 2$

$$\int \tan(2x) \cdot \cos(2x)\, dx = \int \frac{\sin(2x)}{\cos(2x)} \cdot \cos(2x)\, dx$$
$$= \int \sin(2x)\, dx$$
$$= \frac{1}{2} \int \sin z\, dz$$
$$= -\frac{1}{2} \cos(2x) + c$$

17. $\int \sqrt{1 - \cos^2(3x+1)}\, dx$

Zur Lösung wird die Substitution

$z = 3x + 1; \quad dx = \frac{dz}{3}$

und die goniometrische Beziehung $1 - \cos^2 z = \sin^2 z$ benutzt.

$$\int \sqrt{1 - \cos^2(3x+1)}\, dx = \frac{1}{3} \int \sqrt{1 - \cos^2 z}\, dz$$
$$= \frac{1}{3} \int \sin z\, dz$$
$$= -\frac{1}{3} \cos z + c$$
$$= -\frac{1}{3} \cos(3x+1) + c$$

18. $\int 2 \sin(x+1) \cdot \cos(x+1)\, dx$

Man benutzt zuerst die goniometrische Beziehung

$\sin(2\alpha) = 2 \sin \alpha \cdot \cos \alpha.$

$2(x+1) = z; \quad dx = \frac{dz}{2}$

$$\int 2 \sin(x+1) \cdot \cos(x+1)\, dx = \int \sin 2(x+1)\, dx$$
$$= \frac{1}{2} \int \sin z\, dz$$
$$= -\frac{1}{2} \cos 2(x+1) + c$$

19. $\int \cos(3x-4)\,\mathrm{d}x$

$z=3x-4;\quad \mathrm{d}x=\frac{\mathrm{d}z}{3}$

$\varphi'(x)=3$

$$\int \cos(3x-4)\,\mathrm{d}x=\frac{1}{3}\int \cos z\,\mathrm{d}z$$
$$=\frac{1}{3}\sin z+c$$
$$=\underline{\underline{\frac{1}{3}\sin(3x-4)+c}}$$

20. $\int x\cdot\cos(x^2-1)\,\mathrm{d}x$

$z=x^2-1;\quad \mathrm{d}x=\frac{\mathrm{d}z}{2x}$

$\varphi'(x)=2x$

$$\int x\cdot\cos(x^2-1)\,\mathrm{d}x=\frac{1}{2}\int \cos z\,\mathrm{d}z$$
$$=\underline{\underline{\frac{1}{2}\sin(x^2-1)+c}}$$

21. $\int \mathrm{e}^x\cdot\cos(2\mathrm{e}^x-1)\,\mathrm{d}x$

$z=2\mathrm{e}^x-1;\quad \mathrm{d}x=\frac{\mathrm{d}z}{2\mathrm{e}^x}$

$\varphi'(x)=2\mathrm{e}^x$

$$\int \mathrm{e}^x\cdot\cos(2\mathrm{e}^x-1)\,\mathrm{d}x=\frac{1}{2}\int \cos z\,\mathrm{d}z$$
$$=\frac{1}{2}\sin z+c$$
$$=\underline{\underline{\frac{1}{2}\sin(2\mathrm{e}^x-1)+c}}$$

22. $\int \frac{\sqrt{x}}{2x}\cdot\cos\sqrt{x}\,\mathrm{d}x$

$z=x^{\frac{1}{2}};\quad \mathrm{d}x=\frac{\mathrm{d}z}{\frac{1}{2}x^{-\frac{1}{2}}}$

$\varphi'(x)=\frac{1}{2\sqrt{x}}=\frac{1}{2}x^{-\frac{1}{2}}$

$$\int \frac{\sqrt{x}}{2x}\cdot\cos\sqrt{x}\,\mathrm{d}x=\frac{1}{2}\int x^{-\frac{1}{2}}\cdot\cos x^{\frac{1}{2}}\,\mathrm{d}x$$
$$=\int \cos z\,\mathrm{d}z$$
$$=\underline{\underline{\sin\sqrt{x}+c}}$$

23. $\int x^2\cdot\cos x^3\,\mathrm{d}x$

$z=x^3;\quad \mathrm{d}x=\frac{\mathrm{d}z}{3x^2}$

$\varphi'(x)=3x^2$

$$\int x^2\cdot\cos x^3\,\mathrm{d}x=\frac{1}{2}\int \cos z\,\mathrm{d}z$$
$$=\underline{\underline{\frac{1}{3}\sin x^3+c}}$$

2.4

24. $\int [\cos^2 (x-1) - \sin^2 (x-1)]\, dx$

Zur Lösung benutzt man die goniometrische Beziehung
$\cos^2 \alpha - \sin^2 \alpha = \cos (2\alpha)$
und die Substitution:

$z = 2(x-1); \quad dx = \frac{dz}{2}$

$\varphi'(x) = 2$

$$\int [\cos^2 (x-1) - \sin^2 (x-1)]\, dx =$$

$$= \int \cos 2\,(x-1)\, dx$$

$$= \frac{1}{2} \int \cos z\, dz$$

$$= \frac{1}{2} \sin z + c$$

$$= \underline{\underline{\frac{1}{2} \sin 2\,(x-1) + c}}$$

25. $\int \left[4 - \frac{1}{2} \sin^2 (2x)\right] dx$

Zur Lösung des Integrals nimmt man zunächst am Integranden eine Erweiterung mit $\frac{4}{4} = 1$ vor, um die goniometrische Beziehung

$\cos 2\alpha = 1 - 2 \sin^2 \alpha$

anwenden zu können.

$z = 4x; \quad dx = \frac{dz}{4}$

$\varphi'(x) = 4$

$$\int \left[4 - \frac{1}{2} \sin^2 (2x)\right] dx =$$

$$= \int \frac{4}{4} \left[4 - \frac{1}{2} \sin^2 (2x)\right] dx$$

$$= \frac{1}{4} \int [16 - 2 \sin^2 (2x)]\, dx$$

$$= \frac{1}{4} \int [15 + 1 - 2 \sin^2 (2x)]\, dx$$

$$= \frac{15}{4} \int dx + \frac{1}{4} \int [1 - 2 \sin^2 (2x)]\, dx$$

$$= \frac{15}{4} \int dx + \frac{1}{4} \int \cos (4x)\, dx$$

$$= \frac{15}{4} \int dx + \frac{1}{16} \int \cos z\, dz$$

$$= \frac{15}{4} x + \frac{1}{16} \sin z + c$$

$$= \underline{\underline{\frac{15}{4} x + \frac{1}{16} \sin (4x) + c}}$$

26. $\int x\sqrt{1-\sin^2(x^2)}\,\mathrm{d}x$

$z=x^2;\quad \mathrm{d}x=\frac{\mathrm{d}z}{2x}$

$1-\sin^2 z=\cos^2 z$

$$\int x\sqrt{1-\sin^2(x^2)}\,\mathrm{d}x=\frac{1}{2}\int\sqrt{1-\sin^2 z}\,\mathrm{d}z$$
$$=\frac{1}{2}\int\sqrt{\cos^2 z}\,\mathrm{d}z$$
$$=\frac{1}{2}\int\cos z\,\mathrm{d}z$$
$$=\underline{\underline{\frac{1}{2}\sin x^2+c}}$$

27. $\int\frac{\cot(x-1)}{\sqrt{1+\cot^2(x-1)}}\,\mathrm{d}x$

$z=x-1;\quad \mathrm{d}x=\mathrm{d}z$

Unter Verwendung der goniometrischen Beziehung $\cot z=\frac{\cos z}{\sin z}$ und $\cos^2 z+\sin^2 z=1$ gelangt man auf das Grundintegral $\int\cos z\,\mathrm{d}z$.

$$\int\frac{\cot(x-1)}{\sqrt{1+\cot^2(x-1)}}\,\mathrm{d}x=\int\frac{\cot z}{\sqrt{1+\cot^2 z}}\,\mathrm{d}z$$
$$=\int\frac{\frac{\cos z}{\sin z}}{\sqrt{1+\frac{\cos^2 z}{\sin^2 z}}}\,\mathrm{d}z$$
$$=\int\frac{\frac{\cos z}{\sin z}}{\sqrt{\frac{\sin^2 z+\cos^2 z}{\sin^2 z}}}\,\mathrm{d}z$$
$$=\int\frac{\cos z}{\sin z\cdot\sqrt{\frac{1}{\sin^2 z}}}\,\mathrm{d}z$$
$$=\int\cos z\,\mathrm{d}z$$
$$=\sin z+c$$
$$=\underline{\underline{\sin(x-1)+c}}$$

28. $\int\sinh(2x-3)\,\mathrm{d}x$

$z=2x-3;\quad \mathrm{d}x=\frac{\mathrm{d}z}{2}$

$\varphi'(x)=2$

$$\int\sinh(2x-3)\,\mathrm{d}x=\frac{1}{2}\int\sinh z\,\mathrm{d}z$$
$$=\frac{1}{2}\cosh z+c$$
$$=\underline{\underline{\frac{1}{2}\cosh(2x-3)+c}}$$

29. $\int x^2 \cdot \sinh(x^3-4)\,dx$

$z=x^3-4; \quad dx=\frac{dz}{3x^2}$

$\varphi'(x)=3x^2$

$$\int x^2 \cdot \sinh(x^3-4)\,dx=\frac{1}{3}\int \sinh z\,dz$$
$$=\frac{1}{3}\cosh z+c$$
$$=\frac{1}{3}\cosh(x^3-4)+c$$

30. $\int x \cdot \sinh\frac{x^4-1}{x^2+1}\,dx$

$z=x^2-1; \quad dx=\frac{dz}{2x}$

$\varphi'(x)=2x$

$$\int x \cdot \sinh\frac{x^4-1}{x^2+1}\,dx=\int x \cdot \sinh\frac{(x^2+1)(x^2-1)}{x^2+1}\,dx$$
$$=\int x \cdot \sinh(x^2-1)\,dx$$
$$=\frac{1}{2}\int \sinh z\,dz$$
$$=\frac{1}{2}\cosh(x^2-1)+c$$

31. $\int \frac{1}{x^2}\cosh\left(1+\frac{1}{x}\right)dx$

$z=1+\frac{1}{x}; \quad dx=-x^2\,dz$

$\varphi'(x)=(x^{-1})'=-x^{-2}$

$$\int \frac{1}{x^2}\cosh\left(1+\frac{1}{\mathrm{x}}\right)dx=-\int \cosh z\,dz$$
$$=-\sinh z+c$$
$$=-\sinh\left(1+\frac{1}{x}\right)+c$$

32. $\int (x+1)\cdot\cosh(2x+2)^2\,dx$

$z=(2x+2)^2; \quad dx=\frac{dz}{4(2x+2)}$

$=\frac{dz}{8(x+1)}$

$\varphi(x)=4x^2+8x+4$

$\varphi'(x)=8x+8$

$$\int (x+1)\cdot\cosh(2x+2)^2\,dx=$$
$$=\frac{1}{8}\int \cosh z\,dz$$
$$=\frac{1}{8}\sinh z+c$$
$$=\frac{1}{8}\sinh(2x+2)^2+c$$

33. $\int \cosh(3ab+cx)\,dx$

$$\int \cosh(3ab+cx)\,dx=\frac{1}{c}\int \cosh z\,dz$$

$z=3ab+cx;\quad dx=\dfrac{dz}{c}$

$\varphi'(x)=c$

$$=\frac{1}{c}\sinh(3ab+cx)+c_1$$

● Integrale der Form $\displaystyle\int\frac{dx}{\cos^2 z}$, $\displaystyle\int\frac{dx}{\sin^2 z}$, $\displaystyle\int\frac{dx}{\cosh^2 z}$ und $\displaystyle\int\frac{dx}{\sinh^2 z}$ mit $z=\varphi(x)$.

34. $\displaystyle\int\frac{dx}{\cos^2(3x-9)}$

$z=3x-9;\quad dx=\dfrac{dz}{3}$

$\varphi'(x)=3$

$$\int\frac{dx}{\cos^2(3x-9)}=\frac{1}{3}\int\frac{dz}{\cos^2 z}$$
$$=\frac{1}{3}\tan z+c$$
$$=\frac{1}{3}\tan(3x-9)+c$$

35. $\displaystyle\int\frac{dx}{1-\sin^2(4x+1)}$

$z=4x+1;\quad dx=\dfrac{dz}{4}$

$1-\sin^2 z=\cos^2 z$

$$\int\frac{dx}{1-\sin^2(4x+1)}=\frac{1}{4}\int\frac{dz}{1-\sin^2 z}$$
$$=\frac{1}{4}\int\frac{dz}{\cos^2 z}$$
$$=\frac{1}{4}\tan z+c$$
$$=\frac{1}{4}\tan(4x+1)+c$$

36. $\displaystyle\int\frac{dx}{\cos(2x+1)+1}$

Die goniometrische Beziehung $1+\cos\alpha=2\cos^2\dfrac{\alpha}{2}$ führt mit der Substitution $z=x+\dfrac{1}{2}$; $dx=dz$ auf das Grundintegral $\displaystyle\int\frac{dz}{\cos^2 z}$.

$$\int\frac{dx}{\cos(2x+1)+1}=\int\frac{dx}{2\cos^2\left(\frac{2x+1}{2}\right)}$$
$$=\frac{1}{2}\int\frac{dx}{\cos^2\left(x+\frac{1}{2}\right)}$$
$$=\frac{1}{2}\int\frac{dz}{\cos^2 z}$$
$$=\frac{1}{2}\tan z+c$$
$$=\frac{1}{2}\tan\left(x+\frac{1}{2}\right)+c$$

2.4

37. $\int \frac{\tan^2 (x+1)}{\sin^2 (x+1)}\, dx$

Zur Lösung verwendet man die goniometrische Beziehung

$\tan \alpha = \frac{\sin \alpha}{\cos \alpha}$.

$z = x+1;\quad dx = dz$

$\varphi'(x) = 1$

$$\int \frac{\tan^2 (x+1)}{\sin^2 (x+1)}\, dx = \int \frac{\frac{\sin^2 (x+1)}{\cos^2 (x+1)}}{\sin^2 (x+1)}\, dx$$

$$= \int \frac{dx}{\cos^2 (x+1)}$$

$$= \int \frac{dz}{\cos^2 z}$$

$$= \underline{\underline{\tan (x+1) + c}}$$

38. $\int \frac{\cos^2 (a+bx)}{\tan^2 (a+bx)}\, dx$

Substitution:

$z = a+bx;\quad dx = \frac{dz}{b}$

$\cos^2 z = 1 - \sin^2 z$

$\cos 2z = 1 - 2 \sin^2 z$

$\Rightarrow \sin^2 z = \frac{1}{2} - \frac{1}{2} \cos 2z$

$$\int \frac{\cos^2 (a+bx)}{\tan^2 (a+bx)}\, dx = \frac{1}{b} \int \frac{\cos^2 z}{\tan^2 z}\, dz$$

$$= \frac{1}{b} \int \frac{\cos^2 z}{\frac{\sin^2 z}{\cos^2 z}}\, dz$$

$$= \frac{1}{b} \int \frac{\cos^2 z \cdot \cos^2 z}{\sin^2 z}\, dz$$

$$= \frac{1}{b} \int \frac{(1 - \sin^2 z)^2}{\sin^2 z}\, dz$$

$$= \frac{1}{b} \int \frac{1 - 2 \sin^2 z + \sin^4 z}{\sin^2 z}\, dz$$

$$= \frac{1}{b} \int \left(\frac{1}{\sin^2 z} - 2 + \sin^2 z \right) dz$$

$$= \frac{1}{b} \int \left(\frac{1}{\sin^2 z} - \frac{3}{2} - \frac{1}{2} \cos 2z \right) dz$$

$$= \frac{1}{b} \int \frac{dz}{\sin^2 z} - \frac{3}{2b} \int dz - \frac{1}{2b} \int \cos 2z\, dz$$

Zur Lösung des dritten Teilintegrals wird eine weitere Substitution vorgenommen:

$t = 2z;\quad dz = \frac{dt}{2}$

$$\int \frac{\cos^2 (a+bx)}{\tan^2 (a+bx)}\, dx = -\frac{\cot z}{b} - \frac{3z}{2b} - \frac{1}{2b} \int \cos 2z\, dz$$

$$= -\frac{\cot z}{b} - \frac{3z}{2b} - \frac{1}{4b} \int \cos t\, dt$$

$$= -\frac{\cot z}{b} - \frac{3z}{2b} - \frac{\sin t}{4b} + c$$

$$= -\frac{\cot (a+bx)}{b} - \frac{3(a+bx)}{2b} - \frac{\sin 2(a+bx)}{4b} + c$$

39. $\int \frac{dx}{\cos^2 (ax) - \cos (2ax)}$

Zur Lösung verwendet man die goniometrische Beziehung
$\cos (2\alpha) = \cos^2 \alpha - \sin^2 \alpha$.

$z = ax; \quad dx = \frac{dz}{a}$

$$\int \frac{dx}{\cos^2 (ax) - \cos (2ax)} =$$
$$= \int \frac{dx}{\cos^2 (ax) - \cos^2 (ax) + \sin^2 (ax)}$$
$$= \int \frac{dx}{\sin^2 (ax)}$$
$$= \frac{1}{a} \int \frac{dz}{\sin^2 z}$$
$$= -\frac{1}{a} \cot z + c$$
$$= -\frac{1}{a} \cot (ax) + c$$

40. $\int \frac{dx}{x^2 \cosh^2 \left(1 + \frac{2}{x}\right)}$

$z = 1 + \frac{2}{x}; \quad dx = -\frac{x^2 \cdot dz}{2}$

$$\int \frac{dx}{x^2 \cosh^2 \left(1 + \frac{2}{x}\right)} = -\frac{1}{2} \int \frac{dz}{\cosh^2 z}$$
$$= -\frac{1}{2} \tanh z + c$$
$$= -\frac{1}{2} \tanh \left(1 + \frac{2}{x}\right) + c$$

41. $\int \frac{dx}{\cosh^2 (x-a)}$

$z = x - a; \quad dx = dz$

$$\int \frac{dx}{\cosh^2 (x-a)} = \int \frac{dz}{\cosh^2 z}$$
$$= \tanh z + c$$
$$= \tanh (x-a) + c$$

2.4

42. $\int \frac{x\,\mathrm{d}x}{\cosh^2(x^2+4)}$

$z = x^2+4; \quad \mathrm{d}x = \frac{\mathrm{d}z}{2x}$

$$\int \frac{x\,\mathrm{d}x}{\cosh^2(x^2+4)} = \frac{1}{2}\int \frac{\mathrm{d}z}{\cosh^2 z} = \frac{1}{2}\tanh z + c = \underline{\underline{\frac{1}{2}\tanh(x^2+4)+c}}$$

43. $\int \frac{x^2\,\mathrm{d}x}{\sinh^2(x^3+2a)}$

$z = x^3+2a; \quad \mathrm{d}x = \frac{\mathrm{d}z}{3x^2}$

$$\int \frac{x^2\,\mathrm{d}x}{\sinh^2(x^3+2a)} = \frac{1}{3}\int \frac{\mathrm{d}z}{\sinh^2 z} = -\frac{1}{3}\coth z + c = \underline{\underline{-\frac{1}{3}\coth(x^3+2a)+c}}$$

44. $\int \frac{\mathrm{d}x}{\sinh^2(abx+c)}$

$z = abx+c; \quad \mathrm{d}x = \frac{\mathrm{d}z}{ab}$

$$\int \frac{\mathrm{d}x}{\sinh^2(abx+c)} = \frac{1}{ab}\int \frac{\mathrm{d}z}{\sinh^2 z} = -\frac{1}{ab}\coth z + k = \underline{\underline{-\frac{1}{ab}\coth(abx+c)+k}}$$

45. $\int \frac{\mathrm{d}x}{x^4 \cdot \sinh^2 \frac{x^3+4}{x^3}}$

$z = 1+\frac{4}{x^3}; \quad \mathrm{d}x = -\frac{x^4 \cdot \mathrm{d}z}{12}$

$$\int \frac{\mathrm{d}x}{x^4 \cdot \sinh^2 \frac{x^3+4}{x^3}} = \int \frac{\mathrm{d}x}{x^4 \cdot \sinh^2\left(1+\frac{4}{x^3}\right)} = -\frac{1}{12}\int \frac{\mathrm{d}z}{\sinh^2 z} = -\frac{1}{12}(-\coth z)+c = \underline{\underline{\frac{1}{12}\coth\left(1+\frac{4}{x^3}\right)+c}}$$

● Integrale der Form $\int \sin^2 z \, \mathrm{d}x$, $\int \cos^2 z \, \mathrm{d}x$, $\int \sinh^2 z \, \mathrm{d}x$ und $\int \cosh^2 z \, \mathrm{d}x$ mit $z=\varphi(x)$.

Zur Lösung der nachfolgenden Aufgaben benutzt man die Integralformeln:

$$\int \sin^2 (a+bx)\,\mathrm{d}x = -\frac{1}{4b}\cdot \sin\,[2(a+bx)]+\frac{1}{2}\,x+c$$

$$\int \cos^2 (a+bx)\,\mathrm{d}x = \frac{1}{4b}\cdot \sin\,[2(a+bx)]+\frac{1}{2}\,x+c$$

$$\int \sinh^2 (a+bx)\,\mathrm{d}x = \frac{1}{4b}\cdot \sinh\,[2(a+bx)]-\frac{1}{2}\,x+c$$

$$\int \cosh^2 (a+bx)\,\mathrm{d}x = \frac{1}{4b}\cdot \sinh\,[2(a+bx)]+\frac{1}{2}\,x+c$$

46. $\int \sin^2 (8x-2)\,\mathrm{d}x$

$a=-2;\quad b=8$

$$\int \sin^2 (8x-2)\,\mathrm{d}x = \underline{\underline{-\frac{1}{32}\sin\,(16x-4)+\frac{x}{2}+c}}$$

47. $\int \sin^2 (3-x)\,\mathrm{d}x$

$a=3;\quad b=-1$

$$\int \sin^2 (3-x)\,\mathrm{d}x = \underline{\underline{\frac{1}{4}\sin\,(6-2x)+\frac{x}{2}+c}}$$

48. $\int \sin^2 \frac{9x^2-4}{3x+2}\,\mathrm{d}x$

$a=-2;\quad b=3$

$$\int \sin^2 \frac{9x^2-4}{3x+2}\,\mathrm{d}x = \int \sin^2 \frac{(3x+2)(3x-2)}{3x+2}\,\mathrm{d}x$$

$$= \int \sin^2 (3x-2)\,\mathrm{d}x$$

$$= \underline{\underline{-\frac{1}{12}\sin\,(6x-4)+\frac{x}{2}+c}}$$

49. $\int [1-\cos^2 (a+x)]\,\mathrm{d}x$

Man verwendet die goniometrische Beziehung $\sin^2 \alpha = 1-\cos^2 \alpha$.
$a=a;\quad b=1$

$$\int [1-\cos^2 (a+x)]\,\mathrm{d}x =$$

$$= \int \sin^2 (a+x)\,\mathrm{d}x$$

$$= \underline{\underline{-\frac{1}{4}\sin 2\,(a+x)+\frac{x}{2}+c}}$$

2.4

50. $\int [\cos^2 (4x) - \cos (8x)]\, dx$

$\cos (2\alpha) = \cos^2 \alpha - \sin^2 \alpha$

$a=0; \quad b=4$

$$\int [\cos^2 (4x) - \cos (8x)]\, dx =$$
$$= \int [\cos^2 (4x) - \cos^2 (4x) + \sin^2 (4x)]\, dx$$
$$= \int \sin^2 (4x)\, dx$$
$$= -\frac{1}{16} \sin (8x) + \frac{x}{2} + c$$

51. $\int \sin^2 \frac{16-16x+4x^2}{2x-4}\, dx$

$a=-4; \quad b=2$

$$\int \sin^2 \frac{16-16x+4x^2}{2x-4}\, dx =$$
$$= \int \sin^2 \frac{(2x-4)^2}{2x-4}\, dx$$
$$= \int \sin^2 (2x-4)\, dx$$
$$= -\frac{1}{8} \sin (4x-8) + \frac{x}{2} + c$$

52. $\int \cos^2 (a+bx)\, dx$

$$\int \cos^2 (a+bx)\, dx = \frac{1}{4b} \cdot \sin 2(a+bx) + \frac{x}{2} + c$$

53. $\int \cos^2 (2x+5)\, dx$

$a=5; \quad b=2$

$$\int \cos^2 (2x+5)\, dx = \frac{1}{8} \sin (4x+10) + \frac{x}{2} + c$$

54. $\int x \cdot \cos^2 (x^2-1)\, dx$

$z = x^2 - 1; \quad dx = \frac{dz}{2x}$

$a=0; \quad b=1$

$$\int x \cdot \cos^2 (x^2-1)\, dx = \frac{1}{2} \int \cos^2 z\, dz$$
$$= \frac{1}{8} \sin 2z + \frac{z}{4} + c$$
$$= \frac{1}{8} \sin (2x^2-2) + \frac{x^2-1}{4} + c$$

55. $\int \frac{1}{x^3} \cdot \cos^2 \frac{x^2+1}{x^2}\, dx$

$z = 1 + \frac{1}{x^2}$; $\quad dx = -\frac{x^3 \cdot dz}{2}$

$a = 0$; $\quad b = 1$

$$\int \frac{1}{x^3} \cdot \cos^2 \frac{x^2+1}{x^2}\, dx =$$
$$= \int \frac{1}{x^3} \cdot \cos^2\left(1+\frac{1}{x^2}\right) dx$$
$$= -\frac{1}{2} \int \cos^2 z\, dz$$
$$= -\frac{1}{8} \sin 2z - \frac{z}{4} + c$$
$$= -\frac{1}{8} \sin 2\left(1+\frac{1}{x^2}\right) - \frac{1}{4}\left(1+\frac{1}{x^2}\right) + c$$

56. $\int [4 - 4 \cdot \sin^2 (x-a)]\, dx$

Zur Lösung verwendet man die goniometrische Beziehung:

$\cos^2 \alpha = 1 - \sin^2 \alpha$
$a = -a$; $\quad b = 1$

$$\int [4 - 4 \cdot \sin^2 (x-a)\, dx =$$
$$= 4 \int [1 - \sin^2 (x-a)]\, dx$$
$$= 4 \int \cos^2 (x-a)]\, dx$$
$$= \sin 2\,(x-a) + 2\,(x-a) + c$$

57. $\int [\cos (2x+2) + 1]\, dx$

$\cos (2\alpha) = 2 \cos^2 \alpha - 1$

$a = b = 1$

$$\int [\cos (2x+2) + 1]\, dx =$$
$$= \int [\cos 2\,(x+1) + 1]\, dx$$
$$= \int [2 \cos^2 (x+1) - 1 + 1]\, dx$$
$$= 2 \int \cos^2 (x+1)\, dx$$
$$= \frac{1}{2} \sin 2\,(x+1) + x + c$$

58. $\int \sinh^2 (7x-a)\, dx$

$a = -a$; $\quad b = 7$

$$\int \sinh^2 (7x-a)\, dx = \frac{1}{28} \sinh 2(7x-a) - \frac{x}{2} + c$$

59. $\int x^2 \cdot \sinh^2 (x^3 - 1)\,dx$

$z = x^3 - 1; \quad dx = \frac{dz}{3x^2}$

$a = 0; \quad b = 1$

$$\int x^2 \cdot \sinh^2 (x^3 - 1)\,dx =$$
$$= \frac{1}{3} \int \sinh^2 z\,dz$$
$$= \frac{1}{12} \sinh 2z - \frac{z}{6} + c$$
$$= \underline{\underline{\frac{1}{12} \sinh 2(x^3 - 1) - \frac{x^3 - 1}{6} + c}}$$

60. $\int \cosh^2 (a - 2x)\,dx - \int dx$

$a = a; \quad b = -2$

$$\int \cosh^2 (a - 2x)\,dx - \int dx =$$
$$= -\frac{1}{8} \sinh 2(a - 2x) + \frac{x}{2} - x + c$$
$$= \underline{\underline{-\frac{1}{8} \sinh 2(a - 2x) - \frac{x}{2} + c}}$$

61. $\int \cosh^2 (x + 12)\,dx$

$a = 12; \quad b = 1$

$$\int \cosh^2 (x + 12)\,dx = \underline{\underline{\frac{1}{4} \sinh 2(x + 12) + \frac{x}{2} + c}}$$

62. $\int \coth^2 (2x) \cdot \sinh^2 (2x)\,dx$

Zur Lösung benutzt man die Beziehung $\coth x = \frac{\cosh x}{\sinh x}$.

$a = 0; \quad b = 2$

$$\int \coth^2 (2x) \cdot \sinh^2 (2x)\,dx =$$
$$= \int \frac{\cosh^2 (2x)}{\sinh^2 (2x)} \cdot \sinh^2 (2x)\,dx$$
$$= \int \cosh^2 (2x)\,dx$$
$$= \underline{\underline{\frac{1}{8} \sinh (4x) + \frac{x}{2} + c}}$$

63. $\int x \cdot \cosh^2 [(a + x)(a - x)]\,dx$

$z = a^2 - x^2; \quad dx = -\frac{dz}{2x}$

$a = 0; \quad b = 1$

$$\int x \cdot \cosh^2 [(a + x)(a - x)]\,dx =$$
$$= \int x \cdot \cosh^2 (a^2 - x^2)\,dx$$
$$= -\frac{1}{2} \int \cosh^2 z\,dz$$

$$= -\frac{1}{8}\sinh 2z - \frac{z}{4} + c$$

$$= -\frac{1}{8}\sinh 2(a^2 - x^2) - \frac{1}{4}(a^2 - x^2) + c$$

● Integrale der Form $\int f(x) \cdot f'(x)\,\mathrm{d}x$; $\int \frac{f'(x)}{f(x)}\,\mathrm{d}x$

64. $\int \frac{2x+3}{x^2+3x+a}\,\mathrm{d}x$

$f(x) = x^2 + 3x + a \Rightarrow f'(x) = 2x + 3$

$$\int \frac{2x+3}{x^2+3x+a}\,\mathrm{d}x = \int \frac{f'(x)}{f(x)}\,\mathrm{d}x = \ln|x^2+3x+a| + c$$

65. $\int \frac{3x^2-10x+6}{x^3-5x^2+6x-8}\,\mathrm{d}x$

$f(x) = x^3 - 5x^2 + 6x - 8$

$\Rightarrow f'(x) = 3x^2 - 10x + 6$

$$\int \frac{3x^2-10x+6}{x^3-5x^2+6x-8}\,\mathrm{d}x = \int \frac{f'(x)}{f(x)}\,\mathrm{d}x = \ln|x^3-5x^2+6x-8| + c$$

66. $\int \frac{5x^4+12x^2}{x^5+4x^3-1}\,\mathrm{d}x$

$f(x) = x^5 + 4x^3 - 1$

$\Rightarrow f'(x) = 5x^4 + 12x^2$

$$\int \frac{5x^4+12x^2}{x^5+4x^3-1}\,\mathrm{d}x = \int \frac{f'(x)}{f(x)}\,\mathrm{d}x = \ln|x^5+4x^3-1| + c$$

67. $\int \frac{x^2}{x^3-1}\,\mathrm{d}x$

$f(x) = x^3 - 1 \Rightarrow f'(x) = 3x^2$

$$\int \frac{x^2}{x^3-1}\,\mathrm{d}x = \frac{1}{3}\int \frac{3x^2}{x^3-1}\,\mathrm{d}x$$

$$= \frac{1}{3}\int \frac{f'(x)}{f(x)}\,\mathrm{d}x$$

$$= \frac{1}{3}\ln|x^3-1| + c$$

68. $\int \frac{2x+1{,}5}{2x^2+3x-5}\,\mathrm{d}x$

$f(x) = 2x^2 + 3x - 5$

$\Rightarrow f'(x) = 4x + 3$

$$\int \frac{2x+1{,}5}{2x^2+3x-5}\,\mathrm{d}x = \frac{1}{2}\int \frac{4x+3}{2x^2+3x-5}\,\mathrm{d}x$$

$$= \frac{1}{2}\int \frac{f'(x)}{f(x)}\,\mathrm{d}x$$

$$= \frac{1}{2}\ln|2x^2+3x-5| + c$$

2.4

69. $\displaystyle\int \frac{10x-40x^3}{\frac{1}{2}x^2-x^4+6}\,dx$

$f(x)=\frac{1}{2}x^2-x^4+6$

$\Rightarrow f'(x)=x-4x^3$

$$\int \frac{10x-40x^3}{\frac{1}{2}x^2-x^4+6}\,dx = 10\int \frac{x-4x^3}{\frac{1}{2}x^2-x^4+6}\,dx$$

$$=10\int \frac{f'(x)}{f(x)}\,dx$$

$$=\underline{\underline{10\ln|\tfrac{1}{2}x^2-x^4+6|+c}}$$

70. $\displaystyle\int \frac{3\,dx}{x\cdot\ln x};\quad x>0$

$f(x)=\ln x \Rightarrow f'(x)=\frac{1}{x}$

$$\int \frac{3\,dx}{x\cdot\ln x}=3\int\frac{dx}{x\cdot\ln x}$$

$$=3\int \frac{\frac{1}{x}}{\ln x}\,dx$$

$$=3\int \frac{f'(x)}{f(x)}\,dx$$

$$=\underline{\underline{3\ln|\ln x|+c;\quad x>0}}$$

71. $\displaystyle\int \sin(2x)\cdot\cos(2x)\,dx$

$f(x)=\sin(2x)\Rightarrow f'(x)=2\cos(2x)$

$$\int \sin(2x)\cdot\cos(2x)\,dx=$$

$$=\frac{1}{2}\int \sin(2x)\cdot 2\cos(2x)\,dx$$

$$=\frac{1}{2}\int f(x)\cdot f'(x)\,dx$$

$$=\underline{\underline{\frac{1}{4}\sin^2(2x)+c}}$$

72. $\displaystyle\int \frac{\operatorname{Arcsin} x}{\sqrt{1-x^2}}\,dx$

$f(x)=\operatorname{Arcsin} x\Rightarrow f'(x)=\frac{1}{\sqrt{1-x^2}}$

$$\int \frac{\operatorname{Arcsin} x}{\sqrt{1-x^2}}\,dx=\int \operatorname{Arcsin} x\cdot\frac{1}{\sqrt{1-x^2}}\,dx$$

$$=\int f(x)\cdot f'(x)\,dx$$

$$=\underline{\underline{\frac{1}{2}\operatorname{Arcsin}^2 x+c}}$$

73. $\int \frac{dx}{\sin x \cdot \cos x}$

$f(x) = \tan x \Rightarrow f'(x) = \frac{1}{\cos^2 x}$

$$\int \frac{dx}{\sin x \cdot \cos x} = \int \frac{dx}{\frac{\sin x}{\cos x} \cdot \cos^2 x}$$

$$= \int \frac{dx}{\tan x \cdot \cos^2 x}$$

$$= \int \frac{\frac{1}{\cos^2 x}}{\tan x}\, dx$$

$$= \int \frac{f'(x)}{f(x)}\, dx$$

$$= \underline{\underline{\ln |\tan x| + c}}$$

74. $\int \frac{\sin x}{\cos^3 x}\, dx$

$f(x) = \tan x \Rightarrow f'(x) = \frac{1}{\cos^2 x}$

$$\int \frac{\sin x}{\cos^3 x}\, dx = \int \frac{\sin x}{\cos x} \cdot \frac{1}{\cos^2 x}\, dx$$

$$= \int \tan x \cdot \frac{1}{\cos^2 x}\, dx$$

$$= \int f(x) \cdot f'(x)\, dx$$

$$= \underline{\underline{\frac{1}{2} \tan^2 x + c}}$$

75. $\int \frac{\tan x}{\cos^2 x}\, dx$

vergleichbare Aufgabe 74

$$\int \frac{\tan x}{\cos^2 x}\, dx = \int \tan x \cdot \frac{1}{\cos^2 x}\, dx$$

$$= \int f(x) \cdot f'(x)\, dx$$

$$= \underline{\underline{\frac{1}{2} \tan^2 x + c}}$$

76. $\int \frac{\operatorname{Arsinh} x}{\sqrt{1+x^2}}\, dx$

$f(x) = \operatorname{Arsinh} x \Rightarrow f'(x) = \frac{1}{\sqrt{x^2+1}}$

$$\int \frac{\operatorname{Arsinh} x}{\sqrt{1+x^2}}\, dx = \int \operatorname{Arsinh} x \cdot \frac{1}{\sqrt{x^2+1}}\, dx$$

$$= \int f(x) \cdot f'(x)\, dx$$

$$= \underline{\underline{\frac{1}{2} \operatorname{Arsinh}^2 x + c}}$$

2.4

77. $\int \frac{\text{Arctan}\, x}{1+x^2}\, dx$

$f(x) = \text{Arctan}\, x \Rightarrow f'(x) = \frac{1}{1+x^2}$

$$\int \frac{\text{Arctan}\, x}{1+x^2}\, dx = \int \text{Arctan}\, x \cdot \frac{1}{1+x^2}\, dx$$
$$= \int f(x) \cdot f'(x)\, dx$$
$$= \frac{1}{2} \text{Arctan}^2\, x + c.$$

78. $\int \frac{\ln (2x-4)}{x-2}\, dx$

$f(x) = \ln (2x-4) \Rightarrow f'(x) = \frac{1}{x-2}$

$$\int \frac{\ln (2x-4)}{x-2}\, dx = \int \ln (2x-4) \cdot \frac{1}{x-2}\, dx$$
$$= \int f(x) \cdot f'(x)\, dx$$
$$= \frac{1}{2} \ln^2 (2x-4) + c$$

79. $\int \frac{\tan (x+1)}{\cos^2 (x+1)}\, dx$

$f(x) = \tan (x+1)$

$\Rightarrow f'(x) = \frac{1}{\cos^2 (x+1)}$

$$\int \frac{\tan (x+1)}{\cos^2 (x+1)}\, dx = \int \tan (x+1) \cdot \frac{1}{\cos^2 (x+1)}\, dx$$
$$= \int f(x) \cdot f'(x)\, dx$$
$$= \frac{1}{2} \tan^2 (x+1) + c$$

80. $\int a^{4x} \cdot \ln a\, dx$

$f(x) = a^{2x} \Rightarrow f'(x) = a^{2x} \cdot \ln a \cdot 2$

$$\int a^{4x} \cdot \ln a\, dx = \frac{1}{2} \int a^{2x} \cdot a^{2x} \cdot \ln a \cdot 2\, dx$$
$$= \frac{1}{2} \int f(x) \cdot f'(x)\, dx$$
$$= \frac{1}{4} (a^{2x})^2 + c$$
$$= \frac{1}{4} a^{4x} + c$$

81. $\int \frac{\text{Arccot}\, x}{1+x^2}\, dx$

$f(x)=\text{Arccot}\, x \Rightarrow f'(x)=\frac{-1}{1+x^2}$

$$\int \frac{\text{Arccot}\, x}{1+x^2}\, dx = -\int \text{Arccot}\, x \cdot \frac{-1}{1+x^2}\, dx$$
$$= -\int f(x)\cdot f'(x)\, dx$$
$$= -\frac{1}{2}\, \text{Arccot}^2\, x + c$$

82. $\int \tan(2a+x)\, dx$

Zur Lösung verwendet man die goniometrische Beziehung

$\tan\alpha=\frac{\sin\alpha}{\cos\alpha}$.

$f(x)=\cos(2a+x)$

$\Rightarrow f'(x)=-\sin(2a+x)$

$$\int \tan(2a+x)\, dx = \int \frac{\sin(2a+x)}{\cos(2a+x)}\, dx$$
$$= -\int \frac{-\sin(2a+x)}{\cos(2a+x)}\, dx$$
$$= -\int \frac{f'(x)}{f(x)}\, dx$$
$$= -\ln|\cos(2a+x)| + c$$

83. $\int a\cdot\cot(b+ax)\, dx$

Man benutzt die goniometrische Beziehung $\cot\alpha=\frac{\cos\alpha}{\sin\alpha}$.

$f(x)=\sin(b+ax)$

$\Rightarrow f'(x)=a\cdot\cos(b+ax)$

$$\int a\cdot\cot(b+ax)\, dx = \int \frac{a\cdot\cos(b+ax)}{\sin(b+ax)}\, dx$$
$$= \int \frac{f'(x)}{f(x)}\, dx$$
$$= \ln|\sin(b+ax)| + c$$

84. $\int \frac{x\, dx}{(2x-4)(2x+4)}$

$f(x)=4x^2-16 \Rightarrow f'(x)=8x$

$$\int \frac{x\, dx}{(2x-4)(2x+4)} = \int \frac{x\, dx}{4x^2-16}$$
$$= \frac{1}{8}\int \frac{8x}{4x^2-16}\, dx$$
$$= \frac{1}{8}\int \frac{f'(x)}{f(x)}\, dx$$
$$= \frac{1}{8}\ln|4x^2-16| + c$$

85. $\int \frac{a\,\mathrm{d}x}{\sin(2ax+b)}$

Man substituiert

$2z=2ax+b;\quad \mathrm{d}x=\frac{\mathrm{d}z}{a}$

und verwendet die goniometrischen Beziehungen

$\sin(2z)=2\sin z\cdot\cos z$ und

$\tan z=\frac{\sin z}{\cos z}$.

$f(z)=\tan z \Rightarrow f'(z)=\frac{1}{\cos^2 z}$

$2z=2ax+b \Rightarrow z=ax+\frac{b}{2}$

$$\int \frac{a\,\mathrm{d}x}{\sin(2ax+b)}=\int \frac{\mathrm{d}z}{\sin 2z}$$

$$=\int \frac{\mathrm{d}z}{2\sin z\cdot\cos z}$$

$$=\frac{1}{2}\int \frac{\mathrm{d}z}{\frac{\sin z}{\cos z}\cdot\cos^2 z}$$

$$=\frac{1}{2}\int \frac{\frac{1}{\cos^2 z}}{\tan z}\,\mathrm{d}z$$

$$=\frac{1}{2}\int \frac{f'(z)}{f(z)}\,\mathrm{d}z$$

$$=\frac{1}{2}\ln|\tan z|+c$$

$$=\frac{1}{2}\ln\left|\tan\left(ax+\frac{b}{2}\right)\right|+c$$

86. $\int \frac{4\,\mathrm{d}x}{\cos(4x)}$

$\int \frac{\mathrm{d}x}{\cos(ax)};\quad a=4$

$$\int \frac{4\,\mathrm{d}x}{\cos(4x)}=4\int \frac{\mathrm{d}x}{\cos(4x)}$$

$$=\ln\left|\cot\left(\frac{\pi}{4}-2x\right)\right|+c$$

87. $\int \frac{\tan(x+1)}{\sin(x+1)}\,\mathrm{d}x$

Zur Lösung des Integrals benutzt man zunächst die goniometrische Beziehung $\tan\alpha=\frac{\sin\alpha}{\cos\alpha}$ und nach der Substitution $z=x+1;\ \mathrm{d}x=\mathrm{d}z$ die Lösung des Integrals $\int \frac{\mathrm{d}x}{\cos ax}$ mit $a=1$.

$$\int \frac{\tan(x+1)}{\sin(x+1)}\,\mathrm{d}x=\int \frac{\frac{\sin(x+1)}{\cos(x+1)}}{\sin(x+1)}\,\mathrm{d}x$$

$$=\int \frac{1}{\cos(x+1)}\,\mathrm{d}x$$

$$=\int \frac{1}{\cos z}\,\mathrm{d}z$$

$$=\ln\left|\cot\left(\frac{\pi}{4}-\frac{z}{2}\right)\right|+c$$

$$=\ln\left|\cot\left(\frac{\pi}{4}-\frac{x+1}{2}\right)\right|+c$$

- Integrale der Form $\int (a+bx)^n \, dx$ und $\int x^m (a+bx^{m+1})^n \, dx$ mit $n \neq -1$.

88. $\int (3x-5)^4 \, dx$

$z=3x-5; \quad dx=\frac{dz}{3}$

$$\int (3x-5)^4 \, dx = \frac{1}{3} \int z^4 \, dz = \frac{1}{3} \cdot \frac{z^5}{5} + c = \underline{\underline{\frac{1}{15}(3x-5)^5 + c}}$$

89. $\int \frac{dx}{(x-a)^4}$

$z=x-a \Rightarrow dx=dz$

$$\int \frac{dx}{(x-a)^4} = \int (x-a)^{-4} \, dx = \int z^{-4} \, dz = \frac{z^{-3}}{-3} + c = \underline{\underline{-\frac{1}{3(x-a)^3} + c}}$$

90. $\int \frac{(4x-2)^2}{(2x-1)^5} \, dx$

$z=2x-1 \Rightarrow dx=\frac{dz}{2}$

$$\int \frac{(4x-2)^2}{(2x-1)^5} \, dx = \int \frac{4(2x-1)^2}{(2x-1)^5} \, dx = 4 \int (2x-1)^{-3} \, dx = 2 \int z^{-3} \, dz = 2 \cdot \frac{z^{-2}}{-2} + c = \underline{\underline{-\frac{1}{(2x-1)^2} + c}}$$

91. $\int \sqrt{3x-5} \, dx$

$z=3x-5 \Rightarrow dx=\frac{dz}{3}$

$$\int \sqrt{3x-5} \, dx = \int (3x-5)^{\frac{1}{2}} \, dx = \frac{1}{3} \int z^{\frac{1}{2}} \, dz$$

$$\int \sqrt{3x-5}\,dx = \frac{1}{3}\cdot\frac{z^{\frac{3}{2}}}{\frac{3}{2}} + c$$

$$= \frac{2}{9}(3x-5)\sqrt{3x-5} + c$$

92. $\int \sqrt{a+bx}\,dx$

$z = a+bx \Rightarrow dx = \frac{dz}{b}$

$$\int \sqrt{a+bx}\,dx = \int (a+bx)^{\frac{1}{2}}\,dx$$

$$= \frac{1}{b}\int z^{\frac{1}{2}}\,dz$$

$$= \frac{1}{b}\cdot\frac{z^{\frac{3}{2}}}{\frac{3}{2}} + c$$

$$= \frac{2}{3b}(a+bx)\sqrt{a+bx} + c$$

93. $\int \frac{4\,dx}{\sqrt{2x+3}}$

$z = 2x+3 \Rightarrow dx = \frac{dz}{2}$

$$\int \frac{4\,dx}{\sqrt{2x+3}} = 4\int (2x+3)^{-\frac{1}{2}}\,dx$$

$$= 2\int z^{-\frac{1}{2}}\,dz$$

$$= 2\cdot\frac{z^{\frac{1}{2}}}{\frac{1}{2}} + c$$

$$= 4\sqrt{2x+3} + c$$

94. $\int \frac{dx}{\sqrt{(2x-4)^5}}$

$z = 2x-4; \quad dx = \frac{dz}{2}$

$$\int \frac{dx}{\sqrt{(2x-4)^5}} = \int (2x-4)^{-\frac{5}{2}}\,dx$$

$$= \frac{1}{2}\int z^{-\frac{5}{2}}\,dz$$

$$= \frac{1}{2}\cdot\frac{z^{-\frac{3}{2}}}{-\frac{3}{2}} + c$$

$$= -\frac{1}{3(2x-4)\sqrt{2x-4}} + c$$

95. $\int \frac{\mathrm{d}x}{\sqrt{a+bx}}$

$z=a+bx; \quad \mathrm{d}x=\frac{\mathrm{d}z}{b}$

$$\int \frac{\mathrm{d}x}{\sqrt{a+bx}}=\int (a+bx)^{-\frac{1}{2}}\,\mathrm{d}x$$
$$=\frac{1}{b}\int z^{-\frac{1}{2}}\,\mathrm{d}z$$
$$=\frac{1}{b}\cdot\frac{z^{\frac{1}{2}}}{\frac{1}{2}}+c$$
$$=\underline{\underline{\frac{2}{b}\sqrt{a+bx}+c}}$$

96. $\int \frac{2\,\mathrm{d}x}{(3+4x)^7}$

$z=3+4x; \quad \mathrm{d}x=\frac{\mathrm{d}z}{4}$

$$\int \frac{2\,\mathrm{d}x}{(3+4x)^7}=2\int (3+4x)^{-7}\,\mathrm{d}x$$
$$=\frac{1}{2}\int z^{-7}\,\mathrm{d}z$$
$$=\frac{1}{2}\cdot\frac{z^{-6}}{-6}+c$$
$$=\underline{\underline{-\frac{1}{12(3+4x)^6}+c}}$$

97. $\int \frac{\sqrt[3]{4x-16}}{(x-4)^3}\,\mathrm{d}x$

$z=x-4; \quad \mathrm{d}x=\mathrm{d}z$

$$\int \frac{\sqrt[3]{4x-16}}{(x-4)^3}\,\mathrm{d}x=\int \frac{\sqrt[3]{4(x-4)}}{(x-4)^3}\,\mathrm{d}x$$
$$=\sqrt[3]{4}\int \frac{(x-4)^{\frac{1}{3}}}{(x-4)^3}\,\mathrm{d}x$$
$$=\sqrt[3]{4}\int \frac{z^{\frac{1}{3}}}{z^3}\,\mathrm{d}z$$
$$=\sqrt[3]{4}\int z^{-\frac{8}{3}}\,\mathrm{d}z$$
$$=\sqrt[3]{4}\cdot\frac{z^{-\frac{5}{3}}}{-\frac{5}{3}}+c$$
$$=\underline{\underline{-\frac{3\cdot\sqrt[3]{4}}{5(x-4)\cdot\sqrt[3]{(x-4)^2}}+c}}$$

98. $\int \frac{x\,dx}{\sqrt{x^3-4x^2}}$

$z=x-4;\quad dx=dz$

$$\int \frac{x\,dx}{\sqrt{x^3-4x^2}}=\int \frac{x\,dx}{\sqrt{x^2(x-4)}}$$
$$=\int (x-4)^{-\frac{1}{2}}\,dx$$
$$=\int z^{-\frac{1}{2}}\,dz$$
$$=\frac{z^{\frac{1}{2}}}{\frac{1}{2}}+c$$
$$=\underline{\underline{2\sqrt{x-4}+c}}$$

99. $\int \frac{\sqrt[5]{(4x+2)^7}}{8x+4}\,dx$

$z=4x+2;\quad dx=\frac{dz}{4}$

$$\int \frac{\sqrt[5]{(4x+2)^7}}{8x+4}\,dx=\int \frac{(4x+2)^{\frac{7}{5}}}{2(4x+2)}\,dx$$
$$=\frac{1}{2}\int (4x+2)^{\frac{2}{5}}\,dx$$
$$=\frac{1}{8}\int z^{\frac{2}{5}}\,dz$$
$$=\frac{1}{8}\cdot\frac{z^{\frac{7}{5}}}{\frac{7}{5}}+c$$
$$=\underline{\underline{\frac{5}{56}(4x+2)\cdot\sqrt[5]{(4x+2)^2}+c}}$$

100. $\int \frac{dx}{\left(8x-\frac{1}{2}\right)^6}$

$z=8x-\frac{1}{2};\quad dx=\frac{dz}{8}$

$$\int \frac{dx}{\left(8x-\frac{1}{2}\right)^6}=\int \left(8x-\frac{1}{2}\right)^{-6}dx$$
$$=\frac{1}{8}\int z^{-6}\,dz$$
$$=\frac{1}{8}\cdot\frac{z^{-5}}{-5}+c$$
$$=\underline{\underline{-\frac{1}{40\left(8x-\frac{1}{2}\right)^5}+c}}$$

101. $\displaystyle\int \frac{\sqrt[5]{(x-1)^{\frac{1}{3}}}}{(3x-3)^4}\,\mathrm{d}x$

$z = x-1; \quad \mathrm{d}x = \mathrm{d}z$

$$\int \frac{\sqrt[5]{(x-1)^{\frac{1}{3}}}}{(3x-3)^4}\,\mathrm{d}x = \int \frac{(x-1)^{\frac{1}{15}}}{3^4(x-1)^4}\,\mathrm{d}x$$

$$= \frac{1}{81}\int (x-1)^{-\frac{59}{15}}\,\mathrm{d}x$$

$$= \frac{1}{81}\int z^{-\frac{59}{15}}\,\mathrm{d}z$$

$$= \frac{1}{81}\cdot\frac{z^{-\frac{44}{15}}}{-\frac{44}{15}} + c$$

$$= -\frac{5}{1188(x-1)^2\cdot\sqrt[15]{(x-1)^{14}}} + c$$

102. $\displaystyle\int \frac{\sqrt{\sqrt{(3x-2)^3}}}{(9x-6)^{\frac{1}{7}}}\,\mathrm{d}x$

$z = 3x-2; \quad \mathrm{d}x = \frac{\mathrm{d}z}{3}$

$$\int \frac{\sqrt{\sqrt{(3x-2)^3}}}{(9x-6)^{\frac{1}{7}}}\,\mathrm{d}x = \int \frac{[(3x-2)^3]^{\frac{1}{4}}}{[3(3x-2)]^{\frac{1}{7}}}\,\mathrm{d}x$$

$$= \frac{1}{\sqrt[7]{3}}\int \frac{(3x-2)^{\frac{3}{4}}}{(3x-2)^{\frac{1}{7}}}\,\mathrm{d}x$$

$$= \frac{1}{\sqrt[7]{3}}\int (3x-2)^{\frac{17}{28}}\,\mathrm{d}x$$

$$= \frac{1}{3\sqrt[7]{3}}\int z^{\frac{17}{28}}\,\mathrm{d}z$$

$$= \frac{1}{3\sqrt[7]{3}}\cdot\frac{z^{\frac{45}{28}}}{\frac{45}{28}} + c$$

$$= \frac{28}{135\cdot\sqrt[7]{3}}\,(3x-2)\cdot\sqrt[28]{(3x-2)^{17}} + c$$

2.4

103. $\int \sqrt{\left[\frac{x^2-1}{1-x}\right]^5}\, dx$

$$\int \sqrt{\left[\frac{x^2-1}{1-x}\right]^5}\, dx = \int \left[\frac{(x+1)(x-1)}{1-x}\right]^{\frac{5}{2}} dx$$

$$= \int \left[\frac{(x+1)(-1)(1-x)}{1-x}\right]^{\frac{5}{2}} dx$$

$$= \int (-x-1)^{\frac{5}{2}}\, dx$$

$z=-x-1; \quad dx=-dz$

$$= -\int z^{\frac{5}{2}}\, dz$$

$$= -\frac{z^{\frac{7}{2}}}{\frac{7}{2}} + c$$

$(-1)^3 = -1$

$$= -\frac{2}{7}(-x-1)^3 \cdot \sqrt{-x-1} + c$$

$$= \frac{2}{7}(x+1)^3 \cdot \sqrt{-x-1} + c$$

104. $\int \frac{x^3 \cdot \sqrt{x+a}}{\sqrt[3]{x^8(x^2+ax)}}\, dx$

$$\int \frac{x^3 \cdot \sqrt{x+a}}{\sqrt[3]{x^8(x^2+ax)}}\, dx = \int \frac{x^3 \cdot \sqrt{x+a}}{\sqrt[3]{x^9(x+a)}}\, dx$$

$$= \int \frac{x^3 \cdot \sqrt{x+a}}{x^3 \cdot \sqrt[3]{x+a}}\, dx$$

$$= \int \frac{(x+a)^{\frac{1}{2}}}{(x+a)^{\frac{1}{3}}}\, dx$$

$z=x+a; \quad dx=dz$

$$= \int (x+a)^{\frac{1}{6}}\, dx$$

$$= \int z^{\frac{1}{6}}\, dz$$

$$= \frac{z^{\frac{7}{6}}}{\frac{7}{6}} + c$$

$$= \frac{6}{7}(x+a) \cdot \sqrt[6]{x+a} + c$$

105. $\int \frac{x-1}{x^3+7x^2+8x-16}\,dx$

Man dividiert zunächst:

$(x^3+7x^2+8x-16):(x-1)=$

$=x^2+8x+16=(x+4)^2$

$z=x+4; \quad dx=dz$

$$\int \frac{x-1}{x^3+7x^2+8x-16}\,dx=$$

$$=\int \frac{1}{\frac{x^3+7x^2+8x-16}{x-1}}\,dx$$

$$=\int \frac{1}{(x+4)^2}\,dx$$

$$=\int (x+4)^{-2}\,dx$$

$$=\int z^{-2}\,dz$$

$$=\frac{z^{-1}}{-1}+c$$

$$=\underline{\underline{-\frac{1}{x+4}+c}}$$

106. $\int \frac{x\,dx}{\sqrt{9-x^2}}$

$z=9-x^2; \quad dx=-\frac{dz}{2x}$

$$\int \frac{x\,dx}{\sqrt{9-x^2}}=-\frac{1}{2}\int \frac{dz}{\sqrt{z}}$$

$$=-\frac{1}{2}\int z^{-\frac{1}{2}}\,dz$$

$$=-\frac{1}{2}\cdot\frac{z^{\frac{1}{2}}}{\frac{1}{2}}+c$$

$$=\underline{\underline{-\sqrt{9-x^2}+c}}$$

107. $\int \frac{x\,dx}{\sqrt{1+x^2}}$

$z=1+x^2; \quad dx=\frac{dz}{2x}$

$$\int \frac{x\,dx}{\sqrt{1+x^2}}=\frac{1}{2}\int \frac{dz}{\sqrt{z}}$$

$$=\frac{1}{2}\int z^{-\frac{1}{2}}\,dz$$

$$=z^{\frac{1}{2}}+c$$

$$=\underline{\underline{\sqrt{1+x^2}+c}}$$

2.4

108. $\int \frac{x\,dx}{\sqrt{x^2+a^2}}$

$z = x^2 + a^2; \quad dx = \frac{dz}{2x}$

$$\int \frac{x\,dx}{\sqrt{x^2+a^2}} = \frac{1}{2}\int \frac{dz}{\sqrt{z}} = \frac{1}{2}\int z^{-\frac{1}{2}}\,dz = z^{\frac{1}{2}} + c = \underline{\underline{\sqrt{x^2+a^2} + c}}$$

109. $\int \frac{x^2\,dx}{(a^3x^3-b^3)^4}$

$z = a^3x^3 - b^3; \quad dx = \frac{dz}{3a^3x^2}$

$$\int \frac{x^2\,dx}{(a^3x^3-b^3)^4} = \frac{1}{3a^3}\int \frac{dz}{z^4} = \frac{1}{3a^3}\int z^{-4}\,dz = \frac{1}{3a^3}\cdot\frac{z^{-2}}{-3} + c = \underline{\underline{-\frac{1}{9a^3(a^3x^3-b^3)^3} + c}}$$

110. $\int \frac{x\,dx}{(x^2+a^2)^3}$

$z = x^2 + a^2; \quad dx = \frac{dz}{2x}$

$$\int \frac{x\,dx}{(x^2+a^2)^3} = \frac{1}{2}\int \frac{dz}{z^3} = \frac{1}{2}\int z^{-3}\,dz = \frac{1}{2}\cdot\frac{z^{-2}}{-2} + c = \underline{\underline{-\frac{1}{4(x^2+a^2)^2} + c}}$$

111. $\int \frac{x\,dx}{\sqrt{ax^2+b}}$

$z = ax^2 + b; \quad dx = \frac{dz}{2ax}$

$$\int \frac{x\,dx}{\sqrt{ax^2+b}} = \frac{1}{2a}\int \frac{dz}{\sqrt{z}} = \frac{1}{2a}\int z^{-\frac{1}{2}}\,dz = \frac{1}{2a}\cdot\frac{z^{\frac{1}{2}}}{\frac{1}{2}} + c = \underline{\underline{\frac{1}{a}\sqrt{ax^2+b} + c}}$$

112. $\int \frac{x^3}{\sqrt{5+x^4}}\,dx$

$z=5+x^4;\quad dx=\frac{dz}{4x^3}$

$$\int \frac{x^3}{\sqrt{5+x^4}}\,dx=\frac{1}{4}\int \frac{dz}{\sqrt{z}}=\frac{1}{4}\int z^{-\frac{1}{2}}\,dz$$

$$=\frac{1}{4}\cdot\frac{z^{\frac{1}{2}}}{\frac{1}{2}}+c$$

$$=\frac{1}{2}\sqrt{5+x^4}+c$$

113. $\int x^2\cdot\sqrt{5-6x^3}\,dx$

$z=5-6x^3;\quad dx=\frac{dz}{-18x^2}$

$$\int x^2\cdot\sqrt{5-6x^3}\,dx=-\frac{1}{18}\int\sqrt{z}\,dz$$

$$=-\frac{1}{18}\int z^{\frac{1}{2}}\,dz$$

$$=-\frac{1}{18}\cdot\frac{z^{\frac{3}{2}}}{\frac{3}{2}}+c$$

$$=-\frac{1}{27}(5-6x^3)\sqrt{5-6x^3}+c$$

114. $\int x\sqrt{1+x^2}\,dx$

$z=1+x^2;\quad dx=\frac{dz}{2x}$

$$\int x\sqrt{1+x^2}\,dx=\frac{1}{2}\int\sqrt{z}\,dz$$

$$=\frac{1}{2}\int z^{\frac{1}{2}}\,dz$$

$$=\frac{1}{2}\cdot\frac{z^{\frac{3}{2}}}{\frac{3}{2}}+c$$

$$=\frac{1}{3}(1+x^2)\sqrt{1+x^2}+c$$

115. $\int \frac{\left(\frac{a}{x}+2b\right)^2}{x^2}\,dx$

$z=\frac{a}{x}+2b;\quad dx=-\frac{x^2}{a}\,dz$

$$\int \frac{\left(\frac{a}{x}+2b\right)^2}{x^2}\,dx=-\frac{1}{a}\int z^2\,dz$$

$$=-\frac{1}{3a}z^3+c$$

$$=-\frac{1}{3a}\left(\frac{a}{x}+2b\right)^3+c$$

116. $\int \frac{\sqrt{\left(4-\frac{3}{x^2}\right)^3}}{x^3}\,dx$

$z=4-\frac{3}{x^2}$; $dx=\frac{x^3}{6}\,dz$

$$\int \frac{\sqrt{\left(4-\frac{3}{x^2}\right)^3}}{x^3}\,dx=\frac{1}{6}\int\sqrt{z^3}\,dz$$
$$=\frac{1}{6}\int z^{\frac{3}{2}}\,dz$$
$$=\frac{1}{6}\cdot\frac{z^{\frac{5}{2}}}{\frac{5}{2}}+c$$
$$=\underline{\underline{\frac{1}{15}\left(4-\frac{3}{x^2}\right)^2\cdot\sqrt{4-\frac{3}{x^2}}+c}}$$

117. $\int \frac{\sqrt{x}}{(a+\sqrt{x^3})^2}\,dx$

$z=a+x^{\frac{3}{2}}$; $dx=\frac{dz}{\frac{3}{2}x^{\frac{1}{2}}}$

$$\int \frac{\sqrt{x}}{(a+\sqrt{x^3})^2}\,dx=\int\frac{x^{\frac{1}{2}}}{(a+x^{\frac{3}{2}})^2}\,dx$$
$$=\frac{2}{3}\int\frac{dz}{z^2}$$
$$=\frac{2}{3}\int z^{-2}\,dz$$
$$=\frac{2}{3}\cdot\frac{z^{-1}}{-1}+c$$
$$=\underline{\underline{-\frac{2}{3(a+\sqrt{x^3})}+c}}$$

118. $\int x^2\cdot\sqrt[3]{x^3-1}\,dx$

$z=x^3-1$; $dx=\frac{dz}{3x^2}$

$$\int x^2\cdot\sqrt[3]{x^3-1}\,dx=\frac{1}{3}\int\sqrt[3]{z}\,dz$$
$$=\frac{1}{3}\int z^{\frac{1}{3}}\,dz$$
$$=\frac{1}{3}\cdot\frac{z^{\frac{4}{3}}}{\frac{4}{3}}+c$$
$$=\frac{1}{4}\,z\cdot z^{\frac{1}{3}}+c$$
$$=\underline{\underline{\frac{1}{4}\,(x^3-1)\cdot\sqrt[3]{x^3-1}+c}}$$

119. $\int \sqrt[3]{x^2}\left(a+x\sqrt[3]{x^2}\right)^3 \mathrm{d}x$

$z=a+x^{\frac{5}{3}}; \quad \mathrm{d}x=\dfrac{\mathrm{d}z}{\frac{5}{3}x^{\frac{2}{3}}}$

$$\int \sqrt[3]{x^2}\left(a+x\sqrt[3]{x^2}\right)^3 \mathrm{d}x=\int x^{\frac{2}{3}}\left(a+x^{\frac{5}{3}}\right)^3 \mathrm{d}x$$
$$=\frac{3}{5}\int z^3\,\mathrm{d}z$$
$$=\frac{3}{5}\cdot\frac{z^4}{4}+c$$
$$=\underline{\underline{\frac{3}{20}\left(a+x\cdot\sqrt[3]{x^2}\right)^4+c}}$$

120. $\int \dfrac{\mathrm{d}x}{x^3\cdot\left(2+\dfrac{3}{x^2}\right)^3}$

$z=2+\dfrac{3}{x^2}; \quad \mathrm{d}x=-\dfrac{x^3}{6}\,\mathrm{d}z$

$$\int \frac{\mathrm{d}x}{x^3\cdot\left(2+\frac{3}{x^2}\right)^3}=-\frac{1}{6}\int\frac{\mathrm{d}z}{z^3}$$
$$=-\frac{1}{6}\int z^{-3}\,\mathrm{d}z$$
$$=-\frac{1}{6}\cdot\frac{z^{-2}}{-2}+c$$
$$=\underline{\underline{\frac{1}{12}\left(2+\frac{3}{x^2}\right)^2+c}}$$

121. $\int \dfrac{x^5\,\mathrm{d}x}{\sqrt{x^2-x^7}}$

$z=1-x^5; \quad \mathrm{d}x=-\dfrac{\mathrm{d}z}{5x^4}$

$$\int \frac{x^5\,\mathrm{d}x}{\sqrt{x^2-x^7}}=\int\frac{x^5\,\mathrm{d}x}{\sqrt{x^2(1-x^5)}}$$
$$=\int\frac{x^4\,\mathrm{d}x}{\sqrt{1-x^5}}$$
$$=-\frac{1}{5}\int\frac{\mathrm{d}z}{\sqrt{z}}$$
$$=-\frac{1}{5}\int z^{-\frac{1}{2}}\,\mathrm{d}z$$
$$=-\frac{1}{5}\cdot\frac{z^{\frac{1}{2}}}{\frac{1}{2}}+c$$
$$=\underline{\underline{-\frac{2}{5}\sqrt{1-x^5}+c}}$$

122. $\int x \cdot \sqrt[5]{(a^2-x^2)^3}\,dx$

$z = a^2 - x^2; \quad dx = -\frac{dz}{2x}$

$$\int x \cdot \sqrt[5]{(a^2-x^2)^3}\,dx = -\frac{1}{2}\int \sqrt[5]{z^3}\,dz$$
$$= -\frac{1}{2}\int z^{\frac{3}{5}}\,dz$$
$$= -\frac{1}{2}\cdot\frac{z^{\frac{8}{5}}}{\frac{8}{5}} + c$$
$$= -\frac{5}{16}(a^2-x^2)\cdot\sqrt[5]{(a^2-x^2)^3} + c$$

123. $\int \frac{1}{x^2}\sqrt[3]{\left(\frac{1}{x}+b\right)^2}\,dx$

$z = \frac{1}{x} + b; \quad dx = -x^2\,dz$

$$\int \frac{1}{x^2}\sqrt[3]{\left(\frac{1}{x}+b\right)^2}\,dx = -\int \sqrt[3]{z^2}\,dz$$
$$= -\int z^{\frac{2}{3}}\,dz$$
$$= -\frac{z^{\frac{5}{3}}}{\frac{5}{3}} + c$$
$$= -\frac{3}{5}\left(\frac{1}{x}+b\right)\cdot\sqrt[3]{\left(\frac{1}{x}+b\right)^2} + c$$

● Integrale der Form $\int \frac{dx}{a+bx}$; $\int \frac{x^m}{a+bx^{m+1}}\,dx$

124. $\int \frac{a\,dx}{3x-b}$

$z = 3x - b; \quad dx = \frac{dz}{3}$

$$\int \frac{a\,dx}{3x-b} = \frac{a}{3}\int \frac{dz}{z}$$
$$= \frac{a}{3}\ln|z| + c$$
$$= \frac{a}{3}\ln|3x-b| + c$$

125. $\int \frac{a+bx}{(2a+2bx)^2}\,dx$

$z=a+bx; \quad dx=\frac{dz}{b}$

$$\int \frac{a+bx}{(2a+2bx)^2}\,dx=\int \frac{a+bx}{[2(a+bx)]^2}\,dx$$
$$=\frac{1}{4}\int \frac{dx}{a+bx}$$
$$=\frac{1}{4b}\int \frac{dz}{z}$$
$$=\underline{\underline{\frac{1}{4b}\ln|a+bx|+c}}$$

126. $\int \frac{a-x}{x^2-a^2}\,dx$

$z=x+a; \quad dx=dz$

$$\int \frac{a-x}{x^2-a^2}\,dx=\int \frac{-(x-a)}{(x+a)(x-a)}\,dx$$
$$=-\int (x+a)^{-1}\,dx$$
$$=-\int z^{-1}\,dz$$
$$=\underline{\underline{-\ln|x+a|+c}}$$

127. $\int \frac{x\,dx}{a^2x^2-x}$

$z=a^2x-1; \quad dx=\frac{dz}{a^2}$

$$\int \frac{x\,dx}{a^2x^2-x}=\int \frac{dx}{a^2x-1}$$
$$=\frac{1}{a^2}\int \frac{dz}{z}$$
$$=\underline{\underline{\frac{1}{a^2}\ln|a^2x-1|+c}}$$

128. $\int \frac{x^2(x-1)}{x^4-x^2}\,dx$

$$\int \frac{x^2(x-1)}{x^4-x^2}\,dx=\int \frac{x^2(x-1)}{x^2(x^2-1)}\,dx$$
$$=\int \frac{x-1}{(x+1)(x-1)}\,dx$$

$z=x+1; \quad dx=dz$

$$\int \frac{x^2(x-1)}{x^4-x^2}\,dx=\int \frac{dx}{x+1}$$
$$=\int \frac{dz}{z}$$
$$=\underline{\underline{\ln|x+1|+c}}$$

2.4

129. $\int \frac{\sqrt{64x}\,dx}{\sqrt{4x^3}+\sqrt{9x}}$

$z=2x+3;\quad dx=\frac{dz}{2}$

$$\int \frac{\sqrt{64x}\,dx}{\sqrt{4x^3}+\sqrt{9x}}=\int \frac{8\sqrt{x}}{2x\sqrt{x}+3\sqrt{x}}\,dx$$
$$=8\int \frac{dx}{2x+3}$$
$$=4\int \frac{dz}{z}$$
$$=4\cdot \ln|2x+3|+c$$

130. $\int \frac{x^3}{24-7x^4}\,dx$

$z=24-7x^4;\quad dx=-\frac{dz}{28x^3}$

$$\int \frac{x^3}{24-7x^4}\,dx=-\frac{1}{28}\int \frac{dz}{z}$$
$$=-\frac{1}{28}\ln|24-7x^4|+c$$

131. $\int \frac{x^{-2}}{4-\frac{1}{x}}\,dx$

$z=4-\frac{1}{x};\quad dx=\frac{dz}{x^{-2}}$

$$\int \frac{x^{-2}}{4-\frac{1}{x}}\,dx=\int \frac{dz}{z}$$
$$=\ln\left|4-\frac{1}{x}\right|+c$$

132. $\int \frac{\sqrt{x}}{2-\sqrt{x^3}}\,dx$

$z=2-x^{\frac{3}{2}};\quad dx=-\frac{2}{3}\,\frac{dz}{x^{\frac{1}{2}}}$

$$\int \frac{\sqrt{x}}{2-\sqrt{x^3}}\,dx=\int \frac{x^{\frac{1}{2}}}{2-x^{\frac{3}{2}}}\,dx$$
$$=-\frac{2}{3}\int \frac{dz}{z}$$
$$=-\frac{2}{3}\ln|2-\sqrt{x^3}|+c$$

133. $\int \frac{x^{\frac{1}{5}}}{a+4x\sqrt[5]{x}}\,dx$

$z=a+4x^{\frac{6}{5}};\quad dx=\frac{5}{24}\cdot\frac{dz}{x^{\frac{1}{5}}}$

$$\int \frac{x^{\frac{1}{5}}}{a+4x\sqrt[5]{x}}\,dx=\int \frac{x^{\frac{1}{5}}}{a+4x^{\frac{6}{5}}}\,dx$$
$$=\frac{5}{24}\int \frac{dz}{z}$$
$$=\frac{5}{24}\ln|a+4x\sqrt[5]{x}|+c$$

134. $\int \frac{x\,\mathrm{d}x}{(a-x)(x+a)}$

$z=a^2-x^2; \quad \mathrm{d}x=-\frac{\mathrm{d}z}{2x}$

$$\int \frac{x\,\mathrm{d}x}{(a-x)(x+a)}=\int \frac{x\,\mathrm{d}x}{a^2-x^2}$$
$$=-\frac{1}{2}\int \frac{\mathrm{d}z}{z}$$
$$=-\frac{1}{2}\ln|a^2-x^2|+c$$

135. $\int \frac{18-27x}{\sqrt{(3x-2)^4}}\,\mathrm{d}x$

$z=3x-2; \quad \mathrm{d}x=\frac{\mathrm{d}z}{3}$

$$\int \frac{18-27x}{\sqrt{(3x-2)^4}}\,\mathrm{d}x=\int \frac{-9(3x-2)}{(3x-2)^2}\,\mathrm{d}x$$
$$=-9\int \frac{\mathrm{d}x}{3x-2}$$
$$=-3\int \frac{\mathrm{d}z}{z}$$
$$=-3\ln|3x-2|+c$$

136. $\int \frac{\sqrt{x}}{\sqrt{4x^3}-\sqrt{16x}}\,\mathrm{d}x$

$z=x-2; \quad \mathrm{d}x=\mathrm{d}z$

$$\int \frac{\sqrt{x}}{\sqrt{4x^3}-\sqrt{16x}}\,\mathrm{d}x=\int \frac{\sqrt{x}}{2x\sqrt{x}-4\sqrt{x}}\,\mathrm{d}x$$
$$=\frac{1}{2}\int \frac{1}{x-2}\,\mathrm{d}x$$
$$=\frac{1}{2}\int \frac{\mathrm{d}z}{z}$$
$$=\frac{1}{2}\ln|x-2|+c$$

137. $\int \frac{4a^2+16ax+16x^2}{(a+2x)^3}\,\mathrm{d}x$

$z=a+2x; \quad \mathrm{d}x=\frac{\mathrm{d}z}{2}$

$$\int \frac{4a^2+16ax+16x^2}{(a+2x)^3}\,\mathrm{d}x=4\int \frac{(a+2x)^2}{(a+2x)^3}\,\mathrm{d}x$$
$$=4\int \frac{\mathrm{d}x}{a+2x}$$
$$=2\int \frac{\mathrm{d}z}{z}$$
$$=2\ln|a+2x|+c$$

138. $\int \frac{dx}{\sqrt[3]{x^2}(c-b\sqrt[3]{x})}$

$z=c-bx^{\frac{1}{3}};\quad dx=-\frac{3}{b}x^{\frac{2}{3}}dz$

$$\int \frac{dx}{\sqrt[3]{x^2}(c-b\sqrt[3]{x})}=\int \frac{dx}{x^{\frac{2}{3}}(c-bx^{\frac{1}{3}})}$$

$$=-\frac{3}{b}\int \frac{dz}{z}$$

$$=-\frac{3}{b}\ln\left|c-b\cdot\sqrt[3]{x}\right|+c_1$$

● Integrale der Form $\int \frac{dx}{a+2bx+cx^2}$; $\int \frac{\alpha+\beta x}{a+2bx+cx^2}dx$

139. $\int \frac{dx}{2x^2+14x-12}$

$a=-12;\quad b=7;\quad c=2$

$ac=-24;\quad b^2=49;\quad ac<b^2$

$$\int \frac{dx}{2x^2+14x-12}=$$

$$=-\frac{1}{\sqrt{49+24}}\cdot\operatorname{Artanh}\frac{7+2x}{\sqrt{49+24}}+c_1$$

$$=-\frac{1}{\sqrt{73}}\cdot\operatorname{Artanh}\frac{7+2x}{\sqrt{73}}+c_1$$

oder:

$$=\frac{1}{2\sqrt{73}}\cdot\ln\left|\frac{\sqrt{73}-7-2x}{\sqrt{73}+7+2x}\right|+c_2$$

140. $\int \frac{dx}{8x-3-2x^2}$

$a=-3;\quad b=4;\quad c=-2$

$ac=6;\quad b^2=16;\quad ac<b^2$

$$\int \frac{dx}{8x-3-2x^2}=\int \frac{dx}{-3+8x-2x^2}$$

$$=-\frac{1}{\sqrt{10}}\cdot\operatorname{Artanh}\frac{4-2x}{\sqrt{10}}+c_1$$

oder:

$$=\frac{1}{2\sqrt{10}}\cdot\ln\left|\frac{\sqrt{10}-4+2x}{\sqrt{10}+4-2x}\right|+c_2$$

141. $\int \frac{dx}{x^2+6x+15}$

$a=15;\quad b=3;\quad c=1$

$ac=15;\quad b^2=9;\quad ac>b^2$

$$\int \frac{dx}{x^2+6x+15}=\frac{1}{\sqrt{15-9}}\cdot\operatorname{Arctan}\frac{3+x}{\sqrt{15-9}}+c_1$$

$$=\frac{1}{\sqrt{6}}\cdot\operatorname{Arctan}\frac{3+x}{\sqrt{6}}+c_1$$

142. $\int \frac{2\,dx}{9x^2+6x+4}$

$a=4; \quad b=3; \quad c=9$

$ac=36; \quad b^2=9; \quad ac>b^2$

$$\int \frac{2\,dx}{9x^2+6x+4} = \frac{2}{\sqrt{27}} \cdot \text{Arctan}\, \frac{3+9x}{\sqrt{27}} + c_1$$

$$= \frac{2}{3\sqrt{3}} \cdot \text{Arctan}\, \frac{3(1+3x)}{3\sqrt{3}} + c_1$$

$$= \frac{2}{3\sqrt{3}} \cdot \text{Arctan}\, \frac{1+3x}{\sqrt{3}} + c_1$$

143. $\int \frac{3\,dx}{13-4x+3x^2}$

$a=13; \quad b=-2; \quad c=3$

$ac=39; \quad b^2=4; \quad ac>b^2$

$$\int \frac{3\,dx}{13-4x+3x^2} = \frac{3}{\sqrt{39-4}} \cdot \text{Arctan}\, \frac{-2+3x}{\sqrt{39-4}} + c_1$$

$$= \frac{3}{\sqrt{35}} \cdot \text{Arctan}\, \frac{3x-2}{\sqrt{35}} + c_1$$

144. $\int \frac{8\,dx}{0{,}5x^2+5x+13}$

$a=26; \quad b=5; \quad c=1$

$ac=26; \quad b^2=25; \quad ac>b^2$

$$\int \frac{8\,dx}{0{,}5x^2+5x+13} = \int \frac{16\,dx}{x^2+10x+26}$$

$$= 16\ \text{Arctan}\,(5+x) + c_1$$

145. $\int \frac{ab\,dx}{12x-2x^2-18}$

$a=-18; \quad b=6; \quad c=-2$

$ac=36; \quad b^2=36; \quad ac=b^2$

$$\int \frac{ab\,dx}{12x-2x^2-18} = -\frac{ab}{6-2x} + c_1$$

146. $\int \frac{a\,dx}{b-cx^2+ax}$

$a \blacktriangleright \frac{b}{a}; \quad b=\frac{1}{2}; \quad c \blacktriangleright -\frac{c}{a}$

$ac \blacktriangleright -\frac{bc}{a^2}; \quad b^2=\frac{1}{4}$

$$\int \frac{a\,dx}{b-cx^2+ax} = \int \frac{dx}{\frac{b}{a}+x-\frac{c}{a}x^2}$$

$$= I$$

Es sind nun 3 Fälle zu unterscheiden:

1) $-\frac{bc}{a^2} > \frac{1}{4}$

2) $-\frac{bc}{a^2} < \frac{1}{4}$

3) $-\frac{bc}{a^2} = \frac{1}{4}$

Es ergeben sich deshalb auch 3 verschiedene Lösungen.

1. Fall: $-\frac{bc}{a^2} > \frac{1}{4}$

$$I = \frac{1}{\sqrt{-\frac{bc}{a^2} - \frac{1}{4}}} \cdot \operatorname{Arctan} \frac{\frac{1}{2} - \frac{c}{a}x}{\sqrt{-\frac{bc}{a^2} - \frac{1}{4}}} + c_1$$

$$= \frac{2a}{\sqrt{-4bc - a^2}} \cdot \operatorname{Arctan} \frac{a - 2cx}{\sqrt{-4bc - a^2}} + c_1$$

2. Fall: $-\frac{bc}{a^2} < \frac{1}{4}$

$$I = -\frac{1}{\sqrt{\frac{1}{4} + \frac{bc}{a^2}}} \cdot \operatorname{Artanh} \frac{\frac{1}{2} - \frac{c}{a}x}{\sqrt{\frac{1}{4} + \frac{bc}{a^2}}} + c$$

$$= -\frac{2a}{\sqrt{a^2 + 4bc}} \cdot \operatorname{Artanh} \frac{a - 2cx}{\sqrt{a^2 + 4bc}} + c_2$$

oder:

$$= \frac{a}{\sqrt{a^2 + 4bc}} \cdot \ln \left| \frac{\sqrt{a^2 + 4bc} - a + 2cx}{\sqrt{a^2 + 4bc} + a - 2cx} \right| + c_2$$

3. Fall: $-\frac{bc}{a^2} = \frac{1}{4}$

$$I = -\frac{1}{\frac{1}{2} - \frac{c}{a}x} + c_3$$

$$= -\frac{2a}{a - 2cx} + c_3$$

147. $\int \frac{dx}{4b^2x^2 - 16abx + 16a^2}$

$z = bx - 2a; \quad dx = \frac{dz}{b}$

$$\int \frac{dx}{4b^2x^2 - 16abx + 16a^2} =$$

$$= \frac{1}{4} \int \frac{dx}{b^2x^2 - 4abx + 4a^2} = \frac{1}{4} \int \frac{dx}{(bx - 2a)^2}$$

$$= \frac{1}{4b} \int \frac{dz}{z^2}$$

$$=\frac{1}{4b}\int z^{-2}\,dz$$

$$=\frac{1}{4b}\,\frac{z^{-1}}{-1}+c$$

$$=-\frac{1}{4b}\cdot\frac{1}{bx-2a}+c$$

$$=\frac{1}{4b(2a-bx)}+c$$

148. $\int \frac{dx}{5+6x^2}$

Formel Kap. 2.4, Band 4

$a=5;\quad b=6;\quad ab=30>0$

$$\int \frac{dx}{5+6x^2}=\frac{1}{\sqrt{30}}\cdot\text{Arctan}\sqrt{\frac{6}{5}}\,x+c$$

149. $\int \frac{2\,dx}{3x^2+4}$

Formel Kap. 2.4, Band 4

$a=4;\quad b=3;\quad ab=12>0$

$$\int \frac{2\,dx}{3x^2+4}=2\int \frac{dx}{4+3x^2}$$

$$=\frac{2}{\sqrt{12}}\cdot\text{Arctan}\sqrt{\frac{3}{4}}\,x+c$$

$$=\frac{1}{\sqrt{3}}\cdot\text{Arctan}\sqrt{3}\cdot\frac{x}{2}+c$$

150. $\int \frac{4\,dx}{25-2x^2}$

Formel Kap. 2.4, Band 4

$a=25;\quad b=2;\quad ab=50>0$

$$\int \frac{4\,dx}{25-2x^2}=4\int \frac{dx}{25-2x^2}$$

$$=\frac{4}{\sqrt{50}}\,\text{Artanh}\sqrt{\frac{2}{25}}\,x+c_1$$

$$=\frac{4}{5\sqrt{2}}\,\text{Artanh}\,\frac{x\sqrt{2}}{5}+c_1$$

oder:

$$=\frac{2}{5\sqrt{2}}\cdot\ln\left|\frac{5\sqrt{2}+2x}{5\sqrt{2}-2x}\right|+c_2$$

2.4

151. $\int \frac{2\,dx}{6x^2-3x}$

Formel Kap. 2.4, Band 4

$a=0; \quad b=-\frac{3}{2}; \quad c=6$

$ac=0; \quad b^2=\frac{9}{4}; \quad ac<b^2$

$$\int \frac{2\,dx}{6x^2-3x}=2\int \frac{dx}{0-3x+6x^2}$$

$$=\frac{-2}{\sqrt{\frac{9}{4}}}\cdot \operatorname{Artanh} \frac{-\frac{3}{2}+6x}{\sqrt{\frac{9}{4}}}+c_1$$

$$=-\frac{4}{3}\operatorname{Artanh}(4x-1)+c_1$$

oder:

$$=\frac{2}{3}\ln\left|\frac{1-2x}{2x}\right|+c_2$$

152. $\int \frac{dx}{14-3x^2}$

Formel Kap. 2.4, Band 4

$a=14; \quad b=3; \quad ab=42>0$

$$\int \frac{dx}{14-3x^2}=\frac{1}{\sqrt{42}}\operatorname{Artanh}\sqrt{\frac{3}{14}}\,x+c_1$$

oder:

$$=\frac{1}{2\sqrt{42}}\cdot\ln\left|\frac{\sqrt{42}+3x}{\sqrt{42}-3x}\right|+c_2$$

153. $\int \frac{dx}{x^2+6x}$

Formel Kap. 2.4, Band 4

$a=0; \quad b=3; \quad c=1$

$ac=0; \quad b^2=9; \quad ac<b^2$

$$\int \frac{dx}{x^2+6x}=\int \frac{dx}{0+6x+x^2}$$

$$=-\frac{1}{\sqrt{9}}\operatorname{Artanh}\frac{3+x}{\sqrt{9}}+c_1$$

$$=-\frac{1}{3}\operatorname{Artanh}\left(1+\frac{x}{3}\right)+c_1$$

oder:

$$=\frac{1}{2\sqrt{9}}\cdot\ln\left|\frac{\sqrt{9}-3-x}{\sqrt{9}+3+x}\right|+c_2$$

$$=\frac{1}{6}\ln\left|\frac{-x}{6+x}\right|+c_2$$

154. $\int \frac{dx}{2x-3x^2}$

Formel Kap. 2.4, Band 4

$a=0; \quad b=1; \quad c=-3$

$ac=0; \quad b^2=1; \quad ac<b^2$

$$\int \frac{dx}{2x-3x^2} = \int \frac{dx}{0+2x-3x^2}$$

$$= -\frac{1}{\sqrt{1}} \text{ Artanh } \frac{1-3x}{\sqrt{1}} + c_1$$

$$= \underline{\underline{-\text{Artanh } (1-3x)+c_1}}$$

oder:

$$= \frac{1}{2\sqrt{1}} \cdot \ln \left| \frac{\sqrt{1}-1+3x}{\sqrt{1}+1-3x} \right| + c_2$$

$$= \underline{\underline{\frac{1}{2} \ln \left| \frac{3x}{2-3x} \right| + c_2}}$$

155. $\int \frac{x\,dx}{4x^3-\frac{x}{2}}$

Dieses Integral wird mit der Formel in Kap. 2.4, Band 4, gelöst.

$a=1; \quad b=8; \quad ab=8>0$

$\sqrt{8}=2\cdot\sqrt{2}$

$$\int \frac{x\,dx}{4x^3-\frac{x}{2}} = \int \frac{2x\,dx}{8x^3-x}$$

$$= 2 \int \frac{x}{x(8x^2-1)}\,dx$$

$$= 2 \int \frac{1}{-1+8x^2}\,dx$$

$$= -2 \int \frac{1}{1-8x^2}\,dx$$

$$= -\frac{2}{\sqrt{8}} \text{ Artanh } \sqrt{8}x + c_1$$

$$= \underline{\underline{-\frac{1}{\sqrt{2}} \text{ Artanh } 2x\sqrt{2} + c_1}}$$

oder:

$$= -2 \cdot \frac{1}{2\sqrt{8}} \cdot \ln \left| \frac{\sqrt{8}+8x}{\sqrt{8}-8x} \right| + c_2$$

$$= \underline{\underline{-\frac{1}{2\sqrt{2}} \cdot \ln \left| \frac{\sqrt{2}+4x}{\sqrt{2}-4x} \right| + c_2}}$$

2.4

156. $\int \frac{3x^2\,dx}{(3x)^2-16x^4}$

Formel Kap. 2.4, Band 4

$a=9;\quad b=16;\quad ab=144>0$

$$\int \frac{3x^2\,dx}{(3x)^2-16x^4}=3\int \frac{dx}{9-16x^2}$$

$$=\frac{3}{\sqrt{144}}\text{ Artanh }\sqrt{\frac{16}{9}}\,x+c_1$$

$$=\frac{1}{4}\text{ Artanh }\frac{4x}{3}+c_1$$

oder:

$$=\frac{3}{2\sqrt{144}}\ln\left|\frac{\sqrt{144}+16x}{\sqrt{144}-16x}\right|+c_2$$

$$=\frac{1}{8}\ln\left|\frac{12+16x}{12-16x}\right|+c_2$$

$$=\frac{1}{8}\ln\left|\frac{3+4x}{3-4x}\right|+c_2$$

157. $\int \frac{2x-3}{x^2-2x+2}\,dx$

Formel Kap. 2.4, Band 4

$\alpha=-3;\quad \beta=2$

$a=2;\quad b=-1;\quad c=1$

$ac=2;\quad b^2=1;\quad ac>b^2$

$\sqrt{ac-b^2}=1$

$$\int \frac{2x-3}{x^2-2x+2}\,dx=$$

$$=\int \frac{-3+2x}{2-2x+x^2}\,dx$$

$$=\ln|2-2x+x^2|+\frac{-3+2}{1}\int \frac{dx}{2-2x+x^2}+c_1$$

$$=\ln|2-2x+x^2|-\text{Arctan}\,(x-1)+c_2$$

158. $\int \frac{5x+3}{2x^2-x+1}\,dx$

Formel Kap. 2.4, Band 4

$\alpha=3;\quad \beta=5$

$a=1;\quad b=-\frac{1}{2};\quad c=2$

$ac=2;\quad b^2=\frac{1}{4};\quad ac>b^2$

$\sqrt{ac-b^2}=\frac{1}{2}\sqrt{7}$

$$\int \frac{5x+3}{2x^2-x+1}\,dx=$$

$$=\int \frac{3+5x}{1-x+2x^2}\,dx$$

$$=\frac{5}{4}\ln|1-x+2x^2|+\frac{6+\frac{5}{2}}{2}\int \frac{dx}{1-x+2x^2}+c_1$$

$$=\frac{5}{4}\ln|1-x+2x^2|+\frac{17}{2\sqrt{7}}\text{ Arctan }\frac{4x-1}{\sqrt{7}}+c_2$$

159. $\int \frac{ax+b}{x^2+c}\,dx$

Eine Aufspaltung in 2 Integrale führt auf Integrale der Form

$\int \frac{f'(x)}{f(x)}\,dx$ *und* $\int \frac{dx}{a+bx^2}$ für $c>0$

bzw. $\int \frac{f'(x)}{f(x)}\,dx$ und $\int \frac{dx}{a-bx^2}$

für $c<0$.

$$\int \frac{ax+b}{x^2+c}\,dx = \frac{a}{2}\int \frac{2x}{x^2+c}\,dx + b\underbrace{\int \frac{dx}{x^2+c}}_{=I}$$

1. Fall: $c>0$

$$I = \frac{a}{2}\ln|x^2+c| + \frac{b}{\sqrt{c}}\,\text{Arctan}\sqrt{\frac{1}{c}}\,x + c_1$$

$$= \frac{a}{2}\ln(x^2+c) + \frac{b}{\sqrt{c}}\,\text{Arctan}\frac{x}{\sqrt{c}} + c_1$$

2. Fall: $c<0$

$$I = \frac{a}{2}\ln|x^2+c| - b\int \frac{dx}{-c-x^2} + c_2$$

$$= \frac{a}{2}\ln(x^2+c) - \frac{b}{\sqrt{-c}}\,\text{Artanh}\frac{x}{\sqrt{-c}} + c_3$$

oder:

$$= \frac{a}{2}\ln(x^2+c) - \frac{b}{2\sqrt{-c}}\cdot\ln\left|\frac{\sqrt{-c}+x}{\sqrt{-c}-x}\right| + c_4$$

160. $\int \frac{x-2}{x^2-4x+4}\,dx$

$z=x-2$; $dx=dz$

$$\int \frac{x-2}{x^2-4x+4}\,dx = \int \frac{x-2}{(x-2)^2}\,dx$$

$$= \int \frac{dx}{x-2}$$

$$= \int \frac{dz}{z}$$

$$= \ln|z| + c$$

$$= \ln|x-2| + c$$

161. $\int \frac{1-2x}{4x-4x^2-1}\,dx$

$z=2x-1$; $dx=\frac{dz}{2}$

$$\int \frac{1-2x}{4x-4x^2-1}\,dx = \int \frac{2x-1}{4x^2-4x+1}\,dx$$

$$= \int \frac{2x-1}{(2x-1)^2}\,dx = \int \frac{dx}{2x-1}$$

$$= \frac{1}{2}\int \frac{dz}{z}$$

$$=\frac{1}{2}\ln|z|+c$$

$$=\frac{1}{2}\ln|2x-1|+c$$

162. $\int \frac{3+4x}{3x+2+x^2}\,dx$

Formel Kap. 2.4, Band 4

$\alpha=3;\quad \beta=4$

$a=2;\quad b=\frac{3}{2};\quad c=1$

$ac=2;\quad b^2=\frac{9}{4};\quad ac<b^2$

$\sqrt{b^2-ac}=\frac{1}{2}$

$$\int \frac{3+4x}{3x+2+x^2}\,dx=\int \frac{3+4x}{2+3x+x^2}\,dx=$$

$$=2\ln|2+3x+x^2|+\frac{3-6}{1}\int \frac{dx}{2+3x+x^2}+c$$

$$=2\ln|2+3x+x^2|+6\operatorname{Artanh}\frac{\frac{3}{2}+x}{\frac{1}{2}}+c_1$$

$$=2\ln|2+3x+x^2|+6\operatorname{Artanh}(3+2x)+c_1$$

oder:

$$=2\ln|2+3x+x^2|-3\ln\left|\frac{\frac{1}{2}-\frac{3}{2}-x}{\frac{1}{2}+\frac{3}{2}+x}\right|+c_2$$

$$=2\ln|2+3x+x^2|-3\ln\left|\frac{-2-2x}{4+2x}\right|+c_2$$

$$=\ln(2+3x+x^2)^2-3\ln\left|\frac{1+x}{2+x}\right|+c_2$$

163. $\int \frac{4x+x^2}{3x^3-2x^2+x}\,dx$

Formel Kap. 2.4, Band 4

$\alpha=4;\quad \beta=1$

$a=1;\quad b=-1;\quad c=3$

$ac=3;\quad b^2=1;\quad ac>b^2$

$\sqrt{ac-b^2}=\sqrt{2}$

$$\int \frac{4x+x^2}{3x^3-2x^2+x}\,dx=$$

$$=\int \frac{4+x}{1-2x+3x^2}\,dx$$

$$=\frac{1}{6}\ln|1-2x+3x^2|+\frac{12+1}{3}\int \frac{dx}{1-2x+3x^2}+c_1$$

$$=\frac{1}{6}\ln|1-2x+3x^2|+\frac{13}{3\sqrt{2}}\operatorname{Arctan}\frac{3x-1}{\sqrt{2}}+c_2$$

164. $\int \frac{\sqrt{x^3}-\sqrt{x}}{4\sqrt{x^3}-x^2\sqrt{x}+3\sqrt{x}}\,\mathrm{d}x$

$\alpha=-1;\quad \beta=1$

$a=3;\quad b=2;\quad c=-1$

$ac=-3;\quad b^2=4;\quad ac<b^2$

$\sqrt{b^2-ac}=\sqrt{7}$

$$\int \frac{\sqrt{x^3}-\sqrt{x}}{4\sqrt{x^3}-x^2\sqrt{x}+3\sqrt{x}}\,\mathrm{d}x=$$

$$=\int \frac{\sqrt{x}\,(x-1)}{\sqrt{x}\,(4x-x^2+3)}\,\mathrm{d}x$$

$$=\int \frac{-1+x}{3+4x-x^2}\,\mathrm{d}x$$

$$=\frac{1}{-2}\ln|3+4x-x^2|+\frac{1-2}{1}\int\frac{\mathrm{d}x}{3+4x-x^2}+c_1$$

$$=-\frac{1}{2}\ln|3+4x-x^2|-\frac{1}{\sqrt{7}}\operatorname{Artanh}\frac{2-x}{\sqrt{7}}+c_2$$

oder:

$$=-\frac{1}{2}\ln|3+4x-x^2|+\frac{1}{2\sqrt{7}}\ln\left|\frac{\sqrt{7}-2+x}{\sqrt{7}+2-x}\right|+c_3$$

165. $\int \frac{3-16x}{8x^2+2x-15}\,\mathrm{d}x$

Formel Kap. 2.4, Band 4

$\alpha=3;\quad \beta=-16$

$a=-15;\quad b=1;\quad c=8$

$ac=-120;\quad b^2=1;\quad ac<b^2$

$\sqrt{b^2-ac}=\sqrt{121}=11$

$$\int \frac{3-16x}{8x^2+2x-15}\,\mathrm{d}x=$$

$$=\int \frac{3-16x}{-15+2x+8x^2}\,\mathrm{d}x$$

$$=-\ln|-15+2x+8x^2|+$$

$$+\frac{24+16}{8}\int\frac{\mathrm{d}x}{-15+2x+8x^2}+c_1$$

$$=-\ln|8x^2+2x-15|-\frac{5}{11}\operatorname{Artanh}\frac{1+8x}{11}+c_2$$

oder:

$$=-\ln|8x^2+2x-15|+\frac{5}{22}\ln\left|\frac{11-1-8x}{11+1+8x}\right|+c_3$$

$$=-\ln|8x^2+2x-15|+\frac{5}{22}\ln\left|\frac{5-4x}{6+4x}\right|+c_3$$

2.4

● Integrale der Form $\int\sqrt{x^2-a^2}\,\mathrm{d}x$; $\int\sqrt{a^2\pm x^2}\,\mathrm{d}x$

166. $\int\sqrt{3x^2-16}\,\mathrm{d}x$

$a^2=\frac{16}{3}$; $a=\frac{4}{\sqrt{3}}$

$$\int\sqrt{3x^2-16}\,\mathrm{d}x=$$
$$=\sqrt{3}\int\sqrt{x^2-\frac{16}{3}}\,\mathrm{d}x$$
$$=\sqrt{3}\cdot\frac{x}{2}\sqrt{x^2-\frac{16}{3}}-\sqrt{3}\cdot\frac{16}{6}\ln\left|x+\sqrt{x^2-\frac{16}{3}}\right|+c$$
$$=\frac{x}{2}\sqrt{3x^2-16}-\sqrt{3}\cdot\frac{8}{3}\ln\left|x+\sqrt{x^2-\frac{16}{3}}\right|+c$$

167. $\int\sqrt{\frac{x^2}{2}-13}\,\mathrm{d}x$

$a^2=26$; $a=\sqrt{26}$

$$\int\sqrt{\frac{x^2}{2}-13}\,\mathrm{d}x=$$
$$=\frac{1}{\sqrt{2}}\int\sqrt{x^2-26}\,\mathrm{d}x$$
$$=\frac{x}{2\sqrt{2}}\sqrt{x^2-26}-\frac{13}{\sqrt{2}}\ln|x+\sqrt{x^2-26}|+c$$

168. $\int\sqrt{44+\left(\frac{x}{3}\right)^2}\,\mathrm{d}x$

$a^2=396$; $a=6\cdot\sqrt{11}$

$$\int\sqrt{44+\left(\frac{x}{3}\right)^2}\,\mathrm{d}x=$$
$$=\int\sqrt{44+\frac{x^2}{9}}\,\mathrm{d}x$$
$$=\frac{1}{3}\int\sqrt{396+x^2}\,\mathrm{d}x$$
$$=\frac{x}{6}\sqrt{396+x^2}+66\cdot\ln|x+\sqrt{396+x^2}|+c$$

169. $\int\sqrt{12-3x^2}\,\mathrm{d}x$

$a^2=4$; $a=2$

$$\int\sqrt{12-3x^2}\,\mathrm{d}x=\sqrt{3}\int\sqrt{4-x}\,\mathrm{d}x$$
$$=\sqrt{3}\cdot\frac{x}{2}\cdot\sqrt{4-x^2}+2\cdot\sqrt{3}\cdot\mathrm{Arcsin}\,\frac{x}{2}+c$$
$$=\frac{x}{2}\cdot\sqrt{12-3x^2}+2\cdot\sqrt{3}\cdot\mathrm{Arcsin}\,\frac{x}{2}+c$$

170. $\int \sqrt{\frac{x^4-16}{4x^2+16}}\,dx$

$a^2=4;\quad a=2$

$$\int \sqrt{\frac{x^4-16}{4x^2+16}}\,dx=$$

$$=\int \sqrt{\frac{(x^2+4)(x^2-4)}{4(x^2+4)}}\,dx$$

$$=\frac{1}{2}\int \sqrt{x^2-4}\,dx$$

$$=\frac{x}{4}\sqrt{x^2-4}-\ln|x+\sqrt{x^2-4}|+c$$

171. $\int \frac{\sqrt{5-x}}{x}\,dx$

Formel Kap. 2.4,
Band 4

$a^2=5;\quad a=\sqrt{5}$

$$\int \frac{\sqrt{5-x^2}}{x}\,dx=$$

$$=\sqrt{5}\cdot\ln\left|\frac{\sqrt{5}-\sqrt{5-x^2}}{x}\right|+\sqrt{5-x^2}+c$$

172. $\int \frac{\sqrt{20+x^2}}{x^2}\,dx$

Mit der Substitution

$x=\sqrt{20}\,\sinh z;$

$dx=\sqrt{20}\,\cosh z\cdot dz$

und der Beziehung

$1+\sinh^2 z=\cosh^2 z$

läßt sich das Integral auf die Grundintegrale

$\int \frac{dz}{\sinh^2 z}$ und $\int dz$

zurückführen.

$\coth z=\frac{\cosh z}{\sinh z}$

$\cosh z=\sqrt{1+\sinh^2 z}$

$$\int \frac{\sqrt{20+x^2}}{x^2}\,dx=$$

$$=\int \frac{\sqrt{20+20\sinh^2 z}}{20\sinh^2 z}\cdot\sqrt{20}\cosh z\,dz$$

$$=\int \frac{\sqrt{20\,(1+\sinh^2 z)}}{20\sinh^2 z}\cdot\sqrt{20}\cosh z\,dz$$

$$=\int \frac{\sqrt{\cosh^2 z}}{\sinh^2 z}\cdot\cosh z\,dz$$

$$=\int \frac{\cosh^2 z}{\sinh^2 z}\,dz$$

$$=\int \frac{1+\sinh^2 z}{\sinh^2 z}\,dz$$

$$=\int \frac{dz}{\sinh^2 z}+\int dz$$

$$=-\coth z+z+c=-\frac{\cosh z}{\sinh z}+z+c$$

$$=-\frac{\sqrt{1+\sinh^2 z}}{\sinh z}+z+c$$

Rücksubstitution:

$x=\sqrt{20}\cdot\sinh z$

$\Rightarrow\ \sinh z=\dfrac{x}{\sqrt{20}}$

$z=\operatorname{Arsinh}\dfrac{x}{\sqrt{20}}$

$$=-\frac{\sqrt{1+\dfrac{x^2}{20}}}{\dfrac{x}{\sqrt{20}}}+\operatorname{Arsinh}\frac{x}{\sqrt{20}}+c$$

$$=-\frac{\sqrt{20+x^2}}{x}+\operatorname{Arsinh}\frac{x}{\sqrt{20}}+c$$

173. $\displaystyle\int\frac{\sqrt{3x^2-4}}{x^2}\,\mathrm{d}x$

Formel Kap. 2.4, Band 4

$a^2=\dfrac{4}{3};\quad a=\dfrac{2}{\sqrt{3}}$

$$\int\frac{\sqrt{3x^2-4}}{x^2}\,\mathrm{d}x=$$

$$=\int\frac{\sqrt{3\left(x^2-\dfrac{4}{3}\right)}}{x^2}\,\mathrm{d}x$$

$$=\sqrt{3}\int\frac{\sqrt{x^2-\dfrac{4}{3}}}{x^2}\,\mathrm{d}x$$

$$=\sqrt{3}\ \operatorname{Arcosh}\frac{x\sqrt{3}}{2}-\frac{\sqrt{x^2-\dfrac{4}{3}}}{x}\cdot\sqrt{3}+c$$

$$=\sqrt{3}\ \operatorname{Arcosh}\frac{x\sqrt{3}}{2}-\frac{\sqrt{3x^2-4}}{x}+c$$

174. $\displaystyle\int\frac{\sqrt{27x^2-3}}{x}\,\mathrm{d}x$

Substitution: $z^2=x^2-\dfrac{1}{9}$

$\Rightarrow\ 2z\,\mathrm{d}z=2x\,\mathrm{d}x$

$\mathrm{d}x=\dfrac{z\,\mathrm{d}z}{x}$

$x^2=z^2+\dfrac{1}{9}$

$$\int\frac{\sqrt{27x^2-3}}{x}\,\mathrm{d}x=$$

$$=\int\frac{\sqrt{27\left(x^2-\dfrac{1}{9}\right)}}{x}\,\mathrm{d}x$$

$$=3\sqrt{3}\int\frac{\sqrt{x^2-\dfrac{1}{9}}}{x}\,\mathrm{d}x$$

$$=3\sqrt{3}\int\frac{\sqrt{z^2}\cdot z}{x^2}\,\mathrm{d}z$$

$$=3\sqrt{3}\int\frac{z^2}{z^2+\dfrac{1}{9}}\,\mathrm{d}z$$

$$z^2 : \left(z^2+\frac{1}{9}\right) = 1 - \frac{1}{9} \cdot \frac{1}{z^2+\frac{1}{9}}$$

$$\frac{z^2+\frac{1}{9}}{-\frac{1}{9}}$$

$\int \frac{dx}{a+bx^2}$ ▶ Kap. 2.4, Band 4

$a=\frac{1}{9}; \quad b=1; \quad ab=\frac{1}{9}>0$

Rücksubstitution:

$z^2 = x^2 - \frac{1}{9}; \quad z=\sqrt{x^2-\frac{1}{9}}$

$$= 3\sqrt{3} \int \left(1 - \frac{1}{9} \cdot \frac{1}{z^2+\frac{1}{9}}\right) dz$$

$$= 3\sqrt{3} \int dz - \frac{\sqrt{3}}{3} \int \frac{dz}{z^2+\frac{1}{9}}$$

$$= 3\sqrt{3}\, z - \frac{\sqrt{3}}{3\sqrt{\frac{1}{9}}} \text{ Arctan } \sqrt{9}\, z + c$$

$$= 3\sqrt{3} \sqrt{x^2-\frac{1}{9}} - \sqrt{3} \text{ Arctan } 3\sqrt{x^2-\frac{1}{9}} + c$$

$$= \underline{\underline{\sqrt{27x^2-3} - \sqrt{3} \text{ Arctan } \sqrt{9x^2-1} + c}}$$

175. $\int x^2 \cdot \sqrt{2-x^2}\, dx$

Die Substitution

$x=\sqrt{2}\sin z; \quad dx=\sqrt{2}\cos z\, dz$

und die goniometrischen Beziehungen

$\cos^2 z = 1-\sin^2 z;$

$2\sin z \cdot \cos z = \sin(2z)$

führen auf ein schon berechnetes Integral.

$\int \sin^2(a+bx)\, dx$ ▶ Kap. 2.4, Band 4

$a=0; \quad b=2$

$$\int x^2 \cdot \sqrt{2-x^2}\, dx =$$

$$= \int 2\sin^2 z \cdot \sqrt{2-2\sin^2 z} \cdot \sqrt{2} \cos z\, dz$$

$$= 2\sqrt{2} \int \sin^2 z \cdot \sqrt{2(1-\sin^2 z)} \cdot \cos z\, dz$$

$$= 4 \int \sin^2 z \cdot \sqrt{1-\sin^2 z} \cdot \cos z\, dz$$

$$= 4 \int \sin^2 z \cdot \cos^2 z\, dz$$

$$= \int (2\sin z \cdot \cos z)^2\, dz$$

$$= \int \sin^2 (2z)\, dz$$

$$= -\frac{1}{8} \sin 4z + \frac{z}{2} + c$$

$$= -\frac{1}{8} [2\sin(2z) \cdot \cos(2z)] + \frac{z}{2} + c$$

$\cos(2z) = 1 - 2\sin^2 z$

$\cos z = \sqrt{1-\sin^2 z}$

Rücksubstitution:

$x = \sqrt{2}\sin z; \quad \sin z = \frac{x}{\sqrt{2}}$

$z = \operatorname{Arcsin}\frac{x}{\sqrt{2}}$

$$= -\frac{1}{4}\,[2\sin z \cdot \cos z\,(1-2\sin^2 z)] + \frac{z}{2} + c$$

$$= -\frac{1}{2}\,[\sin z \cdot \sqrt{1-\sin^2 z}\,(1-2\sin^2 z)] + \frac{z}{2} + c$$

$$= -\frac{1}{2}\cdot\frac{x}{\sqrt{2}}\cdot\sqrt{1-\frac{x^2}{2}}\left(1-2\cdot\frac{x^2}{2}\right) + \frac{1}{2}\operatorname{Arcsin}\frac{x}{\sqrt{2}} + c$$

$$= -\frac{x}{4}\sqrt{2-x^2}\,(1-x^2) + \frac{1}{2}\operatorname{Arccos}\frac{x}{\sqrt{2}} + c$$

176. $\displaystyle\int \frac{\sqrt{7x^2-1}}{x^3}\,\mathrm{d}x$

1. Substitution:

$x = \frac{1}{\sqrt{7}}\cosh z; \quad \mathrm{d}x = \frac{1}{\sqrt{7}}\sinh z\,\mathrm{d}z$

$\cosh^2 z - 1 = \sinh^2 z$

2. Substitution:

$t = \sinh z; \quad \mathrm{d}z = \frac{\mathrm{d}t}{\cosh z}$

$\cosh^2 z = 1 + \sinh^2 z$

$$\int \frac{\sqrt{7x^2-1}}{x^3}\,\mathrm{d}x =$$

$$= \sqrt{7}\int \frac{\sqrt{x^2-\frac{1}{7}}}{x^3}\,\mathrm{d}x$$

$$= \sqrt{7}\int \frac{\sqrt{\frac{1}{7}\cosh^2 z - \frac{1}{7}}}{\frac{1}{7\sqrt{7}}\cosh^3 z}\cdot\frac{1}{\sqrt{7}}\sinh z\,\mathrm{d}z$$

$$= 7\sqrt{7}\int \frac{\sqrt{\frac{1}{7}(\cosh^2 z - 1)}}{\cosh^3 z}\cdot\sinh z\,\mathrm{d}z$$

$$= 7\int \frac{\sinh^2 z}{\cosh^3 z}\,\mathrm{d}z$$

$$= 7\int \frac{t^2}{\cosh^4 z}\,\mathrm{d}t$$

$$= 7\int \frac{t^2}{(1+\sinh^2 z)^2}\,\mathrm{d}t$$

$$= 7\int \frac{t^2}{(1+t^2)^2}\,\mathrm{d}t$$

$$= 7\int \left[\frac{1}{1+t^2} - \frac{1}{(1+t^2)^2}\right]\mathrm{d}t$$

$\int \frac{dt}{1+t^2}$ ▶ Kap. 2.4, Band 4

$\int \frac{dt}{(1+t^2)^2}$ ▶ Integraltafel, Band 4

Rücksubstitution: $t = \sinh z$

$\sinh^2 z = \cosh^2 z - 1$

$\sinh z = \sqrt{\cosh^2 z - 1}$

Rücksubstitution:

$x = \frac{1}{\sqrt{7}} \cosh z; \quad \cosh z = x\sqrt{7}$

$$= 7\int \frac{dt}{1+t^2} - 7\int \frac{dt}{(1+t^2)^2}$$

$$= 7 \text{ Arctan } t - 7\left[\frac{t}{2(t^2+1)} + \frac{1}{2} \text{ Arctan } t\right] + c$$

$$= \frac{7}{2} \text{ Arctan } t - \frac{7t}{2(t^2+1)} + c$$

$$= \frac{7}{2} \text{ Arctan } (\sinh z) - \frac{7 \sinh z}{2(\sinh^2 z + 1)} + c$$

$$= \frac{7}{2} \text{ Arctan } \sqrt{\cosh^2 z - 1} - \frac{7\sqrt{\cosh^2 z - 1}}{2\,(\cosh^2 z - 1 + 1)} + c$$

$$= \frac{7}{2} \text{ Arctan } \sqrt{7x^2 - 1} - \frac{7\sqrt{7x^2 - 1}}{2 \cdot 7x^2} + c$$

$$= \frac{7}{2} \text{ Arctan } \sqrt{7x^2 - 1} - \frac{1}{2x^2} \cdot \sqrt{7x^2 - 1} + c$$

177. $\int \frac{\sqrt{12 - x^2}}{x^2}\, dx$

Dieses Integral wird mit der Formel in Kap. 2.4 in Band 4, gelöst.

$a^2 = 12; \quad a = 2\sqrt{3}$

$$\int \frac{\sqrt{12 - x^2}}{x^2}\, dx =$$

$$= -\frac{\sqrt{12 - x^2}}{x} - \text{Arcsin } \frac{x}{2\sqrt{3}} + c$$

178. $\int \sqrt{x^2 + 2x + 3}\, dx$

Mit der Substitution

$z = x + 1; \quad dx = dz$

erhält man ein Integral der Form

$\int \sqrt{x^2 + a^2}\, dx.$

$a^2 = 2; \quad a = \sqrt{2}$

$$\int \sqrt{x^2 + 2x + 3}\, dx =$$

$$= \int \sqrt{x^2 + 2x + 1 + 2}\, dx$$

$$= \int \sqrt{(x+1)^2 + 2}\, dx$$

$$= \int \sqrt{z^2 + 2}\, dz$$

$$= \frac{z}{2} \sqrt{z^2 + 2} + \ln |z + \sqrt{z^2 + 2}| + c$$

$$= \frac{1}{2} (x+1) \sqrt{x^2 + 2x + 3} +$$

$$+ \ln |x + 1 + \sqrt{x^2 + 2x + 3}| + c$$

2.4

179. $\int \sqrt{5x^2+x+10}\,\mathrm{d}x$

Die Substitution

$z=x+\frac{1}{10}$; $\mathrm{d}x=\mathrm{d}z$

führt auf ein Integral der Form

$\int \sqrt{x^2+a^2}\,\mathrm{d}x$.

$a^2=1{,}99$; $a=\sqrt{1{,}99}$

$$\int \sqrt{5x^2+x+10}\,\mathrm{d}x=$$

$$=\int \sqrt{5\left(x^2+\frac{1}{5}x+2\right)}\,\mathrm{d}x$$

$$=\sqrt{5}\int \sqrt{x^2+\frac{1}{5}x+\left(\frac{1}{10}\right)^2-\left(\frac{1}{10}\right)^2+2}\,\mathrm{d}x$$

$$=\sqrt{5}\int \sqrt{\left(x+\frac{1}{10}\right)^2+1{,}99}\,\mathrm{d}x$$

$$=\sqrt{5}\,\frac{z}{2}\sqrt{z^2+1{,}99}+$$

$$+\frac{1{,}99}{2}\cdot\sqrt{5}\ln|z+\sqrt{z^2+1{,}99}|+c$$

$$=\frac{\sqrt{5}}{2}\left(x+\frac{1}{10}\right)\sqrt{x^2+\frac{1}{5}x+2}+$$

$$+\frac{1{,}99}{2}\cdot\sqrt{5}\cdot\ln\left|x+\frac{1}{10}+\sqrt{x^2+\frac{1}{5}x+2}\right|+c$$

180. $\int \sqrt{x^2+6x-9}\,\mathrm{d}x$

Die Substitution

$z=x+3$; $\mathrm{d}x=\mathrm{d}z$

führt auf ein Integral der Form

$\int \sqrt{x^2-a^2}\,\mathrm{d}x$.

$a^2=18$; $a=3\sqrt{2}$

$$\int \sqrt{x^2+6x-9}\,\mathrm{d}x=$$

$$=\int \sqrt{x^2+6x+9-18}\,\mathrm{d}x$$

$$=\int \sqrt{(x+3)^2-18}\,\mathrm{d}x$$

$$=\int \sqrt{z^2-18}\,\mathrm{d}z$$

$$=\frac{z}{2}\sqrt{z^2-18}-9\ln|z+\sqrt{z^2-18}|+c$$

$$=\frac{1}{2}(x+3)\sqrt{x^2+6x-9}-$$

$$-9\ln|x+3+\sqrt{x^2+6x-9}|+c$$

181. $\int \sqrt{x^2-4x-5}\,\mathrm{d}x$

Die Substitution

$z=x-2;\quad \mathrm{d}x=\mathrm{d}z$

führt auf ein Integral der Form

$\int \sqrt{x^2-a^2}\,\mathrm{d}x.$

$a^2=9;\quad a=3$

$$\int \sqrt{x^2-4x-5}\,\mathrm{d}x=$$
$$=\int \sqrt{x^2-4x+4-9}\,\mathrm{d}x$$
$$=\int \sqrt{(x-2)^2-9}\,\mathrm{d}x$$
$$=\int \sqrt{z^2-9}\,\mathrm{d}z$$
$$=\frac{z}{2}\sqrt{z^2-9}-\frac{9}{2}\ln|z+\sqrt{z^2-9}|+c$$
$$=\underline{\underline{\frac{1}{2}(x-2)\sqrt{x^2-4x-5}-}}$$
$$\underline{\underline{-\frac{9}{2}\ln|x-2+\sqrt{x^2-4x-5}|+c}}$$

182. $\int \sqrt{6-x-3x^2}\,\mathrm{d}x$

Die Substitution

$z=x+\frac{1}{6};\quad \mathrm{d}x=\mathrm{d}z$

führt auf ein Integral der Form

$\int \sqrt{a^2-x^2}\,\mathrm{d}x.$

$a^2=\frac{73}{36};\quad a=\frac{1}{6}\sqrt{73}$

$$\int \sqrt{6-x-3x^2}\,\mathrm{d}x=$$
$$=\sqrt{3}\int \sqrt{2-\frac{x}{3}-x^2}\,\mathrm{d}x$$
$$=\sqrt{3}\int \sqrt{2-\left(x^2+\frac{x}{3}+\frac{1}{36}-\frac{1}{36}\right)}\,\mathrm{d}x$$
$$=\sqrt{3}\int \sqrt{\frac{73}{36}-\left(x+\frac{1}{6}\right)^2}\,\mathrm{d}x$$
$$=\sqrt{3}\int \sqrt{\frac{73}{36}-z^2}\,\mathrm{d}z$$
$$=\sqrt{3}\cdot\frac{z}{2}\sqrt{\frac{73}{36}-z^2}+\frac{73}{72}\cdot\sqrt{3}\cdot\operatorname{Arcsin}\frac{6z}{\sqrt{73}}+c$$
$$=\underline{\underline{\frac{1}{2}\left(x+\frac{1}{6}\right)\sqrt{6-x-3x^2}+}}$$
$$\underline{\underline{+\frac{73}{72}\sqrt{3}\cdot\operatorname{Arcsin}\frac{6x+1}{\sqrt{73}}+c}}$$

183. $\int \sqrt{8x^2-6x+3}\,\mathrm{d}x$

Die Substitution

$z=x-\frac{3}{8};\quad \mathrm{d}x=\mathrm{d}z$

führt auf ein Integral der Form

$\int \sqrt{x^2+a^2}\,\mathrm{d}x.$

$a^2=\frac{15}{64}$

$$\int \sqrt{8x^2-6x+3}\,\mathrm{d}x=$$

$$=\int \sqrt{8\left(x^2-\frac{3}{4}x+\frac{3}{8}\right)}\,\mathrm{d}x$$

$$=2\sqrt{2}\int \sqrt{x^2-\frac{3}{4}x+\frac{9}{64}-\frac{9}{64}+\frac{3}{8}}\,\mathrm{d}x$$

$$=2\sqrt{2}\int \sqrt{\left(x-\frac{3}{8}\right)^2+\frac{15}{64}}\,\mathrm{d}x$$

$$=2\sqrt{2}\int \sqrt{z^2+\frac{15}{64}}\,\mathrm{d}z$$

$$=\sqrt{2}\cdot z\cdot\sqrt{z^2+\frac{15}{64}}+$$

$$+\sqrt{2}\,\frac{15}{64}\cdot\ln\left|z+\sqrt{z^2+\frac{15}{64}}\right|+c$$

$$=\left(x-\frac{3}{8}\right)\sqrt{2x^2-\frac{3}{2}x+\frac{3}{4}}+$$

$$+\sqrt{2}\,\frac{15}{64}\cdot\ln\left|x-\frac{3}{8}+\sqrt{x^2-\frac{3}{4}x+\frac{3}{8}}\right|+c$$

184. $\int x\sqrt{x^2+4x+3}\,\mathrm{d}x$

Die Substitution

$z=x+2;\ \mathrm{d}x=\mathrm{d}z;\ x=z-2$

führt auf 2 Integrale I_1 und I_2, wobei I_2 die Form hat

$\int \sqrt{x^2-a^2}\,\mathrm{d}x$ mit $a^2=1.$

$$\int x\sqrt{x^2+4x+3}\,\mathrm{d}x=$$

$$=\int x\sqrt{x^2+4x+4-1}\,\mathrm{d}x$$

$$=\int x\sqrt{(x+2)^2-1}\,\mathrm{d}x$$

$$=\int (z-2)\sqrt{z^2-1}\,\mathrm{d}z$$

$$=\int z\sqrt{z^2-1}\,\mathrm{d}z-2\int \sqrt{z^2-1}\,\mathrm{d}z$$

$$=I_1-I_2$$

Substitution:

$t=z^2-1;\quad dz=\frac{dt}{2z}$

$$I_2=z\sqrt{z^2-1}+\ln|z+\sqrt{z^2-1}|+c_2$$

$$I_1=\int z\sqrt{z^2-1}\,dz$$

$$=\frac{1}{2}\int\sqrt{t}\,dt$$

$$=\frac{1}{2}\int t^{\frac{1}{2}}\,dt$$

$$=\frac{1}{2}\cdot\frac{t^{\frac{3}{2}}}{\frac{3}{2}}+c_1$$

$$=\frac{1}{3}(z^2-1)\sqrt{z^2-1}+c_1$$

$$\int x\sqrt{x^2+4x+3}\,dx=$$

$$=I_1-I_2$$

$c=c_1-c_2$

$$=\frac{1}{3}(z^2-1)\sqrt{z^2-1}-z\sqrt{z^2-1}-$$

$$-\ln|z+\sqrt{z^2-1}|+c$$

$$=\frac{1}{3}(x^2+4x+3)\sqrt{x^2+4x+3}-$$

$$-(x+2)\sqrt{x^2+4x+3}-$$

$$-\ln|x+2+\sqrt{x^2+4x+3}|+c$$

185. $\int\frac{\sqrt{x^2-2x+1}}{x^2}\,dx$

$$\int\frac{\sqrt{x^2-2x+1}}{x^2}\,dx=\int\frac{\sqrt{(x-1)^2}}{x^2}\,dx$$

$$=\int\frac{x-1}{x^2}\,dx$$

$$=\int\frac{1}{x}\,dx-\int\frac{1}{x^2}\,dx$$

$$=\ln|x|+\frac{1}{x}+c$$

186. $\int \frac{\sqrt{1-2x-x^2}}{(x+1)^2}\,dx$

Die Substitution

$z=x+1; \quad dx=dz$

führt auf ein Integral der Form

$\int \frac{\sqrt{a^2-x^2}}{x^2}\,dx,$

das in Kap. 2.4, Band 4 gelöst wurde.

$a^2=2; \quad a=\sqrt{2}$

$$\int \frac{\sqrt{1-2x-x^2}}{(x+1)^2}\,dx = \int \frac{\sqrt{1-(x^2+2x+1-1)}}{(x+1)^2}\,dx = \int \frac{\sqrt{2-(x+1)^2}}{(x+1)^2}\,dx = \int \frac{\sqrt{2-z^2}}{z^2}\,dz = -\frac{\sqrt{2-z^2}}{z} - \operatorname{Arcsin}\frac{z}{\sqrt{2}} + c = -\frac{\sqrt{1-2x-x^2}}{x+1} - \operatorname{Arcsin}\frac{x+1}{\sqrt{2}} + c$$

● Integrale der Form $\int \frac{dx}{\sqrt{x^2-a^2}}$; $\int \frac{dx}{\sqrt{a^2 \pm x^2}}$

187. $\int \frac{dx}{\sqrt{x^2-7}}$

$a^2=7$

$$\int \frac{dx}{\sqrt{x^2-7}} = \ln\left|x+\sqrt{x^2-7}\right| + c$$

188. $\int \frac{dx}{\sqrt{8x^2+20}}$

$a^2=\frac{5}{2}$

$$\int \frac{dx}{\sqrt{8x^2+20}} = \int \frac{dx}{\sqrt{8\left(x^2+\frac{20}{8}\right)}} = \frac{1}{\sqrt{8}}\int \frac{dx}{\sqrt{x^2+\frac{5}{2}}} = \frac{1}{\sqrt{8}}\cdot \ln\left|x+\sqrt{x^2+\frac{5}{2}}\right| + c$$

189. $\int \frac{dx}{\sqrt{10-2x^2}}$

$a^2=5; \quad a=\sqrt{5}$

$$\int \frac{dx}{\sqrt{10-2x^2}}=\int \frac{dx}{\sqrt{2(5-x^2)}}$$
$$=\frac{1}{\sqrt{2}}\int \frac{dx}{\sqrt{5-x^2}}$$
$$=\frac{1}{\sqrt{2}}\,\text{Arcsin}\,\frac{x}{\sqrt{5}}+c$$

190. $\int \frac{x^2\,dx}{\sqrt{13-x^2}}$

Die Substitution

$x=\sqrt{13}\cdot\sin z;\quad dx=\sqrt{13}\cos z\,dz$

und die goniometrische Beziehung

$\cos^2 z=1-\sin^2 z$

führen auf ein Integral der Form

$\int \sin^2 z\,dz,$

dessen Lösung in Kap. 2.4 Band 4, zu finden ist.

$\sin(2z)=2\sin z\cdot\cos z$

$\cos z=\sqrt{1-\sin^2 z}$

Rücksubstitution:

$x=\sqrt{13}\sin z;\quad \sin z=\frac{x}{\sqrt{13}}$

$z=\text{Arcsin}\,\frac{x}{\sqrt{13}}$

$$\int \frac{x^2\,dx}{\sqrt{13-x^2}}=$$
$$=\int \frac{13\sin^2 z}{\sqrt{13-13\sin^2 z}}\cdot\sqrt{13}\cos z\,dz$$
$$=13\int \frac{\sin^2 z}{\sqrt{1-\sin^2 z}}\cdot\cos z\,dz$$
$$=13\int \frac{\sin^2 z}{\sqrt{\cos^2 z}}\cdot\cos z\,dz$$
$$=13\int \sin^2 z\,dz$$
$$=-\frac{13}{4}\sin(2z)+13\,\frac{z}{2}+c$$
$$=-\frac{13}{2}\sin z\cdot\cos z+\frac{13}{2}\,z+c$$
$$=-\frac{13}{2}\sin z\cdot\sqrt{1-\sin^2 z}+\frac{13}{2}\,z+c$$
$$=-\frac{13}{2}\cdot\frac{x}{\sqrt{13}}\cdot\sqrt{1-\frac{x^2}{13}}+\frac{13}{2}\,\text{Arcsin}\,\frac{x}{\sqrt{13}}+c$$
$$=-\frac{x}{2}\sqrt{13-x^2}+\frac{13}{2}\,\text{Arcsin}\,\frac{x}{\sqrt{13}}+c$$

191. $\int \frac{dx}{x^2\sqrt{x^2-1}}$

Zur Lösung benutzt man die in Kap. 2.4 Band 4 hergeleitete Formel mit $a^2=1$.

$$\int \frac{dx}{x^2\sqrt{x^2-1}}=\frac{1}{x}\cdot\sqrt{x^2-1}+c$$

192. $\int \frac{x\,dx}{\sqrt{2x^2+4}}$

$z=2x^2+4; \quad dx=\frac{dz}{4x}$

$$\int \frac{x\,dx}{\sqrt{2x^2+4}}=\frac{1}{4}\int \frac{dz}{\sqrt{z}}$$
$$=\frac{1}{4}\int z^{-\frac{1}{2}}\,dz$$
$$=\frac{1}{4}\cdot\frac{z^{\frac{1}{2}}}{\frac{1}{2}}+c$$
$$=\underline{\underline{\frac{1}{2}\sqrt{2x^2+4}+c}}$$

193. $\int \frac{4x\,dx}{\sqrt{20-2x^2}}$

$z=20-2x^2; \quad dx=\frac{dz}{-4x}$

$$\int \frac{4x\,dx}{\sqrt{20-2x^2}}=-\int \frac{dz}{\sqrt{z}}$$
$$=-\int z^{-\frac{1}{2}}\,dz$$
$$=-2z^{\frac{1}{2}}+c$$
$$=\underline{\underline{-2\sqrt{20-2x^2}+c}}$$

194. $\int \frac{3x^2}{\sqrt{x^2-b}}\,dx$

Es sei $b>0$ angenommen. Dann führen die Substitution

$x=\sqrt{b}\cosh z; \; dx=\sqrt{b}\sin z\,dz$

und die Beziehung

$\sinh^2 z=\cosh^2 z-1$

auf ein Integral der Form

$\int \cosh^2 x\,dx,$

welches in Kap. 2.4, Band 4 zu finden ist.

$\sinh(2z)=2\sinh z\cdot\cosh z$

$\sinh z=\sqrt{\cosh^2 z-1}$

Voraussetzung: $b>0$

$$\int \frac{3x^2}{\sqrt{x^2-b}}\,dx=$$
$$=3\int \frac{b\cosh^2 z}{\sqrt{b\cosh^2 z-b}}\sqrt{b}\sinh z\,dz$$
$$=3\sqrt{b}\,b\int \frac{\cosh^2 z\cdot\sinh z}{\sqrt{b(\cosh^2 z-1)}}\,dz$$
$$=3b\int \cosh^2 z\,dz$$
$$=\frac{3b}{4}\sinh(2z)+\frac{3b}{2}z+c$$
$$=\frac{3}{2}b\sinh z\cdot\cosh z+\frac{3}{2}bz+c$$
$$=\frac{3}{2}b\sqrt{\cosh^2 z-1}\cdot\cosh z+\frac{3}{2}bz+c$$

Rücksubstitution:

$x=\sqrt{b}\cosh z;\quad \cosh z=\frac{x}{\sqrt{b}};$

$z=\operatorname{Arcosh}\frac{x}{\sqrt{b}}$

$$=\frac{3}{2}b\sqrt{\frac{x^2}{b}-1}\cdot\frac{x}{\sqrt{b}}+\frac{3}{2}b\operatorname{Arcosh}\frac{x}{\sqrt{b}}+c$$

$$=\frac{3}{2}x\sqrt{x^2-b}+\frac{3}{2}b\operatorname{Arcosh}\frac{x}{\sqrt{b}}+c$$

195. $\int\frac{3\,dx}{x\sqrt{ax^2+4}}$

Es sei $a>0$ angenommen.

Substitution:

$x=\frac{2}{\sqrt{a}}\sinh z;\ dx=\frac{2}{\sqrt{a}}\cosh z\,dz$

$\sinh^2 z+1=\cosh^2 z$

$\sinh z=\frac{1}{2}(e^z-e^{-z})$

Erweiterung des Integranden mit

$\frac{e^z}{e^z}=1.$

Substitution:

$t=e^z;\quad dz=\frac{dt}{e^z}$

$\int\frac{dt}{1-t^2}$ ▶ Kap. 2.4, Band 4

Rücksubstitution:

$x=\frac{2}{\sqrt{a}}\sinh z\Rightarrow z=\operatorname{Arsinh}\frac{x\sqrt{a}}{2}$

$\operatorname{Arsinh} x=\ln(x+\sqrt{x^2+1})$

Voraussetzung: $a>0$

$$\int\frac{3\,dx}{x\sqrt{ax^2+4}}=$$

$$=3\int\frac{dx}{x\sqrt{a\left(x^2+\frac{4}{a}\right)}}$$

$$=\frac{3}{\sqrt{a}}\int\frac{dx}{x\sqrt{x^2+\frac{4}{a}}}$$

$$=\frac{3}{\sqrt{a}}\int\frac{\frac{2}{\sqrt{a}}\cosh z}{\frac{2}{\sqrt{a}}\cdot\sqrt{\frac{4}{a}\sinh^2 z+\frac{4}{a}}\cdot\sinh z}\,dz$$

$$=\frac{3}{2}\int\frac{\cosh z}{\sinh z\cdot\sqrt{\sinh^2 z+1}}\,dz$$

$$=\frac{3}{2}\int\frac{dz}{\sinh z}$$

$$=\frac{3}{2}\int\frac{2\,dz}{e^z-e^{-z}}$$

$$=3\int\frac{e^z}{e^{2z}-1}\,dz$$

$$=3\int\frac{dt}{t^2-1}$$

$$=-3\int\frac{dt}{1-t^2}$$

$$=-3\operatorname{Artanh} t+c$$

$= -3 \text{ Artanh } e^z + c$

$= -3 \text{ Artanh } e^{\text{Arsinh} \frac{x\sqrt{a}}{2}} + c$

$= -3 \text{ Artanh } e^{\ln\left(\frac{x\sqrt{a}}{2}+\sqrt{\frac{ax^2}{4}+1}\right)} + c$

$= -3 \text{ Artanh } \left(\frac{x\sqrt{a}}{2}+\sqrt{\frac{ax^2}{4}+1}\right) + c$

$$= -3 \text{ Artanh } \left[\frac{1}{2}\left(x\sqrt{a}+\sqrt{ax^2+4}\right)\right] + c$$

196. $\displaystyle\int \frac{13x^2}{\sqrt{3+3x^2}}\,dx$

Die Lösung erfolgt mit einer Formel von Kap. 2.4 in Band 4

$a^2 = 1; \quad a = 1$

$\displaystyle\int \frac{13x^2}{\sqrt{3+3x^2}}\,dx = 13 \int \frac{x^2}{\sqrt{3(1+x^2)}}\,dx$

$\displaystyle= \frac{13}{\sqrt{3}} \int \frac{x^2}{\sqrt{x^2+1}}\,dx$

$$= \frac{13x}{2\sqrt{3}}\sqrt{x^2+1} - \frac{13}{2\sqrt{3}} \text{ Arsinh } x + c$$

197. $\displaystyle\int \frac{dx}{x\sqrt{a^2-x^2}}$

Siehe Kap. 2.4, Band 4

$$\int \frac{dx}{x\sqrt{a^2-x^2}} = \frac{1}{a} \ln \left|\frac{a-\sqrt{a^2-x^2}}{x}\right| + c$$

198. $\displaystyle\int \frac{dx}{x^2\sqrt{8-\frac{x^2}{2}}}$

Substitution:

$x = 4 \sin z; \quad dx = 4 \cos z\,dz$

$\cos^2 z = 1 - \sin^2 z$

$\cot z = \dfrac{\cos z}{\sin z} = \dfrac{\sqrt{1-\sin^2 z}}{\sin z}$

$\displaystyle\int \frac{dx}{x^2\sqrt{8-\frac{x^2}{2}}} =$

$\displaystyle= \sqrt{2} \int \frac{dx}{x^2\sqrt{16-x^2}}$

$\displaystyle= \sqrt{2} \int \frac{4 \cos z}{16 \sin^2 z\sqrt{16-16 \sin^2 z}}\,dz$

$\displaystyle= \frac{\sqrt{2}}{4} \int \frac{\cos z}{\sin^2 z\sqrt{16(1-\sin^2 z)}}\,dz$

$$=\frac{\sqrt{2}}{16}\int\frac{dz}{\sin^2 z}$$

$$=-\frac{\sqrt{2}}{16}\cot z+c$$

$$=-\frac{\sqrt{2}}{16}\cdot\frac{\sqrt{1-\sin^2 z}}{\sin z}+c$$

Rücksubstitution:

$x=4\sin z;\quad \sin z=\frac{x}{4}$

$$=-\frac{\sqrt{2}}{16}\cdot\frac{\sqrt{1-\frac{x^2}{16}}}{\frac{x}{4}}+c$$

$$=-\frac{\sqrt{2}}{16}\cdot\frac{\sqrt{16-x^2}}{x}+c$$

199. $\int\frac{dx}{\sqrt{\frac{1}{2}-x-\frac{x^2}{2}}}$

$z=x+1;\quad dx=dz$

$\int\frac{dz}{\sqrt{2-2x^2}}$ ▶ Kap. 2.4, Band 4

$a^2=2;\quad a=\sqrt{2}$

$$\int\frac{dx}{\sqrt{\frac{1}{2}-x-\frac{x^2}{2}}}=\int\frac{dx}{\sqrt{\frac{1}{2}(1-2x-x^2)}}$$

$$=\sqrt{2}\int\frac{dx}{\sqrt{1-(x^2+2x+1-1)}}$$

$$=\sqrt{2}\int\frac{dx}{\sqrt{2-(x+1)^2}}$$

$$=\sqrt{2}\int\frac{dz}{\sqrt{2-z^2}}$$

$$=\sqrt{2}\,\text{Arcsin}\,\frac{z}{\sqrt{2}}+c$$

$$=\sqrt{2}\,\text{Arcsin}\,\frac{x+1}{\sqrt{2}}+c$$

200. $\int \frac{3\,\mathrm{d}x}{\sqrt{6-2x-x^2}}$

$z=x+1; \quad \mathrm{d}x=\mathrm{d}z$

$\int \frac{\mathrm{d}z}{\sqrt{7-x^2}}$ ▶ Kap. 2.4, Band 4

$a^2=7; \quad a=\sqrt{7}$

$$\int \frac{3\,\mathrm{d}x}{\sqrt{6-2x-x^2}}=$$

$$=3\int \frac{\mathrm{d}x}{\sqrt{6-(x^2+2x+1-1)}}$$

$$=3\int \frac{\mathrm{d}x}{\sqrt{7-(x+1)^2}}$$

$$=3\int \frac{\mathrm{d}z}{\sqrt{7-z^2}}$$

$$=3\ \mathrm{Arcsin}\ \frac{z}{\sqrt{7}}+c$$

$$=3\ \mathrm{Arcsin}\ \frac{x+1}{\sqrt{7}}+c$$

201. $\int \frac{a\,\mathrm{d}x}{\sqrt{2x^2-3x-1}}$

$z=x-\frac{3}{4}; \quad \mathrm{d}x=\mathrm{d}z$

$\int \frac{\mathrm{d}x}{\sqrt{x^2-a^2}}$ ▶ Kap. 2.4, Band 4

$a^2=\frac{17}{16}$

$$\int \frac{a\,\mathrm{d}x}{\sqrt{2x^2-3x-1}}=$$

$$=\frac{a}{\sqrt{2}}\int \frac{\mathrm{d}x}{\sqrt{x^2-\frac{3}{2}x-\frac{1}{2}}}$$

$$=\frac{a}{\sqrt{2}}\int \frac{\mathrm{d}x}{\sqrt{x^2-\frac{3}{2}x+\frac{9}{16}-\frac{9}{16}-\frac{1}{2}}}$$

$$=\frac{a}{\sqrt{2}}\int \frac{\mathrm{d}x}{\sqrt{\left(x-\frac{3}{4}\right)^2-\frac{17}{16}}}$$

$$=\frac{a}{\sqrt{2}}\int \frac{\mathrm{d}z}{\sqrt{z^2-\frac{17}{16}}}$$

$$=\frac{a}{\sqrt{2}}\ln\left|z+\sqrt{z^2-\frac{17}{16}}\right|+c$$

$$=\frac{a}{\sqrt{2}}\ln\left|x-\frac{3}{4}+\sqrt{x^2-\frac{3}{2}x-\frac{1}{2}}\right|+c$$

202. $\int \frac{2\,\mathrm{d}x}{\sqrt{6-4x+x^2}}$

$z=x-2;\quad \mathrm{d}x=\mathrm{d}z$

$\int \frac{\mathrm{d}x}{\sqrt{x^2+a^2}}$ ► Kap. 2.4, Band 4

$a^2=2$

$$\int \frac{2\,\mathrm{d}x}{\sqrt{6-4x+x^2}}=$$
$$=2\int \frac{\mathrm{d}x}{\sqrt{x^2-4x+4+2}}$$
$$=2\int \frac{\mathrm{d}x}{\sqrt{(x-2)^2+2}}$$
$$=2\int \frac{\mathrm{d}z}{\sqrt{z^2+2}}$$
$$=2\ \ln|z+\sqrt{z^2+2}|+c$$
$$=\underline{\underline{2\ \ln|x-2+\sqrt{x^2-4x+6}|+c}}$$

203. $\int \frac{4\,\mathrm{d}x}{\sqrt{3x^2+4x+5}}$

$z=x+\frac{2}{3};\quad \mathrm{d}x=\mathrm{d}z$

$\int \frac{\mathrm{d}x}{\sqrt{x^2+a^2}}$ ► Kap. 2.4, Band 4

$a^2=\frac{11}{9}$

$$\int \frac{4\,\mathrm{d}x}{\sqrt{3x^2+4x+5}}=$$
$$=\frac{4}{\sqrt{3}}\int \frac{\mathrm{d}x}{\sqrt{x^2+\frac{4}{3}x+\frac{5}{3}}}$$
$$=\frac{4}{\sqrt{3}}\int \frac{\mathrm{d}x}{\sqrt{x^2+\frac{4}{3}x+\frac{4}{9}-\frac{4}{9}+\frac{5}{3}}}$$
$$=\frac{4}{\sqrt{3}}\int \frac{\mathrm{d}x}{\sqrt{\left(x+\frac{2}{3}\right)^2+\frac{11}{9}}}$$
$$=\frac{4}{\sqrt{3}}\int \frac{\mathrm{d}z}{\sqrt{z^2+\frac{11}{9}}}$$
$$=\frac{4}{\sqrt{3}}\ \ln\left|z+\sqrt{z^2+\frac{11}{9}}\right|+c$$
$$=\underline{\underline{\frac{4}{\sqrt{3}}\ \ln\left|x+\frac{2}{3}+\sqrt{x^2+\frac{4}{3}x+\frac{5}{3}}\right|+c}}$$

204. $\int \frac{dx}{\sqrt{x^2+7x-8}}$

$z = x + \frac{7}{2}$; $dx = dz$

$\int \frac{dx}{\sqrt{x^2-a^2}}$ ▶ Kap. 2.4, Band 4

$a^2 = \frac{81}{4}$

$$\int \frac{dx}{\sqrt{x^2+7x-8}} =$$

$$= \int \frac{dx}{\sqrt{x^2+7x+\frac{49}{4}-\frac{49}{4}-8}}$$

$$= \int \frac{dx}{\sqrt{\left(x+\frac{7}{2}\right)^2-\frac{81}{4}}}$$

$$= \int \frac{dz}{\sqrt{z^2-\frac{81}{4}}}$$

$$= \ln\left|z+\sqrt{z^2-\frac{81}{4}}\right| + c$$

$$= \ln\left|x+\frac{7}{2}+\sqrt{x^2+7x-8}\right| + c$$

2.5 Partielle Integration

$$\int u(x)\cdot v'(x)\,dx = u(x)\cdot v(x) - \int u'(x)\cdot v(x)\,dx$$

1. $\int x^2 \cdot \sin x\,dx$

$u(x) = x^2 \Rightarrow u'(x) = 2x$

$v'(x) = \sin x \Rightarrow v(x) = \int \sin x\,dx$

$= -\cos x + c_1$

$\int x \cdot \cos x\,dx = x \cdot \sin x + \cos x + c_2$

$$\int x^2 \cdot \sin x\,dx = \int u(x)\cdot v'(x)\,dx$$

$$\int u(x)\cdot v'(x)\,dx = u(x)\cdot v(x) - \int u'(x)\cdot v(x)\,dx$$

$$= x^2\cdot(-\cos x + c_1) - \int 2x\cdot(-\cos x + c_1)\,dx$$

$$= x^2\cdot(-\cos x + c_1) + 2\int x\cdot\cos x\,dx - 2c_1\int x\,dx$$

$$\int x^2 \cdot \sin x \, dx = x^2 \cdot (-\cos x + c_1) + 2 \cdot (x \cdot \sin x + \cos x + c_2) - 2c_1 \cdot \left(\frac{x^2}{2} + c_3\right)$$

$$= -x^2 \cdot \cos x + c_1 x^2 + 2x \cdot \sin x + 2 \cdot \cos x + 2c_2 - c_1 x^2 + 2c_1 c_3$$

▶ $c_1 x^2 - c_1 x^2 = 0; \quad 2c_2 + 2c_1 c_3 = c$

$$= 2x \cdot \sin x + 2 \cdot \cos x - x^2 \cdot \cos x + c$$

$$= \underline{\underline{2x \cdot \sin x + \cos x(2 - x^2) + c}}$$

Vereinfachte Lösung

$$\int x^2 \cdot \sin x \, dx$$

$u(x) = u; \quad v(x) = v$

$u = x^2 \Rightarrow u' = 2x$

$$v' = \frac{dv}{dx} = \sin x$$

$\Rightarrow dv = \sin x \, dx$

$$v = \int \sin x \, dx$$

$= -\cos x$

$$\int x \cdot \cos x \, dx = x \cdot \sin x + \cos x$$

$$\int x^2 \cdot \sin x \, dx = \int u \cdot v' \, dx$$

$$\int u \cdot v' \, dx = u \cdot v - \int u' \cdot v \, dx$$

$$= x^2 \cdot (-\cos x) - \int 2x \cdot (-\cos x) \, dx$$

$$= -x^2 \cdot \cos x + 2 \int x \cdot \cos x \, dx$$

$$= -x^2 \cdot \cos x + 2(x \cdot \sin x + \cos x) + c$$

$$= 2x \cdot \sin x + 2 \cdot \cos x - x^2 \cdot \cos x + c$$

$$= \underline{\underline{2x \cdot \sin x + \cos x(2 - x^2) + c}}$$

Die Konstanten der Integrale bei der Berechnung von v und $u' \cdot v$ werden weggelassen, da sie im Laufe des ausführlichen Lösungsganges entfallen.

Hinweis: Bei allen folgenden Aufgaben, in denen Integrale partiell gelöst werden, wird der vereinfachte Lösungsweg von Aufgabe Nr. 1. angewendet.

2. $\int x^3 \cdot \sin x \, dx$

$u = x^3; \quad du = 3x^2 \, dx$

$dv = \sin x \, dx; \quad v = \int \sin x \, dx$

$= -\cos x$

Die Lösung des Integrals

$\int x^2 \cdot \cos x \, dx$

wird der anschließenden Aufgabe 3 entnommen.

$$\int x^3 \cdot \sin x \, dx =$$

$$= x^3(-\cos x) - \int (-\cos x) \cdot 3x^2 \, dx$$

$$= -x^3 \cos x + 3 \int x^2 \cdot \cos x \, dx$$

$$= -x^3 \cos x + 3[2x \cos x + (x^2 - 2) \sin x] + c$$

$$= \underline{\underline{(6x - x^3) \cos x + 3(x^2 - 2) \sin x + c}}$$

3. $\int x^2 \cdot \cos x \, dx$

$u_1 = x^2; \quad du_1 = 2x \, dx$

$dv_1 = \cos x \, dx; \quad v_1 = \int \cos x \, dx$

$= \sin x$

$u_2 = x; \quad du_2 = dx$

$dv_2 = \sin x \, dx; \quad v_2 = \int \sin x \, dx$

$= -\cos x$

$$\int x^2 \cdot \cos x \, dx =$$

$$= x^2 \cdot \sin x - \int \sin x \cdot 2x \, dx$$

$$= x^2 \cdot \sin x - 2 \int x \cdot \sin x \, dx$$

$$= x^2 \cdot \sin x - 2\left[x(-\cos x) - \int (-\cos x) \, dx\right]$$

$$= x^2 \cdot \sin x + 2x \cos x - 2 \sin x + c$$

$$= \underline{\underline{(x^2 - 2) \sin x + 2x \cos x + c}}$$

4. $\int x^3 \cdot \cos x \, dx$

$u = x^3; \quad du = 3x^2 \, dx$

$dv = \cos x \cdot dx; \quad v = \int \cos x \, dx$

$= \sin x$

Die Lösung des Integrals

$\int x^2 \cdot \sin x \, dx$

wird der vorangegangenen Aufgabe 1 entnommen.

$$\int x^3 \cdot \cos x \, dx =$$

$$= x^3 \cdot \sin x - \int \sin x \cdot 3x^2 \, dx$$

$$= x^3 \cdot \sin x - 3 \int x^2 \cdot \sin x \, dx$$

$$= x^3 \cdot \sin x - 3[2x \sin x + (2 - x^2) \cos x] + c$$

$$= \underline{\underline{(x^3 - 6x) \sin x - 3(2 - x^2)\cos\ + c}}$$

5. $\int x \cdot \sin(2x)\,dx$

$u = x; \quad du = dx$

$dv = \sin(2x)\,dx; \quad v = \int \sin(2x)\,dx = -\frac{1}{2}\cos(2x)$

$$\int x \cdot \sin(2x)\,dx = x\left(-\frac{1}{2}\cos(2x)\right) - \int\left(-\frac{1}{2}\cos(2x)\right)dx = -\frac{x}{2}\cos(2x) + \frac{1}{2}\int \cos(2x)\,dx = -\frac{x}{2}\cos(2x) + \frac{1}{4}\sin(2x) + c$$

6. $\int x \cdot \cos(2x)\,dx$

$u = x; \quad du = dx$

$dv = \cos(2x)\,dx; \quad v = \int \cos(2x)\,dx = \frac{1}{2}\sin(2x)$

$$\int x \cdot \cos(2x)\,dx = x \cdot \frac{1}{2}\sin(2x) - \int \frac{1}{2}\sin(2x)\,dx = \frac{x}{2}\sin(2x) + \frac{1}{4}\cos(2x) + c$$

7. $\int x^2 \cdot \sin(ax)\,dx$

Substitution:

$z = ax; \quad dx = \frac{dz}{a}; \quad x = \frac{z}{a}$

Das Integral $\int x^2 \cdot \sin x\,dx$ wurde bereits in der vorangegangenen Aufgabe 1 gelöst.

$$\int x^2 \cdot \sin(ax)\,dx = \frac{1}{a^3}\int z^2 \cdot \sin z\,dz = \frac{1}{a^3}\left[2z\sin z + (2 - z^2)\cos z\right] + c = \frac{2x}{a^2}\sin(ax) + \frac{2 - a^2x^2}{a^3}\cos(ax) + c$$

8. $\int x^2 \cdot \cos(ax)\,dx$

Substitution:

$z = ax; \quad dx = \frac{dz}{a}; \quad x = \frac{z}{a}$

Das Integral $\int x^2 \cdot \cos x\,dx$ wurde bereits in der vorangegangenen Aufgabe 3 gelöst.

$$\int x^2 \cdot \cos(ax)\,dx = \frac{1}{a^3}\int z^2 \cdot \cos z\,dz = \frac{1}{a^3}\left[(z^2 - 2)\sin z + 2z\cos z\right] + c = \frac{a^2x^2 - 2}{a^3}\sin(ax) + \frac{2x}{a^2}\cos(ax) + c$$

9. $\int x^2 \cdot e^x \, dx$

$u_1 = x^2; \quad du_1 = 2x\,dx$

$dv_1 = e^x\,dx; \quad v_1 = \int e^x\,dx = e^x$

$u_2 = x; \quad du_2 = dx$

$dv_2 = e^x\,dx; \quad v_2 = \int e^x\,dx = e^x$

$$\int x^2 \cdot e^x\,dx = x^2 \cdot e^x - \int e^x \cdot 2x\,dx = x^2 \cdot e^x - 2\int x \cdot e^x\,dx = x^2 \cdot e^x - 2\left[x \cdot e^x - \int e^x\,dx\right] = x^2 \cdot e^x - 2x \cdot e^x + 2e^x + c = \underline{\underline{e^x(x^2 - 2x + 2) + c}}$$

10. $\int x^3 \cdot e^x\,dx$

$u = x^3; \quad du = 3x^2\,dx$

$dv = e^x\,dx; \quad v = \int e^x\,dx = e^x$

Die Lösung des Integrals $\int x^2 \cdot e^x\,dx$ wird der vorangegangenen Aufgabe 9 entnommen.

$$\int x^3 \cdot e^x\,dx = x^3 \cdot e^x - \int e^x \cdot 3x^2\,dx = x^3 \cdot e^x - 3\int x^2 \cdot e^x\,dx = x^3 \cdot e^x - 3e^x(x^2 - 2x + 2) + c = \underline{\underline{e^x(x^3 - 3x^2 + 6x - 6) + c}}$$

11. $\int x \cdot e^{2x}\,dx$

Substitution:

$z = 2x; \quad dx = \frac{dz}{2}; \quad x = \frac{z}{2}$

$u = z; \quad du = dz$

$dv = e^z\,dz; \quad v = \int e^z\,dz = e^z$

$$\int x \cdot e^{2x}\,dx = \int \frac{z}{2} e^z \cdot \frac{dz}{2} = \frac{1}{4}\int z \cdot e^z\,dz = \frac{1}{4}\left[z \cdot e^z - \int e^z\,dz\right] = \frac{1}{4}[z \cdot e^z - e^z] + c = \frac{1}{4}e^z[z-1] + c = \underline{\underline{\frac{1}{4}e^{2x}[2x-1] + c}}$$

12. $\int x \cdot e^{-3x}\,dx$

Substitution:

$z=-3x;\quad dx=-\frac{dz}{3}$

$x=-\frac{z}{3}$

Das Integral $\int z \cdot e^z\,dz$ wurde bereits in der vorangegangenen Aufgabe 11 gelöst.

$$\int x \cdot e^{-3x}\,dx=$$
$$=\int\left(-\frac{z}{3}\right)\cdot e^z\cdot\left(-\frac{dz}{3}\right)$$
$$=\frac{1}{9}\int z\cdot e^z\,dz$$
$$=\frac{1}{9}\,e^z[z-1]+c$$
$$=\frac{1}{9}\,e^{-3x}(-3x-1)+c$$
$$=-\frac{1}{9}\,e^{-3x}(3x+1)+c$$

13. $\int x\cdot\ln x\,dx$

Aus der Aufgabenstellung folgt $x>0$.

$u=\ln x;\quad du=\frac{1}{x}\,dx$

$dv=x\,dx;\quad v=\int x\,dx$

$=\frac{1}{2}\,x^2$

$$\int x\cdot\ln x\,dx=$$
$$=\int \ln x\cdot x\,dx$$
$$=\ln x\cdot\frac{x^2}{2}-\int\frac{1}{x}\cdot\frac{x^2}{2}\,dx$$
$$=\frac{x^2}{2}\ln x-\frac{1}{2}\int x\,dx$$
$$=\frac{x^2}{2}\ln x-\frac{1}{4}\,x^2+c$$
$$=\frac{1}{4}\,x^2(2\ln x-1)+c$$

14. $\int x^2\cdot\ln x\,dx$

Aus der Aufgabenstellung folgt $x>0$.

$u=\ln x;\quad du=\frac{1}{x}\,dx$

$dv=x^2\,dx;\quad v=\int x^2\,dx$

$=\frac{1}{3}\,x^3$

$$\int x^2\cdot\ln x\,dx=$$
$$=\int \ln x\cdot x^2\,dx$$
$$=\ln x\cdot\frac{1}{3}\,x^3-\int\frac{1}{3}\,x^3\cdot\frac{1}{x}\,dx$$
$$=\frac{1}{3}\,x^3\cdot\ln x-\frac{1}{3}\int x^2\,dx$$

$$=\frac{1}{3}x^3 \cdot \ln x - \frac{1}{9}x^3 + c$$

$$=\frac{1}{9}x^3(3\ln x - 1) + c$$

15. $\int x^4 \cdot \ln x \, dx$

Aus der Aufgabenstellung folgt $x > 0$.

$u = \ln x; \quad du = \frac{1}{x}\,dx$

$dv = x^4\,dx; \quad v = \int x^4\,dx = \frac{1}{5}x^5$

$$\int x^4 \cdot \ln x\,dx = \int \ln x \cdot x^4\,dx = \ln x \cdot \frac{1}{5}x^5 - \int \frac{1}{5}x^5 \cdot \frac{1}{x}\,dx = \frac{1}{5}x^5 \cdot \ln x - \frac{1}{5}\int x^4\,dx = \frac{1}{5}x^5 \cdot \ln x - \frac{1}{25}x^5 + c = \frac{1}{25}x^5(5\ln x - 1) + c$$

16. $\int \sqrt[3]{x^5} \cdot \ln x\,dx$

Aus der Aufgabenstellung folgt $x > 0$.

$u = \ln x; \quad du = \frac{1}{x}\,dx$

$dv = x^{\frac{5}{3}}\,dx; \quad v = \int x^{\frac{5}{3}}\,dx = \frac{3}{8}x^{\frac{8}{3}}$

$$\int \sqrt[3]{x^5} \cdot \ln x\,dx = \int \ln x \cdot x^{\frac{5}{3}}\,dx = \ln x \cdot \frac{3}{8}x^{\frac{8}{3}} - \int \frac{3}{8}x^{\frac{8}{3}} \cdot \frac{1}{x}\,dx = \frac{3}{8}x^{\frac{8}{3}} \cdot \ln x - \frac{3}{8}\int x^{\frac{5}{3}}\,dx = \frac{3}{8}x^{\frac{8}{3}} \cdot \ln x - \frac{9}{64}x^{\frac{8}{3}} + c = \frac{3}{8}x^2 \cdot \sqrt[3]{x^2}\left(\ln x - \frac{3}{8}\right) + c$$

17. $\int x \cdot \sinh x\,dx$

$u = x; \quad du = dx$

$dv = \sinh x\,dx; \quad v = \int \sinh x\,dx = \cosh x$

$$\int x \cdot \sinh x\,dx = x \cdot \cosh x - \int \cosh x\,dx = x \cdot \cosh x - \sinh x + c$$

18. $\int x^4 \cdot \cosh x \, dx$

$u_1 = x^4; \quad du_1 = 4x^3 \, dx$

$dv_1 = \cosh x \, dx; \quad v_1 = \int \cosh x \, dx = \sinh x$

$u_2 = x^3; \quad du_2 = 3x^2 \, dx$

$dv_2 = \sinh x \, dx; \quad v_2 = \int \sinh x \, dx = \cosh x$

$u_3 = x^2; \quad du_3 = 2x \, dx$

$dv_3 = \cosh x \, dx; \quad v_3 = \int \cosh x \, dx = \sinh x$

$u_4 = x; \quad du = dx$

$dv_4 = \sinh x \, dx; \quad v_4 = \int \sinh x \, dx = \cosh x$

$$\int x^4 \cdot \cosh x \, dx =$$

$$= x^4 \cdot \sinh x - \int 4x^3 \cdot \sinh x \, dx$$

$$= x^4 \cdot \sinh x - 4 \int x^3 \cdot \sinh x \, dx$$

$$= x^4 \cdot \sinh x - 4\left(x^3 \cdot \cosh x - \int \cosh x \cdot 3x^2 \, dx\right)$$

$$= x^4 \cdot \sinh x - 4x^3 \cdot \cosh x + 12 \int x^2 \cdot \cosh x \, dx$$

$$= x^4 \cdot \sinh x - 4x^3 \cdot \cosh x + {}$$
$$+ 12\left(x^2 \cdot \sinh x - \int \sinh x \cdot 2x \, dx\right)$$

$$= \sinh x \cdot (x^4 + 12x^2) - 4x^3 \cdot \cosh x -$$
$$- 24 \int x \cdot \sinh x \, dx$$

$$= (x^4 + 12x^2) \sinh x - 4x^3 \cdot \cosh x -$$
$$- 24\left(x \cdot \cosh x - \int \cosh x \, dx\right)$$

$$= (x^4 + 12x^2) \sinh x - 4x^3 \cdot \cosh x -$$
$$- 24x \cosh x + 24 \sinh x + c$$

$$= \underline{\underline{(x^4 + 12x^2 + 24) \sinh x - (4x^3 + 24x) \cosh x + c}}$$

19. $\int x^4 \cdot \cosh (ax) \, dx$

Substitution:

$z = ax; \quad dx = \frac{dz}{a}; \quad x = \frac{z}{a}$

Die Lösung des Integrals

$\int z^4 \cdot \cosh z \, dz$

entnimmt man der vorangegangenen Aufgabe 18.

$$\int x^4 \cdot \cosh (ax) \, dx =$$

$$= \int \frac{z^4}{a^4} \cosh z \cdot \frac{dz}{a}$$

$$= \frac{1}{a^5} \int z^4 \cdot \cosh z \, dz$$

$$= \frac{1}{a^5}(z^4 + 12z^2 + 24)\sinh z -$$

$$- \frac{1}{a^5}(4z^3 + 24z)\cosh z + c$$

$$= \frac{1}{a^5}(a^4x^4 + 12a^2x^2 + 24)\sinh(ax) -$$

$$- \frac{1}{a^4}(4a^2x^3 + 24x)\cosh(ax) + c$$

20. $\int x^4 \cdot \sinh x \, dx$

$u_1 = x^4; \quad du_1 = 4x^3 \, dx$

$dv_1 = \sinh x \, dx; \quad v_1 = \int \sinh x \, dx = \cosh x$

$u_2 = x^3; \quad du_2 = 3x^2 \, dx$

$dv_2 = \cosh x \, dx; \quad v_2 = \int \cosh x \, dx = \sinh x$

$u_3 = x^2; \quad du_3 = 2x \, dx$

$dv_3 = \sinh x \, dx; \quad v_3 = \int \sinh x \, dx = \cosh x$

$u_4 = x; \quad du_4 = dx$

$dv_4 = \cosh x \, dx; \quad v_4 = \int \cosh x \, dx = \sinh x$

$$\int x^4 \cdot \sinh x \, dx =$$

$$= x^4 \cdot \cosh x - \int \cosh x \cdot 4x^3 \, dx$$

$$= x^4 \cdot \cosh x - 4 \int x^3 \cdot \cosh x \, dx$$

$$= x^4 \cdot \cosh x - 4\left(\sinh x \cdot x^3 - \int \sinh x \cdot 3x^2 \, dx\right)$$

$$= x^4 \cdot \cosh x - 4x^3 \cdot \sinh x + 12 \int x^2 \cdot \sinh x \, dx$$

$$= x^4 \cdot \cosh x - 4x^3 \cdot \sinh x +$$

$$+ 12\left(x^2 \cdot \cosh x - \int \cosh x \cdot 2x \, dx\right)$$

$$= (x^4 + 12x^2)\cosh x - 4x^3 \cdot \sinh x -$$

$$- 24 \int x \cdot \cosh x \, dx$$

$$= (x^4 + 12x^2)\cosh x - 4x^3 \cdot \sinh x -$$

$$- 24\left(x \cdot \sinh x - \int \sinh x \, dx\right)$$

$$= (x^4 + 12x^2)\cosh x - 4x^3 \cdot \sinh x -$$

$$- 24x \cdot \sinh x + 24 \cosh x + c$$

$$= (x^4 + 12x^2 + 24)\cosh x - (4x^3 + 24x)\sinh x + c$$

21. $\int t^2 \cdot \sinh(\omega t)\,\mathrm{d}t$

Substitution:

$z=\omega t; \quad \mathrm{d}t=\frac{\mathrm{d}z}{\omega}; \quad t=\frac{z}{\omega}$

$u_1=z^2; \quad \mathrm{d}u_1=2z\,\mathrm{d}z$

$\mathrm{d}v_1=\sinh z\,\mathrm{d}z; \quad v_1=\int \sinh z\,\mathrm{d}z$

$=\cosh z$

$u_2=z; \quad \mathrm{d}u_2=\mathrm{d}z$

$\mathrm{d}v_2=\cosh z\,\mathrm{d}z; \quad v_2=\int \cosh z\,\mathrm{d}z$

$=\sinh z$

$$\int t^2 \cdot \sinh(\omega t)\,\mathrm{d}t=$$

$$=\int \frac{z^2}{\omega^2}\sinh z\cdot\frac{1}{\omega}\,\mathrm{d}z$$

$$=\frac{1}{\omega^3}\int z^2\cdot\sinh z\,\mathrm{d}z$$

$$=\frac{1}{\omega^3}\left(z^2\cdot\cosh z-\int \cosh z\cdot 2z\,\mathrm{d}z\right)$$

$$=\frac{z^2}{\omega^3}\cosh z-\frac{2}{\omega^3}\int z\cdot\cosh z\,\mathrm{d}z$$

$$=\frac{z^2}{\omega^3}\cosh z-\frac{2}{\omega^3}\left(z\cdot\sinh z-\int \sinh z\,\mathrm{d}z\right)$$

$$=\frac{z^2}{\omega^3}\cosh z-\frac{2}{\omega^3}(z\cdot\sinh z-\cosh z)+c$$

$$=\frac{1}{\omega^3}(z^2+2)\cosh z-\frac{2z}{\omega^3}\sinh z+c$$

$$=\underline{\underline{\frac{1}{\omega^3}(\omega^2t^2+2)\cosh(\omega t)-\frac{2t}{\omega^2}\sinh(\omega t)+c}}$$

22. $\int \operatorname{Arcsin} x\,\mathrm{d}x$

Dieses Integral wurde mit Hilfe von Kap. 2.5, Band 4, gelöst.

$$\int \operatorname{Arcsin} x\,\mathrm{d}x=\underline{\underline{x\cdot\operatorname{Arcsin} x+\sqrt{1-x^2}+c}}$$

23. $\int \operatorname{Arccot} x\,\mathrm{d}x$

$u=\operatorname{Arccot} x; \quad \mathrm{d}u=\frac{-1}{1+x^2}\,\mathrm{d}x$

$\mathrm{d}v=\mathrm{d}x; \quad v=\int \mathrm{d}x=x$

$f(x)=1+x^2; \quad f'(x)=2x$

Hier stehen runde Klammern bei $\ln(f(x))$, da $f(x)=1+x^2>0$ für alle x gilt.

$$\int \operatorname{Arccot} x\,\mathrm{d}x=$$

$$=x\cdot\operatorname{Arccot} x-\int x\cdot\frac{-1}{1+x^2}\,\mathrm{d}x$$

$$=x\cdot\operatorname{Arccot} x+\frac{1}{2}\int\frac{2x}{1+x^2}\,\mathrm{d}x$$

$$=x\cdot\operatorname{Arccot} x+\frac{1}{2}\int\frac{f'(x)}{f(x)}\,\mathrm{d}x$$

$$=\underline{\underline{x\cdot\operatorname{Arccot} x+\frac{1}{2}\ln(1+x^2)+c}}$$

24. $\int \operatorname{Arccos} x \, dx$

$u = \operatorname{Arccos} x; \quad du = \frac{-1}{\sqrt{1-x^2}} dx$

$dv = dx; \quad v = x$

Substitution:

$z = 1 - x^2; \quad dx = -\frac{dz}{2x}$

$$\int \operatorname{Arccos} x \, dx =$$
$$= x \cdot \operatorname{Arccos} x - \int x \cdot \frac{-1}{\sqrt{1-x^2}} dx$$
$$= x \cdot \operatorname{Arccos} x + \int \frac{x}{\sqrt{1-x^2}} dx$$
$$= x \cdot \operatorname{Arccos} x - \frac{1}{2} \int \frac{dz}{\sqrt{z}}$$
$$= x \cdot \operatorname{Arccos} x - \frac{1}{2} \int z^{-\frac{1}{2}} dz$$
$$= x \cdot \operatorname{Arccos} x - \sqrt{z} + c$$
$$= \underline{\underline{x \cdot \operatorname{Arccos} x - \sqrt{1-x^2} + c}}$$

25. $\int \operatorname{Arcoth} x \, dx$

$u = \operatorname{Arcoth} x; \quad du = \frac{1}{1-x^2} dx$

$dv = dx; \quad v = x$

$f(x) = 1 - x^2; \quad f'(x) = -2x$

$$\int \operatorname{Arcoth} x \, dx =$$
$$= x \cdot \operatorname{Arcoth} x - \int x \cdot \frac{1}{1-x^2} dx$$
$$= x \cdot \operatorname{Arcoth} x + \frac{1}{2} \int \frac{-2x}{1-x^2} dx$$
$$= x \cdot \operatorname{Arcoth} x + \frac{1}{2} \int \frac{f'(x)}{f(x)} dx$$
$$= \underline{\underline{x \cdot \operatorname{Arcoth} x + \frac{1}{2} \ln(1-x^2) + c}}$$

für $|x| < 1$

26. $\int x^n \cdot \ln x \, dx$

Aus der Aufgabenstellung folgt $x > 0$.

$u = \ln x; \quad du = \frac{1}{x} dx$

$dv = x^n dx; \quad v = \int x^n dx$

$= \frac{1}{n+1} \cdot x^{n+1}$

$$\int x^n \cdot \ln x \, dx =$$
$$= \int \ln x \cdot x^n dx$$
$$= \ln x \cdot \frac{x^{n+1}}{n+1} - \int \frac{x^{n+1}}{n+1} \cdot \frac{1}{x} dx$$
$$= \frac{x^{n+1}}{n+1} \ln x - \frac{1}{n+1} \int x^n dx$$

$$=\frac{x^{n+1}}{n+1}\ln x-\frac{x^{n+1}}{(n+1)^2}+c$$

$$=\frac{x^{n+1}}{(n+1)^2}\left[(n+1)\ln x-1\right]+c$$

für $n \neq -1$

27. $\int \frac{\ln x}{x^2}\,dx$

Mit $n=-2$ folgt die Lösung sofort aus der vorangegangenen Aufgabe 26.

$$\int \frac{\ln x}{x^2}\,dx=\int x^{-2}\cdot\ln x\,dx$$

$$=\frac{x^{-1}}{(-1)^2}\left[(-1)\ln x-1\right]+c$$

$$=-\frac{1}{x}(\ln x+1)+c$$

28. $\int \frac{\ln x}{x^4}\,dx$

Mir $n=-4$ erhält man aus der vorangegangenen Aufgabe 26 sofort die Lösung.

$$\int \frac{\ln x}{x^4}\,dx=\int x^{-4}\cdot\ln x\,dx$$

$$=\frac{x^{-3}}{(-3)^2}\left[(-3)\ln x-1\right]+c$$

$$=-\frac{1}{9x^3}(3\ln x+1)+c$$

29. $\int \frac{\ln (ax)}{x}\,dx$

Aus der Aufgabenstellung folgt

$ax>0$.

Substitution:

$z=ax;\quad dx=\frac{dz}{a};\quad x=\frac{z}{a}$

$\int \frac{\ln z}{z}\,dz$ ▶ Kap. 2.5, Band 4

$$\int \frac{\ln (ax)}{x}\,dx=\int \frac{\ln z}{\frac{z}{a}}\cdot\frac{1}{a}\,dz$$

$$=\int \frac{\ln z}{z}\,dz$$

$$=\frac{1}{2}\ln^2 z+c$$

$$=\frac{1}{2}\ln^2 (ax)+c$$

30. $\int \frac{\ln^2 x}{x}\,dx$

Dieses Integral ist in Kap. 2.5, Band 4, gelöst worden.

$$\int \frac{\ln^2 x}{x}\,dx=\frac{1}{3}\ln^3 x+c$$

31. $\int \frac{\ln^2 (ax)}{x} \, dx$

Substitution:

$z = ax; \quad dx = \frac{dz}{a}; \quad x = \frac{z}{a}$

Das Integral $\int \frac{\ln^2 z}{z} \, dz$ entnimmt man der vorangegangenen Aufgabe 30.

$$\int \frac{\ln^2 (ax)}{x} \, dx = \int \frac{\ln^2 z}{\frac{z}{a}} \cdot \frac{1}{a} \, dz$$
$$= \int \frac{\ln^2 z}{z} \, dz$$
$$= \frac{1}{3} \ln^3 z + c$$
$$= \frac{1}{3} \ln^3 (ax) + c$$

32. $\int \frac{\ln (ax)}{bx} \, dx$

Das Integral $\int \frac{\ln (ax)}{x} \, dx$ wurde bereits in der vorangegangenen Aufgabe 29 gelöst.

$$\int \frac{\ln (ax)}{bx} \, dx = \frac{1}{b} \int \frac{\ln (ax)}{x} \, dx$$
$$= \frac{1}{2b} \ln^2 (ax) + c$$

33. $\int \frac{\ln^2 (ax)}{bx} \, dx$

Das Integral $\int \frac{\ln^2 (ax)}{x} \, dx$ wurde bereits in der vorangegangenen Aufgabe 31 gelöst.

$$\int \frac{\ln^2 (ax)}{bx} \, dx = \frac{1}{b} \int \frac{\ln^2 (ax)}{x} \, dx$$
$$= \frac{1}{3b} \ln^3 (ax) + c$$

34. $\int \cos^2 (2x) \, dx$

Substitution:

$z = 2x; \quad dx = \frac{dz}{2}$

$\int \cos^2 z \, dz$ ▶ Kap. 2.5, Band 4.

$$\int \cos^2 (2x) \, dx = \frac{1}{2} \int \cos^2 z \, dz$$
$$= \frac{1}{2} \left[\frac{1}{4} \sin (2z) + \frac{1}{2} z \right] + c$$
$$= \frac{1}{8} \sin (4x) + \frac{1}{2} x + c$$

35. $\int \sin^2 x\,dx$

$u=\sin x;\quad du=\cos x\,dx$

$dv=\sin x\,dx;\quad v=\int \sin x\,dx$

$= -\cos x$

$\int \cos^2 x\,dx$ ▶ Kap. 2.5, Band 4.

$\sin x \cdot \cos x = \frac{1}{2}\sin(2x)$

$$\int \sin^2 x\,dx =$$
$$= \int \sin x \cdot \sin x\,dx$$
$$= \sin x\,(-\cos x) - \int (-\cos x)\cdot \cos x\,dx$$
$$= -\sin x \cdot \cos x + \int \cos^2 x\,dx$$
$$= -\sin x \cdot \cos x + \frac{1}{4}\sin(2x) + \frac{1}{2}x + c$$
$$= -\frac{1}{2}\sin(2x) + \frac{1}{4}\sin(2x) + \frac{1}{2}x + c$$
$$= \underline{\underline{\frac{1}{2}x - \frac{1}{4}\sin(2x) + c}}$$

36. $\int \sin^2(\omega t)\,dt$

Substitution:

$z=\omega t;\quad dt=\frac{dz}{\omega}$

Das Integral $\int \sin^2 z\,dz$ entnimmt man der vorangegangenen Aufgabe 35.

$$\int \sin^2(\omega t)\,dt = \frac{1}{\omega}\int \sin^2 z\,dz$$
$$= \frac{1}{\omega}\left(\frac{1}{2}z - \frac{1}{4}\sin 2z\right) + c$$
$$= \underline{\underline{\frac{1}{2}t - \frac{1}{4\omega}\sin(2\omega t) + c}}$$

37. $\int \cos^2(\omega t)\,dt$

Substitution:

$z=\omega t;\quad dt=\frac{dz}{\omega}$

Das Integral $\int \cos^2 z\,dz$ entnimmt man dem Kap. 2.5 in Band 4.

$$\int \cos^2(\omega t)\,dt = \frac{1}{\omega}\int \cos^2 z\,dz$$
$$= \frac{1}{\omega}\left(\frac{1}{4}\sin(2z) + \frac{1}{2}z\right) + c$$
$$= \underline{\underline{\frac{1}{2}t + \frac{1}{4\omega}\sin(2\omega t) + c}}$$

2.5

38. $\int \cosh x \cdot \sin x \, dx$

$u_1 = \cosh x; \quad du_1 = \sinh x \, dx$

$dv_1 = \sin x \, dx; \quad v_1 = \int \sin x \, dx$

$= -\cos x$

$u_2 = \sinh x; \quad du_2 = \cosh x \, dx$

$dv_2 = \cos x \, dx; \quad v_2 = \int \cos x \, dx$

$= \sin x$

$c = \frac{1}{2} c_1$

$$I = \int \cosh x \cdot \sin x \, dx$$
$$= \cosh x \, (-\cos x) - \int (-\cos x) \cdot \sinh x \, dx$$
$$= -\cosh x \cdot \cos x + \int \sinh x \cdot \cos x \, dx$$
$$= -\cosh x \cdot \cos x + \sinh x \cdot \sin x - \int \sin x \cdot \cosh x \, dx$$
$$= -\cosh x \cdot \cos x + \sinh x \cdot \sin x - I + c_1$$
$$2I = -\cosh x \cdot \cos x + \sinh x \cdot \sin x + c_1$$
$$I = \frac{1}{2} \sinh x \cdot \sin x - \frac{1}{2} \cosh x \cdot \cos x + c$$

39. $\int \sinh x \cdot \sin x \, dx$

$u_1 = \sinh x; \quad du_1 = \cosh x \, dx$

$dv_1 = \sin x \, dx; \quad v_1 = \int \sin x \, dx$

$= -\cos x$

$u_2 = \cosh x; \quad du_2 = \sinh x \, dx$

$dv_2 = \cos x \, dx; \quad v_2 = \int \cos x \, dx$

$= \sin x$

$c = \frac{1}{2} c_1$

$$I = \int \sinh x \cdot \sin x \, dx$$
$$= \sinh x \, (-\cos x) - \int (-\cos x) \cdot \cosh x \, dx$$
$$= -\sinh x \cdot \cos x + \int \cosh x \cdot \cos x \, dx$$
$$= -\sinh x \cdot \cos x + \cosh x \cdot \sin x - \int \sin x \cdot \sinh x \, dx$$
$$= -\sinh x \cdot \cos x + \cosh x \cdot \sin x - I + c_1$$
$$2I = \cosh x \cdot \sin x - \sinh x \cdot \cos x + c_1$$
$$I = \frac{1}{2} \cosh x \cdot \sin x - \frac{1}{2} \sinh x \cdot \cos x + c$$

40. $\int \sinh x \cdot \cos x \, dx$

$u_1 = \sinh x; \quad du_1 = \cosh x \, dx$

$dv_1 = \cos x \, dx; \quad v_1 = \int \cos x \, dx$

$= \sin x$

$u_2 = \cosh x; \quad du_2 = \sinh x \, dx$

$dv_2 = \sin x \, dx; \quad v_2 = \int \sin x \, dx$

$= -\cos x$

$$I = \int \sinh x \cdot \cos x \, dx$$
$$= \sinh x \cdot \sin x - \int \sin x \cdot \cosh x \, dx$$
$$= \sinh x \cdot \sin x - \int \cosh x \cdot \sin x \, dx$$
$$= \sinh x \cdot \sin x - \cosh x \, (-\cos x) +$$
$$+ \int (-\cos x) \cdot \sinh x \, dx$$
$$= \sinh x \cdot \sin x + \cosh x \cdot \cos x - I + c_1$$

$$c = \frac{1}{2} c_1$$

$$2I = \sinh x \cdot \sin x + \cosh x \cdot \cos x + c_1$$

$$I = \frac{1}{2} \sinh x \cdot \sin x + \frac{1}{2} \cosh x \cdot \cos x + c$$

41. $\int e^x \cdot \cos x \, dx$

$u_1 = e^x; \quad du_1 = e^x \, dx$

$dv_1 = \cos x \, dx; \quad v_1 = \int \cos x \, dx = \sin x$

$u_2 = e^x; \quad du_2 = e^x \, dx$

$dv_2 = \sin x \, dx; \quad v_2 = \int \sin x \, dx = -\cos x$

$c = \frac{1}{2} c_1$

$$\begin{aligned} I &= \int e^x \cdot \cos x \, dx \\ &= e^x \cdot \sin x - \int \sin x \cdot e^x \, dx \\ &= e^x \cdot \sin x - \int e^x \cdot \sin x \, dx \\ &= e^x \cdot \sin x - e^x (-\cos x) + \int (-\cos x) \cdot e^x \, dx \\ &= e^x \cdot \sin x + e^x \cdot \cos x - I + c_1 \end{aligned}$$

$$2I = e^x (\sin x + \cos x) + c_1$$

$$I = \frac{1}{2} e^x (\sin x + \cos x) + c$$

42. $\int e^x \cdot \sin x \, dx$

$u_1 = e^x; \quad du_1 = e^x \, dx$

$dv_1 = \sin x \, dx; \quad v_1 = \int \sin x \, dx = -\cos x$

$u_2 = e^x; \quad du_2 = e^x \, dx$

$dv_2 = \cos x \, dx; \quad v_2 = \int \cos x \, dx = \sin x$

$c = \frac{1}{2} c_1$

$$\begin{aligned} I &= \int e^x \cdot \sin x \, dx \\ &= e^x \cdot (-\cos x) - \int (-\cos x) \cdot e^x \, dx \\ &= -e^x \cdot \cos x + \int e^x \cdot \cos x \, dx \\ &= -e^x \cdot \cos x + e^x \cdot \sin x - \int \sin x \cdot e^x \, dx \\ &= e^x (\sin x - \cos x) - I + c_1 \end{aligned}$$

$$2I = e^x (\sin x - \cos x) + c_1$$

$$I = \frac{1}{2} e^x (\sin x - \cos x) + c$$

43. $\int e^x \cdot \sinh (2x) \, dx$

Die Lösung dieses Integrals entnimmt man der nachfolgenden Aufgabe 45 mit $a = 1$, $b = 2$.

$$\begin{aligned} \int e^x \cdot \sinh (2x) \, dx &= \\ &= \frac{2}{4-1} e^x \left[\cosh (2x) - \frac{1}{2} \sinh (2x) \right] + c \\ &= \frac{2}{3} e^x \left[\cosh (2x) - \frac{1}{2} \sinh (2x) \right] + c \end{aligned}$$

44. $\int e^x \cdot \cosh(2x)\,dx$

Die Lösung dieses Integrals entnimmt man der nachfolgenden Aufgabe 46 mit $b=1$, $a=2$.

$$\int e^x \cdot \cosh(2x)\,dx =$$

$$= \frac{2}{4-1} e^x \left[\sinh(2x) - \frac{1}{2}\cosh(2x)\right] + c$$

$$= \frac{2}{3} e^x \left[\sinh(2x) - \frac{1}{2}\cosh(2x)\right] + c$$

45. $\int e^{ax} \cdot \sinh(bx)\,dx$

Zur Lösung des Integrals müssen die zwei Fälle $a \neq b$ und $a = b$ unterschieden werden.

$u_1 = e^{ax}; \quad du_1 = a \cdot e^{ax}\,dx$

$dv_1 = \sinh(bx)\,dx;$

$$v_1 = \int \sinh(bx)\,dx = \frac{1}{b}\cosh(bx)$$

$u_2 = e^{ax}; \quad du_2 = a \cdot e^{ax}\,dx$

$dv_2 = \cosh(bx)\,dx;$

$$v_2 = \int \cosh(bx)\,dx = \frac{1}{b}\sinh(bx)$$

$$1 - \frac{a^2}{b^2} = \frac{b^2 - a^2}{b^2}$$

Die Division durch $\frac{b^2-a^2}{b^2}$ ist nur möglich, da nach Voraussetzung $a \neq b$ gilt $\left(\text{andernfalls } \frac{b^2-a^2}{b^2} = 0\right)$.

$$c = \frac{b^2}{b^2 - a^2} \cdot c_1$$

<u>1. Fall: $a \neq b$</u>

$$I = \int e^{ax} \cdot \sinh(bx)\,dx$$

$$= e^{ax} \cdot \frac{1}{b}\cosh(bx) - \int \frac{1}{b}\cosh(bx) \cdot a e^{ax}\,dx$$

$$= \frac{1}{b} e^{ax} \cdot \cosh(bx) - \frac{a}{b}\int e^{ax} \cdot \cosh(bx)\,dx$$

$$= \frac{1}{b} e^{ax} \cdot \cosh(bx) - \frac{a}{b} e^{ax} \cdot \frac{1}{b}\sinh(bx) + \frac{a}{b}\int \frac{1}{b}\sinh(bx) \cdot a e^{ax}\,dx$$

$$= \frac{1}{b} e^{ax} \cdot \cosh(bx) - \frac{a}{b^2} e^{ax} \cdot \sinh(bx) + \frac{a^2}{b^2}\int e^{ax} \cdot \sinh(bx)\,dx$$

$$= \frac{1}{b} e^{ax}\left(\cosh(bx) - \frac{a}{b}\sinh(bx)\right) + \frac{a^2}{b^2} \cdot I + c_1$$

$$I - \frac{a^2}{b^2} \cdot I = \frac{1}{b} e^{ax}\left(\cosh(bx) - \frac{a}{b}\sinh(bx)\right) + c_1$$

$$I\left(1 - \frac{a^2}{b^2}\right) = \frac{1}{b} e^{ax}\left(\cosh(bx) - \frac{a}{b}\sinh(bx)\right) + c_1$$

$$I = \frac{1}{\frac{b^2 - a^2}{b^2}}\left[\frac{1}{b} e^{ax}\left(\cosh(bx) - \frac{a}{b}\sinh(bx)\right) + c_1\right]$$

$$I = \frac{b}{b^2 - a^2} e^{ax}\left[\cosh(bx) - \frac{a}{b}\sinh(bx)\right] + c$$

für $a \neq b$

Im Fall $a=b$ erkennt man wegen $b^2-a^2=0$ an der eben entwickelten Lösung sofort, daß sich das Integral nicht durch partielle Integration bestimmen läßt.

Man benutzt die Beziehungen:

$$\sinh x=\frac{1}{2}(e^x-e^{-x});\quad e^0=1$$

Substitution:

$$z=2ax;\quad dx=\frac{dz}{2a}$$

2. Fall: $a=b$

$$I=\int e^{ax}\cdot\sinh(ax)\,dx$$
$$=\int e^{ax}\cdot\frac{1}{2}(e^{ax}-e^{-ax})\,dx$$
$$=\frac{1}{2}\int e^{2ax}\,dx-\frac{1}{2}\int dx$$
$$=\frac{1}{4a}\int e^z\,dz-\frac{1}{2}\int dz$$
$$=\frac{1}{4a}e^z-\frac{1}{2}x+c$$
$$I=\frac{1}{4a}e^{2ax}-\frac{1}{2}x+c$$

46. $\int e^{bx}\cdot\cosh(ax)\,dx$

Wie in der vorangegangenen Aufgabe 45 müssen zwei Fälle unterschieden werden.

$$u_1=e^{bx};\quad du_1=b\,e^{bx}\,dx$$
$$dv_1=\cosh(ax)\,dx;$$
$$v_1=\int\cosh(ax)\,dx=\frac{1}{a}\sinh(ax)$$
$$u_2=e^{bx};\quad du_2=b\,e^{bx}\,dx$$
$$dv_2=\sinh(ax)\,dx;$$
$$v_2=\int\sinh(ax)\,dx=\frac{1}{a}\cosh(ax)$$
$$1-\frac{b^2}{a^2}=\frac{a^2-b^2}{a^2}$$

Division erlaubt, da $a\neq b$ vorausgesetzt.

$$c=\frac{a^2}{a^2-b^2}\cdot c_1$$

1. Fall: $a\neq b$

$$I=\int e^{bx}\cdot\cosh(ax)\,dx$$
$$=e^{bx}\cdot\frac{1}{a}\sinh(ax)-\int\frac{1}{a}\sinh(ax)\cdot b\,e^{bx}\,dx$$
$$=\frac{1}{a}e^{bx}\cdot\sinh(ax)-\frac{b}{a}\int e^{bx}\cdot\sinh(ax)\,dx$$
$$=\frac{1}{a}e^{bx}\cdot\sinh(ax)-\frac{b}{a}e^{bx}\cdot\frac{1}{a}\cosh(ax)+$$
$$+\frac{b}{a}\int\frac{1}{a}\cosh(ax)\cdot b\,e^{bx}\,dx$$
$$=\frac{1}{a}e^{bx}\left(\sinh(ax)-\frac{b}{a}\cosh(ax)\right)+\frac{b^2}{a^2}\int e^{bx}\cdot\cosh(ax)\,dx$$
$$=\frac{1}{a}e^{bx}\left(\sinh(ax)-\frac{b}{a}\cosh(ax)\right)+\frac{b^2}{a^2}\cdot I+c_1$$
$$I\left(1-\frac{b^2}{a^2}\right)=\frac{1}{a}e^{bx}\left(\sinh(ax)-\frac{b}{a}\cosh(ax)\right)+c_1$$
$$I=\frac{a}{a^2-b^2}e^{bx}\left[\sinh(ax)-\frac{b}{a}\cosh(ax)\right]+c$$

für $a\neq b$

Im Fall $a=b$ benutzt man die Beziehung: $\cosh x=\frac{1}{2}(e^{x}+e^{-x})$

2. Fall: $a=b$

$$I=\int e^{ax}\cdot\cosh(ax)\,dx$$

$$=\int e^{ax}\cdot\frac{1}{2}(e^{ax}+e^{-ax})\,dx$$

$e^{0}=1$

$$=\frac{1}{2}\int(e^{2ax}+e^{0})\,dx$$

Substitution:

$z=2ax;\quad dx=\frac{dz}{2a}$

$$=\frac{1}{2}\int e^{2ax}\,dx+\frac{1}{2}\int dx$$

$$=\frac{1}{4a}\int e^{z}\,dz+\frac{1}{2}\int dx$$

$$=\frac{1}{4a}e^{z}+\frac{1}{2}x+c$$

$$\underline{\underline{I=\frac{1}{4a}e^{2ax}+\frac{1}{2}x+c}}$$

47. $\int e^{-3x}\cdot\cosh\frac{x}{3}\,dx$

Zur Lösung verwendet man die vorangegangene Aufgabe 46.

mit $b=-3;\quad a=\frac{1}{3};\quad b\neq a$

$$\int e^{-3x}\cdot\cosh\frac{x}{3}\,dx=$$

$$=\int e^{-3x}\cdot\cosh\left(\frac{1}{3}x\right)dx$$

$$=\frac{\frac{1}{3}}{\frac{1}{9}-9}e^{-3x}\left[\sinh\left(\frac{1}{3}x\right)-\frac{-3}{\frac{1}{3}}\cosh\left(\frac{1}{3}x\right)\right]+c$$

$$\underline{\underline{=-\frac{3}{80}e^{-3x}\left[\sinh\frac{x}{3}+9\cosh\frac{x}{3}\right]+c}}$$

48. $\int\sin(2x)\cdot\sinh(3x)\,dx$

$u_1=\sin(2x);\quad du_1=2\cos(2x)\,dx$

$dv_1=\sinh(3x)\,dx;$

$v_1=\int\sinh(3x)\,dx$

$=\frac{1}{3}\cosh(3x)$

$u_2=\cos(2x);\quad du_2=-2\sin(2x)\,dx$

$$I=\int\sin(2x)\cdot\sinh(3x)\,dx$$

$$=\sin(2x)\cdot\frac{1}{3}\cosh(3x)-\int\frac{1}{3}\cosh(3x)\cdot2\cos(2x)\,dx$$

$$=\frac{1}{3}\sin(2x)\cdot\cosh(3x)-\frac{2}{3}\int\cos(2x)\cdot\cosh(3x)\,dx$$

$dv_2 = \cosh(3x)\,dx;$

$v_2 = \int \cosh(3x)\,dx$

$= \frac{1}{3}\sinh(3x)$

$$= \frac{1}{3}\sin(2x)\cdot\cosh(3x) - \frac{2}{3}\cos(2x)\cdot\frac{1}{3}\sinh(3x) + \frac{2}{3}\int \frac{1}{3}\sinh(3x)\cdot(-2\sin(2x))\,dx$$

$$= \frac{1}{3}\sin(2x)\cdot\cosh(3x) - \frac{2}{9}\cos(2x)\cdot\sinh(3x) - \frac{4}{9}\int \sin(2x)\cdot\sinh(3x)\,dx$$

$$= \frac{1}{3}\sin(2x)\cdot\cosh(3x) - \frac{2}{9}\cos(2x)\cdot\sinh(3x) - \frac{4}{9}I + c_1$$

$1 + \frac{4}{9} = \frac{13}{9}$

$$I\left(1+\frac{4}{9}\right) = \frac{1}{3}\sin(2x)\cdot\cosh(3x) - \frac{2}{9}\cos(2x)\cdot\sinh(3x) + c_1$$

$c = \frac{9}{13}c_1$

$$I = \frac{3}{13}\sin(2x)\cdot\cosh(3x) - \frac{2}{13}\cos(2x)\cdot\sinh(3x) + c$$

49. $\int \cosh(3x)\cdot\sin(2x)\,dx$

$u_1 = \cosh(3x);\quad du_1 = 3\sinh(3x)\,dx$

$dv_1 = \sin(2x)\,dx;\quad v_1 = \int \sin(2x)\,dx = -\frac{1}{2}\cos(2x)$

$u_2 = \sinh(3x);\quad du_2 = 3\cosh(3x)\,dx$

$dv_2 = \cos(2x)\cdot dx;$

$v_2 = \int \cos(2x)\,dx$

$= \frac{1}{2}\sin(2x)$

$$I = \int \cosh(3x)\cdot\sin(2x)\,dx$$

$$= \cosh(3x)\cdot\left(-\frac{1}{2}\cos(2x)\right) - \int\left(-\frac{1}{2}\cos(2x)\right)\cdot 3\sinh(3x)\,dx$$

$$= -\frac{1}{2}\cosh(3x)\cdot\cos(2x) + \frac{3}{2}\int \sinh(3x)\cdot\cos(2x)\,dx$$

$$= -\frac{1}{2}\cosh(3x)\cdot\cos(2x) + \frac{3}{2}\sinh(3x)\cdot\frac{1}{2}\sin(2x) - \frac{3}{2}\int \frac{1}{2}\sin(2x)\cdot 3\cosh(3x)\,dx$$

$$= -\frac{1}{2}\cosh(3x)\cdot\cos(2x) + \frac{3}{4}\sinh(3x)\cdot\sin(2x) - \frac{9}{4}\int \cosh(3x)\cdot\sin(2x)\,dx$$

$$= -\frac{1}{2}\cosh(3x)\cdot\cos(2x) + \frac{3}{4}\sinh(3x)\cdot\sin(2x) - \frac{9}{4}I + c_1$$

$$1+\frac{9}{4}=\frac{13}{4} \qquad I\left(1+\frac{9}{4}\right)=-\frac{1}{2}\cosh(3x)\cdot\cos(2x)+\frac{3}{4}\sinh(3x)\cdot\sin(2x)+c_1$$

$$c=\frac{4}{13}c_1 \qquad I=\frac{3}{13}\sinh(3x)\cdot\sin(2x)-\frac{2}{3}\cosh(3x)\cdot\cos(2x)+c$$

50. $\int \cos(3x)\cdot\sinh(6x)\,\mathrm{d}x$

Im Hinblick auf die folgende ähnlich gestaltete Aufgabe 51 wird zunächst das allgemeinere Integral $\int \cos(ax)\cdot\sinh(bx)\cdot\mathrm{d}x$ berechnet; der Rechenweg ist der gleiche.

$u_1=\cos(ax)$; $\mathrm{d}u_1=-a\sin(ax)\,\mathrm{d}x$

$\mathrm{d}v_1=\sinh(bx)\,\mathrm{d}x$;

$v_1=\int\sinh(bx)\,\mathrm{d}x=\frac{1}{b}\cosh(bx)$

$u_2=\sin(ax)$; $\mathrm{d}u_2=a\cos(ax)\,\mathrm{d}x$

$\mathrm{d}v_2=\cosh(bx)\,\mathrm{d}x$;

$v_2=\int\cosh(bx)\,\mathrm{d}x=\frac{1}{b}\sinh(bx)$

$$I=\int\cos(ax)\cdot\sinh(bx)\,\mathrm{d}x$$

$$=\cos(ax)\cdot\frac{1}{b}\cosh(bx)-\int\frac{1}{b}\cosh(bx)\cdot(-a\sin(ax))\,\mathrm{d}x$$

$$=\frac{1}{b}\cos(ax)\cdot\cosh(bx)+\frac{a}{b}\int\sin(ax)\cdot\cosh(bx)\,\mathrm{d}x$$

$$=\frac{1}{b}\cos(ax)\cdot\cosh(bx)+\frac{a}{b}\sin(ax)\cdot\frac{1}{b}\sinh(bx)-\frac{a}{b}\int\frac{1}{b}\sinh(bx)\cdot a\cos(ax)\,\mathrm{d}x$$

$$=\frac{1}{b}\cos(ax)\cdot\cosh(bx)+\frac{a}{b^2}\sin(ax)\cdot\sinh(bx)-\frac{a^2}{b^2}\int\cos(ax)\cdot\sinh(bx)\,\mathrm{d}x$$

$$=\frac{1}{b}\cos(ax)\cdot\cosh(bx)+\frac{a}{b^2}\sin(ax)\cdot\sinh(bx)-\frac{a^2}{b^2}I+c_1$$

$$1+\frac{a^2}{b^2}=\frac{b^2+a^2}{b^2} \qquad I\left(1+\frac{a^2}{b^2}\right)=\frac{1}{b}\cos(ax)\cdot\cosh(bx)+\frac{a}{b^2}\sin(ax)\cdot\sinh(bx)+c_1$$

$$c=\frac{b^2}{b^2+a^2}c_1 \qquad I=\frac{b}{a^2+b^2}\cos(ax)\cdot\cosh(bx)+\frac{a}{a^2+b^2}\sin(ax)\cdot\sinh(bx)+$$

Mit $a=3$ und $b=6$ ergibt sich nun sofort die Lösung des obigen Integrals.

$$\int \cos(3x)\cdot\sinh(6x)\,dx=$$

$$=\frac{6}{9+36}\cos(3x)\cdot\cosh(6x)+\frac{3}{9+36}\sin(3x)\cdot\sinh(6x)+c$$

$$=\frac{2}{15}\cos(3x)\cdot\cosh(6x)+\frac{1}{15}\sin(3x)\cdot\sinh(6x)+c$$

51. $\int \cos(5x)\cdot\sinh(0{,}2x)\,dx$

Dies ist ein Integral der Form

$$\int \cos(ax)\cdot\sinh(bx)\,dx,$$

welches in der vorangegangenen Aufgabe 50 gelöst wurde.

$a=5;\quad b=0{,}2=\frac{1}{5}$

$$\int \cos(5x)\cdot\sinh(0{,}2x)\,dx=$$

$$=\frac{\frac{1}{5}}{25+\frac{1}{25}}\cos(5x)\cdot\cosh\frac{x}{5}+\frac{5}{25+\frac{1}{25}}\sin(5x)\cdot\sinh\frac{x}{5}+c$$

$$=\frac{5}{626}\cos(5x)\cdot\cosh\frac{x}{5}+\frac{125}{626}\sin(5x)\cdot\sinh\frac{x}{5}+c$$

52. $\int \frac{x^2\,dx}{\sqrt{a^2-x^2}}$

$u=x\Rightarrow du=dx$

$dv=\frac{x}{\sqrt{a^2-x^2}}\cdot dx;\quad v=\int\frac{x\,dx}{\sqrt{a^2-x^2}}$

Mit der Substitution

$z=a^2-x^2;\quad dx=-\frac{dz}{2x}$

folgt: $v=-\frac{1}{2}\int\frac{dz}{\sqrt{z}}$

$=-\frac{1}{2}\int z^{-\frac{1}{2}}\,dz=-z^{\frac{1}{2}}$

$=-\sqrt{a^2-x^2}$

$\int\sqrt{a^2-x^2}\,dx$ ▶ Kap. 2.4, Band 4

$$\int\frac{x^2\,dx}{\sqrt{a^2-x^2}}=$$

$$=\int x\cdot\frac{x}{\sqrt{a^2-x^2}}\,dx$$

$$=x(-\sqrt{a^2-x^2})-\int(-\sqrt{a^2-x^2})\,dx$$

$$=-x\sqrt{a^2-x^2}+\int\sqrt{a^2-x^2}\,dx$$

$$=-x\sqrt{a^2-x^2}+\frac{x}{2}\sqrt{a^2-x^2}+\frac{a^2}{2}\cdot\operatorname{Arcsin}\frac{x}{a}+c$$

$$=\frac{a^2}{2}\cdot\operatorname{Arcsin}\frac{x}{a}-\frac{x}{2}\sqrt{a^2-x^2}+c$$

53. $\int \frac{x^2\,dx}{\sqrt{x^2-a^2}}$

$u=x;\quad du=dx$

$dv=\frac{x\,dx}{\sqrt{x^2-a^2}};\quad v=\int \frac{x\,dx}{\sqrt{x^2-a^2}}$

Mit der Substitution

$z=x^2-a^2;\quad dx=\frac{dz}{2x}$ folgt:

$v=\frac{1}{2}\int \frac{dz}{\sqrt{z}}=\sqrt{z}=\sqrt{x^2-a^2}$

$\int \sqrt{x^2-a^2}\,dx$ ▶ Kap. 2.4, Band 4

$$\int \frac{x^2\,dx}{\sqrt{x^2-a^2}}=$$

$$=\int x\cdot\frac{x\,dx}{\sqrt{x^2-a^2}}$$

$$=x\cdot\sqrt{x^2-a^2}-\int\sqrt{x^2-a^2}\,dx$$

$$=x\cdot\sqrt{x^2-a^2}-\frac{x}{2}\sqrt{x^2-a^2}+\frac{a^2}{2}\ln|x+\sqrt{x^2-a^2}|+c$$

$$=\frac{x}{2}\sqrt{x^2-a^2}+\frac{a^2}{2}\ln|x+\sqrt{x^2-a^2}|+c$$

54. $\int \frac{x^4}{\sqrt{9+x^2}}\,dx$

$\int \frac{x^m}{\sqrt{a^2+x^2}}\,dx$ ▶ Kap. 2.5, Band 4

$m=4;\quad a^2=9$

Nochmalige Anwendung der Rekursionsformel für $m=2$ und $a^2=9$.

$\int \frac{dx}{\sqrt{a^2+x^2}}$ ▶ Kap. 2.4, Band 4

$$\int \frac{x^4}{\sqrt{9+x^2}}\,dx=$$

$$=\frac{x^3}{4}\sqrt{9+x^2}-\frac{9\cdot 3}{4}\int\frac{x^2\,dx}{\sqrt{9+x^2}}$$

$$\int \frac{x^2\,dx}{\sqrt{9+x^2}}=\frac{x}{2}\sqrt{9+x^2}-\frac{9\cdot 1}{2}\int\frac{x^0\,dx}{\sqrt{9+x^2}}$$

$$=\frac{x}{2}\sqrt{9+x^2}-\frac{9}{2}\int\frac{dx}{\sqrt{9+x^2}}$$

$$=\frac{x}{2}\sqrt{9+x^2}-\frac{9}{2}\ln|x+\sqrt{9+x^2}|+c_1$$

$c=-\frac{27}{4}\cdot c_1$

$$\int \frac{x^4}{\sqrt{9+x^2}}\,dx=$$

$$=\frac{x^3}{4}\sqrt{9+x^2}-\frac{27x}{8}\sqrt{9+x^2}+\frac{243}{8}\cdot\ln|x+\sqrt{9+x^2}|+c$$

$$=\frac{x}{8}\cdot\sqrt{9+x^2}\,(2x^2-27)+\frac{243}{8}\cdot\ln|x+\sqrt{9+x^2}|+c$$

55. $\int \frac{x^2\,dx}{\sqrt{3+4x^2}}$

Es bleibt ein Integral der Form

$\int \frac{x^2}{\sqrt{a^2+x^2}}\,dx$ mit $a^2=\frac{3}{4}$

zu bestimmen, dessen Lösung in Kap. 2.5, Band 4, angegeben wird.

$$\int \frac{x^2\,dx}{\sqrt{3+4x^2}}=$$

$$=\frac{1}{2}\int \frac{x^2}{\sqrt{\frac{3}{4}+x^2}}\,dx$$

$$=\frac{x}{4}\sqrt{\tfrac{3}{4}+x^2}-\frac{3}{16}\ln\left|x+\sqrt{\tfrac{3}{4}+x^2}\right|+c$$

56. $\int \frac{x^4\,dx}{\sqrt{x^2-6}}$

$u=x^3;\quad du=3x^2\,dx$

$dv=\frac{x\,dx}{\sqrt{x^2-6}};\quad v=\int \frac{x\,dx}{\sqrt{x^2-6}}$

Die Substitution

$z=x^2-6;\quad dx=\frac{dz}{2x}$ ergibt:

$v=\frac{1}{2}\int \frac{dz}{\sqrt{z}}=\sqrt{z}=\sqrt{x^2-6}$

$$I_4=\int \frac{x^4\,dx}{\sqrt{x^2-6}}$$

$$=\int x^3\cdot\frac{x\,dx}{\sqrt{x^2-6}}$$

$$=x^3\cdot\sqrt{x^2-6}-\int\sqrt{x^2-6}\cdot 3x^2\,dx$$

$$=x^3\cdot\sqrt{x^2-6}-3\int\frac{x^2\cdot\sqrt{x^2-6}\cdot\sqrt{x^2-6}}{\sqrt{x^2-6}}\,dx$$

$$=x^3\cdot\sqrt{x^2-6}-3\int\frac{x^2(x^2-6)}{\sqrt{x^2-6}}\,dx$$

$$=x^3\cdot\sqrt{x^2-6}-3\int\frac{x^4\,dx}{\sqrt{x^2-6}}+18\int\frac{x^2\,dx}{\sqrt{x^2-6}}$$

$$=x^3\cdot\sqrt{x^2-6}-3I_4+18\int\frac{x^2\,dx}{\sqrt{x^2-6}}$$

Das verbliebene Integral hat die Form $\int \frac{x^2\,dx}{\sqrt{x^2-a^2}}$ mit $a^2=6$; es wurde in der vorangegangenen Aufgabe 53 gelöst.

$$4I_4=x^3\cdot\sqrt{x^2-6}+18\int\frac{x^2\,dx}{\sqrt{x^2-6}}$$

$$=x^3\cdot\sqrt{x^2-6}+9x\sqrt{x^2-6}+$$

$$+54\ln\left|x+\sqrt{x^2-6}\right|+c_1$$

$c=\frac{1}{4}c_1$

$$I_4=\frac{x}{4}(x^2+9)\sqrt{x^2-6}+$$

$$+\frac{27}{2}\ln\left|x+\sqrt{x^2-6}\right|+c$$

2.5

57. $\int \frac{x^6\,\mathrm{d}x}{\sqrt{b^2-x^2}}$

$u_1 = x^5;\quad \mathrm{d}u_1 = 5x^4\,\mathrm{d}x$

$\mathrm{d}v_1 = \frac{x\,\mathrm{d}x}{\sqrt{b^2-x^2}};\quad v_1 = \int \frac{x\,\mathrm{d}x}{\sqrt{b^2-x^2}}$

Mit der Substitution

$z = b^2 - x^2;\quad \mathrm{d}x = -\frac{\mathrm{d}z}{2x}$ folgt:

$v_1 = -\frac{1}{2}\int \frac{\mathrm{d}z}{\sqrt{z}} = -\sqrt{z} = -\sqrt{b^2-x^2}$

Zur Abkürzung:

$I_4 = \int \frac{x^4\,\mathrm{d}x}{\sqrt{b^2-x^2}}$

Es bleibt I_4 zu berechnen.

$$I_6 = \int \frac{x^6\,\mathrm{d}x}{\sqrt{b^2-x^2}}$$

$$= \int x^5 \cdot \frac{x\,\mathrm{d}x}{\sqrt{b^2-x^2}}$$

$$= -x^5 \cdot \sqrt{b^2-x^2} - \int (-\sqrt{b^2-x^2}) \cdot 5x^4\,\mathrm{d}x$$

$$= -x^5 \cdot \sqrt{b^2-x^2} + 5\int x^4 \cdot \sqrt{b^2-x^2}\,\mathrm{d}x$$

$$= -x^5 \cdot \sqrt{b^2-x^2} + 5\int x^4 \cdot \sqrt{b^2-x^2} \cdot \frac{\sqrt{b^2-x^2}}{\sqrt{b^2-x^2}}\,\mathrm{d}x$$

$$= -x^5 \cdot \sqrt{b^2-x^2} + 5\int \frac{x^4(b^2-x^2)}{\sqrt{b^2-x^2}}\,\mathrm{d}x$$

$$= -x^5 \cdot \sqrt{b^2-x^2} + 5b^2\int \frac{x^4\,\mathrm{d}x}{\sqrt{b^2-x^2}} - 5\int \frac{x^6\,\mathrm{d}x}{\sqrt{b^2-x^2}}$$

$$= -x^5 \cdot \sqrt{b^2-x^2} + 5b^2 \cdot I_4 - 5 \cdot I_6$$

$$6I_6 = -x^5 \cdot \sqrt{b^2-x^2} + 5b^2 \cdot I_4$$

$$I_6 = -\frac{1}{6}x^5 \cdot \sqrt{b^2-x^2} + \frac{5}{6}b^2 \cdot I_4$$

$$I_4 = \int \frac{x^4\,\mathrm{d}x}{\sqrt{b^2-x^2}}$$

$u_2 = x^3;\quad \mathrm{d}u_2 = 3x^2\,\mathrm{d}x$

$\mathrm{d}v_2 = \frac{x\,\mathrm{d}x}{\sqrt{b^2-x^2}};$

$v_2 = \int \frac{x\,\mathrm{d}x}{\sqrt{b^2-x^2}} = v_1$

$= -\sqrt{b^2-x^2}$

$$I_4 = \int x^3 \cdot \frac{x\,\mathrm{d}x}{\sqrt{b^2-x^2}}$$

$$= -x^3 \cdot \sqrt{b^2-x^2} - \int (-\sqrt{b^2-x^2}) \cdot 3x^2\,\mathrm{d}x$$

$$= -x^3 \cdot \sqrt{b^2-x^2} + 3\int x^2 \cdot \sqrt{b^2-x^2}\,\mathrm{d}x$$

$$= -x^3 \cdot \sqrt{b^2-x^2} + 3\int x^2 \cdot \sqrt{b^2-x^2} \cdot \frac{\sqrt{b^2-x^2}}{\sqrt{b^2-x^2}}\,\mathrm{d}x$$

$$= -x^3 \cdot \sqrt{b^2-x^2} + 3\int \frac{x^2(b^2-x^2)}{\sqrt{b^2-x^2}}\,\mathrm{d}x$$

$$= -x^3 \cdot \sqrt{b^2-x^2} + 3b^2\int \frac{x^2\,\mathrm{d}x}{\sqrt{b^2-x^2}} - 3\int \frac{x^4\,\mathrm{d}x}{\sqrt{b^2-x^2}}$$

$$= -x^3 \cdot \sqrt{b^2-x^2} + 3b^2\int \frac{x^2\,\mathrm{d}x}{\sqrt{b^2-x^2}} - 3I_4$$

$$4I_4 = -x^3 \cdot \sqrt{b^2-x^2} + 3b^2 \int \frac{x^2\,dx}{\sqrt{b^2-x^2}}$$

Das Integral $\int \frac{x^2\,dx}{\sqrt{b^2-x^2}}$ entnimmt man mit $a=b$ der vorangegangenen Aufgabe 52.

$$I_4 = -\frac{1}{4}x^3 \cdot \sqrt{b^2-x^2} + \frac{3}{4}b^2 \int \frac{x^2\,dx}{\sqrt{b^2-x^2}}$$

$$= -\frac{1}{4}x^3 \cdot \sqrt{b^2-x^2} + \frac{3}{8}b^4 \cdot \operatorname{Arcsin}\frac{x}{b} - \frac{3}{8}b^2 \cdot x \cdot \sqrt{b^2-x^2} + c_1$$

Dieses Ergebnis für I_4 wird nun in die Gleichung für I_3 eingesetzt.

$$= -\frac{x}{8}(2x^2+3b^2)\sqrt{b^2-x^2} + \frac{3}{8}b^4 \cdot \operatorname{Arcsin}\frac{x}{b} + c_1$$

$c = \frac{5}{6}b^2 \cdot c_1$

$$I_6 = -\frac{1}{6}x^5 \cdot \sqrt{b^2-x^2} - \frac{5xb^2}{48}\sqrt{b^2-x^2}(2x^2+3b^2) + \frac{15}{48}b^6 \cdot \operatorname{Arcsin}\frac{x}{b} + c$$

$$\underline{\underline{= -\frac{x}{6}\sqrt{b^2-x^2}\left(x^4 + \frac{5b^2}{4}x^2 + \frac{15b^4}{8}\right) + \frac{5b^6}{16} \cdot \operatorname{Arcsin}\frac{x}{b} + c}}$$

58. $\int \sin^5 x\,dx$

Mit der goniometrischen Beziehung $\sin^2 x = 1 - \cos^2 x$ und der Substitution $z = \cos x$; $dx = -\frac{dz}{\sin x}$ läßt sich das Integral auf die Integration eines Polynoms zurückführen.

$$\int \sin^5 x\,dx = \int (\sin^2 x)^2 \cdot \sin x\,dx$$

$$= \int (1-\cos^2 x)^2 \cdot \sin x\,dx$$

$$= -\int (1-z^2)^2\,dz$$

$$= -\int (1-2z^2+z^4)\,dz$$

$$= -\int dz + 2\int z^2\,dz - \int z^4\,dz$$

$$= -z + \frac{2}{3}z^3 - \frac{1}{5}z^5 + c$$

$$\underline{\underline{= -\cos x + \frac{2}{3}\cos^3 x - \frac{1}{5}\cos^5 x + c}}$$

59. $\int \frac{\sin^3 x}{\tan^3 x}\,dx$

Mit den goniometrischen Beziehungen

$\tan x = \frac{\sin x}{\cos x}$ und

$\cos^2 x = 1 - \sin^2 x$

sowie der Substitution

$z = \sin x; \quad dx = \frac{dz}{\cos x}$

läßt sich das Integral auf einfache Grundintegrale zurückführen.

$$\int \frac{\sin^3 x}{\tan^3 x} \cdot dx = \int \frac{\sin^3 x}{\frac{\sin^3 x}{\cos^3 x}}\,dx$$

$$= \int \cos^3 x\,dx$$

$$= \int \cos^2 x \cdot \cos x\,dx$$

$$= \int (1 - \sin^2 x) \cdot \cos x\,dx$$

$$= \int (1 - z^2)\,dz$$

$$= \int dz - \int z^2\,dz$$

$$= z - \frac{1}{3} z^3 + c$$

$$= \sin x - \frac{1}{3} \sin^3 x + c$$

60. $\int \cos^3 x\,dx$

Die Lösung entnimmt man sofort der vorangegangenen Aufgabe 59.

$$\int \cos^3 x\,dx = \sin x - \frac{1}{3} \sin^3 x + c$$

61. $\int \cos^3 (ax)\,dx$

Die Substitution

$z = ax; \quad dx = \frac{dz}{a}$

führt auf das Integral $\int \cos^3 z\,dz$,

dessen Lösung man der vorangegangenen Aufgabe 60 oder 59 entnimmt.

$$\int \cos^3 (ax)\,dx = \frac{1}{a} \int \cos^3 z\,dz$$

$$= \frac{1}{a} \sin z - \frac{1}{3a} \sin^3 z + c$$

$$= \frac{1}{a} \sin (ax) - \frac{1}{3a} \sin^3 (ax) + c$$

62. $\int b \cdot \sin^3(ax)\,dx$

Substitution:

$z = ax;\quad dx = \frac{dz}{a}$

Das Integral $\int \sin^3 z\,dz$ ist im Kap. 2.5, Band 4, gelöst worden.

$$\int b \cdot \sin^3(ax)\,dx = \frac{b}{a}\int \sin^3 z\,dz$$

$$= \frac{b}{3a}\cos^3 z - \frac{b}{a}\cos z + c$$

$$= \frac{b}{3a}\cos^3(ax) - \frac{b}{a}\cos(ax) + c$$

63. $\int \sin^7 x\,dx$

Zur Lösung benutzt man die goniometrische Beziehung

$\sin^2 x = 1 - \cos^2 x$

und die Substitution

$z = \cos x;\quad dx = -\frac{dz}{\sin x}.$

$$\int \sin^7 x\,dx =$$

$$= \int (\sin^2 x)^3 \cdot \sin x\,dx$$

$$= \int (1 - \cos^2 x)^3 \cdot \sin x\,dx$$

$$= -\int (1 - z^2)^3\,dz$$

$$= -\int (1 - 3z^2 + 3z^4 - z^6)\,dz$$

$$= -\int dz + 3\int z^2\,dz - 3\int z^4\,dz + \int z^6\,dz$$

$$= -z + z^3 - \frac{3}{5}z^5 + \frac{1}{7}z^7 + c$$

$$= -\cos x + \cos^3 x - \frac{3}{5}\cos^5 x + \frac{1}{7}\cos^7 x + c$$

64. $\int \sin x \cdot \cos x\,dx$

a) $u = \sin x;\quad du = \cos x\,dx$

$dv = \cos x\,dx;\quad v = \int \cos x\,dx$

$= \sin x$

$c_2 = \frac{1}{2}c_1$

$$I = \int \sin x \cdot \cos x\,dx$$

$$= \sin^2 x - \int \sin x \cdot \cos x\,dx$$

$$= \sin^2 x - I + c_1$$

$$2I = \sin^2 x + c_1$$

$$I = \frac{1}{2}\sin^2 x + c$$

$$\Rightarrow I' = \sin x \cdot \cos x$$

b) $u=\cos x;\quad du=-\sin x\,dx$

$dv=\sin x\,dx;\quad v=\int \sin x\,dx$

$= -\cos x$

$$I=\int \sin x\cdot\cos x\,dx$$

$$=\int \cos x\cdot\sin x\,dx$$

$$=\cos x(-\cos x)-\int(-\cos x)\cdot(-\sin x)\,dx$$

$$=-\cos^2 x-\int \sin x\cdot\cos x\,dx$$

$$=-\cos^2 x-I+c_3$$

$$2I=-\cos^2 x+c_3$$

$$I=-\frac{1}{2}\cos^2 x+c_4$$

$c_4=\frac{1}{2}c_3$

$$\Rightarrow I'=-\frac{1}{2}\cdot 2\cos x(-\sin x)$$

$$=\sin x\cdot\cos x$$

Die Differentiation der beiden Lösungen ergibt jedesmal das Ausgangsintegral.

Dieses Ergebnis läßt sich durch die goniometrische Beziehung $\sin^2 x=1-\cos^2 x$ leicht erklären.

$$I=\frac{1}{2}\sin^2 x+c_2$$

$$=\frac{1}{2}(1-\cos^2 x)+c_2$$

$$=-\frac{1}{2}\cos^2 x+c_2+\frac{1}{2}$$

$$=-\frac{1}{2}\cos^2 x+c$$

$c=c_2+\frac{1}{2}$

65. Siehe Kap. 2.5, Band 4, Seite 102

66. Geben Sie I_{m-4} für $I_m=\int \cos^m x\,dx$ an.

Die Lösung ergibt sich sofort durch Ersetzen von m durch $m-4$ in der Formel auf Seite 104, Band 4.

$$I_{m-4}=\frac{1}{m-4}\cos^{m-5} x\cdot\sin x+\frac{m-5}{m-4}\int \cos^{m-6} x\,dx$$

67. Geben Sie I_8 für $I_m = \int x^m \cdot \sqrt{x^2 - a^2}\,\mathrm{d}x$ an.

Die Rekursionsformel für das Integral $\int x^m \cdot \sqrt{x^2 - a^2}\,\mathrm{d}x$ ist in der nachfolgenden Aufgabe 76 hergeleitet worden. Wiederholte Anwendung dieser Rekursionsformel für I_6, I_4 und I_2 führt auf das Integral $\int \sqrt{x^2 - a^2}\,\mathrm{d}x$, dessen Lösung in Kap. 2.4, Band 4, zu finden ist.

$$I_m = \frac{x^{m-1}}{m+2}(x^2 - a^2)^{\frac{3}{2}} + \frac{a^2(m-1)}{m+2} I_{m-2} \qquad \text{für } m > -2; \qquad \text{hier } 8 > -2$$

$$I_8 = \frac{x^7}{10}(x^2 - a^2)^{\frac{3}{2}} + \frac{7a^2}{10} I_6$$

$$= \frac{x^7}{10}(x^2 - a^2)^{\frac{3}{2}} + \frac{7a^2}{10} \cdot \frac{x^5}{8}(x^2 - a^2)^{\frac{3}{2}} + \frac{7a^2}{10} \cdot \frac{5a^2}{8} I_4$$

$$= \left(\frac{x^7}{10} + \frac{7a^2x^5}{10 \cdot 8}\right)(x^2 - a^2)^{\frac{3}{2}} + \frac{7 \cdot 5a^4}{10 \cdot 8} I_4$$

$$= \left(\frac{x^7}{10} + \frac{7a^2x^5}{10 \cdot 8}\right)(x^2 - a^2)^{\frac{3}{2}} + \frac{7 \cdot 5a^4}{10 \cdot 8} \cdot \frac{x^3}{6}(x^2 - a^2)^{\frac{3}{2}} + \frac{7 \cdot 5a^4}{10 \cdot 8} \cdot \frac{3a^2}{6} I_2$$

$$= \left(\frac{x^7}{10} + \frac{7a^2x^5}{10 \cdot 8} + \frac{7 \cdot 5a^2x^3}{10 \cdot 8 \cdot 6}\right)(x^2 - a^2)^{\frac{3}{2}} + \frac{7 \cdot 5 \cdot 3a^6}{10 \cdot 8 \cdot 6} I_2$$

$$= \left(\frac{x^7}{10} + \frac{7a^2x^5}{10 \cdot 8} + \frac{7 \cdot 5a^2x^3}{10 \cdot 8 \cdot 6}\right)(x^2 - a^2)^{\frac{3}{2}} + \frac{7 \cdot 5 \cdot 3a^6}{10 \cdot 8 \cdot 6} \cdot \frac{x}{4}(x^2 - a^2)^{\frac{3}{2}} + \frac{7 \cdot 5 \cdot 3a^6}{10 \cdot 8 \cdot 6} \cdot \frac{a^2}{4} I_0$$

$$= \left(\frac{x^7}{10} + \frac{7a^2x^5}{10 \cdot 8} + \frac{7 \cdot 5a^4x^3}{10 \cdot 8 \cdot 6} + \frac{7 \cdot 5 \cdot 3a^6x}{10 \cdot 8 \cdot 6 \cdot 4}\right)(x^2 - a^2)^{\frac{3}{2}} + \frac{7 \cdot 5 \cdot 3a^8}{10 \cdot 8 \cdot 6 \cdot 4} \int \sqrt{x^2 - a^2}\,\mathrm{d}x$$

$$= \left(\frac{x^7}{10} + \frac{7a^2x^5}{10 \cdot 8} + \frac{7 \cdot 5a^4x^3}{10 \cdot 8 \cdot 6} + \frac{7 \cdot 5 \cdot 3a^6x}{10 \cdot 8 \cdot 6 \cdot 4}\right)(x^2 - a^2)\sqrt{x^2 - a^2} +$$

$$+ \frac{7 \cdot 5 \cdot 3a^8}{10 \cdot 8 \cdot 6 \cdot 4}\left(\frac{x}{2}\sqrt{x^2 - a^2} - \frac{a^2}{2} \cdot \ln\left|x + \sqrt{x^2 - a^2}\right|\right) + c$$

68. $\int \sin^m x\,\mathrm{d}x$

Die Rekursionsformel für dieses Integral ist in Kap. 2.5, Band 4, hergeleitet worden.

$$\int \sin^m x\,\mathrm{d}x =$$

$$= -\frac{1}{m}\sin^{m-1} x \cdot \cos x + \frac{m-1}{m}\int \sin^{m-2} x\,\mathrm{d}x$$

für $m > 0$ und m ganzzahlig

69. $\int \sinh^m x \, dx$

$u = \sinh^{m-1} x$

$du = (m-1) \sinh^{m-2} x \cdot \cosh x \, dx$

$dv = \sinh x \, dx; \quad v = \int \sinh x \, dx$

$= \cosh x$

$\cosh^2 x = 1 + \sinh^2 x$

$$I_m = \int \sinh^m x \, dx$$

$$= \int \sinh^{m-1} x \cdot \sinh x \, dx$$

$$= \sinh^{m-1} x \cdot \cosh x -$$

$$- \int \cosh x \cdot (m-1) \sinh^{m-2} x \cdot \cosh x \, dx$$

$$= \sinh^{m-1} x \cdot \cosh x -$$

$$-(m-1) \int (1 + \sinh^2 x) \cdot \sinh^{m-2} x \, dx$$

$$I_m = \sinh^{m-1} x \cdot \cosh x - (m-1) \int \sinh^{m-2} x \, dx -$$

$$-(m-1) \int \sinh^m x \, dx$$

$$= \sinh^{m-1} x \cdot \cosh x - (m-1) I_{m-2} - (m-1) I_m$$

$$m \cdot I_m = \sinh^{m-1} x \cdot \cosh x - (m-1) I_{m-2}$$

$$I_m = \frac{1}{m} \sinh^{m-1} x \cdot \cosh x - \frac{m-1}{m} I_{m-2}$$

oder:

$$\int \sinh^m x \, dx =$$

$$= \frac{1}{m} \sinh^{m-1} x \cdot \cosh x - \frac{m-1}{m} \int \sinh^{m-2} x \, dx$$

für $m > 0$

70. $\int \cosh^m x \, dx$

$u = \cosh^{m-1} x$

$du = (m-1) \cosh^{m-2} x \cdot \sinh x \, dx$

$dv = \cosh x \, dx; \quad v = \int \cosh x \, dx$

$= \sinh x$

$\sinh^2 x = \cosh^2 x - 1$

$$I_m = \int \cosh^m x \, dx$$

$$= \int \cosh^{m-1} x \cdot \cosh x \, dx$$

$$= \cosh^{m-1} x \cdot \sinh x -$$

$$- \int \sinh x \cdot (m-1) \cosh^{m-2} x \cdot \sinh x \, dx$$

$$= \cosh^{m-1} x \cdot \sinh x -$$

$$-(m-1) \int (\cosh^2 x - 1) \cosh^{m-2} x \, dx$$

$$=\cosh^{m-1} x\cdot\sinh x-(m-1)I_m+(m-1)I_{m-2}$$

$$m\cdot I_m=\cosh^{m-1} x\cdot\sinh x+(m-1)I_{m-2}$$

$$I_m=\frac{1}{m}\cosh^{m-1} x\cdot\sinh x+\frac{m-1}{m}I_{m-2}$$

oder:

$$\int\cosh^m x\,dx=$$

$$=\frac{1}{m}\cosh^{m-1} x\cdot\sinh x+\frac{m-1}{m}\int\cosh^{m-2} x\,dx$$

für $m>0$

71. $\int\frac{x^m}{\sqrt{a^2-x^2}}\,dx$

$u=x^{m-1};\quad du=(m-1)x^{m-2}\,dx$

$dv=\frac{x\,dx}{\sqrt{a^2-x^2}};\quad v=\int\frac{x\,dx}{\sqrt{a^2-x^2}}$

Mit der Substitution

$z=a^2-x^2;\quad dx=-\frac{dz}{2x}$ folgt:

$v=-\frac{1}{2}\int\frac{dz}{\sqrt{z}}=-\sqrt{z}=-\sqrt{a^2-x^2}$

$$I_m=\int\frac{x^m}{\sqrt{a^2-x^2}}\,dx$$

$$=\int x^{m-1}\cdot\frac{x\,dx}{\sqrt{a^2-x^2}}$$

$$=x^{m-1}(-\sqrt{a^2-x^2})-$$

$$-\int(-\sqrt{a^2-x^2})\cdot(m-1)x^{m-2}\,dx$$

$$=-x^{m-1}\cdot\sqrt{a^2-x^2}+$$

$$+(m-1)\int\frac{\sqrt{a^2-x^2}}{\sqrt{a^2-x^2}}\cdot\sqrt{a^2-x^2}\cdot x^{m-2}\,dx$$

$$=-x^{m-1}\cdot\sqrt{a^2-x^2}+(m-1)\int\frac{(a^2-x^2)x^{m-2}}{\sqrt{a^2-x^2}}$$

$$=-x^{m-1}\cdot\sqrt{a^2-x^2}+a^2(m-1)I_{m-2}-(m-1)I_m$$

$$m\cdot I_m=-x^{m-1}\cdot\sqrt{a^2-x^2}+a^2(m-1)I_{m-2}$$

$$I_m=-\frac{x^{m-1}}{m}\sqrt{a^2-x^2}+\frac{a^2(m-1)}{m}I_{m-2}$$

oder:

$$\int\frac{x^m}{\sqrt{a^2-x^2}}\,dx=$$

$$=-\frac{x^{m-1}}{m}\sqrt{a^2-x^2}+\frac{a^2(m-1)}{m}\int\frac{x^{m-2}}{\sqrt{a^2-x^2}}\,dx$$

72. $\int \frac{x^m}{\sqrt{x^2-a^2}}\,\mathrm{d}x$

$u = x^{m-1}; \quad \mathrm{d}u = (m-1)x^{m-2}\,\mathrm{d}x$

$\mathrm{d}v = \frac{x\,\mathrm{d}x}{\sqrt{x^2-a^2}}; \quad v = \int \frac{x\,\mathrm{d}x}{\sqrt{x^2-a^2}}$

Mit der Substitution

$z = x^2 - a^2; \quad \mathrm{d}x = \frac{\mathrm{d}z}{2x}$ folgt:

$v = \frac{1}{2}\int \frac{\mathrm{d}z}{\sqrt{z}} = \sqrt{z} = \sqrt{x^2-a^2}$

$$I_m = \int \frac{x^m}{\sqrt{x^2-a^2}}\,\mathrm{d}x$$

$$= \int x^{m-1} \cdot \frac{x\,\mathrm{d}x}{\sqrt{x^2-a^2}}$$

$$= x^{m-1} \cdot \sqrt{x^2-a^2} - \int \sqrt{x^2-a^2}\,(m-1)x^{m-2}\,\mathrm{d}x$$

$$= x^{m-1} \cdot \sqrt{x^2-a^2} -$$

$$-(m-1)\int \frac{\sqrt{x^2-a^2}}{\sqrt{x^2-a^2}} \cdot \sqrt{x^2-a^2} \cdot x^{m-2}\,\mathrm{d}x$$

$$= x^{m-1} \cdot \sqrt{x^2-a^2} - (m-1)\int \frac{(x^2-a^2)x^{m-2}}{\sqrt{x^2-a^2}}\,\mathrm{d}x$$

$$= x^{m-1} \cdot \sqrt{x^2-a^2} - (m-1)I_m + a^2(m-1)I_{m-2}$$

$$m \cdot I_m = x^{m-1} \cdot \sqrt{x^2-a^2} + a^2(m-1)I_{m-2}$$

$$I_m = \frac{x^{m-1}}{m}\sqrt{x^2-a^2} + \frac{a^2(m-1)}{m}\,I_{m-2}$$

oder:

$$\int \frac{x^m}{\sqrt{x^2-a^2}}\,\mathrm{d}x =$$

$$= \frac{x^{m-1}}{m}\sqrt{x^2-a^2} + \frac{a^2(m-1)}{m}\int \frac{x^{m-2}}{\sqrt{x^2-a^2}}\,\mathrm{d}x$$

für $m > 0$

73. $\int \frac{x^m}{\sqrt{x^2+a^2}}\,\mathrm{d}x$

Für dieses Integral ist in Kap. 2.5, Band 4, eine Rekursionsformel hergeleitet worden.

$$\int \frac{x^m}{\sqrt{x^2+a^2}} =$$

$$= \frac{x^{m-1}}{m}\sqrt{x^2+a^2} - \frac{a^2(m-1)}{m}\int \frac{x^{m-2}}{\sqrt{x^2+a^2}}\,\mathrm{d}x$$

für $m > 0$

74. $\int x^m \cdot \sqrt{a^2+x^2}\,\mathrm{d}x$

$u = x^{m-1}; \quad \mathrm{d}u = (m-1)x^{m-2}\,\mathrm{d}x$

$$I_m = \int x^m \cdot \sqrt{a^2+x^2}\,\mathrm{d}x$$

$$= \int x^{m-1} \cdot x\,\sqrt{a^2+x^2}\,\mathrm{d}x$$

$$dv = x\sqrt{a^2+x^2}\,dx$$

$$v = \int x\sqrt{a^2+x^2}\,dx$$

Mit der Substitution

$$z = a^2+x^2;\quad dx = \frac{dz}{2x} \text{ folgt:}$$

$$v = \frac{1}{2}\int \sqrt{z}\,dz = \frac{1}{3}z^{\frac{3}{2}} = \frac{1}{3}(a^2+x^2)^{\frac{3}{2}}$$

$$1+\frac{m-1}{3} = \frac{m+2}{3}$$

$$I_m = x^{m-1}\cdot\frac{1}{3}(a^2+x^2)^{\frac{3}{2}} - \int \frac{1}{3}(a^2+x^2)^{\frac{3}{2}}\cdot(m-1)x^{m-2}\,dx$$

$$= \frac{x^{m-1}}{3}(a^2+x^2)^{\frac{3}{2}} -$$

$$-\frac{m-1}{3}\int (a^2+x^2)\sqrt{a^2+x^2}\cdot x^{m-2}\,dx$$

$$= \frac{x^{m-1}}{3}(a^2+x^2)^{\frac{3}{2}} - \frac{a^2(m-1)}{3}I_{m-2} - \frac{m-1}{3}I_m$$

$$\left(1+\frac{m-1}{3}\right)I_m = \frac{x^{m-1}}{3}(a^2+x^2)^{\frac{3}{2}} - \frac{a^2(m-1)}{3}I_{m-2}$$

$$I_m = \frac{x^{m-1}}{m+2}(a^2+x^2)^{\frac{3}{2}} - \frac{a^2(m-1)}{m+2}I_{m-2}$$

oder:

$$\int x^m\cdot\sqrt{a^2+x^2}\,dx =$$

$$= \frac{x^{m-1}}{m+2}(a^2+x^2)^{\frac{3}{2}} - \frac{a^2(m-1)}{m+2}\int x^{m-2}\cdot\sqrt{a^2+x^2}\,dx$$

für $m > -2$

75. $\int x^m\cdot\sqrt{a^2-x^2}\,dx$

$$u = x^{m-1};\quad du = (m-1)x^{m-2}\,dx$$

$$dv = x\sqrt{a^2-x^2}\,dx$$

$$v = \int x\sqrt{a^2-x^2}\,dx$$

Mit der Substitution

$$z = a^2-x^2;\quad dx = -\frac{dz}{2x} \text{ folgt:}$$

$$v = -\frac{1}{2}\int\sqrt{z}\,dz = -\frac{1}{3}z^{\frac{3}{2}}$$

$$= -\frac{1}{3}(a^2-x^2)^{\frac{3}{2}}$$

$$I_m = \int x^m\cdot\sqrt{a^2-x^2}\,dx$$

$$= \int x^{m-1}\cdot x\sqrt{a^2-x^2}\,dx$$

$$= x^{m-1}\left[-\frac{1}{3}(a^2-x^2)^{\frac{3}{2}}\right] -$$

$$-\int\left[-\frac{1}{3}(a^2-x^2)^{\frac{3}{2}}\right](m-1)x^{m-2}\,dx$$

$$= -\frac{x^{m-1}}{3}(a^2-x^2)^{\frac{3}{2}} + \frac{m-1}{3}\int (a^2-x^2)^{\frac{3}{2}}\cdot x^{m-2}\,dx$$

$$= -\frac{x^{m-1}}{3}(a^2-x^2)^{\frac{3}{2}} +$$

$$+\frac{m-1}{3}\int (a^2-x^2)\sqrt{a^2-x^2}\cdot x^{m-2}\,dx$$

$$= -\frac{x^{m-1}}{3}(a^2-x^2)^{\frac{3}{2}} + \frac{(m-1)a^2}{3} I_{m-2} - \frac{m-1}{3} I_m$$

$$\left(1+\frac{m-1}{3}\right) I_m = -\frac{x^{m-1}}{3}(a^2-x^2)^{\frac{3}{2}} + \frac{a^2(m-1)}{3} I_{m-2}$$

$$1+\frac{m-1}{3}=\frac{m+2}{3}$$

$$I_m = -\frac{x^{m-1}}{m+2}(a^2-x^2)^{\frac{3}{2}} + \frac{a^2(m-1)}{m+2} I_{m-2}$$

oder:

$$\int x^m \cdot \sqrt{a^2-x^2}\,\mathrm{d}x =$$

$$= -\frac{x^{m-1}}{m+2}(a^2-x^2)^{\frac{3}{2}} + \frac{a^2(m-1)}{m+2}\int x^{m-2}\cdot\sqrt{a^2-x^2}\,\mathrm{d}x$$

für $m > -2$

76. $\int x^m \cdot \sqrt{x^2-a^2}\,\mathrm{d}x$

$u = x^{m-1}$; $\mathrm{d}u = (m-1)x^{m-2}\,\mathrm{d}x$

$\mathrm{d}v = x\sqrt{x^2-a^2}\,\mathrm{d}x$

$v = \int x\sqrt{x^2-a^2}\,\mathrm{d}x$

Mit der Substitution

$z = x^2-a^2$; $\mathrm{d}x = \frac{\mathrm{d}z}{2x}$ folgt:

$v = \frac{1}{2}\int \sqrt{z}\,\mathrm{d}z = \frac{1}{3} z^{\frac{3}{2}} = \frac{1}{3}(x^2-a^2)^{\frac{3}{2}}$

$$I_m = \int x^m \cdot \sqrt{x^2-a^2}\,\mathrm{d}x$$

$$= \int x^{m-1}\cdot x\sqrt{x^2-a^2}\,\mathrm{d}x$$

$$= x^{m-1}\cdot\frac{1}{3}(x^2-a^2)^{\frac{3}{2}} - \int \frac{1}{3}(x^2-a^2)^{\frac{3}{2}}(m-1)x^{m-2}\,\mathrm{d}x$$

$$= \frac{x^{m-1}}{3}(x^2-a^2)^{\frac{3}{2}} - \frac{m-1}{3}\int (x^2-a^2)^{\frac{3}{2}}\cdot x^{m-2}\,\mathrm{d}x$$

$$= \frac{x^{m-1}}{3}(x^2-a^2)^{\frac{3}{2}} -$$

$$-\frac{m-1}{3}\int (x^2-a^2)\sqrt{x^2-a^2}\cdot x^{m-2}\,\mathrm{d}x$$

$$= \frac{x^{m-1}}{3}(x^2-a^2)^{\frac{3}{2}} - \frac{m-1}{3} I_m + \frac{a^2(m-1)}{3} I_{m-2}$$

$$\left(1+\frac{m-1}{3}\right) I_m = \frac{x^{m-1}}{3}(x^2-a^2)^{\frac{3}{2}} + \frac{a^2(m-1)}{3} I_{m-2}$$

$$1+\frac{m-1}{3}=\frac{m+2}{3}$$

$$I_m = \frac{x^{m-1}}{m+2}(x^2-a^2)^{\frac{3}{2}} + \frac{a^2(m-1)}{m+2} I_{m-2}$$

oder:

$$\int x^m \cdot \sqrt{x^2-a^2}\,dx = \frac{x^{m-1}}{m+2}(x^2-a^2)^{\frac{3}{2}} + \frac{a^2(m-1)}{m+2}\int x^{m-2} \cdot \sqrt{x^2-a^2}\,dx$$

für $m > -2$

77. Berechnen Sie mit Hilfe der Rekursionsformeln der Aufgaben 68, ..., 76 die Integrale $I_2, I_4, I_6, I_8, I_{10}$.

a) $I_m = \int \sin^m x\,dx = -\frac{1}{m}\sin^{m-1} x \cdot \cos x + \frac{m-1}{m}\int \sin^{m-2} x\,dx$

$$I_2 = -\frac{1}{2}\sin x \cdot \cos x + \frac{1}{2}\int dx$$

$$= -\frac{1}{2}\sin x \cdot \cos x + \frac{x}{2} + c$$

$$I_4 = -\frac{1}{4}\sin^3 x \cdot \cos x + \frac{3}{4} I_2$$

$$= -\frac{1}{4}\sin^3 x \cdot \cos x - \frac{1\cdot 3}{2\cdot 4}(\sin x \cdot \cos x - x) + c$$

$$= -\frac{1}{4}\sin^3 x \cdot \cos x + \frac{1\cdot 3}{2\cdot 4}(x - \sin x \cdot \cos x) + c$$

$$I_6 = -\frac{1}{6}\sin^5 x \cdot \cos x + \frac{5}{6} I_4$$

$$= -\frac{1}{6}\sin^5 x \cdot \cos x - \frac{5}{4\cdot 6}\sin^3 x \cdot \cos x + \frac{1\cdot 3\cdot 5}{2\cdot 4\cdot 6}(x - \sin x \cdot \cos x) + c$$

$$I_8 = -\frac{1}{8}\sin^7 x \cdot \cos x + \frac{7}{8} I_6$$

$$= -\frac{1}{8}\sin^7 x \cdot \cos x - \frac{7}{6\cdot 8}\sin^5 x \cdot \cos x - \frac{5\cdot 7}{4\cdot 6\cdot 8}\sin^3 x \cdot \cos x +$$

$$+ \frac{1\cdot 3\cdot 5\cdot 7}{2\cdot 4\cdot 6\cdot 8}(x - \sin x \cdot \cos x) + c$$

$$I_{10}=-\frac{1}{10}\sin^9 x\cdot\cos x+\frac{9}{10}I_8$$

$$=-\frac{1}{10}\sin^9 x\cdot\cos x-\frac{9}{8\cdot 10}\sin^7 x\cdot\cos x-\frac{7\cdot 9}{6\cdot 8\cdot 10}\sin^5 x\cdot\cos x-$$

$$-\frac{5\cdot 7\cdot 9}{4\cdot 6\cdot 8\cdot 10}\sin^3 x\cdot\cos x+\frac{1\cdot 3\cdot 5\cdot 7\cdot 9}{2\cdot 4\cdot 6\cdot 8\cdot 10}(x-\sin x\cdot\cos x)+c$$

b) $$I_m=\int\sinh^m x\,dx=\frac{1}{m}\sinh^{m-1} x\cdot\cosh x-\frac{m-1}{m}\int\sinh^{m-2} x\,dx$$

$$I_2=\frac{1}{2}\sinh x\cdot\cosh x-\frac{1}{2}\int dx$$

$$=\frac{1}{2}(\sinh x\cdot\cosh x-x)+c$$

$$I_4=\frac{1}{4}\sinh^3 x\cdot\cosh x-\frac{3}{4}I_2$$

$$=\frac{1}{4}\sinh^3 x\cdot\cosh x-\frac{1\cdot 3}{2\cdot 4}(\sinh x\cdot\cosh x-x)+c$$

$$I_6=\frac{1}{6}\sinh^5 x\cdot\cosh x-\frac{5}{6}I_4$$

$$=\frac{1}{6}\sinh^5 x\cdot\cosh x-\frac{5}{4\cdot 6}\sinh^3 x\cdot\cosh x+\frac{1\cdot 3\cdot 5}{2\cdot 4\cdot 6}(\sinh x\cdot\cosh x-x)+c$$

$$I_8=\frac{1}{8}\sinh^7 x\cdot\cosh x-\frac{7}{8}I_6$$

$$=\frac{1}{8}\sinh^7 x\cdot\cosh x-\frac{7}{6\cdot 8}\sinh^5 x\cdot\cosh x+\frac{5\cdot 7}{4\cdot 6\cdot 8}\sinh^3 x\cdot\cosh x-$$

$$-\frac{1\cdot 3\cdot 5\cdot 7}{2\cdot 4\cdot 6\cdot 8}(\sinh x\cdot\cosh x-x)+c$$

$$I_{10}=\frac{1}{10}\sinh^9 x\cdot\cosh x-\frac{9}{10}I_8$$

$$=\frac{1}{10}\sinh^9 x\cdot\cosh x-\frac{9}{8\cdot 10}\sinh^7 x\cdot\cosh x+\frac{7\cdot 9}{6\cdot 8\cdot 10}\sinh^5 x\cdot\cosh x-$$

$$-\frac{5\cdot 7\cdot 9}{4\cdot 6\cdot 8\cdot 10}\sinh^3 x\cdot\cosh x+\frac{1\cdot 3\cdot 5\cdot 7\cdot 9}{2\cdot 4\cdot 6\cdot 8\cdot 10}(\sinh x\cdot\cosh x-x)+c$$

c) $I_m = \int \cosh^m x \, dx = \frac{1}{m} \cosh^{m-1} x \cdot \sinh x + \frac{m-1}{m} \int \cosh^{m-2} x \, dx$

$$I_2 = \frac{1}{2} \cosh x \cdot \sinh x + \frac{1}{2} \int dx$$

$$= \underline{\underline{\frac{1}{2} (\cosh x \cdot \sinh x + x) + c}}$$

$$I_4 = \frac{1}{4} \cosh^3 x \cdot \sinh x + \frac{3}{4} I_2$$

$$= \underline{\underline{\frac{1}{4} \cosh^3 x \cdot \sinh x + \frac{1 \cdot 3}{2 \cdot 4} (\cosh x \cdot \sinh x + x) + c}}$$

$$I_6 = \frac{1}{6} \cosh^5 x \cdot \sinh x + \frac{5}{6} I_4$$

$$= \underline{\underline{\frac{1}{6} \cosh^5 x \cdot \sinh x + \frac{5}{4 \cdot 6} \cosh^3 x \cdot \sinh x + \frac{1 \cdot 3 \cdot 5}{2 \cdot 4 \cdot 6} (\cosh x \cdot \sinh x + x) + c}}$$

$$I_8 = \frac{1}{8} \cosh^7 x \cdot \sinh x + \frac{7}{8} I_6$$

$$= \underline{\underline{\frac{1}{8} \cosh^7 x \cdot \sinh x + \frac{7}{6 \cdot 8} \cosh^5 x \cdot \sinh x + \frac{5 \cdot 7}{4 \cdot 6 \cdot 8} \cosh^3 x \cdot \sinh x +}}$$

$$\underline{\underline{+ \frac{1 \cdot 3 \cdot 5 \cdot 7}{2 \cdot 4 \cdot 6 \cdot 8} (\cosh x \cdot \sinh x + x) + c}}$$

$$I_{10} = \frac{1}{10} \cosh^9 x \cdot \sinh x + \frac{9}{10} I_8$$

$$= \underline{\underline{\frac{1}{10} \cosh^9 x \cdot \sinh x + \frac{9}{8 \cdot 10} \cosh^7 x \cdot \sinh x + \frac{7 \cdot 9}{6 \cdot 8 \cdot 10} \cosh^5 x \cdot \sinh x +}}$$

$$\underline{\underline{+ \frac{5 \cdot 7 \cdot 9}{4 \cdot 6 \cdot 8 \cdot 10} \cosh^3 x \cdot \sinh x + \frac{1 \cdot 3 \cdot 5 \cdot 7 \cdot 9}{2 \cdot 4 \cdot 6 \cdot 8 \cdot 10} (\cosh x \cdot \sinh x + x) + c}}$$

2.5

d) $$I_m = \int \frac{x^m}{\sqrt{a^2-x^2}}\,dx = -\frac{x^{m-1}}{m}\sqrt{a^2-x^2} + \frac{a^2(m-1)}{m}\int \frac{x^{m-2}}{\sqrt{a^2-x^2}}\,dx$$

$$I_2 = -\frac{x}{2}\sqrt{a^2-x^2} + \frac{a^2}{2}\int \frac{1}{\sqrt{a^2-x^2}}\,dx$$ ▶ Kap. 2.4, Band 4

$$= -\frac{x}{2}\sqrt{a^2-x^2} + \frac{a^2}{2}\,\mathrm{Arcsin}\,\frac{x}{a} + c$$

$$I_4 = -\frac{x^3}{4}\sqrt{a^2-x^2} + \frac{3a^2}{4}\,I_2$$

$$= -\frac{x^3}{4}\sqrt{a^2-x^2} - \frac{1\cdot 3}{2\cdot 4}\,a^2 x\sqrt{a^2-x^2} + \frac{1\cdot 3}{2\cdot 4}\,a^4\cdot \mathrm{Arcsin}\,\frac{x}{a} + c$$

$$= -x\sqrt{a^2-x^2}\left(\frac{x^2}{4} + \frac{1\cdot 3}{2\cdot 4}\,a^2\right) + \frac{1\cdot 3}{2\cdot 4}\,a^4\cdot \mathrm{Arcsin}\,\frac{x}{a} + c$$

$$I_6 = -\frac{x^5}{6}\sqrt{a^2-x^2} + \frac{5a^2}{6}\,I_4$$

$$= -x\sqrt{a^2-x^2}\left(\frac{x^4}{6} + \frac{5}{4\cdot 6}\,a^2x^2 + \frac{1\cdot 3\cdot 5}{2\cdot 4\cdot 6}\,a^4\right) + \frac{1\cdot 3\cdot 5}{2\cdot 4\cdot 6}\,a^6\cdot \mathrm{Arcsin}\,\frac{x}{a} + c$$

$$I_8 = -\frac{x^7}{8}\sqrt{a^2-x^2} + \frac{7a^2}{8}\,I_6$$

$$= -x\sqrt{a^2-x^2}\left(\frac{x^6}{8} + \frac{7}{6\cdot 8}\,a^2x^4 + \frac{5\cdot 7}{4\cdot 6\cdot 8}\,a^4x^2 + \frac{1\cdot 3\cdot 5\cdot 7}{2\cdot 4\cdot 6\cdot 8}\,a^6\right) +$$

$$+ \frac{1\cdot 3\cdot 5\cdot 7}{2\cdot 4\cdot 6\cdot 8}\,a^8\cdot \mathrm{Arcsin}\,\frac{x}{a} + c$$

$$I_{10} = -\frac{x^9}{10}\sqrt{a^2-x^2} + \frac{9a^2}{10}\,I_8$$

$$= -x\sqrt{a^2-x^2}\left(\frac{x^8}{10} + \frac{9}{8\cdot 10}\,a^2x^6 + \frac{7\cdot 9}{6\cdot 8\cdot 10}\,a^4x^4 + \frac{5\cdot 7\cdot 9}{4\cdot 6\cdot 8\cdot 10}\,a^6x^2 + \right.$$

$$\left. + \frac{1\cdot 3\cdot 5\cdot 7\cdot 9}{2\cdot 4\cdot 6\cdot 8\cdot 10}\,a^8\right) + \frac{1\cdot 3\cdot 5\cdot 7\cdot 9}{2\cdot 4\cdot 6\cdot 8\cdot 10}\,a^{10}\cdot \mathrm{Arcsin}\,\frac{x}{a} + c$$

e) $$I_m = \int \frac{x^m}{\sqrt{x^2-a^2}}\,dx = \frac{x^{m-1}}{m}\sqrt{x^2-a^2} + \frac{a^2(m-1)}{m}\int \frac{x^{m-2}}{\sqrt{x^2-a^2}}\,dx$$

$$I_2 = \frac{x}{2}\sqrt{x^2-a^2} + \frac{a^2}{2}\int \frac{1}{\sqrt{x^2-a^2}}\,dx$$ ▶ Kap. 2.4, Band 4

$$= \frac{x}{2}\sqrt{x^2-a^2} + \frac{a^2}{2}\ln|x+\sqrt{x^2-a^2}|+c$$

$$I_4 = \frac{x^3}{4}\sqrt{x^2-a^2} + \frac{3a^2}{4} I_2$$

$$= \frac{x^3}{4}\sqrt{x^2-a^2} + \frac{1\cdot 3}{2\cdot 4} a^2 x\sqrt{x^2-a^2} + \frac{1\cdot 3}{2\cdot 4} a^4 \cdot \ln|x+\sqrt{x^2-a^2}|+c$$

$$= x\sqrt{x^2-a^2}\left(\frac{x^2}{4} + \frac{1\cdot 3}{2\cdot 4} a^2\right) + \frac{1\cdot 3}{2\cdot 4} a^4 \cdot \ln|x+\sqrt{x^2-a^2}|+c$$

$$I_6 = \frac{x^5}{6}\sqrt{x^2-a^2} + \frac{5a^2}{6} I_4$$

$$= x\sqrt{x^2-a^2}\left(\frac{x^4}{6} + \frac{5}{4\cdot 6} a^2x^2 + \frac{1\cdot 3\cdot 5}{2\cdot 4\cdot 6} a^4\right) + \frac{1\cdot 3\cdot 5}{2\cdot 4\cdot 6} a^6 \cdot \ln|x+\sqrt{x^2-a^2}|+c$$

$$I_8 = \frac{x^7}{8}\sqrt{x^2-a^2} + \frac{7a^2}{8} I_6$$

$$= x\sqrt{x^2-a^2}\left(\frac{x^6}{8} + \frac{7}{6\cdot 8} a^2x^4 + \frac{5\cdot 7}{4\cdot 6\cdot 8} a^4x^2 + \frac{1\cdot 3\cdot 5\cdot 7}{2\cdot 4\cdot 6\cdot 8} a^6\right) +$$

$$+ \frac{1\cdot 3\cdot 5\cdot 7}{2\cdot 4\cdot 6\cdot 8} a^8 \cdot \ln|x+\sqrt{x^2-a^2}|+c$$

$$I_{10} = \frac{x^9}{10}\sqrt{x^2-a^2} + \frac{9a^2}{10} I_8$$

$$= x\sqrt{x^2-a^2}\left(\frac{x^8}{10} + \frac{9}{8\cdot 10} a^2x^6 + \frac{7\cdot 9}{6\cdot 8\cdot 10} a^4x^4 + \frac{5\cdot 7\cdot 9}{4\cdot 6\cdot 8\cdot 10} a^6x^2 + \frac{1\cdot 3\cdot 5\cdot 7\cdot 9}{2\cdot 4\cdot 6\cdot 8\cdot 10} a^8\right) +$$

$$+ \frac{1\cdot 3\cdot 5\cdot 7\cdot 9}{2\cdot 4\cdot 6\cdot 8\cdot 10} a^{10} \cdot \ln|x+\sqrt{x^2-a^2}|+c$$

f) $$I_m = \int \frac{x^m}{\sqrt{x^2+a^2}}\,dx = \frac{x^{m-1}}{m}\sqrt{x^2+a^2} - \frac{a^2(m-1)}{m}\int \frac{x^{m-2}}{\sqrt{x^2+a^2}}\,dx$$

$$I_2 = \frac{x}{2}\sqrt{x^2+a^2} - \frac{a^2}{2}\int \frac{1}{\sqrt{x^2+a^2}}\,dx$$ ▶ Kap. 2.4, Band 4

$$= \frac{x}{2}\sqrt{x^2+a^2} - \frac{a^2}{2}\ln|x+\sqrt{x^2+a^2}|+c$$

$$I_4 = \frac{x^3}{4}\sqrt{x^2+a^2} - \frac{3a^2}{4} I_2$$

$$= \frac{x^3}{4}\sqrt{x^2+a^2} - \frac{1\cdot 3}{2\cdot 4}a^2 x\sqrt{x^2+a^2} + \frac{1\cdot 3}{2\cdot 4}a^4\cdot\ln|x+\sqrt{x^2+a^2}|+c$$

$$= x\sqrt{x^2+a^2}\left(\frac{x^2}{4} - \frac{1\cdot 3}{2\cdot 4}a^2\right) + \frac{1\cdot 3}{2\cdot 4}a^4\cdot\ln|x+\sqrt{x^2+a^2}|+c$$

$$I_6 = \frac{x^5}{6}\sqrt{x^2+a^2} - \frac{5a^2}{6} I_4$$

$$= x\sqrt{x^2+a^2}\left(\frac{x^4}{6} - \frac{5}{4\cdot 6}a^2x^2 + \frac{1\cdot 3\cdot 5}{2\cdot 4\cdot 6}a^4\right) - \frac{1\cdot 3\cdot 5}{2\cdot 4\cdot 6}a^6\cdot\ln|x+\sqrt{x^2+a^2}|+c$$

$$I_8 = \frac{x^7}{8}\sqrt{x^2+a^2} - \frac{7a^2}{8} I_6$$

$$= x\sqrt{x^2+a^2}\left(\frac{x^6}{8} - \frac{7}{6\cdot 8}a^2x^4 + \frac{5\cdot 7}{4\cdot 6\cdot 8}a^4x^2 - \frac{1\cdot 3\cdot 5\cdot 7}{2\cdot 4\cdot 6\cdot 8}a^6\right) +$$

$$+ \frac{1\cdot 3\cdot 5\cdot 7}{2\cdot 4\cdot 6\cdot 8}a^8\cdot\ln|x+\sqrt{x^2+a^2}|+c$$

$$I_{10} = \frac{x^9}{10}\sqrt{x^2+a^2} - \frac{9a^2}{10} I_8$$

$$= x\sqrt{x^2+a^2}\left(\frac{x^8}{10} - \frac{9}{8\cdot 10}a^2x^6 + \frac{7\cdot 9}{6\cdot 8\cdot 10}a^4x^4 - \frac{5\cdot 7\cdot 9}{4\cdot 6\cdot 8\cdot 10}a^6x^2 + \frac{1\cdot 3\cdot 5\cdot 7\cdot 9}{2\cdot 4\cdot 6\cdot 8\cdot 10}a^8\right) -$$

$$- \frac{1\cdot 3\cdot 5\cdot 7\cdot 9}{2\cdot 4\cdot 6\cdot 8\cdot 10}a^{10}\cdot\ln|x+\sqrt{x^2+a^2}|+c$$

g) $$I_m = \int x^m \cdot \sqrt{a^2+x^2}\,dx = \frac{x^{m-1}}{m+2}(a^2+x^2)^{\frac{3}{2}} - \frac{a^2(m-1)}{m+2}\int x^{m-2}\cdot\sqrt{a^2+x^2}\,dx$$

$$I_2 = \frac{x}{4}(a^2+x^2)^{\frac{3}{2}} - \frac{a^2}{4}\int\sqrt{a^2+x^2}\,dx$$ ▶ Kap. 2.4, Band 4

$$= \frac{x}{4}(a^2+x^2)^{\frac{3}{2}} - \frac{a^2}{4}\left(\frac{x}{2}\sqrt{a^2+x^2}+\frac{a^2}{2}\ln|x+\sqrt{x^2+a^2}|\right)+c$$

$$I_4 = \frac{x^3}{6}(a^2+x^2)^{\frac{3}{2}} - \frac{3a^2}{6}I_2$$

$$= \frac{x^3}{6}(a^2+x^2)^{\frac{3}{2}} - \frac{1\cdot 3}{4\cdot 6}a^2x(a^2+x^2)^{\frac{3}{2}} + \frac{1\cdot 3}{4\cdot 6}a^4\left(\frac{x}{2}\sqrt{a^2+x^2}+\frac{a^2}{2}\ln|x+\sqrt{x^2+a^2}|\right)+c$$

$$= x(a^2+x^2)^{\frac{3}{2}}\cdot\left(\frac{x^2}{6}-\frac{1\cdot 3}{4\cdot 6}a^2\right)+\frac{1\cdot 3}{4\cdot 6}a^4\left(\frac{x}{2}\sqrt{a^2+x^2}+\frac{a^2}{2}\ln|x+\sqrt{a^2+x^2}|\right)+c$$

$$I_6 = \frac{x^5}{8}(a^2+x^2)^{\frac{3}{2}} - \frac{5a^2}{8}I_4$$

$$= x(a^2+x^2)^{\frac{3}{2}}\cdot\left(\frac{x^4}{8}-\frac{5}{6\cdot 8}a^2x^2+\frac{1\cdot 3\cdot 5}{4\cdot 6\cdot 8}a^4\right)-$$

$$-\frac{1\cdot 3\cdot 5}{4\cdot 6\cdot 8}a^6\left(\frac{x}{2}\sqrt{a^2+x^2}+\frac{a^2}{2}\ln|x+\sqrt{a^2+x^2}|\right)+c$$

$$I_8 = \frac{x^7}{10}(a^2+x^2)^{\frac{3}{2}} - \frac{7a^2}{10}I_6$$

$$= x(a^2+x^2)^{\frac{3}{2}}\cdot\left(\frac{x^6}{10}-\frac{7}{8\cdot 10}a^2x^4+\frac{5\cdot 7}{6\cdot 8\cdot 10}a^4x^2-\frac{1\cdot 3\cdot 5\cdot 7}{4\cdot 6\cdot 8\cdot 10}a^6\right)+$$

$$+\frac{1\cdot 3\cdot 5\cdot 7}{4\cdot 6\cdot 8\cdot 10}a^8\left(\frac{x}{2}\sqrt{a^2+x^2}+\frac{a^2}{2}\ln|x+\sqrt{a^2+x^2}|\right)+c$$

$$I_{10} = \frac{x^9}{12}(a^2+x^2)^{\frac{3}{2}} - \frac{9a^2}{12}I_8$$

$$= x(a^2+x^2)^{\frac{3}{2}}\cdot\left(\frac{x^8}{12}-\frac{9}{10\cdot 12}a^2x^6+\frac{7\cdot 9}{8\cdot 10\cdot 12}a^4x^4-\frac{5\cdot 7\cdot 9}{6\cdot 8\cdot 10\cdot 12}a^6x^2+\frac{1\cdot 3\cdot 5\cdot 7\cdot 9}{4\cdot 6\cdot 8\cdot 10\cdot 12}a^8\right)-$$

$$-\frac{1\cdot 3\cdot 5\cdot 7\cdot 9}{4\cdot 6\cdot 8\cdot 10\cdot 12}a^{10}\left(\frac{x}{2}\sqrt{a^2+x^2}+\frac{a^2}{2}\ln|x+\sqrt{a^2+x^2}|\right)+c$$

2.5

h) $$I_m = \int x^m \cdot \sqrt{a^2-x^2}\,dx = -\frac{x^{m-1}}{m+2}(a^2-x^2)^{\frac{3}{2}} + \frac{a^2(m-1)}{m+2}\int x^{m-2}\cdot\sqrt{a^2-x^2}\,dx$$

$$I_2 = -\frac{x}{4}(a^2-x^2)^{\frac{3}{2}} + \frac{a^2}{4}\int \sqrt{a^2-x^2}\,dx$$ ► Kap. 2.4, Band 4

$$= -\frac{x}{4}(a^2-x^2)^{\frac{3}{2}} + \frac{a^2}{4}\left(\frac{x}{2}\sqrt{a^2-x^2} + \frac{a^2}{2}\cdot \text{Arcsin}\,\frac{x}{a}\right) + c$$

$$I_4 = -\frac{x^3}{6}(a^2-x^2)^{\frac{3}{2}} + \frac{3a^2}{6} I_2$$

$$= -\frac{x^3}{6}(a^2-x^2)^{\frac{3}{2}} - \frac{1\cdot 3}{4\cdot 6}a^2x(a^2-x^2)^{\frac{3}{2}} + \frac{1\cdot 3}{4\cdot 6}a^4\left(\frac{x}{2}\sqrt{a^2-x^2} + \frac{a^2}{2}\,\text{Arcsin}\,\frac{x}{a}\right) + c$$

$$= -x(a^2-x^2)^{\frac{3}{2}}\cdot\left(\frac{x^2}{6} + \frac{1\cdot 3}{4\cdot 6}a^2\right) + \frac{1\cdot 3}{4\cdot 6}a^4\left(\frac{x}{2}\sqrt{a^2-x^2} + \frac{a^2}{2}\,\text{Arcsin}\,\frac{x}{a}\right) + c$$

$$I_6 = -\frac{x^5}{8}(a^2-x^2)^{\frac{3}{2}} + \frac{5a^2}{8} I_4$$

$$= -x(a^2-x^2)^{\frac{3}{2}}\cdot\left(\frac{x^4}{8} + \frac{5}{6\cdot 8}a^2x^2 + \frac{1\cdot 3\cdot 5}{4\cdot 6\cdot 8}a^4\right) +$$

$$+\frac{1\cdot 3\cdot 5}{4\cdot 6\cdot 8}a^6\left(\frac{x}{2}\sqrt{a^2-x^2} + \frac{a^2}{2}\,\text{Arcsin}\,\frac{x}{a}\right) + c$$

$$I_8 = -\frac{x^7}{10}(a^2-x^2)^{\frac{3}{2}} + \frac{7a^2}{10} I_6$$

$$= -x(a^2-x^2)^{\frac{3}{2}}\cdot\left(\frac{x^6}{10} + \frac{7}{8\cdot 10}a^2x^4 + \frac{5\cdot 7}{6\cdot 8\cdot 10}a^4x^2 + \frac{1\cdot 3\cdot 5\cdot 7}{4\cdot 6\cdot 8\cdot 10}a^6\right) +$$

$$+\frac{1\cdot 3\cdot 5\cdot 7}{4\cdot 6\cdot 8\cdot 10}a^8\left(\frac{x}{2}\sqrt{a^2+x^2} + \frac{a^2}{2}\,\text{Arcsin}\,\frac{x}{a}\right) + c$$

$$I_{10} = -\frac{x^9}{12}(a^2-x^2)^{\frac{3}{2}} + \frac{9a^2}{12} I_8$$

$$= -x(a^2-x^2)^{\frac{3}{2}}\cdot\left(\frac{x^8}{12} + \frac{9}{10\cdot 12}a^2x^6 + \frac{7\cdot 9}{8\cdot 10\cdot 12}a^4x^4 + \frac{5\cdot 7\cdot 9}{6\cdot 8\cdot 10\cdot 12}a^6x^2 + \frac{1\cdot 3\cdot 5\cdot 7\cdot 9}{4\cdot 6\cdot 8\cdot 10\cdot 12}a^8\right) +$$

$$+\frac{1\cdot 3\cdot 5\cdot 7\cdot 9}{4\cdot 6\cdot 8\cdot 10\cdot 12}a^{10}\left(\frac{x}{2}\sqrt{a^2-x^2} + \frac{a^2}{2}\,\text{Arcsin}\,\frac{x}{a}\right) + c$$

i) $I_m = \int x^m \cdot \sqrt{x^2-a^2}\,dx = \frac{x^{m-1}}{m+2}(x^2-a^2)^{\frac{3}{2}} + \frac{a^2(m-1)}{m+2}\int x^{m-2}\cdot\sqrt{x^2-a^2}\,dx$

$I_2 = \frac{x}{4}(x^2-a^2)^{\frac{3}{2}} + \frac{a^2}{4}\int \sqrt{x^2-a^2}\,dx$ ▶ Kap. 2.4, Band 4

$= \frac{x}{4}(x^2-a^2)^{\frac{3}{2}} + \frac{a^2}{4}\left(\frac{x}{2}\sqrt{x^2-a^2} - \frac{a^2}{2}\ln|x+\sqrt{x^2-a^2}|\right)+c$

$I_4 = \frac{x^3}{6}(x^2-a^2)^{\frac{3}{2}} + \frac{3a^2}{6} I_2$

$= x(x^2-a^2)^{\frac{3}{2}}\cdot\left(\frac{x^2}{6}+\frac{1\cdot 3}{4\cdot 6}a^2\right) + \frac{1\cdot 3}{4\cdot 6}a^4\left(\frac{x}{2}\sqrt{x^2-a^2} - \frac{a^2}{2}\ln|x+\sqrt{x^2-a^2}|\right)+c$

$I_6 = \frac{x^5}{8}(x^2-a^2)^{\frac{3}{2}} + \frac{5a^2}{8} I_4$

$= x(x^2-a^2)^{\frac{3}{2}}\cdot\left(\frac{x^4}{8}+\frac{5}{6\cdot 8}a^2x^2+\frac{1\cdot 3\cdot 5}{4\cdot 6\cdot 8}a^4\right)+$

$+\frac{1\cdot 3\cdot 5}{4\cdot 6\cdot 8}a^6\left(\frac{x}{2}\sqrt{x^2-a^2} - \frac{a^2}{2}\ln|x+\sqrt{x^2-a^2}|\right)+c$

$I_8 = \frac{x^7}{10}(x^2-a^2)^{\frac{3}{2}} + \frac{7a^2}{10} I_6$

$= x(x^2-a^2)^{\frac{3}{2}}\cdot\left(\frac{x^6}{10}+\frac{7}{8\cdot 10}a^2x^4+\frac{5\cdot 7}{6\cdot 8\cdot 10}a^4x^2+\frac{1\cdot 3\cdot 5\cdot 7}{4\cdot 6\cdot 8\cdot 10}a^6\right)+$

$+\frac{1\cdot 3\cdot 5\cdot 7}{4\cdot 6\cdot 8\cdot 10}a^8\left(\frac{x}{2}\sqrt{x^2-a^2} - \frac{a^2}{2}\ln|x+\sqrt{x^2-a^2}|\right)+c$

$I_{10} = \frac{x^9}{12}(x^2-a^2)^{\frac{3}{2}} + \frac{9a^2}{12} I_8$

$= x(x^2-a^2)^{\frac{3}{2}}\cdot\left(\frac{x^8}{12}+\frac{9}{10\cdot 12}a^2x^6+\frac{7\cdot 9}{8\cdot 10\cdot 12}a^4x^4+\frac{5\cdot 7\cdot 9}{6\cdot 8\cdot 10\cdot 12}a^6x^2+\frac{1\cdot 3\cdot 5\cdot 7\cdot 9}{4\cdot 6\cdot 8\cdot 10\cdot 12}a^8\right)+$

$+\frac{1\cdot 3\cdot 5\cdot 7\cdot 9}{4\cdot 6\cdot 8\cdot 10\cdot 12}a^{10}\left(\frac{x}{2}\sqrt{x^2-a^2} - \frac{a^2}{2}\ln|x+\sqrt{x^2-a^2}|\right)+c$

2.6

2.6 Integration durch Partialbruchzerlegung

$$\int f(x)\,\mathrm{d}x=\int \frac{Z(x)}{N(x)}\,\mathrm{d}x=\int \frac{p_m(x)}{q_n(x)}\,\mathrm{d}x=\frac{A_1}{x-x_1}+\frac{A_2}{x-x_2}+\frac{A_3}{x-x_3}+\ldots+\frac{A_n}{x-x_n}$$

1. $\int \frac{\mathrm{d}x}{x^2-16}$

$N(x)=x^2-16=(x+4)(x-4)$

$Z(x)=1=A(x-4)+B(x+4)$

$=x(A+B)+(-4A+4B)\cdot 1$

Koeffizientenvergleich:

$$\left.\begin{array}{l}A+B=0\\ -4A+4B=1\end{array}\right\}\Rightarrow A=-\frac{1}{8};\quad B=\frac{1}{8}$$

$$\int \frac{\mathrm{d}x}{x^2-16}=\int \frac{1}{(x+4)(x-4)}\,\mathrm{d}x$$

$$=\int\left(\frac{A}{x+4}+\frac{B}{x-4}\right)\mathrm{d}x$$

$$=\int\left(\frac{-\frac{1}{8}}{x+4}+\frac{\frac{1}{8}}{x-4}\right)\mathrm{d}x$$

$$=-\frac{1}{8}\int \frac{\mathrm{d}x}{x+4}+\frac{1}{8}\int \frac{\mathrm{d}x}{x-4}$$

$$=-\frac{1}{8}\ln|x+4|+\frac{1}{8}\ln|x-4|+c$$

$$=\frac{1}{8}\ln\left|\frac{x-4}{x+4}\right|+c$$

2. $\int \frac{\mathrm{d}x}{x^4-25}$

$N(x)=x^4-25=(x^2+5)(x^2-5)$

$=(x+i\sqrt{5})\,(x-i\sqrt{5})\,(x+\sqrt{5})\,(x-\sqrt{5})$

$$\frac{Z(x)}{N(x)}=\frac{1}{(x+i\sqrt{5})(x-i\sqrt{5})(x+\sqrt{5})(x-\sqrt{5})}=\frac{A}{x+i\sqrt{5}}-\frac{B}{x-i\sqrt{5}}+\frac{C}{x+\sqrt{5}}+\frac{D}{x-\sqrt{5}}$$

Zur Bestimmung der Koeffizienten A, B, C, D wird $\frac{Z(x)}{N(x)}$ der Reihe nach mit allen Linearfaktoren multipliziert und für x die entsprechende Nullstelle eingesetzt.

Multiplikation von $\frac{Z(x)}{N(x)}$ mit $x+i\sqrt{5}$ ergibt:

$$\frac{Z(x)}{N(x)}\cdot(x+i\sqrt{5})=\frac{1}{(x-i\sqrt{5})(x^2-5)}=A+(x+i\sqrt{5})\left(\frac{B}{x-i\sqrt{5}}+\frac{C}{x+\sqrt{5}}+\frac{D}{x-\sqrt{5}}\right)$$

Einsetzen: $x=-i\sqrt{5}$

$$\frac{1}{(-i\sqrt{5}-i\sqrt{5})(-5-5)}=A+0$$

$$\Rightarrow A=\frac{1}{20\sqrt{5}\,i}=\frac{1}{20\sqrt{5}\,i}\cdot\frac{i}{i}=-\underline{\underline{\frac{i}{20\sqrt{5}}}}$$

Multiplikation von $\frac{Z(x)}{N(x)}$ mit $x-i\sqrt{5}$ und anschließendes Einsetzen von $x=i\sqrt{5}$ ergibt:

$$\frac{1}{(i\sqrt{5}+i\sqrt{5})(-5-5)}=B \quad \Rightarrow B=-\frac{1}{20\sqrt{5}\,i}=-\frac{1}{20\sqrt{5}\,i}\cdot\frac{i}{i}=\underline{\underline{\frac{i}{20\sqrt{5}}}}$$

Multiplikation von $\frac{Z(x)}{N(x)}$ mit $x+\sqrt{5}$ und anschließendes Einsetzen von $x=-\sqrt{5}$ ergibt:

$$\frac{1}{(5+5)(-\sqrt{5}-\sqrt{5})}=C \quad \Rightarrow C=-\underline{\underline{\frac{1}{20\sqrt{5}}}}$$

Multiplikation von $\frac{Z(x)}{N(x)}$ mit $x-\sqrt{5}$ und anschließendes Einsetzen von $x=\sqrt{5}$ ergibt:

$$\frac{1}{(5+5)(\sqrt{5}+\sqrt{5})}=D \quad \Rightarrow D=\underline{\underline{\frac{1}{20\sqrt{5}}}}$$

Berechnung des Integrals:

$$\int\frac{\mathrm{d}x}{x^4-25}=-\frac{i}{20\sqrt{5}}\int\frac{\mathrm{d}x}{x+i\sqrt{5}}+\frac{i}{20\sqrt{5}}\int\frac{\mathrm{d}x}{x-i\sqrt{5}}-\frac{1}{20\sqrt{5}}\int\frac{\mathrm{d}x}{x+\sqrt{5}}+\frac{1}{20\sqrt{5}}\int\frac{\mathrm{d}x}{x-\sqrt{5}}$$

$$=-\frac{i}{20\sqrt{5}}\ln(x+i\sqrt{5})+\frac{i}{20\sqrt{5}}\ln(x-i\sqrt{5})-\frac{1}{20\sqrt{5}}\ln|x+\sqrt{5}|+\frac{1}{20\sqrt{5}}\ln|x-\sqrt{5}|+c$$

$$\underline{\underline{=\frac{i}{20\sqrt{5}}\ln\frac{x-i\sqrt{5}}{x+i\sqrt{5}}+\frac{1}{20\sqrt{5}}\ln\left|\frac{x-\sqrt{5}}{x+\sqrt{5}}\right|+c}}$$

Bemerkung: Bei der Integration der Partialbrüche mit komplexen Nullstellen treten bei der Logarithmusfunktion keine Betragsstriche auf, da es sich sonst bei den Argumenten nicht mehr um komplexe Zahlen handeln würde.

2.6

3. $\int \frac{dx}{x^2-a^2}$

$$\int \frac{dx}{x^2-a^2} = \int \frac{dx}{(x+a)(x-a)}$$

$$= \int \left(\frac{A}{x+a} + \frac{B}{x-a}\right) dx$$

Koeffizientenvergleich:

$$1 = x(A+B) + a(B-A)$$

$$\Rightarrow \begin{cases} A+B=0 \Rightarrow A=-B \\ a(B-A)=1 \Rightarrow a(B+B)=1 \end{cases}$$

$$\underline{\underline{B = \frac{1}{2a}}}; \quad \underline{\underline{A = -\frac{1}{2a}}}$$

$$= -\frac{1}{2a} \int \frac{dx}{x+a} + \frac{1}{2a} \int \frac{dx}{x-a}$$

$$= -\frac{1}{2a} \ln|x-a| + \frac{1}{2a} \ln|x-a| + c$$

$$\underline{\underline{= \frac{1}{2a} \ln\left|\frac{x-a}{x+a}\right| + c}}$$

4. $\int \frac{dx}{(x-2)(x+1)}$

$$\int \frac{dx}{(x-2)(x+1)} = \int \left(\frac{A}{x-2} + \frac{B}{x+1}\right) dx$$

Koeffizientenvergleich:

$$1 = x(A+B) + 1 \cdot (A-2B)$$

$$\begin{cases} A+\ \ B=0 \quad \Rightarrow A=-B \\ A-2B=1 \end{cases}$$

$$3B = -1 \Rightarrow \underline{\underline{B = -\frac{1}{3}}}$$

$$\underline{\underline{A = \frac{1}{3}}}$$

$$= \frac{1}{3} \int \frac{dx}{x-2} - \frac{1}{3} \int \frac{dx}{x+1}$$

$$\int \frac{dx}{(x-2)(x+1)} = \frac{1}{3} \ln|x-2| - \frac{1}{2} \ln|x+1| + c$$

$$\underline{\underline{= \frac{1}{3} \ln\left|\frac{x-2}{x+1}\right| + c}}$$

5. $\int \frac{dx}{(x+2)(x-3)}$

$$\frac{1}{(x+2)(x-3)} = \frac{A}{x+2} + \frac{B}{x-3}$$

Koeffizientenvergleich:

$$1 = x(A+B) + 1 \cdot (-3A+2B)$$

$$\begin{cases} A+\ \ B=0 \Rightarrow A=-B \\ -3A+2B=1 \end{cases}$$

$$5B = 1 \Rightarrow \underline{\underline{B = \frac{1}{5}}}$$

$$\underline{\underline{A = -\frac{1}{5}}}$$

$$= \frac{-\frac{1}{5}}{x+2} + \frac{\frac{1}{5}}{x-3}$$

Berechnung des Integrals:

$$\int \frac{dx}{(x+2)(x-3)} = -\frac{1}{5} \int \frac{dx}{x+2} + \frac{1}{5} \int \frac{dx}{x-3}$$

$$= -\frac{1}{5} \ln|x+2| + \frac{1}{5} \ln|x-3| + c$$

$$\underline{\underline{= \frac{1}{5} \ln\left|\frac{x-3}{x+2}\right| + c}}$$

6. $\int \frac{dx}{(x-a)(x-b)}$

$$\frac{1}{(x-a)(x-b)}=\frac{A}{x-a}+\frac{B}{x-b}$$

$$=\frac{x(A+B)-bA-aB}{(x-a)(x-b)}$$

Koeffizientenvergleich:

$$A+B=0 \Rightarrow A=-B$$

$$-bA-aB=1$$

$$B(b-a)=1 \Rightarrow B=\frac{1}{b-a}$$

$$A=\frac{-1}{b-a}$$

Berechnung des Integrals:

$$\int \frac{dx}{(x-a)(x-b)}=-\frac{1}{b-a}\int \frac{dx}{x-a}+\frac{1}{b-a}\int \frac{dx}{x-b}$$

$$=-\frac{1}{b-a}\ln|x-a|+\frac{1}{b-a}\ln|x-b|+c$$

$$=\frac{1}{b-a}\ln\left|\frac{x-b}{x-a}\right|+c$$

7. $\int \frac{dx}{(2x^2+3)(5-x)}$

$$N(x)=(2x^2+3)(5-x)=2\left(x^2+\frac{3}{2}\right)(5-x)$$

$$=-2\left(x^2+\frac{3}{2}\right)(x-5)$$

$$=-2\left(x+i\sqrt{\frac{3}{2}}\right)\left(x-i\sqrt{\frac{3}{2}}\right)(x-5)$$

$$\frac{Z(x)}{N(x)}=\frac{1}{-2\left(x+i\sqrt{\frac{3}{2}}\right)\left(x-i\sqrt{\frac{3}{2}}\right)(x-5)}$$

$$=\frac{-\frac{1}{2}}{\left(x+i\sqrt{\frac{3}{2}}\right)\left(x-i\sqrt{\frac{3}{2}}\right)(x-5)}=\frac{A}{x+i\sqrt{\frac{3}{2}}}+\frac{B}{x-i\sqrt{\frac{3}{2}}}+\frac{C}{x-5}$$

Multiplikation von $\frac{Z(x)}{N(x)}$ mit dem Linearfaktor $x+i\sqrt{\frac{3}{2}}$:

$$\frac{Z(x)}{N(x)}\cdot\left(x+i\sqrt{\frac{3}{2}}\right)=\frac{-\frac{1}{2}}{\left(x-i\sqrt{\frac{3}{2}}\right)(x-5)}=A+\left(x+i\sqrt{\frac{3}{2}}\right)\left(\frac{B}{x-i\sqrt{\frac{3}{2}}}+\frac{C}{x-5}\right)$$

Einsetzen: $x=-i\sqrt{\frac{3}{2}}$

$$\frac{-\frac{1}{2}}{\left(-i\sqrt{\frac{3}{2}}-i\sqrt{\frac{3}{2}}\right)\left(-i\sqrt{\frac{3}{2}}-5\right)}=A$$

$$A=\frac{\frac{1}{2}}{\left(-2i\sqrt{\frac{3}{2}}\right)\left(i\sqrt{\frac{3}{2}}+5\right)}=\frac{\frac{1}{2}}{\left(3-10i\sqrt{\frac{3}{2}}\right)}$$

$$=\frac{\frac{1}{2}}{\left(3-10i\sqrt{\frac{3}{2}}\right)}\cdot\frac{3+10i\sqrt{\frac{3}{2}}}{3+10i\sqrt{\frac{3}{2}}}$$

$$=\frac{3+10i\sqrt{\frac{3}{2}}}{2\left(9+100\cdot\frac{3}{2}\right)}$$

$$=\underline{\underline{\frac{3+10i\sqrt{\frac{3}{2}}}{318}}}$$

Multiplikation von $\frac{Z(x)}{N(x)}$ mit dem Linearfaktor $x-i\sqrt{\frac{3}{2}}$ und anschließendes Einsetzen von $x=i\sqrt{\frac{3}{2}}$ ergeben völlig analog den Koeffizienten

$$B=\underline{\underline{\frac{3-10i\sqrt{\frac{3}{2}}}{318}}}.$$

Multiplikation von $\frac{Z(x)}{N(x)}$ mit dem Linearfaktor $x-5$ und anschließendes Einsetzen von $x=5$ liefern den Koeffizienten C.

$$\frac{-\frac{1}{2}}{\left(5+i\sqrt{\frac{3}{2}}\right)\left(5-i\sqrt{\frac{3}{2}}\right)}=C\Rightarrow C=\underline{\underline{-\frac{1}{53}}}$$

Berechnung des Integrals:

$$\int \frac{dx}{(2x^2+3)(5-x)} = \frac{3+10i\sqrt{\frac{3}{2}}}{318} \int \frac{dx}{x+i\sqrt{\frac{3}{2}}} + \frac{3-10i\sqrt{\frac{3}{2}}}{318} \int \frac{dx}{x-i\sqrt{\frac{3}{2}}} - \frac{1}{53} \int \frac{dx}{x-5}$$

$$= \frac{3+10i\sqrt{\frac{3}{2}}}{318} \ln\left(x+i\sqrt{\frac{3}{2}}\right) + \frac{3-10i\sqrt{\frac{3}{2}}}{318} \ln\left(x-i\sqrt{\frac{3}{2}}\right) - \frac{1}{53} \ln|x-5| + c$$

$$= \frac{3}{318}\left[\ln\left(x+i\sqrt{\frac{3}{2}}\right) + \ln\left(x-i\sqrt{\frac{3}{2}}\right)\right] + \frac{10i\sqrt{\frac{3}{2}}}{318} \ln\left(x+i\sqrt{\frac{3}{2}}\right) -$$

$$- \frac{10i\sqrt{\frac{3}{2}}}{318} \ln\left(x-i\sqrt{\frac{3}{2}}\right) - \frac{1}{53} \ln|x-5| + c$$

$$= \frac{1}{106} \ln\left[\left(x+i\sqrt{\frac{3}{2}}\right)\left(x-i\sqrt{\frac{3}{2}}\right)\right] + \frac{5i\sqrt{\frac{3}{2}}}{159} \cdot \ln \frac{x+i\sqrt{\frac{3}{2}}}{x-i\sqrt{\frac{3}{2}}} - \frac{1}{53} \ln|x-5| + c$$

$$= \frac{1}{106} \ln\left(x^2+\frac{3}{2}\right) + \frac{5i\sqrt{\frac{3}{2}}}{159} \cdot \ln \frac{x+i\sqrt{\frac{3}{2}}}{x-i\sqrt{\frac{3}{2}}} - \frac{1}{53} \ln|x-5| + c$$

8. $\int \frac{3-2x^2}{(x-3)^2(x-1)} dx$

$$\frac{3-2x^2}{(x-3)^2(x-1)} = \frac{A}{x-3} + \frac{B}{(x-3)^2} + \frac{C}{x-1}$$

$$= \frac{A(x-3)(x-1) + B(x-1) + C(x-3)^2}{(x-3)^2(x-1)}$$

$$= \frac{A(x^2-4x+3) + B(x-1) + C(x^2-6x+9)}{(x-3)^2(x-1)}$$

$$= \frac{x^2(A+C) + x(-4A+B-6C) + 3A-B+9C}{(x-3)^2(x-1)}$$

Koeffizientenvergleich:

I. $A + C = -2$

II. $-4A + B - 6C = 0$

III. $3A - B + 9C = 3$

(I + II + III:)

$$4C = 1 \Rightarrow C = \frac{1}{4}$$

2.6

I. $A+\frac{1}{4}=-2 \Rightarrow A=\underline{\underline{-\frac{9}{4}}}$

II. $9+B-\frac{3}{2}=0 \Rightarrow B=\underline{\underline{-\frac{15}{2}}}$

Substitution:

$z=x-3; \quad dx=dz$

Berechnung des Integrals:

$$\int \frac{3-2x^2}{(x-3)^2(x-1)}\,dx=$$

$$=-\frac{9}{4}\int \frac{dx}{x-3}-\frac{15}{2}\int \frac{dx}{(x-3)^2}+\frac{1}{4}\int \frac{dx}{x-1}$$

$$=-\frac{9}{4}\int \frac{dz}{z}-\frac{15}{2}\int \frac{dz}{z^2}+\frac{1}{4}\ln|x-1|$$

$$=-\frac{9}{4}\ln|z|+\frac{15}{2}\cdot\frac{1}{z}+\frac{1}{4}\ln|x-1|+c$$

$$=\underline{\underline{-\frac{9}{4}\ln|x-3|+\frac{15}{2(x-3)}+\frac{1}{4}\ln|x-1|+c}}$$

9. $\int \frac{4+x^3}{(1-x^2)(1+x)^2}\,dx$

$$\frac{4+x^3}{(1-x^2)(1+x)^2}=\frac{4+x^3}{(1-x)(1+x)(1+x)^2}=\frac{4+x^3}{(1-x)(1+x)^3}$$

$$=\frac{A}{1-x}+\frac{B}{1+x}+\frac{C}{(1+x)^2}+\frac{D}{(1+x)^3}$$

$$=\frac{A(1+x)^3+B(1-x)(1+x)^2+C(1-x)(1+x)+D(1-x)}{(1-x)(1+x)^3}$$

$$=\frac{A(1+3x+3x^2+x^3)+B(1+x-x^2-x^3)+C(1-x^2)+D(1-x)}{(1-x)(1+x)^3}$$

$$=\frac{x^3(A-B)+x^2(3A-B-C)+x(3A+B-D)+A+B+C+D}{(1-x)(1+x)^3}$$

Koeffizientenvergleich:

$A-B=1 \qquad \Rightarrow A=1+B$

$3A-B-C=0 \qquad \Rightarrow C=3A-B=3+3B-B=3+2B$

$3A+B-D=0 \qquad \Rightarrow D=3A+B=3+3B+B=3+4B$

$A+B+C+D=4 \Rightarrow (1+B)+B+(3+2B)+(3+4B)=4 \Rightarrow B=\underline{\underline{-\frac{3}{8}}}$

$A=1+B=\underline{\underline{\frac{5}{8}}}; \quad C=3+2B=\underline{\underline{\frac{9}{4}}}; \quad D=3+4B=\underline{\underline{\frac{3}{2}}}$

Berechnung des Integrals:

$$\int \frac{4+x^3}{(1-x^2)(1+x)^2}\,\mathrm{d}x=\frac{5}{8}\int \frac{\mathrm{d}x}{1-x}-\frac{3}{8}\int \frac{\mathrm{d}x}{1+x}+\frac{9}{4}\int \frac{\mathrm{d}x}{(1+x)^2}+\frac{3}{2}\int \frac{\mathrm{d}x}{(1+x)^3}$$

Substitutionen: $z=1-x;\quad \mathrm{d}x=-\mathrm{d}z$

$t=1+x;\quad \mathrm{d}x=\mathrm{d}t$

$$=-\frac{5}{8}\int \frac{\mathrm{d}z}{z}-\frac{3}{8}\int \frac{\mathrm{d}t}{t}+\frac{9}{4}\int \frac{\mathrm{d}t}{t^2}+\frac{3}{2}\int \frac{\mathrm{d}t}{t^3}$$

$$=-\frac{5}{8}\ln|z|-\frac{3}{8}\ln|t|-\frac{9}{4}\cdot\frac{1}{t}-\frac{3}{2}\cdot\frac{1}{2t^2}+c$$

$$=-\frac{5}{8}\ln|1-x|-\frac{3}{8}\ln|1+x|-\frac{9}{4(1+x)}-\frac{3}{4(1+x)^2}+c$$

$$=-\frac{5}{8}\ln|1-x|-\frac{3}{8}\ln|1+x|-\frac{3(4+3x)}{4(1+x)^2}+c$$

10. $\int \frac{6+4x}{x^2+x}\,\mathrm{d}x$

$$\frac{6+4x}{x^2+x}=\frac{6+4x}{x(x+1)}=\frac{A}{x}+\frac{B}{x+1}$$

$$=\frac{A(x+1)+Bx}{x(x+1)}$$

$$=\frac{x(A+B)+A}{x(x+1)}$$

Koeffizientenvergleich:

$A=6;\quad A+B=4\Rightarrow B=-2$

Berechnung des Integrals:

$$\int \frac{6+4x}{x^2+x}\,\mathrm{d}x=6\int \frac{\mathrm{d}x}{x}-2\int \frac{\mathrm{d}x}{x+1}$$

$$=6\ln|x|-2\ln|x+1|+c$$

11. $\int \frac{2x+3}{x^2-5x+6}\,\mathrm{d}x$

Zerlegung des Nenners $N(x)$:

$$x_{1;2}=\frac{5}{2}\pm\sqrt{\frac{25}{4}-6}=\frac{5}{2}\pm\frac{1}{2}$$

$x_1=3;\quad x_2=2$

$\Rightarrow N(x)=(x-3)(x-2)$

$$\frac{2x+3}{x^2-5x+6}=\frac{2x+3}{(x-3)(x-2)}$$

$$=\frac{A}{x-3}+\frac{B}{x-2}$$

$$=\frac{A(x-2)+B(x-3)}{(x-3)(x-2)}$$

$$=\frac{x(A+B)-2A-3B}{(x-3)(x-2)}$$

Koeffizientenvergleich:

$$\left.\begin{array}{r} A + B = 2 \;\|\cdot 2 \\ -2A - 3B = 3 \end{array}\right\} +$$

$$-B = 7 \quad \Rightarrow B = -7$$

$$A = 9$$

Berechnung des Integrals:

$$\int \frac{2x+3}{x^2-5x+6}\,dx = 9\int \frac{dx}{x-3} - 7\int \frac{dx}{x-2}$$

$$= 9 \ln|x-3| - 7\ln|x-2| + c$$

12. $\int \frac{x+3}{x^2-x-2}\,dx$

Zerlegung des Nenners $N(x)$:

$$x_{1;2} = \frac{1}{2} \pm \sqrt{\frac{1}{4}+2} = \frac{1}{2} \pm \frac{3}{2}$$

$x_1 = 2;\quad x_2 = -1$

$\Rightarrow N(x) = (x-2)(x+1)$

$$\frac{x+3}{x^2-x-2} = \frac{x+3}{(x-2)(x+1)} = \frac{A}{x-2} + \frac{B}{x+1} = \frac{A(x+1)+B(x-2)}{(x-2)(x+1)} = \frac{x(A+B)+A-2B}{(x-2)(x+1)}$$

Koeffizientenvergleich:

$$\left.\begin{array}{r} A + B = 1 \\ A - 2B = 3 \end{array}\right\} -$$

$$3B = -2 \Rightarrow B = -\frac{2}{3}$$

$$A = \frac{5}{3}$$

Berechnung des Integrals:

$$\int \frac{x+3}{x^2-x-2}\,dx = \frac{5}{3}\int \frac{dx}{x-2} - \frac{2}{3}\int \frac{dx}{x+1}$$

$$= \frac{5}{3}\ln|x-2| - \frac{2}{3}\ln|x+1| + c$$

13. $\int \frac{2x+3}{x^2+2x-63}\,dx$

Zerlegung des Nenners $N(x)$:

$$x_{1;2} = -1 \pm \sqrt{1+63} = -1 \pm 8$$

$x_1 = 7;\quad x_2 = -9$

$\Rightarrow N(x) = (x-7)(x+9)$

$$\frac{2x+3}{x^2+2x-63} = \frac{2x+3}{(x-7)(x+9)} = \frac{A}{x-7} + \frac{B}{x+9} = \frac{A(x+9)+B(x-7)}{(x-7)(x+9)} = \frac{x(A+B)+9A-7B}{(x-7)(x+9)}$$

Koeffizientenvergleich:

$$\left.\begin{array}{l} A+\ \ B=2 \parallel \cdot 7 \\ 9A-7B=3 \end{array}\right\}+$$

$$16A=17;\ A=\frac{17}{16};\ B=\frac{15}{16}$$

Berechnung des Integrals:

$$\int \frac{2x+3}{x^2+2x-63}\,dx=\frac{17}{16}\int\frac{dx}{x-7}+\frac{15}{16}\int\frac{dx}{x+9}$$

$$=\underline{\underline{\frac{17}{16}\ln|x-7|+\frac{15}{16}\ln|x+9|+c}}$$

14. $\int \frac{7-x}{x^2+6x-91}$

Zerlegung des Nenners $N(x)$:

$x_{1;2}=-3\pm\sqrt{9+91}=-3\pm 10$

$x_1=7;\quad x_2=-13$

$\Rightarrow N(x)=(x-7)(x+13)$

$$\frac{7-x}{x^2+6x-91}=\frac{7-x}{(x-7)(x+13)}$$

$$=\frac{-(x-7)}{(x-7)(x+13)}$$

$$=\frac{-1}{x+13}$$

Berechnung des Integrals:

$$\int\frac{7-x}{x^2+6x-91}\,dx=-\int\frac{dx}{x+13}$$

$$=\underline{\underline{-\ln|x+13|+c}}$$

15. $\int \frac{2x+3}{4x^2-x+8}\,dx$

Zerlegung des Nenners:

$N(x)=x^2-\frac{x}{4}+2$

$x_{1;2}=\frac{1}{8}\pm\sqrt{\frac{1}{64}-2}=\frac{1}{8}\pm\frac{i}{8}\sqrt{127}$

$x_1=\frac{1}{8}(1+i\sqrt{127});$

$x_2=\frac{1}{8}(1-i\sqrt{127})$

$\Rightarrow N(x)=(x-x_1)(x-x_2)$

$$\int\frac{2x+3}{4x^2-x+8}\,dx=\frac{1}{4}\int\frac{2x+3}{x^2-\frac{x}{4}+2}\,dx$$

$$\frac{2x+3}{x^2-\frac{x}{4}+2}=\frac{2x+3}{(x-x_1)(x-x_2)}$$

$$=\frac{A}{x-x_1}+\frac{B}{x-x_2}$$

$$=\frac{A(x-x_2)+B(x-x_1)}{(x-x_1)(x-x_2)}$$

$$=\frac{x(A+B)-x_2A-x_1B}{(x-x_1)(x-x_2)}$$

Koeffizientenvergleich:

$$\left.\begin{aligned} A+B&=2 \quad \| \cdot x_2 \\ -x_2A-x_1B&=3 \end{aligned}\right\}+$$

$$B(x_2-x_1)=2x_2+3$$

$$\Rightarrow B=\frac{2x_2+3}{x_2-x_1}$$

$$B=\frac{\frac{1}{4}-\frac{i}{4}\sqrt{127}+3}{-\frac{i}{4}\sqrt{127}}$$

$$=\frac{13-i\sqrt{127}}{-i\sqrt{127}}\cdot\frac{i}{i}$$

$$=\frac{\sqrt{127}+13i}{\sqrt{127}}=1+\frac{13i}{\sqrt{127}}$$

$$A=2-B\Rightarrow A=1-\frac{13i}{\sqrt{127}}$$

Wegen der komplexen Argumente der Logarithmusfunktionen treten hier wieder keine Betragsstriche auf.

Berechnung des Integrals:

$$\int\frac{2x+3}{4x^2-x+8}\,dx=$$

$$=\frac{1}{4}\left(1-\frac{13i}{\sqrt{127}}\right)\int\frac{dx}{x-x_1}+\frac{1}{4}\left(1+\frac{13i}{\sqrt{127}}\right)\int\frac{dx}{x-x_2}$$

$$=\left(\frac{1}{4}-\frac{13i}{4\sqrt{127}}\right)\ln(x-x_1)+$$

$$+\left(\frac{1}{4}+\frac{13i}{4\sqrt{127}}\right)\ln(x-x_2)+c$$

$$=\frac{1}{4}\ln\left[x-\frac{1}{8}(1+i\sqrt{127})\right]+$$

$$+\frac{1}{4}\ln\left[x-\frac{1}{8}(1-i\sqrt{127})\right]+$$

$$+\frac{13i}{4\sqrt{127}}\cdot\ln\frac{8x-1+i\sqrt{127}}{8x-1-i\sqrt{127}}+c$$

$$=\frac{1}{4}\ln\left(x^2-\frac{x}{4}+2\right)+\frac{13i}{4\sqrt{127}}\cdot\ln\frac{8x-1+i\sqrt{127}}{8x-1-i\sqrt{127}}+c$$

16. $\displaystyle\int\frac{dx}{x^2-40x+111}$

Zerlegung des Nenners $N(x)$:

$$x_{1;2}=20\pm\sqrt{400-111}=20\pm17$$

$$x_1=37;\quad x_2=3$$

$$\Rightarrow N(x)=(x-37)(x-3)$$

$$\frac{1}{x^2-40x+111}=\frac{1}{(x-37)(x-3)}$$

$$=\frac{A}{x-37}+\frac{B}{x-3}$$

$$=\frac{A(x-3)+B(x-37)}{(x-37)(x-3)}$$

$$=\frac{x(A+B)-3A-37B}{(x-37)(x-3)}$$

Koeffizientenvergleich:

$$\left.\begin{array}{l} A+\quad B=0 \parallel \cdot 3 \\ -3A-37B=1 \end{array}\right\}+$$

$$-34B=1 \Rightarrow B=-\frac{1}{34}$$

$$A=\frac{1}{34}$$

Berechnung des Integrals:

$$\int \frac{\mathrm{d}x}{x^2-40x+111}=\frac{1}{34}\int \frac{\mathrm{d}x}{x-37}-\frac{1}{34}\int \frac{\mathrm{d}x}{x-3}$$

$$=\frac{1}{34}\ln|x-37|-\frac{1}{34}\ln|x-3|+c$$

$$=\frac{1}{34}\ln\left|\frac{x-37}{x-3}\right|+c$$

17. $\int \frac{2x^2-5ax+5a^2}{x^2-6ax+5a^2}\,\mathrm{d}x$

Zunächst wird der Integrand zerlegt.

Zerlegung des Nenners $N(x)$:

$x_{1;2}=3a\pm\sqrt{9a^2-5a^2}=3a\pm 2a$

$x_1=5a;\quad x_2=a$

$\Rightarrow N(x)=(x-5a)(x-a)$

Koeffizientenvergleich:

$$\left.\begin{array}{l} A+\quad B=7a \quad \parallel \cdot a \\ -aA-5aB=-5a^2 \end{array}\right\}+$$

$$-4aB=2a^2 \Rightarrow B=-\frac{a}{2}$$

$$A=7a-B=\frac{15a}{2}$$

Zerlegung des Integranden:

$$(2x^2-5ax+5a^2):(x^2-6ax+5a^2)=2+\frac{7ax-5a^2}{x^2-6ax+5a^2}$$

$$\frac{2x^2-12ax+10a^2}{7ax-\ 5a^2}$$

$$\int \frac{2x^2-5ax+5a^2}{x^2-6ax+5a^2}\,\mathrm{d}x=$$

$$=2\int \mathrm{d}x+\int \frac{7ax-5a^2}{(x-5a)(x-a)}\,\mathrm{d}x$$

$$=2x+\int\left(\frac{A}{x-5a}+\frac{B}{x-a}\right)\mathrm{d}x$$

$$=2x+\int \frac{A(x-a)+B(x-5a)}{(x-5a)(x-a)}\,\mathrm{d}x$$

$$=2x+\int \frac{x(A+B)-aA-5aB}{(x-5a)(x-a)}\,\mathrm{d}x$$

$$=2x+\frac{15a}{2}\int \frac{\mathrm{d}x}{x-5a}-\frac{a}{2}\int \frac{\mathrm{d}x}{x-a}$$

$$=2x+\frac{15a}{2}\ln|x-5a|-\frac{a}{2}\ln|x-a|+c$$

18. $\int \frac{4+2x}{15x^2+21-44x}\,dx$

$$\int \frac{4+2x}{15x^2+21-44x}\,dx=\frac{2}{15}\int \frac{2+x}{x^2-\frac{44}{15}x+\frac{7}{5}}\,dx$$

Zerlegung des neuen Nenners:

$$N(x)=x^2-\frac{44}{15}x+\frac{7}{5}$$

$$x_{1;2}=\frac{22}{15}\pm\sqrt{\frac{484}{225}-\frac{7}{5}}=\frac{22}{15}\pm\frac{13}{15}$$

$$x_1=\frac{7}{3};\quad x_2=\frac{3}{5}$$

$$\Rightarrow N(x)=\left(x-\frac{7}{3}\right)\left(x-\frac{3}{5}\right)$$

$$\frac{2+x}{x^2-\frac{44}{15}x+\frac{7}{5}}=\frac{2+x}{\left(x-\frac{7}{3}\right)\left(x-\frac{3}{5}\right)}$$

$$=\frac{A}{x-\frac{7}{3}}+\frac{B}{x-\frac{3}{5}}$$

$$=\frac{A\left(x-\frac{3}{5}\right)+B\left(x-\frac{7}{3}\right)}{\left(x-\frac{7}{3}\right)\left(x-\frac{3}{5}\right)}$$

$$=\frac{x(A+B)-\frac{3}{5}A-\frac{7}{3}B}{\left(x-\frac{7}{3}\right)\left(x-\frac{3}{5}\right)}$$

Koeffizientenvergleich:

$$\left.\begin{aligned} A+B&=1 \quad \Big\|\cdot\frac{3}{5}\\ -\frac{3}{5}A-\frac{7}{3}B&=2 \end{aligned}\right\}+$$

$$B\left(\frac{3}{5}-\frac{7}{3}\right)=\frac{3}{5}+2\Rightarrow B=-\frac{3}{2}$$

$$A+B=1\Rightarrow A=\frac{5}{2}$$

Berechnung des Integrals:

$$\int \frac{4+2x}{15x^2+21-44x}\,dx=$$

$$=\frac{2}{15}\left[\frac{5}{2}\int\frac{dx}{x-\frac{7}{3}}-\frac{3}{2}\int\frac{dx}{x-\frac{3}{5}}\right]$$

$$=\frac{1}{3}\ln\left|x-\frac{7}{3}\right|-\frac{1}{5}\ln\left|x-\frac{3}{5}\right|+c$$

19. $\int \frac{x^4-x^3+3x}{x^2(x+2)(x-3)}\,dx$

Es wird eine Zerlegung des umgeformten Integranden in eine ganze und eine echt gebrochene Funktion durchgeführt.
Jetzt erst wird die Partialbruchzerlegung vorgenommen.

$$\int \frac{x^4-x^3+3x}{x^2(x+2)(x-3)}\,dx=\int\frac{x^3-x^2+3}{x(x+2)(x-3)}\,dx$$

$$=\int\frac{x^3-x^2+3}{x^3-x^2-6x}\,dx$$

$$(x^3-x^2+3):(x^3-x^2-6x)=1+\frac{6x+3}{x^3-x^2-6x}$$

$$\frac{x^3-x^3-6x}{\quad 6x+3}$$

Koeffizientenvergleich:

$$-6A=3 \Rightarrow A=-\frac{1}{2}$$

$$A+B+C=0 \Rightarrow B=\frac{1}{2}-C$$

$$-A-3B+2C=6$$

$$\Rightarrow 2C=\frac{11}{2}+\frac{3}{2}-3C$$

$$C=\frac{7}{5}$$

$$B=-\frac{9}{10}$$

$$\frac{6x+3}{x^3-x^2-6x}=\frac{6x+3}{x(x+2)(x-3)}$$

$$=\frac{A}{x}+\frac{B}{x+2}+\frac{C}{x-3}$$

$$=\frac{A(x+2)(x-3)+Bx(x-3)+Cx(x+2)}{x(x+2)(x-3)}$$

$$=\frac{A(x^2-x-6)+B(x^2-3x)+C(x^2+2x)}{x(x+2)(x-3)}$$

$$=\frac{x^2(A+B+C)+x(-A-3B+2C)-6A}{x(x+2)(x-3)}$$

Berechnung des Integrals:

$$\int \frac{x^4-x^3+3x}{x^2(x+2)(x-3)}\,\mathrm{d}x=$$

$$=\int \mathrm{d}x-\frac{1}{2}\int\frac{\mathrm{d}x}{x}-\frac{9}{10}\int\frac{\mathrm{d}x}{x+2}+\frac{7}{5}\int\frac{\mathrm{d}x}{x-3}$$

$$=x-\frac{1}{2}\ln|x|-\frac{9}{10}\ln|x+2|+\frac{7}{5}\ln|x-3|+c$$

20. $\int \frac{\mathrm{d}x}{x^2+a^2}$

Zerlegung des Nenners $N(x)$:

$$x_{1;2}=\pm\sqrt{-a^2}=\pm ia$$

$$x_1=ia;\quad x_2=-ia$$

$$\Rightarrow N(x)=(x-ia)(x+ia)$$

Koeffizientenvergleich:

$$\left.\begin{aligned}A+B&=0 \;\|\cdot ia\\ iaA-iaB&=1\end{aligned}\right\}+$$

$$2iaA=1 \Rightarrow A=\frac{1}{2ia}\cdot\frac{i}{i}$$

$$=-\frac{i}{2a}$$

$$B=\frac{i}{2a}$$

$$\frac{1}{x^2+a^2}=\frac{1}{(x-ia)(x+ia)}$$

$$=\frac{A}{x-ia}+\frac{B}{x+ia}$$

$$=\frac{A(x+ia)+B(x-ia)}{x^2+a^2}$$

$$=\frac{x(A+B)+iaA-iaB}{x^2+a^2}$$

Berechnung des Integrals:

$$\int\frac{\mathrm{d}x}{x^2+a^2}=-\frac{i}{2a}\int\frac{\mathrm{d}x}{x-ia}+\frac{i}{2a}\int\frac{\mathrm{d}x}{x+ia}$$

$$=-\frac{i}{2a}\ln(x-ia)+\frac{i}{2a}\ln(x+ia)+c$$

$$=\frac{i}{2a}\ln\frac{x+ia}{x-ia}+c$$

2.6

21. $\int \frac{dx}{x^2-5}$

Mit $a^2=5$; $a=\sqrt{5}$ ergibt sich die Lösung sofort aus der vorangegangenen Aufgabe 3.

$$\int \frac{dx}{x^2-5}=\frac{1}{2\sqrt{5}}\ln\left|\frac{x-\sqrt{5}}{x+\sqrt{5}}\right|+c$$

22. $\int \frac{x+4}{x^2-2}\,dx$

$$\frac{x+4}{x^2-2}=\frac{x+4}{(x+\sqrt{2})(x-\sqrt{2})}$$

$$=\frac{A}{x+\sqrt{2}}+\frac{B}{x-\sqrt{2}}$$

$$=\frac{A(x-\sqrt{2})+B(x+\sqrt{2})}{x^2-2}$$

$$=\frac{x(A+B)-A\sqrt{2}+B\sqrt{2}}{x^2-2}$$

Koeffizientenvergleich:

$$\left.\begin{aligned} A+\quad B&=1 \;\|\cdot\sqrt{2} \\ -\sqrt{2}A+\sqrt{2}B&=4 \end{aligned}\right\}+$$

$$2\sqrt{2}B=4+\sqrt{2}$$

$$\Rightarrow B=\frac{1}{2}+\sqrt{2}$$

$$A=1-B \Rightarrow A=\frac{1}{2}-\sqrt{2}$$

Berechnung des Integrals:

$$\int \frac{(x+4)\,dx}{x^2-2}=\int \frac{\frac{1}{2}-\sqrt{2}}{x+\sqrt{2}}\,dx+\int \frac{\frac{1}{2}+\sqrt{2}}{x-\sqrt{2}}\,dx$$

$$=\left(\frac{1}{2}-\sqrt{2}\right)\ln|x+\sqrt{2}|+\left(\frac{1}{2}+\sqrt{2}\right)\ln|x-\sqrt{2}|+c$$

$$=\frac{1}{2}\ln|x^2-2|+\sqrt{2}\ln\left|\frac{x-\sqrt{2}}{x+\sqrt{2}}\right|+c$$

23. $\int \frac{7x+8}{x^2+x-2}\,dx$

$$\frac{7x+8}{x^2+x-2}=\frac{7x+8}{(x-1)(x+2)}$$

$$=\frac{A}{x-1}+\frac{B}{x+2}$$

$$=\frac{A(x+2)+B(x-1)}{(x-1)(x+2)}$$

$$=\frac{x(A+B)+2A-B}{(x-1)(x+2)}$$

Zerlegung des Nenners $N(x)$:

$$x_{1;2}=-\frac{1}{2}\pm\sqrt{\frac{1}{4}+2}=-\frac{1}{2}\pm\frac{3}{2}$$

$x_1=1$; $x_2=-2$

$\Rightarrow N(x)=(x-1)(x+2)$

Koeffizientenvergleich:

$$\left.\begin{array}{r} A+B=7 \\ 2A-B=8 \end{array}\right\}+$$

$$3A \qquad =15 \Rightarrow A=5$$

$$B=7-A \Rightarrow B=2$$

Berechnung des Integrals:

$$\int \frac{7x+8}{x^2+x-2}\,\mathrm{d}x$$

$$=5\int \frac{\mathrm{d}x}{x-1}+2\int \frac{\mathrm{d}x}{x+2}$$

$$=\underline{\underline{5 \ln|x-1|+2 \ln|x+2|+c}}$$

24. $\displaystyle\int \frac{4x+1}{(x-2)(x+1)}\,\mathrm{d}x$

$$\frac{4x+1}{(x-2)(x+1)}=\frac{A}{x-2}+\frac{B}{x+1}$$

$$=\frac{A(x+1)+B(x-2)}{(x-2)(x+1)}$$

$$=\frac{x(A+B)+A-2B}{(x-2)(x+1)}$$

Koeffizientenvergleich:

$$\left.\begin{array}{r} A+B=4 \\ A-2B=1 \end{array}\right\}-$$

$$3B=3 \Rightarrow B=1$$

$$A=4-B \quad \Rightarrow A=3$$

Berechnung des Integrals:

$$\int \frac{4x+1}{(x-2)(x+1)}\,\mathrm{d}x=3\int \frac{\mathrm{d}x}{x-2}+\int \frac{\mathrm{d}x}{x+1}$$

$$=\underline{\underline{3 \ln|x-2|+\ln|x+1|+c}}$$

25. $\displaystyle\int \frac{\mathrm{d}x}{x^2+9x+8}$

Zerlegung des Nenners $N(x)$:

$$x_{1;2}=-\frac{9}{2}\pm\sqrt{\frac{81}{4}-8}=-\frac{9}{2}\pm\frac{7}{2}$$

$$x_1=-1; \quad x_2=-8$$

$$\Rightarrow N(x)=(x+1)(x+8)$$

$$\frac{1}{x^2+9x+8}=\frac{1}{(x+1)(x+8)}$$

$$=\frac{A}{x+1}+\frac{B}{x+8}$$

$$=\frac{A(x+8)+B(x+1)}{x^2+9x+8}$$

$$=\frac{x(A+B)+8A+B}{x^2+9x+8}$$

Koeffizientenvergleich:

$$\left.\begin{array}{r} A+B=0 \\ 8A+B=1 \end{array}\right\}-$$

$$-7A \qquad =-1 \Rightarrow A=\frac{1}{7}$$

$$B=-A \qquad \Rightarrow B=-\frac{1}{7}$$

Berechnung des Integrals:

$$\int \frac{\mathrm{d}x}{x^2+9x+8}=\frac{1}{7}\int \frac{\mathrm{d}x}{x+1}-\frac{1}{7}\int \frac{\mathrm{d}x}{x+8}$$

$$=\frac{1}{7}\ln|x+1|-\frac{1}{7}\ln|x+8|+c$$

$$=\underline{\underline{\frac{1}{7}\ln\left|\frac{x+1}{x+8}\right|+c}}$$

26. $\int \frac{dx}{x^2-7x+12}$

Zerlegung des Nenners $N(x)$:

$$x_{1;2}=\frac{7}{2}\pm\sqrt{\frac{49}{4}-12}=\frac{7}{2}\pm\frac{1}{2}$$

$x_1=4;\quad x_2=3$

$N(x)=(x-4)(x-3)$

Koeffizientenvergleich:

$$\begin{array}{rl} A+\ \ B=0 & \|\cdot 3 \\ -3A-4B=1 & \end{array}\Big\}+$$

$$-B=1\Rightarrow B=-1$$

$$A=-B\quad\Rightarrow A=1$$

$$\frac{1}{x^2-7x+12}=\frac{1}{(x-4)(x-3)}$$

$$=\frac{A}{x-4}+\frac{B}{x-3}$$

$$=\frac{A(x-3)+B(x-4)}{x^2-7x+12}$$

$$=\frac{x(A+B)-3A-4B}{x^2+7x+12}$$

Berechnung des Integrals:

$$\int\frac{dx}{x^2-7x+12}=\int\frac{dx}{x-4}-\int\frac{dx}{x-3}$$

$$=\ln|x-4|-\ln|x-3|+c$$

$$=\ln\left|\frac{x-4}{x-3}\right|+c$$

27. $\int \frac{5+2x^2}{4x^2+x^3}\,dx$

Koeffizientenvergleich:

$$4B=5\Rightarrow B=\frac{5}{4}$$

$$4A+B=0\Rightarrow A=-\frac{5}{16}$$

$$A+C=2\Rightarrow C=\frac{37}{16}$$

$$\frac{5+2x^2}{4x^2+x^3}=\frac{5+2x^2}{x^2(4+x)}$$

$$=\frac{A}{x}+\frac{B}{x^2}+\frac{C}{x+4}$$

$$=\frac{Ax(x+4)+B(x+4)+Cx^2}{x^2(x+4)}$$

$$=\frac{x^2(A+C)+x(4A+B)+4B}{x^2(x+4)}$$

Berechnung des Integrals:

$$\int\frac{5+2x^2}{4x^2+x}\,dx=$$

$$=-\frac{5}{16}\int\frac{dx}{x}+\frac{5}{4}\int\frac{dx}{x^2}+\frac{37}{16}\int\frac{dx}{x+4}$$

$$=-\frac{5}{16}\ln|x|-\frac{5}{4}\cdot\frac{1}{x}+\frac{37}{16}\ln|x+4|+c$$

$$\frac{x^2}{1-x^2}=\frac{x^2}{-x^2+1}$$

Zunächst wird der Integrand umgeformt.

$$x^2:(-x^2+1)=-1+\frac{1}{-x^2+1}$$

$$\frac{x^2-1}{-1}$$

$$\int\frac{x^2}{1-x^2}\,dx=\int\left(-1+\frac{1}{1-x^2}\right)dx$$

$$=-\int dx+\int\frac{dx}{(1+x)(1-x)}$$

$$=-x+\int\left(\frac{A}{1+x}+\frac{B}{1-x}\right)dx$$

$$=-x+\int\frac{x(-A+B)+A+B}{1-x^2}\,dx$$

Koeffizientenvergleich:

$$\left.\begin{aligned}-A+B&=0\\A+B&=1\end{aligned}\right\}+$$

$$2B=1\Rightarrow B=\frac{1}{2}=A$$

$$=-x+\frac{1}{2}\int\frac{dx}{1+x}+\frac{1}{2}\int\frac{dx}{1-x}$$

$$=-x+\frac{1}{2}\int\frac{dx}{x+1}-\frac{1}{2}\int\frac{dx}{x-1}$$

$$=-x+\frac{1}{2}\ln|x+1|-\frac{1}{2}\ln|x-1|+c$$

$$=-x+\frac{1}{2}\ln\left|\frac{x+1}{x-1}\right|+c$$

29. $\int\frac{dx}{1+x^3}$

Der Nenner $N(x)=1+x^3$ hat die Nullstelle $x_1=-1$. Deshalb wird zunächst der Linearfaktor $(x+1)$ abgespalten.

$$(x^3+1):(x+1)=x^2-x+1$$

$$\begin{array}{l}x^3+x^2\\\hline \quad -x^2+1\\\quad -x^2-x\\\hline \qquad\quad x+1\\\qquad\quad x+1\\\hline \qquad\qquad 0\end{array}$$

2.6

Dann wird x^2-x+1 weiter zerlegt.

Man erhält:

$N(x)=(x+1)(x-x_1)(x-x_2)$

$$x^2-x+1=0$$

$$\Rightarrow x_{1;2}=\frac{1}{2}\pm\sqrt{\frac{1}{4}-1}=\frac{1}{2}\pm\frac{i}{2}\sqrt{3}$$

$$x_1=\frac{1}{2}+\frac{i}{2}\sqrt{3}; \quad x_2=\frac{1}{2}-\frac{i}{2}\sqrt{3}$$

Partialbruchzerlegung:

$$\frac{Z(x)}{N(x)}=\frac{1}{(x+1)(x-x_1)(x-x_2)}=\frac{A}{x+1}+\frac{B}{x-x_1}+\frac{C}{x-x_2}$$

Nun wird $\frac{Z(x)}{N(x)}$ mit dem ersten Linearfaktor $(x+1)$ multipliziert und anschließend $x=-1$ gesetzt.

$$\frac{1}{(x-x_1)(x-x_2)}=A+(x+1)\left(\frac{B}{x-x_1}+\frac{C}{x-x_2}\right)$$

$x=-1$: $$\frac{1}{1+1+1}=A+0\Rightarrow \underline{\underline{A=\frac{1}{3}}}$$

Jetzt wird $\frac{Z(x)}{N(x)}$ mit dem Linearfaktor $(x-x_1)$ multipliziert und anschließend $x=x_1$ gesetzt.

$$\frac{1}{(x+1)(x-x_2)}=B+(x-x_1)\left(\frac{A}{x+1}+\frac{C}{x-x_2}\right)$$

$x=x_1$: $$\frac{1}{\left(\frac{3}{2}+\frac{i}{2}\sqrt{3}\right)(i\sqrt{3})}=B+0\Rightarrow B=\frac{2}{3i\sqrt{3}-3}$$

$$=\frac{-2}{3-3i\sqrt{3}}\cdot\frac{3+3i\sqrt{3}}{3+3i\sqrt{3}}$$

$$=\frac{-6(1+i\sqrt{3})}{9+27}$$

$$=\underline{\underline{-\frac{1}{6}(1+i\sqrt{3})}}$$

Durch Multiplikation von $\frac{Z(x)}{N(x)}$ mit dem Linearfaktor $(x-x_2)$ und anschließendem Einsetzen von $x=x_2$ erhält man völlig analog zur Bestimmung des Koeffizienten B den Wert:

$$\underline{\underline{C=-\frac{1}{6}(1-i\sqrt{3})}}$$

Berechnung des Integrals:

$$\int \frac{dx}{1+x^3} = \frac{1}{3}\int \frac{dx}{x+1} - \frac{1}{6}(1+i\sqrt{3})\int \frac{dx}{x-x_1} - \frac{1}{6}(1-i\sqrt{3})\int \frac{dx}{x-x_2}$$

$$= \frac{1}{3}\ln|x+1| - \frac{1}{6}(1+i\sqrt{3})\ln(x-x_1) - \frac{1}{6}(1-i\sqrt{3})\ln(x-x_2) + c$$

$$= \frac{1}{3}\ln|x+1| - \frac{1}{6}\ln[(x-x_1)(x-x_2)] + \frac{i\sqrt{3}}{6}\ln\frac{x-x_2}{x-x_1} + c$$

$$= \frac{1}{3}\ln|x+1| - \frac{1}{6}\ln(x^2-x+1) + \frac{i\sqrt{3}}{6}\ln\frac{2x-1+i\sqrt{3}}{2x-1-i\sqrt{3}} + c$$

Bemerkung: Man beachte hier erneut, daß bei der Logarithmusfunktion mit komplexen Argumenten keine Betragsstriche stehen. Für den Ausdruck $\ln(x^2-x+1)$ erübrigen sich Betragsstriche, da für alle x gilt $x^2-x+1>0$.

30. $\displaystyle\int \frac{dx}{(x+1)(x^2-x+1)}$

Wegen $(x+1)(x^2-x+1) = 1+x^3$ entnimmt man die Lösung dieses Integrals der vorangegangenen Aufgabe 29; die Lösungen sind identisch.

31. $\displaystyle\int \frac{2x+6}{2x^2+3x+1}\,dx$

Zerlegung von $N(x) = x^2 + \frac{3}{2}x + \frac{1}{2}$:

$$x_{1;2} = -\frac{3}{4} \pm \sqrt{\frac{9}{16} - \frac{1}{2}} = -\frac{3}{4} \pm \frac{1}{4}$$

$$x_1 = -\frac{1}{2}; \quad x_2 = -1$$

$$\Rightarrow N(x) = \left(x+\frac{1}{2}\right)(x+1)$$

Koeffizientenvergleich:

$$\left.\begin{aligned} A + \phantom{\tfrac{1}{2}}B &= 1 \\ A + \tfrac{1}{2}B &= 3 \end{aligned}\right\} -$$

$$\frac{1}{2}B = -2 \quad \Rightarrow B = -4$$

$$A = 1 - B \Rightarrow A = 5$$

$$\int \frac{2x+6}{2x^2+3x+1}\,dx =$$

$$= \int \frac{x+3}{x^2+\frac{3}{2}x+\frac{1}{2}}\,dx$$

$$= \int \left(\frac{A}{x+\frac{1}{2}} + \frac{B}{x+1}\right) dx$$

$$= \int \frac{A(x+1) + B\left(x+\frac{1}{2}\right)}{x^2+\frac{3}{2}x+\frac{1}{2}}\,dx$$

$$= \int \frac{x(A+B) + A + \frac{1}{2}B}{x^2+\frac{3}{2}x+\frac{1}{2}}\,dx$$

$$=5\int\frac{dx}{x+\frac{1}{2}}-4\int\frac{dx}{x+1}$$

$$=5\ln\left|x+\frac{1}{2}\right|-4\ln|x+1|+c$$

32. $\int\frac{x^2-2x+3}{x^2-3x+2}\,dx$

Zunächst wird der Integrand umgeformt.

Zerlegung von $N(x)=x^2-3x+2$:

$$x_{1;2}=\frac{3}{2}\pm\sqrt{\frac{9}{4}-2}=\frac{3}{2}\pm\frac{1}{2}$$

$x_1=2;\quad x_2=1$

$\Rightarrow N(x)=(x-2)(x-1)$

Koeffizientenvergleich:

$$\left.\begin{aligned}A+\;B&=1\\-A-2B&=1\end{aligned}\right\}+$$

$$-B=2\Rightarrow B=-2$$

$$A=1-B\qquad\Rightarrow A=3$$

$$(x^2-2x+3):(x^2-3x+2)=1+\frac{x+1}{x^2-3x+2}$$

$$\frac{x^2-3x+2}{x+1}$$

$$\int\frac{x^2-2x+3}{x^2-3x+2}\,dx=$$

$$=\int dx+\int\frac{x+1}{x^2-3x+2}\,dx$$

$$=x+\int\left(\frac{A}{x-2}+\frac{B}{x-1}\right)dx$$

$$=x+\int\frac{x(A+B)-A-2B}{x^2-3x+2}\,dx$$

$$=x+3\int\frac{dx}{x-2}-2\int\frac{dx}{x-1}$$

$$=x+3\ln|x-2|-2\ln|x-1|+c$$

33. $\int\frac{x^2}{(x^2-1)(x+2)}\,dx$

Koeffizientenvergleich:

$$\left.\begin{aligned}A+\;B+C&=1\\A+3B\qquad&=0\\-2A+2B-C&=0\end{aligned}\right\}+$$

$$6B\qquad=1\Rightarrow B=\frac{1}{6}$$

$$A=-3B\qquad\Rightarrow A=-\frac{1}{2}$$

$$C=1-A-B\qquad\Rightarrow C=\frac{4}{3}$$

$$\frac{x^2}{(x^2-1)(x+2)}=\frac{x^2}{(x+1)(x-1)(x+2)}$$

$$=\frac{A}{x+1}+\frac{B}{x-1}+\frac{C}{x+2}$$

$$=\frac{A(x-1)(x+2)+B(x+1)(x+2)+C(x^2-1)}{(x^2-1)(x+2)}$$

$$=\frac{A(x^2+x-2)+B(x^2+3x+2)+C(x^2-1)}{(x^2-1)(x+2)}$$

$$=\frac{x^2(A+B+C)+x(A+3B)-2A+2B-C}{(x^2-1)(x+2)}$$

Berechnung des Integrals:

$$\int \frac{x^2}{(x^2-1)(x+2)}\,dx =$$

$$= -\frac{1}{2}\int \frac{dx}{x+1}+\frac{1}{6}\int \frac{dx}{x-1}+\frac{4}{3}\int \frac{dx}{x+2}$$

$$= -\frac{1}{2}\ln|x+1|+\frac{1}{6}\ln|x-1|+\frac{4}{3}\ln|x+2|+c$$

34. $\int \frac{dx}{x^2(x-1)}$

$$\frac{1}{x^2(x-1)}=\frac{A}{x}+\frac{B}{x^2}+\frac{C}{x-1}$$

$$=\frac{Ax(x-1)+B(x-1)+Cx^2}{x^2(x-1)}$$

$$=\frac{x^2(A+C)+x(-A+B)-B}{x^2(x-1)}$$

Koeffizientenvergleich:

$$-B=1 \Rightarrow B=-1$$

$$-A+B=0 \Rightarrow A=-1$$

$$A+C=0 \Rightarrow C=1$$

Berechnung des Integrals:

$$\int \frac{dx}{x^2(x-1)}=-\int \frac{dx}{x}-\int \frac{dx}{x^2}+\int \frac{dx}{x-1}$$

$$=-\ln|x|+\frac{1}{x}+\ln|x-1|+c$$

$$=\frac{1}{x}+\ln\left|\frac{x-1}{x}\right|+c$$

35. $\int \frac{x+2}{x^3-4x^2+4x}\,dx$

$$\frac{x+2}{x^3-4x^2+4x}=\frac{x+2}{x(x^2-4x+4)}$$

$$=\frac{x+2}{x(x-2)^2}$$

$$=\frac{A}{x}+\frac{B}{x-2}+\frac{C}{(x-2)^2}$$

$$=\frac{A(x-2)^2+Bx(x-2)+Cx}{x(x-2)^2}$$

$$=\frac{x^2(A+B)+x(-4A-2B+C)+4A}{x(x-2)^2}$$

Koeffizientenvergleich:

$$4A=2 \Rightarrow A=\frac{1}{2}$$

$$A+B=0 \Rightarrow B=-\frac{1}{2}$$

$$-4A-2B+C=1 \Rightarrow C=2$$

Substitution:

$z = x-2 \Rightarrow dx = dz$

Berechnung des Integrals:

$$\int \frac{x+2}{x^3-4x^2+4x}\,dx =$$

$$= \frac{1}{2}\int \frac{dx}{x} - \frac{1}{2}\int \frac{dx}{x-2} + 2\int \frac{dx}{(x-2)^2}$$

$$= \frac{1}{2}\ln|x| - \frac{1}{2}\int \frac{dz}{z} + 2\int \frac{dz}{z^2}$$

$$= \frac{1}{2}\ln|x| - \frac{1}{2}\ln|z| - \frac{2}{z} + c$$

$$= \frac{1}{2}\ln|x| - \frac{1}{2}\ln|x-2| - \frac{2}{x-2} + c$$

$$= \frac{1}{2}\ln\left|\frac{x}{x-2}\right| - \frac{2}{x-2} + c$$

36. $\int \frac{dx}{x^3-1}$

Der Nenner $N(x) = x^3-1$ hat die Nullstelle $x_1 = 1$. Deshalb wird zunächst der Linearfaktor $x-1$ abgespaltet. Dann wird x^2+x+1 weiter zerlegt.

Man erhält:

$N(x) = (x-1)(x-x_1)(x-x_2)$

$(x^3-1):(x-1) = x^2+x+1$

$$\begin{array}{l} x^3 - x^2 \\ \hline \quad\; x^2 - 1 \\ \quad\; x^2 - x \\ \hline \qquad\quad x - 1 \\ \qquad\quad x - 1 \\ \hline \qquad\qquad 0 \end{array}$$

$x^2+x+1 = 0$

$$\Rightarrow x_{1;2} = -\frac{1}{2} \pm \sqrt{\frac{1}{4} - 1} = -\frac{1}{2} \pm \frac{i}{2}\sqrt{3}$$

$$x_1 = -\frac{1}{2} + \frac{i}{2}\sqrt{3}; \quad x_2 = -\frac{1}{2} + \frac{i}{2}\sqrt{3}$$

Partialbruchzerlegung:

$$\frac{Z(x)}{N(x)} = \frac{1}{(x-1)(x-x_1)(x-x_2)} = \frac{A}{x-1} + \frac{B}{x-x_1} + \frac{C}{x-x_2}$$

Nun wird $\frac{Z(x)}{N(x)}$ mit dem ersten Linearfaktor $x-1$ multipliziert und anschließend $x=1$ gesetzt.

$$\frac{1}{(x-x_1)(x-x_2)}=A+(x-1)\left(\frac{B}{x-x_1}+\frac{C}{x-x_2}\right) \quad \blacktriangleright x=1$$

$$\Rightarrow \frac{1}{1^2+1+1}=A+0; \qquad A=\frac{1}{3}$$

Jetzt wird $\frac{Z(x)}{N(x)}$ mit dem Linearfaktor $x-x_1$ multipliziert und anschließend $x=x_1$ gesetzt.

$$\frac{1}{(x-1)(x-x_2)}=B+(x-x_1)\left(\frac{A}{x-1}+\frac{C}{x-x_2}\right) \quad \blacktriangleright x=x_1$$

$$\Rightarrow \frac{1}{\left(\frac{-3}{2}+\frac{i}{2}\sqrt{3}\right)\left(i\sqrt{3}\right)}=B+0 \Rightarrow B=\frac{2}{-3i\sqrt{3}-3}$$

$$=\frac{-2}{3+3i\sqrt{3}}\cdot\frac{3-3i\sqrt{3}}{3-3i\sqrt{3}}$$

$$=\frac{-6(1-i\sqrt{3})}{9+27}$$

$$=-\frac{1}{6}(1-i\sqrt{3})$$

Völlig analog zur Ermittlung des Koeffizienten B erhält man durch Multiplikation von $\frac{Z(x)}{N(x)}$ mit dem Linearfaktor $x-x_2$ und anschließendem Einsetzen von $x=x_2$ den Wert:

$$C=-\frac{1}{6}(1+i\sqrt{3})$$

Berechnung des Integrals:

$$\int\frac{\mathrm{d}x}{x^3-1}=\frac{1}{3}\int\frac{\mathrm{d}x}{x-1}-\frac{1}{6}(1-i\sqrt{3})\int\frac{\mathrm{d}x}{x-x_1}-\frac{1}{6}(1+i\sqrt{3})\int\frac{\mathrm{d}x}{x-x_2}$$

$$=\frac{1}{3}\ln|x-1|-\frac{1}{6}(1-i\sqrt{3})\ln(x-x_1)-\frac{1}{6}(1+i\sqrt{3})\ln(x-x_2)+c$$

$$=\frac{1}{3}\ln|x-1|-\frac{1}{6}\ln[(x-x_1)(x-x_2)]+\frac{i\sqrt{3}}{6}\ln\frac{x-x_1}{x-x_2}+c$$

$$=\frac{1}{3}\ln|x-1|-\frac{1}{6}\ln(x^2+x+1)+\frac{i\sqrt{3}}{6}\ln\frac{2x+1-i\sqrt{3}}{2x+1+i\sqrt{3}}+c$$

Bezüglich der Betragsstriche vergleiche man die Schlußbemerkung der vorangegangenen Aufgabe 29.

2.6

37. $\int \frac{dx}{1-x^3}$

Die Lösung ergibt sich leicht aus der vorangegangenen Aufgabe 36.

$$\int \frac{dx}{1-x^3} = -\int \frac{dx}{x^3-1}$$

$$= -\frac{1}{3}\ln|x-1| + \frac{1}{6}\ln(x^2+x+1) - \frac{i\sqrt{3}}{6}\ln\frac{2x+1-i\sqrt{3}}{2x+1+i\sqrt{3}} + c$$

38. $\int \frac{dx}{(x^2+5x+6)(x+1)}$

Zerlegung von x^2+5x+6:

$$x_{1;2} = -\frac{5}{2} \pm \sqrt{\frac{25}{4}-6} = -\frac{5}{2} \pm \frac{1}{2}$$

$x_1 = -2; \quad x_2 = -3$

$N(x) = (x+2)(x+3)(x+1)$

$$\frac{1}{(x^2+5x+6)(x+1)} = \frac{1}{(x+2)(x+3)(x+1)} = \frac{A}{x+2} + \frac{B}{x+3} + \frac{C}{x+1}$$

$$= \frac{A(x+1)(x+3) + B(x+2)(x+1) + C(x+2)(x+3)}{(x+2)(x+3)(x+1)}$$

$$= \frac{A(x^2+4x+3) + B(x^2+3x+2) + C(x^2+5x+6)}{(x+2)(x+3)(x+1)}$$

$$= \frac{x^2(A+B+C) + x(4A+3B+5C) + 3A+2B+6C}{(x+2)(x+3)(x+1)}$$

Koeffizientenvergleich:

$$\left.\begin{aligned} A+B+C&=0 \\ 4A+3B+5C&=0 \quad \|\cdot(-1) \\ 3A+2B+6C&=1 \end{aligned}\right\} +$$

$$2C = 1 \Rightarrow C = \frac{1}{2}$$

$$\left.\begin{aligned} A+B+\frac{1}{2}&=0 \quad \|\cdot 3 \\ 3A+2B+3&=1 \end{aligned}\right\} -$$

$$B - \frac{3}{2} = -1 \Rightarrow B = \frac{1}{2}$$

$$A = -\frac{1}{2} + B \qquad \Rightarrow A = -1$$

Berechnung des Integrals:

$$\int \frac{dx}{(x^2+5x+6)(x+1)} = -\int \frac{dx}{x+2} + \frac{1}{2}\int \frac{dx}{x+3} + \frac{1}{2}\int \frac{dx}{x+1}$$

$$= -\ln|x+2| + \frac{1}{2}\ln|x+3| + \frac{1}{2}\ln|x+1| + c$$

$$= \frac{1}{2}\ln|(x+3)(x+1)| - \ln|x+2| + c$$

$$= \frac{1}{2}\ln|x^2+4x+3| - \ln|x+2| + c$$

$$= \ln\left|\frac{\sqrt{x^2+4x+3}}{x+2}\right| + c$$

39. $\int \frac{2x+12}{3-x^2}\,dx$

Koeffizientenvergleich:

$$\left.\begin{array}{l} -A+\quad B=2 \;\|\cdot\sqrt{3} \\ \sqrt{3}A+\sqrt{3}B=12 \end{array}\right\}+$$

$$2\sqrt{3}B=2\sqrt{3}+12$$

$$\Rightarrow B=1+2\sqrt{3}$$

$$A=B-2 \quad \Rightarrow A=-1+2\sqrt{3}$$

$$\frac{2x+12}{3-x^2}=\frac{2x+12}{(\sqrt{3}+x)(\sqrt{3}-x)}$$

$$=\frac{A}{\sqrt{3}+x}+\frac{B}{\sqrt{3}-x}$$

$$=\frac{A(\sqrt{3}-x)+B(\sqrt{3}+x)}{3-x^2}$$

$$=\frac{x(-A+B)+\sqrt{3}A+\sqrt{3}B}{3-x^2}$$

Berechnung des Integrals:

$$\int \frac{2x+12}{3-x^2}\,dx=$$

$$=(-1+2\sqrt{3})\int\frac{dx}{\sqrt{3}+x}+(1+2\sqrt{3})\int\frac{dx}{\sqrt{3}-x}$$

$$=(-1+2\sqrt{3})\int\frac{dx}{x+\sqrt{3}}-(1+2\sqrt{3})\int\frac{dx}{x-\sqrt{3}}$$

$$=(-1+2\sqrt{3})\ln|x+\sqrt{3}|-(1+2\sqrt{3})\ln|x-\sqrt{3}|+c$$

$$=-\ln|(x+\sqrt{3})(x-\sqrt{3})|+2\sqrt{3}\ln\left|\frac{x+\sqrt{3}}{x-\sqrt{3}}\right|+c$$

$$\underline{\underline{=-\ln|x^2-3|+2\sqrt{3}\ln\left|\frac{x+\sqrt{3}}{x-\sqrt{3}}\right|+c}}$$

40. $\int \frac{10+4x}{4-x^2}\,dx$

Koeffizientenvergleich:

$$\left.\begin{array}{l} -A+\;B=4 \;\|\cdot 2 \\ 2A+2B=10 \end{array}\right\}+$$

$$4B=18 \Rightarrow B=\frac{9}{2}$$

$$A=B-4 \quad \Rightarrow A=\frac{1}{2}$$

$$\frac{10+4x}{4-x^2}=\frac{10+4x}{(2+x)(2-x)}$$

$$=\frac{A}{2+x}+\frac{B}{2-x}$$

$$=\frac{A(2-x)+B(2+x)}{4-x^2}$$

$$=\frac{x(-A+B)+2A+2B}{4-x^2}$$

Berechnung des Integrals:

$$\int \frac{10+4x}{4-x^2}\,dx = \frac{1}{2}\int \frac{dx}{2+x} + \frac{9}{2}\int \frac{dx}{2-x}$$

$$= \frac{1}{2}\int \frac{dx}{x+2} - \frac{9}{2}\int \frac{dx}{x-2}$$

$$= \frac{1}{2}\ln|x+2| - \frac{9}{2}\ln|x-2| + c$$

41. $\int \frac{1+x}{x^2-3x+4}\,dx$

Zerlegung des Nenners $N(x)$:

$$x_{1;2} = \frac{3}{2} \pm \sqrt{\frac{9}{4}-4} = \frac{3}{2} \pm \frac{i}{2}\sqrt{7}$$

$$x_1 = \frac{3}{2} + \frac{i}{2}\sqrt{7}; \quad x_2 = \frac{3}{2} - \frac{i}{2}\sqrt{7}$$

$$N(x) = (x-x_1)(x-x_2)$$

Koeffizientenvergleich:

$$\left.\begin{aligned} A + \quad B &= 1 \;\|\cdot x_2 \\ -x_2A - x_1B &= 1 \end{aligned}\right\} +$$

$$B(x_2-x_1) = x_2+1$$

$$\Rightarrow B = \frac{x_2+1}{x_2-x_1} = \frac{\frac{5}{2}-\frac{i}{2}\sqrt{7}}{-i\sqrt{7}}$$

$$= \frac{5-i\sqrt{7}}{-2i\sqrt{7}} \cdot \frac{i\sqrt{7}}{i\sqrt{7}}$$

$$= \frac{1}{2} + \frac{5\sqrt{7}}{14}\,i$$

$$A = 1 - B \Rightarrow A = \frac{1}{2} - \frac{5\sqrt{7}}{14}\,i$$

Im Ergebnis kommen Betragsstriche nicht in Frage, da die Argumente komplex sind bzw. $x^2-3x+4>0$ für alle x gilt.

$$\frac{1+x}{x^2-3x+4} = \frac{1+x}{(x-x_1)(x-x_2)}$$

$$= \frac{A}{x-x_1} + \frac{B}{x-x_2}$$

$$= \frac{A(x-x_2)+B(x-x_1)}{x^2-3x+4}$$

$$= \frac{x(A+B)-x_2A-x_1B}{x^2-3x+4}$$

Berechnung des Integrals:

$$\int \frac{1+x}{x^2-3x+4}\,dx =$$

$$= \left(\frac{1}{2} - \frac{5\sqrt{7}}{14}\,i\right)\int \frac{dx}{x-x_1} + \left(\frac{1}{2} + \frac{5\sqrt{7}}{14}\,i\right)\int \frac{dx}{x-x_2}$$

$$= \left(\frac{1}{2} - \frac{5\sqrt{7}}{14}\,i\right)\ln(x-x_1) +$$

$$+ \left(\frac{1}{2} + \frac{5\sqrt{7}}{14}\,i\right)\ln(x-x_2) + c$$

$$= \frac{1}{2}\ln[(x-x_1)(x-x_2)] + \frac{5\sqrt{7}}{14}\,i\ln\frac{x-x_2}{x-x_1} + c$$

$$= \frac{1}{2}\ln(x^2-3x+4) + \frac{5\sqrt{7}}{14}\,i\ln\frac{2x-3+i\sqrt{7}}{2x-3-i\sqrt{7}} + c$$

42. $\displaystyle\int \frac{3x-2}{x-3+x^2}\,dx$

Zerlegung des Nenners $N(x)$:

$$x_{1;2} = -\frac{1}{2} \pm \sqrt{\frac{1}{4}+3} = -\frac{1}{2} \pm \frac{1}{2}\sqrt{13}$$

$$x_1 = -\frac{1}{2}+\frac{1}{2}\sqrt{13};\quad x_2 = -\frac{1}{2}-\frac{1}{2}\sqrt{13}$$

$$N(x) = (x-x_1)(x-x_2)$$

Koeffizientenvergleich:

$$\left.\begin{array}{rl} A + \quad B = 3 & \| \cdot x_2 \\ -x_2 A - x_1 B = -2 & \end{array}\right\} +$$

$$B(x_2 - x_1) = 3x_2 - 2$$

$$\Rightarrow B = \frac{3x_2-2}{x_2-x_1} = \frac{3}{2} + \frac{7}{2\sqrt{13}}$$

$$A = 3 - B \Rightarrow A = \frac{3}{2} - \frac{7}{2\sqrt{13}}$$

$$\frac{3x-2}{x-3+x^2} = \frac{3x-2}{(x-x_1)(x-x_2)}$$

$$= \frac{A}{x-x_1} + \frac{B}{x-x_2}$$

$$= \frac{A(x-x_2)+B(x-x_1)}{x-3+x^2}$$

$$= \frac{x(A+B)-x_2 A - x_1 B}{x-3+x^2}$$

Berechnung des Integrals:

$$\int \frac{3x-2}{x-3+x^2}\,dx =$$

$$= \left(\frac{3}{2} - \frac{7}{2\sqrt{3}}\right) \int \frac{dx}{x-x_1} + \left(\frac{3}{2} + \frac{7}{2\sqrt{13}}\right) \int \frac{dx}{x-x_2}$$

$$= \left(\frac{3}{2} - \frac{7}{2\sqrt{13}}\right) \ln|x-x_1| +$$

$$+ \left(\frac{3}{2} + \frac{7}{2\sqrt{13}}\right) \ln|x-x_2| + c$$

$$= \frac{3}{2} \ln|(x-x_1)(x-x_2)| + \frac{7}{2\sqrt{13}} \ln\left|\frac{x-x_2}{x-x_1}\right| + c$$

$$= \frac{3}{2} \ln|x^2+x-3| + \frac{7}{2\sqrt{13}} \ln\left|\frac{2x+1+\sqrt{13}}{2x+1-\sqrt{13}}\right| + c$$

43. $\displaystyle\int \frac{x^4-x^3-9x^2-26x-11}{x^2-4x-2}\,dx = \int \frac{Z(x)}{N(x)}\,dx$

Zunächst dividiert man $Z(x)$ durch $N(x)$.

$$(x^4 - x^3 - 9x^2 - 26x - 11) : (x^2 - 4x - 2) = x^2 + 3x + 5 - \frac{1}{x^2-4x-2}$$

$$\begin{array}{l} x^4 - 4x^3 - 2x^2 \\ \hline \quad 3x^3 - 7x^2 - 26x \\ \quad 3x^3 - 12x^2 - 6x \\ \hline \qquad 5x^2 - 20x - 11 \\ \qquad 5x^2 - 20x - 10 \\ \hline \qquad\qquad -1 \end{array}$$

2.6

Zerlegung des Nenners $N(x)$:

$$x_{1;2}=2\pm\sqrt{4+2}=2\pm\sqrt{6}$$

$$x_1=2+\sqrt{6};\quad x_2=2-\sqrt{6}$$

$$N(x)=(x-x_1)(x-x_2)$$

Zerlegung der gebrochenen Funktion in Partialbrüche:

$$\frac{1}{x^2-4x-2}=\frac{1}{(x-x_1)(x-x_2)}$$

$$=\frac{A}{x-x_1}+\frac{B}{x-x_2}$$

$$=\frac{x(A+B)-x_2A-x_1B}{x^2-4x-2}$$

Koeffizientenvergleich:

$$\left.\begin{array}{r} A+\quad B=0 \;\|\cdot x_2 \\ -x_2A-x_1B=1 \end{array}\right\}+$$

$$B(x_2-x_1)=1\Rightarrow B=\frac{1}{x_2-x_1}=\frac{1}{-2\sqrt{6}}=-\frac{\sqrt{6}}{12}$$

$$A=-B\qquad\Rightarrow A=\frac{\sqrt{6}}{12}$$

Berechnung des Integrals:

$$\int\frac{x^4-x^3-9x^2-26x-11}{x^2-4x-2}\,\mathrm{d}x=\int\left(x^2+3x+5-\frac{\frac{\sqrt{6}}{12}}{x-x_1}+\frac{\frac{\sqrt{6}}{12}}{x-x_2}\right)\mathrm{d}x$$

$$=\frac{1}{3}x^3+\frac{3}{2}x^2+5x-\frac{\sqrt{6}}{12}\ln|x-x_1|+\frac{\sqrt{6}}{12}\ln|x-x_2|+c$$

$$=\frac{1}{3}x^3+\frac{3}{2}x^2+5x+\frac{\sqrt{6}}{12}\ln\left|\frac{x-2+\sqrt{6}}{x-2-\sqrt{6}}\right|+c$$

44. $\displaystyle\int \frac{x^4-x^3-5x^2-41x-19}{x^2+3x+9}\,\mathrm{d}x=\int \frac{Z(x)}{N(x)}\,\mathrm{d}x$

Zunächst dividiert man $Z(x)$ durch $N(x)$.

$$(x^4-\ x^3-5x^2-41x-19):(x^2+3x+9)=x^2-4x-2+\frac{x-1}{x^2+3x+9}$$

$$\begin{array}{l}
\underline{x^4+3x^3+9x^2} \\
\quad -4x^3-14x^2-41x \\
\quad \underline{-4x^3-12x^2-36x} \\
\qquad\quad -\ 2x^2-\ 5x-19 \\
\qquad\quad \underline{-\ 2x^2-\ 6x-18} \\
\qquad\qquad\qquad\quad x-\ 1
\end{array}$$

Zerlegung des Nenners $N(x)$:

$$x_{1;2}=-\frac{3}{2}\pm\sqrt{\frac{9}{4}-9}=-\frac{3}{2}\pm\frac{3}{2}\,i\sqrt{3}$$

$$x_1\ =-\frac{3}{2}+\frac{3}{2}\,i\sqrt{3};\quad x_2=-\frac{3}{2}+\frac{3}{2}\,i\sqrt{3};\quad N(x)=(x-x_1)(x-x_2)$$

Zerlegung der gebrochenen Funktion in Partialbrüche:

$$\frac{x-1}{x^2+3x+9}=\frac{x-1}{(x-x_1)(x-x_2)}=\frac{A}{x-x_1}+\frac{B}{x-x_2}$$

$$=\frac{x(A+B)-x_2A-x_1B}{x^2+3x+9}$$

Koeffizientenvergleich:

$$\left.\begin{array}{l}
A+\ \ B=1 \quad \|\cdot x_2 \\
\underline{-x_2A-x_1B=-1}
\end{array}\right\}+$$

$$B(x_2-x_1)\ =x_2-1 \qquad \Rightarrow B=\frac{x_2-1}{x_2-x_1}=\frac{-\frac{5}{2}-\frac{3}{2}\,i\sqrt{3}}{-3i\sqrt{3}}\cdot\frac{-2i\sqrt{3}}{-2i\sqrt{3}}$$

$$=\frac{1}{2}-\frac{5i\sqrt{3}}{18}$$

$$A=1-B \qquad \Rightarrow A=\frac{1}{2}+\frac{5i\sqrt{3}}{18}$$

2.6

Berechnung des Integrals:

$$\int \frac{x^4-x^3-5x^2-41x-19}{x^2+3x+9}\,\mathrm{d}x=$$

$$=\int\left(x^2-4x-2+\frac{\frac{1}{2}+\frac{5i\sqrt{3}}{18}}{x-x_1}+\frac{\frac{1}{2}-\frac{5i\sqrt{3}}{18}}{x-x_2}\right)\mathrm{d}x$$

$$=\frac{1}{3}x^3-2x^2-2x+\left(\frac{1}{2}+\frac{5i\sqrt{3}}{18}\right)\ln(x-x_1)+\left(\frac{1}{2}-\frac{5i\sqrt{3}}{18}\right)\ln(x-x_2)+c$$

$$=\frac{1}{3}x^3-2x^2-2x+\frac{1}{2}\ln[(x-x_1)(x-x_2)]+\frac{5i\sqrt{3}}{18}\ln\frac{x-x_1}{x-x_2}+c$$

$$=\frac{1}{3}x^3-2x^2-2x+\frac{1}{2}\ln(x^2+3x+9)+\frac{5i\sqrt{3}}{18}\ln\frac{2x+3-3i\sqrt{3}}{2x+3+3i\sqrt{3}}+c$$

Die Betragsstriche bei den Logarithmusfunktionen entfallen, da die Argumente komplex sind bzw. $x^2+3x+9>0$ für alle x gilt.

45. $\int \frac{\cos x}{\sin^2 x+10\sin x+9}\,\mathrm{d}x$

Substitution:

$z=\sin x;\quad \mathrm{d}x=\frac{\mathrm{d}z}{\cos x}$

Zerlegung des Nenners $N(x)$:

$z_{1;2}=-5\pm\sqrt{25-9}=-5\pm 4$

$z_1=-1;\quad z_2=-9$

$N(x)=(z+1)(z+9)$

$$\int \frac{\cos x}{\sin^2 x+10\sin x+9}\,\mathrm{d}x=$$

$$=\int\frac{\mathrm{d}z}{z^2+10z+9}$$

$$=\int\frac{\mathrm{d}z}{(z+1)(z+9)}$$

$$=\int\left(\frac{A}{z+1}+\frac{B}{z+9}\right)\mathrm{d}z$$

$$=\int\frac{A(z+9)+B(z+1)}{z^2+10z+9}\,\mathrm{d}z$$

$$=\int\frac{z(A+B)+9A+B}{z^2+10z+9}\,\mathrm{d}z$$

Koeffizientenvergleich:

$$\left.\begin{aligned} A+B&=0 \\ 9A+B&=1 \end{aligned}\right\}-$$

$$-8A \quad = -1 \Rightarrow A = \frac{1}{8}$$

$$B = -A \Rightarrow B = -\frac{1}{8}$$

$$= \frac{1}{8}\int \frac{dz}{z+1} - \frac{1}{8}\int \frac{dz}{z+9}$$

$$= \frac{1}{8}\ln|z+1| - \frac{1}{8}\ln|z+9| + c$$

$$= \frac{1}{8}\ln\left|\frac{z+1}{z+9}\right| + c$$

$$= \frac{1}{8}\ln\left|\frac{\sin x+1}{\sin x+9}\right| + c$$

46. $\int \frac{(2\sin x+5)\cos x}{2\sin^2 x+3\sin x+1}\,dx$

Substitution:

$$z = \sin x; \quad dx = \frac{dz}{\cos x}$$

Zerlegung des Nenners $N(z)$:

$$z_{1;2} = -\frac{3}{4} \pm \sqrt{\frac{9}{16} - \frac{1}{2}} = -\frac{3}{4} \pm \frac{1}{4}$$

$$z_1 = -\frac{1}{2}; \quad z_2 = -1$$

$$N(z) = \left(z+\frac{1}{2}\right)(z+1)$$

Koeffizientenvergleich:

$$\left.\begin{aligned} A+\ \ B&=2 \\ A+\frac{1}{2}B&=5 \end{aligned}\right\}-$$

$$\frac{1}{2}B = -3 \quad \Rightarrow B = -6$$

$$A = 2 - B \Rightarrow A = 8$$

$$\int \frac{(2\sin x+5)\cos x}{2\sin^2 x+3\sin x+1}\,dx =$$

$$= \frac{1}{2}\int \frac{2z+5}{z^2+\frac{3}{2}z+\frac{1}{2}}\,dz$$

$$= \frac{1}{2}\int \frac{2z+5}{\left(z+\frac{1}{2}\right)(z+1)}\,dz$$

$$= \frac{1}{2}\int \left(\frac{A}{z+\frac{1}{2}} + \frac{B}{z+1}\right)dz$$

$$= \frac{1}{2}\int \frac{A(z+1)+B\left(z+\frac{1}{2}\right)}{\left(z+\frac{1}{2}\right)(z+1)}\,dz$$

$$= \frac{1}{2}\int \frac{z(A+B)+A+\frac{1}{2}B}{\left(z+\frac{1}{2}\right)(z+1)}\,dz$$

$$= 4\int \frac{dz}{z+\frac{1}{2}} - 3\int \frac{dz}{z+1}$$

$$= 4\ln\left|z+\frac{1}{2}\right| - 3\ln|z+1| + c$$

$$= 4\ln\left|\sin x+\frac{1}{2}\right| - 3\ln|\sin x+1| + c$$

2.7

2.7 Integration durch Reihen

Ist ein Integral mit üblichen Methoden nicht zu lösen, so kann man in vielen Fällen den Integranden zu einer Potenzreihe entwickeln und diese Reihe dann gliedweise integrieren. Dies ist jedoch nur dann erlaubt, wenn die Potenzreihe im Integrationsintervall konvergent ist.

$$\int f(x)\,\mathrm{d}x=\int(a_0+a_1x+a_2x^2+a_3x^3+\ldots)\,\mathrm{d}x=c+a_0x+\frac{a_1}{2}x^2+\frac{a_2}{3}x^3+\frac{a_3}{4}x^4+\ldots$$

1. $\mathrm{Si}(x)=\int\frac{\sin x}{x}\,\mathrm{d}x$

Der Zähler des Integranden $\sin x$ wird in eine Potenzreihe entwickelt, durch den Nenner x dividiert und dann gliedweise integriert.

$$\sin x=x-\frac{x^3}{3!}+\frac{x^5}{5!}-\frac{x^7}{7!}+-\cdots$$

$$\frac{\sin x}{x}=1-\frac{x^2}{3!}+\frac{x^4}{5!}-\frac{x^6}{7!}+-\cdots$$

$$\mathrm{Si}(x)=\int\frac{\sin x}{x}\,\mathrm{d}x \quad \blacktriangleright \text{ Integralsinus}$$

$$=\int\mathrm{d}x-\int\frac{x^2\,\mathrm{d}x}{3!}+\int\frac{x^4\,\mathrm{d}x}{5!}-\int\frac{x^6\,\mathrm{d}x}{7!}+-\cdots$$

$$=x-\frac{x^3}{3\cdot3!}+\frac{x^5}{5\cdot5!}-\frac{x^7}{7\cdot7!}\pm\ldots+c$$

2. $\int\frac{\cos x}{x}\,\mathrm{d}x$

Die Potenzreihe für $\cos x$ wird durch x dividiert und dann gliedweise integriert.

$$\cos x=1-\frac{x^2}{2!}+\frac{x^4}{4!}-\frac{x^6}{6!}+-\ldots$$

$$\frac{\cos x}{x}=\frac{1}{x}-\frac{x}{2!}+\frac{x^3}{4!}-\frac{x^5}{6!}+-\ldots$$

$$\int\frac{\cos x}{x}\,\mathrm{d}x=$$

$$=\int\frac{\mathrm{d}x}{x}-\int\frac{x}{2!}\,\mathrm{d}x+\int\frac{x^3}{4!}\,\mathrm{d}x-\int\frac{x^5}{6!}\,\mathrm{d}x+-\ldots$$

$$=\ln|x|-\frac{x^2}{2\cdot2!}+\frac{x^4}{4\cdot4!}-\frac{x^6}{6\cdot6!}+-\ldots+c$$

für $x\neq0$

3. $\int \frac{\ln|1+x|}{x}\,dx$

$$\ln|1+x| = x - \frac{x^2}{2} + \frac{x^3}{3} - \frac{x^4}{4} + - \dots$$

$$\frac{\ln|1+x|}{x} = 1 - \frac{x}{2} + \frac{x^2}{3} - \frac{x^3}{4} + - \dots$$

$$\int \frac{\ln|1+x|}{x}\,dx =$$

$$= \int dx - \int \frac{x}{2}\,dx + \int \frac{x^2}{3}\,dx - \int \frac{x^3}{4}\,dx + - \dots$$

$$= x - \frac{x^2}{2^2} + \frac{x^3}{3^2} - \frac{x^4}{4^2} + - \dots + c$$

für $-1 < x \leq 1$

4. $\int e^{-x^2}\,dx$

Die Lösung dieses Integrals findet man in Kap. 2.7, Band 4

$$\int e^{-x^2}\,dx = x - \frac{x^3}{3\cdot 1!} + \frac{x^5}{5\cdot 2!} - \frac{x^7}{7\cdot 3!} + - \dots + c$$

5. $\int \frac{\ln|1+z^2|}{z^2}\,dz$

$$\ln|1+x| = x - \frac{x^2}{2} + \frac{x^3}{3} - \frac{x^4}{4} + - \dots$$

$$x = z^2$$

$$\ln|1+z^2| = z^2 - \frac{z^4}{2} + \frac{z^6}{3} - \frac{z^8}{4} + - \dots$$

$$\frac{\ln|1+z^2|}{z^2} = 1 - \frac{z^2}{2} + \frac{z^4}{3} - \frac{z^6}{4} + - \dots$$

$$\int \frac{\ln|1+z^2|}{z^2}\,dz =$$

$$= \frac{z}{1} - \frac{z^3}{3\cdot 2} + \frac{z^5}{5\cdot 3} - \frac{z^7}{7\cdot 4} + - \dots + c$$

für $|z| \leq 1$

6. $\int \frac{e^x}{x}\,dx$

Die Lösung dieses Integrals findet man in Kap. 2.7, Band 4

$$\int \frac{e^x}{x}\,dx = \ln|x| + x + \frac{x^2}{2\cdot 2!} + \frac{x^3}{3\cdot 3!} + \dots + c$$

für $x \neq 0$

7. $\int \frac{e^{-x}}{x}\,dx$

$$e^{-x} = 1 - \frac{x}{1!} + \frac{x^2}{2!} - \frac{x^3}{3!} + - \dots$$

$$\frac{e^{-x}}{x} = \frac{1}{x} - 1 + \frac{x}{2!} - \frac{x^2}{3!} + - \dots$$

$$\int \frac{e^{-x}}{x}\,dx = \underline{\underline{\ln|x| - x + \frac{x^2}{2\cdot 2!} - \frac{x^3}{3\cdot 3!} + - \dots + c}}$$

für $x \neq 0$

8. $\int \frac{\ln|1-x|}{x}\,dx$

$$\ln|1-x| = -x - \frac{x^2}{2} - \frac{x^3}{3} - \frac{x^4}{4} - \dots$$

$$\frac{\ln|1-x|}{x} = -1 - \frac{x}{2} - \frac{x^2}{3} - \frac{x^3}{4} - \dots$$

$$\int \frac{\ln|1-x|}{x}\,dx = \underline{\underline{-x - \frac{x^2}{2^2} - \frac{x^3}{3^2} - \frac{x^4}{4^2} - \dots + c}}$$

für $-1 \leq x < 1$

9. $\int \sin x\,dx$

Man setzt $c_1 = c - 1$.

$$\sin x = \frac{x}{1!} - \frac{x^3}{3!} + \frac{x^5}{5!} - \frac{x^7}{7!} + - \dots$$

$$\int \sin x\,dx = \frac{x^2}{2\cdot 1!} - \frac{x^4}{4\cdot 3!} + \frac{x^6}{6\cdot 5!} - \frac{x^8}{8\cdot 7!} + - \dots + c_1$$

$$= \underline{\underline{c - 1 + \frac{x^2}{2!} - \frac{x^4}{4!} + \frac{x^6}{6!} - \frac{x^8}{8!} + - \dots}}$$

$$= c - \left[1 - \frac{x^2}{2!} + \frac{x^4}{4!} - \frac{x^6}{6!} + \frac{x^8}{8!} - + \dots\right]$$

$$= \underline{\underline{c - \cos x}}$$

10. $\int \cos x\,dx$

Dieses Integral ist in Kap. 2.7, Band 4, gelöst worden.

$$\int \cos x\,dx = \underline{\underline{c + x - \frac{x^3}{3!} + \frac{x^5}{5!} - \frac{x^7}{7!} + - \dots}}$$

$$= \underline{\underline{c + \sin x}}$$

11. $\int \frac{e^{-ix}}{x}\,dx$

$$e^z = 1 + \frac{z}{1!} + \frac{z^2}{2!} + \frac{z^3}{3!} + \frac{z^4}{4!} + \dots$$

$$z = -ix; \quad i^2 = -1$$

$$\Rightarrow e^{-ix} = 1 - \frac{ix}{1!} - \frac{x^2}{2!} + \frac{ix^3}{3!} + \frac{x^4}{4!} - - + + \dots$$

$$\frac{e^{-ix}}{x} = \frac{1}{x} - i - \frac{x}{2!} + \frac{ix^2}{3!} + \frac{x^3}{4!} - - + + \dots$$

$$\int \frac{e^{-ix}}{x}\,dx =$$

$$= \ln|x| - \frac{ix}{1\cdot 1!} - \frac{x^2}{2\cdot 2!} + \frac{ix^3}{3\cdot 3!} + \frac{x^4}{4\cdot 4!} - - + + \dots + c$$

für $x \neq 0$

12. $\int \frac{a^x}{x}\,dx$

$$a^x = 1 + \frac{x\cdot\ln a}{1!} + \frac{(x\cdot\ln a)^2}{2!} + \frac{(x\cdot\ln a)^3}{3!} + \cdots$$

$$\frac{a^x}{x} = \frac{1}{x} + \frac{\ln a}{1!} + \frac{x\cdot\ln^2 a}{2!} + \frac{x^2\cdot\ln^3 a}{3!} + \cdots$$

$$\int \frac{a^x}{x}\,dx = \ln|x| + \frac{x\cdot\ln a}{1\cdot 1!} + \frac{(x\cdot\ln a)^2}{2\cdot 2!} +$$

$$+ \frac{(x\cdot\ln a)^3}{3\cdot 3!} + \dots + c$$

für $x \neq 0$

13. $\int \frac{\tan x}{x}\,dx$

$$\tan x = x + \frac{1}{3}x^3 + \frac{2}{15}x^5 + \frac{17}{315}x^7 + \dots$$

$$\frac{\tan x}{x} = 1 + \frac{1}{3}x^2 + \frac{2}{15}x^4 + \frac{17}{315}x^6 + \dots$$

$$\int \frac{\tan x}{x}\,dx = x + \frac{1}{9}x^3 + \frac{2}{75}x^5 + \frac{17}{2205}x^7 + \dots + c$$

für $|x| < \frac{\pi}{2}$

14. $\int \frac{dz}{\sqrt{1+z^4}}$

Zunächst wird der Integrand mittels der Binomialreihe in eine Potenzreihe entwickelt, die dann gliedweise integriert wird.

$$\frac{1}{\sqrt{1+z^4}}=(1+z^4)^{-\frac{1}{2}}$$

$$=1+\binom{-\frac{1}{2}}{1}z^4+\binom{-\frac{1}{2}}{2}z^8+\binom{-\frac{1}{2}}{3}z^{12}+\dots$$

$$=1-\frac{1}{2}z^4+\frac{1\cdot 3}{2\cdot 4}z^8-\frac{1\cdot 3\cdot 5}{2\cdot 4\cdot 6}z^{12}+-\dots$$

$$\int \frac{dz}{\sqrt{1+z^4}}=$$

$$=z-\frac{1}{2}\cdot\frac{z^5}{5}+\frac{1\cdot 3}{2\cdot 4}\cdot\frac{z^9}{9}-\frac{1\cdot 3\cdot 5}{2\cdot 4\cdot 6}\cdot\frac{z^{13}}{13}+-\dots+c$$

für $|z|<1$

15. $\int \frac{dz}{\sqrt{1-z^3}}$

Man entwickelt zunächst den Integranden mittels der Binomialreihe in eine Potenzreihe, die dann gliedweise integriert wird.

$$\frac{1}{\sqrt{1-z^3}}=(1-z^3)^{-\frac{1}{2}}$$

$$=1-\binom{-\frac{1}{2}}{1}z^3+\binom{-\frac{1}{2}}{2}z^6-\binom{-\frac{1}{2}}{3}z^9+-\dots$$

$$=1+\frac{1}{2}z^3+\frac{1\cdot 3}{2\cdot 4}z^6+\frac{1\cdot 3\cdot 5}{2\cdot 4\cdot 6}z^9+\dots$$

$$\int \frac{dz}{\sqrt{1-z^3}}=$$

$$=z+\frac{1}{2}\cdot\frac{z^4}{4}+\frac{1\cdot 3}{2\cdot 4}\cdot\frac{z^7}{7}+\frac{1\cdot 3\cdot 5}{2\cdot 4\cdot 6}\cdot\frac{z^{10}}{10}+\dots+c$$

für $|z|<1$

16. $\int \sqrt[3]{1+x^5}\,dx$

Man entwickelt zunächst den Integranden mittels der Binomialreihe in eine Potenzreihe, die dann gliedweise integriert wird.

$$\sqrt[3]{1+x^5}=(1+x^5)^{\frac{1}{3}}$$

$$=1+\binom{\frac{1}{3}}{1}x^5+\binom{\frac{1}{3}}{2}x^{10}+\binom{\frac{1}{3}}{3}x^{15}+\dots$$

$$=1+\frac{1}{3}x^5-\frac{1\cdot 2}{3\cdot 6}x^{10}+\frac{1\cdot 2\cdot 5}{3\cdot 6\cdot 9}x^{15}-+\dots$$

$$\int \sqrt[3]{1+x^5}\,dx=$$

$$=x+\frac{1}{3}\cdot\frac{x^6}{6}-\frac{1\cdot 2}{3\cdot 6}\cdot\frac{x^{11}}{11}+\frac{1\cdot 2\cdot 5}{3\cdot 6\cdot 9}\cdot\frac{x^{16}}{16}-+\dots+c$$

für $|x|\leq 1$

17. Zunächst wird der Integrand mittels der Binomialreihe in eine Potenzreihe entwickelt.

Multiplikation der vorgegebenen Integralgleichung mit (-1) und gliedweise Integration ergeben die gesuchte Potenzreihe, wenn die Integrationskonstante c z.B. mit Hilfe der Beziehung $\ln(1-0)=0$ bestimmt wird.

$$\frac{1}{1-x}=(1-x)^{-1}$$

$$=1-\binom{-1}{1}x+\binom{-1}{2}x^2-\binom{-1}{3}x^3+-\ldots$$

$$=1+x+x^2+x^3+\ldots$$

$$-\ln|1-x|=\int\frac{\mathrm{d}x}{1-x} \quad \|\cdot(-1)$$

$$\ln|1-x|=-\int\frac{\mathrm{d}x}{1-x}$$

$$=-\int(1+x+x^2+x^3+\ldots)\,\mathrm{d}x$$

$$=-x-\frac{1}{2}x^2-\frac{1}{3}x^3-\frac{1}{4}x^4-\ldots+c$$

$x=0$

$$\ln(1-0)=\ln 1$$

$$=0$$

$$=+c \Rightarrow c=0$$

$$\ln|1-x|=-x-\frac{x^2}{2}-\frac{x^3}{3}-\frac{x^4}{4}-\ldots$$

für $-1\leq x<1$

18. $f(x)=\operatorname{Arcsin} x$

Man entwickelt die 1. Ableitung mittels der Binomialreihe in eine Potenzreihe, die dann gliedweise integriert wird.

Die Integrationskonstante c wird hier z.B. aus der bekannten Beziehung $\operatorname{Arcsin} 0=0$ ermittelt.

$$f'(x)=\frac{1}{\sqrt{1-x^2}}$$

$$=(1-x^2)^{-\frac{1}{2}}$$

$$=1-\binom{-\frac{1}{2}}{1}x^2+\binom{-\frac{1}{2}}{2}x^4-\binom{-\frac{1}{2}}{3}x^6+-\ldots$$

$$=1+\frac{1}{2}x^2+\frac{1\cdot 3}{2\cdot 4}x^4+\frac{1\cdot 3\cdot 5}{2\cdot 4\cdot 6}x^6+\ldots$$

$$f(x)=\int f'(x)\,\mathrm{d}x$$

$$=x+\frac{1}{2}\cdot\frac{x^3}{3}+\frac{1\cdot 3}{2\cdot 4}\cdot\frac{x^5}{5}+\frac{1\cdot 3\cdot 5}{2\cdot 4\cdot 6}\cdot\frac{x^7}{7}+\ldots+c$$

$\text{Arcsin } 0 = 0 = c$

$$\text{Arcsin } x = x + \frac{1}{1\cdot 3}x^3 + \frac{1\cdot 3}{2\cdot 4\cdot 5}x^5 + \frac{1\cdot 3\cdot 5}{2\cdot 4\cdot 6\cdot 7}x^7 + \ldots$$

für $|x| < 1$

19. $f(x) = \text{Arsinh } x$

Man entwickelt die erste Ableitung mittels der Binomialreihe in eine Potenzreihe, die dann gliedweise integriert wird.

Die Integrationskonstante c läßt sich aus der Beziehung Arsinh $0 = 0$ ermitteln.

$$f'(x) = \frac{1}{\sqrt{1+x^2}}$$

$$= (1+x^2)^{-\frac{1}{2}}$$

$$= 1 + \binom{-\frac{1}{2}}{1}x^2 + \binom{-\frac{1}{2}}{2}x^4 + \binom{-\frac{1}{2}}{3}x^6 + \ldots$$

$$= 1 - \frac{1}{2}x^2 + \frac{1\cdot 3}{2\cdot 4}x^4 - \frac{1\cdot 3\cdot 5}{2\cdot 4\cdot 6}x^6 + - \ldots$$

$$f(x) = \int f'(x)\,\mathrm{d}x$$

$$= x - \frac{1}{2}\cdot\frac{x^3}{3} + \frac{1\cdot 3}{2\cdot 4}\cdot\frac{x^5}{5} - \frac{1\cdot 3\cdot 5}{2\cdot 4\cdot 6}\cdot\frac{x^7}{7} + - \ldots + c$$

$\text{Arsinh } 0 = 0 = c$

$$\text{Arsinh } x = x - \frac{1}{2\cdot 3}x^3 + \frac{1\cdot 3}{2\cdot 4\cdot 5}x^5 - \frac{1\cdot 3\cdot 5}{2\cdot 4\cdot 6\cdot 7}x^7 + - \ldots$$

für $|x| < 1$

20. $f(x) = \text{Arccos } x$

Man entwickelt die 1. Ableitung mittels der Binomialreihe in eine Potenzreihe, die dAnn gliedweise integriert wird.

Die Integrationskonstante c ermittelt man zweckmäßigerweise aus der Beziehung Arccos $0 = \frac{\pi}{2}$.

$$f'(x) = -\frac{1}{\sqrt{1-x^2}}$$

$$= -(1-x^2)^{-\frac{1}{2}}$$

$$= -\left[1 - \binom{-\frac{1}{2}}{1}x^2 + \binom{-\frac{1}{2}}{2}x^4 - \binom{-\frac{1}{2}}{3}x^6 + - \ldots\right]$$

$$= -1 - \frac{1}{2}x^2 - \frac{1\cdot 3}{2\cdot 4}x^4 - \frac{1\cdot 3\cdot 5}{2\cdot 4\cdot 6}x^6 - \ldots$$

$$f(x) = \int f'(x)\,\mathrm{d}x$$

$$= -x - \frac{1}{2}\cdot\frac{x^3}{3} - \frac{1\cdot 3}{2\cdot 4}\cdot\frac{x^5}{5} - \frac{1\cdot 3\cdot 5}{2\cdot 4\cdot 6}\cdot\frac{x^7}{7} - \ldots + c$$

$$\text{Arccos } 0 = \frac{\pi}{2} = c$$

$$\text{Arccos } x = \frac{\pi}{2} - \left[x + \frac{1}{2 \cdot 3} x^3 + \frac{1 \cdot 3}{2 \cdot 4 \cdot 5} x^5 + \right.$$

$$\left. + \frac{1 \cdot 3 \cdot 5}{2 \cdot 4 \cdot 6 \cdot 7} x^7 + \ldots \right]$$

oder:

$$= \frac{\pi}{2} - \text{Arcsin } x \qquad \text{für } |x| < 1$$

21. $f(x) = \text{Artanh } x$

Man entwickelt die 1. Ableitung mittels der Binomialreihe in eine Potenzreihe, die dann gliedweise integriert wird.

Die Integrationskonstante c ermittelt man aus der bekannten Beziehung Artanh $0 = 0$.

$$f'(x) = \frac{1}{1 - x^2}$$

$$= (1 - x^2)^{-1}$$

$$= 1 - \binom{-1}{1} x^2 + \binom{-1}{2} x^4 - \binom{-1}{3} x^6 + - \cdots$$

$$= 1 + x^2 + x^4 + x^6 + \ldots$$

$$f(x) = \int f'(x)\,\mathrm{d}x$$

$$= x + \frac{x^3}{3} + \frac{x^5}{5} + \frac{x^7}{7} + \ldots + c$$

$$\text{Artanh } 0 = 0 = c$$

$$\text{Artanh } x = x + \frac{x^3}{3} + \frac{x^5}{5} + \frac{x^7}{7} + \ldots \qquad \text{für } |x| < 1$$

3. Anwendungen der Integralrechnung

3.1 Flächeninhalt ebener Flächen

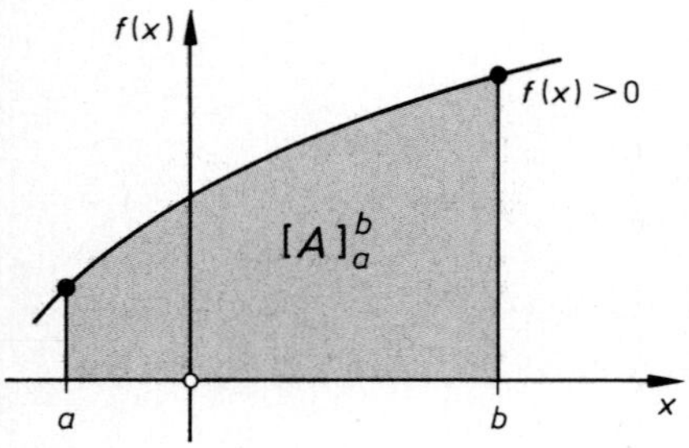

$$[A]_a^b = \int_a^b f(x)\,\mathrm{d}x = [F(x)]_a^b = F(b) - F(a)$$

1. $\int_0^4 2\,\mathrm{d}x$

$$A = \int_0^4 2\,\mathrm{d}x$$
$$= 2[x]_0^4$$
$$\mathrel{\widehat{=}} \underline{\underline{8\,E^2}}$$

2. $\int_{-2}^{3} (x^2+1)\,\mathrm{d}x$

$$A = \int_{-2}^{3} (x^2+1)\,\mathrm{d}x$$
$$= \left[\frac{x^3}{3} + x\right]_{-2}^{3}$$
$$\mathrel{\widehat{=}} \underline{\underline{\frac{50}{3}\,E^2}}$$

3. $\int_{-2}^{2} \frac{4x^2}{5}\,\mathrm{d}x$

Die Nullstelle bei $x=0$ stört hier nicht, da der Integrand beiderseits positiv bleibt.

$$A = \int_{-2}^{2} \frac{4x^2}{5}\,\mathrm{d}x$$
$$= \frac{4}{15}\,[x^3]_{-2}^{2}$$
$$\mathrel{\widehat{=}} \underline{\underline{\frac{64}{15}\,E^2}}$$

4. $\int_{-8}^{5} (x^3+4)\,dx$

Die Funktion $y=x^3+4$ besitzt im Integrationsbereich bei $x_0=-\sqrt[3]{4}$ eine Nullstelle.

Nullstellenbestimmung:

$x^3+4=0 \Rightarrow x_0=-\sqrt[3]{4}$

$$\int_{-8}^{5} (x^3+4)\,dx = \int_{-8}^{-\sqrt[3]{4}} (x^3+4)\,dx + \int_{-\sqrt[3]{4}}^{5} (x^3+4)\,dx$$

$$= \quad I_1 \quad + \quad I_2$$

$$I_1 = \left[\frac{x^4}{4}+4x\right]_{-8}^{-\sqrt[3]{4}}$$

$$= \sqrt[3]{4} - 4\sqrt[3]{4} - 1024 + 32$$

$$\triangleq \underline{\underline{-(992+3\sqrt[3]{4})\ E^2}}$$

$$I_2 = \left[\frac{x^4}{4}+4x\right]_{-\sqrt[3]{4}}^{5}$$

$$= \frac{625}{4} + 20 - \sqrt[3]{4} + 4\sqrt[3]{4}$$

$$\triangleq \underline{\underline{(176{,}25+3\sqrt[3]{4})\ E^2}}$$

$$A = |I_1| + |I_2|$$

$$= 992 + 3\sqrt[3]{4} + 176{,}25 + 3\sqrt[3]{4}$$

$$\triangleq (1168{,}25 + 6\sqrt[3]{4})E^2$$

$$\triangleq \underline{\underline{1177{,}77\,E^2}}$$

5. $\int_{-2}^{3} (t^2-t-1)\,dt$

Der Integrand besitzt zwei Nullstellen im Integrationsbereich.

Nullstellenbestimmung:

$$t^2-t-1=0 \Rightarrow t_{1;2} = \frac{1}{2} \pm \sqrt{\frac{1}{4}+1}$$

$$= \frac{1}{2} \pm \frac{1}{2}\sqrt{5}$$

$$t_1 = \frac{1}{2} + \frac{1}{2}\sqrt{5}; \quad t_2 = \frac{1}{2} - \frac{1}{2}\sqrt{5}$$

Abkürzung: $f(t)=t^2-t-1$

$$\int_{-2}^{3} f(t)\,dt = \int_{-2}^{t_2} f(t)\,dt + \int_{t_2}^{t_1} f(t)\,dt + \int_{t_1}^{3} f(t)\,dt$$

$$= \quad I_1 \quad + \quad I_2 \quad + \quad I_3$$

3.1

$$I_1 = \left[\frac{t^3}{3} - \frac{t^2}{2} - t\right]_{-2}^{\frac{1}{2}-\frac{1}{2}\sqrt{5}}$$

$$= \frac{2-\sqrt{5}}{3} - \frac{3-\sqrt{5}}{4} - \frac{1-\sqrt{5}}{2} + \frac{8}{3} + 2 - 2$$

$$= \frac{25}{12} + \frac{5}{12}\sqrt{5}$$

$$\mathrel{\hat{=}} \underline{\underline{\frac{5}{12}(5+\sqrt{5})E^2}}$$

$$I_2 = \left[\frac{t^2}{3} - \frac{t^2}{2} - t\right]_{\frac{1}{2}-\frac{1}{2}\sqrt{5}}^{\frac{1}{2}+\frac{1}{2}\sqrt{5}}$$

$$= \frac{2+\sqrt{5}}{3} - \frac{3+\sqrt{5}}{4} - \frac{1+\sqrt{5}}{2} -$$

$$- \frac{2-\sqrt{5}}{3} + \frac{3-\sqrt{5}}{4} + \frac{1-\sqrt{5}}{2}$$

$$\mathrel{\hat{=}} \underline{\underline{-\frac{5}{6}\sqrt{5}\,E^2}}$$

$$I_3 = \left[\frac{t^3}{3} - \frac{t^2}{2} - t\right]_{\frac{1}{2}+\frac{1}{2}\sqrt{5}}^{3}$$

$$= 9 - \frac{9}{2} - 3 - \frac{2+\sqrt{5}}{3} + \frac{3+\sqrt{5}}{4} + \frac{1+\sqrt{5}}{2}$$

$$= \frac{25}{12} + \frac{5}{12}\sqrt{5}$$

$$\mathrel{\hat{=}} \underline{\underline{\frac{5}{12}(5+\sqrt{5})E^2}}$$

$$A = |I_1| + |I_2| + |I_3|$$

$$\mathrel{\hat{=}} \underline{\underline{\frac{5}{6}(5+2\sqrt{5})E^2}}$$

$$\mathrel{\hat{=}} \underline{\underline{7{,}894\,E^2}}$$

6. $\int\limits_2^4 \frac{1}{3x}\,dx$

$$A=\int\limits_2^4 \frac{1}{3x}\,dx$$
$$=\frac{1}{3}\int\limits_2^4 \frac{dx}{x}$$
$$=\frac{1}{3}\,[\ln|x|]_2^4$$
$$=\frac{1}{3}\,(\ln 4-\ln 2)$$
$$=\frac{1}{3}\ln\frac{4}{2}$$
$$\mathrel{\widehat{=}}\underline{\underline{\frac{1}{3}\ln 2\,E^2}}$$
$$\mathrel{\widehat{=}}\underline{\underline{0{,}2311\,E^2}}$$

7. $\int\limits_0^5 \sqrt{5x}\,dx$

$$A=\sqrt{5}\int\limits_0^5 \sqrt{x}\,dx$$
$$=\sqrt{5}\cdot\frac{2}{3}\,[x\sqrt{x}]_0^5$$
$$\mathrel{\widehat{=}}\underline{\underline{\frac{50}{3}\,E^2}}$$

8. $\int\limits_{-5}^3 (x^4-2x^2)\,dx$

An der Stelle $x=0$ wird die x-Achse nur berührt.

Nullstellenbestimmung:

$$f(x)=x^4-2x^2$$
$$=x^2(x^2-2)$$
$$=x^2(x+\sqrt{2})(x-\sqrt{2})$$
$$\Rightarrow x_{0;1}=0;\quad x_2=-\sqrt{2};\quad x_3=\sqrt{2}$$

$$\int\limits_{-5}^3 f(x)\,dx=\int\limits_{-5}^{-\sqrt{2}} f(x)\,dx+\int\limits_{-\sqrt{2}}^{\sqrt{2}} f(x)\,dx+\int\limits_{\sqrt{2}}^3 f(x)\,dx$$
$$= \quad I_1 \quad + \quad I_2 \quad + \quad I_3$$

3.1

$$I_1 = \left[\frac{x^5}{5} - \frac{2x^3}{3}\right]_{-5}^{-\sqrt{2}}$$

$$= -\frac{4\sqrt{2}}{5} + \frac{4\sqrt{2}}{3} + 625 - \frac{250}{3}$$

$$= \frac{8\sqrt{2}}{15} + \frac{1625}{3}$$

$$\mathrel{\hat=} \underline{\underline{\frac{1}{3}\left(\frac{8}{5}\sqrt{2} + 1625\right)E^2}}$$

$$I_2 = \left[\frac{x^5}{5} - \frac{2x^3}{3}\right]_{-\sqrt{2}}^{\sqrt{2}}$$

$$= \frac{4\sqrt{2}}{5} - \frac{4\sqrt{2}}{3} + \frac{4\sqrt{2}}{5} - \frac{4\sqrt{2}}{3}$$

$$\mathrel{\hat=} \underline{\underline{-\frac{16}{15}\sqrt{2}E^2}}$$

$$I_3 = \left[\frac{x^5}{5} - \frac{2x^3}{3}\right]_{\sqrt{2}}^{3}$$

$$= \frac{243}{5} - 18 - \frac{4\sqrt{2}}{5} + \frac{4\sqrt{2}}{3}$$

$$= \frac{153}{5} + \frac{8}{15}\sqrt{2}$$

$$\mathrel{\hat=} \underline{\underline{\frac{1}{5}\left(153 + \frac{8}{3}\sqrt{2}\right)E^2}}$$

$$A = |I_1| + |I_2| + |I_3|$$

$$= \frac{1}{3}\left(\frac{8}{5}\sqrt{2} + 1625\right) + \frac{16}{15}\sqrt{2} + \frac{1}{5}\left(153 + \frac{1}{5}\sqrt{2}\right)$$

$$= \frac{32}{15}\sqrt{2} + \frac{1625}{3} + \frac{153}{5}$$

$$\mathrel{\hat=} \underline{\underline{\frac{1}{15}(8584 + 32\sqrt{2})E^2}}$$

$$\mathrel{\hat=} \underline{\underline{575{,}28\,E^2}}$$

9. $\int\limits_0^2 \frac{4}{\sqrt{u}}\,\mathrm{d}u$

Es handelt sich hier um ein uneigentliches Integral.

$$\int \frac{4}{\sqrt{u}}\,\mathrm{d}u = 4\int u^{-\frac{1}{2}}\,\mathrm{d}u$$

$$= 4\cdot\frac{u^{\frac{1}{2}}}{\frac{1}{2}} + c = 8\sqrt{u} + c$$

$$\int\limits_0^2 \frac{4}{\sqrt{u}}\,\mathrm{d}u = \lim_{x\to 0}\int\limits_x^2 \frac{4}{\sqrt{u}}\,\mathrm{d}u$$

$$= \lim_{x\to 0} 8\,[\sqrt{u}]_x^2$$

$$= \lim_{x\to 0} 8\,(\sqrt{2}-\sqrt{x})$$

$$\mathrel{\hat{=}} \underline{\underline{8\sqrt{2}\,E^2}}$$

10. $\int\limits_{-4}^3 (z^3+2z^2-z)\,\mathrm{d}z$

Nullstellenbestimmung:

$$f(z) = z^3+2z^2-z$$

$$= z(z^2+2z-1)$$

$$z^2+2z-1=0 \Rightarrow z_{1;2} = -1\pm\sqrt{1+1}$$

$$= -1\pm\sqrt{2}$$

$$z_0=0;\quad z_1=-1+\sqrt{2};\quad z_2=-1-\sqrt{2}$$

$$\int\limits_{-4}^3 f(z)\,\mathrm{d}z = \int\limits_{-4}^{z_2} f(z)\,\mathrm{d}z + \int\limits_{z_2}^{z_0} f(z)\,\mathrm{d}z + \int\limits_{z_0}^{z_1} f(z)\,\mathrm{d}z + \int\limits_{z_1}^{3} f(z)\,\mathrm{d}z$$

$$= \quad I_1 \quad + \quad I_2 \quad + \quad I_3 \quad + \quad I_4$$

$$I_1 = \left[\frac{z^4}{4}+\frac{2z^3}{3}-\frac{z^2}{2}\right]_{-4}^{-1-\sqrt{2}}$$

$$= \frac{17+12\sqrt{2}}{4} - \frac{14+10\sqrt{2}}{3} - \frac{3+2\sqrt{2}}{2} - $$

$$-64+\frac{128}{3}+8$$

$$= -\frac{183}{12}-\frac{4}{3}\sqrt{2}$$

$$\mathrel{\hat{=}} \underline{\underline{-\frac{1}{12}(183+16\sqrt{2})\,E^2}}$$

$$I_2=\left[\frac{z^4}{4}+\frac{2z^3}{3}-\frac{z^2}{2}\right]_{-1-\sqrt{2}}^{0}$$

$$=0-\frac{17+12\sqrt{2}}{4}+\frac{14+10\sqrt{2}}{3}+\frac{3+2\sqrt{2}}{2}$$

$$=\frac{23}{12}+\frac{4}{3}\sqrt{2}$$

$$\mathrel{\widehat{=}}\frac{1}{12}(23+16\sqrt{2})E^2$$

$$I_3=\left[\frac{z^4}{4}+\frac{2z^3}{3}-\frac{z^2}{2}\right]_{0}^{-1+\sqrt{2}}$$

$$=\frac{17-12\sqrt{2}}{4}+\frac{-14+10\sqrt{2}}{3}-\frac{3-2\sqrt{2}}{2}-0$$

$$=-\frac{23}{12}+\frac{3}{4}\sqrt{2}$$

$$\mathrel{\widehat{=}}-\frac{1}{12}(23-16\sqrt{2})E^2<0$$

$$I_4=\left[\frac{z^4}{4}+\frac{2z^3}{3}-\frac{z^2}{2}\right]_{-1+\sqrt{2}}^{3}$$

$$=\frac{81}{4}+18-\frac{9}{2}-\frac{17-12\sqrt{2}}{4}-\frac{-14+10\sqrt{2}}{3}+\frac{3-2\sqrt{2}}{2}$$

$$\mathrel{\widehat{=}}\frac{1}{12}(428-16\sqrt{2})E^2$$

$$A=|I_1|+|I_2|+|I_3|+|I_4|$$

$$\mathrel{\widehat{=}}\frac{657}{12}E^2$$

$$\mathrel{\widehat{=}}54{,}75\,E^2$$

11. $\int\limits_{-2}^{\sqrt{2}}(4x^2-2x^4)\,\mathrm{d}x$

Bei $x=0$ berührt die Kurve lediglich die x-Achse. Es ist im Integrationsbereich deshalb nur die Nullstelle $x=-\sqrt{2}$ zu beachten.

Nullstellenbestimmung:

$$f(x)=4x^2-2x^4$$

$$=2x^2(2-x^2)$$

$$=2x^2(\sqrt{2}+x)(\sqrt{2}-x)$$

$$\Rightarrow x_{0;1}=0;\quad x_2=-\sqrt{2};\quad x_3=\sqrt{2}$$

$$\int_{-2}^{\sqrt{2}} f(x)\,dx = \int_{-2}^{-\sqrt{2}} f(x)\,dx + \int_{-\sqrt{2}}^{\sqrt{2}} f(x)\,dx$$

$$= \quad I_1 \quad + \quad I_2$$

$$I_1 = \left[\frac{4}{3}x^3 - \frac{2}{5}x^5\right]_{-2}^{-\sqrt{2}}$$

$$= -\frac{8}{3}\sqrt{2} + \frac{8}{5}\sqrt{2} + \frac{32}{3} - \frac{64}{5}$$

$$= -\frac{16}{15}\sqrt{2} - \frac{32}{15}$$

$$\mathrel{\hat{=}} -\frac{16}{15}(2+\sqrt{2})E^2$$

$$I_2 = \left[\frac{4}{3}x^3 - \frac{2}{5}x^5\right]_{-\sqrt{2}}^{\sqrt{2}}$$

$$= \frac{8}{3}\sqrt{2} - \frac{8}{5}\sqrt{2} + \frac{8}{3}\sqrt{2} - \frac{8}{5}\sqrt{2}$$

$$= \frac{32}{15}\sqrt{2}\,E^2$$

$$A = |I_1| + |I_2|$$

$$\mathrel{\hat{=}} \frac{16}{15}(2+3\sqrt{2})E^2$$

$$\mathrel{\hat{=}} 6{,}6588\,E^2$$

12. $\displaystyle\int_{-1}^{5} \frac{x^2-3x-4}{x+2}\,dx$

$$(x^2-3x-4):(x+2) = x-5+\frac{6}{x+2} = f(x)$$

$$\begin{array}{l} x^2+2x \\ \hline \quad -5x-\ \ 4 \\ \quad -5x-10 \\ \hline \qquad\quad 6 \end{array}$$

Der Integrand wird zunächst durch Division umgeformt.

Der Integrand besitzt bei $x=4$ eine Nullstelle im Integrationsbereich.

$$\int_{-1}^{5} f(x)\,dx = \int_{-1}^{4} f(x)\,dx + \int_{4}^{5} f(x)\,dx$$

$$= \quad I_1 \quad + \quad I_2$$

$$I_1=\int_{-1}^{4}\left(x-5+\frac{6}{x+2}\right)\mathrm{d}x$$

$$=\left[\frac{x^2}{2}-5x+6\ \ln\ |x+2|\right]_{-1}^{4}$$

$$=8-20+6\ \ln\ 6-\frac{1}{2}-5-6\ \ln\ 1$$

$$\mathrel{\widehat{=}}\underline{\underline{(-17{,}5+6\ \ln\ 6)E^2}}<0$$

$$I_2=\left[\frac{x^2}{2}-5x+6\ \ln\ |x+2|\right]_{4}^{5}$$

$$=\frac{25}{2}-25+6\ \ln\ 7-8+20-6\ \ln\ 6$$

$$\mathrel{\widehat{=}}\underline{\underline{[-0{,}5+6\ (\ln\ 7-\ln\ 6)]E^2}}>0$$

$$A_1=|I_1|+|I_2|$$

$$=17{,}5-6\ \ln\ 6-0{,}5+6\ (\ln\ 7-\ln\ 6)$$

$$\mathrel{\widehat{=}}\underline{\underline{(17+6\ \ln\ 7-12\ \ln\ 6)E^2}}$$

$$\mathrel{\widehat{=}}\underline{\underline{7{,}174E^2}}$$

13. $\displaystyle\int_{1}^{3}\frac{2x}{1+x^2}\,\mathrm{d}x$

$f(x)=1+x^2 \Rightarrow f'(x)=2x$

$$A=\int_{1}^{3}\frac{2x}{1+x^2}\,\mathrm{d}x$$

$$=\int_{1}^{3}\frac{f'(x)}{f(x)}\,\mathrm{d}x$$

$$=[\ln\ (1+x^2)]_1^3$$

$$=\ln\ 10-\ln\ 2$$

$$=\ln\ \frac{10}{2}$$

$$\mathrel{\widehat{=}}\underline{\underline{\ln\ 5E^2\approx 1{,}609\,E^2}}$$

14. $\int_{-1}^{1} (x^2 \pm \sqrt{2-x^2})\,dx$

Wegen $x^2+\sqrt{2-x^2}>0$ für $|x|\leq 1$ und $x^2-\sqrt{2-x^2}\leq 0$ für $|x|\leq 1$ muß das Integral zur Flächenberechnung zerlegt werden.

Der symmetrische Kurvenverlauf der Integranden erlaubt eine Vereinfachung der Integrale I_1 und I_2.

$\int\sqrt{a^2-x^2}\,dx$ ▶ Kap. 2.4, Band 4

Arcsin $0=0$

$$\int_{-1}^{1} (x^2 \pm \sqrt{2-x^2})\,dx =$$

$$= \int_{-1}^{1} (x^2+\sqrt{2-x^2})\,dx + \int_{-1}^{1} (x^2-\sqrt{2-x^2})\,dx$$

$$= \qquad I_1 \qquad + \qquad I_2$$

$$I_1 = \int_{-1}^{1} (x^2+\sqrt{2-x^2})\,dx$$

$$=2\int_{0}^{1} (x^2+\sqrt{2-x^2})\,dx$$

$$=2\left[\frac{x^3}{3}+\frac{x}{2}\sqrt{2-x^2}+\text{Arcsin}\,\frac{x}{\sqrt{2}}\right]_0^1$$

$$=\frac{2}{3}+1+2\,\text{Arcsin}\,\frac{1}{\sqrt{2}}$$

$$\underline{\underline{\mathrel{\widehat{=}}\left(\frac{5}{3}+2\,\text{Arcsin}\,\frac{\sqrt{2}}{2}\right)E^2}}$$

$$I_2 = \int_{-1}^{1} (x^2-\sqrt{2-x^2})\,dx$$

$$=2\int_{0}^{1} (x^2-\sqrt{2-x^2})\,dx$$

$$=2\left[\frac{x^3}{3}-\frac{x}{2}\sqrt{2-x^2}-\text{Arcsin}\,\frac{x}{\sqrt{2}}\right]_0^1$$

$$=\frac{2}{3}-1-2\,\text{Arcsin}\,\frac{1}{\sqrt{2}}$$

$$\underline{\underline{\mathrel{\widehat{=}}-\left(\frac{1}{3}+2\,\text{Arcsin}\,\frac{\sqrt{2}}{2}\right)E^2}}$$

$$A = |I_1| + |I_2|$$

$$= \frac{5}{3} + 2\ \text{Arcsin}\ \frac{\sqrt{2}}{2} + \frac{1}{3} + 2\ \text{Arcsin}\ \frac{\sqrt{2}}{2}$$

$$= 2\left(1 + 2\ \text{Arcsin}\ \frac{\sqrt{2}}{2}\right)$$

$\text{Arcsin}\ \frac{\sqrt{2}}{2} = \frac{\pi}{4}$

$$= 2\left(1 + \frac{\pi}{2}\right)$$

$$\mathrel{\hat{=}} \underline{\underline{(2+\pi)E^2}} \approx \underline{\underline{5{,}1416\,E^2}}$$

15. $\int\limits_{1,5}^{4} \frac{x-2}{x-1}\,\mathrm{d}x$

Der Integrand besitzt bei $x = 2$ eine Nullstelle im Integrationsbereich.

$$(x-2):(x-1) = 1 - \frac{1}{x-1}$$
$$\underline{x-1}$$
$$-1$$

$$\int\limits_{1,5}^{4} \frac{x-2}{x-1}\,\mathrm{d}x = \int\limits_{1,5}^{4} \left(1 - \frac{1}{x-1}\right)\mathrm{d}x$$

$$= \int\limits_{1,5}^{2} \left(1 - \frac{1}{x-1}\right)\mathrm{d}x + \int\limits_{2}^{4} \left(1 - \frac{1}{x-1}\right)\mathrm{d}x$$

$$= \qquad I_1 \qquad + \qquad I_2$$

$$I_1 = [x - \ln|x-1|]_{1,5}^{2}$$

$\ln 1 = 0; \quad \ln 0{,}5 = -\ln 2$

$$= 2 - \ln 1 - 1{,}5 + \ln 0{,}5$$

$$\mathrel{\hat{=}} \underline{\underline{(0{,}5 - \ln 2)E^2}} < 0$$

$$I_2 = [x - \ln|x-1|]_{2}^{4}$$

$$= 4 - \ln 3 - 2 + \ln 1$$

$$\mathrel{\hat{=}} \underline{\underline{(2 - \ln 3)E^2}}$$

$$A = |I_1| + |I_2|$$

$$= -0{,}5 + \ln 2 + 2 - \ln 3$$

$$\mathrel{\hat{=}} \underline{\underline{\left(1{,}5 + \ln\frac{2}{3}\right)E^2}}$$

$$\mathrel{\hat{=}} \underline{\underline{1{,}094\,E^2}}$$

16. $\int_{-2}^{3} \sqrt{2+x}\,dx$

Substitution:

$z=2+x; \quad dx=dz$

$$\int_{-2}^{3} \sqrt{2+x}\,dx = \int_{-2}^{3} \sqrt{z}\,dz$$

$$= \int_{-2}^{3} z^{\frac{1}{2}}\,dz$$

$$= \frac{2}{3} z^{\frac{3}{2}} + c$$

$$= \frac{2}{3}(2+x)\sqrt{2+x} + c$$

$$A = \frac{2}{3}\left[(2+x)\sqrt{2+x}\right]_{-2}^{3}$$

$$= \frac{2}{3}\cdot 5 \cdot \sqrt{5} - 0$$

$$\mathrel{\hat=} \frac{10}{3}\sqrt{5}\,E^2 \mathrel{\hat=} 7{,}4537\,E^2$$

17. $\int_{-2}^{\sqrt{6}} 3\sqrt{6-x^2}\,dx$

$\int \sqrt{a^2-x^2}\,dx$ ▶ Kap. 2.4, Band 4

Arcsin $1 = \frac{\pi}{2}$

Arcsin $(-x) = -$Arcsin x

$$A = 3\int_{-2}^{\sqrt{6}} \sqrt{6-x^2}\,dx$$

$$= 3\left[\frac{x}{2}\sqrt{6-x^2} + 3 \text{ Arcsin } \frac{x}{\sqrt{6}}\right]_{-2}^{\sqrt{6}}$$

$$= 3\left[0 + 3 \text{ Arcsin } 1 + \sqrt{2} - 3 \text{ Arcsin } \frac{-2}{\sqrt{6}}\right]$$

$$= 3\left[\frac{3\pi}{2} + \sqrt{2} - 3 \text{ Arcsin }\left(-\frac{\sqrt{6}}{3}\right)\right]$$

$$\mathrel{\hat=} 3\left[\frac{3\pi}{2} + \sqrt{2} + 3 \text{ Arcsin } \frac{\sqrt{6}}{3}\right] E^2$$

$$\mathrel{\hat=} 26{,}98\,E^2$$

3.1

18. $\int_0^3 \frac{2}{3}\sqrt{9-x^2}\,dx$

$\int\sqrt{a^2-x^2}\,dx$ ▶ Kap. 2.4, Band 4

Arcsin $0=0$; Arcsin $1=\frac{\pi}{2}$

$$A=\frac{2}{3}\int_0^3\sqrt{9-x^2}\,dx$$

$$=\frac{2}{3}\left[\frac{x}{2}\sqrt{9-x^2}+\frac{9}{2}\text{Arcsin}\frac{x}{3}\right]_0^3$$

$$=3\text{ Arcsin }1$$

$$\hat{=}\underline{\underline{\frac{3}{2}\pi E^2}}$$

19. $\int_5^6\sqrt{x^2+9}\,dx$

$\int\sqrt{x^2+a^2}\,dx$ ▶ Kap. 2.4, Band 4

$$A=\int_5^6\sqrt{x^2+9}\,dx$$

$$=\left[\frac{x}{2}\sqrt{x^2+9}+\frac{9}{2}\ln|x+\sqrt{x^2+9}|\right]_5^6$$

$$=3\sqrt{45}+\frac{9}{2}\ln(6+\sqrt{45})-$$

$$-\frac{5}{2}\sqrt{34}-\frac{9}{2}\ln(5+\sqrt{34})$$

$$\hat{=}\left[9\sqrt{5}-\frac{5}{2}\sqrt{34}+\frac{9}{2}\ln\frac{6+3\sqrt{5}}{5+\sqrt{34}}\right]E^2$$

$$\hat{=}\underline{\underline{6{,}268\,E^2}}$$

20. $\int_0^4\sqrt{x^3}\,dx$

$$A=\int_0^4\sqrt{x^3}\,dx$$

$$=\int_0^4 x^{\frac{3}{2}}\,dx$$

$$=\left[\frac{2}{5}x^2\cdot\sqrt{x}\right]_0^4$$

$$\hat{=}\underline{\underline{\frac{64}{5}E^2}}$$

21. $\int_{-2}^{4} \sqrt{x^2 - x - 4}\,dx$

$$\sqrt{x^2-x-4}=\sqrt{x^2-x+\frac{1}{4}-\frac{1}{4}-4}$$
$$=\sqrt{\left(x-\frac{1}{2}\right)^2-\frac{17}{4}}$$

Substitution:

$z = x - \frac{1}{2}$; $dx = dz$

$\int \sqrt{z^2 - a^2}\,dz$ ▶ Kap. 2.4, Band 4

$$I=\int\sqrt{\left(x-\frac{1}{2}\right)^2-\frac{17}{4}}\,dx$$
$$=\int\sqrt{z^2-\frac{17}{4}}\,dz$$
$$=\frac{z}{2}\sqrt{z^2-\frac{17}{4}}-\frac{17}{8}\ln\left|z+\sqrt{z^2-\frac{17}{4}}\right|+c$$
$$=\frac{1}{2}\left(x-\frac{1}{2}\right)\sqrt{x^2-x-4}-$$
$$-\frac{17}{8}\ln\left|x-\frac{1}{2}+\sqrt{x^2-x-4}\right|+c$$

$$A=\left[\frac{1}{2}\left(x-\frac{1}{2}\right)\sqrt{x^2-x-4}-\right.$$
$$\left.-\frac{17}{8}\ln\left|x-\frac{1}{2}+\sqrt{x^2-x-4}\right|\right]_{-2}^{4}$$
$$=\frac{1}{2}\cdot\frac{7}{2}\sqrt{8}-\frac{17}{8}\ln\left|\frac{7}{2}+\sqrt{8}\right|-$$
$$-\frac{1}{2}\left(-\frac{5}{2}\right)\sqrt{2}+\frac{17}{8}\ln\left|-\frac{5}{2}+\sqrt{2}\right|$$
$$=\frac{7}{2}\sqrt{2}+\frac{5}{4}\sqrt{2}+\frac{17}{8}\ln\left|\frac{\sqrt{2}-\frac{5}{2}}{\frac{7}{2}+\sqrt{8}}\right|$$
$$\mathrel{\hat=}\left(\frac{19}{4}\sqrt{2}+\frac{17}{8}\ln\left|\frac{\sqrt{2}-2{,}5}{3{,}5+\sqrt{8}}\right|\right)E^2$$
$$\mathrel{\hat=}\underline{\underline{2{,}971\,E^2}}$$

22. $\int_1^4 \sqrt{12x}\,dx$

$$A=\sqrt{12}\int_1^4 \sqrt{x}\,dx$$
$$=2\sqrt{3}\cdot\frac{2}{3}\left[x\cdot\sqrt{x}\right]_1^4$$
$$=\frac{4}{3}\sqrt{3}(8-1)$$
$$\hat{=}\frac{28}{3}\sqrt{3}E^2\approx 16{,}166E^2$$

23. $\int_0^1 \frac{1}{1+x^2}\,dx$

Arctan $1=\frac{\pi}{4}$; Arctan $0=0$

$$A=\int_0^1 \frac{1}{1+x^2}\,dx$$
$$=[\text{Arctan } x]_0^1$$
$$=\text{Arctan } 1-\text{Arctan } 0$$
$$\hat{=}\frac{\pi}{4}E^2$$

24. $\int_{0,5}^1 \frac{1}{\sqrt{1-x^2}}\,dx$

Es handelt sich hier um ein uneigentliches Integral.

Arcsin $1=\frac{\pi}{2}$; Arcsin $0{,}5=\frac{\pi}{6}$

$$A=\lim_{z\to 1}\int_{0,5}^z \frac{dx}{\sqrt{1-x^2}}$$
$$=\lim_{z\to 1}[\text{Arcsin } x]_{0,5}^z$$
$$=\lim_{z\to 1}(\text{Arcsin } z-\text{Arcsin } 0{,}5)$$
$$=\frac{\pi}{2}-\frac{\pi}{6}$$
$$\hat{=}\frac{\pi}{3}E^2$$

25. $\int_{-4}^4 e^{-\frac{1}{x^2}}\,dx$

$$\int_{-4}^4 e^{-\frac{1}{x^2}}\,dx=2\cdot\int_0^4 e^{-\frac{1}{x^2}}\,dx$$

Dieses Integral ist nicht geschlossen lösbar. Es wird deshalb näherungsweise mit der Simpsonschen Regel bestimmt. Zunächst vereinfacht man wegen des symmetrischen Kurvenverlaufs von $y=e^{-\frac{1}{x^2}}$ noch das Integral.

Berechnungstabelle für $y=e^{-\frac{1}{x^2}}$:

x	x^2	$\frac{1}{x^2}$	y
0	0	∞	0
0,5	0,250	4,000	0,018
1	1,000	1,000	0,368
1,5	2,250	0,444	0,641
2	4,000	0,250	0,779
2,5	6,250	0,160	0,852
3	9,000	0,111	0,895
3,5	12,250	0,082	0,921
4	16,000	0,063	0,939

$x_0=0;\quad x_n=4;\quad n=8;\quad b=0{,}5$

Simpsonsche Regel:

$$\int_{x_0}^{x_n} f(x)\,\mathrm{d}x \approx$$

$$\approx \frac{b}{3}(y_0+4y_1+2y_2+\cdots+y_n)$$

$$\int_0^4 e^{-\frac{1}{x^2}}\,\mathrm{d}x \approx$$

$$\approx \frac{0{,}5}{3}(0+0{,}072+0{,}736+2{,}564+1{,}558+$$

$$+3{,}408+1{,}790+3{,}684+0{,}939)$$

$$\mathrel{\widehat{=}} 2{,}46\,E^2$$

$$\Rightarrow A \mathrel{\widehat{=}} \underline{\underline{4{,}92\,E^2}}$$

26. $\int_{0,5}^{4} \ln|x|\,\mathrm{d}x$

Nullstelle im Integrationsbereich:

$x_0=1$

$\ln\frac{1}{2}=-\ln 2$

$$\int_{0,5}^{4} \ln|x|\,\mathrm{d}x = \int_{0,5}^{1} \ln|x|\,\mathrm{d}x + \int_{1}^{4} \ln|x|\,\mathrm{d}x$$

$$= \quad I_1 \quad + \quad I_2$$

$$I_1=[x\cdot\ln|x|-x]_{0,5}^{1}$$

$$=-1-\frac{1}{2}\ln\frac{1}{2}+\frac{1}{2}$$

$$\mathrel{\widehat{=}} \underline{\underline{-\frac{1}{2}(1-\ln 2)E^2<0}}$$

$I_2=[x\cdot\ln x-x]_1^4$

$=4\cdot\ln 4-4+1$

$\mathrel{\widehat{=}}\underline{\underline{(4\cdot\ln 4-3)E^2}}$

$A=|I_1|+|I_2|$

$=\frac{1}{2}-\frac{1}{2}\ln 2+4\cdot\ln 4-3$

$\ln 4=2\cdot\ln 2$

$=-\frac{5}{2}+\frac{15}{2}\ln 2$

$\mathrel{\widehat{=}}\underline{\underline{\frac{5}{2}(3\ln 2-1)E^2}}$

$\mathrel{\widehat{=}}\underline{\underline{2{,}6986\,E^2}}$

27. $\int\limits_1^2 \ln|x-1|\,dx=I$

Es handelt sich hier um ein uneigentliches Integral, das zunächst als unbestimmtes Integral gelöst wird.

Substitution:

$z=x-1\Rightarrow dx=dz$

$\int \ln|x-1|\,dx=\int \ln|z|\,dz$

$=z\cdot\ln|z|-z+c$

$=(x-1)\cdot\ln|x-1|-(x-1)+c$

Mit der Regel von L'Hospital erhält man $\lim\limits_{a\to 1}(a-1)\cdot\ln(a-1)=0$.

$I=\lim\limits_{a\to 1}[(x-1)\cdot\ln|x-1|-(x-1)]_a^2$

$=\lim\limits_{a\to 1}[0-1-(a-1)\cdot\ln|a-1|+(a-1)]$

$=0-1-0+0$

$\mathrel{\widehat{=}}-1\,E^2$

$\Rightarrow A\mathrel{\widehat{=}}\underline{\underline{1\,E^2}}$

28. $\int\limits_0^{\pi}\cos(2x)\,dx$

Die Funktion $f(x)=\cos(2x)$ besitzt im Intervall $0\leq x\leq\pi$ zwei Nullstellen:

$x_0=\frac{\pi}{4};\quad x_1=\frac{3\pi}{4}$

$$\int\limits_0^{\pi}f(x)\,dx=\int\limits_0^{\frac{\pi}{4}}f(x)\,dx+\int\limits_{\frac{\pi}{4}}^{\frac{3\pi}{4}}f(x)\,dx+\int\limits_{\frac{3\pi}{4}}^{\pi}f(x)\,dx$$

$$=\quad I_1\quad+\quad I_2\quad+\quad I_3$$

$$I_1 = \frac{1}{2}\left[\sin(2x)\right]_0^{\frac{\pi}{4}}$$

$$\mathrel{\hat=} \underline{\underline{\frac{1}{2} E^2}}$$

$$I_2 = \frac{1}{2}\left[\sin(2x)\right]_{\frac{\pi}{4}}^{\frac{3\pi}{4}}$$

$$= \frac{1}{2}(-1-1)$$

$$\mathrel{\hat=} \underline{\underline{-1\,E^2}}$$

$$I_3 = \frac{1}{2}\left[\sin(2x)\right]_{\frac{3\pi}{4}}^{\pi}$$

$$\mathrel{\hat=} \underline{\underline{\frac{1}{2} E^2}}$$

$$A = |I_1| + |I_2| + |I_3|$$

$$\mathrel{\hat=} \underline{\underline{2\,E^2}}$$

29. $\int\limits_0^{\frac{\pi}{4}} \tan x \,\mathrm{d}x$

$\int \tan x \,\mathrm{d}x$ ▶ Kap. 2.4, Band 4

$\cos 0 = 1; \quad \cos \frac{\pi}{4} = \frac{1}{2}\sqrt{2}$

$\ln \sqrt{2} = \ln 2^{\frac{1}{2}} = \frac{1}{2} \ln 2$

$$A = \int\limits_0^{\frac{\pi}{4}} \tan x \,\mathrm{d}x$$

$$= -\left[\ln |\cos x|\right]_0^{\frac{\pi}{4}}$$

$$= -\left[\ln \left|\cos \frac{\pi}{4}\right| - \ln |\cos 0|\right]$$

$$= -\ln \frac{1}{2}\sqrt{2}$$

$$= -\ln \sqrt{2} + \ln 2$$

$$\mathrel{\hat=} \underline{\underline{\frac{1}{2} \ln 2\,E^2}}$$

30. $\int\limits_0^{\frac{2\pi}{3}} e^{-2x}\cdot\sin(3x)\,dx$

Lösung durch partielle Integration:

$u_1 = e^{-2x}, \quad du_1 = -2e^{-2x}\,dx$

$dv_1 = \sin 3x\,dx; \quad v_1 = \int \sin 3x\,dx = -\frac{1}{3}\cos 3x$

$u_2 = e^{-2x}; \quad du_2 = -2e^{-2x}\,dx$

$dv_2 = \cos 3x\,dx; \quad v_2 = \int \cos 3x\,dx = \frac{1}{3}\sin 3x$

$$I = \int e^{-2x}\cdot\sin(3x)\,dx$$

$$= e^{-2x}\left(-\frac{1}{3}\cos 3x\right) - \int\left(-\frac{1}{3}\cos 3x\right)(-2e^{-2x})\,dx$$

$$= -\frac{1}{3}\cos 3x\cdot e^{-2x} - \frac{2}{3}\int e^{-2x}\cdot\cos 3x\,dx$$

$$= -\frac{1}{3}\cos 3x\cdot e^{-2x} - \frac{2}{3}e^{-2x}\cdot\frac{1}{3}\sin 3x + \frac{2}{3}\int\frac{1}{3}\sin 3x\cdot(-2e^{-2x})\,dx$$

$$= -\frac{1}{3}\cos 3x\cdot e^{-2x} - \frac{2}{9}\sin 3x\cdot e^{-2x} - \frac{4}{9}\underbrace{\int e^{-2x}\cdot\sin 3x\,dx}_{I}$$

$$= -\frac{1}{3}\cos 3x\cdot e^{-2x} - \frac{2}{9}\sin 3x\cdot e^{-2x} - \frac{4}{9}I + c_1$$

$1 + \frac{4}{9} = \frac{13}{9}$

$$I\left(1+\frac{4}{9}\right) = -\frac{1}{3}e^{-2x}\left(\cos 3x + \frac{2}{3}\sin 3x\right) + c_1$$

$c = \frac{9}{13}c_1$

$$I = -\frac{e^{-2x}}{13}(3\cos 3x + 2\sin 3x) + c$$

Zur Flächenberechnung muß man beachten, daß der Integrand bei $x_0 = \frac{\pi}{3}$ eine Nullstelle besitzt.

$$\int\limits_0^{\frac{2\pi}{3}} e^{-2x}\cdot\sin(3x)\,dx =$$

$$= \int\limits_0^{\frac{\pi}{3}} e^{-2x}\cdot\sin 3x\,dx + \int\limits_{\frac{\pi}{3}}^{\frac{2\pi}{3}} e^{-2x}\cdot\sin 3x\,dx$$

$$= \quad I_1 \quad + \quad I_2$$

$$I_1 = -\frac{e^{-2x}}{13}[3\cos 3x + 2\sin 3x]_0^{\frac{\pi}{3}}$$

$$= -\frac{e^{-\frac{2\pi}{3}}}{13}(-3+0) + \frac{e^0}{13}(3+0)$$

$$\mathrel{\hat{=}} \frac{3}{13}\left(e^{-\frac{2\pi}{3}}+1\right)E^2$$

$$I_2 = -\frac{e^{-2x}}{13}\left[3\cos 3x + 2\sin 3x\right]_{\frac{\pi}{3}}^{\frac{2\pi}{3}}$$

$$= -\frac{1}{13}\left[e^{-\frac{4\pi}{3}}\cdot(3+0) - e^{-\frac{2\pi}{3}}\cdot(-3+0)\right]$$

$$\mathrel{\widehat{=}} -\frac{3}{13}\left(e^{-\frac{4\pi}{3}} + e^{-\frac{2\pi}{3}}\right)E^2$$

$$A = |I_1| + |I_2|$$

$$= \frac{3}{13}\left(e^{-\frac{4\pi}{3}} + 2e^{-\frac{2\pi}{3}} + 1\right)$$

$$\mathrel{\widehat{=}} \frac{3}{13}\left(e^{-\frac{2\pi}{3}} + 1\right)^2 E^2$$

$$\mathrel{\widehat{=}} 0{,}2911\, E^2$$

31. $\int_0^{\pi} \operatorname{Arcsin}(\sin x)\, dx$

$$A = \int_0^{\pi} \operatorname{Arcsin}(\sin x)\, dx$$

$$= \int_0^{\pi} x\, dx$$

$$= \left[\frac{x^2}{2}\right]_0^{\pi}$$

$$\mathrel{\widehat{=}} \frac{\pi^2}{2} E^2$$

32. $\int_0^{3} \operatorname{Arctan}\frac{1}{x}\, dx$

Zur Lösung dieses Integrals substituiert man zunächst:

$$z = \frac{1}{x}; \quad dx = -x^2\, dz = -\frac{dz}{z^2}$$

Das verbliebene Integral wird nun durch partielle Integration weiterbehandelt.

$$\int \operatorname{Arctan}\frac{1}{x}\, dx =$$

$$= \int \underbrace{\operatorname{Arctan} z}_{u} \cdot \underbrace{\left(-\frac{dz}{z^2}\right)}_{dv}$$

$$= \underbrace{\operatorname{Arctan} z}_{u} \cdot \underbrace{\frac{1}{z}}_{v} - \int \underbrace{\frac{1}{z}}_{v} \cdot \underbrace{\frac{1}{1+z^2}\, dz}_{du}$$

3.1

Zur Lösung des Teilintegrals I_1 benutzt man die Substitution

$$t = z^2; \quad dz = \frac{dt}{2z}$$

und führt eine Partialbruchzerlegung durch.

$$I_1 = \int \frac{dz}{z(1+z^2)}$$

$$= \frac{1}{2} \int \frac{dt}{t(1+t)}$$

$$= \frac{1}{2} \int \left(\frac{A}{t} + \frac{B}{1+t} \right) dt$$

$$= \frac{1}{2} \int \left(\frac{1}{t} - \frac{1}{1+t} \right) dt$$

$$= \frac{1}{2} (\ln |t| - \ln |1+t|) + c$$

$$= \frac{1}{2} \ln \left| \frac{t}{1+t} \right| + c$$

$$= \frac{1}{2} \ln \left| \frac{z^2}{1+z^2} \right| + c$$

$$\int \operatorname{Arctan} \frac{1}{x} \, dx =$$

$$= \operatorname{Arctan} z \cdot \frac{1}{z} - \frac{1}{2} \ln \frac{z^2}{1+z^2} + c$$

$$= x \cdot \operatorname{Arctan} \frac{1}{x} - \frac{1}{2} \ln \frac{\left(\frac{1}{x}\right)^2}{1 + \left(\frac{1}{x}\right)^2} + c$$

$$= x \cdot \operatorname{Arctan} \frac{1}{x} - \frac{1}{2} \ln \frac{1}{1+x^2} + c$$

$$= x \cdot \operatorname{Arctan} \frac{1}{x} + \frac{1}{2} \ln (1+x^2) + c$$

Für die Flächenberechnung gilt der rechtseitige Grenzwert

$$\lim_{\substack{x \to 0 \\ x > 0}} \operatorname{Arctan} \frac{1}{x} = \frac{\pi}{2}.$$

$$A = \left[x \cdot \operatorname{Arctan} \frac{1}{x} + \frac{1}{2} \ln (1+x^2) \right]_0^3$$

$$= 3 \cdot \operatorname{Arctan} \frac{1}{3} + \frac{1}{2} \ln 10 - \left(0 \cdot \frac{\pi}{2} + \frac{1}{2} \cdot \ln 1 \right)$$

$$\hat{=} \left(3 \cdot \operatorname{Arctan} \frac{1}{3} + \frac{1}{2} \ln 10 \right) E^2$$

$$\hat{=} 2{,}116 \, E^2$$

33. $\int_1^5 \tanh x \, dx$

$f(x) = \cosh x \Rightarrow f'(x) = \sinh x$

Die Betragsstriche können fortgelassen werden, da $\cosh x > 0$ für alle x gilt.

$$\int \tanh x \, dx = \int \frac{\sinh x}{\cosh x} \, dx$$

$$= \int \frac{f'(x)}{f(x)} \, dx$$

$$= \ln |\cosh x| + c$$

$$= \underline{\underline{\ln (\cosh x) + c}}$$

$$A = [\ln (\cosh x)]_1^5$$

$$= \ln (\cosh 5) - \ln (\cosh 1)$$

$$\mathrel{\hat=} \ln \frac{\cosh 5}{\cosh 1} \, E^2$$

$$\mathrel{\hat=} \underline{\underline{3{,}87 \, E^2}}$$

34. $f(x) = 3x^2 - 4$

Nullstellen:

$$3x^2 - 4 = 0 \Rightarrow x_0 = \frac{2}{\sqrt{3}}; \quad x_1 = -\frac{2}{\sqrt{3}}$$

$$\int_{-\frac{2}{\sqrt{3}}}^{\frac{2}{\sqrt{3}}} (3x^2 - 4) \, dx = \left[x^3 - 4x \right]_{-\frac{2}{\sqrt{3}}}^{\frac{2}{\sqrt{3}}}$$

$$= \frac{8}{3\sqrt{3}} - \frac{8}{\sqrt{3}} + \frac{8}{3\sqrt{3}} - \frac{8}{\sqrt{3}}$$

$$= \frac{16}{\sqrt{3}} \left(\frac{1}{3} - 1 \right)$$

$$= -\frac{2}{3} \cdot \frac{16}{\sqrt{3}}$$

$$\mathrel{\hat=} -\frac{32}{9} \sqrt{3} \, E^2$$

$$\underline{\underline{A \mathrel{\hat=} \frac{32}{9} \sqrt{3} \, E^2 \mathrel{\hat=} 6{,}1586 \, E^2}}$$

35. $f(x)=\dfrac{x^3-9x}{5}$

Nullstellen:

$$f(x)=\frac{x}{5}\,(x^2-9)$$

$$=\frac{1}{5}\,x(x+3)(x-3)$$

$$\Rightarrow x_0=0;\quad x_1=-3;\quad x_2=3$$

$$I=\int_{-3}^{0} f(x)\,\mathrm{d}x+\int_{0}^{3} f(x)\,\mathrm{d}x$$

$$=\quad I_1 \quad + \quad I_2$$

$$I_1=\frac{1}{5}\int_{-3}^{0}(x^3-9x)\,\mathrm{d}x$$

$$=\frac{1}{5}\left[\frac{x^4}{4}-\frac{9}{2}\,x^2\right]_{-3}^{0}$$

$$=-\frac{1}{5}\left(\frac{81}{4}-\frac{81}{2}\right)$$

$$\mathrel{\widehat{=}}\underline{\underline{\frac{81}{20}}}\,E^2$$

$$I_2=\frac{1}{5}\left[\frac{x^4}{4}-\frac{9}{2}\,x^2\right]_{0}^{3}$$

$$=\frac{1}{5}\left(\frac{81}{4}-\frac{81}{2}\right)$$

$$\mathrel{\widehat{=}}\underline{\underline{-\frac{81}{20}}}\,E^2$$

$$A=|I_1|+|I_2|$$

$$\mathrel{\widehat{=}}\underline{\underline{\frac{81}{10}\,E^2\mathrel{\widehat{=}}8{,}1\,E^2}}$$

36. $f(x)=\frac{x^4}{4}-10$

Aufgrund des symmetrischen Kurvenverlaufs des Integranden läßt sich das Integral vereinfachen.

Nullstellen:

$$\frac{x^4}{4}-10=0 \Rightarrow x_0=\sqrt[4]{40};\quad x_1=-\sqrt[4]{40}$$

$$\int_{-\sqrt[4]{40}}^{\sqrt[4]{40}}\left(\frac{x^4}{4}-10\right)\mathrm{d}x=2\int_0^{\sqrt[4]{40}}\left(\frac{x^4}{4}-10\right)\mathrm{d}x$$

$$=2\left[\frac{x^5}{20}-10x\right]_0^{\sqrt[4]{40}}$$

$$=2\,(2\sqrt[4]{40}-10\sqrt[4]{40})$$

$$\mathrel{\widehat{=}} -16\sqrt[4]{40}\,E^2$$

$$A\mathrel{\widehat{=}}\underline{\underline{16\sqrt[4]{40}\,E^2}}$$

37. $f(x)=\frac{x^4+10x}{4}$

Nullstellen:

$$x^4+10x=x(x^3+10)=0$$

$$\Rightarrow x_0=0;\quad x_1=-\sqrt[3]{10}$$

$$\int_{-\sqrt[3]{10}}^{0}\frac{x^4+10x}{4}\,\mathrm{d}x=\frac{1}{4}\left[\frac{x^5}{5}+5x^2\right]_{-\sqrt[3]{10}}^{0}$$

$$=-\frac{1}{4}\left(-\frac{10\cdot\sqrt[3]{100}}{5}+5\cdot\sqrt[3]{100}\right)$$

$$\mathrel{\widehat{=}} -\frac{3}{4}\sqrt[3]{100}\,E^2$$

$$A\mathrel{\widehat{=}}\underline{\underline{\frac{3}{4}\sqrt[3]{100}\,E^2}}$$

38. $f(x)=x(x-1)(x-4)(x-5)$

Die Nullstellen der Funktion $y=f(x)$ erkennt man sofort:

$x_0=0;\ x_1=1;\ x_2=4;\ x_3=5$

$$f(x)=x^4-10x^3+29x^2-20x$$

$$I=\int_0^1 f(x)\,\mathrm{d}x+\int_1^4 f(x)\,\mathrm{d}x+\int_4^5 f(x)\,\mathrm{d}x$$

$$=\quad I_1\quad+\quad I_2\quad+\quad I_3$$

3.1

$$I_1 = \int_0^1 (x^4 - 10x^3 + 29x^2 - 20x)\,\mathrm{d}x$$

$$= \left[\frac{x^5}{5} - \frac{5}{2}x^4 + \frac{29}{3}x^3 - 10x^2\right]_0^1$$

$$I_1 = \frac{1}{5} - \frac{5}{2} + \frac{29}{3} - 10$$

$$\mathrel{\hat{=}} \underline{\underline{-\frac{79}{30}}}\;E^2$$

$$I_2 = \left[\frac{x^5}{5} - \frac{5}{2}x^4 + \frac{29}{3}x^3 - 10x^2\right]_1^4$$

$$= \frac{1024}{5} - 640 + \frac{1856}{3} - 160 - \left(\frac{1}{5} - \frac{5}{2} + \frac{29}{3} - 10\right)$$

$$= -800 + \frac{1024}{5} + \frac{1856}{3} + \frac{79}{30}$$

$$\mathrel{\hat{=}} \underline{\underline{\frac{783}{30}}}\;E^2$$

$$I_3 = \left[\frac{x^5}{5} - \frac{5}{2}x^4 + \frac{29}{3}x^3 - 10x^2\right]_4^5$$

$$= 625 - \frac{3125}{2} + \frac{3625}{3} - 250 -$$

$$-\left(\frac{1024}{5} - 640 + \frac{1856}{3} - 160\right)$$

$$= 375 - \frac{3125}{2} + \frac{3625}{3} - \frac{704}{30}$$

$$\mathrel{\hat{=}} \underline{\underline{-\frac{79}{30}}}\;E^2$$

$$A = |I_1| + |I_2| + |I_3|$$

$$= \frac{79}{30} + \frac{783}{30} + \frac{79}{30}$$

$$\mathrel{\hat{=}} \underline{\underline{\frac{941}{30}\,E^2 \mathrel{\hat{=}} 31{,}367\,E^2}}$$

39. $f(x)=2x-2+\frac{1}{x+1}$

Zur Nullstellenbestimmung wird $f(x)$ umgeformt.

$$f(x)=2x-2+\frac{1}{x+1}$$

$$=\frac{2x^2-1}{x+1}$$

Nullstellen:

$$2x^2-1=0 \Rightarrow x_0=\frac{1}{2}\sqrt{2};\quad x_1=-\frac{1}{2}\sqrt{2}$$

$$\int\limits_{-\frac{1}{2}\sqrt{2}}^{\frac{1}{2}\sqrt{2}} f(x)\,dx=\Big[x^2-2x+\ln|x+1|\Big]_{-\frac{1}{2}\sqrt{2}}^{\frac{1}{2}\sqrt{2}}$$

$$=\frac{1}{2}-\sqrt{2}+\ln\left(\frac{1}{2}\sqrt{2}+1\right)-$$

$$-\frac{1}{2}-\sqrt{2}-\ln\left(1-\frac{1}{2}\sqrt{2}\right)$$

$$=\left(-2\sqrt{2}+\ln\frac{\sqrt{2}+2}{2-\sqrt{2}}\right)$$

$$\approx -1{,}07$$

$$A \mathrel{\hat=} \underline{\underline{1{,}07\,E^2}}$$

40. $f(x)=\frac{1}{4}\sqrt{9-x^2}$

Nullstellen: $x_0=-3;\quad x_1=3$

Das Integral läßt sich wegen der Symmetrieeigenschaft des Integranden vereinfachen.

$\int\sqrt{a^2-x^2}$ ▶ Kap. 2.4, Band 4

Arcsin $0=0$

Arcsin $1=\frac{\pi}{2}$

$$A=\int\limits_{-3}^{3}\frac{1}{4}\sqrt{9-x^2}\,dx$$

$$=\frac{1}{4}\int\limits_{-3}^{3}\sqrt{9-x^2}\,dx$$

$$=\frac{1}{2}\int\limits_{0}^{3}\sqrt{9-x^2}\,dx$$

$$=\frac{1}{2}\left[\frac{x}{2}\sqrt{9-x^2}+\frac{9}{2}\operatorname{Arcsin}\frac{x}{3}\right]_0^3$$

$$=\frac{9}{4}\operatorname{Arcsin} 1$$

$$\mathrel{\hat=}\underline{\underline{\frac{9}{8}\pi E^2}}$$

41. $f(x) = -(x^2+3x-4)$

Nullstellen:

$$x^2+3x-4=0 \Rightarrow x_{0;1} = -\frac{3}{2} \pm \sqrt{\frac{9}{4}+4}$$

$$= -\frac{3}{2} \pm \frac{5}{2}$$

$x_0 = 1; \quad x_1 = -4$

$$A = -\int_{-4}^{1} (x^2+3x-4)\,\mathrm{d}x$$

$$= -\left[\frac{x^3}{3}+\frac{3}{2}x^2-4x\right]_{-4}^{1}$$

$$= -\left(\frac{1}{3}+\frac{3}{2}-4\right)+\left(-\frac{64}{3}+\frac{48}{2}+16\right)$$

$$= \frac{13}{6}+\frac{112}{6}$$

$$\underline{\underline{\hat{=}\frac{125}{6}\,E^2 \hat{=} 20{,}83\,E^2}}$$

42. $f(x) = \dfrac{x^3-8x+2}{10}$

Zur Nullstellenbestimmung betrachtet man nur den Zähler

$Z(x) = x^3-8x+2.$

Er besitzt 3 Nullstellen, von denen jedoch keine ganzzahlig ist. Diese 3 Nullstellen (hier mit a, b, c bezeichnet) müssen durch Iteration bestimmt werden etwa wie hier mit dem Newtonschen Verfahren:

$$x_2 = x_1 - \frac{f(x_1)}{f'(x_1)}$$

Formulierung für die Aufgabe:

$$x_2 = x_1 - \frac{x_1^3-8x_1+2}{3x_1^2-8}$$

Nullstelle a:

Schätzung: $x_1 = -3$

$$x_2 = -3 - \frac{-27+24+2}{27-8}$$

$$= -3+\frac{1}{19} \approx -2{,}95$$

$$x_3 = -2{,}95 - \frac{-25{,}67+23{,}60+2}{26{,}11-8}$$

$$= -2{,}95+\frac{0{,}07}{18{,}11} \approx \underline{\underline{-2{,}946 \approx \mathrm{a}}}$$

Nullstelle b:

Schätzung: $x_1 = 0$

$$x_2 = 0 - \frac{2}{-8} = 0{,}25$$

$$x_3 = 0{,}25 - \frac{0{,}02 - 2 + 2}{0{,}19 - 8}$$

$$= 0{,}25 + \frac{0{,}02}{7{,}81} \approx 0{,}253$$

$$x_4 = 0{,}253 - \frac{0{,}016 - 2{,}024 + 2}{0{,}192 - 8}$$

$$= 0{,}253 - \frac{0{,}008}{7{,}808} \approx \underline{\underline{0{,}252 \approx \mathrm{b}}}$$

Nullstelle c:

Schätzung: $x_1 = 2{,}5$

$$x_2 = 2{,}5 - \frac{15{,}63 - 20 + 2}{18{,}75 - 8}$$

$$= 2{,}5 + \frac{2{,}37}{10{,}75} \approx 2{,}73$$

$$x_3 = 2{,}73 - \frac{20{,}35 - 21{,}84 + 2}{22{,}36 - 8}$$

$$= 2{,}73 - \frac{0{,}51}{14{,}36} \approx 2{,}69$$

$$x_4 = 2{,}69 - \frac{19{,}47 - 21{,}52 + 2}{21{,}71 - 8}$$

$$= 2{,}69 - \frac{0{,}05}{13{,}71} \approx \underline{\underline{2{,}686 \approx \mathrm{c}}}$$

Jetzt kann die Fläche berechnet werden.

$$\int_a^c \frac{x^3 - 8x + 2}{10}\,\mathrm{d}x =$$

$$= \int_a^b \frac{x^3 - 8x + 2}{10}\,\mathrm{d}x + \int_b^c \frac{x^3 - 8x + 2}{10}\,\mathrm{d}x$$

$$= \qquad I_1 \qquad + \qquad I_2$$

$$I_1 \approx \frac{1}{10}\left[\frac{x^4}{4} - 4x^2 + 2x\right]_{-2,946}^{0,252}$$

$$\approx \frac{1}{10}(0{,}001 - 0{,}254 + 0{,}504) - $$

$$- \frac{1}{10}(18{,}83 - 34{,}72 - 5{,}89)$$

$$\approx \frac{1}{10} \cdot 0{,}251 - \frac{1}{10}(-21{,}78)$$

$$\triangleq \underline{\underline{2{,}203\,E^2}}$$

$$I_2 \approx \frac{1}{10}\left[\frac{x^4}{4} - 4x^2 + 2x\right]_{0,252}^{2,686}$$

$$\approx \frac{1}{10}(13{,}01 - 28{,}86 + 5{,}37) - \frac{1}{10} \cdot 0{,}251$$

$$\approx \frac{1}{10}(-10{,}48) - \frac{1}{10} \cdot 0{,}251$$

$$\triangleq \underline{\underline{-1{,}073\,E^2}}$$

Die Größe der Fläche beträgt etwa $3{,}276\,E^2$.

$$A = |I_1| + |I_2| \triangleq \underline{\underline{3{,}276\,E^2}}$$

43. $f(x) = 10 - x^2$

Nullstellen:

$$10 - x^2 = 0 \Rightarrow x_0 = \sqrt{10}; \quad x_1 = -\sqrt{10}$$

Wegen der Symmetrieeigenschaft des Integranden läßt sich das Integral vereinfachen.

$$A = \int_{-\sqrt{10}}^{\sqrt{10}} (10 - x^2)\,\mathrm{d}x$$

$$= 2 \cdot \int_{0}^{\sqrt{10}} (10 - x^2)\,\mathrm{d}x$$

$$= 2\left[10x - \frac{x^3}{3}\right]_0^{\sqrt{10}}$$

$$= 2\left(10\sqrt{10} - \frac{10}{3}\sqrt{10}\right)$$

$$\triangleq \underline{\underline{\frac{40}{3}\sqrt{10}\,E^2 \triangleq 42{,}16\,E^2}}$$

44. $f(x)=\frac{x^2-x-2}{x-2}$

Es zeigt sich, daß die Funktion bei $x=2$ eine hebbare Lücke besitzt und deshalb nur bei $x=-1$ eine Nullstelle hat.

Diese Funktion schließt wegen des Auftretens von nur einer Nullstelle mit der x-Achse keine endliche Fläche ein. Die Flächen A_1 und A_2 sind unendlich groß.

Nullstellen:

$$x^2-x-2=0 \Rightarrow x_{0;1}=\frac{1}{2}\pm\sqrt{\frac{1}{4}+2}$$

$$=\frac{1}{2}\pm\frac{3}{2}$$

$x_0=2;\quad x_1=-1$

$$f(x)=\frac{x^2-x-2}{x-2}$$

$$=\frac{(x-2)(x+1)}{x-2}$$

$$=x+1 \qquad (x \neq 2)$$

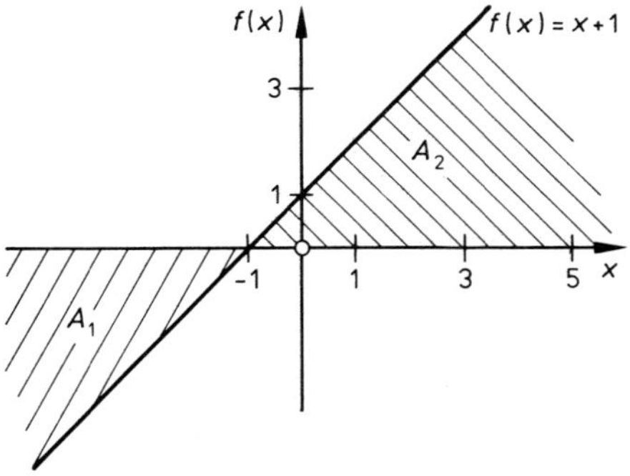

45. $f(x)=2-\frac{9}{x}+\frac{9}{x^2}$

$$f(x)=2-\frac{9}{x}+\frac{9}{x^2}$$

$$=\frac{2}{x^2}\left(x^2-\frac{9}{2}x+\frac{9}{2}\right)$$

Nullstellen:

$$x^2-\frac{9}{2}x+\frac{9}{2}=0 \Rightarrow x_{0;1}=\frac{9}{4}\pm\sqrt{\frac{81}{16}-\frac{9}{2}}$$

$$=\frac{9}{4}\pm\frac{3}{4}$$

$x_0=3;\quad x_1=\frac{3}{2}$

$$\int_{\frac{3}{2}}^{3} f(x)\,dx = \left[2x - 9\ln|x| - \frac{9}{x}\right]_{\frac{3}{2}}^{3}$$

$$= 6 - 9\ln 3 - 3 - 3 + 9\ln\frac{3}{2} + 6$$

$$= 6 - 9\ln 3 + 9(\ln 3 - \ln 2)$$

$$= 6 - 9\ln 2$$

$$\mathrel{\hat{=}} -3(3\ln 2 - 2)E^2$$

$$\mathrel{\hat{=}} -0{,}2384\,E^2$$

$$\Rightarrow A \mathrel{\hat{=}} \underline{\underline{0{,}2384\,E^2}}$$

46. $f(x) = x + \frac{3}{x} - 4$

$$f(x) = x + \frac{3}{x} - 4$$

$$= \frac{1}{x}(x^2 - 4x + 3)$$

Nullstellen:

$$x^2 - 4x + 3 = 0 \Rightarrow x_{0;1} = 2 \pm \sqrt{4-3}$$

$$= 2 \pm 1$$

$x_0 = 3$; $x_1 = 1$

$$\int_1^3 f(x)\,dx = \left[\frac{x^2}{2} + 3\ln|x| - 4x\right]_1^3$$

$$= \frac{9}{2} + 3\ln 3 - 12 - \frac{1}{2} - 3\ln 1 + 4$$

$$= 3\ln 3 - 4$$

$$\approx -0{,}7042$$

$$A \mathrel{\hat{=}} \underline{\underline{0{,}7042\,E^2}}$$

47. $f(x)=2\cos x\cdot\sin x$

Man benutzt die goniometrische Beziehung $\sin 2x=2\cos x\cdot\sin x$.

Die Funktion $y=f(x)$ besitzt unendlich viele Nullstellen. Die Fläche, die von der Funktion und der x-Achse zwischen zwei benachbarten Nullstellen eingeschlossen wird, ist für alle benachbarten Nullstellen gleich groß.

$$f(x)=2\cos x\cdot\sin x$$
$$=\sin 2x$$

Nullstellen:

$$x=0;\quad \pm\frac{\pi}{2};\quad \pm\pi;\quad \pm\frac{3}{2}\pi;\ \ldots$$

$$A=\lim_{n\to\infty} 2\cdot n\cdot\int_0^{\frac{\pi}{2}}\sin(2x)\,dx$$
$$=\lim_{n\to\infty} 2n\cdot\left[-\frac{\cos 2x}{2}\right]_0^{\frac{\pi}{2}}$$
$$=\lim_{n\to\infty} 2n\cdot\left(\frac{1}{2}+\frac{1}{2}\right)$$
$$=\lim_{n\to\infty} 2n$$
$$=\underline{\underline{\infty}}$$

48. $f(x)=x\cdot\sin\frac{1}{x}$

Die Nullstellen dieser Funktion ermittelt man, indem zunächst die Nullstellen von $\sin\frac{1}{x}$ bestimmt werden.

$$\sin\frac{1}{x}=0$$
$$\Rightarrow \frac{1}{x}=0;\quad \pm\pi;\quad \pm2\pi;\quad \pm3\pi;\ \ldots$$

oder: $x=\infty;\ \pm\frac{1}{\pi};\ \pm\frac{1}{2\pi};\ \pm\frac{1}{3\pi};\ldots$

Die Funktion $f(x)=x$ besitzt nur für $x=0$ eine Nullstelle.

$$f(x)=x=0\Rightarrow x=0$$

Wegen $\left|\sin\frac{1}{x}\right|\leq 1$ für alle x, ist deshalb $x=0$ eine Nullstelle von

$f(x)=x\cdot\sin\frac{1}{x}$.

Ebenfalls Nullstellen von $f(x)$ sind

$x=\pm\frac{1}{\pi};\ \pm\frac{1}{2\pi};\ \pm\frac{1}{3\pi};\ \ldots.$

3.1

Keine Nullstelle von $f(x)=x\cdot\sin\frac{1}{x}$ ist dagegen $x=\infty$, wie man mit der Regel von L'Hospital nachweist.

Die Gerade $f(x)=1$ wird also eine Asymptote für $f(x)=x\cdot\sin\frac{1}{x}$ sein.

Damit lauten die Nullstellen von

$f(x)=x\cdot\sin\frac{1}{x}$:

$0;\quad \pm\frac{1}{\pi};\quad \pm\frac{1}{2\pi};\quad \pm\frac{1}{3\pi};\ \ldots$

Da die Funktion $f(x)=x\cdot\sin\frac{1}{x}$ nicht geschlossen integrierbar ist, müssen Näherungsverfahren benutzt werden, etwa wie hier die Simpsonsche Regel.

Wegen der unendlichen Anzahl von Nullstellen, setzt sich die Gesamtfläche A aus unendlich vielen Einzelflächen zusammen, deren Summe endlich sein muß, da die Flächen durch die Geraden $f(x)=x$ und $f(x)=-x$ beschränkt sind.

Wegen der Symmetrie von $f(x)=x\cdot\sin\frac{1}{x}$ genügt es, die Teilflächen rechts vom Ursprung zu bestimmen.

$x=\infty \Rightarrow f(x)=\infty\cdot 0$

$$f(x)=x\cdot\sin\frac{1}{x}$$

$$=\frac{\sin\frac{1}{x}}{\frac{1}{x}}=\frac{u}{v}$$

$$\frac{u'}{v'}=\frac{\cos\frac{1}{x}\cdot\left(-\frac{1}{x^2}\right)}{-\frac{1}{x^2}}=\cos\frac{1}{x}$$

$$\lim_{x\to\infty} f(x)=\lim_{x\to\infty}\cos\frac{1}{x}$$

$$=\cos 0=1$$

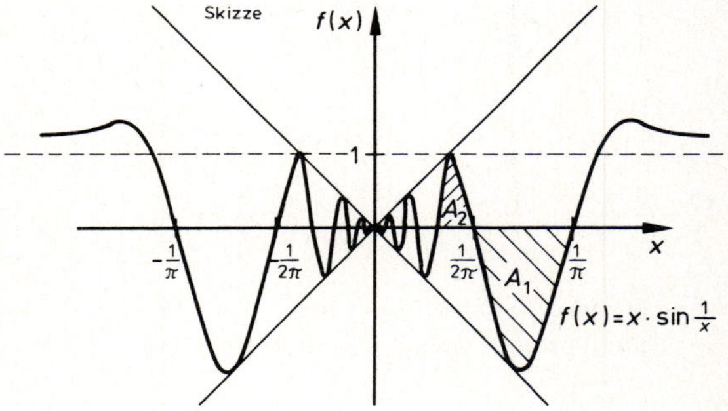

1) Berechnung von A_1 (größte Teilfläche!)

$x_0=\frac{1}{2\pi}=0{,}15916;\qquad x_n=\frac{1}{\pi}=0{,}31831$

$n=8;\qquad b=\frac{1}{16\pi}=0{,}019894$

Berechnungstabelle für $f(x)=x\cdot\sin\frac{1}{x}$:

x	$\frac{1}{x}$	$\sin\frac{1}{x}$	$f(x)=x\cdot\sin\frac{1}{x}$
0,15916	360,00°	0,0000	0,0000
0,17904	320,02°	−0,6425	−0,1150
0,19894	288,01°	−0,9510	−0,1892
0,21884	261,82°	−0,9898	−0,2166
0,23873	240,01°	−0,8661	−0,2068
0,25863	221,54°	−0,6631	−0,1715
0,27852	205,72°	−0,4340	−0,1209
0,29842	192,00°	−0,2079	−0,0620
0,31831	180,00°	0,0000	0,0000

$$I_1=\int_{\frac{1}{2\pi}}^{\frac{1}{\pi}} x\cdot\sin\frac{1}{x}\,\mathrm{d}x$$

$$\approx\frac{b}{3}(y_0+4y_1+2y_2+\ldots+2y_{n-2}+4y_{n-1}+y_n)$$

$$\approx\frac{1}{3}\cdot 0{,}019894\,(0-0{,}4600-0{,}3784-0{,}8664-0{,}4136-0{,}6860-0{,}2418-0{,}2480+0)$$

$$\approx\frac{1}{3}\cdot 0{,}019894\,(-3{,}2942)$$

$$\mathrel{\widehat{=}} \underline{\underline{-0{,}02184\,E^2}}$$

$$\Rightarrow A_1 \mathrel{\widehat{=}} \underline{\underline{0{,}02184\,E^2}}$$

Jetzt wird die nächstgrößte Teilfläche berechnet.

2) Berechnung von A_2

$$x_0=\frac{1}{3\pi}=0{,}10610;\qquad x_n=\frac{1}{2\pi}=0{,}15916$$

$$n=8;\qquad b=\frac{1}{48\pi}=0{,}0066315$$

3.1

Berechnungstabelle für $f(x)=x\cdot\sin\frac{1}{x}$:

x	$\frac{1}{x}$	$\sin\frac{1}{x}$	$f(x)=x\cdot\sin\frac{1}{x}$
0,10610	540,00°	0,0000	0,0000
0,11273	508,27°	0,5259	0,0592
0,11937	479,99°	0,8661	0,1034
0,12600	454,74°	0,9966	0,1256
0,13263	432,00°	0,9511	0,1261
0,13926	411,44°	0,7819	0,1089
0,14589	392,74°	0,5408	0,0789
0,15252	375,67°	0,2691	0,0410
0,15916	360,00°	0,0000	0,0000

$$I_2=\int_{\frac{1}{3\pi}}^{\frac{1}{2\pi}} x\cdot\sin\frac{1}{x}\,\mathrm{d}x$$

$$\approx\frac{1}{3}\cdot 0{,}0066315\,(0+0{,}2368+0{,}2068+0{,}5024+0{,}2522+0{,}4356+0{,}1578+0{,}1640+0)$$

$$\approx\frac{1}{3}\cdot 0{,}0066315\cdot 1{,}9556$$

$$\mathrel{\hat=}\underline{\underline{0{,}00432\,E^2\mathrel{\hat=}A_2}}$$

3) Berechnung von A_3

$x_0=\frac{1}{4\pi}=0{,}079577;\qquad x_n=\frac{1}{3\pi}=0{,}106103$

$n=8;\qquad b=\frac{1}{96\pi}=0{,}0033157$

Berechnungstabelle für $f(x)=x\cdot\sin\frac{1}{x}$:

x	$\frac{1}{x}$	$\sin\frac{1}{x}$	$f(x)=x\cdot\sin\frac{1}{x}$
0,079577	720,00°	0,0000	0,00000
0,082893	691,21°	−0,4968	−0,04118
0,086209	664,62°	−0,8229	−0,07094
0,089525	640,01°	−0,9848	−0,08816
0,092840	617,16°	−0,9750	−0,09052
0,096156	595,87°	−0,8278	−0,07960
0,099472	576,01°	−0,5879	−0,05848
0,102788	557,43°	−0,2995	−0,03079
0,106103	540,00°	0,0000	0,00000

$$I_3 = \int_{\frac{1}{4\pi}}^{\frac{1}{3\pi}} x \cdot \sin \frac{1}{x} \, dx$$

$$\approx \frac{1}{3} \cdot 0{,}0033157 \; (0 - 0{,}16472 - 0{,}14188 - 0{,}35264 - 0{,}18104 - 0{,}31840 - 0{,}11696 - 0{,}12316 - 0)$$

$$\approx \frac{1}{3} \cdot 0{,}0033157 \cdot (-1{,}3988)$$

$$\hat{=} \underline{\underline{-0{,}00155\, E^2}}$$

$$\Rightarrow A_3 \hat{=} \underline{\underline{0{,}00155\, E^2}}$$

4) Berechnung von A_4

$x_0 = \frac{1}{5\pi} = 0{,}063662$; $\quad x_n = \frac{1}{4\pi} = 0{,}079577$

$n = 8$; $\quad b = \frac{1}{160\pi} = 0{,}0019894$

Berechnungstabelle für $f(x) = x \cdot \sin \frac{1}{x}$:

x	$\frac{1}{x}$	$\sin \frac{1}{x}$	$f(x) = x \cdot \sin \frac{1}{x}$
0,063662	900,00°	0,0000	0,00000
0,065651	872,75°	0,4578	0,03006
0,067641	847,07°	0,7979	0,05397
0,069630	822,87°	0,9749	0,06788
0,071620	800,01°	0,9848	0,07053
0,073609	778,39°	0,8516	0,06269
0,075599	757,90°	0,6143	0,04644
0,077588	738,47°	0,3168	0,02458
0,079557	720,00°	0,0000	0,00000

$$I_4 = \int_{\frac{1}{5\pi}}^{\frac{1}{4\pi}} x \cdot \sin \frac{1}{x} \, dx$$

$$\approx \frac{1}{3} \cdot 0{,}0019894 \; (0 + 0{,}12024 + 0{,}10794 + 0{,}27152 + 0{,}14106 + 0{,}25076 + 0{,}09288 + 0{,}09832 + 0)$$

$$\approx \frac{1}{3} \cdot 0{,}0019894 \cdot 1{,}08272$$

$$\hat{=} \underline{\underline{0{,}00072\, E^2 \hat{=} A_4}}$$

Zusammenfassung: $A_1 \triangleq 0{,}02184\,E^2$
$A_2 \triangleq 0{,}00432\,E^2$
$A_3 \triangleq 0{,}00155\,E^2$
$A_4 \triangleq 0{,}00072\,E^2$

Es ist zu erwarten, daß A_5 in der Größenordnung von $0{,}00030\,E^2$ liegt, so daß sich bei der Addition der Teilflächen A_1 bis A_4 die ersten 3 Stellen nach dem Komma kaum noch ändern werden bei der Hinzunahme weiterer Teilflächen.

$$A_1 + A_2 + A_3 + A_4 \approx 0{,}02843\,E^2$$

$$A \approx 2 \cdot \sum_{i=1}^{4} A_i$$

$$\triangleq \underline{\underline{0{,}057\,E^2}}$$

49. $f(x) = \cos \frac{x}{2}$

Diese Funktion besitzt unendlich viele Nullstellen. Die Fläche, die von der Kurve und der x-Achse zwischen zwei benachbarten Nullstellen eingeschlossen wird, ist für alle benachbarten Nullstellen gleich groß, nämlich $4\,E^2$.

Nullstellen:

$x = \pm\pi;\quad \pm 3\pi;\quad \pm 5\pi;\ \ldots$

$$A = \lim_{n \to \infty} n \cdot \int_{-\pi}^{\pi} \cos \frac{x}{2}\, dx$$

$$= \lim_{n \to \infty} n \cdot \left[2 \sin \frac{x}{2} \right]_{-\pi}^{\pi}$$

$$= \lim_{n \to \infty} n \cdot (2+2)$$

$$\triangleq \lim_{n \to \infty} n \cdot 4\,E^2$$

$$\underline{\underline{= \infty}}$$

50. $f(x) = \text{Arccos}\,(\cos x)$

Diese Funktion besitzt nur eine Nullstelle $x_0 = 0$. Sie schließt mit der x-Achse keine endliche Fläche ein. Die Flächen A_1 und A_2 sind unendlich groß.

$f(x) = \text{Arccos}\,(\cos x)$

$= x$

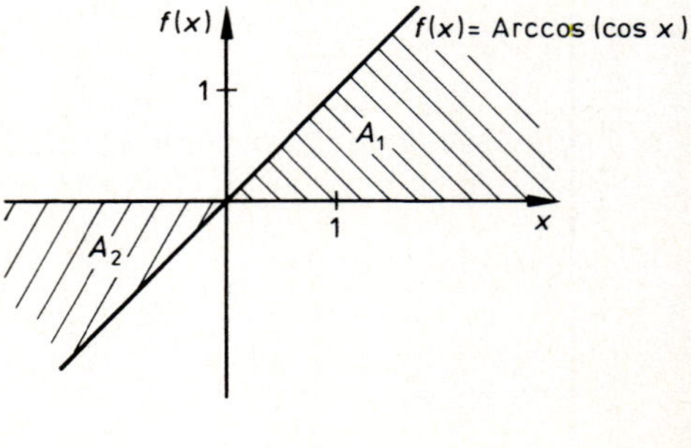

51. $f(x)=x^2 \cdot \ln|x|$

Die Nullstelle $x_1=0$ muß mit der Regel von L'Hospital ermittelt werden.

Nullstellen:

$x_0=1$

$x=0 \Rightarrow y=0\cdot(-\infty)$

$$\lim_{x\to 0} x^2 \cdot \ln|x| = \lim_{x\to 0} \frac{\ln|x|}{\frac{1}{x^2}}$$

$$= \lim_{x\to 0} \frac{\frac{1}{x}}{-\frac{2}{x^3}}$$

$$= \lim_{x\to 0} \left(-\frac{x^2}{2}\right)$$

$$= 0 \Rightarrow \underline{\underline{x_1 = 0}}$$

Das Integral wird durch partielle Integration gelöst.

$u=\ln|x|;\quad du=\frac{1}{x}\,dx$

$dv=x^2\cdot dx;\quad v=\int x^2\,dx$

$= \frac{1}{3}x^3$

$$\int x^2 \cdot \ln|x|\,dx = \int \ln|x|\cdot x^2\,dx$$

$$= \ln|x| \cdot \frac{1}{3}x^3 - \int \frac{1}{3}x^3 \cdot \frac{1}{x}\,dx$$

$$= \frac{1}{3}x^3 \cdot \ln|x| - \frac{1}{3}\int x^2\,dx$$

$$= \frac{1}{3}x^3 \cdot \ln|x| - \frac{1}{9}x^3 + c$$

Den Grenzwert von $x^3 \cdot \ln x$ für $x \to 0$ bestimmt man wie oben mit der L'Hospitalschen Regel:

$$\lim_{x\to 0}\left(\frac{1}{3}x^3 \cdot \ln x\right) = 0$$

$$\int_0^1 x^2 \cdot \ln x \cdot dx = \left[\frac{1}{3}x^3 \cdot \ln|x| - \frac{1}{9}x^3\right]_0^1$$

$$= 0 - \frac{1}{9} - \lim_{x\to 0}\left(\frac{1}{3}x^3 \cdot \ln|x|\right) - 0$$

$$\mathrel{\hat{=}} -\frac{1}{9}E^2$$

$$\underline{\underline{A \mathrel{\hat{=}} \frac{1}{9}E^2}}$$

52. $f(x)=x^2\sqrt{x-1}$

Der Punkt $x=0$ ist ein isolierter Punkt der Kurve, denn $y=f(x)$ ist sonst nur für $x\geq 1$ erklärt.

Diese Kurve schließt mit der x-Achse keine endliche Fläche ein; die skizzierte Fläche A ist unendlich groß.

Nullstellen:

$x_0=0;\quad x_1=1$

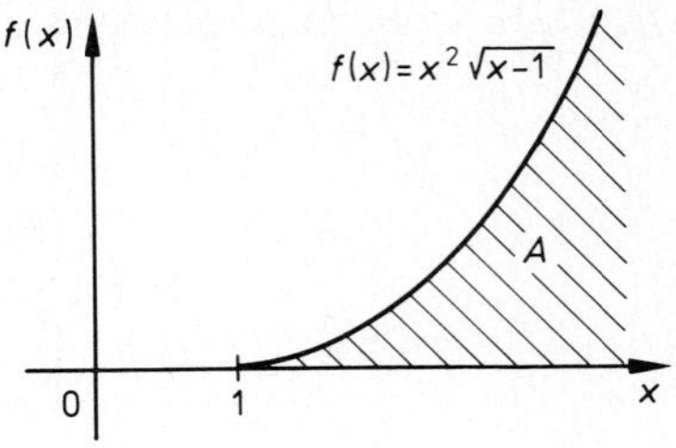

53. $f(x)=\cos^3 x$

Diese Funktion besitzt unendlich viele Nullstellen. Die Fläche, die von der Kurve und der x-Achse zwischen zwei benachbarten Nullstellen eingeschlossen wird, ist für alle benachbarten Nullstellen gleich groß, nämlich $\frac{4}{3}E^2$.

$\int \cos^3 x\,dx$ ▶ Kap. 2.5, Band 4

Nullstellen:

$$x=\pm\frac{\pi}{2};\quad \pm\frac{3\pi}{2};\quad \pm\frac{5\pi}{2};\ \ldots$$

$$\int \cos^3 x\,dx=\frac{1}{3}\cos^2 x\cdot\sin x+\frac{2}{3}\int \cos x\,dx$$

$$=\frac{1}{3}\cos^2 x\cdot\sin x+\frac{2}{3}\sin x+c$$

$$=\frac{1}{3}\sin x\,(\cos^2 x+2)+c$$

$$\int_{-\frac{\pi}{2}}^{\frac{\pi}{2}} \cos^3 x\,dx=\frac{1}{3}\left[\sin x\,(\cos^2 x+2)\right]_{-\frac{\pi}{2}}^{\frac{\pi}{2}}$$

$$=\frac{1}{3}\cdot 1\,(0+2)-\frac{1}{3}\,(-1)\,(0+2)$$

$$\mathrel{\widehat{=}}\frac{4}{3}E^2$$

$$A\mathrel{\widehat{=}}\lim_{n\to\infty} n\cdot\frac{4}{3}E^2$$

$$=\infty$$

54. $f(x)=1+\sin x$

Diese Funktion besitzt unendlich viele Nullstellen. Sie schließt mit der x-Achse zwischen zwei benachbarten Nullstellen stets die gleiche Fläche A_1 ein mit $A_1=2\pi E^2$.

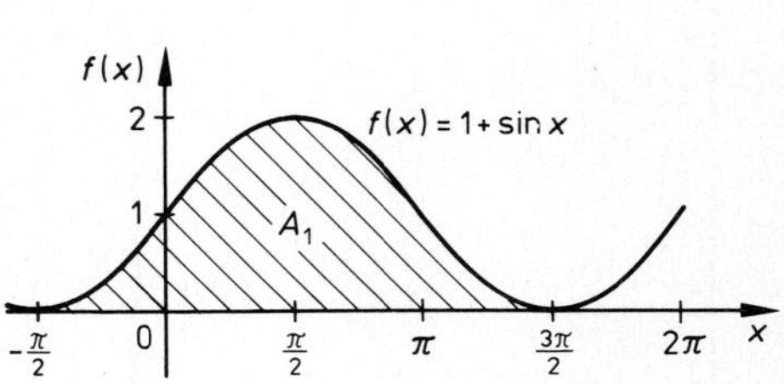

Nullstellen:

$$x = \begin{cases} \frac{3}{2}\pi;\ \frac{7}{2}\pi;\ \frac{11}{2}\pi;\ \ldots \\ -\frac{\pi}{2};\ -\frac{5}{2}\pi;\ -\frac{9}{2}\pi;\ \ldots \end{cases}$$

$$A_1 = \int_{-\frac{\pi}{2}}^{\frac{3\pi}{2}} (1 + \sin x)\,\mathrm{d}x$$

$$= [x - \cos x]_{-\frac{\pi}{2}}^{\frac{3\pi}{2}}$$

$$A_1 = \frac{3\pi}{2} - 0 - \left(-\frac{\pi}{2} - 0\right)$$

$$\mathrel{\widehat{=}} \underline{\underline{2\pi E^2}}$$

$$A = \lim_{n \to \infty} n \cdot 2\pi E^2$$

$$\mathrel{\widehat{=}} \underline{\underline{\infty}}$$

55. $f_1(x) = x^2 + 1$

$f_2(x) = 6$

Zwischen $x = -\sqrt{5}$ und $x = \sqrt{5}$ gilt $y_2 > y_1$.

Schnittpunkte der beiden Kurven:

$x^2 + 1 = 6 \Rightarrow x^2 = 5$

$x_{s_1} = -\sqrt{5};\quad x_{s_2} = \sqrt{5}$

$$A = \int_{-\sqrt{5}}^{\sqrt{5}} (y_2 - y_1)\,\mathrm{d}x$$

$$= \int_{-\sqrt{5}}^{\sqrt{5}} (6 - x^2 - 1)\,\mathrm{d}x$$

$$= \left[5x - \frac{x^3}{3}\right]_{-\sqrt{5}}^{\sqrt{5}}$$

$$= 5\sqrt{5} - \frac{5}{3}\sqrt{5} - \left(-5\sqrt{5} + \frac{5}{3}\sqrt{5}\right)$$

$$\underline{\underline{\mathrel{\widehat{=}} \frac{20}{3}\sqrt{5}\,E^2 \mathrel{\widehat{=}} 14{,}91\,E^2}}$$

56. $f_1(x)=x^2-4$

$f_2(x)=\frac{x}{2}+2$

Zwischen x_{s_1} und x_{s_2} gilt $y_2>y_1$.

Schnittpunkte:

$$x^2-4=\frac{x}{2}+2 \Rightarrow x^2-\frac{x}{2}-6=0$$

$$x_{s_1;\,s_2}=\frac{1}{4}\pm\sqrt{\frac{1}{16}+6}$$

$$x_{s_1}=\frac{1}{4}+\frac{1}{4}\sqrt{97};\quad x_{s_2}=\frac{1}{4}-\frac{1}{4}\sqrt{97}$$

$$A=\int_{x_{s_2}}^{x_{s_1}}(y_2-y_1)\,\mathrm{d}x$$

$$=\int_{x_{s_2}}^{x_{s_1}}\left(-x^2+\frac{x}{2}+6\right)\mathrm{d}x$$

$$=\left[-\frac{x^3}{3}+\frac{x^2}{4}+6x\right]_{\frac{1}{4}-\frac{1}{4}\sqrt{97}}^{\frac{1}{4}+\frac{1}{4}\sqrt{97}}$$

$$A=-\frac{1}{3}\cdot\frac{1}{64}(292+100\sqrt{97})+\frac{1}{4}\cdot\frac{1}{16}(98+2\sqrt{97})+$$

$$+\frac{6}{4}(1+\sqrt{97})+\frac{1}{3}\cdot\frac{1}{64}(292-100\sqrt{97})-$$

$$-\frac{1}{4}\cdot\frac{1}{16}(98-2\sqrt{97})-\frac{6}{4}(1-\sqrt{97})$$

$$=\sqrt{97}\left(-\frac{25}{48}+\frac{1}{32}+\frac{6}{4}-\frac{25}{48}+\frac{1}{32}+\frac{6}{4}\right)-$$

$$-\frac{73}{48}+\frac{59}{32}+\frac{6}{4}+\frac{73}{48}-\frac{49}{32}-\frac{6}{4}$$

$$\mathrel{\hat=}\frac{97}{48}\sqrt{97}\,E^2\mathrel{\hat=}19{,}90\,E^2$$

57. $f_1(x)=\frac{x}{x-1}$

$f_2(x)=-x+10$

Schnittpunkte:

$$\frac{x}{x-1}=-x+10\Rightarrow x^2-10x+10=0$$

$$x_{s_1;s_2}=5\pm\sqrt{25-10}$$

$$x_{s_1}=5+\sqrt{15};\quad x_{s_2}=5-\sqrt{15}$$

Im Intervall $x_{s_2} < x < x_{s_1}$ gilt $y_2 > y_1$.

$$A = \int_{x_{s_2}}^{x_{s_1}} (y_2 - y_1)\,\mathrm{d}x$$

$$\frac{x}{x-1} = 1 + \frac{1}{x-1}$$

$$= \int_{x_{s_2}}^{x_{s_1}} \left(-x + 10 - \frac{x}{x-1}\right)\mathrm{d}x$$

$$= \int_{x_{s_2}}^{x_{s_1}} \left(-x + 9 - \frac{1}{x-1}\right)\mathrm{d}x$$

$$= \left[-\frac{x^2}{2} + 9x - \ln|x-1|\right]_{5-\sqrt{15}}^{5+\sqrt{15}}$$

$$= -\frac{40 + 10\sqrt{15}}{2} + 9(5 + \sqrt{15}) - \ln(4 + \sqrt{15}) +$$

$$+ \frac{40 - 10\sqrt{15}}{2} + 9(5 - \sqrt{15}) + \ln(4 - \sqrt{15})$$

$$\mathrel{\widehat{=}} \left(8\sqrt{15} + \ln\frac{4 - \sqrt{15}}{4 + \sqrt{15}}\right) E^2$$

$$\approx 8 \cdot 3{,}873 + \ln 0{,}01613$$

$$\mathrel{\widehat{=}} \underline{\underline{26{,}86\,E^2}}$$

58. $f_1(x) = x + \frac{1}{x}$

$f_2(x) = 8$

Schnittpunkte:

$$x + \frac{1}{x} = 8 \Rightarrow x^2 - 8x + 1 = 0$$

$$x_{s_1;s_2} = 4 \pm \sqrt{16 - 1}$$

$$x_{s_1} = 4 + \sqrt{15}; \quad x_{s_2} = 4 - \sqrt{15}$$

Im Intervall $x_{s_2} < x < x_{s_1}$ gilt stets $y_2 > y_1$, so daß zur Flächenberechnung die Differenz $y_2 - y_1$ benutzt wird.

$$A = \int_{x_{s_2}}^{x_{s_1}} (y_2 - y_1)\,\mathrm{d}x$$

$$= \int_{x_{s_2}}^{x_{s_1}} \left(8 - x - \frac{1}{x}\right)\mathrm{d}x$$

$$=\left[8x-\frac{x^2}{2}-\ln|x|\right]_{4-\sqrt{15}}^{4+\sqrt{15}}$$

$$=32+8\sqrt{15}-\frac{1}{2}(31+8\sqrt{15})-\ln(4+\sqrt{15})-$$

$$-32+8\sqrt{15}+\frac{1}{2}(31-8\sqrt{15})+\ln(4-\sqrt{15})$$

$$\mathrel{\hat=}\left(8\sqrt{15}+\ln\frac{4-\sqrt{15}}{4+\sqrt{15}}\right)E^2$$

$$\mathrel{\hat=}\underline{\underline{26{,}86\,E^2}}$$

59. $f_1(x)=\dfrac{x^4+3x}{5}$

$f_2(x)=3x$

Schnittpunkte:

$$\frac{1}{5}(x^4+3x)=3x\Rightarrow x^4-12x=0$$

$$x(x^3-12)=0$$

$$x_{s_1}=0;\quad x_{s_2}=\sqrt[3]{12}$$

Im Intervall $x_{s_1}<x<x_{s_2}$ gilt stets $y_2>y_1$, so daß zur Flächenberechnung y_2-y_1 benutzt wird.

$$A=\int_{x_{s_1}}^{x_{s_2}}(y_2-y_1)\,dx$$

$$=\int_0^{\sqrt[3]{12}}\left(3x-\frac{x^4}{5}-\frac{3}{5}x\right)dx$$

$$=\left[\frac{3}{2}x^2-\frac{x^5}{25}-\frac{3}{10}x^2\right]_0^{\sqrt[3]{12}}$$

$$=\left[\frac{6}{5}x^2-\frac{x^5}{25}\right]_0^{\sqrt[3]{12}}$$

$$A=\frac{6}{5}\sqrt[3]{144}-\frac{12}{25}\sqrt[3]{144}$$

$$=\frac{18}{25}\sqrt[3]{144}$$

$$=\frac{18}{25}\sqrt[3]{8\cdot 18}$$

$$\mathrel{\hat=}\underline{\underline{\frac{36}{25}\sqrt[3]{18}\,E^2\mathrel{\hat=}3{,}77\,E^2}}$$

60. $f_1(x)=\dfrac{1}{1-x^2}$

$f_2(x)=\dfrac{x^2}{10}+4$

$\sqrt{1641}\approx 40{,}50923$

z_2 ist hier sinnlos, da aus dieser negativen Zahl nicht mehr die Wurzel gezogen werden kann.

Schnittpunkte:

$$\frac{1}{1-x^2}=\frac{x^2}{10}+4 \Rightarrow x^4+39x^2-30=0$$

Substitution: $x^2=z$

$$z^2+39z-30=0$$

$$z_{1;2}=-\frac{39}{2}\pm\sqrt{\left(\frac{39}{2}\right)^2+30}$$

$$=-\frac{39}{2}\pm\frac{1}{2}\sqrt{1641}$$

$z_1\approx 0{,}75463;\quad z_2<0\Rightarrow$ sinnlos

$$x_{s1;\,s2}\approx \pm\sqrt{0{,}75463}$$

$$\approx \pm 0{,}86869$$

$$x_{s_1}\approx -0{,}86869;\quad x_{s_2}\approx 0{,}86869$$

Im Intervall $x_{s_1}<x<x_{s_2}$ gilt $y_2>y_1$.

Aus Symmetriegründen läßt sich das Integral vereinfachen. Für $\dfrac{1}{x^2-1}$ wird eine Partialbruchzerlegung durchgeführt.

$$\frac{1}{x^2-1}=\frac{1}{(x+1)(x-1)}$$

$$=\frac{-\frac{1}{2}}{x+1}+\frac{\frac{1}{2}}{x-1}$$

$$A=\int_{x_{s_1}}^{x_{s_2}}(y_2-y_1)\,\mathrm{d}x$$

$$=\int_{x_{s_1}}^{x_{s_2}}\left(\frac{x^2}{10}+4-\frac{1}{1-x^2}\right)\mathrm{d}x$$

$$=2\cdot\int_{0}^{x_{s2}}\left(\frac{x^2}{10}+4+\frac{1}{x^2-1}\right)\mathrm{d}x$$

$$=2\cdot\int_{0}^{x_{s2}}\left(\frac{x^2}{10}+4-\frac{1}{2}\cdot\frac{1}{x+1}+\frac{1}{2}\cdot\frac{1}{x-1}\right)\mathrm{d}x$$

$$=2\left[\frac{x^3}{30}+4x-\frac{1}{2}\ln|x+1|+\frac{1}{2}\ln|x-1|\right]_0^{x_{s2}}$$

$$=2\left[\frac{x^3}{30}+4x+\frac{1}{2}\ln\left|\frac{x-1}{x+1}\right|\right]_0^{x_{s2}}$$

$$\approx 2\,(0{,}02185+3{,}4784-1{,}3278)$$

$$\underline{\underline{\mathrel{\hat{=}} 4{,}338\,E^2}}$$

61. $f_1(x)=\sqrt{x-2}$; $f_2(x)=-\sqrt{x-2}$

$f_3(x)=\frac{x}{2}-4$

Schnittpunkte:

$$\pm\sqrt{x-2}=\frac{x}{2}-4 \quad \text{quadrieren}$$

$$x-2=\frac{x^2}{4}-4x+16$$

$$x^2-20x+72=0$$

$$x_{s_1;\,s_2}=10\pm\sqrt{100-72}$$

$$x_{s_1}=10+\sqrt{28};\quad x_{s_2}=10-\sqrt{28}$$

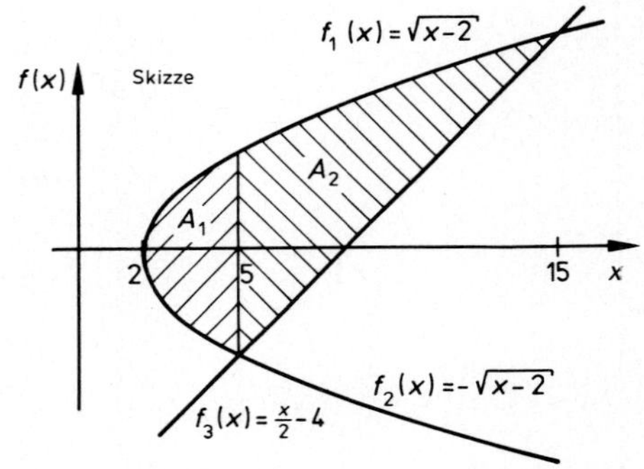

Zur Berechnung der Fläche A bestimmt man zunächst die Teilflächen A_1 und A_2.

$$A_1=2\cdot\int_2^{x_{s_2}}\sqrt{x-2}\,\mathrm{d}x$$

$$=\frac{4}{3}\left[(x-2)\sqrt{x-2}\right]_2^{10-\sqrt{28}}$$

$$\mathrel{\hat=}\frac{4}{3}(8-\sqrt{28})\sqrt{8-\sqrt{28}}\,E^2$$

$$A_2=\int_{x_{s_2}}^{x_{s_1}}\left[\sqrt{x-2}-\left(\frac{x}{2}-4\right)\right]\mathrm{d}x$$

$$=\left[\frac{2}{3}(x-2)\sqrt{x-2}-\frac{x^2}{4}+4x\right]_{10-\sqrt{28}}^{10+\sqrt{28}}$$

$$=\frac{2}{3}(8+\sqrt{28})\sqrt{8+\sqrt{28}}-\frac{1}{4}(128+20\sqrt{28})+$$

$$+4(10+\sqrt{28})-\frac{2}{3}(8-\sqrt{28})\sqrt{8-\sqrt{28}}+$$

$$+\frac{1}{4}(128-20\sqrt{28})-4((10-\sqrt{28})$$

$$\hat{=}\left[\frac{2}{3}(8+\sqrt{28})\sqrt{8+\sqrt{28}}-\frac{2}{3}(8-\sqrt{28})\sqrt{8-\sqrt{28}}-\right.$$

$$\left.-2\sqrt{28}\right]E^2>0$$

$$A=A_1+A_2$$

$$=\frac{2}{3}(8+\sqrt{28})\sqrt{8+\sqrt{28}}+\frac{2}{3}(8-\sqrt{28})\sqrt{8-\sqrt{28}}-$$

$$-2\sqrt{28}$$

$$\approx\frac{2}{3}\cdot 13{,}292\cdot\sqrt{13{,}292}+\frac{2}{3}\cdot 2{,}708\cdot\sqrt{2{,}708}-10{,}58$$

$$\approx\frac{2}{3}\cdot 13{,}292\cdot 3{,}6458+\frac{2}{3}\cdot 2{,}708\cdot 1{,}646-10{,}58$$

$$\hat{=}24{,}70\,E^2$$

62. $f_1(x)=\frac{1}{2}\sqrt{x^2-1}$;

$f_2(x)=-\frac{1}{2}\sqrt{x^2-1}$

$f_3(x)=x-2$

Schnittpunkte:

$\pm\frac{1}{2}\sqrt{x^2-1}=x-2$ quadrieren

$\frac{1}{4}(x^2-1)=x^2-4x+4 \quad \| \cdot 4$

$$0=3x^2-16x+17$$

$$0=x^2-\frac{16}{3}x+\frac{17}{3}$$

$$x_{s_1;s_2}=\frac{8}{3}\pm\sqrt{\frac{64}{9}-\frac{17}{3}}$$

$$=\frac{8}{3}\pm\frac{1}{3}\sqrt{13}$$

3.1

Da die Geraden $f(x)=\frac{1}{2}x$ und

$f(x)=-\frac{1}{2}x$

Asymptoten von

$R(x)=\pm\frac{1}{2}\sqrt{x^2-1}$

sind, erhält man leicht nebenstehende Funktionenskizze. Die Fläche A wird durch Berechnung der Teilflächen A_1 und A_2 ermittelt.

$$x_{s_1}=\frac{1}{3}(8+\sqrt{13});\quad x_{s_2}=\frac{1}{3}(8-\sqrt{13})$$

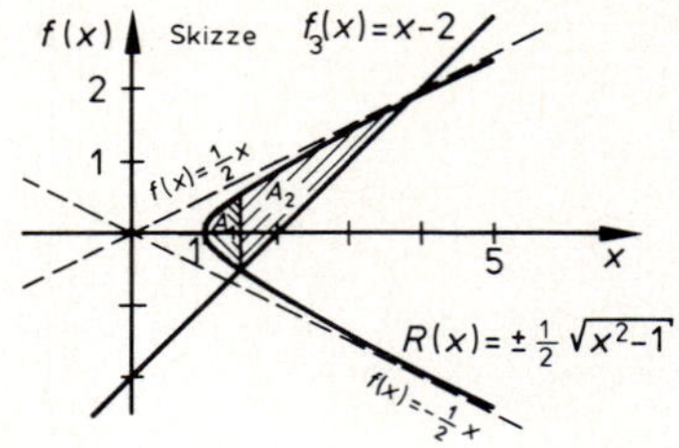

$$A_1=2\cdot\int_1^{x_{s_2}}\frac{1}{2}\sqrt{x^2-1}\,dx$$

$$=\int_1^{x_{s_2}}\sqrt{x^2-1}\,dx$$

$\int\sqrt{x^2-a^2}\,dx$ ▶ Kap. 2.4, Band 4

$$A_1=\left[\frac{x}{2}\sqrt{x^2-1}-\frac{1}{2}\ln|x+\sqrt{x^2-1}|\right]_1^{\frac{1}{3}(8-\sqrt{13})}$$

$x_{s_2}\approx 1{,}465$

$$\approx 0{,}7325\sqrt{1{,}146}-\frac{1}{2}\ln(1{,}465+\sqrt{1{,}146})-0$$

$$\approx 0{,}7325\cdot 1{,}071-\frac{1}{2}\ln 2{,}536$$

$$\approx 0{,}7845-0{,}4653$$

$$\triangleq \underline{\underline{0{,}3192\,E^2}}$$

$$A_2=\int_{x_{s_2}}^{x_{s_1}}\left[\frac{1}{2}\sqrt{x^2-1}-(x-2)\right]dx$$

$$=\left[\frac{x}{4}\sqrt{x^2-1}-\frac{1}{4}\ln|x+\sqrt{x^2-1}|-\frac{x^2}{2}+2x\right]_{x_{s_2}}^{x_{s_1}}$$

$x_{s_1}\approx 3{,}869;\quad x_{s_2}\approx 1{,}465$

$$\approx 0{,}9673\sqrt{13{,}97}-\frac{1}{4}\ln(3{,}869+\sqrt{13{,}97})-$$

$$-7{,}485+7{,}738-[0{,}3663\sqrt{1{,}146}-$$

$$-\frac{1}{4}\ln(1{,}465+\sqrt{1{,}146})-1{,}073+2{,}930]$$

$$\approx 3{,}616 - \frac{1}{4}\ln 7{,}607 - 7{,}485 + 7{,}738 - 0{,}392 + \frac{1}{4}\ln 2{,}536 + 1{,}073 - 2{,}930$$

$$\mathrel{\hat=} \underline{\underline{1{,}346\,E^2}}$$

$$A = A_1 + A_2 \mathrel{\hat=} \underline{\underline{1{,}665\,E^2}}$$

63. $R_1(x)$: $f_1(x) = \sqrt[4]{x^3}$; $f_2(x) = -\sqrt[4]{x^3}$

$R_2(x)$: $f_3(x) = \sqrt{2-x}$; $f_4(x) = -\sqrt{2-x}$

Man errät leicht $x=1$ als Nullstelle und spaltet den Linearfaktor $(x-1)$ ab. Das Restpolynom x^2+4 besitzt keine Nullstelle mehr, so daß $x_s=1$ der einzige Schnittpunkt sein muß.

Die Fläche A wird durch Berechnung der Teilflächen A_1 und A_2 bestimmt.

Schnittpunkte:

$$\sqrt[4]{x^3} = \sqrt{2-x}$$

$$x^3 = (2-x)^2$$

$$\Rightarrow 0 = x^3 - x^2 + 4x - 4$$

$$(x^3 - x^2 + 4x - 4) : (x-1) = x^2 + 4$$

$$\underline{x^3 - x^2}$$

$$4x - 4$$

$$\underline{4x - 4}$$

$$0$$

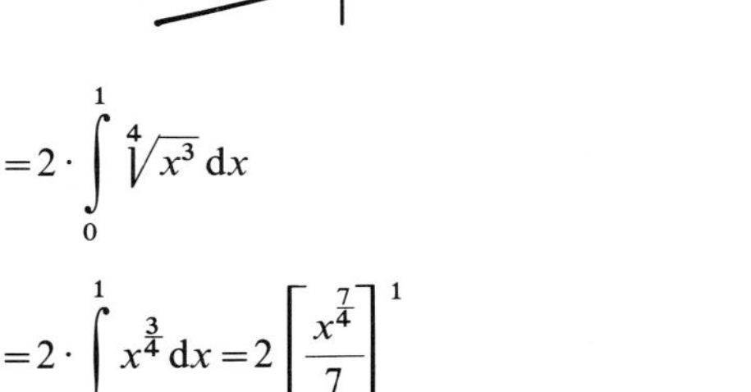

$$A_1 = 2 \cdot \int_0^1 \sqrt[4]{x^3}\,dx$$

$$= 2 \cdot \int_0^1 x^{\frac{3}{4}}\,dx = 2\left[\frac{x^{\frac{7}{4}}}{\frac{7}{4}}\right]_0^1$$

$$\mathrel{\hat=} \underline{\underline{\frac{8}{7}\,E^2}}$$

Zur Bestimmung von A_2 löst man zunächst das unbestimmte Integral

$$\int \sqrt{2-x}\,dx$$

Substitution:

$z=2-x;\quad dx=-dz$

$$\int \sqrt{2-x}\,dx = -\int \sqrt{z}\,dz$$

$$= -\int z^{\frac{1}{2}}\,dz$$

$$= -\frac{z^{\frac{3}{2}}}{\frac{3}{2}} + c$$

$$= -\frac{2}{3} z\sqrt{z} + c$$

$$= -\frac{2}{3}(2-x)\sqrt{2-x} + c$$

$$A_2 = 2\cdot\int_1^2 \sqrt{2-x}\,dx$$

$$= -\frac{4}{3}\left[(2-x)\sqrt{2-x}\right]_1^2$$

$$= \frac{4}{3}\cdot 1\cdot\sqrt{1}$$

$$= \underline{\underline{\frac{4}{3}\,E^2}}$$

$$A = A_1 + A_2$$

$$\mathrel{\hat=} \underline{\underline{\frac{52}{21}\,E^2 \mathrel{\hat=} 2{,}4762\,E^2}}$$

64. $f_1(x) = e^{-x^2}$

$f_2(x) = \frac{1}{e}$

Schnittpunkte:

$$e^{-x^2} = \frac{1}{e} \Rightarrow \frac{1}{e^{x^2}} = \frac{1}{e}$$

$$e^{x^2} = e = e^1$$

$$\Rightarrow x^2 = 1$$

$$x_{s_1} = 1;\quad x_{s_2} = -1$$

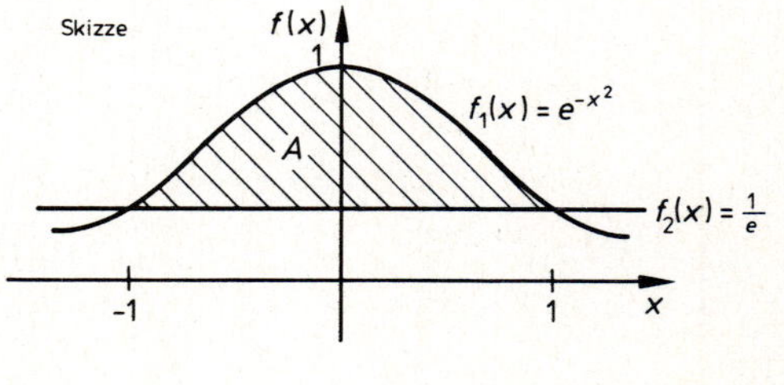

$$A=\int_{-1}^{1}\left(e^{-x^2}-\frac{1}{e}\right)dx$$

$$=2\cdot\int_{0}^{1}\left(e^{-x^2}-\frac{1}{e}\right)dx$$

$$=2\cdot\int_{0}^{1}e^{-x^2}\,dx-\frac{2}{e}\cdot\int_{0}^{1}dx$$

$$=2\cdot\int_{0}^{1}e^{-x^2}dx-\left[\frac{2}{e}x\right]_0^1$$

Das Integral $\int e^{-x^2}dx$ ist nicht geschlossen integrierbar und muß daher numerisch, graphisch oder durch Reihenentwicklung gelöst werden.

$$=2\cdot\int_{0}^{1}e^{-x^2}\,dx-\frac{2}{e}$$

$$e^z=1+\frac{z}{1!}+\frac{z^2}{2!}+\frac{z^3}{3!}+\frac{z^4}{4!}+\frac{z^5}{5!}+\ldots \blacktriangleright z=-x^2$$

Hier soll die Integration durch Reihenentwicklung vorgenommen werden.

$$e^{-x^2}=1-\frac{x^2}{1!}+\frac{x^4}{2!}-\frac{x^6}{3!}+\frac{x^8}{4!}-\frac{x^{10}}{5!}+-\ldots$$

$$\int_{0}^{1}e^{-x^2}\,dx=$$

$$=\left[\left(x-\frac{x^3}{3\cdot 1!}+\frac{x^5}{5\cdot 2!}-\frac{x^7}{7\cdot 3!}+\frac{x^9}{9\cdot 4!}-\frac{x^{11}}{11\cdot 5!}+-\ldots\right)\right]_0^1$$

Von dieser Reihe werden die ersten Glieder zur näherungsweisen Berechnung des Integrals addiert:

$$=1-\frac{1}{3\cdot 1!}+\frac{1}{5\cdot 2!}-\frac{1}{7\cdot 3!}+\frac{1}{9\cdot 4!}-\frac{1}{11\cdot 5!}+-\ldots$$

Summe der Reihenglieder:

1.	+1,000000
2.	−0,333333
3.	+0,100000
4.	−0,023810
5.	+0,004630
6.	−0,000758
7.	+0,000107
8.	−0,000013
9.	+0,000001
	0,746824

$$A\approx 2\cdot 0{,}746824-\frac{2}{e}$$

$$\approx 2\,(0{,}746824-0{,}367879)$$

$$\mathrel{\widehat{=}} \underline{\underline{0{,}757890\,E^2}}$$

65. $f_1(x) = \sin x$

$f_2(x) = \frac{1}{2} x$

Die Bestimmungsgleichung für die Schnittpunkte läßt sich nicht nach x auflösen. Man muß deshalb ein Näherungsverfahren benutzen wie etwa das Newtonsche Verfahren.

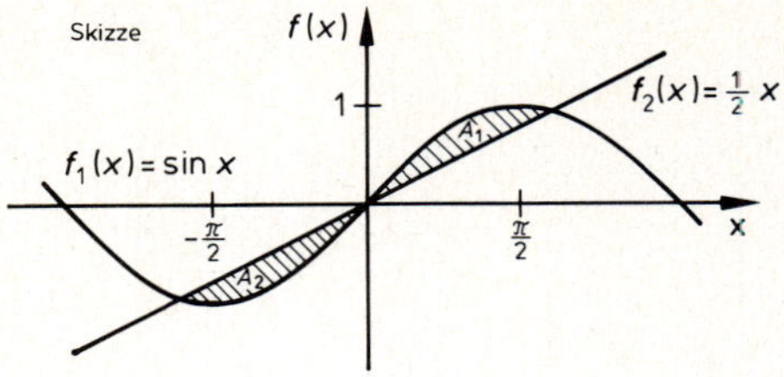

Schnittpunkte:

$$\sin x = \frac{1}{2} x \Rightarrow 0 = \sin x - \frac{1}{2} x$$

$$f(x) = \sin x - \frac{1}{2} x$$

$$f'(x) = \cos x - \frac{1}{2}$$

$$\Rightarrow x_1 = x_0 - \frac{f(x_0)}{f'(x_0)}$$

Schätzung: $x_0 = 1{,}6$

$$x_1 = 1{,}6 - \frac{\sin 1{,}6 - 0{,}8}{\cos 1{,}6 - 0{,}5}$$

$$= 1{,}6 - \frac{0{,}9996 - 0{,}8}{-0{,}0292 - 0{,}5}$$

$$= 1{,}6 + 0{,}377$$

$$= 1{,}977$$

$$x_2 = 1{,}977 - \frac{\sin 1{,}977 - 0{,}9885}{\cos 1{,}977 - 0{,}5}$$

$$= 1{,}977 - \frac{0{,}9186 - 0{,}9885}{-0{,}3951 - 0{,}5}$$

$$= 1{,}977 - 0{,}078$$

$$= 1{,}899$$

$$x_3 = 1{,}899 - \frac{\sin 1{,}899 - 0{,}9495}{\cos 1{,}899 - 0{,}5}$$

$$= 1{,}899 - \frac{0{,}9466 - 0{,}9495}{-0{,}3223 - 0{,}5}$$

Die 3. Näherung liefert x_{s_1} auf 4 Stellen genau. Den Schnittpunkt x_{s_2} erhält man sofort durch Berücksichtigung der Symmetrie der Funktionen y_1 und y_2.

$= 1{,}899 - 0{,}004$

$= 1{,}895$

$x_{s_1} \approx \underline{\underline{1{,}895}}; \quad x_{s_2} \approx \underline{\underline{-1{,}895}}$

$x_{s_3} = \underline{\underline{0}}$

Aufgrund der Symmetrieeigenschaften von y_1 und y_2 sind die Teilflächen A_1 und A_2 gleich groß.

$$A = A_1 + A_2$$

$$= 2 \cdot A_1$$

$$= 2 \int_0^{x_{s1}} \left(\sin x - \frac{1}{2} x\right) \mathrm{d}x$$

$$= 2 \left[-\cos x - \frac{1}{2} x^2 \right]_0^{x_{s1}}$$

$$\approx 2(-\cos 1{,}895 - \frac{1}{4} \cdot 1{,}895^2) - 2(-\cos 0)$$

$$\approx 2(0{,}3186 - 0{,}8978) + 2$$

$$\underline{\underline{\hat{=} 0{,}8416\,E^2}}$$

66. $f_1(x) = 10 - x^2$

$f_2(x) = \sqrt{4 - x}$

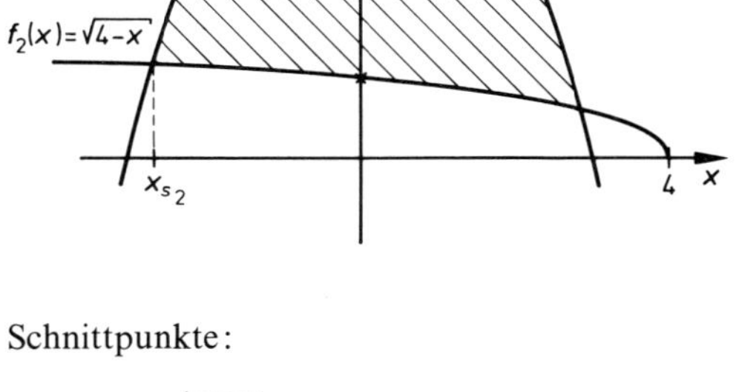

Man errät leicht $x = 3$ als Nullstelle. Der Linearfaktor $x - 3$ wird dann abgespaltet.

Schnittpunkte:

$10 - x^2 = \sqrt{4 - x}$

$(10 - x^2)^2 = 4 - x$

$\Rightarrow 0 = x^4 - 20x^2 + x + 96$

3.1

$$(x^4-20x^2+x+96):(x-3)=x^3+3x^2-11x-32$$

$$\begin{array}{l} x^4-3x^3 \\ \hline \quad 3x^3-20x^2 \\ \quad 3x^3-\ \ 9x^2 \\ \hline \qquad -11x^2+x \\ \qquad -11x^2+33x \\ \hline \qquad\qquad -32x+96 \\ \qquad\qquad -32x+96 \\ \hline \qquad\qquad\qquad 0 \end{array}$$

Die Nullstelle x_{s_2} des Polynoms

$f(x)=x^3+3x^2-11x-32$

wird mit dem Newtonschen Verfahren näherungsweise bestimmt.

$$x_1=x_0-\frac{f(x_0)}{f'(x_0)}$$

$$f(x)=x^3+3x^2-11x-32$$

$$f'(x)=3x^2+6x-11$$

Schätzung: $x_0=-2{,}8$

$$x_1=-2{,}8-\frac{-21{,}95+23{,}52+30{,}80-32}{23{,}52-16{,}80-11}$$

$$=-2{,}8+\frac{0{,}37}{4{,}28}$$

$$=-2{,}714$$

$$x_2=-2{,}714-\frac{-19{,}99+22{,}10+29{,}85-32}{22{,}10-16{,}28-11}$$

$$=-2{,}714-\frac{0{,}04}{5{,}18}$$

$$=-2{,}722$$

$$\Rightarrow x_{s_2}\approx \underline{\underline{-2{,}722}};\quad x_{s_1}=\underline{\underline{3}}$$

Im Intervall $x_{s_2}<x<x_{s_1}$ gilt stets $f_1(x)>f_2(x)$, so daß zur Flächenberechnung die Differenz $f_1(x)-f_2(x)$ benutzt werden muß.

$$A=\int_{x_{s_2}}^{x_{s_1}}(f_1(x)-f_2(x))\,dx$$

$$=\int_{x_{s_2}}^{x_{s_1}}(10-x^2-\sqrt{4-x})\,dx$$

$$=\left[10x-\frac{x^3}{3}+\frac{2}{3}(4-x)\sqrt{4-x}\right]_{x_{s_2}}^{x_{s_1}}$$

$$\approx 30 - 9 + \frac{2}{3} - \left(-27{,}22 + 6{,}723 + \frac{2}{3} \cdot 6{,}722\sqrt{6{,}722}\right)$$

$$\approx 21{,}67 + 27{,}22 - 6{,}723 - \frac{2}{3} \cdot 6{,}722 \cdot 2{,}593$$

$$\mathrel{\hat=} \underline{\underline{30{,}55\,E^2}}$$

67. $f_1(x) = x^2$

$f_2(x) = x + 4$

$f_3(x) = -x + 5$

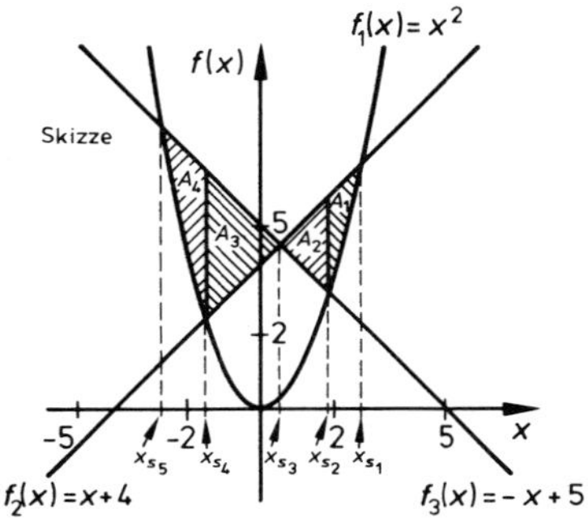

Schnittpunkte:

a) $f_1(x)$ und $f_2(x)$ $\quad (x_{s_1}; x_{s_4})$

$x^2 = x + 4 \Rightarrow x^2 - x - 4 = 0$

$$x_{1;2} = \frac{1}{2} \pm \sqrt{\frac{1}{4} + 4}$$

$$\underline{\underline{x_{s_1} = \frac{1}{2}(1 + \sqrt{17})}}; \quad \underline{\underline{x_{s_4} = \frac{1}{2}(1 - \sqrt{17})}}$$

b) $f_1(x)$ und $f_3(x)$ $\quad (x_{s_2}; x_{s_5})$

$x^2 = -x + 5 \Rightarrow x^2 + x - 5 = 0$

$$x_{1;2} = -\frac{1}{2} \pm \sqrt{\frac{1}{4} + 5}$$

$$\underline{\underline{x_{s_2} = -\frac{1}{2}(1 - \sqrt{21})}}; \quad \underline{x_{s_5} = -\frac{1}{2}(1 + \sqrt{21})}$$

c) $f_2(x)$ und $f_3(x)$ $\quad (x_{s_3})$

$x + 4 = -x + 5$

$$2x = 1 \Rightarrow x_{s_3} = \underline{\underline{\frac{1}{2}}}$$

3.1

Es werden nun die 4 Teilflächen $A_1, \ldots, A_4$ berechnet.

$$A_1 = \int_{x_{s_2}}^{x_{s_1}} ((f_2(x) - f_1(x))\,\mathrm{d}x$$

$$= \int_{x_{s_2}}^{x_{s_1}} (x + 4 - x^2)\,\mathrm{d}x$$

$$= \left[\frac{x^2}{2} + 4x - \frac{x^3}{3}\right]_{-\frac{1}{2}(1-\sqrt{21})}^{\frac{1}{2}(1+\sqrt{17})}$$

$$= \frac{18 + 2\sqrt{17}}{8} + 2(1 + \sqrt{17}) - \frac{52 + 20\sqrt{17}}{24} -$$

$$- \frac{22 - 2\sqrt{21}}{8} + 2(1 - \sqrt{21}) - \frac{64 - 24\sqrt{21}}{24}$$

$$= \frac{9 + \sqrt{17}}{4} + 2 + 2\sqrt{17} - \frac{13 + 5\sqrt{17}}{6} -$$

$$- \frac{11 - \sqrt{21}}{4} + 2 - 2\sqrt{21} - \frac{8 - 3\sqrt{21}}{3}$$

$$= -\frac{16}{12} + \frac{17}{12}\sqrt{17} - \frac{3}{4}\sqrt{21}$$

$$\mathrel{\hat=} \frac{1}{12}(17\sqrt{17} - 9\sqrt{21} - 16)E^2$$

$$A_2 = \int_{x_{s_3}}^{x_{s_2}} ((f_2(x) - f_3(x))\,\mathrm{d}x$$

$$= \int_{x_{s_3}}^{x_{s_2}} (x + 4 + x - 5)\,\mathrm{d}x$$

$$= [x^2 - x]_{\frac{1}{2}}^{-\frac{1}{2}(1-\sqrt{21})}$$

$$= \frac{22 - 2\sqrt{21}}{4} - \frac{1 - \sqrt{21}}{2} - \frac{1}{4} + \frac{1}{2}$$

$$\mathrel{\hat=} \left(\frac{25}{4} - \sqrt{21}\right)E^2$$

$$A_3 = \int_{x_{s_4}}^{x_{s_3}} \big(f_3(x) - f_2(x)\big)\,\mathrm{d}x$$

$$= \int_{x_{s_4}}^{x_{s_3}} (-x+5-x-4)\,\mathrm{d}x$$

$$A_3 = [-x^2+x]_{\frac{1}{2}(1-\sqrt{17})}^{\frac{1}{2}}$$

$$= -\frac{1}{4}+\frac{1}{2}+\frac{18-2\sqrt{17}}{4}-\frac{1-\sqrt{17}}{2}$$

$$\mathrel{\widehat{=}} \frac{17}{4}\,E^2$$

$$A_4 = \int_{x_{s_5}}^{x_{s_4}} \big((f_3(x) - f_1(x)\big)\,\mathrm{d}x$$

$$= \int_{x_{s_5}}^{x_{s_4}} (-x+5-x^2)\,\mathrm{d}x$$

$$= \left[-\frac{x^2}{2}+5x-\frac{x^3}{3}\right]_{-\frac{1}{2}(1+\sqrt{21})}^{\frac{1}{2}(1-\sqrt{17})}$$

$$= -\frac{18-2\sqrt{17}}{8}-\frac{5-5\sqrt{17}}{2}-\frac{52-20\sqrt{17}}{24}+$$

$$+\frac{22+2\sqrt{21}}{8}+\frac{5+5\sqrt{21}}{2}-\frac{64+24\sqrt{21}}{24}$$

$$= -\frac{9-\sqrt{17}}{4}+\frac{5-5\sqrt{17}}{2}-\frac{13-5\sqrt{17}}{6}+$$

$$+\frac{11+\sqrt{21}}{4}+\frac{5+5\sqrt{21}}{2}-\frac{8+3\sqrt{21}}{3}$$

$$= \frac{8}{12}-\frac{17}{12}\sqrt{17}+\frac{7}{4}\sqrt{21}$$

$$\mathrel{\widehat{=}} \frac{1}{12}\,(-17\sqrt{17}+21\sqrt{21}+8)\,E^2$$

$$A = A_1 + A_2 + A_3 + A_4$$

$$= \frac{1}{12}(17\sqrt{17} - 9\sqrt{21} - 16) + \frac{25}{4} - \sqrt{21} +$$

$$+ \frac{17}{4} + \frac{1}{12}(-17\sqrt{17} + 21\sqrt{21} + 8)$$

$$\mathrel{\widehat{=}} \frac{59}{6}\,E^2 \mathrel{\widehat{=}} 9{,}833\,E^2$$

68. $f_1(x) = x + 5$

$f_2(x) = -x + 1$

$f_3(x) = 4x - 5$

Die Fläche A wird durch Ermittlung der Teilflächen A_1 und A_2 bestimmt.

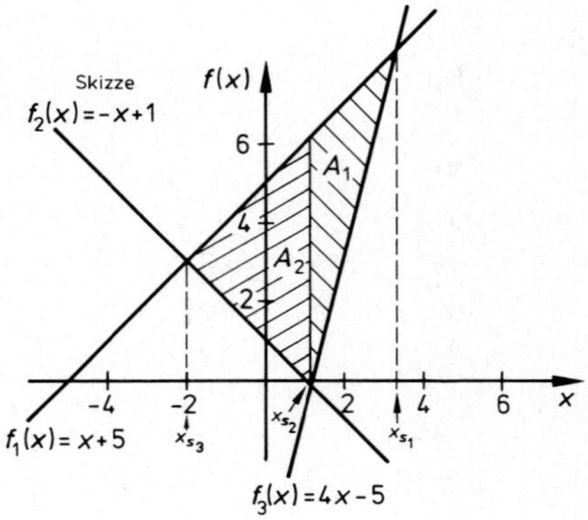

Schnittpunkte:

a) $f_1(x)$ und $f_2(x)$ $\quad (x_{s_3})$

$x + 5 = -x + 1$

$2x = -4 \Rightarrow x_{s_3} = -2$

b) $f_1(x)$ und $f_3(x)$ $\quad (x_{s_1})$

$x + 5 = 4x - 5$

$-3x = -10 \Rightarrow x_{s_1} = \frac{10}{3}$

c) $f_2(x)$ und $f_3(x)$ $\quad (x_{s_2})$

$-x + 1 = 4x - 5$

$-5x = -6 \Rightarrow x_{s_2} = \frac{6}{5}$

$$A_2 = \int_{x_{s_3}}^{x_{s_2}} (f(x_1) - f(x_2))\,dx$$

$$= \int_{\frac{6}{5}}^{\frac{10}{3}} (x+5-4x+5)\,dx$$

$$= \left[-\frac{3}{2}x^2 + 10x \right]_{\frac{6}{5}}^{\frac{10}{3}}$$

$$= -\frac{50}{3} + \frac{100}{3} + \frac{54}{25} - 12$$

$$\hat{=} \frac{512}{75}\,E^2$$

$$A_2 = \int_{x_{s_3}}^{x_{s_2}} (f(x_1) - f(x_2))\,dx$$

$$= \int_{-2}^{\frac{6}{5}} (x+5+x-1)\,dx$$

$$= \left[x^2 + 4x \right]_{-2}^{\frac{6}{5}}$$

$$= \frac{36}{25} + \frac{24}{5} - 4 + 8$$

$$\hat{=} \frac{256}{25}\,E^2$$

$$A = A_1 + A_2$$

$$= \frac{512}{75} + \frac{256}{25}$$

$$\hat{=} \frac{256}{15}\,E^2 \hat{=} 17{,}07\,E^2$$

69. $f_1(x) = x^3 - 9x$

$f_2(x) = x$

$f_3(x) = -(x-3)$

Bei der Berechnung von A durch Teilflächen muß man beachten, daß A_4 nicht zu A gehört! A_4 läßt sich nämlich durch keine Hinzunahme irgendeiner anderen Teilfläche durch die drei Funktionen einschließen, sondern nur durch zwei von ihnen.

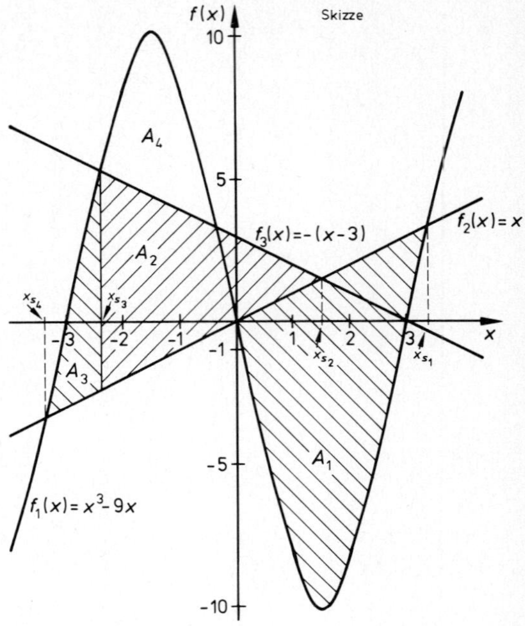

Schnittpunkte:

a) $f_1(x)$ und $f_2(x)$ $\quad (x_{s_1}; x_{s_4})$

$x^3 - 9x = x$

$\Rightarrow x^3 - 10x = x(x^2 - 10)$

$= x(x + \sqrt{10})(x - \sqrt{10})$

$x_{s_1} = \underline{\underline{\sqrt{10}}}; \quad x_{s_4} = \underline{\underline{-\sqrt{10}}}; \quad x_0 = \underline{\underline{0}}$

b) $f_1(x)$ und $f_3(x)$ $\quad (x_{s_3})$

$x^3 - 9x = -(x-3)$

Man errät leicht den hier uninteressanten Schnittpunkt $x = 3$. Zur weiteren Untersuchung spaltet man den Linearfaktor $x - 3$ ab.

$\Rightarrow x^3 - 8x - 3 = 0 \Rightarrow x_0 = 3$

$(x^3 - 8x - 3) : (x - 3) = x^2 + 3x + 1$

$$\begin{array}{l} \underline{x^3 - 3x^2} \\ \quad 3x^2 - 8x \\ \quad \underline{3x^2 - 9x} \\ \qquad\quad x - 3 \\ \qquad\quad \underline{x - 3} \\ \qquad\qquad 0 \end{array}$$

$$x^2+3x+1=0 \Rightarrow x_{1;2}=-\frac{3}{2}\pm\sqrt{\frac{9}{4}-1}$$

$$=-\frac{3}{2}\pm\frac{1}{2}\sqrt{5}$$

$$x_1=-\frac{3}{2}+\frac{1}{2}\sqrt{5};\quad x_2=-\frac{1}{2}(3+\sqrt{5})=x_{s_3}$$

c) $f_2(x)$ und $f_3(x)$ (x_{s_2})

$$x=-(x-3)$$

$$2x=3\Rightarrow x_{s_2}=\frac{3}{2}$$

Jetzt können die Teilflächen A_1, A_2 und A_3 berechnet werden.

$$A_1=\int_0^{x_{s_1}}\left(f_2(x)-f_1(x)\right)\mathrm{d}x$$

$$=\int_0^{x_{s_1}}(x-x^3+9x)\,\mathrm{d}x$$

$$=\left[-\frac{x^4}{4}+5x^2\right]_0^{\sqrt{10}}$$

$$=-25+50$$

$$\mathrel{\widehat{=}} 25\,E^2$$

$$A_2=\int_{x_{s_3}}^{x_{s_2}}\left(f_3(x)-f_2(x)\right)\mathrm{d}x$$

$$=\int_{x_{s_3}}^{x_{s_2}}(-x+3-x)\,\mathrm{d}x$$

$$=[-x^2+3x]_{-\frac{1}{2}(3+\sqrt{5})}^{\frac{3}{2}}$$

$$=-\frac{9}{4}+\frac{9}{2}+\frac{1}{4}(14+6\sqrt{5})+\frac{3}{2}(3+\sqrt{5})$$

$$\mathrel{\widehat{=}}\left(\frac{41}{4}+3\sqrt{5}\right)E^2$$

3.1

$$A_3 = \int_{x_{s_4}}^{x_{s_3}} (f_1(x) - f_2(x))\,\mathrm{d}x$$

$$= \int_{x_{s_4}}^{x_{s_3}} (x^3 - 9x - x)\,\mathrm{d}x$$

$$= \left[\frac{x^4}{4} - 5x^2\right]_{-\sqrt{10}}^{-\frac{1}{2}(3+\sqrt{5})}$$

$$= \left[x^2\left(\frac{x^2}{4} - 5\right)\right]_{-\sqrt{10}}^{-\frac{1}{2}(3+\sqrt{5})}$$

$$= \frac{1}{4}(14 + 6\sqrt{5})\left[\frac{1}{16}(14 + 6\sqrt{5}) - 5\right] -$$

$$-10\left(\frac{10}{4} - 5\right)$$

$$= \frac{1}{64}(14 + 6\sqrt{5})(6\sqrt{5} - 66) + 25$$

$$= \frac{1}{16}(7 + 3\sqrt{5})(3\sqrt{5} - 33) + 25$$

$$= -\frac{1}{16}(78\sqrt{5} + 186) + 25$$

$$\underline{\underline{\widehat{=} \frac{1}{8}(107 - 39\sqrt{5})E^2}}$$

$$A = A_1 + A_2 + A_3$$

$$= 25 + \frac{41}{4} + 3\sqrt{5} + \frac{107}{8} - \frac{39}{8}\sqrt{5}$$

$$A = \frac{389}{8} - \frac{15}{8}\sqrt{5}$$

$$\underline{\underline{\widehat{=} \frac{1}{8}(389 - 15\sqrt{5})E^2}}$$

$$\underline{\underline{\widehat{=} 44{,}43\,E^2}}$$

70. $r=-2\sin\varphi$

$\varphi_1=\pi;\quad \varphi_2=2\pi$

$\int \sin^2 x\,\mathrm{d}x$ ▶ Kap. 2.5, Band 4

$$A=\frac{1}{2}\int_{\varphi_1}^{\varphi_2} r^2\,\mathrm{d}\varphi$$

$$=2\int_{\pi}^{2\pi}\sin^2\varphi\,\mathrm{d}\varphi$$

$$=2\left[-\frac{1}{4}\sin 2x+\frac{1}{2}x\right]_{\pi}^{2\pi}$$

$$=2\left(0+\pi+0-\frac{\pi}{2}\right)$$

$$\mathrel{\widehat{=}}\underline{\underline{\pi E^2}}$$

71. $r=\cos(2\varphi)$

$\varphi_1=0;\quad \varphi_2=\frac{\pi}{4}$

Hier kann man gut die goniometrische Beziehung $1+\cos\alpha=2\cos^2\frac{\alpha}{2}$ benutzen.

$$A=\frac{1}{2}\int_{\varphi_1}^{\varphi_2} r^2\,\mathrm{d}\varphi$$

$$=\frac{1}{2}\int_{0}^{\frac{\pi}{4}}\cos^2(2\varphi)\,\mathrm{d}\varphi$$

$$=\frac{1}{2}\int_{0}^{\frac{\pi}{4}}\frac{2\cos^2\left(\frac{4\varphi}{2}\right)}{2}\,\mathrm{d}\varphi$$

$$=\frac{1}{4}\int_{0}^{\frac{\pi}{4}}(1+\cos 4\varphi)\,\mathrm{d}\varphi$$

$$=\frac{1}{4}\left[\varphi+\frac{1}{4}\sin 4\varphi\right]_{0}^{\frac{\pi}{4}}$$

$$=\frac{1}{4}\left(\frac{\pi}{4}+0\right)$$

$$\mathrel{\widehat{=}}\underline{\underline{\frac{\pi}{16}E^2}}$$

72. $r=4\varphi$

$\varphi_1=0; \quad \varphi_2=4\pi$

$$A=\frac{1}{2}\int_{\varphi_1}^{\varphi_2} r^2\,\mathrm{d}\varphi$$

$$=8\int_0^{4\pi} \varphi^2\,\mathrm{d}\varphi$$

$$=\left[\frac{8}{3}\,\varphi^3\right]_0^{4\pi}$$

$$\mathrel{\widehat{=}}\frac{512}{3}\,\pi^3 E^2 \mathrel{\widehat{=}} 5291{,}8\,E^2$$

73. $r=\mathrm{e}^{2\varphi}$

$\varphi_1=\pi; \quad \varphi_2=2\pi$

$$A=\frac{1}{2}\int_{\varphi_1}^{\varphi_2} r^2\,\mathrm{d}\varphi$$

$$=\frac{1}{2}\int_{\pi}^{2\pi} \mathrm{e}^{4\varphi}\,\mathrm{d}\varphi$$

$$=\left[\frac{1}{8}\,\mathrm{e}^{4\varphi}\right]_{\pi}^{2\pi}$$

$$=\frac{1}{8}\,(\mathrm{e}^{8\pi}-\mathrm{e}^{4\pi})$$

$$\mathrel{\widehat{=}}\frac{1}{8}\,\mathrm{e}^{4\pi}(\mathrm{e}^{4\pi}-1)\,E^2$$

Für die numerische Berechnung benutzt man vorteilhaft:

$\mathrm{e}^{4\pi}=(\mathrm{e}^{\pi})^4$

$\mathrm{e}^{\pi}\approx 23{,}141$

$$\approx\frac{1}{8}\cdot 286770\,(286770-1)$$

$$\approx\frac{1}{8}\cdot 286770^2$$

$$\mathrel{\widehat{=}} 10{,}280\cdot 10^9\,E^2$$

74. $r=1+\sin\varphi$

$\varphi_1=0; \quad \varphi_2=2\pi$

$$A=\frac{1}{2}\int_{\varphi_1}^{\varphi_2} r^2\,\mathrm{d}\varphi$$

$$=\frac{1}{2}\int_0^{2\pi} (1+2\sin\varphi+\sin^2\varphi)\,\mathrm{d}\varphi$$

$$=\frac{1}{2}\int_0^{2\pi} d\varphi+\int_0^{2\pi} \sin\varphi\, d\varphi+\frac{1}{2}\int_0^{2\pi} \sin^2\varphi\, d\varphi$$

$\int \sin^2 x\, dx$ ▶ Kap. 2.5, Band 4

$$=\left[\frac{1}{2}\varphi-\cos\varphi-\frac{1}{8}\sin^2 2\varphi+\frac{1}{4}\varphi\right]_0^{2\pi}$$

$$=\pi-1-0+\frac{\pi}{2}-0+1+0-0$$

$$\mathrel{\widehat{=}}\frac{3}{2}\pi E^2$$

75. $r=1-\cos\varphi$

$\varphi_1=\pi;\quad \varphi_2=2\pi$

Das Integral $\int \cos^2\varphi\, d\varphi$ wird mit Hilfe von Kap. 2.5, Band 4, bestimmt.

$$A=\frac{1}{2}\int_{\varphi_1}^{\varphi_2} r^2\, d\varphi$$

$$=\frac{1}{2}\int_{\pi}^{2\pi}(1-2\cos\varphi+\cos^2\varphi)\, d\varphi$$

$$A=\frac{1}{2}\int_{\pi}^{2\pi} d\varphi-\int_{\pi}^{2\pi}\cos\varphi\, d\varphi+\frac{1}{2}\int_{\pi}^{2\pi}\cos^2\varphi\, d\varphi$$

$$=\left[\frac{1}{2}\varphi-\sin\varphi+\frac{1}{8}\sin 2\varphi+\frac{1}{4}\varphi\right]_{\pi}^{2\pi}$$

$$=\pi-0+0+\frac{\pi}{2}-\frac{\pi}{2}+0-0-\frac{\pi}{4}$$

$$\mathrel{\widehat{=}}\frac{3}{4}\pi E^2$$

76. $r=e^{\varphi}-e^{-\varphi}$

$\varphi_1=0;\quad \varphi_2=\frac{\pi}{2}$

$$A=\frac{1}{2}\int_{\varphi_1}^{\varphi_2} r^2\, d\varphi$$

$$=\frac{1}{2}\int_0^{\frac{\pi}{2}}(e^{2\varphi}-2e^0+e^{-2\varphi})\, d\varphi$$

$$=\frac{1}{2}\int_0^{\frac{\pi}{2}}(e^{2\varphi}+e^{-2\varphi}-2)\, d\varphi$$

$$=\frac{1}{2}\left[\frac{1}{2}e^{2\varphi}-\frac{1}{2}e^{-2\varphi}-2\varphi\right]_0^{\frac{\pi}{2}}$$

$$\sinh x = \frac{e^x - e^{-x}}{2}$$

$$= \frac{1}{2}\left(\frac{1}{2}e^{\pi} - \frac{1}{2}e^{-\pi} - \pi - \frac{1}{2}e^0 + \frac{1}{2}e^0 + 0\right)$$

$$= \frac{1}{2} \cdot \frac{e^{\pi} - e^{-\pi}}{2} - \frac{\pi}{2}$$

$$\hat{=} \underline{\underline{\frac{1}{2}(\sinh \pi - \pi) E^2}} \hat{=} \underline{\underline{4{,}2036\, E^2}}$$

77. $r = \tan^2 \varphi$

$\varphi_1 = 0; \quad \varphi_2 = \frac{\pi}{4}$

$$A = \frac{1}{2} \int_{\varphi_1}^{\varphi_2} r^2 \, d\varphi$$

$$= \frac{1}{2} \int_0^{\frac{\pi}{4}} \tan^4 \varphi \, d\varphi$$

Man löst zunächst das zugehörige unbestimmte Integral

$\tan \varphi = \frac{\sin \varphi}{\cos \varphi}; \quad \sin^2 \varphi = 1 - \cos^2 \varphi$

$$\int \tan^4 \varphi \, d\varphi = \int \frac{\sin^4 \varphi}{\cos^4 \varphi} \, d\varphi$$

$$= \int \frac{(1 - \cos^2 \varphi)^2}{\cos^4 \varphi} \, d\varphi$$

$$\int \tan^4 \varphi \, d\varphi = \int \frac{1 - 2\cos^2 \varphi + \cos^4 \varphi}{\cos^4 \varphi} \, d\varphi$$

$$= \int \frac{1}{\cos^4 \varphi} \, d\varphi - 2 \int \frac{d\varphi}{\cos^2 \varphi} + \int d\varphi$$

$$= \int \frac{1}{\cos^4 \varphi} \, d\varphi - 2 \tan \varphi + \varphi$$

Das Teilintegral $\int \frac{d\varphi}{\cos^4 \varphi}$ wird durch partielle Integration gelöst.

$u = \cos^{-2} \varphi; \quad du = \frac{2 \sin \varphi}{\cos^3 \varphi} \, d\varphi$

$dv = \frac{d\varphi}{\cos^2 \varphi}; \quad v = \int \frac{d\varphi}{\cos^2 \varphi}$

$= \tan \varphi$

$$\int \frac{d\varphi}{\cos^4 \varphi} = \int \underbrace{\frac{1}{\cos^2 \varphi}}_{u} \cdot \underbrace{\frac{d\varphi}{\cos^2 \varphi}}_{dv}$$

$$= \frac{1}{\cos^2 \varphi} \cdot \tan \varphi - \int \tan \varphi \cdot \frac{2 \sin \varphi}{\cos^3 \varphi} \, d\varphi$$

$$= \frac{\sin \varphi}{\cos^3 \varphi} - 2 \int \frac{\sin^2 \varphi}{\cos^4 \varphi} \, d\varphi$$

$$= \frac{\sin \varphi}{\cos^3 \varphi} - 2 \int \frac{1 - \cos^2 \varphi}{\cos^4 \varphi} \, d\varphi$$

Auf der rechten Seite der Gleichung tritt wieder das ursprüngliche Integral auf.

$$= \frac{\sin \varphi}{\cos^3 \varphi} - 2 \int \frac{d\varphi}{\cos^4 \varphi} + 2 \int \frac{d\varphi}{\cos^2 \varphi}$$

$c=\frac{1}{3}c_1$

$$3\int\frac{d\varphi}{\cos^4\varphi}=\frac{\sin\varphi}{\cos^3\varphi}+2\tan\varphi+c_1$$

$$\int\frac{d\varphi}{\cos^4\varphi}=\frac{\sin\varphi}{3\cos^3\varphi}+\frac{2}{3}\tan\varphi+c$$

Damit läßt sich das unbestimmte Integral angeben.

$$\int\tan^4\varphi\,d\varphi=\frac{\sin\varphi}{3\cos^3\varphi}+\frac{2}{3}\tan\varphi-2\tan\varphi+\varphi+c$$

$$=\frac{\sin\varphi}{3\cos^3\varphi}-\frac{4}{3}\tan\varphi+\varphi+c$$

$\sin\frac{\pi}{4}=\cos\frac{\pi}{4}=\frac{1}{2}\sqrt{2}$

$\tan\frac{\pi}{4}=1$

$$A=\frac{1}{2}\left[\frac{\sin\varphi}{3\cos^3\varphi}-\frac{4}{3}\tan\varphi+\varphi\right]_0^{\frac{\pi}{4}}$$

$$=\frac{1}{2}\left(\frac{1}{3\cdot\frac{1}{4}\cdot 2}-\frac{4}{3}+\frac{\pi}{4}\right)$$

$$=\frac{1}{2}\left(\frac{2}{3}-\frac{4}{3}+\frac{\pi}{4}\right)$$

$$\mathrel{\hat{=}}\frac{1}{24}(3\pi-8)E^2$$

$$\mathrel{\hat{=}}0{,}059366\,E^2$$

78. $r=\sqrt{\sin\varphi\cdot\cos\varphi}$

$\varphi_1=0;\quad \varphi_2=\frac{\pi}{2}$

$2\sin\varphi\cdot\cos\varphi=\sin 2\varphi$

$$A=\frac{1}{2}\int_{\varphi_1}^{\varphi_2}r^2\,d\varphi$$

$$=\frac{1}{2}\int_0^{\frac{\pi}{2}}\sin\varphi\cdot\cos\varphi\,d\varphi$$

$$=\frac{1}{4}\int_0^{\frac{\pi}{2}}\sin 2\varphi\,d\varphi$$

$$=\left[-\frac{1}{8}\cos 2\varphi\right]_0^{\frac{\pi}{2}}$$

$$=-\frac{1}{8}(-1-1)$$

$$\mathrel{\hat{=}}\frac{1}{4}E^2=0{,}25\,E^2$$

79. $r=\tanh\varphi$

$\varphi_1=0;\quad \varphi_2=2\pi$

$\tanh\varphi=\dfrac{\sinh\varphi}{\cosh\varphi}$

$\cosh^2\varphi-\sinh^2\varphi=1$

$$A=\frac{1}{2}\int_{\varphi_1}^{\varphi_2} r^2\,\mathrm{d}\varphi$$

$$=\frac{1}{2}\int_0^{2\pi}\tanh^2\varphi\,\mathrm{d}\varphi$$

$$=\frac{1}{2}\int_0^{2\pi}\frac{\sinh^2\varphi}{\cosh^2\varphi}\,\mathrm{d}\varphi$$

$$=\frac{1}{2}\int_0^{2\pi}\frac{\cosh^2\varphi-1}{\cosh^2\varphi}\,\mathrm{d}\varphi$$

$$=\frac{1}{2}\int_0^{2\pi}\mathrm{d}\varphi-\frac{1}{2}\int\frac{\mathrm{d}\varphi}{\cosh^2\varphi}$$

$$=\frac{1}{2}\left[\varphi-\tanh\varphi\right]_0^{2\pi}$$

$$=\frac{1}{2}(2\pi-\tanh 2\pi-0+0)$$

$$\mathrel{\widehat{=}}\underline{\underline{\frac{1}{2}(2\pi-\tanh 2\pi)E^2}}$$

Für die numerische Berechnung nimmt man einige Umformungen vor.

$\sinh x=\dfrac{e^x-e^{-x}}{2}$; $\cosh x=\dfrac{e^x+e^{-x}}{2}$

(*) Es wird mit $e^{2\pi}$ erweitert.

$e^{4\pi}=(e^{\pi})^4$

$\approx 23{,}141^4$

$$A=\pi-\frac{1}{2}\cdot\frac{\sinh 2\pi}{\cosh 2\pi}$$

$$=\pi-\frac{1}{2}\cdot\frac{e^{2\pi}-e^{-2\pi}}{e^{2\pi}+e^{-2\pi}}$$

$$=\pi-\frac{1}{2}\cdot\frac{e^{2\pi}-e^{-2\pi}}{e^{2\pi}+e^{-2\pi}}\cdot\frac{e^{2\pi}}{e^{2\pi}}\quad (*)$$

$$=\pi-\frac{1}{2}\cdot\frac{e^{4\pi}-1}{e^{4\pi}+1}$$

$$\approx\pi-\frac{1}{2}\cdot\frac{286770-1}{286770+1}$$

$$\approx\pi-\frac{1}{2}$$

$$\mathrel{\widehat{=}}\underline{\underline{2{,}6416\,E^2}}$$

3.2 Numerische Integration

$$\int_{x_0=a}^{x_n=b} f(x)\,dx = [A]_{x_0=a}^{x_n=b} \approx$$

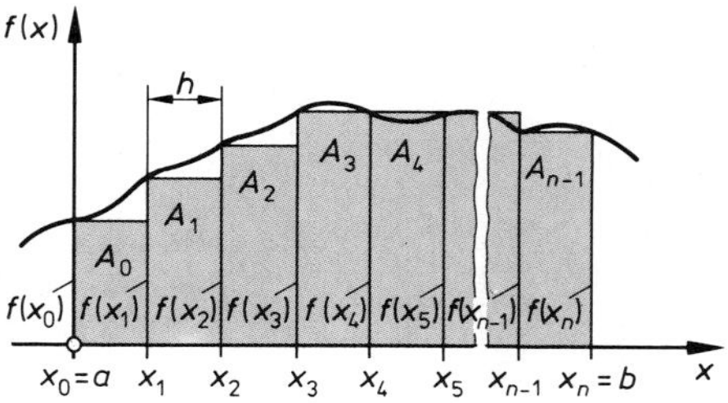

$$\approx h \cdot [f(x_0)+f(x_1)+f(x_2)+\ldots+f(x_{n-1})]$$ ► Rechteckregel

$$\approx h \cdot \left[\frac{1}{2}f(x_0)+f(x_1)+\ldots+f(x_{n-1})+\frac{1}{2}f(x_n)\right]$$ ► Trapezregel

$$\approx 2\,h \cdot [f(x_1)+f(x_3)+f(x_5)+\ldots+f(x_{n-1})]$$ ► Tangentenregel

$$\approx \frac{1}{3}h \cdot [f(x_0)+4f(x_1)+2f(x_2)+4f(x_3)+\ldots+ +2f(x_{n-2})+4f(x_{n-1})+f(x_n)]$$ ► Simpsonsche Regel

mit $h=\frac{b-a}{n}$ und $n \in \mathbb{N}^*$

1. Eine numerische Integration erweist sich als zweckmäßig, wenn

a) die Fläche unter einer Kurve berechnet werden soll, deren Verlauf empirisch ermittelt wurde und somit die Funktionsgleichung $y=f(x)$ nicht exakt bekannt ist;

b) die geschlossene Integration des Integranden sehr kompliziert bzw. unmöglich ist.

2. Bei einer Zerlegung in genau die gleiche Anzahl von Flächenstreifen liefern die Rechteckregel, Trapezregel und Simpsonsche Regel i.a. Ergebnisse mit zunehmender Genauigkeit. Der Rechenaufwand ist bei der Rechteckregel und Tangentenregel etwa gleich groß, jedoch geringer als der der Simpsonschen Regel. Die Tangentenregel benötigt den geringsten Rechenaufwand; sie liefert i.a. aber auch nur ein Ergebnis, das etwas ungenauer ist als das der Trapezregel.

3.2

3. $\int_2^5 (x-2x^2)\,dx$

Wertetabelle für $f(x)=x-2x^2$

	x_0	x_1	x_2	x_3	x_4	x_5	x_6
x	2,0	2,5	3,0	3,5	4,0	4,5	5,0
$f(x)$	−6	−10	−15	−21	−28	−36	−45
	$f(x_0)$	$f(x_1)$	$f(x_2)$	$f(x_3)$	$f(x_4)$	$f(x_5)$	$f(x_6)$

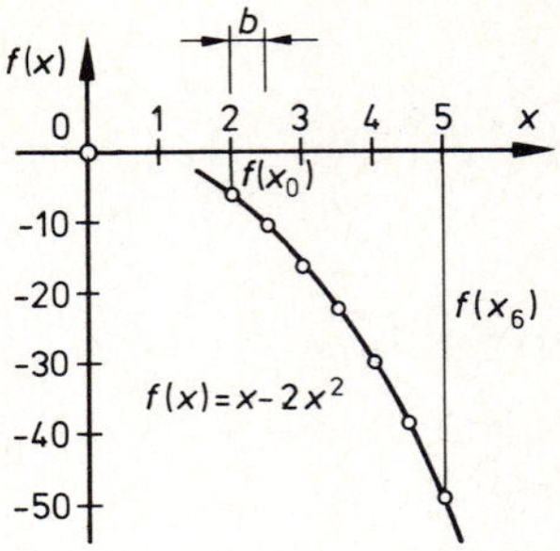

$x_0=2;\quad x_n=5$

$n=6;\quad b=0{,}5$

a) Berechnung mit der Rechteckregel

$$\int_{x_0}^{x_n} f(x)\,dx \approx$$

$$\approx b\,[f(x_0)+f(x_1)+f(x_2)+\ldots+f(x_{n-1})]$$

$$\int_2^5 (x-2x^2)\,dx \approx$$

$$\approx 0{,}5\,(-6-10-15-21-28-36)$$

$$\mathrel{\hat=} \underline{\underline{-58\,E^2}}$$

b) Trapezregel

$$\int_{x_0}^{x_n} f(x)\,dx \approx$$

$$\approx b\left[\frac{1}{2}f(x_0)+f(x_1)+\ldots+f(x_{n-1})+\frac{1}{2}f(x_n)\right]$$

$$\int_2^5 (x-2x^2)\,dx \approx$$

$$\approx 0{,}5\,(-3\ -10\ -15\ -21\ -28\ -36\ -22{,}5)$$

$$\mathrel{\hat=} \underline{\underline{-67{,}75\,E^2}}$$

c) Tangentenregel

$$\int_{x_0}^{x_n} f(x)\,dx \approx$$

$$\approx 2b[f(x_1)+f(x_3)+f(x_5)+\ldots+f(x_{n-1})]$$

$$\int_2^5 (x-2x^2)\,dx \approx 1\cdot(-10\ -21\ -36)$$

$$\underline{\underline{-67\,E^2}}$$

d) Simpsonsche Regel

$$\int_{x_0}^{x_n} f(x)\,\mathrm{d}x \approx$$

$$\approx \frac{b}{3}\,[f(x_0)+4f(x_1)+2f(x_2)+\ldots$$

$$+f(x_n)]$$

$$\int_2^5 (x-2x^2)\,\mathrm{d}x \approx$$

$$\approx \frac{0{,}5}{3}\,(-6\ -40\ -30\ -84\ -56\ -144\ -45)$$

$$\hat{=}\ \underline{\underline{-67{,}5\,E^2}}$$

e) exakte Lösung

$$\int_2^5 (x-2x^2)\,\mathrm{d}x = \int_2^5 x\,\mathrm{d}x - 2\int_2^5 x^2\,\mathrm{d}x$$

$$= \left[\frac{x^2}{2}\right]_2^5 - \left[\frac{2}{3}\,x^3\right]_2^5$$

$$\hat{=}\ \underline{\underline{-67{,}5\,E^2}}$$

Bis auf die Rechteckregel liefern alle anderen Näherungsverfahren recht genaue Ergebnisse.

<u>Relative Fehler:</u>

a) Rechteckregel: 14,1%
b) Trapezregel: 0,37%
c) Tangentenregel: 0,74%
d) Simpsonsche Regel: 0%

4. $\int_0^{\pi} \sin x\,\mathrm{d}x$

Wertetabelle für $f(x)=\sin x$

	x_0	x_1	x_2	x_3	x_4	x_5	x_6
x	0	$\frac{\pi}{6}$	$\frac{2\pi}{6}$	$\frac{\pi}{2}$	$\frac{4\pi}{6}$	$\frac{5\pi}{6}$	π
$f(x)$	0	0,5	0,866	1,0	0,866	0,5	0
	$f(x_0)$	$f(x_1)$	$f(x_2)$	$f(x_3)$	$f(x_4)$	$f(x_5)$	$f(x_6)$

$x_0=0;\quad x_n=\pi$

$n=6;\quad b=\frac{\pi}{6}$

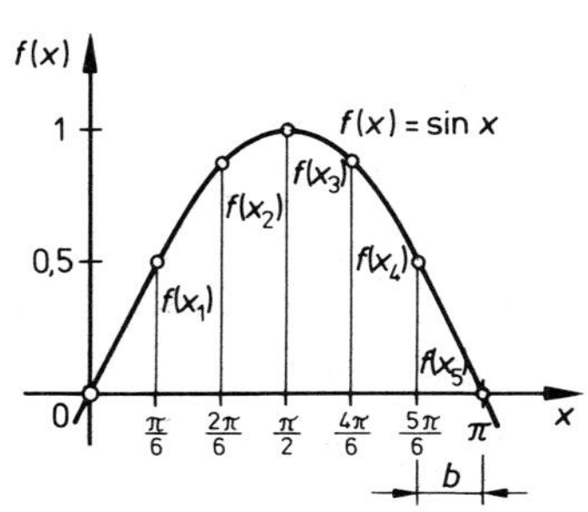

3.2

a) Berechnung mit der Rechteckregel

$$\int_{x_0}^{x_n} f(x)\,\mathrm{d}x \approx$$

$$\approx b\left(f(x_0)+f(x_1)+\ldots+f(x_{n-1})\right)$$

$$\int_0^{\pi} \sin x\,\mathrm{d}x \approx$$

$$\approx \frac{\pi}{6}\,(0+0{,}500+0{,}866+1{,}000+0{,}866+0{,}500)$$

$$\approx 0{,}622\cdot\pi$$

$$\widehat{=}\ \underline{\underline{1{,}95\,E^2}}$$

b) Trapezregel

$$\int_{x_0}^{x_n} f(x)\,\mathrm{d}x \approx$$

$$\approx b\left(\frac{1}{2}f(x_0)+f(x_1)+\ldots+\frac{1}{2}f(x_n)\right)$$

$$\int_0^{\pi} \sin x\,\mathrm{d}x \approx$$

$$\approx \frac{\pi}{6}\,(0+0{,}500+0{,}866+1{,}000+0{,}866+0{,}500+0)$$

$$\approx 0{,}622\cdot\pi$$

$$\widehat{=}\ \underline{\underline{1{,}95\,E^2}}$$

c) Tangentenregel

$$\int_{x_0}^{x_n} f(x)\,\mathrm{d}x \approx$$

$$\approx 2b\left(f(x_1)+f(x_3)+\ldots+f(x_{n-1})\right)$$

$$\int_0^{\pi} \sin x\,\mathrm{d}x \approx \frac{\pi}{3}\,(0{,}500+1{,}000+0{,}500)$$

$$\approx 0{,}667\cdot\pi$$

$$\widehat{=}\ \underline{\underline{2{,}09\,E^2}}$$

d) Simpsonsche Regel

$$\int_{x_0}^{x_n} f(x)\,\mathrm{d}x \approx$$

$$\approx \frac{b}{3}\,\left(f(x_0)+4f(x_1)+\ldots+f(x_n)\right)$$

$$\int_0^{\pi} \sin x\,\mathrm{d}x \approx$$

$$\approx \frac{\pi}{18}\,(0+2{,}000+1{,}732+4{,}000+1{,}732+2{,}000+0)$$

$$\approx 0{,}637\cdot\pi$$

$$\widehat{=}\ \underline{\underline{2{,}00\,E^2}}$$

e) exaktes Ergebnis

$$\int_0^{\pi} \sin x \,\mathrm{d}x = [-\cos x]_0^{\pi}$$

$$= 1 + 1$$

$$\hat{=}\, \underline{\underline{2\,E^2}}$$

Relative Fehler:

a) Rechteckregel: 2,5%
b) Trapezregel: 2,5%
c) Tangentenregel: 4,5%
d) Simpsonsche Regel: 0%

Mit Ausnahme der Tangentenregel liefern alle Näherungsverfahren recht brauchbare Ergebnisse.

5. $\int_{\pi}^{2\pi} \cos x \,\mathrm{d}x$

Wertetabelle für $f(x) = \cos x$

	x_0	x_1	x_2	x_3	x_4	x_5	x_6
x	π	$\frac{7}{6}\pi$	$\frac{8}{6}\pi$	$\frac{3}{2}\pi$	$\frac{10}{6}\pi$	$\frac{11}{6}\pi$	2π
$f(x)$	-1	$-0{,}866$	$-0{,}500$	0	$0{,}500$	$0{,}866$	1
	$f(x_0)$	$f(x_1)$	$f(x_2)$	$f(x_3)$	$f(x_4)$	$f(x_5)$	$f(x_6)$

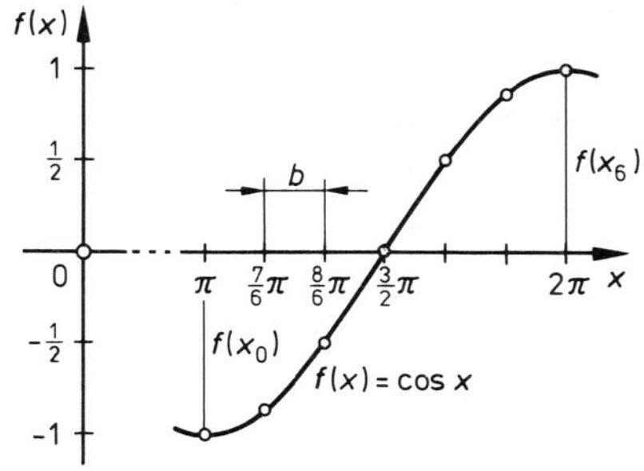

$n - 6, \quad b = \frac{\pi}{6}$

$x_0 = \pi; \quad x_n = 2\pi$

a) Berechnung mit der Rechteckregel

$$\int_{x_0}^{x_n} f(x)\,\mathrm{d}x \approx$$

$$\approx b\big(f(x_0) + f(x_1) + \ldots + f(x_{n-1})\big)$$

$$\int_{\pi}^{2\pi} \cos x \,\mathrm{d}x \approx$$

$$\approx \frac{\pi}{6}\,(-1 - 0{,}866 - 0{,}500 + 0 + 0{,}500 + 0{,}866)$$

$$\approx -\frac{\pi}{6}$$

$$\hat{=}\, \underline{\underline{-0{,}524\,E^2}}$$

3.2

b) Trapezregel

$$\int_{x_0}^{x_n} f(x)\,\mathrm{d}x \approx$$

$$\approx b\left(\frac{1}{2} f(x_0) + f(x_1) + \ldots + f(x_{n-1}) + \frac{1}{2} f(x_n)\right)$$

$$\int_{\pi}^{2\pi} \cos x\,\mathrm{d}x \approx$$

$$\approx \frac{\pi}{6}\left(-\frac{1}{2} - 0{,}866 - 0{,}500 + 0 + 0{,}500 + 0{,}866 + \frac{1}{2}\right)$$

$$\hat{=}\, \underline{\underline{0\,E^2}}$$

c) Tangentenregel

$$\int_{x_0}^{x_n} f(x)\,\mathrm{d}x \approx$$

$$\approx 2b\left(f(x_1) + f(x_3) + \ldots + f(x_{n-1})\right)$$

$$\int_{\pi}^{2\pi} \cos x\,\mathrm{d}x \approx \frac{\pi}{3}\,(-0{,}866 + 0 + 0{,}866)$$

$$\hat{=}\, \underline{\underline{0\,E^2}}$$

d) Simpsonsche Regel

$$\int_{x_0}^{x_n} f(x)\,\mathrm{d}x \approx$$

$$\approx \frac{b}{3}\left(f(x_0) + 4f(x_1) + 2f(x_2) + \ldots + f(x_n)\right)$$

$$\int_{\pi}^{2\pi} \cos x\,\mathrm{d}x \approx$$

$$\approx \frac{\pi}{18}\,(-1 - 3{,}464 - 1 + 0 + 1 + 3{,}464 + 1)$$

$$\hat{=}\, \underline{\underline{0\,E^2}}$$

e) exaktes Ergebnis

Das Ergebnis der Berechnung mit der Rechteckregel weicht stark vom exakten Wert ab. Alle anderen Näherungsverfahren liefern das exakte Ergebnis.

$$\int_{\pi}^{2\pi} \cos x\,\mathrm{d}x = [\sin x]_{\pi}^{2\pi}$$

$$\hat{=}\, \underline{\underline{0\,E^2}}$$

6. $\int_0^4 (4x+5)\,dx$

Wertetabelle für $f(x)=4x+5$

	x_0	x_1	x_2	x_3	x_4
x	0	1	2	3	4
$f(x)$	5	9	13	17	21
	$f(x_0)$	$f(x_1)$	$f(x_2)$	$f(x_3)$	$f(x_4)$

$x_0=0;\quad x_n=4$

$n=4;\quad b=1$

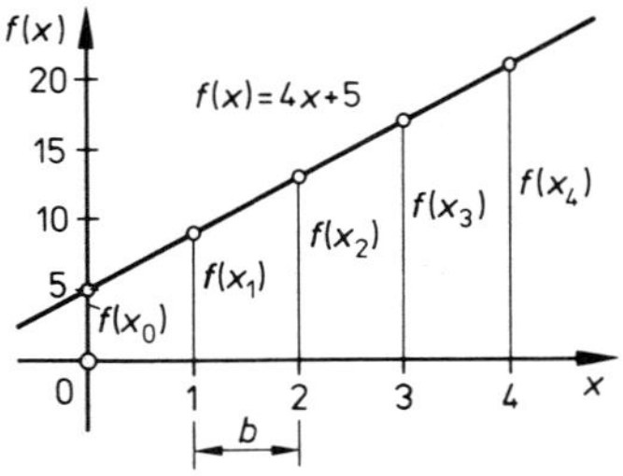

a) Berechnung mit der Rechteckregel

$$\int_{x_0}^{x_n} f(x)\,dx \approx$$

$$b\big(f(x_0)+f(x_1)+\ldots+f(x_{n-1})\big)$$

$$\int_0^4 (4x+5)\,dx \approx 1\cdot(5+9+13+17)$$

$$\mathrel{\hat{=}} \underline{\underline{44\,E^2}}$$

b) Trapezregel

$$\int_{x_0}^{x_n} f(x)\,dx \approx$$

$$\approx b\left(\frac{1}{2}f(x_0)+f(x_1+\ldots\right.$$

$$\left.+f(x_{n-1})+\frac{1}{2}f(x_n)\right)$$

$$\int_0^4 (4x+5)\,dx \approx 1\cdot(2{,}5+9+13+17+10{,}5)$$

$$\mathrel{\hat{=}} \underline{\underline{52\,E^2}}$$

c) Tangentenregel

$$\int_{x_0}^{x_n} f(x)\,dx \approx$$

$$\approx 2b\big(f(x_1)+f(x_3)+\ldots+f(x_{n-1})\big)$$

$$\int_0^4 (4x+5)\,dx \approx 2\cdot(9+17)$$

$$\mathrel{\hat{=}} \underline{\underline{52\,E^2}}$$

d) Simpsonsche Regel

$$\int_{x_0}^{x_n} f(x)\,\mathrm{d}x \approx$$

$$\approx \frac{b}{3}\left(f(x_0)+4f(x_1)+2f(x_2)+\ldots +f(x_n)\right)$$

$$\int_0^4 (4x+5)\,\mathrm{d}x \approx \frac{1}{3}\,(5+36+26+68+21)$$

$$\hat{=}\ \underline{\underline{52\,E^2}}$$

e) exaktes Ergebnis

Mit Ausnahme des Ergebnisses, welches mit der Rechteckregel ermittelt wurde (rel. Fehler: 15,4%), stimmen alle anderen Näherungslösungen mit dem exakten Wert überein.

$$\int_0^4 (4x+5)\,\mathrm{d}x = [2x^2+5x]_0^4$$

$$\hat{=}\ \underline{\underline{52\,E^2}}$$

7. $\displaystyle\int_0^3 (x^3+x^2-x+1)\,\mathrm{d}x$

Wertetabelle für

$f(x)=x^3+x^2-x+1$

	x_0	x_1	x_2	x_3	x_4	x_5	x_6
x	0	0,5	1	1,5	2	2,5	3
$f(x)$	1	0,88	2	5,13	11	20,38	34
	$f(x_0)$	$f(x_1)$	$f(x_2)$	$f(x_3)$	$f(x_4)$	$f(x_5)$	$f(x_6)$

$n=6;\quad b=0{,}5$

$x_0=1;\quad x_n=3$

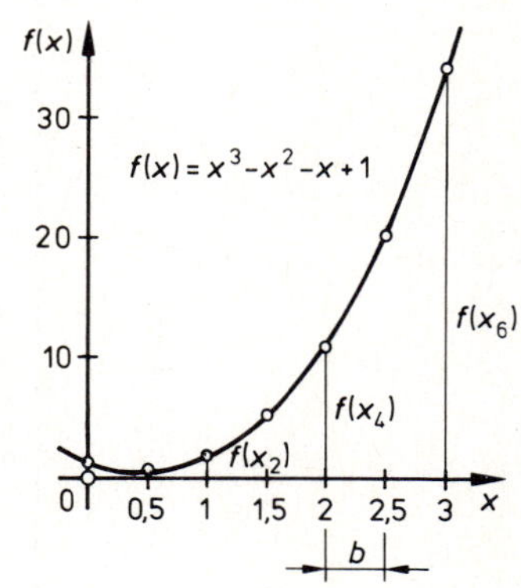

a) Berechnung mit der Rechteckregel

$$\int_{x_0}^{x_n} f(x)\,\mathrm{d}x \approx$$

$$\approx b\left(f(x_0)+f(x_1)+\ldots+f(x_{n-1})\right)$$

$$\int_0^3 (x^3+x^2-x+1)\,\mathrm{d}x \approx$$

$$\approx 0{,}5\ (1+0{,}88+2+5{,}13+11+20{,}38)$$

$$\hat{=}\ \underline{\underline{20{,}20\,E^2}}$$

b) Trapzeregel

$$\int_{x_0}^{x_n} f(x)\,\mathrm{d}x \approx$$

$$\approx b\left(\frac{1}{2} f(x_0) + f(x_1) + \ldots + f(x_{n-1}) + \frac{1}{2} f(x_n)\right)$$

$$\int_0^3 (x^3 + x^2 - x + 1)\,\mathrm{d}x \approx$$

$$\approx 0{,}5\ (0{,}50 + 0{,}88 + 2 + 5{,}13 + 11 + 20{,}38 + 17)$$

$$\mathrel{\hat=} \underline{\underline{28{,}45\,E^2}}$$

c) Tangentenregel

$$\int_{x_0}^{x_n} f(x)\,\mathrm{d}x \approx$$

$$\approx 2b\big(f(x_1) + f(x_3) + \ldots + f(x_{n-1})\big)$$

$$\int_0^3 (x^3 + x^2 - x + 1)\,\mathrm{d}x \approx$$

$$\approx 1 \cdot (0{,}88 + 5{,}13 + 20{,}38)$$

$$\mathrel{\hat=} \underline{\underline{26{,}39\,E^2}}$$

d) Simpsonsche Regel

$$\int_{x_0}^{x_n} f(x)\,\mathrm{d}x \approx$$

$$\approx \frac{b}{3}\big(f(x_0) + 4f(x_1) + 2f(x_2) + \ldots + f(x_n)\big)$$

$$\int_0^3 (x^3 + x^2 - x + 1)\,\mathrm{d}x \approx$$

$$\approx \frac{0{,}5}{3}\ (1 + 3{,}52 + 4 + 20{,}52 + 22 + 81{,}52 + 34)$$

$$\mathrel{\hat=} \underline{\underline{27{,}76\,E^2}}$$

e) exaktes Ergebnis

$$\int_0^3 (x^3 + x^2 - x + 1)\,\mathrm{d}x = \left[\frac{x^4}{4} + \frac{x^3}{3} - \frac{x^2}{2} + x\right]_0^3$$

$$\mathrel{\hat=} \underline{\underline{27{,}75\,E^2}}$$

Die Rechteckregel liefert wieder bei weitem den Wert mit der größten Abweichung.

Relative Fehler:

a) Rechteckregel:	27,2%
b) Trapezregel:	2,5%
c) Tangentenregel:	4,9%
d) Simpsonsche Regel:	0,036%

8. $\int_2^4 \frac{1}{x}\,dx$

Wertetabelle für $f(x)=\frac{1}{x}$

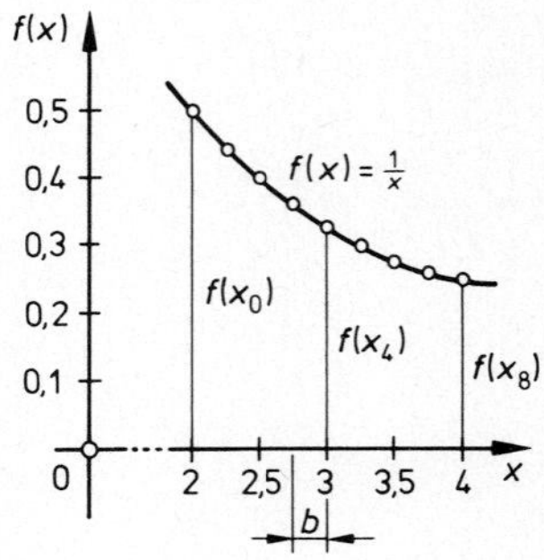

$x_0=2$	$f(x_0)=0{,}500$
$x_1=2{,}25$	$f(x_1)=0{,}444$
$x_2=2{,}5$	$f(x_2)=0{,}400$
$x_3=2{,}75$	$f(x_3)=0{,}364$
$x_4=3$	$f(x_4)=0{,}333$
$x_5=3{,}25$	$f(x_5)=0{,}308$
$x_6=3{,}5$	$f(x_6)=0{,}286$
$x_7=3{,}75$	$f(x_7)=0{,}267$
$x_8=4$	$f(x_8)=0{,}250$

$x_0=2;\quad x_n=4$

$n=8;\quad b=0{,}25$

a) Berechnung mit der Rechteckregel

$$\int_{x_0}^{x_n} f(x)\,dx \approx$$

$$\approx b\big(f(x_0)+f(x_1)+\ldots+f(x_{n-1})\big)$$

$$\int_2^4 \frac{1}{x}\,dx \approx 0{,}25\;(0{,}500+0{,}444+0{,}400+$$

$$+0{,}364+0{,}333+0{,}308+0{,}286+0{,}267)$$

$$\mathrel{\widehat{=}} \underline{\underline{0{,}762\,E^2}}$$

b) Trapezregel

$$\int_{x_0}^{x_n} f(x)\,dx \approx$$

$$\approx b\Big(\frac{1}{2}f(x_0)+f(x_1)+\ldots$$

$$+f(x_{n-1})+\frac{1}{2}f(x_n)\Big)$$

$$\int_2^4 \frac{1}{x}\,dx \approx 0{,}25\;(0{,}250+0{,}444+0{,}400+0{,}364+$$

$$+0{,}333+0{,}308+0{,}286+0{,}267+0{,}125)$$

$$\mathrel{\widehat{=}} \underline{\underline{0{,}694\,E^2}}$$

c) Tangentenregel

$$\int_{x_0}^{x_n} f(x)\,dx \approx$$

$$\approx 2b\big(f(x_1)+f(x_3)+\ldots+f(x_{n-1})\big)$$

$$\int_2^4 \frac{1}{x}\,dx \approx 0{,}5\,(0{,}444+0{,}364+0{,}308+0{,}267)$$

$$\mathrel{\hat=} \underline{\underline{0{,}692\,E^2}}$$

d) Simpsonsche Regel

$$\int_{x_0}^{x_n} f(x)\,dx \approx$$

$$\approx \frac{b}{3}\,\big(f(x_0)+4f(x_1)+2f(x_2)+\ldots$$

$$+f(x_n)\big)$$

$$\int_2^4 \frac{1}{x}\,dx \approx \frac{0{,}25}{3}\,(0{,}5+1{,}776+0{,}8+1{,}456+0{,}666+$$

$$+1{,}232+0{,}572+1{,}068+0{,}250)$$

$$\mathrel{\hat=} \underline{\underline{0{,}693\,E^2}}$$

e) exaktes Ergebnis

$$\int_2^4 \frac{1}{x}\,dx = [\ln|x|]_2^4$$

$$= \ln 4 - \ln 2$$

$$\mathrel{\hat=} \underline{\underline{0{,}693\,E^2}}$$

Mit Ausnahme der Rechteckregel liefern alle anderen Verfahren eine recht genaue Näherungslösung.

Relative Fehler:

a)	Rechteckregel:	4,76%
b)	Trapezregel:	0,14%
c)	Tangentenregel:	0,14%
d)	Simpsonsche Regel:	0%

9. $\int_{0,5}^{2} \ln|x|\,dx$

Wertetabelle für $f(x)=\ln|x|$

$x_0=0{,}5$	$f(x_0)=-0{,}693$
$x_1=0{,}75$	$f(x_1)=-0{,}288$
$x_2=1$	$f(x_2)=0$
$x_3=1{,}25$	$f(x_3)=0{,}223$
$x_4=1{,}5$	$f(x_4)=0{,}406$
$x_5=1{,}75$	$f(x_5)=0{,}560$
$x_6=2$	$f(x_6)=0{,}693$

$n=6;\quad b=0{,}25;\quad x_0=0{,}5;\quad x_n=2$

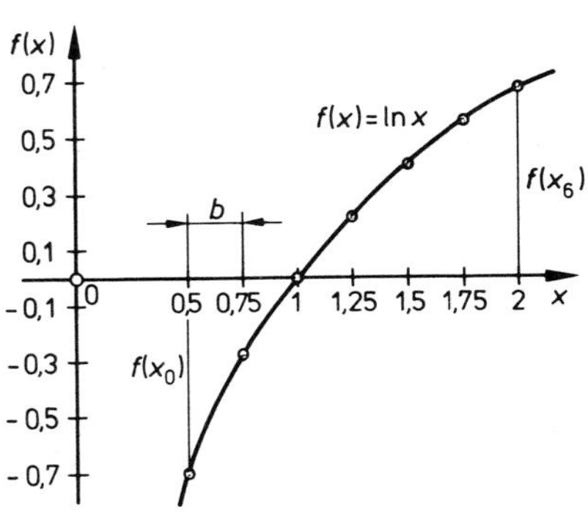

3.2

a) Berechnung mit der Rechteckregel

$$\int_{x_0}^{x_n} f(x)\,\mathrm{d}x \approx$$

$$\approx b\big(f(x_0)+f(x_1)+\ldots+f(x_{n-1})\big)$$

$$\int_{0,5}^{2} \ln|x|\,\mathrm{d}x \approx$$

$$\approx 0{,}25\;(-0{,}693-0{,}288+0+0{,}223+0{,}406+0{,}560)$$

$$\mathrel{\hat=} \underline{\underline{0{,}052\,E^2}}$$

b) Trapezregel

$$\int_{x_0}^{x_n} f(x)\,\mathrm{d}x \approx$$

$$\approx b\left(\frac{1}{2}f(x_0)+f(x_1)+\ldots +f(x_{n-1})+\frac{1}{2}f(x_n)\right)$$

$$\int_{0,5}^{2} \ln|x|\,\mathrm{d}x \approx$$

$$\approx 0{,}25\;(-0{,}347-0{,}288+0+0{,}223+0{,}406+ +0{,}560+0{,}347)$$

$$\mathrel{\hat=} \underline{\underline{0{,}225\,E^2}}$$

c) Tangentenregel

$$\int_{x_0}^{x_n} f(x)\,\mathrm{d}x \approx$$

$$\approx 2b\big(f(x_1)+f(x_3)+\ldots+f(x_{n-1})\big)$$

$$\int_{0,5}^{2} \ln|x|\,\mathrm{d}x \approx 0{,}5\;(-0{,}288+0{,}223+0{,}560)$$

$$\mathrel{\hat=} \underline{\underline{0{,}248\,E^2}}$$

d) Simpsonsche Regel

$$\int_{x_0}^{x_n} f(x)\,\mathrm{d}x \approx$$

$$\approx \frac{b}{3}\;\big(f(x_0)+4f(x_1)+2f(x_2)+\ldots +f(x_n)\big)$$

$$\int_{0,5}^{2} \ln|x|\,\mathrm{d}x \approx \frac{0{,}25}{3}\;(-0{,}693-1{,}152+0+0{,}892+ +0{,}812+2{,}240+0{,}693)$$

$$\mathrel{\hat=} \underline{\underline{0{,}233\,E^2}}$$

e) exaktes Ergebnis

$$\int_{0,5}^{2} \ln x\,\mathrm{d}x = [x\cdot\ln x - x]_{0,5}^{2}$$

$$\mathrel{\hat=} \underline{\underline{0{,}233\,E^2}}$$

Ein Vergleich der 4 Näherungslösungen zeigt eine sehr große Ungenauigkeit des Wertes, der mit der Rechteckregel ermittelt wurde.

Relative Fehler:

a) Rechteckregel: 77,7%!
b) Trapezregel: 3,43%
c) Tangentenregel: 6,44%
d) Simpsonsche Regel: 0%

10. $\int_3^4 e^x \, dx$

Wertetabelle $f(x)=e^x$

	x_0	x_1	x_2	x_3	x_4
x	3	3,25	3,5	3,75	4
$f(x)$	20,09	25,79	33,12	42,52	54,60
	$f(x_0)$	$f(x_1)$	$f(x_2)$	$f(x_3)$	$f(x_4)$

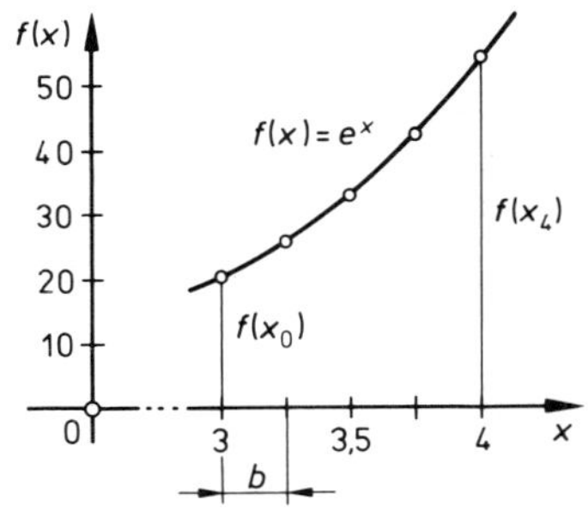

$x_0=3; \quad x_n=4$

$n=4; \quad b=0,25$

a) Berechnung mit der Rechteckregel

$$\int_{x_0}^{x_n} f(x)\,dx \approx$$

$$\approx b\big(f(x_0)+f(x_1)+\ldots+f(x_{n-1})\big)$$

$$\int_3^4 e^x\,dx \approx 0,25\;(20,09+25,79+33,12+42,52)$$

$$\hat{=}\;\underline{\underline{30,38\,E^2}}$$

b) Trapezregel

$$\int_{x_0}^{x_n} f(x)\,dx \approx$$

$$\approx b\left(\frac{1}{2}f(x_0)+f(x_1)+\ldots\right.$$

$$\left.+f(x_{n-1})+\frac{1}{2}f(x_n)\right)$$

$$\int_3^4 e^x\,dx \approx 0,25\;(10,05+25,79+33,12+42,52+27,30)$$

$$\hat{=}\;\underline{\underline{34,70\,E^2}}$$

c) Tangentenregel

$$\int_{x_0}^{x_n} f(x)\,dx \approx$$

$$\approx 2b\left(f(x_1)+f(x_3)+\ldots+f(x_{n-1})\right)$$

$$\int_3^4 e^x\,dx \approx 0{,}5\;(25{,}79+42{,}52)$$

$$\underline{\underline{\hat{=}\,34{,}16\,E^2}}$$

d) Simpsonsche Regel

$$\int_{x_0}^{x_n} f(x)\,dx \approx$$

$$\approx \frac{b}{3}\left(f(x_0)+4f(x_1)+2f(x_2)+\ldots +f(x_n)\right)$$

$$\int_3^4 e^x\,dx \approx \frac{0{,}25}{3}\;(20{,}09+103{,}16+66{,}24+170{,}08+54{,}60)$$

$$\underline{\underline{\hat{=}\,34{,}51\,E^2}}$$

e) exaktes Ergebnis

$$\int_3^4 e^x\,dx = [e^x]_3^4$$

$$\underline{\underline{\hat{=}\,34{,}51\,\mathrm{E}^2}}$$

Die Genauigkeit der vier Näherungslösungen verdeutlicht die nebenstehende Tabelle.

Relative Fehler:

a) Rechteckregel: 11,97%
b) Trapezregel: 0,55%
c) Tangentenregel: 1,01%
d) Simpsonsche Regel: 0%

11. $\int_2^3 \tan x\,dx$

Wertetabelle für $f(x)=\tan x$

	x_0	x_1	x_2	x_3	x_4
x	2	2,25	2,5	2,75	3
$f(x)$	–2,184	–1,238	–0,746	–0,413	–0,142
	$f(x_0)$	$f(x_1)$	$f(x_2)$	$f(x_3)$	$f(x_4)$

$x_0=2;\quad x_n=3;\quad n=4;\quad b=0{,}25$

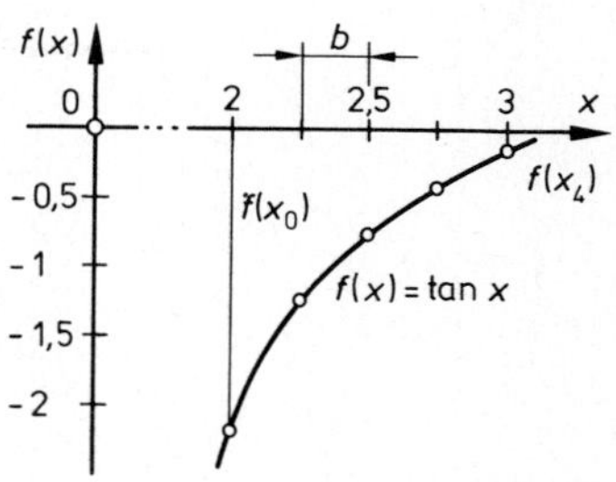

a) Berechnung mit der Rechteckregel

$$\int_{x_0}^{x_n} f(x)\,\mathrm{d}x \approx$$

$$\approx b\big(f(x_0)+f(x_1)+\ldots+f(x_{n-1})\big)$$

$$\int_2^3 \tan x\,\mathrm{d}x \approx 0{,}25\,(-2{,}184-1{,}238-0{,}746-0{,}413)$$

$$\mathrel{\hat=} \underline{\underline{-1{,}145\,E^2}}$$

b) Trapezregel

$$\int_{x_0}^{x_n} f(x)\,\mathrm{d}x \approx$$

$$\approx b\left(\frac{1}{2}f(x_0)+f(x_1)+\ldots\right.$$

$$\left.+f(x_{n-1})+\frac{1}{2}f(x_n)\right)$$

$$\int_2^3 \tan x\,\mathrm{d}x \approx 0{,}25\,(-1{,}092-1{,}238-0{,}746-$$

$$-0{,}413-0{,}071)$$

$$\mathrel{\hat=} \underline{\underline{-0{,}890\,E^2}}$$

c) Tangentenregel

$$\int_{x_0}^{x_n} f(x)\,\mathrm{d}x \approx$$

$$\approx 2b\big(f(x_1)+f(x_3)+\ldots+f(x_{n-1})\big)$$

$$\int_2^3 \tan x\,\mathrm{d}x \approx 0{,}5\,(-1{,}238-0{,}413)$$

$$\mathrel{\hat=} \underline{\underline{-0{,}826\,E^2}}$$

d) Simpsonsche Regel

$$\int_{x_0}^{x_n} f(x)\,\mathrm{d}x \approx$$

$$\approx \frac{b}{3}\,\big(f(x_0)+4f(x_1)+2f(x_2)+\ldots$$

$$+f(x_n)\big)$$

$$\int_2^3 \tan x\,\mathrm{d}x \approx \frac{0{,}25}{3}\,(-2{,}184-4{,}952-1{,}492-$$

$$-1{,}652-0{,}142)$$

$$\mathrel{\hat=} \underline{\underline{-0{,}869\,E^2}}$$

e) exaktes Ergebnis

$\int \tan x\,\mathrm{d}x$ ▶ Kap. 2.4, Band 4

$$\int_2^3 \tan x\,\mathrm{d}x = [-\ln|\cos x|]_2^3$$

$$= -\ln|\cos 3| + \ln|\cos 2|$$

$= -\ln |\cos 171{,}89°| + \ln |\cos 114{,}59°|$

$= -\ln |-0{,}990| + \ln |-0{,}416|$

$= -\ln 0{,}990 + \ln 0{,}416$

$= 0{,}010 - 0{,}877$

$\mathrel{\widehat{=}} \underline{\underline{-0{,}867\,\mathrm{E}^2}}$

Die nebenstehende Tabelle verdeutlicht die Genauigkeit der Näherungslösungen.

Relative Fehler:

a) Rechteckregel: 32,1%
b) Trapezregel: 2,65%
c) Tangentenregel: 4,73%
d) Simpsonsche Regel: 0,23%

12. $\int_1^2 9x^5 \,\mathrm{d}x$

Wertetabelle für $f(x) = 9x^5$

	x_0	x_1	x_2	x_3	x_4
x	1	1,25	1,5	1,75	2
$f(x)$	9	27,5	68,3	147,7	288
	$f(x_0)$	$f(x_1)$	$f(x_2)$	$f(x_3)$	$f(x_4)$

$x_0 = 1; \quad x_n = 2$

$n = 4; \quad b = 0{,}25$

$$\int_1^2 9x^5 \,\mathrm{d}x \approx$$

$$\approx \frac{0{,}25}{3}(9 + 110{,}0 + 136{,}6 + 590{,}8 + 288)$$

$$\approx \frac{0{,}25}{3} \cdot 1134$$

$$\mathrel{\widehat{=}} \underline{\underline{94{,}5\,E^2}}$$

13. $\int_{0,8}^4 \frac{3}{x^4} \,\mathrm{d}x$

$x_0 = 0{,}8; \quad x_n = 4$

$n = 8; \quad b = 0{,}4$

$$\int_{0,8}^4 \frac{3}{x^4} \,\mathrm{d}x \approx$$

$$\approx \frac{0{,}4}{3}(7{,}324 + 5{,}788 + 0{,}916 + 0{,}752 +$$

$$+ 0{,}180 + 0{,}196 + 0{,}058 + 0{,}072 + 0{,}012)$$

$$\approx \frac{0{,}4}{3} \cdot 15{,}298$$

$$\mathrel{\widehat{=}} \underline{\underline{2{,}040\,E^2}}$$

Wertetabelle für $f(x)=\frac{3}{x^4}$

$x_0=0{,}8 \qquad f(x_0)=7{,}324$
$x_1=1{,}2 \qquad f(x_1)=1{,}447$
$x_2=1{,}6 \qquad f(x_2)=0{,}458$
$x_3=2{,}0 \qquad f(x_3)=0{,}188$
$x_4=2{,}4 \qquad f(x_4)=0{,}090$
$x_5=2{,}8 \qquad f(x_5)=0{,}049$
$x_6=3{,}2 \qquad f(x_5)=0{,}029$
$x_7=3{,}6 \qquad f(x_7)=0{,}018$
$x_8=4{,}0 \qquad f(x_8)=0{,}012$

14. $\int_1^3 \frac{dx}{\sqrt{x}}$

Berechnungstabelle für $f(x)=\frac{1}{\sqrt{x}}$:

x	$\sqrt{x}$	$f(x)=\frac{1}{\sqrt{x}}$
1	1,0000	1,0000
1,25	1,1180	0,8945
1,5	1,2247	0,8165
1,75	1,3229	0,7559
2	1,4142	0,7071
2,25	1,5000	0,6667
2,5	1,5811	0,6325
2,75	1,6583	0,6030
3	1,7321	0,5773

$x_0=1; \quad x_n=3$

$n=8; \quad b=0{,}25$

$$\int_1^3 \frac{dx}{\sqrt{x}} \approx \frac{0{,}25}{3}(1{,}0000+3{,}5780+1{,}6330+3{,}0236+$$
$$+1{,}4142+2{,}6668+1{,}2650+2{,}4120+0{,}5773)$$
$$\approx \frac{0{,}25}{3}\cdot 17{,}5699$$
$$\triangleq \underline{\underline{1{,}4642\,E^2}}$$

15. $\int_0^1 \frac{x\sqrt{x}}{\sqrt[3]{x}}\,dx$

$$\int_0^1 \frac{x\cdot\sqrt{x}}{\sqrt[3]{x}}\,dx=\int_0^1 \frac{x\cdot x^{\frac{1}{2}}}{x^{\frac{1}{3}}}\,dx$$
$$=\int_0^1 x^{1+\frac{1}{2}-\frac{1}{3}}\,dx$$

3.2

Man vereinfacht zunächst den Integranden zu $x \cdot \sqrt[6]{x}$.

Berechnungstabelle für $f(x) = x \cdot \sqrt[6]{x}$:

x	$\sqrt[6]{x}$	$f(x) = x \cdot \sqrt[6]{x}$
0	0	0
$\frac{1}{6}$	0,742	0,124
$\frac{2}{6}$	0,833	0,278
$\frac{1}{2}$	0,891	0,446
$\frac{4}{6}$	0,935	0,623
$\frac{5}{6}$	0,970	0,808
1	1	1

$x_0 = 0; \quad x_n = 1$

$n = 6; \quad b = \frac{1}{6}$

$$= \int_0^1 x \cdot \sqrt[6]{x}\,\mathrm{d}x$$

$$\approx \frac{1}{18}(0 + 0{,}496 + 0{,}556 + 1{,}784 + {}$$

$$+ 1{,}246 + 3{,}232 + 1)$$

$$\approx \frac{1}{18} \cdot 8{,}314$$

$$\mathrel{\hat=} \underline{\underline{0{,}462\,E^2}}$$

16. $\displaystyle\int_0^{2\pi} \cos(2x)\,\mathrm{d}x$

Wertetabelle für $f(x) = \cos 2x$

x	0	$\frac{\pi}{8}$	$\frac{\pi}{4}$	$\frac{3\pi}{8}$	$\frac{\pi}{2}$	$\frac{5\pi}{8}$	$\frac{6\pi}{8}$
$f(x)$	1	$\frac{1}{2}\sqrt{2}$	0	$-\frac{1}{2}\sqrt{2}$	-1	$-\frac{1}{2}\sqrt{2}$	0

$$\int_0^{2\pi} \cos(2x)\,\mathrm{d}x \approx$$

$$\approx \frac{\pi}{24}(1 + 2\sqrt{2} + 0 - 2\sqrt{2} - 2 - 2\sqrt{2} + 0 + 2\sqrt{2}$$

$$+ 2 + 2\sqrt{2} + 0 - 2\sqrt{2} - 2 - 2\sqrt{2} + 0 + 2\sqrt{2} + 1)$$

$$\mathrel{\hat=} \underline{\underline{0\,E^2}}$$

x	$\frac{7\pi}{8}$	π	$\frac{9\pi}{8}$	$\frac{10\pi}{8}$	$\frac{11\pi}{8}$	$\frac{3\pi}{2}$	$\frac{13\pi}{8}$
$f(x)$	$\frac{1}{2}\sqrt{2}$	1	$\frac{1}{2}\sqrt{2}$	0	$-\frac{1}{2}\sqrt{2}$	-1	$-\frac{1}{2}\sqrt{2}$

x	$\frac{14\pi}{8}$	$\frac{15\pi}{8}$	2π
$f(x)$	0	$\frac{1}{2}\sqrt{2}$	1

$x_0=0; \quad x_n=2\pi$

$n=16; \quad b=\frac{\pi}{8}$

17. $\int\limits_2^4 \frac{dx}{x+1}$

Wertetabelle für $f(x)=\frac{1}{x+1}$

x	2	2,25	2,5	2,75
$f(x)$	0,3333	0,3077	0,2857	0,2667

x	3	3,25	3,5	3,75
$f(x)$	0,2500	0,2353	0,2222	0,2105

x	4
$f(x)$	0,2000

$x_0=2; \quad x_n=4$

$n=8; \quad b=0{,}25$

$$\int\limits_2^4 \frac{dx}{x+1} \approx \frac{0{,}25}{3}(0{,}3333+1{,}2308+0{,}5714+1{,}0668+$$

$$+0{,}5000+0{,}9412+0{,}4444+0{,}8420+0{,}2000)$$

$$\approx \frac{0{,}25}{3}\cdot 6{,}1299$$

$$\triangleq \underline{\underline{0{,}5108\,E^2}}$$

18. $\int_0^{\frac{\pi}{4}} 3 \cdot \tan^5 x \, dx$

Berechnungstabelle
für $f(x) = 3 \tan^5 x$:

$\frac{\pi}{4} \mathrel{\hat=} 45°$

x	$\tan x$	$\tan^5 x$	$f(x)=3 \tan^5 x$
0°	0	0	0
7,5°	0,132	0,000	0,000
15°	0,268	0,001	0,003
22,5°	0,414	0,012	0,036
30°	0,577	0,064	0,192
37,5°	0,767	0,265	0,795
45°	1	1	3

$x_0 = 0°; \quad x_n = 45°$

$n = 6; \quad b = 7{,}5° \mathrel{\hat=} 0{,}1309$

$$\int_0^{\frac{\pi}{4}} 3 \cdot \tan^5 x \, dx \approx$$

$$\approx \frac{0{,}1309}{3} (0 + 0{,}000 + 0{,}006 + 0{,}144 + 0{,}384 +$$

$$+ 3{,}180 + 3)$$

$$\approx \frac{0{,}1309}{3} \cdot 6{,}714$$

$$\mathrel{\hat=} \underline{\underline{0{,}293 \, E^2}}$$

19. $\int_1^2 \frac{e^x}{x^2} \, dx$

Berechnungstabelle für $f(x) = \frac{e^x}{x^2}$:

x	e^x	x^2	$f(x)=x^{-2} \cdot e^x$
1	2,7183	1,0000	2,7183
1,1	3,0042	1,2100	2,4828
1,2	3,3201	1,4400	2,3056
1,3	3,6693	1,6900	2,1712
1,4	4,0552	1,9600	2,0690
1,5	4,4817	2,2500	1,9919
1,6	4,9530	2,5600	1,9348
1,7	5,4739	2,8900	1,8941
1,8	6,0496	3,2400	1,8672
1,9	6,6859	3,6100	1,8520
2	7,3891	4,0000	1,8473

$x_0 = 1; \quad x_n = 2$

$n = 10; \quad b = 0{,}1$

$$\int_1^2 \frac{e^x}{x^2} \, dx \approx$$

$$\approx \frac{0{,}1}{3} (2{,}7183 + 9{,}9312 + 4{,}6112 + 8{,}6848 + 4{,}1380 +$$

$$+ 7{,}9676 + 3{,}8696 + 7{,}5764 + 3{,}7344 +$$

$$+ 7{,}4080 + 1{,}8473)$$

$$\approx \frac{0{,}1}{3} \cdot 62{,}4868$$

$$\mathrel{\hat=} \underline{\underline{2{,}0829 \, E^2}}$$

20. $\int_{\frac{\pi}{6}}^{\frac{\pi}{3}} \frac{\tan x}{x}\,dx$

Berechnungstabelle für $f(x)=\frac{\tan x}{x}$:

x		$\tan x$	$f(x)=\frac{\tan x}{x}$
60°	1,0472	1,7321	1,6540
55°	0,9598	1,4281	1,4879
50°	0,8725	1,1918	1,3660
45°	0,7853	1,0000	1,2734
40°	0,6980	0,8391	1,2021
35°	0,6108	0,7002	1,1464
30°	0,5235	0,5774	1,1030

$x_0=60° \mathrel{\hat=} \frac{\pi}{3}=1{,}0472$

$x_n=30° \mathrel{\hat=} \frac{\pi}{6}=0{,}5235$

$n=6$

$b=5° \mathrel{\hat=} 0{,}08725$

$$\int_{\frac{\pi}{6}}^{\frac{\pi}{3}} \frac{\tan x}{x}\,dx \mathrel{\hat=}$$

$$\int_{30°}^{60°} \frac{\tan x}{x}\,dx \approx$$

$$\approx \frac{0{,}08725}{3}(1{,}1030+4{,}5856+2{,}4042+5{,}0936+$$

$$+2{,}7320+5{,}9516+1{,}6540)$$

$$\approx \frac{0{,}08725}{3}\cdot 23{,}5240$$

$$\mathrel{\hat=} \underline{\underline{0{,}6842\,E^2}}$$

21. $\int_1^3 \frac{\ln|x|}{x^2}\,dx$

$$\int_1^3 \frac{\ln x}{x^2}\,dx \approx$$

$$\approx \frac{0{,}25}{3}(0+0{,}5712+0{,}3604+0{,}7308+0{,}3466+$$

$$+0{,}6408+0{,}2932+0{,}5352+0{,}1221)$$

$$\approx \frac{0{,}25}{3}\cdot 3{,}6003$$

$$\mathrel{\hat=} \underline{\underline{0{,}3000\,E^2}}$$

Berechnungstabelle für

$f(x)=\frac{\ln|x|}{x^2}$:

x	x^2	$\ln\|x\|$	$f(x)=x^{-2}\cdot\ln x$
1	1,0000	0,0000	0,0000
1,25	1,5625	0,2231	0,1428
1,5	2,2500	0,4055	0,1802
1,75	3,0625	0,5596	0,1827
2	4,0000	0,6931	0,7133
2,25	5,0625	0,8109	0,1602
2,5	6,2500	0,9163	0,1466
2,75	7,5625	1,0116	0,1338
3	9,0000	1,0986	0,1221

$x_0=1$

$x_n=3$

$n\ =8$

$b\ =0{,}25$

22. $\int\limits_{\frac{\pi}{3}}^{\frac{\pi}{2}} \frac{\sin x}{\ln|x|}\,dx$

Berechnungstabelle für $f(x)=\frac{\sin x}{\ln|x|}$:

x		$\sin x$	$\ln\|x\|$	$f(x)=\frac{\sin x}{\ln\|x\|}$
60°	1,047	0,8660	0,0459	18,867
65°	1,134	0,9063	0,1258	7,204
70°	1,222	0,9397	0,2005	4,687
75°	1,309	0,9659	0,2693	3,587
80°	1,396	0,9848	0,3336	2,952
85°	1,483	0,9962	0,3941	2,528
90°	1,571	1,0000	0,4517	2,214

$x_0=60°\triangleq\frac{\pi}{3}=1{,}047$

$x_n=90°\triangleq\frac{\pi}{2}=1{,}571$

$n=6$

$b=5°\triangleq0{,}08725$

$$\int\limits_{\frac{\pi}{3}}^{\frac{\pi}{2}} \frac{\sin x}{\ln|x|}\,dx \approx \frac{0{,}08725}{3}\,(18{,}867+28{,}816+9{,}374+14{,}348+5{,}904+10{,}112+2{,}214)$$

$$\approx \frac{0{,}08725}{3}\cdot 89{,}635$$

$$\triangleq \underline{\underline{2{,}607\ E^2}}$$

23. $\int\limits_1^2 \frac{\cos x}{e^x \cdot \sqrt{x}}\,dx$

Berechnungstabelle für $f(x) = \frac{\cos x}{e^x \cdot \sqrt{x}}$:

x		$\cos x$	e^x	$\sqrt{x}$	$e^x \cdot \sqrt{x}$	$f(x)$
1	57,30°	0,5403	2,718	1,000	2,718	0,1988
1,1	63,03°	0,4536	3,004	1,049	3,151	0,1440
1,2	68,75°	0,3624	3,320	1,095	3,635	0,0997
1,3	74,48°	0,2675	3,669	1,140	4,183	0,0639
1,4	80,21°	0,1700	4,055	1,183	4,797	0,0354
1,5	85,94°	0,0707	4,482	1,225	5,490	0,0129
1,6	91,67°	−0,0292	4,953	1,265	6,266	−0,0047
1,7	97,40°	−0,1288	5,474	1,304	7,138	−0,0180
1,8	103,13°	−0,2272	6,050	1,342	8,119	−0,0280
1,9	108,86°	−0,3233	6,686	1,378	9,213	−0,0351
2	114,59°	−0,4162	7,389	1,414	10,448	−0,0398

$x_0 = 1 \mathrel{\hat{=}} 57{,}30°$ $\quad x_n = 2 \mathrel{\hat{=}} 114{,}59°$

$n = 10;$ $\quad b = 0{,}1 \mathrel{\hat{=}} 5{,}730°$

$$\int\limits_1^2 \frac{\cos x}{e^x \cdot \sqrt{x}}\,dx \approx \frac{0{,}1}{3}\,(0{,}1988 + 0{,}5760 + 0{,}1994 + 0{,}2556 + 0{,}0708 + 0{,}0516 - 0{,}0094 -$$

$$-0{,}0720 - 0{,}0560 - 0{,}1404 - 0{,}0398)$$

$$\approx \frac{0{,}1}{3} \cdot 1{,}0346$$

$$\mathrel{\hat{=}} \underline{\underline{0{,}0345\,E^2}}$$

3.3 Graphische Integration

1. Siehe Kap. 3.3, Band 4.

2. Eine graphische Integration erweist sich in folgenden Fällen als zweckmäßig:

a) Es ist nur das Bild der Ableitungsfunktion gegeben.

b) Die geschlossene Integration ist zu schwierig oder undurchführbar.

c) Eine numerische Integration ist nicht möglich, da die Stützstellen $x_0, \ldots, x_n$ nicht äquidistant sind (kein einheitliches b vorhanden!).

3.3

3. $\int_{-3}^{4} x^3\,dx$

Wertetabelle für $f(x)=x^3$

x	-3	-2	-1	0	1	2	3	4
$f(x)$	-27	-8	-1	0	1	8	27	64

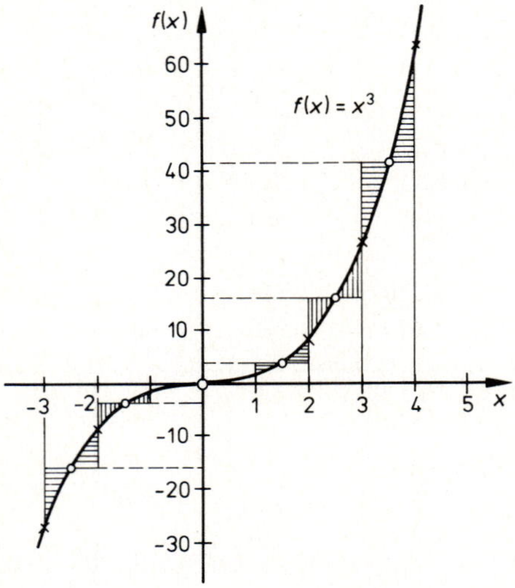

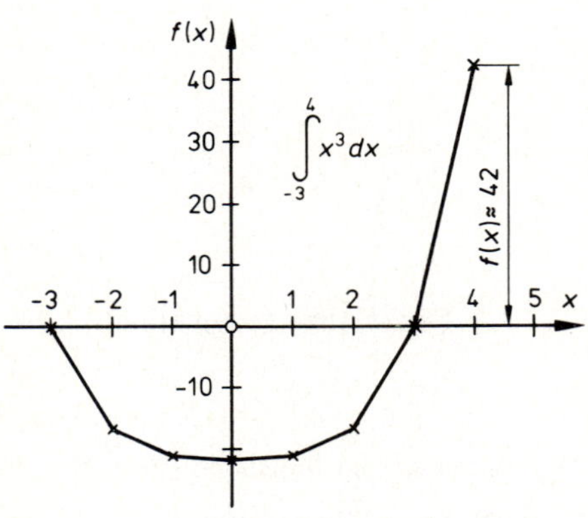

4. $\int_1^3 \sqrt{x}\,dx$

Wertetabelle für $f(x)=\sqrt{x}$

x	1	1,5	2	2,5	3
$f(x)$	1	1,22	1,41	1,58	1,73

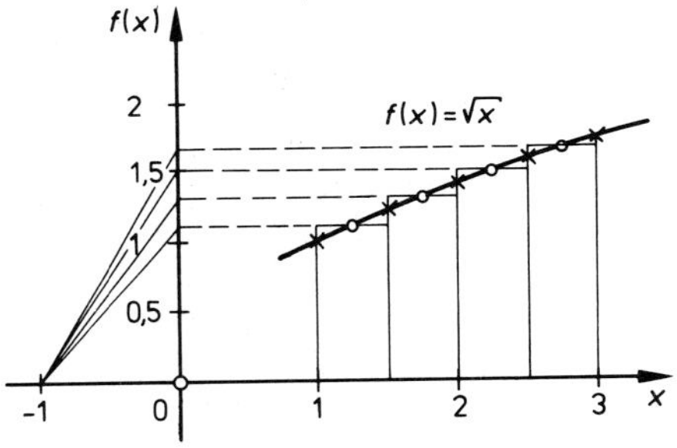

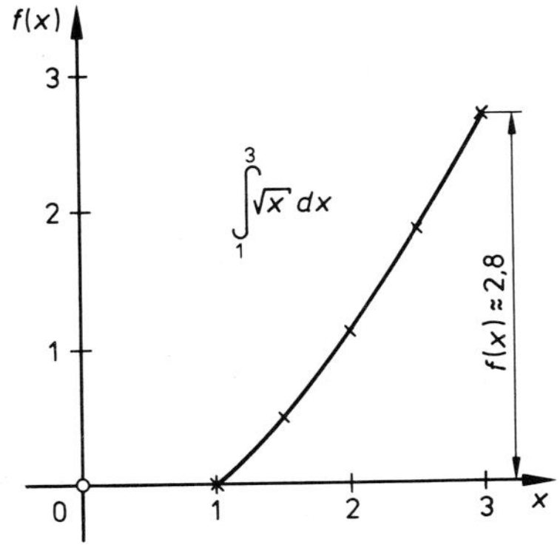

5. $\int_{-1}^{4} \frac{1}{x+2}\,\mathrm{d}x$

Wertetabelle für $f(x)=\frac{1}{x+2}$

x	-1	0	1	2	3	4
$f(x)$	1,00	0,50	0,33	0,25	0,20	0,17

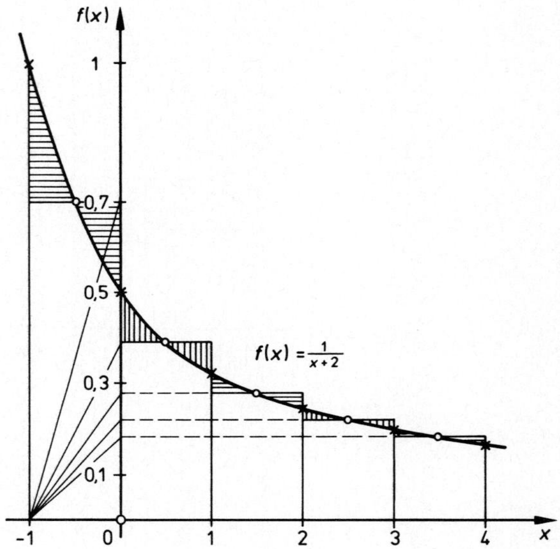

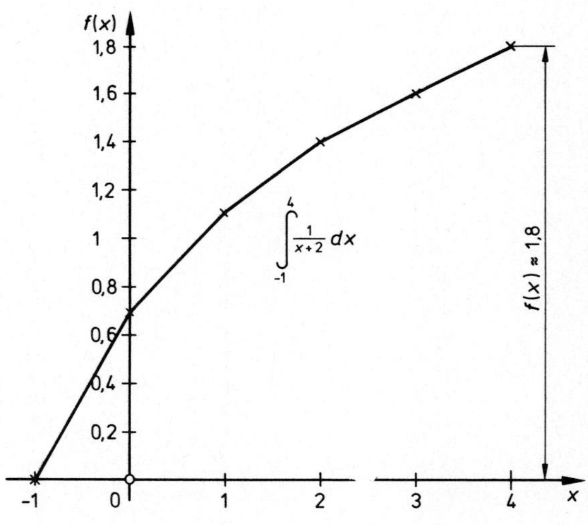

6. $\int_3^4 \frac{x+1}{x-1}\,dx$

Wertetabelle für $f(x)=\frac{x+1}{x-1}$

x	3	3,2	3,4	3,6	3,8	4
$f(x)$	2,00	1,91	1,83	1,77	1,71	1,67

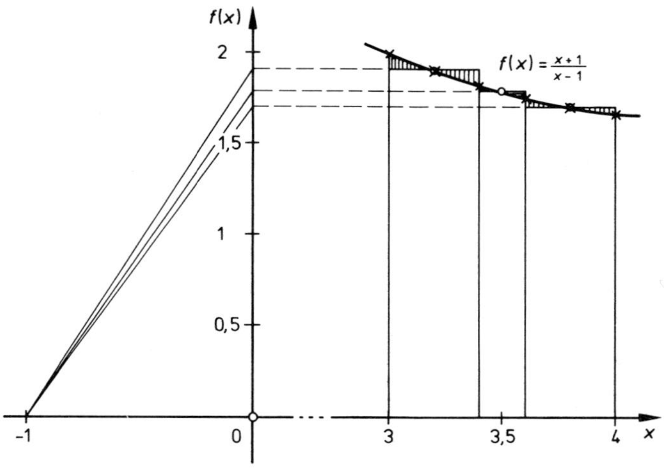

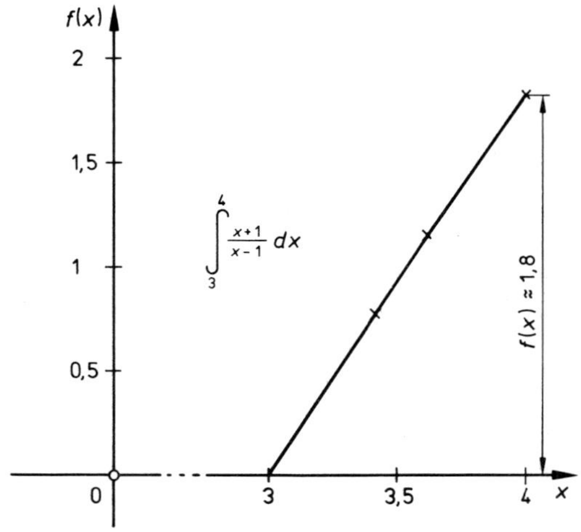

7. $\int_0^{\frac{1}{2}} \frac{dx}{\sqrt{1-x^3}}$

Wertetabelle für $f(x) = (1-x^3)^{-\frac{1}{2}}$

x	0	0,1	0,2	0,3	0,4	0,5
$f(x)$	1	1,00	1,00	1,01	1,03	1,07

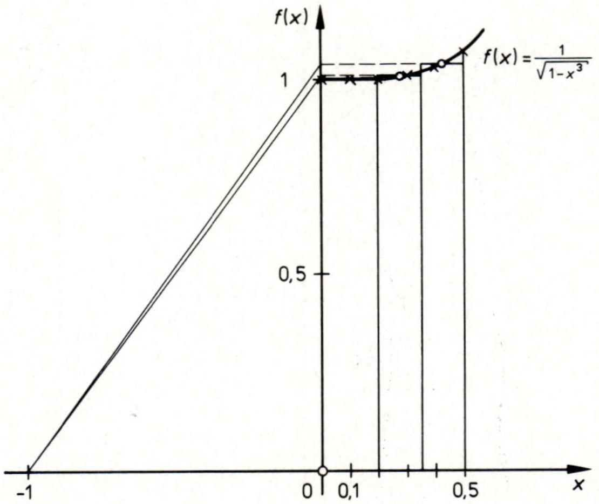

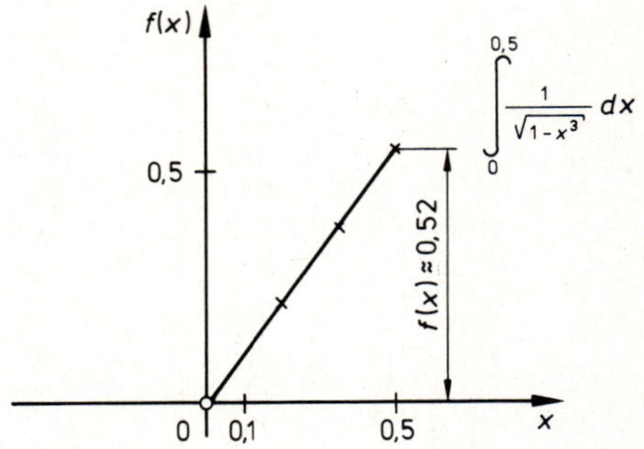

8. $\int_{-1}^{3} \frac{dx}{1+x^2}$

Wertetabelle für $f(x)=\frac{1}{1+x^2}$

x	-1	0	1	2	3
$f(x)$	0,50	1,00	0,50	0,20	0,10

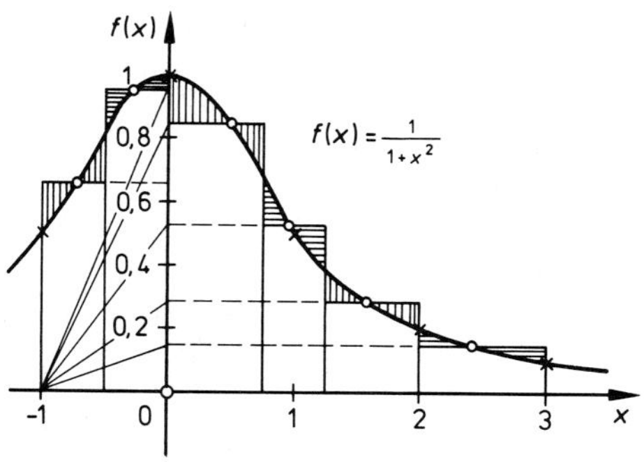

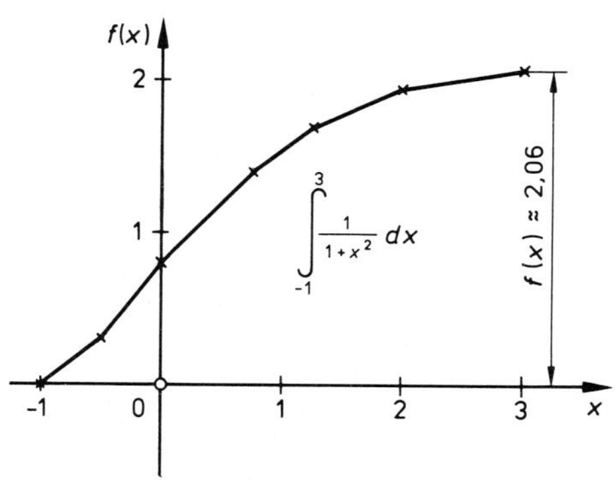

3.3

9. $\int_1^4 \frac{e^x}{x}\,dx$

Wertetabelle für $f(x)=\frac{e^x}{x}$

x	1	2	3	4
$f(x)$	2,72	3,70	6,70	13,7

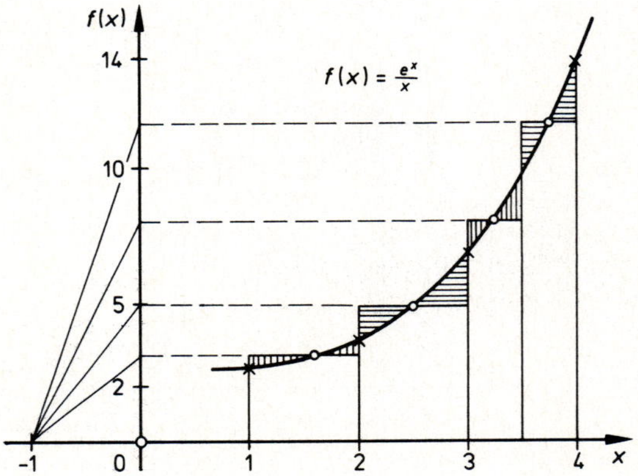

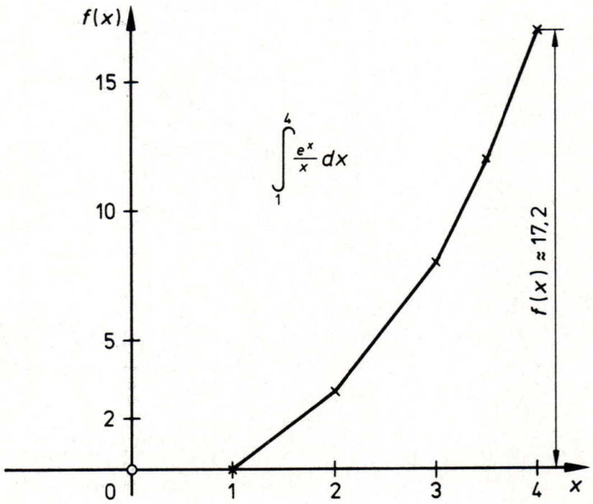

10. $\int_0^{\frac{\pi}{2}} \frac{\sin x}{x}\,dx$

Wertetabelle für $f(x)=\frac{\sin x}{x}$ $\left(\frac{\pi}{2}=1{,}571 \mathrel{\hat{=}} 90°\right)$

x	0°	15°	30°	45°	60°	75°	90°
$f(x)$	1	0,99	0,95	0,90	0,83	0,74	0,64

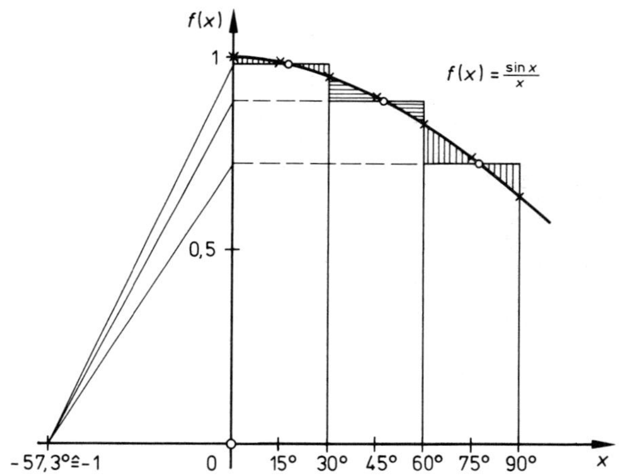

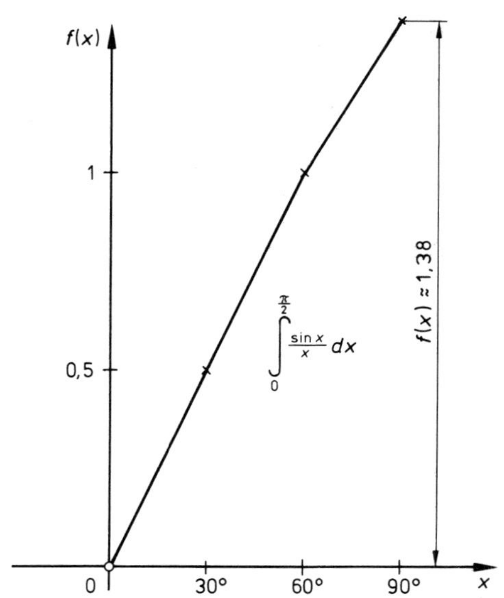

3.3

11. $\int_{\frac{\pi}{4}}^{\frac{\pi}{2}} \frac{\cos x}{x}\,dx$

Wertetabelle für $f(x)=\frac{\cos x}{x}$ $\left(\frac{\pi}{2}\hat{=}90°\right)$

x	45°	60°	75°	90°
$f(x)$	0,90	0,48	0,20	0

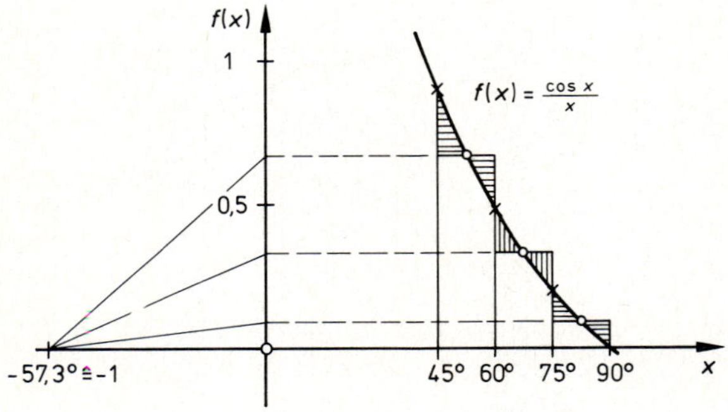

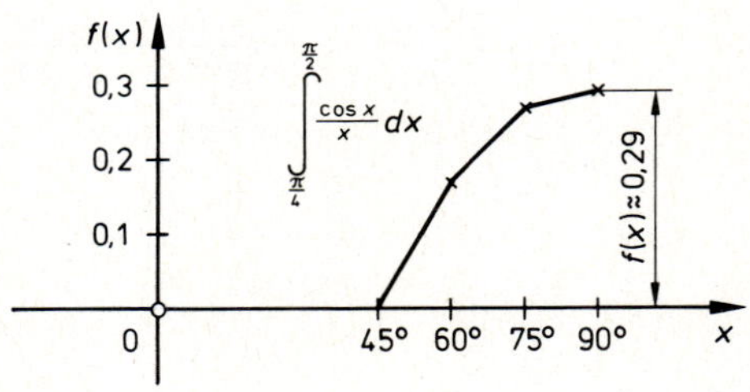

12. $\int\limits_2^3 \frac{dx}{\ln|x|}$

Wertetabelle für $f(x) = \frac{1}{\ln|x|}$

x	2	2,25	2,5	2,75	3
$f(x)$	1,44	1,23	1,09	0,99	0,91

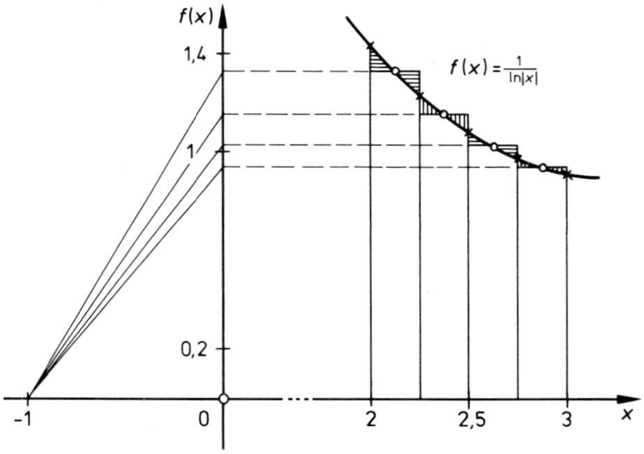

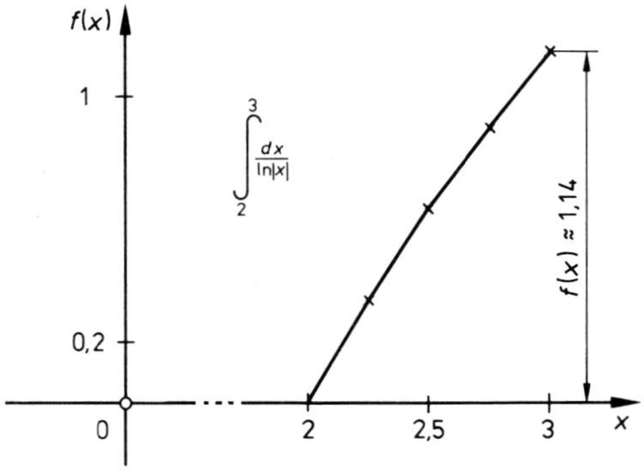

13. $\int\limits_2^4 \frac{e^x}{\ln|x|}\,dx$

Wertetabelle für $f(x) = \frac{e^x}{\ln|x|}$

x	2	2,5	3	3,5	4
$f(x)$	10,7	13,3	18,3	26,4	39,4

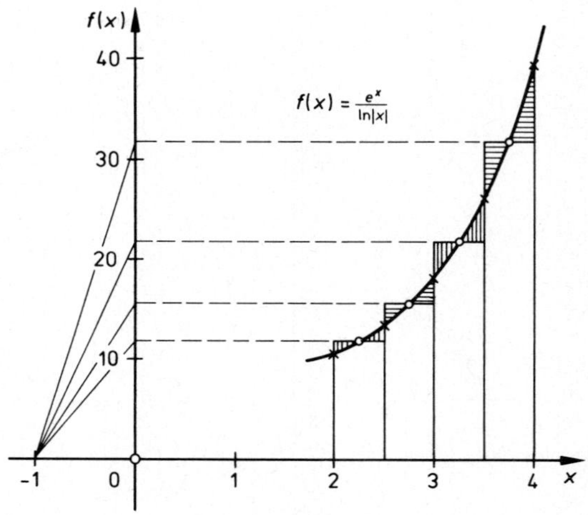

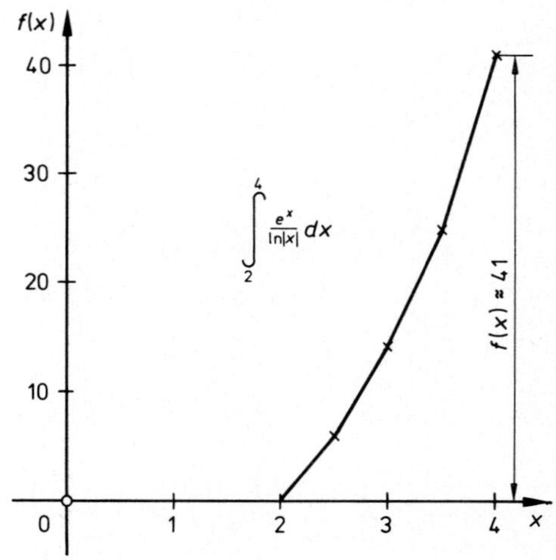

14. $\int_1^3 \frac{\sinh x}{x}\,\mathrm{d}x$ Wertetabelle für $f(x)=\frac{\sinh x}{x}$

x	1	1,5	2	2,5	3
$f(x)$	1,18	1,42	1,81	2,42	3,34

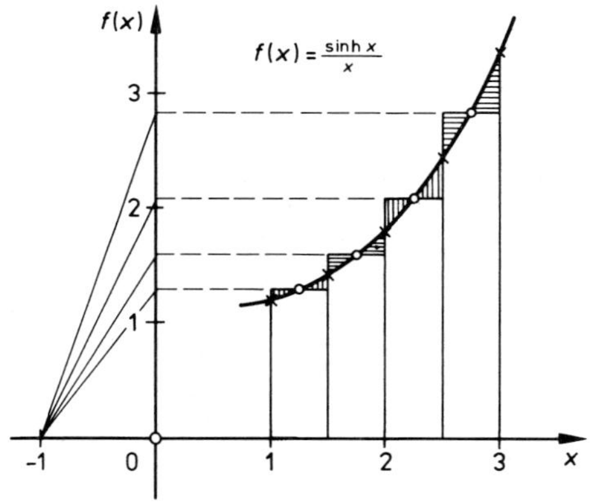

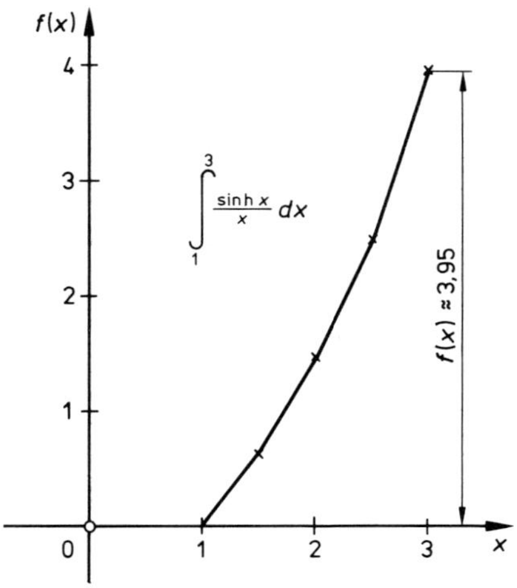

15. $\int_0^{\frac{\pi}{4}} \sin^2 x \,dx$ Wertetabelle für $f(x) = \sin^2 x$; $\left(\frac{\pi}{4} \hat{=} 45°\right)$

x	0°	15°	30°	45°
$f(x)$	0	0,07	0,25	0,50

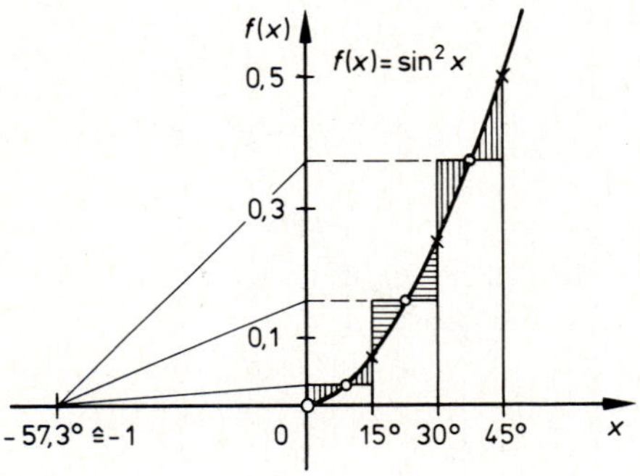

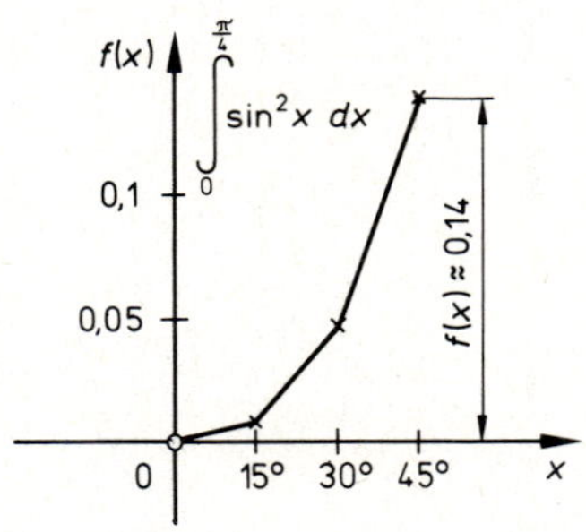

16. $\int_{2}^{4} \frac{\text{Arsinh } x}{x}\, \mathrm{d}x$ Wertetabelle für $f(x) = \frac{1}{x} \cdot \text{Arsinh } x$ $(\text{Arsinh } x = \ln |x + \sqrt{x^2 + 1}|)$

x	2	2,5	3	3,5	4
$f(x)$	0,72	0,66	0,61	0,56	0,52

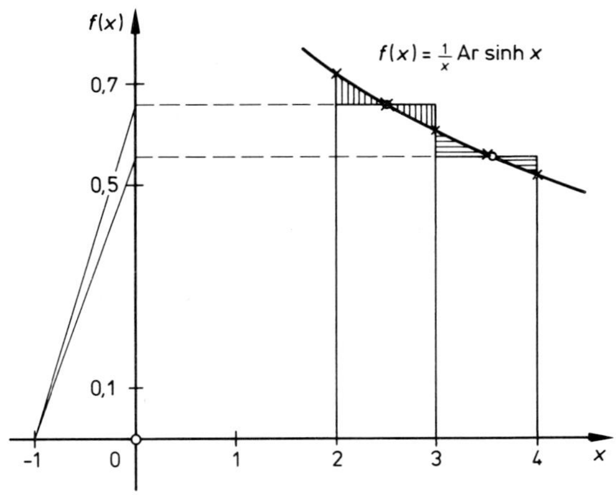

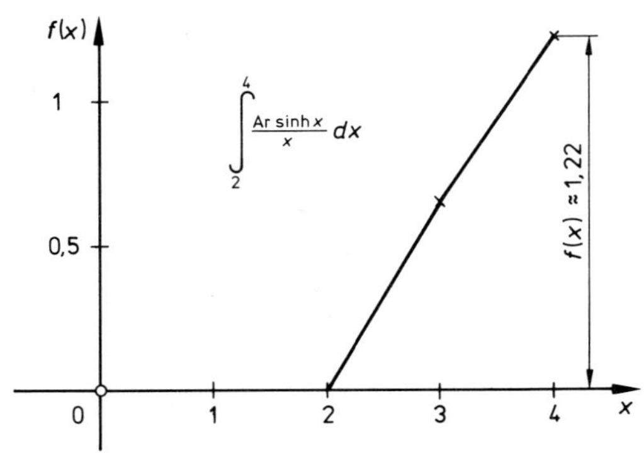

17. $\int_1^3 \frac{\cosh x}{x^2}\,dx$ Wertetabelle für $f(x) = x^{-2} \cdot \cosh x$

x	1	1,5	2	2,5	3
$f(x)$	1,54	1,05	0,94	0,98	1,12

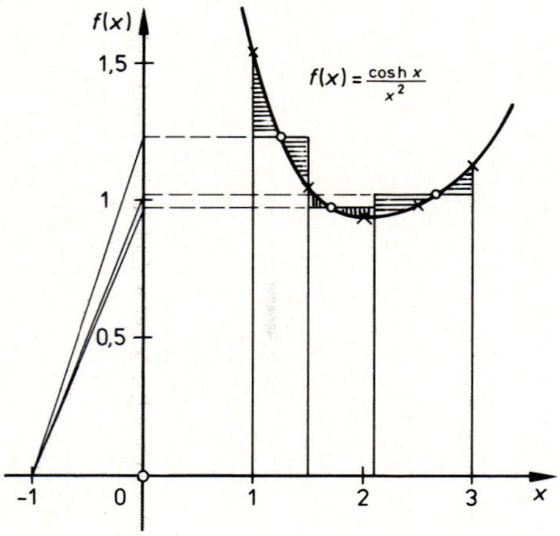

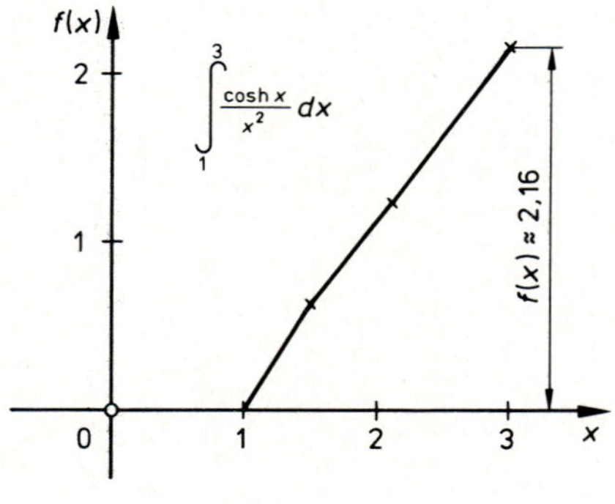

18. $\int_{-1}^{1} \sinh^2 x \, dx$ Wertetabelle für $f(x) = \sinh^2 x$

x	-1	$-0{,}5$	0	0,5	1
$f(x)$	1,38	0,27	0	0,27	1,38

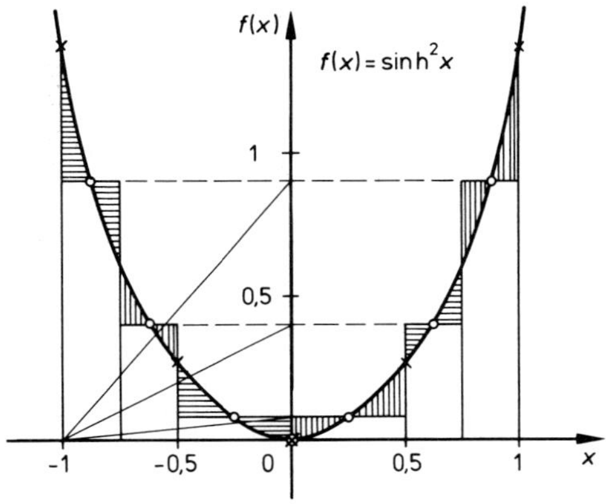

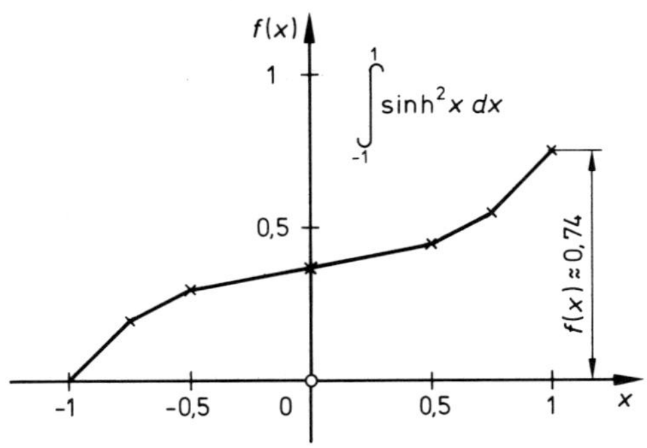

19. $\int\limits_{\frac{\pi}{4}}^{\frac{\pi}{2}} \frac{e^{2x}}{\sin x}\,dx$ Wertetabelle für $f(x)=\frac{e^{2x}}{\sin x}$

x	45°	60°	75°	90°
$f(x)$	6,80	9,37	14,19	23,14

$\frac{\pi}{4} \triangleq 45°$

$\frac{\pi}{2} \triangleq 90°$

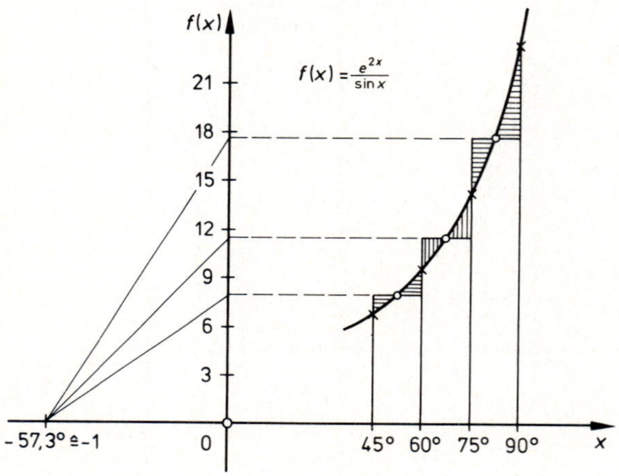

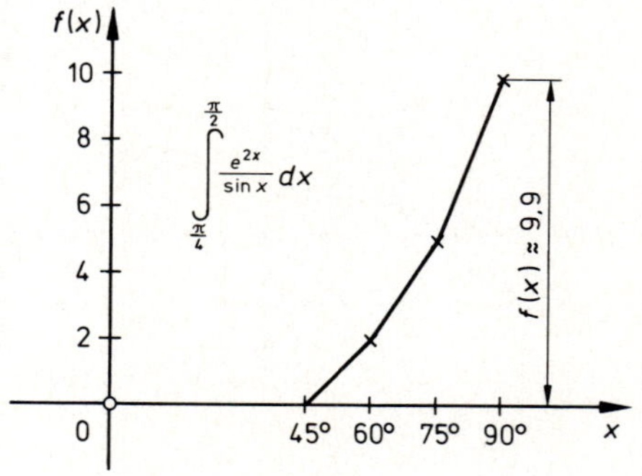

20. $\int_{-2}^{2} \sqrt{4-x^2}\,dx$ Wertetabelle für $f(x)=\sqrt{4-x^2}$

x	-2	-1	0	1	2
$f(x)$	0	1,73	2	1,73	0

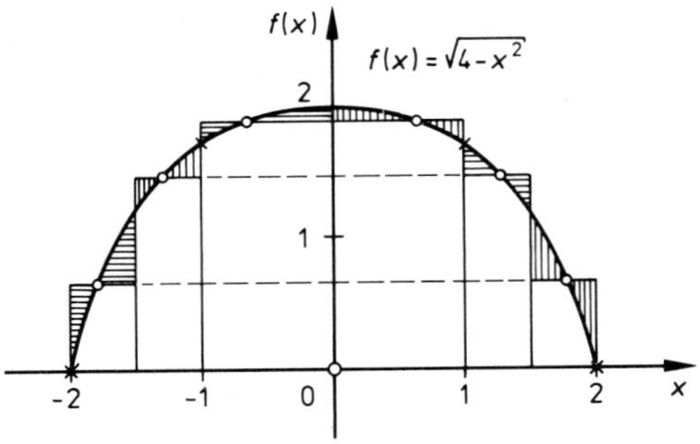

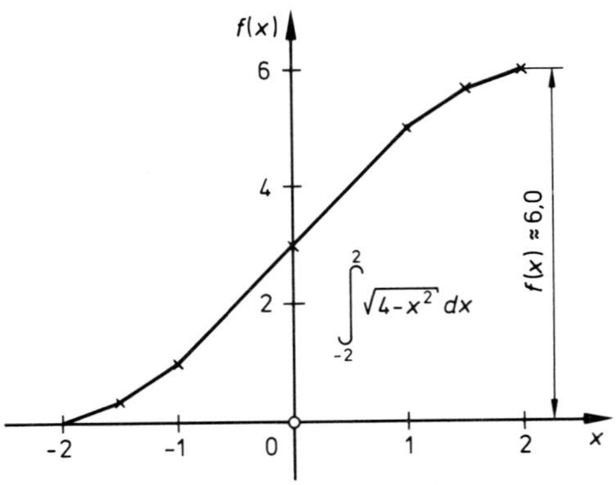

3.4

3.4 Uneigentliche Integrale

1. Integrale der Form $\int\limits_a^\infty f(x)\,\mathrm{d}x;\ \int\limits_{-\infty}^b f(x)\,\mathrm{d}x;\ \int\limits_{-\infty}^\infty f(x)\cdot\mathrm{d}x$ nennt man uneigentliche Integrale 1. Art. Uneigentliche Integrale 2. Art sind Integrale mit Unendlichkeitsstellen im Integrationsintervall.

2. $\int\limits_a^\infty \frac{1}{x^2}\,\mathrm{d}x$

Man muß für a drei Fälle unterscheiden:

1. $a>0$
2. $a=0$
3. $a<0$

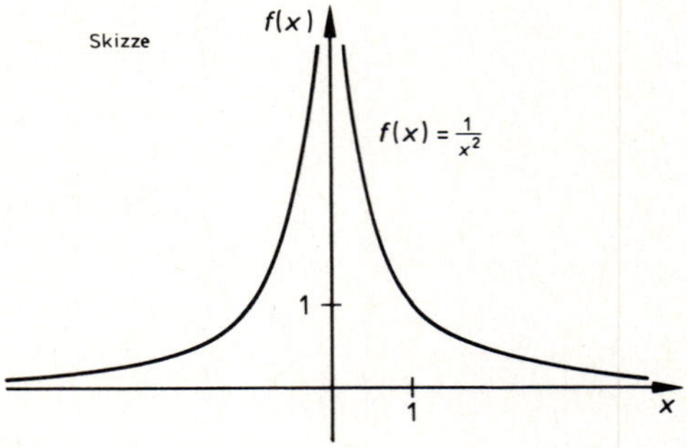

1. Fall: $a>0$

$$F_1=\lim_{b\to\infty}\int\limits_a^b \frac{1}{x^2}\,\mathrm{d}x$$

$$=\lim_{b\to\infty}\left[-\frac{1}{x}\right]_a^b$$

$$=\lim_{b\to\infty}\left(-\frac{1}{b}+\frac{1}{a}\right)$$

$$\mathrel{\hat=}\frac{1}{a}\,E^2$$

Für $a=0$ besitzt das Integral sowohl eine unendliche Grenze als auch eine Unendlichkeitsstelle des Integranden im Integrationsbereich.

2. Fall: $a=0$

$$F_2=\int\limits_0^\infty \frac{1}{x^2}\,\mathrm{d}x$$

$$=\lim_{\varepsilon\to 0}\int\limits_{0+\varepsilon}^\infty \frac{1}{x^2};\quad \varepsilon>0$$

$$F_2 = \lim_{\varepsilon \to 0} \left[-\frac{1}{x} \right]_{\varepsilon}^{\infty}$$

$$= \lim_{\varepsilon \to 0} \left[0 + \frac{1}{\varepsilon} \right] = \underline{\underline{\infty}}$$

3. Fall: $a < 0$

Für den Fall $a = 0$ existiert das Integral nicht; d.h. die Fläche unter dem Graphen ist unendlich groß. Für $a < 0$ kann das Integral erst recht nicht existieren, da bereits für $a = 0$ das Integral unendlich groß ist.

3. $\int\limits_{-\infty}^{0} \mathrm{e}^x \, \mathrm{d}x$

$$F = \lim_{a \to \infty} \int\limits_{-a}^{0} \mathrm{e}^x \, \mathrm{d}x$$

$$= \lim_{a \to \infty} [\mathrm{e}^x]_{-a}^{0}$$

$$= \lim_{a \to \infty} (1 - \mathrm{e}^{-a})$$

$$= \lim_{a \to \infty} \left(1 - \frac{1}{\mathrm{e}^a} \right)$$

$$\mathrel{\hat{=}} \underline{\underline{1\,E^2}}$$

4. $\int\limits_{0}^{2} \ln|x| \, \mathrm{d}x$

Das Integral wird durch partielle Integration gelöst.

Den Grenzwert $\lim\limits_{\varepsilon \to 0} \varepsilon \cdot \ln \varepsilon$ ermittelt man leicht mit der Regel von L'Hospital zu 0.

$$\int \underbrace{\ln|x|}_{u} \cdot \underbrace{\mathrm{d}x}_{\mathrm{d}v} = \ln|x| \cdot x - \int x \cdot \frac{1}{x} \, \mathrm{d}x$$

$$= x \cdot \ln|x| - x + c$$

$$\int\limits_{0}^{2} \ln|x| \mathrm{d}x = \lim_{\varepsilon \to 0} \int\limits_{0+\varepsilon}^{2} \ln|x| \mathrm{d}x$$

$$= \lim_{\varepsilon \to 0} [x \cdot \ln|x| - x]_{\varepsilon}^{2}$$

$$= \lim_{\varepsilon \to 0} (2 \cdot \ln 2 - 2 - \varepsilon \cdot \ln \varepsilon - \varepsilon)$$

$$= 2 \cdot \ln 2 - 2$$

$$\mathrel{\hat{=}} \underline{\underline{2\,(\ln 2 - 1)\,E^2}}$$

5. $\int_0^3 \frac{dx}{\sqrt{x}}$

$$F = \lim_{\varepsilon \to 0} \int_{0+\varepsilon}^{3} \frac{dx}{\sqrt{x}}$$

$$= \lim_{\varepsilon \to 0} [2\sqrt{x}]_{\varepsilon}^{3}$$

$$= \lim_{\varepsilon \to 0} (2\sqrt{3} - 2\sqrt{\varepsilon})$$

$$\mathrel{\hat{=}} \underline{\underline{2\sqrt{3}\,E^2}}$$

6. $\int_{-3}^{3} \frac{x}{\sqrt{9-x^2}}\,dx$

Man löst zunächst das zugehörige unbestimmte Integral mit der Substitution:

$z = 9 - x^2 \Rightarrow dx = -\frac{dz}{2x}$

$$\int \frac{x}{\sqrt{9-x^2}}\,dx = -\frac{1}{2}\int \frac{dz}{\sqrt{z}}$$

$$= -\frac{1}{2}\int z^{-\frac{1}{2}}\,dz$$

$$= -\frac{1}{2} \cdot \frac{z^{\frac{1}{2}}}{\frac{1}{2}} + c$$

$$= \underline{\underline{-\sqrt{9-x^2} + c}}$$

Bei diesem bestimmten Integral muß man beachten, daß der Integrand an beiden Grenzen Unendlichkeitsstellen besitzt.

$$F = \lim_{\varepsilon \to 0} \int_{-3+\varepsilon}^{3-\varepsilon} \frac{x}{\sqrt{9-x^2}}\,dx$$

$$= \lim_{\varepsilon \to 0} [-\sqrt{9-x^2}]_{-3+\varepsilon}^{3-\varepsilon}$$

$$= \lim_{\varepsilon \to 0} [-\sqrt{9-(3-\varepsilon)^2} + \sqrt{9-(-3+\varepsilon)^2}]$$

$$= 0 + 0 = \underline{\underline{0}}$$

7. $\int_0^1 \frac{dx}{\sqrt{1-x}}$

Der Integrand besitzt an der Stelle $x = 1$ eine Unendlichkeitsstelle. Da $\sqrt{1-x}$ für $x > 1$ hier nicht sinnvoll ist, muß der Grenzwert $\varepsilon \Rightarrow 0$ für $1 - \varepsilon$ betrachtet werden.

$$F = \lim_{\varepsilon \to 0} \int_0^{1-\varepsilon} \frac{dx}{\sqrt{1-x}}$$

$$= \lim_{\varepsilon \to 0} [-2\sqrt{1-x}]_0^{1-\varepsilon}$$

$$= \lim_{\varepsilon \to 0} [-2\sqrt{1-(1-\varepsilon)} + 2\sqrt{1-0}]$$

$$= 0 + 2$$

$$\mathrel{\hat{=}} \underline{\underline{2\,E^2}}$$

8. $\int_0^{\infty} x \cdot e^{-x}\,dx$

Man löst zunächst das zugehörige unbestimmte Integral durch partielle Integration.

$$\int \underset{u}{x} \cdot \underbrace{e^{-x}\,dx}_{dv} = x(-e^{-x}) - \int (-e^{-x})\,dx$$

$$= -x \cdot e^{-x} + \int e^{-x} \cdot dx$$

$$= -x \cdot e^{-x} - e^{-x} + c$$

$$= -e^{-x}(1+x) + c$$

Mit der Regel von L'Hospital bestimmt man leicht

$$\lim_{a\to\infty} \frac{1+a}{e^a} = \lim_{a\to\infty} \frac{1}{e^a} = 0.$$

$$F = \lim_{a\to\infty} \int_0^a x \cdot e^{-x}\,dx$$

$$= \lim_{a\to\infty} \left[-e^{-x}(1+x)\right]_0^a$$

$$= \lim_{a\to\infty} \left(-\frac{1+a}{e^a} + \frac{1+0}{e^0}\right)$$

$$= \lim_{a\to\infty} \left(-\frac{1+a}{e^a} + 1\right)$$

$$\mathrel{\hat{=}} 1\,E^2$$

9. $\int_0^{\infty} \sin x\,dx$

Bei diesem Integral interessiert offensichtlich die Fläche, die die Funktion $y = \sin x$ mit der x-Achse einschließt. Dazu berechnet man eine der unendlich vielen gleich großen Teilflächen A_1 zwischen zwei benachbarten Nullstellen.

$$A_1 = \int_0^{\pi} \sin x\,dx$$

$$= [-\cos x]_0^{\pi}$$

$$= 1 + 1$$

$$\mathrel{\hat{=}} 2\,E^2$$

$$A \mathrel{\hat{=}} \lim_{n\to\infty} n \cdot 2\,E^2$$

$$= \infty$$

10. $\int_{-\infty}^{\infty} \frac{dx}{1+x^2}$

Das Integral läßt sich aufgrund des symmetrischen Kurvenverlaufs vereinfachen.

$$\int_{-\infty}^{\infty} \frac{dx}{1+x^2} = 2 \cdot \int_0^{\infty} \frac{dx}{1+x^2}$$

$$= 2 \cdot \lim_{a\to\infty} \int_0^a \frac{dx}{1+x^2}$$

Arctan $0=0$

$$\int_{-\infty}^{\infty} \frac{dx}{1+x^2} = 2 \cdot \lim_{a \to \infty} [\text{Arctan } x]_0^a$$

$$= 2 \cdot \lim_{a \to \infty} (\text{Arctan } a - \text{Arctan } 0)$$

$$= 2 \cdot \lim_{a \to \infty} (\text{Arctan } a)$$

$$= 2 \cdot \frac{\pi}{2}$$

$$\mathrel{\hat{=}} \underline{\underline{\pi E^2}}$$

3.5 Bogenlängen

(E ▶ Längeneinheit)

1. $f(x)=2x$

$x_1=-6; \quad x_2=4$

$$l = \int_{x_1}^{x_2} \sqrt{1+(f'(x))^2}\, dx$$

$$= \int_{-6}^{4} \sqrt{1+4}\, dx$$

$$= [\sqrt{5}x]_{-6}^{4}$$

$$= \sqrt{5}(4+6)$$

$$\mathrel{\hat{=}} \underline{\underline{10 \cdot \sqrt{5} E \mathrel{\hat{=}} 22{,}361\, E}}$$

2. $f(x)=4x^2+2$

$x_1=0; \quad x_2=2$

$\int \sqrt{a^2+x^2}\, dx$ ▶ Kap. 2.4, Band 4

$$l = \int_{x_1}^{x_2} \sqrt{1+(f'(x))^2}\, dx$$

$$= \int_{0}^{2} \sqrt{1+64x^2}\, dx$$

$$= 8 \cdot \int_{0}^{2} \sqrt{\frac{1}{64}+x^2}\, dx$$

$$= 8 \left[\frac{x}{2} \sqrt{\frac{1}{64}+x^2} + \frac{1}{128} \cdot \ln \left| x + \sqrt{\frac{1}{64}+x^2} \right| \right]_0^2$$

$$l=\left[\frac{x}{2}\sqrt{1+64x^2}+\frac{1}{16}\ln\left|x+\sqrt{\frac{1}{64}+x^2}\right|\right]_0^2$$

$$=\sqrt{257}+\frac{1}{16}\ln\left(2+\sqrt{\frac{1}{64}+4}\right)-0-\frac{1}{16}\ln\sqrt{\frac{1}{64}}$$

$$=\sqrt{257}+\frac{1}{16}\ln\left(2+\frac{1}{8}\sqrt{257}\right)-\frac{1}{16}\ln\frac{1}{8}$$

$$\mathrel{\widehat{=}}\underline{\underline{\left[\sqrt{257}+\frac{1}{16}\ln\left(16+\sqrt{257}\right)\right]E}}$$

$$l\approx 16{,}031+\frac{1}{16}\ln 32{,}031$$

$$\approx 16{,}031+0{,}217$$

$$\mathrel{\widehat{=}}\underline{\underline{16{,}248\,E}}$$

3. $f(x)=x\sqrt{x}$

$x_1=4;\quad x_2=9$

$$l=\int_{x_1}^{x_2}\sqrt{1+(f'(x))^2}\,\mathrm{d}x$$

$$=\int_4^9\sqrt{1+\left(\frac{3}{2}\sqrt{x}\right)^2}\,\mathrm{d}x$$

$$=\int_4^9\sqrt{1+\frac{9}{4}x}\,\mathrm{d}x$$

$$=\frac{3}{2}\int_4^9\sqrt{\frac{4}{9}+x}\,\mathrm{d}x$$

$$=\left[\left(\frac{4}{9}+x\right)\sqrt{\frac{4}{9}+x}\right]_4^9$$

$$=\left(\frac{4}{9}+9\right)\sqrt{\frac{4}{9}+9}-\left(\frac{4}{9}+4\right)\sqrt{\frac{4}{9}+4}$$

$$=\frac{85}{27}\sqrt{85}-\frac{40}{27}\sqrt{40}$$

$$\mathrel{\widehat{=}}\underline{\underline{\frac{1}{27}\left(85\sqrt{85}-40\sqrt{40}\right)E}}$$

$$l\mathrel{\widehat{=}}\underline{\underline{19{,}66\,E}}$$

4. $f(x)=2\sqrt{x}+1$

$x_1=0; \quad x_2=1$

Zur Berechnung der gesuchten Bogenlänge benutzt man vorteilhaft die Umkehrfunktion $f^{-1}(x)$ und berechnet deren entsprechende Bogenlänge.

Damit läßt sich die Berechnung der Bogenlänge mittels der Umkehrfunktion formulieren:

$$f^{-1}(x)=\frac{1}{4}(x-1)^2$$

$x_1=1; \quad x_2=3$

$$(f^{-1}(x))'=\frac{1}{2}(x-1)$$

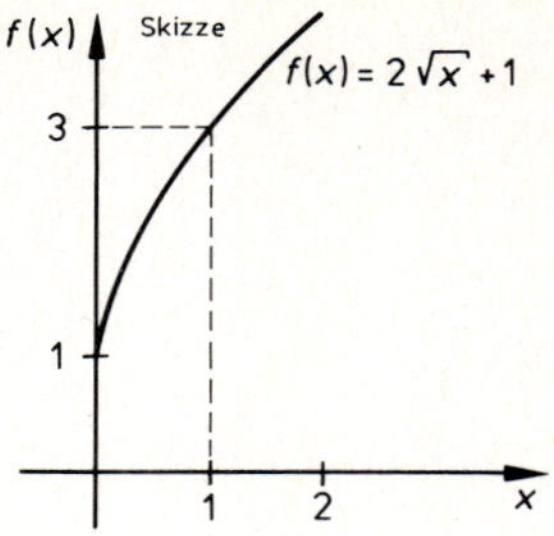

$x_1=0 \quad \Rightarrow y_1=1$

$x_2=1 \quad \Rightarrow y_2=3$

$$y=2\sqrt{x}+1 \Rightarrow x=\frac{1}{4}(y-1)^2$$

$$l=\int_{x_1}^{x_2}\sqrt{1+[(f^{-1}(x))']^2}\,dx$$

$$=\int_1^3\sqrt{1+\frac{1}{4}(x-1)^2}\,dx$$

$$=\frac{1}{2}\int_1^3\sqrt{4+(x-1)^2}\,dx$$

Mit der Substitution
$z=x-1 \Rightarrow dx=dz$
berechnet man jetzt das zugehörige unbestimmte Integral.

$\int\sqrt{a^2+x^2}\,dx$ ▶ Kap. 2.4, Band 4

$$\int\sqrt{4+(x-1)^2}\,dx=$$

$$=\int\sqrt{4+z^2}\,dz$$

$$=\frac{z}{2}\sqrt{4+z^2}+2\ln|z+\sqrt{4+z^2}|+c$$

$$=\frac{x-1}{2}\sqrt{4+(x-1)^2}+2\ln|x-1+\sqrt{4+(x-1)^2}|+c$$

$$l=\left[\frac{x-1}{4}\sqrt{4+(x-1)^2}+\ln|x-1+\sqrt{4+(x-1)^2}|\right]_1^3$$

$$=\frac{1}{2}\sqrt{4+4}+\ln|2+\sqrt{4+4}|-\ln|\sqrt{4}|$$

$$=\frac{1}{2}\sqrt{8}+\ln(2+\sqrt{8})-\ln\sqrt{4}$$

$\sqrt{8}=\sqrt{4\cdot 2}=2\sqrt{2}$

$l=\sqrt{2}+\ln\frac{2+2\sqrt{2}}{2}$

$=\underline{\underline{[\sqrt{2}+\ln(1+\sqrt{2})]E}}$

$l\triangleq \underline{\underline{2{,}295\,E}}$

5. $f(x)=(x+1)^3$
$x_1=1;\quad x_2=3$
$f'(x)=3(x+1)^2$
Dieses Integral wird mit der Simpsonschen Regel näherungsweise gelöst.

$$l=\int_{x_1}^{x_2}\sqrt{1+(f'(x))^2}\,dx$$

$$=\int_1^3\sqrt{1+9(x+1)^4}\,dx$$

Berechnungstabelle für $f(x)=\sqrt{1+9(x+1)^4}$:

x	$x+1$	$(x+1)^4$	$9(x+1)^4+1$	$f(x)$
1	2	16,00	145,0	12,04
1,25	2,25	25,63	231,7	15,22
1,5	2,5	39,06	352,5	18,77
1,75	2,75	57,19	515,7	22,71
2	3	81,00	730,0	27,02
2,25	3,25	111,57	1005,1	31,70
2,5	3,5	150,06	1351,5	36,76
2,75	3,75	197,75	1780,8	42,20
3	4	256,00	2305,0	48,01

$x_0=1$

$x_n=3$

$n=8$

$b=0{,}25$

$$l=\int_1^3\sqrt{1+9(x+1)^4}\,dx$$

$$\approx\frac{b}{3}[f(x_0)+4f(x_1)+2f(x_2)+\ldots+2f(x_{n-2})+4f(x_{n-1})+f(x_n)]$$

$$\approx\frac{0{,}25}{3}(12{,}04+60{,}88+37{,}54+90{,}84+54{,}04+126{,}80+73{,}52+168{,}80+48{,}01)$$

$$\approx\frac{0{,}25}{3}\cdot 672{,}47$$

$\triangleq\underline{\underline{56{,}04\,E}}$

6. $f(x)=\frac{x^2}{4}$

$x_1=-2;\quad x_2=4$

$$l=\int_{x_1}^{x_2}\sqrt{1+(f'(x))^2}\,dx$$

$$=\int_{-2}^{4}\sqrt{1+\frac{x^2}{4}}\,dx$$

$\int\sqrt{a^2+x^2}\,dx$ ▶ Kap. 2.4, Band 4

$$=\frac{1}{2}\int_{-2}^{4}\sqrt{4+x^2}\,dx$$

$\sqrt{20}=\sqrt{4\cdot 5}=2\sqrt{5}$

$\sqrt{8}=\sqrt{4\cdot 2}=2\cdot\sqrt{2}$

$$l=\left[\frac{x}{4}\sqrt{4+x^2}+\ln|x+\sqrt{4+x^2}|\right]_{-2}^{4}$$

$$=\sqrt{20}+\ln(4+\sqrt{20})+\frac{1}{2}\sqrt{8}-\ln(\sqrt{8}-2)$$

$$=2\sqrt{5}+\sqrt{2}+\ln\frac{4+2\sqrt{5}}{2\sqrt{2}-2}$$

$$\mathrel{\widehat{=}}\left(2\sqrt{5}+\sqrt{2}+\ln\frac{2+\sqrt{5}}{\sqrt{2}-1}\right)E$$

$l\approx 2\cdot 2{,}236+1{,}414+2{,}326$

$\mathrel{\widehat{=}}8{,}212\,E$

7. $f(x)=\ln|x|$

$x_1=1;\quad x_2=2$

$$l=\int_{x_1}^{x_2}\sqrt{1+(f'(x))^2}\,dx$$

$$=\int_{1}^{2}\sqrt{1+\frac{1}{x^2}}\,dx$$

$$=\int_{1}^{2}\frac{\sqrt{x^2+1}}{x}\,dx$$

Man löst zunächst das zugehörige unbestimmte Integral.

$$\int \frac{\sqrt{x^2+1}}{x}\,dx = \int \frac{\sqrt{z^2}}{x}\cdot\frac{z\cdot dz}{x}$$

$$= \int \frac{z^2}{z^2-1}\,dz$$

Substitution:

$x^2+1=z^2;\quad dx=\dfrac{z\cdot dz}{x}$

$x^2=z^2-1$

$$= \int \left(1+\frac{1}{z^2-1}\right)dz$$

Man führt für

$\dfrac{1}{z^2-1}=\dfrac{1}{(z+1)(z-1)}$

eine Partialbruchzerlegung durch.

$$= \int \left(1+\frac{A}{z+1}+\frac{B}{z-1}\right)dz$$

$$= \int \left(1+\frac{-\frac{1}{2}}{z+1}+\frac{\frac{1}{2}}{z-1}\right)dz$$

$$= z-\frac{1}{2}\ln|z+1|+\frac{1}{2}\ln|z-1|+c$$

$$= z+\frac{1}{2}\ln\left|\frac{z-1}{z+1}\right|+c$$

Rücksubstitution:

$x^2+1=z^2;\quad z=\sqrt{x^2+1}$

$$= \sqrt{x^2+1}+\frac{1}{2}\ln\left|\frac{\sqrt{x^2+1}-1}{\sqrt{x^2+1}+1}\right|+c$$

$$l=\left[\sqrt{x^2+1}+\frac{1}{2}\ln\left|\frac{\sqrt{x^2+1}-1}{\sqrt{x^2+1}+1}\right|\right]_1^2$$

$$=\sqrt{5}+\frac{1}{2}\ln\frac{\sqrt{5}-1}{\sqrt{5}+1}-\sqrt{2}-\frac{1}{2}\ln\frac{\sqrt{2}-1}{\sqrt{2}+1}$$

$$\mathrel{\hat=}\left(\sqrt{5}-\sqrt{2}+\frac{1}{2}\ln\frac{(\sqrt{5}-1)(\sqrt{2}+1)}{(\sqrt{5}+1)(\sqrt{2}-1)}\right)E$$

$$l\approx 2{,}236-1{,}414+\frac{1}{2}\ln\frac{1{,}236\cdot 2{,}414}{3{,}236\cdot 0{,}4142}$$

$$\approx 0{,}822+\frac{1}{2}\ln 2{,}226$$

$$\approx 0{,}822+0{,}400$$

$$\approx \underline{\underline{1{,}222\,E}}$$

8. $f(x)=\frac{1}{2}(e^x+e^{-x})=\cosh x$

$x_1=-2; \quad x_2=4$

Zur Berechnung der Bogenlänge benutzt man mit Vorteil die Beziehungen

$\cosh x=\frac{1}{2}(e^x+e^{-x})$ und

$\cosh^2 x=1+\sinh^2 x.$

$$l=\int_{x_1}^{x_2}\sqrt{1+(f'(x))^2}\,dx \quad \blacktriangleright y'=f'(x)=\sinh x$$

$$=\int_{-2}^{4}\sqrt{1+\sinh^2 x}\,dx$$

$$=\int_{-2}^{4}\sqrt{\cosh^2 x}\,dx$$

$$=\int_{-2}^{4}\cosh x\,dx$$

$$=[\sinh x]_{-2}^{4}$$

$\sinh(-x)=-\sinh x$

$$=\sinh 4-\sinh(-2)$$

$$\mathrel{\hat=}\underline{\underline{(\sinh 4+\sinh 2)\,E}}$$

Zur numerischen Berechnung verwendet man die Beziehung:

$\sinh x=\frac{1}{2}(e^x-e^{-x})$

$$l=\frac{1}{2}(e^4-e^{-4})+\frac{1}{2}(e^2-e^{-2})$$

$$=\frac{1}{2}(e^4+e^2-e^{-4}-e^{-2})$$

$$\approx\frac{1}{2}(54{,}598+7{,}389+0{,}018-0{,}135)$$

$$\approx\frac{1}{2}\cdot 61{,}834$$

$$\mathrel{\hat=}\underline{\underline{30{,}917\,E}}$$

9. $f(x)=\sin x; \quad f'(x)=\cos x$

$x_1=0; \quad x_2=\frac{\pi}{2}$

Dieses Integral wird mit der Simpsonschen Regel näherungsweise gelöst.

$$l=\int_{x_1}^{x_2}\sqrt{1+(f'(x))^2}\,dx$$

$$=\int_{0}^{\frac{\pi}{2}}\sqrt{1+\cos^2 x}\,dx$$

Berechnungstabelle für $f(x)=\sqrt{1+\cos^2 x}$:

x	$\cos^2 x$	$1+\cos^2 x$	$f(x)$
$0° \triangleq 0$	1,000	2,000	1,414
15°	0,933	1,933	1,390
30°	0,750	1,750	1,323
45°	0,500	1,500	1,225
60°	0,250	1,250	1,118
75°	0,067	1,067	1,033
$90° \triangleq \frac{\pi}{2}$	0,000	1,000	1,000

$x_0=0°;\quad x_n=90°$

$n=6$

$b=15° \triangleq 0{,}2618$

$$l=\int_0^{\frac{\pi}{2}} \sqrt{1+\cos^2 x}\, dx$$

$$\approx \frac{b}{3}\left[f(x_0)+4f(x_1)+2f(x_2)+\ldots+2f(x_{n-2})+4f(x_{n-1})+f(x_n)\right]$$

$$\approx \frac{0{,}2618}{3}(1{,}414+5{,}560+2{,}646+4{,}900+2{,}236+4{,}132+1{,}000)$$

$$\approx \frac{0{,}2618}{3}\cdot 21{,}888$$

$$\triangleq \underline{\underline{1{,}910\,E}}$$

10. $f(x)=\cos(2x)$

$x_1=\pi;\quad x_2=2\pi$

$f'(x)=-2\sin(2x)$

Offensichtlich ist die Bogenlänge der Kurve $y=\cos 2x$ in den Grenzen $x_1=\pi$ und $x_2=2\pi$ viermal so groß wie die in den Grenzen π und $\frac{5\pi}{4}$.

Dieses Integral wird mit der Simpsonschen Regel näherungsweise gelöst.

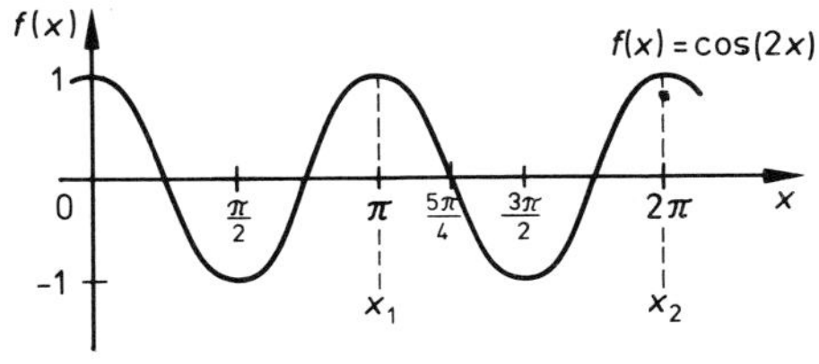

$$l=\int_{x_1}^{x_2} \sqrt{1+(f'(x))^2}\, dx$$

$$=4\cdot\int_{\pi}^{\frac{5\pi}{4}} \sqrt{1+4\sin^2(2x)}\, dx$$

3.5

Berechnungstabelle für $f(x)=\sqrt{1+4\sin^2(2x)}$:

x	$\sin^2(2x)$	$1+4\sin^2(2x)$	$f(x)$
180°	0,0000	1,000	1,000
187,5°	0,0670	1,268	1,126
195°	0,2500	2,000	1,414
202,5°	0,5000	3,000	1,732
210°	0,7500	4,000	2,000
217,5°	0,9330	4,732	2,175
225°	1,0000	5,000	2,236

$x_0=180° \mathrel{\hat{=}} \pi$

$x_n=225° \mathrel{\hat{=}} \frac{5\pi}{4}$

$n=6$

$b=7{,}5° \mathrel{\hat{=}} 0{,}1309$

$$l=4\cdot\int\limits_{\pi}^{\frac{5\pi}{4}}\sqrt{1+4\sin^2(2x)}\,\mathrm{d}x$$

$$\approx 4\cdot\frac{b}{3}\,[f(x_0)+4f(x_1)+2f(x_2)+\ldots+2f(x_{n-2})+4f(x_{n-1})+f(x_n)]$$

$$\approx 4\cdot\frac{0{,}1309}{3}\,(1{,}000+4{,}504+2{,}828+6{,}928+4{,}000+8{,}700+2{,}236)$$

$$\approx 4\cdot\frac{0{,}1309}{3}\cdot 30{,}196$$

$$\mathrel{\hat{=}} \underline{\underline{5{,}270\,E}}$$

11. $f(x)=2\cdot\sinh x$

$x_1=-1;\quad x_2=1$

$f'(x)=2\cdot\cosh x$

Die Symmetrieeigenschaft des Integranden ermöglicht es, das Integral zu vereinfachen; es wird näherungsweise mit der Simpsonschen Regel berechnet.

$$l=\int\limits_{x_1}^{x_2}\sqrt{1+(f'(x))^2}\,\mathrm{d}x$$

$$=\int\limits_{-1}^{1}\sqrt{1+4\cosh^2 x}\,\mathrm{d}x$$

$$=2\cdot\int\limits_{0}^{1}\sqrt{1+4\cosh^2 x}\,\mathrm{d}x$$

Berechnungstabelle für $f(x)=\sqrt{1+4\cosh^2 x}$:

x	$4\cosh^2 x$	$1+4\cosh^2 x$	$f(x)$
0	4,000	5,000	2,236
0,1	4,040	5,040	2,243
0,2	4,162	5,162	2,272
0,3	4,371	5,371	2,318
0,4	4,675	5,675	2,382
0,5	5,086	6,086	2,467
0,6	5,622	6,622	2,573
0,7	6,302	7,302	2,702
0,8	7,154	8,154	2,855
0,9	8,215	9,215	3,036
1,0	9,525	10,525	3,245

$x_0=0$

$x_n=1$

$n=10$

$b=0{,}1$

$$l=2\cdot\int_0^1 \sqrt{1+4\cosh^2 x}\,\mathrm{d}x$$

$$\approx 2\cdot\frac{b}{3}\,[f(x_0)+4f(x_1)+2f(x_2)+\ldots+2f(x_{n-2})+4f(x_{n-1})+f(x_n)]$$

$$\approx 2\cdot\frac{0{,}1}{3}\,(2{,}236+8{,}972+4{,}544+9{,}272+4{,}764+9{,}868+5{,}146+10{,}808+5{,}710+$$
$$+12{,}144+3{,}245)$$

$$\approx 2\cdot\frac{0{,}1}{3}\cdot 76{,}709$$

$$\mathrel{\widehat{=}}\underline{\underline{5{,}114\,E}}$$

12. $f(x)=2\cdot\ln\left(\cos\frac{x}{2}\right)$

$x_1=0;\quad x_2=2$

Man benutzt die goniometrische Beziehung $1+\tan^2\alpha=\frac{1}{\cos^2\alpha}$ und löst dann das zugehörige unbestimmte Integral.

Substitution:

$z=\frac{x}{2};\quad \mathrm{d}x=2\,\mathrm{d}z$

$$l=\int_{x_1}^{x_2}\sqrt{1+(f'(x))^2}\,\mathrm{d}x$$

$$=\int_0^2\sqrt{1+\tan^2\frac{x}{2}}\,\mathrm{d}x$$

$$=\int_0^2\frac{1}{\cos\frac{x}{2}}\,\mathrm{d}x$$

$$\int\frac{1}{\cos\frac{x}{2}}\,\mathrm{d}x=2\int\frac{\mathrm{d}z}{\cos z}$$

$\int \frac{1}{\cos z}\,\mathrm{d}z$ ▶ Kap. 2.4, Band 4

$$\int \frac{1}{\cos \frac{x}{2}}\,\mathrm{d}x = 2 \cdot \ln \left| \tan \left(\frac{\pi}{4} + \frac{z}{2} \right) \right| + c$$

$$= 2 \cdot \ln \left| \tan \left(\frac{\pi}{4} + \frac{x}{4} \right) \right| + c$$

$\tan \frac{\pi}{4} = 1$

$$l = \left[2 \cdot \ln \left| \tan \left(\frac{\pi}{4} + \frac{x}{4} \right) \right| \right]_0^2$$

$$= 2 \cdot \ln \left| \tan \left(\frac{\pi}{4} + \frac{1}{2} \right) \right| - 2 \ln \left| \tan \frac{\pi}{4} \right|$$

$$\triangleq 2 \cdot \ln \left| \tan \left(\frac{\pi}{4} + \frac{1}{2} \right) \right| E$$

$$\approx 2 \cdot \ln |\tan 1{,}285|$$

$$\approx 2 \cdot \ln 3{,}402$$

$$\approx 2 \cdot 1{,}224$$

$$\triangleq 2{,}448\,E$$

13. $f(x) = \sqrt{2px}$

$x_1 = 0; \quad x_2 = a$

Wegen $f(x) = \sqrt{2px}$ kann a hier sinnvollerweise nur größer oder gleich 0 sein.

Zur Berechnung der gesuchten Bogenlänge benutzt man vorteilhaft die Umkehrfunktion $f^{-1}(x)$ und berechnet deren entsprechende Bogenlänge.

Damit läßt sich die Berechnung der Bogenlänge mittels der Umkehrfunktion formulieren:

$f^{-1}(x) = \frac{x^2}{2p}$

$x_1 = 0; \quad x_2 = \sqrt{2pa}$

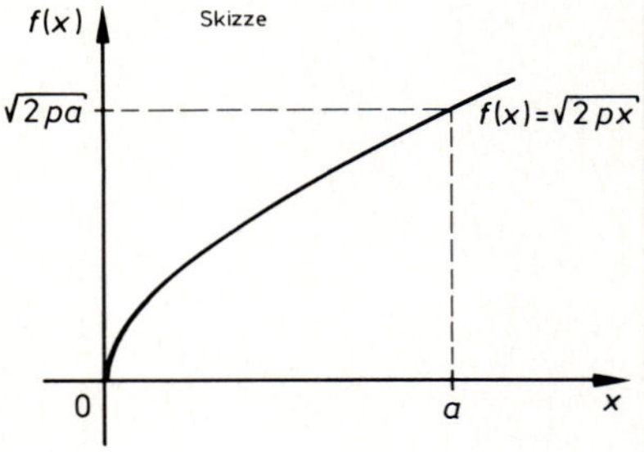

$x_1 = 0 \Rightarrow y_1 = 0$

$x_2 = a \Rightarrow y_2 = \sqrt{2pa}$

$y = \sqrt{2px} \Rightarrow x = \frac{y^2}{2p}$

$$l = \int_0^{\sqrt{2pa}} \sqrt{1 + [(f^{-1}(x))']^2}\,\mathrm{d}x$$

$$l=\int_0^{\sqrt{2pa}} \sqrt{1+\frac{x^2}{p^2}}\,dx$$

$\int \sqrt{a^2+x^2}\,dx$ ► Kap. 2.4, Band 4

$$=\frac{1}{p}\int_0^{\sqrt{2pa}} \sqrt{p^2+x^2}\,dx$$

$$=\frac{1}{p}\left[\frac{x}{2}\sqrt{p^2+x^2}+\frac{p^2}{2}\cdot\ln|x+\sqrt{p^2+x^2}|\right]_0^{\sqrt{2pa}}$$

$$=\frac{\sqrt{2pa}}{2p}\sqrt{p^2+2pa}+\frac{p^2}{2}\cdot\ln(\sqrt{2pa}+\sqrt{p^2+2pa})-$$

$$-\frac{p^2}{2}\cdot\ln p$$

$$=\frac{1}{2}\sqrt{2a(p+2a)}+\frac{p^2}{2}\cdot\ln\frac{\sqrt{p}\,(\sqrt{2a}+\sqrt{p+2a})}{p}$$

$$\hat{=}\frac{1}{2}\left(\sqrt{2a(p+2a)}+p^2\cdot\ln\frac{\sqrt{2a}+\sqrt{p+2a}}{\sqrt{p}}\right)E$$

14. $f(x)=\sqrt{16-x^2}$

$x_1=0;\quad x_2=3$

$$l=\int_{x_1}^{x_2} \sqrt{1+(f'(x))^2}\,dx$$

$$=\int_0^3 \sqrt{1+\left(\frac{-x}{\sqrt{16-x^2}}\right)^2}\,dx$$

$$=\int_0^3 \sqrt{1+\frac{x^2}{16-x^2}}\,dx$$

$$=\int_0^3 \sqrt{\frac{16-x^2+x^2}{16-x^2}}\,dx$$

$\int \frac{dx}{\sqrt{a^2-x^2}}$ ► Kap. 2.4, Band 4

$$=\int_0^3 \frac{4}{\sqrt{16-x^2}}\,dx$$

$$=\left[4\ \text{Arcsin}\ \frac{x}{4}\right]_0^3=4\ \text{Arcsin}\ \frac{3}{4}$$

$$l\hat{=}0{,}8480\,E$$

15. $r = 1 + \cos\varphi$

$\varphi_1 = 0; \quad \varphi_2 = 2\pi$

$\sin^2\varphi + \cos^2\varphi = 1$

$1 + \cos\varphi = 2\cos^2\frac{\varphi}{2}$

Da der Integrand $\sqrt{4\cos^2\frac{\varphi}{2}}$ nicht negativ ist, darf er auch nach dem Wurzelziehen nicht negativ sein. Deshalb müssen Betragsstriche gesetzt werden, die nach Zerlegung des Integrals in Grenzen, wo $\cos\frac{\varphi}{2}$ positiv bzw. negativ ist, wieder beseitigt werden.

$$l = \int_{\varphi_1}^{\varphi_2} \sqrt{(r')^2 + r^2}\,d\varphi$$

$$= \int_0^{2\pi} \sqrt{\sin^2\varphi + 1 + 2\cos\varphi + \cos^2\varphi}\,d\varphi$$

$$= \int_0^{2\pi} \sqrt{2(1+\cos\varphi)}\,d\varphi$$

$$= \int_0^{2\pi} \sqrt{4\cos^2\frac{\varphi}{2}}\,d\varphi$$

$$= 2\int_0^{2\pi} \left|\cos\frac{\varphi}{2}\right| d\varphi$$

$$= 2\cdot\int_0^{\pi} \cos\frac{\varphi}{2}\,d\varphi - 2\cdot\int_{\pi}^{2\pi} \cos\frac{\varphi}{2}\,d\varphi$$

$$= \left[4\sin\frac{\varphi}{2}\right]_0^{\pi} - \left[4\sin\frac{\varphi}{2}\right]_{\pi}^{2\pi}$$

$$= 4 - 0 - (0 - 4)$$

$$\mathrel{\hat=} \underline{\underline{8\,E}}$$

16. $r = 1 + \sin\varphi$

$\varphi_1 = 0; \quad \varphi_2 = \pi$

Wegen des symmetrischen Kurvenverlaufs läßt sich das Integral vereinfachen.

$\cos^2\varphi + \sin^2\varphi = 1$

$$l = \int_{\varphi_1}^{\varphi_2} \sqrt{(r')^2 + r^2}\,d\varphi$$

$$= \int_0^{\pi} \sqrt{(\cos\varphi)^2 + (1+\sin\varphi)^2}\,d\varphi$$

$$= 2\cdot\int_0^{\frac{\pi}{2}} \sqrt{\cos^2\varphi + 1 + 2\sin\varphi + \sin^2\varphi}\,d\varphi$$

$$= 2\cdot\int_0^{\frac{\pi}{2}} \sqrt{2(1+\sin\varphi)}\,d\varphi$$

$$= 2\cdot\sqrt{2}\int_0^{\frac{\pi}{2}} \sqrt{1+\sin\varphi}\,d\varphi$$

Nun wird das zugehörige unbestimmte Integral ermittelt.

$$\int\sqrt{1+\sin\varphi}\cdot d\varphi=\int\sqrt{1+z}\cdot\frac{dz}{\cos\varphi}$$

Substitution:

$\sin\varphi=z;\quad d\varphi=\frac{dz}{\cos\varphi}$

$\cos\varphi=\sqrt{1-\sin^2\varphi}=\sqrt{1-z^2}$

$$=\int\frac{\sqrt{1+z}}{\sqrt{1-z^2}}\,dz$$

$$=\int\frac{\sqrt{1+z}}{\sqrt{(1+z)(1-z)}}\,dz$$

Substitution:

$1-z=t;\quad dz=-dt$

$$\int\sqrt{1+\sin\varphi}\cdot d\varphi=\int\frac{dz}{\sqrt{1-z}}$$

$$=-\int\frac{dt}{\sqrt{t}}$$

$$=-\int t^{-\frac{1}{2}}\,dt$$

$$=-\frac{t^{\frac{1}{2}}}{\frac{1}{2}}+c$$

$$=-2\sqrt{t}+c$$

$$=-2\sqrt{1-z}+c$$

$$=\underline{-2\sqrt{1-\sin\varphi}+c}$$

$$l=\left[-4\sqrt{2}\sqrt{1-\sin\varphi}\right]_0^{\frac{\pi}{2}}$$

$$=-4\sqrt{2}(0-1)$$

$$\underline{\underline{\triangleq 4\sqrt{2}\,E\triangleq 5{,}657\,E}}$$

17. $r=a\cdot\varphi$

$\varphi_1=0;\quad \varphi_2=10\pi$

$$l=\int_{\varphi_1}^{\varphi_2}\sqrt{(r')^2+r^2}\,d\varphi$$

$$=\int_0^{10\pi}\sqrt{a^2+a^2\varphi^2}\,d\varphi$$

$\int\sqrt{a^2+x^2}\,dx$ ▶ Kap. 2.4, Band 4

$$=a\int_0^{10\pi}\sqrt{1+\varphi^2}\,d\varphi$$

$$l=a\left[\frac{\varphi}{2}\sqrt{1+\varphi^2}+\frac{1}{2}\cdot\ln|\varphi+\sqrt{1+\varphi^2}|\right]_0^{10\pi}$$

$$\mathrel{\hat=}\frac{a}{2}\left[10\pi\sqrt{1+100\pi^2}+\ln(10\pi+\sqrt{1+100\pi^2})\right]$$

$$l\approx\frac{a}{2}\left[10\pi\sqrt{987{,}96}+\ln(10\pi+\sqrt{987{,}96})\right]$$

$$\approx\frac{a}{2}\left[987{,}4+\ln 62{,}85\right]$$

$$\approx\frac{a}{2}\left[987{,}4+4{,}141\right]$$

$$\approx a\cdot\frac{991{,}5}{2}$$

$$\mathrel{\hat=}\underline{\underline{495{,}8\,a\,E}}$$

18. $r=3\cdot e^{2\varphi}$

$\varphi_1=0;\quad \varphi_2=4\pi$

$$l=\int_{\varphi_1}^{\varphi_2}\sqrt{(r')^2+r^2}\,d\varphi$$

$$=\int_0^{4\pi}\sqrt{36\,e^{4\varphi}+9\,e^{4\varphi}}\,d\varphi$$

$$=\sqrt{45}\int_0^{4\pi}e^{2\varphi}\,d\varphi$$

$$=\left[\frac{1}{2}\sqrt{45}\,e^{2\varphi}\right]_0^{4\pi}$$

$$\mathrel{\hat=}\underline{\underline{\frac{1}{2}\sqrt{45}\,(e^{8\pi}-1)\,E}}$$

$e^{\pi}\approx 23{,}141$

$$\approx\frac{1}{2}\sqrt{45}\,e^{8\pi}$$

$$\approx\frac{1}{2}\cdot 6{,}708\cdot 8{,}223\cdot 10^{10}$$

$$\mathrel{\hat=}\underline{\underline{27{,}58\cdot 10^{10}\,E}}$$

19. $r = \sin \varphi$

$\varphi_1 = 0; \quad \varphi_2 = \pi$

$\cos^2 \varphi + \sin^2 \varphi = 1$

$$l = \int_{\varphi_1}^{\varphi_2} \sqrt{(r')^2 + r^2}\, d\varphi$$

$$= \int_0^{\pi} \sqrt{\cos^2 \varphi + \sin^2 \varphi}\, d\varphi$$

$$= \int_0^{\pi} d\varphi$$

$$= [\varphi]_0^{\pi}$$

$$\mathrel{\widehat{=}} \underline{\underline{\pi E}}$$

20. $r = \cos \varphi$

$\varphi_1 = 0; \quad \varphi_2 = \frac{\pi}{2}$

$\sin^2 \varphi + \cos^2 \varphi = 1$

$$l = \int_{\varphi_1}^{\varphi_2} \sqrt{(r')^2 + r^2}\, d\varphi$$

$$= \int_0^{\frac{\pi}{2}} \sqrt{\sin^2 \varphi + \cos^2 \varphi}\, d\varphi$$

$$= \int_0^{\frac{\pi}{2}} d\varphi$$

$$= [\varphi]_0^{\frac{\pi}{2}}$$

$$\mathrel{\widehat{=}} \underline{\underline{\frac{\pi}{2} E}}$$

21. $x = 2 \cdot t; \quad y = 0{,}5 \cdot t$

$t_1 = 0; \quad t_2 = 10$

Man geht von der Lösungsformel aus und bildet die erste Ableitung $f_1(t)$ und $f_2(t)$.

$$l = \int_{t_1}^{t_2} \sqrt{[f_1'(t)]^2 + [f_2'(t)]^2}\, dt$$

$$x = f_1(t) = 2 \cdot t \quad \Rightarrow f_1'(t) = 2$$

$$[f_1'(t)]^2 = 4$$

$$y = f_2(t) = 0{,}5 \cdot t \Rightarrow f_2'(t) = 0{,}5$$

$$[f_2'(t)]^2 = 0{,}25$$

Die Werte werden in die Lösungsformel eingesetzt.

$$l=\int_{t_1}^{t_2}\sqrt{4+0{,}25}\,\mathrm{d}t$$

$$=\int_{t_1}^{t_2} 2{,}0616\,\mathrm{d}t$$

Integriert man in den Grenzen $t_1=0$ und $t_2=10$, so erhält man die Bogenlänge.

$$\approx 2{,}0616\int_0^{10}\mathrm{d}t \approx 2{,}0616\,[t]_0^{10}\approx 20{,}62$$

$$\mathrel{\widehat{=}} \underline{\underline{20{,}62\,E}}$$

22. $x=t^2;\quad y=\frac{1}{2}\cdot t$

$t_1=0;\quad t_2=1$

$$l=\int_{t_1}^{t_2}\sqrt{[f_1'(t)]^2+[f_2'(t)]^2}\,\mathrm{d}t$$

$$x=f_1(t)=t^2 \Rightarrow f_1'(t)=2t$$

$$[f_1'(t)]^2=4t^2$$

$$y=f_2(t)=\frac{1}{2}\cdot t\Rightarrow f_2'(t)=\frac{1}{2}$$

$$[f_2'(t)]^2=\frac{1}{4}$$

$$l=\int_{t_1}^{t_2}\sqrt{4t^2+\frac{1}{4}}\,\mathrm{d}t$$

$$=\left[\frac{t}{2}\sqrt{4t^2+\frac{1}{4}}+\frac{1}{16}\ln\left(4t+2\sqrt{4t^2+\frac{1}{4}}\right)\right]_0^1$$

$$=\frac{1}{2}\sqrt{\frac{17}{4}}+\frac{1}{16}\ln\left(4+2\sqrt{\frac{17}{4}}\right)-\frac{1}{16}\cdot\ln 1$$

$$\approx 1{,}031+0{,}131$$

$$\mathrel{\widehat{=}} \underline{\underline{1{,}162\,E}}$$

23. $x=\cos t;\quad y=2t$

$t_1=0;\quad t_2=\pi$

$$l=\int_{t_1}^{t_2}\sqrt{[f_1'(t)]^2+[f_2'(t)]^2}\,\mathrm{d}t$$

$$x=f_1(t)=\cos t\Rightarrow f_1'(t)=-\sin t$$

$$[f_1'(t)]^2=\sin^2 t$$

	$y=f_2(t)=2\cdot t \Rightarrow f_2'(t)=2$ $[f_2'(t)]^2=4$
Dieses Integral wird mit Hilfe der Simpsonschen Regel gelöst.	$l=\int\limits_{t_1}^{t_2}\sqrt{\sin^2 t+4}\,\mathrm{d}t$

$$y=f(t)=\sqrt{\sin^2 t+4}$$

t	$\sin^2 t$	$\sin^2 t+4$	$\sqrt{\sin^2 t+4}$
0	0	4	$2 \quad =y_0$
$\frac{\pi}{6}$	0,25	4,25	$2{,}062\approx y_1$
$\frac{\pi}{3}$	0,75	4,75	$2{,}179\approx y_2$
$\frac{\pi}{2}$	1	5	$2{,}236\approx y_3$
$\frac{2\pi}{3}$	0,75	4,75	$2{,}179\approx y_4$
$\frac{5\pi}{6}$	0,25	4,25	$2{,}062\approx y_5$
π	0	4	$2 \quad \approx y_6$

$t_1=0$

$t_2=\pi$

$n=6$

$b=\frac{\pi}{6}$

Simpsonsche Regel: $l\approx\frac{b}{3}\,[f_0(t)+4f_1(t)+2f_2(t)+4f_3(t)+2f_4(t)+4f_5(t)+f_6(t)]$

$$\approx\frac{\pi}{3}\,[2+8{,}248+4{,}358+8{,}944+4{,}358+8{,}248+2]$$

$$\approx\frac{\pi}{3}\cdot 38{,}156$$

$$\triangleq \underline{\underline{39{,}957\,E}}$$

24. $x=c+r\cdot\cos t;\quad y=d+r\cdot\sin t;\quad t_1=0;\quad t_2=2\pi$

$$l=\int\limits_{t_1}^{t_2}\sqrt{[f_1'(t)]^2+[f_2'(t)]^2}\,\mathrm{d}t$$

$$x=f_1(t)=c+r\cdot\cos t\Rightarrow f_1'(t)=-r\cdot\sin t;\quad [f_1'(t)]^2=r^2\cdot\sin^2 t$$

$$y=f_2(t)=d+r\cdot\sin t\Rightarrow f_2'(t)=r\cdot\cos t;\quad [f_2'(t)]^2=r^2\cdot\cos^2 t$$

$$l = \int_0^{2\pi} \sqrt{r^2 \cdot \sin^2 t + r^2 \cdot \cos^2 t}\, dt$$

$$= r \int_0^{2\pi} \sqrt{\sin^2 t + \cos^2 t}\, dt$$

$$= r \int_0^{2\pi} dt = r[t]_0^{2\pi} = \underline{\underline{2\pi r}}$$

25. $x = a \cdot \cos t; \quad y = b \cdot \sin t; \quad t_1; t_2$

$$l = \int_{t_1}^{t_2} \sqrt{[f_1'(t)]^2 + [f_2'(t)]^2}\, dt$$

$$f_1(t) = a \cdot \cos t \Rightarrow f_1'(t) = -a \cdot \sin t; \quad [f_1'(t)]^2 = a^2 \cdot \sin^2 t$$

$$f_2(t) = b \cdot \sin t \Rightarrow f_2'(t) = b \cdot \cos t; \quad [f_2'(t)]^2 = b^2 \cdot \cos^2 t$$

$$\underline{\underline{l = \int_{t_1}^{t_2} \sqrt{a^2 \cdot \sin^2 t + b^2 \cdot \cos^2 t}\, dt}}$$

26. $x = a \cdot \cosh t; \quad y = b \cdot \sinh t; \quad t_1; t_2$

$$l = \int_{t_1}^{t_2} \sqrt{[f_1'(t)]^2 + [f_2'(t)]^2}\, dt$$

$$f_1(t) = a \cdot \cosh t \Rightarrow f_1'(t) = a \cdot \sinh t; \quad [f_1'(t)]^2 = a^2 \cdot \sinh^2 t$$

$$f_2(t) = b \cdot \sinh t \Rightarrow f_2'(t) = b \cdot \cosh t; \quad [f_2'(t)]^2 = b^2 \cdot \cosh^2 t$$

$$\underline{\underline{l = \int_{t_1}^{t_2} \sqrt{a^2 \cdot \sinh^2 t + b^2 \cdot \cosh^2 t}\, dt}}$$

3.6 Volumen

(E^3 ▶ Volumeneinheit)

1. $f(x)=\frac{1}{3}x-8$

$x_1=4;\quad x_2=9$

Das zugehörige unbestimmte Integral löst man durch Substitution.

$z=\frac{1}{3}x-8;\quad dx=3\,dz$

$$V=\pi\int_{x_1}^{x_2}[f(x)]^2\,dx$$

$$=\pi\int_4^9\left(\frac{1}{3}x-8\right)^2dx$$

$$\int\left(\frac{1}{3}x-8\right)^2dx=3\int z^2\,dz$$

$$=z^3+c$$

$$=\left(\frac{1}{3}x-8\right)^3+c$$

$$V=\pi\left[\left(\frac{1}{3}x-8\right)^3\right]_4^9$$

$$=\pi\left[(-5)^3-\left(-\frac{20}{3}\right)^3\right]$$

$$=\pi\left[-125+\frac{8000}{27}\right]$$

$$\mathrel{\hat=}\frac{4625}{27}\pi E^3$$

$$\mathrel{\hat=}538{,}14\,E^3$$

2. $-3x-f(x)=\frac{9}{10}$

$x_1=-12;\quad x_2=-\frac{1}{2}$

Das zugehörige unbestimmte Integral löst man durch Substitution.

$$V=\pi\int_{x_1}^{x_2}[f(x)]^2\,dx$$

$$=\pi\int_{-12}^{-\frac{1}{2}}\left(-\frac{9}{10}-3x\right)^2dx$$

$$=\pi\int_{-12}^{-\frac{1}{2}}\left(3x+\frac{9}{10}\right)^2dx$$

3.6

$z=3x+\frac{9}{10}$; $\quad dx=\frac{1}{3}\,dz$

$$\int\left(3x+\frac{9}{10}\right)^2 dx=\frac{1}{3}\int z^2\,dz$$

$$=\frac{1}{9}z^3+c$$

$$=\underline{\frac{1}{9}\left(3x+\frac{9}{10}\right)^3+c}$$

$$V=\frac{\pi}{9}\left[\left(3x+\frac{9}{10}\right)^3\right]_{-12}^{-\frac{1}{2}}$$

$$=\frac{\pi}{9}\left[\left(-\frac{6}{10}\right)^3-\left(-\frac{351}{10}\right)^3\right]$$

$$V=\frac{\pi}{9}\left[-0{,}6^3+35{,}1^3\right]$$

$$\mathrel{\widehat{=}}\underline{\underline{4804{,}815\,\pi\,E^3}}$$

$$V\mathrel{\widehat{=}}\underline{\underline{15095\,E^3}}$$

3. $f(x)=x^2-7$

$x_1=-3$; $\quad x_2=4$

$$V=\pi\int_{x_1}^{x_2}[f(x)]^2\,dx$$

$$=\pi\int_{-3}^{4}(x^2-7)^2\,dx$$

$$=\pi\int_{-3}^{4}(x^4-14x^2+49)\,dx$$

$$=\pi\left[\frac{x^5}{5}-\frac{14}{3}x^3+49x\right]_{-3}^{4}$$

$$=\pi\left(\frac{1024}{5}-\frac{896}{3}+196+\frac{243}{5}-126+147\right)$$

$$=\pi\left(\frac{1267}{5}-\frac{896}{3}+217\right)$$

$$\mathrel{\widehat{=}}\underline{\underline{\frac{2576}{15}\,\pi\,E^3}}$$

$$V\mathrel{\widehat{=}}\underline{\underline{539{,}52\,E^3}}$$

4. $x^3 - 2f(x) = x^2$

$x_1 = -4; \quad x_2 = 10$

$$V = \pi \int_{x_1}^{x_2} [f(x)]^2 \, dx$$

$$= \pi \int_{-4}^{10} \left(\frac{x^3 - x^2}{2}\right)^2 dx$$

$$= \frac{\pi}{4} \int_{-4}^{10} (x^6 - 2x^5 + x^4) \, dx$$

$$= \frac{\pi}{4} \left[\frac{x^7}{7} - \frac{x^6}{3} + \frac{x^5}{5}\right]_{-4}^{10}$$

$$= \frac{\pi}{4} \left[x^5 \left(\frac{x^2}{7} - \frac{x}{3} + \frac{1}{5}\right)\right]_{-4}^{10}$$

$$V = \frac{\pi}{4} \cdot 10^5 \left(\frac{100}{7} - \frac{10}{3} + \frac{1}{5}\right) + \frac{\pi}{4} \cdot 1024 \left(\frac{16}{7} + \frac{4}{3} + \frac{1}{5}\right)$$

$$= \frac{\pi}{4} \left(10^5 \cdot \frac{1171}{105} + 1024 \cdot \frac{401}{105}\right)$$

$$V \mathrel{\hat=} \underline{\underline{8{,}7898 \cdot 10^5 \, E^3}}$$

5. $f(x) = \sqrt{x^3}$

$x_1 = 0; \quad x_2 = 5$

$$V = \pi \int_{x_1}^{x_2} [f(x)]^2 \, dx$$

$$= \pi \int_{0}^{5} x^3 \, dx$$

$$= \left[\pi \frac{x^4}{4}\right]_0^5$$

$$\mathrel{\hat=} \underline{\underline{\frac{625}{4} \pi E^3 \mathrel{\hat=} 490{,}87 \, E^3}}$$

6. $f(x) = \sin x$

$x_1 = 0; \quad x_2 = \pi$

$$V = \pi \int_{x_1}^{x_2} [f(x)]^2 \, dx$$

$\int \sin^2 x \, dx$ ▶ Kap. 2.5, Band 4

$$V = \pi \int_0^{\pi} \sin^2 x \, dx$$

$$= \pi \left[\frac{x}{2} - \frac{1}{4} \sin 2x\right]_0^{\pi}$$

$$\mathrel{\widehat{=}} \frac{\pi^2}{2} E^3 \mathrel{\widehat{=}} 4{,}9348 \, E^3$$

7. $f(x) = 1 + \cos x$

$x_1 = \frac{\pi}{2}; \quad x_2 = \pi$

$\int \cos^2 x \, dx$ ▶ Kap. 2.5, Band 4

$$V = \pi \int_{x_1}^{x_2} [f(x)]^2 \, dx$$

$$= \pi \int_{\frac{\pi}{2}}^{\pi} (1 + 2 \cos x + \cos^2 x) \, dx$$

$$= \pi \left[x + 2 \sin x + \frac{1}{4} \sin 2x + \frac{x}{2}\right]_{\frac{\pi}{2}}^{\pi}$$

$$= \pi \left(\pi + \frac{\pi}{2} - \frac{\pi}{2} - 2 - \frac{\pi}{4}\right)$$

$$\mathrel{\widehat{=}} \pi \left(\frac{3\pi}{4} - 2\right) E^3$$

$$V \mathrel{\widehat{=}} 1{,}1190 \, E^3$$

8. $\frac{x^2}{a^2} + \frac{y^2}{b^2} = 1; \quad y = f(x)$

$x_1 = -a; \quad x_2 = a$

Die Auflösung der obigen Gleichung nach y^2 ergibt:

$$y^2 = \frac{b^2}{a^2} (a^2 - x^2) = [f(x)]^2$$

$$V = \pi \int_{x_1}^{x_2} [f(x)]^2 \, dx$$

$$= \frac{\pi b^2}{a^2} \int_{-a}^{a} (a^2 - x^2) \, dx$$

$$= \frac{\pi b^2}{a^2} \left[a^2 x - \frac{x^3}{3}\right]_{-a}^{a}$$

$$= \frac{\pi b^2}{a^2} \left(a^3 - \frac{a^3}{3} + a^3 - \frac{a^3}{3}\right)$$

$$\mathrel{\widehat{=}} \frac{4}{3} \pi a b^2 \, E^3$$

9. $f(x)=\frac{b}{a}\sqrt{x^2-a^2}$

$x_1=a; \quad x_2=3a$

$$V=\pi\int_{x_1}^{x_2}[f(x)]^2\,dx$$

$$=\pi\int_a^{3a}\frac{b^2}{a^2}(x^2-a^2)\,dx$$

$$=\frac{\pi b^2}{a^2}\left[\frac{x^3}{3}-a^2x\right]_a^{3a}$$

$$=\frac{\pi b^2}{a^2}\left(\frac{27a^3}{3}-3a^3-\frac{a^3}{3}+a^3\right)$$

$$\mathrel{\hat=}\frac{20}{3}\pi ab^2\,E^3$$

10. $f(x)=\sqrt{16-x^2}$

$x_1=0; \quad x_2=4$

$$V=\pi\int_{x_1}^{x_2}[f(x)]^2\,dx$$

$$=\pi\int_0^4(16-x^2)\,dx$$

$$=\pi\left[16x-\frac{x^3}{3}\right]_0^4$$

$$=\pi\left(64-\frac{64}{3}\right)$$

$$\mathrel{\hat=}\frac{128}{3}\pi\,E^3\mathrel{\hat=}134{,}04\,E^3$$

11. $y=-8x+12$

$y_1=-3; \quad y_2=6$

Das zugehörige unbestimmte Integral löst man durch Substitution.

$z=12-y; \quad dy=-dz$

$$y=-8x+12\Rightarrow x=\frac{12-y}{8}=f(y)$$

$$V=\pi\int_{y_1}^{y_2}x^2\,dy$$

$$=\frac{\pi}{64}\int_{-3}^{6}(12-y)^2\,dy$$

$$\int (12-y)^2\,dy = -\int z^2\,dz$$

$$= -\frac{1}{3} z^3 + c$$

$$= -\frac{1}{3}(12-y)^3 + c$$

$$V = -\frac{\pi}{192}\left[(12-y)^3\right]_{-3}^{6}$$

$$= -\frac{\pi}{192}(6^3 - 15^3)$$

$$= \frac{3159}{192}\pi$$

$$\mathrel{\widehat{=}} \frac{1053}{64}\pi E^3 \mathrel{\widehat{=}} 51{,}689\,E^3$$

12. $f(y) = \sqrt[3]{y}$; $f(y) = x$

$y_1 = -4$; $y_2 = 4$

$$f(y) = \sqrt[3]{y} \Rightarrow x = \sqrt[3]{y} \Rightarrow x^2 = \sqrt[3]{y^2} = y^{\frac{2}{3}}$$

$$V = \pi \int_{y_1}^{y_2} x^2\,dy$$

$$= \pi \int_{-4}^{4} y^{\frac{2}{3}}\,dy$$

$$= \frac{3\pi}{5}\left[y \cdot \sqrt[3]{y^2}\right]_{-4}^{4}$$

$$= \frac{3\pi}{5}\left(4 \cdot \sqrt[3]{16} + 4 \cdot \sqrt[3]{16}\right)$$

$$\mathrel{\widehat{=}} \frac{24}{5}\pi \sqrt[3]{16}\,E^3 \mathrel{\widehat{=}} 38{,}00\,E^3$$

13. $y - x^2 = -4 + x^2$

$y_1 = 0$; $y_2 = 6$

Das zugehörige unbestimmte Integral wird durch Substitution gelöst.

$$y - x^2 = -4 + x^2 \Rightarrow x^2 = \frac{1}{2}(y+4)$$

$$V = \pi \int_{y_1}^{y_2} x^2\,dy$$

$z = y + 4; \quad dy = dz$

$$= \pi \int_0^6 \frac{1}{2}(y+4)\,dy$$

$$= \frac{\pi}{2} \int_0^6 (y+4)\,dy$$

$$= \frac{\pi}{2}\left[\frac{y^2}{2} + 4y\right]_0^6$$

$$= \frac{\pi}{2}\left(\frac{36}{2} + 24\right)$$

$$\mathrel{\hat=} \underline{\underline{21\,\pi\,E^3 \mathrel{\hat=} 65{,}974\,E^3}}$$

14. $y = \frac{4}{3}\sqrt{x^2+9}$

$y_1 = 4; \quad y_2 = 6$

$$y = \frac{4}{3}\sqrt{x^2+9} \Rightarrow x^2 = \frac{9}{16}(y^2 - 16)$$

$$V = \pi \int_{y_1}^{y_2} x^2\,dy$$

$$= \pi \int_4^6 \frac{9}{16}(y^2 - 16)\,dy$$

$$= \frac{9\pi}{16}\left[\frac{y^3}{3} - 16y\right]_4^6$$

$$= \frac{9\pi}{16}\left(72 - 96 - \frac{64}{3} + 64\right)$$

$$= \frac{9\pi}{16} \cdot \frac{56}{3}$$

$$\mathrel{\hat=} \underline{\underline{\frac{21}{2}\,\pi\,E^3 \mathrel{\hat=} 32{,}987\,E^3}}$$

15. $f(y) = 3; \quad f(y) = x \Rightarrow x^2 = 9$

$y_1 = -5; \quad y_2 = 10$

$$V = \pi \int_{y_1}^{y_2} x^2\,dy = \pi \int_{-5}^{10} 9\,dy$$

$$V = 9\pi\,[y]_{-5}^{10}$$

$$= 9\pi(10+5)$$

$$\mathrel{\hat=} \underline{\underline{135\pi\,E^3 \mathrel{\hat=} 424{,}12\,E^3}}$$

16. $y=\frac{1}{x^2-1}$

$y_1=1;\quad y_2=2$

$y=\frac{1}{x^2-1}\Rightarrow x^2=\frac{1}{y}+1$

$$V=\pi\int_{y_1}^{y_2} x^2\,\mathrm{d}y$$

$$=\pi\int_1^2\left(\frac{1}{y}+1\right)\mathrm{d}y$$

$$=\pi[\ln|y|+y]_1^2$$

$$=\pi(\ln 2+2-\ln 1-1)$$

$$=\underline{\underline{\pi(\ln 2+1)}}$$

$$V\mathrel{\hat=}\underline{\underline{5{,}3192\,E^3}}$$

17. $y=\operatorname{Arccos} x$

$y_1=0;\quad y_2=\pi$

$\int\cos^2 x\,\mathrm{d}x$ ▶ Kap. 2.5, Band 4

$y=\operatorname{Arccos} x\Rightarrow x=\cos y$

$$V=\pi\int_0^{\pi}\cos^2 y\,\mathrm{d}y$$

$$=\pi\left[\frac{1}{4}\sin 2y+\frac{1}{2}y\right]_0^{\pi}$$

$$=\pi\left(0+\frac{\pi}{2}-0-0\right)$$

$$\underline{\underline{\mathrel{\hat=}\frac{\pi^2}{2}\,E^3\mathrel{\hat=}4{,}9348\,E^3}}$$

18. $y=\mathrm{e}^{-\frac{x^2}{3}}$

$y_1=0{,}1;\quad y_2=0{,}4$

$y=\mathrm{e}^{-\frac{x^2}{3}}\Rightarrow x^2=-3\ln y$

$$V=\pi\int_{y_1}^{y_2} x^2\,\mathrm{d}y$$

$$=\pi\int_{0,1}^{0,4}(-3\ln y)\,\mathrm{d}y$$

$$V=-3\pi\int_{0,1}^{0,4}\ln y\,\mathrm{d}y$$

$$=-3\pi[y\cdot\ln y-y]_{0,1}^{0,4}$$

$$=-3\pi(0,4\cdot\ln 0,4-0,4-0,1\cdot\ln 0,1+0,1)$$

$$=-3\pi(0,4\cdot\ln 0,4-0,1\cdot\ln 0,1-0,3)$$

$$=-3\pi\left(0,4\cdot\ln\frac{4}{10}-0,1\cdot\ln\frac{1}{10}-0,3\right)$$

$$=-3\pi(0,4\cdot\ln 4-0,4\cdot\ln 10+0,1\cdot\ln 10-0,3)$$

$$=-3\pi(0,4\cdot\ln 4-0,3\cdot\ln 10-0,3)$$

$$=\underline{\underline{3\pi(0,3\cdot\ln 10+0,3-0,4\cdot\ln 4)}}$$

$$V\approx 3\pi(0,3\cdot 2,303+0,3-0,4\cdot 1,386)$$

$$\mathrel{\hat=}\underline{\underline{4,114\,E^3}}$$

19. $y=\operatorname{Arcosh} x$

$y_1=0;\quad y_2=10$

Das Integral $\int\cosh^2 y\cdot\mathrm{d}y$ entnimmt man der vorangegangenen Aufgabe 70 in Kap. 2.5, wo eine Rekursionsformel für $\int\cosh^m x\cdot\mathrm{d}x$ hergeleitet wurde.

Zur numerischen Berechnung benutzt man die Beziehungen:

$$\sinh x=\frac{1}{2}(e^x-e^{-x})$$

$$\cosh x=\frac{1}{2}(e^x+e^{-x})$$

$e^{-10}\approx 0,000045$

$e^{10}\approx 22026$

$y=\operatorname{Arcosh} x\Rightarrow x=\cosh y$

$$V=\pi\int_{y_1}^{y_2}x^2\,\mathrm{d}y$$

$$=\pi\int_0^{10}\cosh^2 y\,\mathrm{d}y$$

$$=\pi\left[\frac{1}{2}\sinh y\cdot\cosh y+\frac{1}{2}y\right]_0^{10}$$

$$=\pi\left(\frac{1}{2}\sinh 10\cdot\cosh 10+5\right)$$

$$=\underline{\underline{\frac{\pi}{2}(\sinh 10\cdot\cosh 10+10)}}$$

$$V=\frac{\pi}{2}\left(\frac{e^{10}-e^{-10}}{2}\cdot\frac{e^{10}+e^{-10}}{2}+10\right)$$

$$\approx\frac{\pi}{2}\cdot\frac{e^{10}}{2}\cdot\frac{e^{10}}{2}+10\approx\frac{\pi}{8}\cdot e^{20}$$

$$\mathrel{\hat=}\underline{\underline{1,905\cdot 10^8\,E^3}}$$

20. $y = \text{Arcsin}\,\frac{x}{2}$

$y_1 = 0; \quad y_2 = 5$

$\int \sin^2 x\,dx$ ▶ Kap. 2.5, Band 4

$y = \text{Arcsin}\,\frac{x}{2} \Rightarrow x = 2\sin y$

$$V = \pi \int_{y_1}^{y_2} x^2\,dy$$

$$= 4\pi \int_0^5 \sin^2 y\,dy$$

$$= 4\pi\left[-\frac{1}{4}\sin 2y + \frac{1}{2}y\right]_0^5$$

$$= 4\pi\left(-\frac{1}{4}\sin 10 + \frac{5}{2}\right)$$

$$= \underline{\underline{\pi(10 - \sin 10)}}$$

$\sin 10 \approx -\sin 32{,}97°$

$\approx -0{,}54402$

$$V \approx \pi(10 + 0{,}54402)$$

$$\mathrel{\widehat{=}} \underline{\underline{33{,}125\,E^3}}$$

21. $f(\varphi) = r = 3e^2; \quad \varphi_1 = 0; \quad \varphi_2 = \pi$

$$V_x = \pi \int_{\varphi_1}^{\varphi_2} [f(\varphi)]^2 \cdot \sin^2\varphi \cdot [f'(\varphi)\cdot\cos\varphi - f(\varphi)\cdot\sin\varphi]\,d\varphi$$

$$f(\varphi) = 3e^2 \Rightarrow f'(\varphi) = 0$$

$$= \pi \int_0^{\pi} r^2 \cdot \sin^2\varphi \cdot [0\cdot\cos\varphi - r\cdot\sin\varphi]\,d\varphi$$

$$= \pi \int_0^{\pi} -r^3 \sin^3\varphi\,d\varphi = -\pi r^3 \int_0^{\pi} \sin^3\varphi\,d\varphi$$

$$= -\pi r^3\left[-\frac{1}{3}\cos\varphi\,(2 + \sin^2\varphi)\right]_0^{\frac{\pi}{2}}$$

$$= \frac{\pi r^3}{3}\,[2\cos\varphi + \sin^2\varphi\cdot\cos\varphi]_0^{\frac{\pi}{2}}$$

$$= \frac{\pi r^3}{3}\left[2\cos\frac{\pi}{2} + \sin^2\frac{\pi}{2}\cdot\cos\frac{\pi}{2} - (2\cos 0 + \sin^2 0\cdot\cos 0)\right]$$

$$=\frac{\pi r^3}{3}\,[2\cdot 0+1\cdot 0-2\cdot 1-0\cdot 1]$$

$$=\frac{\pi r^3}{3}\cdot[-2]=-\frac{2}{3}\,\pi r^3=-\frac{2}{3}\,\pi(3\mathrm{e}^2)^3=-18\pi\mathrm{e}^6$$

$$V_x \mathrel{\widehat{=}} \underline{\underline{18\pi\mathrm{e}^6\,E^3}}$$

22. $f(\varphi)=r=\sin\varphi;\quad f'(\varphi)=\cos\varphi;\quad \varphi_1=0;\quad \varphi_2=2\pi$

$$V_x=\pi\int_{\varphi_1}^{\varphi_2}[f(\varphi)]^2\cdot\sin^2\varphi\,[f'(\varphi)\cdot\cos\varphi-f(\varphi)\cdot\sin\varphi]\,\mathrm{d}\varphi$$

$$=\pi\int_0^{2\pi}\sin^2\varphi\cdot\sin^2\varphi\cdot(\cos\varphi\cdot\cos\varphi-\sin\varphi\cdot\sin\varphi)\,\mathrm{d}\varphi$$

$$=\pi\int_0^{2\pi}\sin^4\varphi\cdot(\cos^2\varphi-\sin^2\varphi)\,\mathrm{d}\varphi \quad \blacktriangleright \cos^2\varphi-\sin^2\varphi=1-\sin^2\varphi-\sin^2\varphi$$

$$=1-2\sin^2\varphi$$

$$=\pi\int_0^{2\pi}\sin^4\varphi\cdot(1-2\sin^2\varphi)\,\mathrm{d}\varphi$$

$$=\pi\int_0^{2\pi}(\sin^4\varphi-2\sin^6\varphi)\,\mathrm{d}\varphi$$

$$=\pi\int_0^{2\pi}\sin^4\varphi\,\mathrm{d}\varphi-2\pi\int_0^{2\pi}\sin^6\varphi\,\mathrm{d}\varphi$$

$$\pi\int_0^{2\pi}\sin^4\varphi\,\mathrm{d}\varphi=\pi\left[-\frac{1}{4}\sin^3\varphi\cdot\cos\varphi+\frac{3}{4}\left(\frac{\varphi}{2}-\frac{1}{4}\cdot\sin(2\varphi)\right)\right]_0^{2\pi}$$

$$=\pi\left[-\frac{1}{4}\sin^3\varphi\cdot\cos\varphi+\frac{3}{8}\varphi-\frac{3}{16}\sin(2\varphi)\right]_0^{2\pi}$$

$$=\pi\left[\left(0+\frac{3}{4}\pi-0\right)-0\right]$$

$$=\pi\cdot\frac{3}{4}\pi=\underline{\frac{3}{4}\pi^2}$$

$$2\pi \int_0^{2\pi} \sin^6 \varphi \, d\varphi = 2\pi \left(\left[-\frac{1}{6} \sin^5 \varphi \cdot \cos \varphi \right]_0^{2\pi} + \frac{5}{6} \int_0^{2\pi} \sin^4 \varphi \cdot d\varphi \right)$$

$$= 2\pi \left(\left[-\frac{1}{6} \cdot 0 \cdot 1 - \left(-\frac{1}{6} \cdot 0 \cdot 1 \right) \right] + \frac{5}{6} \cdot \frac{3}{4} \pi \right)$$

$$= 2\pi \left(\frac{5}{8} \pi \right) = \underline{\frac{5}{4} \pi^2}$$

$$V_x = \frac{3}{4} \pi^2 - \frac{5}{4} \pi^2 = -\frac{1}{2} \pi^2$$

$$V_x \mathrel{\hat{=}} \underline{\underline{\frac{1}{2} \pi^2 E^3}}$$

23. $f(\varphi) = r = \frac{1}{\sin \varphi}$; $\varphi_1 = \frac{\pi}{6}$; $\varphi_2 = \frac{\pi}{2}$;

$$V_x = \pi \int_{\varphi_1}^{\varphi_2} [f(\varphi)]^2 \cdot \sin^2 \varphi \cdot [f'(\varphi) \cdot \cos \varphi - f(\varphi) \cdot \sin \varphi] \, d\varphi$$

$$f(\varphi) = \frac{1}{\sin \varphi} = \frac{u}{v}$$

$$f'(\varphi) = \frac{u' \cdot v - u \cdot v'}{v^2} = \frac{0 \cdot 1 - 1 \cdot \cos \varphi}{\sin^2 \varphi} = \frac{-\cos \varphi}{\sin^2 \varphi}$$

$$V_x = \pi \int_{\frac{\pi}{6}}^{\frac{\pi}{2}} \frac{1}{\sin^2 \varphi} \cdot \sin^2 \varphi \cdot \left[-\frac{\cos \varphi}{\sin^2 \varphi} \cdot \cos \varphi - \frac{1}{\sin \varphi} \cdot \sin \varphi \right] d\varphi$$

$$= \pi \int_{\frac{\pi}{6}}^{\frac{\pi}{2}} (-\cot^2 \varphi - 1) \, d\varphi = -\pi \int_{\frac{\pi}{6}}^{\frac{\pi}{2}} (\cot^2 \varphi + 1) \, d\varphi \quad \blacktriangleright \cot^2 \varphi + 1 = \frac{1}{\sin^2 \varphi}$$

$$= -\pi \int_{\frac{\pi}{6}}^{\frac{\pi}{2}} \frac{1}{\sin^2 \varphi} \, d\varphi = -\pi \left[-\cot \varphi \right]_{\frac{\pi}{6}}^{\frac{\pi}{2}} = \pi (0 - \sqrt{3}) = -\sqrt{3} \pi$$

$$V_x \mathrel{\hat{=}} \underline{\underline{\sqrt{3} \pi E^3}}$$

24. $f(\varphi)=r=\cos\varphi;\quad \varphi_1=0;\quad \varphi_2=2\pi$

$$V_y=\pi\int_{\varphi_1}^{\varphi_2}[f(\varphi)]^2\cdot\cos^2\varphi\cdot[f'(\varphi)\cdot\sin\varphi+f(\varphi)\cdot\cos\varphi]\,d\varphi$$

$$=\pi\int_0^{2\pi}\cos^2\varphi\cdot\cos^2\varphi\cdot(-\sin\varphi\cdot\sin\varphi+\cos\varphi\cdot\cos\varphi)\,d\varphi$$

$$=\pi\int_0^{2\pi}\cos^4\varphi\cdot(-\sin^2\varphi+\cos^2\varphi)\,d\varphi\quad\blacktriangleright\ \sin^2\varphi=1-\cos^2\varphi$$

$$=\pi\int_0^{2\pi}\cos^4\varphi\cdot(2\cos^2\varphi-1)\,d\varphi$$

$$=\pi\int_0^{2\pi}(2\cos^6\varphi-\cos^4\varphi)\,d\varphi$$

$$=2\pi\int_0^{2\pi}\cos^6\varphi\,d\varphi-\pi\int_0^{2\pi}\cos^4\varphi\,d\varphi$$

$$\int_0^{2\pi}\cos^4\varphi\,d\varphi=\left[\frac{1}{4}\cos^3\varphi\cdot\sin\varphi\right]_0^{2\pi}+\frac{3}{4}\int\cos^2\varphi\,d\varphi$$

$$=\left[\frac{1}{4}\cos^3\varphi\cdot\sin\varphi\right]_0^{2\pi}+\frac{3}{4}\left[\frac{\varphi}{2}+\frac{1}{4}\sin(2\varphi)\right]_0^{2\pi}$$

$$=\Big[0-0\Big]\qquad+\frac{3}{4}\left[\pi+\frac{1}{4}\cdot 0-(0+0)\right]$$

$$=\underline{\frac{3}{4}\pi}$$

$$\int_0^{2\pi}\cos^6\varphi\,d\varphi=\left[\frac{1}{6}\cos^5\varphi\cdot\sin\varphi\right]_0^{2\pi}+\frac{5}{6}\int_0^{2\pi}\cos^4\varphi\,d\varphi$$

$$=\left[\frac{1}{6}\cos^5\varphi\cdot\sin\varphi\right]_0^{2\pi}+\frac{5}{6}\cdot\frac{3}{4}\pi$$

$$=[0]+\frac{5}{8}\pi=\underline{\frac{5}{8}\pi}$$

$$V_y = 2\pi \cdot \frac{5}{8}\pi - \pi \cdot \frac{3}{4}\pi = \frac{5}{4}\pi^2 - \frac{3}{4}\pi^2 = \frac{\pi^2}{2}$$

$$\underline{\underline{V_y \mathrel{\hat{=}} \frac{\pi^2}{2} E^3}}$$

25. $f(\varphi) = r = \frac{1}{\cos\varphi}; \quad \varphi_1 = 0; \quad \varphi_2 = \frac{\pi}{6}$

$$V_y = \pi \int_{\varphi_1}^{\varphi_2} [f(\varphi)]^2 \cdot \cos^2\varphi \, [f'(\varphi) \cdot \sin\varphi + f(\varphi) \cdot \cos\varphi] \, d\varphi$$

$$f(\varphi) = \frac{1}{\cos\varphi} = \frac{u}{v} \Rightarrow f'(\varphi) = \frac{u'v - uv'}{v^2} = \frac{\sin\varphi}{\cos^2\varphi}$$

$$V_y = \pi \int_0^{\frac{\pi}{6}} \frac{1}{\cos^2\varphi} \cdot \cos^2\varphi \left(\frac{\sin\varphi}{\cos^2\varphi} \cdot \sin\varphi + \frac{1}{\cos\varphi} \cdot \cos\varphi\right) d\varphi$$

$$= \pi \int_0^{\frac{\pi}{6}} \left(\frac{\sin^2\varphi}{\cos^2\varphi} + 1\right) d\varphi = \pi \int_0^{\frac{\pi}{6}} (\tan^2\varphi + 1)\, d\varphi$$

$$= \pi \int_0^{\frac{\pi}{6}} \tan^2\varphi \, d\varphi + \pi \int_0^{\frac{\pi}{6}} d\varphi = \pi \, [\tan\varphi - \varphi]_0^{\frac{\pi}{6}} + \pi \, [\varphi]_0^{\frac{\pi}{6}}$$

$$= \frac{1}{3}\sqrt{3}\pi \Rightarrow \underline{\underline{V_y \mathrel{\hat{=}} \frac{1}{3}\sqrt{3}\pi E^3}}$$

26. $f_1(t) = x = 2t; \quad f_2(t) = y = 3t; \quad t_1 = 0; \quad t_2 = 10$

$$V_x = \pi \int_{t_1}^{t_2} [f_2(t)]^2 \cdot f_1'(t)\, dt; \quad f_1(t) = 2t \Rightarrow f_1'(t) = 2$$

$$= \pi \int_0^{10} 9t^2 \cdot 2\, dt = 18\pi \int_0^{10} t^2\, dt = 18\pi \left[\frac{t^3}{3}\right]_0^{10}$$

$$= \frac{18}{3}\pi \cdot 1000 = 6000\pi$$

$$\underline{\underline{V_x \mathrel{\hat{=}} 6000\pi E^3}}$$

27. $f_1(t)=x=t^2; \quad f_2(t)=y=2t; \quad t_1=0; \quad t_2=1$

$$V_x=\pi\int_{t_1}^{t_2}[f_2(t)]^2\cdot f_1'(t)\,dt; \quad f_1(t)=t^2 \Rightarrow f_1'(t)=2t$$

$$=\pi\int_0^1 4t^2\cdot 2t\,dt=8\pi\int_0^1 t^3\,dt=8\pi\left[\frac{t^4}{4}\right]_0^1=\frac{8}{4}\pi$$

$$V_x \mathrel{\hat{=}} \underline{\underline{2\pi E^3}}$$

28. $f_1(t)=x=\cos t; \quad f_2(t)=y=2t; \quad t_1=0; \quad t_2=\frac{\pi}{2}$

$$V_x=\pi\int_{t_1}^{t_2}[f_2(t)]^2\cdot f_1'(t)\,dt; \quad f_1(t)=\cos t \Rightarrow f_1'(t)=-\sin t$$

$$=\pi\int_0^{\frac{\pi}{2}} 4t^2\cdot(-\sin t)\,dt=-4\pi\int_0^{\frac{\pi}{2}} t^2\cdot\sin t\,dt$$

$$=-4\pi\,[2t\cdot\sin t+(2-t^2)\cdot\cos t]_0^{\frac{\pi}{2}}$$

$$=-4\pi\left[\pi+\left(2-\frac{\pi^2}{4}\right)\cdot 0-2\right]=-4\pi\,[\pi-2]=8\pi-4\pi^2$$

$$V_x \mathrel{\hat{=}} \underline{\underline{(8\pi-4\pi^2)E^3\approx 14{,}346\,E^3}}$$

29. $f_1(t)=x=c+r\cdot\cos t; \quad f_2(t)=y=d+r\cdot\sin t; \quad t_1=0; \quad t_2=2\pi$

$$V_x=\pi\int_{t_1}^{t_2}[f_2(t)]^2\cdot f_1'(t)\,dt; \qquad f_1(t)=d+r\cdot\cos t$$

$$\Rightarrow f_1'(t)=-r\cdot\sin t$$

$$=\pi\int_0^{2\pi}(d+r\cdot\sin t)^2\cdot(-r\cdot\sin t)\,dt$$

$$=-r\pi\int_0^{2\pi}(d^2+2dr\cdot\sin t+r^2\cdot\sin^2 t)\cdot\sin t\,dt$$

$$V_x = -r\pi \int_0^{2\pi} (d^2 \cdot \sin t + 2\mathrm{d}r \cdot \sin^2 t + r^2 \cdot \sin^3 t)\,\mathrm{d}t$$

$$= -rd^2\pi \int_0^{2\pi} \sin t\,\mathrm{d}t - 2r^2d\pi \int_0^{2\pi} \sin^2 t\,\mathrm{d}t - r^3\pi \int_0^{2\pi} \sin^3 t\,\mathrm{d}t$$

$$= -rd^2\pi[-\cos t]_0^{2\pi} - 2r^2d\pi\left[\frac{t}{2} - \frac{1}{4}\sin(2t)\right]_0^{2\pi} - r^3\pi\left[-\frac{1}{3}\cos t \cdot (\sin^2 t + 2)\right]_0^{2\pi}$$

$$= -rd^2\pi[-1+1] - 2r^2d\pi[\pi] - r^3\pi\left[-\frac{1}{3}\cdot 2 - \left(-\frac{1}{3}\cdot 2\right)\right]$$

$$= -2\mathrm{d}r^2\pi^2$$

$$V_x \mathrel{\hat{=}} \underline{\underline{2\mathrm{d}r^2\pi^2\,E^3}}$$

30. $f_1(t) = x = a \cdot \cosh t;\quad f_2(t) = y = b \cdot \sinh t;\quad t_1 = -3;\quad t_2 = 3$

$$V_y = \pi \int_{t_1}^{t_2} [f_1(t)]^2 \cdot f_2'(t)\,\mathrm{d}t$$

$$f_2(t) = b \cdot \sinh t \Rightarrow f_2'(t) = b \cdot \cosh t$$

$$= \pi \int_{-3}^{3} a^2 \cdot \cosh^2 t \cdot b \cdot \cosh t\,\mathrm{d}t$$

$$= a^2b\pi \int_{-3}^{3} \cosh^3 t\,\mathrm{d}t$$

$$= a^2b\pi\left[\frac{1}{3}\sinh t \cdot \cosh^2 t + \frac{2}{3}\sinh t\right]_{-3}^{3}$$

$$V_y = \frac{1}{3}a^2b\pi[\sinh t \cdot \cosh^2 t + 2\sinh t]_{-3}^{3}$$

$$\approx \frac{1}{3}a^2b\pi[10{,}018 \cdot 101{,}358 + 2 \cdot 10{,}018 - (-10{,}018 \cdot 101{,}358) - 2(-10{,}018)]$$

$$\approx \frac{1}{3}a^2b\pi[1015{,}404 + 20{,}036 + 1015{,}404 + 20{,}036]$$

$$\approx \frac{1}{3}a^2b\pi[2070{,}88] \approx 690{,}3\,a^2b\pi$$

$$V_y \mathrel{\hat{=}} \underline{\underline{690{,}3\,a^2b\pi\,E^3}}$$

31. $f_1(t)=x=a\cdot\cos t;\quad f_2(t)=y=b\cdot\sin t;\quad t_1=0;\quad t_2=1$

$$V_y=\pi\int_{t_1}^{t_2}[f_1(t)]^2\cdot f_2'(t)\,dt$$

$$f_2(t)=b\cdot\sin t\Rightarrow f_2'(t)=b\cdot\cos t$$

$$=\pi\int_0^1 a^2\cos^2 t\cdot b\cdot\cos t\,dt=a^2b\pi\int_0^1\cos^3 t\cdot dt$$

$$=a^2b\pi\left[\frac{1}{3}\sin t\cdot(\cos^2 t+2)\right]_0^1$$

$$\approx\frac{1}{3}a^2b\pi[0{,}841\cdot(0{,}292+2)]\approx 0{,}643\,a^2b\pi$$

$$V_y\mathrel{\widehat{=}}\underline{\underline{0{,}643\,a^2b\pi\,E^3}}$$

32. $f_1(t)=x=\sqrt{t};\quad f_2(t)=y=\ln|t|;\quad t_1=1;\quad t_2=2$

$$V_y=\pi\int_{t_1}^{t_2}[f_1(t)]^2\cdot f_2'(t)\,dt$$

$$f_2(t)=\ln|t|\Rightarrow f_2'(t)=\frac{1}{|t|}$$

$$=\pi\int_1^2 t\cdot\frac{1}{|t|}\,dt=\pi\int_1^2 dt=\pi[t]_1^2=\pi$$

$$V_y\mathrel{\widehat{=}}\underline{\underline{\pi\,E^3}}$$

33. $f_1(t)=x=2t^2;\quad f_2(t)=y=\ln|t|;\quad t_1=1;\quad t_2=2$

$$V_y=\pi\int_{t_1}^{t_2}[f_1(t)]^2\cdot f_2'(t)\,dt;\quad f_2'(t)=\frac{1}{|t|}$$

$$=\pi\int_1^2 4t^4\cdot\frac{1}{|t|}\,dt=4\pi\int_1^2|t|^3\,dt=\pi[t^4]_1^2=15\pi$$

$$V_y=\underline{\underline{15\pi\,E^3}}$$

3.6

34. Entwickeln Sie die Volumenformel für einen Kugelabschnitt mit der Höhe h.

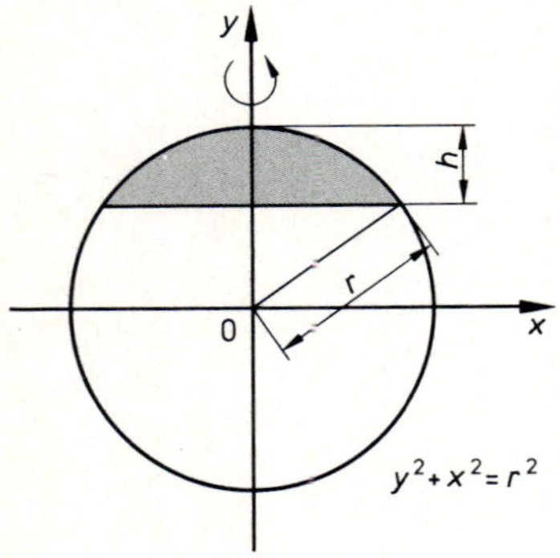

$y_1 = r - h; \quad y_2 = r$

$$V = \pi \int_{y_1}^{y_2} x^2 \,\mathrm{d}y$$

$$= \pi \int_{r-h}^{r} (r^2 - y^2)\,\mathrm{d}y$$

$$= \pi \left[r^2 \cdot y - \frac{y^3}{3} \right]_{r-h}^{r}$$

$$= \pi \left[r^3 - \frac{r^3}{3} - r^2(r-h) + \frac{1}{3}(r-h)^3 \right]$$

$$= \pi \left[\frac{2}{3} r^3 - r^3 + r^2 h + \frac{1}{3}(r^3 - 3r^2 h + 3rh^2 - h^3) \right]$$

$$= \pi \left[-\frac{r^3}{3} + r^2 h + \frac{r^3}{3} - r^2 h + rh^2 - \frac{h^3}{3} \right]$$

$$= \frac{\pi}{3} h^2 (3r - h)$$

35. Mit Hilfe der Integralrechnung ist eine Formel für das Volumen der Kugelschicht zu entwickeln.

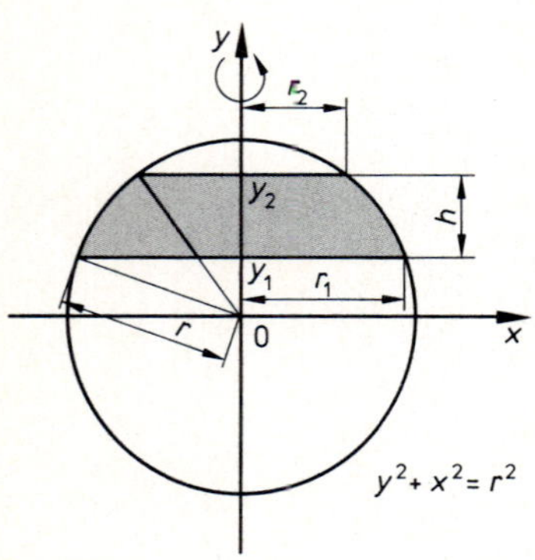

$h = y_2 - y_1$

(*) Hier wird mit
$-y_2^2 - y_1^2 + y_2^2 + y_1^2 = 0$
erweitert.

$$V = \pi \int_{y_1}^{y_2} x^2 \,\mathrm{d}y$$

$$= \pi \int_{y_1}^{y_2} (r^2 - y^2)\,\mathrm{d}y$$

$$= \pi \left[r^2 y - \frac{1}{3} y^3 \right]_{y_1}^{y_2}$$

$$= \pi \left(r^2 y_2 - \frac{1}{3} y_2^3 - r^2 y_1 + \frac{1}{3} y_1^3 \right)$$

$$= \pi \left[r^2 (y_2 - y_1) - \frac{1}{3} (y_2^3 - y_1^3) \right]$$

$$= \pi \left[r^2 h - \frac{1}{3} \underbrace{(y_2 - y_1)}_{h} (y_2^2 + y_2 y_1 + y_1^2) \right]$$

$$= \frac{\pi h}{6} \left[6r^2 - 2y_2^2 - 2y_2 y_1 - 2y_1^2 \right] \quad (*)$$

$$= \frac{\pi h}{6} (3r^2 - 3y_2^2 + 3r^2 - 3y_1^2 + y_2^2 - 2y_2 y_1 + y_1^2)$$

$$V=\frac{\pi h}{6}\left[3\underbrace{(r^2-y_2^2)}_{r_2^2}+3\underbrace{(r^2-y_1^2)}_{r_1^2}+\underbrace{(y_2-y_1)^2}_{h^2}\right]$$

$$=\frac{\pi h}{6}(3r_2^2+3r_1^2+h^2)$$

36. Beweisen Sie die Volumenformel des Kegelstumpfs mit Hilfe der Integralrechnung.

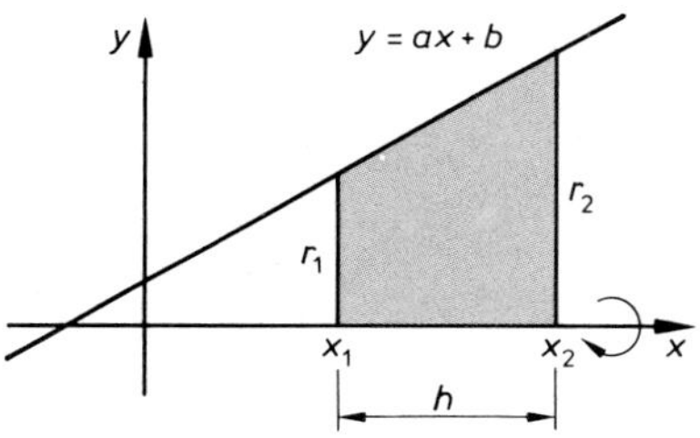

$$V=\pi\int_{x_1}^{x_2} y^2\,\mathrm{d}x$$

$$=\pi\int_{x_1}^{x_2}(ax+b)^2\,\mathrm{d}x$$

$$\int(ax+b)^2\,\mathrm{d}x=\frac{1}{a}\int z^2\,\mathrm{d}z \quad (*)$$

$$=\frac{1}{3a}z^3+c$$

$$=\frac{1}{3a}(ax+b)^3+c$$

(*) Substitution:

$$z=ax+b;\quad \mathrm{d}x=\frac{\mathrm{d}z}{a}$$

$$V=\frac{\pi}{3a}\left[(ax+b)^3\right]_{x_1}^{x_2}$$

$$=\frac{\pi}{3a}\left[(ax_2+b)^3-(ax_1+b)^3\right]$$

$$=\frac{\pi}{3a}\left[a^3x_2^3+3a^2x_2^2b+3ax_2b^2+b^3-a^3x_1^3-\right.$$

$$\left.-3a^2x_1^2b-3ax_1b^2-b^3\right]$$

$$=\frac{\pi}{3}\left[a^2x_2^3+3ax_2^2b+3x_2b^2-a^2x_1^3-\right.$$

$$\left.-3ax_1^2b-3x_1b^2\right]$$

Jetzt wird erweitert mit:

$$a^2x_1^2x_2+3ax_1bx_2+a^2x_1x_2^2-$$

$$-a^2x_2^2x_1-3ax_2bx_1-a^2x_1^2x_2=0$$

$$V=\frac{\pi}{3}\left[a^2x_1^2x_2+3ax_1bx_2+3b^2x_2+a^2x_2^3+3ax_2^2b+a^2x_1x_2^2-a^2x_1^3-3ax_1^2b-\right.$$

$$\left.-3x_1b^2-a^2x_2^2x_1-3ax_2bx_1-a^2x_1^2x_2\right]$$

$$=\frac{\pi}{3}(x_2-x_1)\,[\underbrace{a^2x_1^2+2ax_1b+b^2}_{(ax_1+b)^2}+\underbrace{a^2x_1x_2+abx_1+abx_2+b^2}_{(ax_1+b)(ax_2+b)}+\underbrace{a^2x_2^2+2ax_2b+b^2}_{(ax_2+b)^2}]$$

$$=\frac{\pi}{3}(x_2-x_1)[(ax_1+b)^2+(ax_1+b)(ax_2+b)+(ax_2+b)^2]$$

$$=\frac{\pi}{3}h(r_1^2+r_1\cdot r_2+r_2^2)$$

37. Berechnen Sie das Volumen des Fasses.

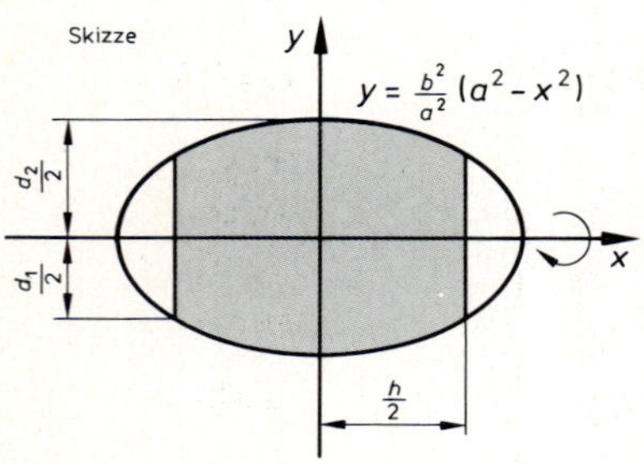

$d_1=50$ cm; $d_2=70$ cm; $h=120$ cm

Einheit E: cm

Die Symmetrieeigenschaft des Integranden erlaubt es, das Integral zu vereinfachen.

Ellipse: $\frac{x^2}{a^2}+\frac{y^2}{b^2}=1\Rightarrow y^2=\frac{b^2}{a^2}(a^2-x^2)$

Bestimmung der Parameter a und b:

1) $f(0)=\frac{d_2}{2}=35$

$$35^2=\frac{b^2}{a^2}(a^2-0)$$

$$b^2=35^2=1225$$

2) $f\left(\frac{h}{2}\right)=f(60)=\frac{d_1}{2}=25$

$$25^2=\frac{35^2}{a^2}(a^2-60^2)$$

$$a^2(35^2-25^2)=60^2\cdot 35^2$$

$$a^2=\frac{60^2\cdot 35^2}{35^2-25^2}$$

$$a^2=7350$$

$$y^2=\frac{1225}{7350}(7350-x^2)$$

$$y^2=\frac{1}{6}(7350-x^2)$$

$$V=\pi\int_{x_1}^{x_2}y^2\,dx$$

$$=\frac{\pi}{6}\int_{-\frac{h}{2}}^{\frac{h}{2}}(7350-x^2)\,dx$$

$$V=\frac{\pi}{3}\int\limits_0^{\frac{h}{2}}(7350-x^2)\,\mathrm{d}x$$

$$=\frac{\pi}{3}\left[7350x-\frac{x^3}{3}\right]_0^{60}$$

$$=\frac{\pi}{3}\,(441000-72000)$$

$$=123000\pi\ \mathrm{cm}^3$$

$1\,\mathrm{l}=1000\ \mathrm{cm}^3$

$$=\underline{\underline{123\pi\ \mathrm{l}\approx 386{,}4161}}\ \mathrm{l}$$

38. Ein Ankerspill aus Stahl ($\varrho=7{,}85$ kg/dm^3) hat die Form eines Rotationshyperboloids; $d_1=200$ mm; $d_2=400$ mm.

Berechnen Sie das Gewicht bei $h=400$ mm.
Einheit E: mm

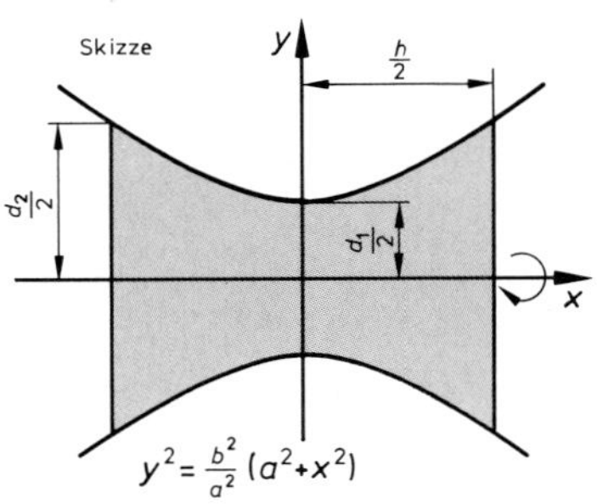

Hyperbel: $-\dfrac{x^2}{a^2}+\dfrac{y^2}{b^2}=1 \Rightarrow y^2=\dfrac{b^2}{a^2}\,(a^2+x^2)$

Bestimmung der Parameter a und b:

1) $f(0)=\dfrac{d_1}{2}=100$

$$100^2=\frac{b^2}{a^2}\,(a^2+0)$$

$$\underline{b^2=100^2=10000}$$

2) $f\left(\dfrac{h}{2}\right)=f(200)=\dfrac{d_2}{2}=200$

$$200^2=\frac{100^2}{a^2}\,(a^2+200^2)$$

$$200^2a^2=100^2a^2+100^2\cdot 200^2$$

$$a^2=\frac{20000^2}{200^2-100^2}=\frac{200^2}{2^2-1^2}$$

$$\underline{a^2=\frac{40000}{3}}$$

$$\underline{y^2=\frac{3}{4}\left(\frac{40000}{3}+x^2\right)}$$

3.6

$$V=\pi\int_{x_1}^{x_2} y^2\,\mathrm{d}x$$

Die Symmetrieeigenschaft des Integranden erlaubt es, das Integral zu vereinfachen.

$$=\frac{3\pi}{4}\int_{-\frac{h}{2}}^{\frac{h}{2}}\left(\frac{40000}{3}+x^2\right)\mathrm{d}x$$

$$=\frac{3\pi}{2}\int_{0}^{\frac{h}{2}}\left(\frac{40000}{3}+x^2\right)\mathrm{d}x$$

$$=\frac{3\pi}{2}\left[\frac{40000}{3}\,x+\frac{x^3}{3}\right]_0^{200}$$

$$=\frac{\pi}{2}\,(40000\cdot 200+200^3)$$

$$=\frac{\pi}{2}\,(8000000+8000000)$$

$$8\cdot 10^6\pi\,\mathrm{mm}^3$$

$$=\underline{8\cdot\pi\,\mathrm{dm}^3\approx 25{,}13\ \mathrm{dm}^3}$$

Das Gewicht (die Masse) des Ankerspills beträgt etwa 197 kg.

$$G=V\cdot\varrho$$

$$\approx 25{,}13\ \mathrm{dm}^3\cdot 7{,}85\ \frac{\mathrm{kg}}{\mathrm{dm}^3}$$

$$\approx \underline{\underline{197\ \mathrm{kg}}}$$

3.7 Oberflächen

(E^2 ▶ Flächeneinheit)

1. $f(x) = -\frac{7}{2}x + 5$

$x_1 = -1; \quad x_2 = 0$

$$A_M = 2\pi \cdot \int_{x_1}^{x_2} y\sqrt{1+[f'(x)]^2}\,dx$$

$$= 2\pi \int_{-1}^{0} \left(-\frac{7}{2}x+5\right)\sqrt{1+\frac{49}{4}}\,dx$$

$$= \pi\sqrt{53}\left[-\frac{7}{4}x^2+5x\right]_{-1}^{0}$$

$$= \pi\sqrt{53}\left(\frac{7}{4}+5\right)$$

$$\mathrel{\hat{=}} \underline{\underline{6{,}75\pi\sqrt{53}\,E^2 \mathrel{\hat{=}} 154{,}4\,E^2}}$$

2. $f(x) = \sqrt{2x}$

$x_1 = 0; \quad x_2 = 8$

Das zugehörige unbestimmte Integral wird durch Substitution gelöst.

$z = 2x+1; \quad dx = \frac{dz}{2}$

$$A_M = 2\pi \int_{x_1}^{x_2} y\sqrt{1+[f'(x)]^2}\,dx$$

$$= 2\pi \int_{0}^{8} \sqrt{2x}\sqrt{1+\frac{1}{2x}}\,dx$$

$$= 2\pi \int_{0}^{8} \sqrt{2x+1}\,dx$$

$$\int \sqrt{2x+1}\,dx = \frac{1}{2}\int \sqrt{z}\,dz$$

$$= \frac{1}{2}\int z^{\frac{1}{2}}\,dz$$

$$\int \sqrt{2x+1}\,dx = \frac{1}{2}\cdot\frac{z^{\frac{3}{2}}}{\frac{3}{2}} + c$$

$$= \frac{1}{3}z\sqrt{z} + c$$

$$= \underline{\frac{1}{3}(2x+1)\sqrt{2x+1} + c}$$

3.7

$$A_M = \frac{2\pi}{3}\left[(2x+1)\sqrt{2x+1}\right]_0^8$$

$$\mathrel{\widehat=} \underline{\underline{\frac{2\pi}{3}\left(17\sqrt{17}-1\right)E^2}}$$

$$\mathrel{\widehat=} \underline{\underline{144{,}7\,E^2}}$$

3. $f(x)=x^3$

$x_1=0;\quad x_2=10$

Das zugehörige unbestimmte Integral wird durch Substitution gelöst.

$z=1+9x^4;\quad \mathrm{d}x=\frac{\mathrm{d}z}{36x^3}$

$$A_M = 2\pi\int_{x_1}^{x_2} y\sqrt{1+[f'(x)]^2}\,\mathrm{d}x$$

$$=2\pi\int_0^{10} x^3\sqrt{1+9x^4}\,\mathrm{d}x$$

$$\int x^3\sqrt{1+9x^4}\,\mathrm{d}x=\frac{1}{36}\int\sqrt{z}\,\mathrm{d}z$$

$$=\frac{1}{36}\int z^{\frac{1}{2}}\,\mathrm{d}z$$

$$=\frac{1}{36}\cdot\frac{2}{3}\,z^{\frac{3}{2}}+c$$

$$=\underline{\frac{1}{54}\left(1+9x^4\right)\sqrt{1+9x^4}+c}$$

$$A_M=\frac{\pi}{27}\left[(1+9x^4)\sqrt{1+9x^4}\right]_0^{10}$$

$$\mathrel{\widehat=} \underline{\underline{\frac{\pi}{27}\left(90001\cdot\sqrt{90001}-1\right)E^2}}$$

$$\approx\frac{\pi}{27}\cdot 90000\cdot\sqrt{90000}$$

$$\approx\frac{\pi}{27}\cdot 90000\cdot 300$$

$$\approx\pi\cdot 10^6$$

$$\mathrel{\widehat=} \underline{\underline{3{,}142\cdot 10^6\,E^2}}$$

4. $f(x)=\sin x$

$x_1=0;\quad x_2=\frac{\pi}{2}$

Das zugehörige unbestimmte Integral wird durch Substitution gelöst.

$z=\cos x;\quad dx=-\frac{dz}{\sin x}$

$\int\sqrt{a^2+x^2}\,dx$ ▶ Kap. 2.4, Band 4

$$A_M=2\pi\int_{x_1}^{x_2} y\sqrt{1+[f'(x)]^2}\,dx$$

$$=2\pi\int_0^{\frac{\pi}{2}}\sin x\cdot\sqrt{1+\cos^2 x}\,dx$$

$$\int\sin x\cdot\sqrt{1+\cos^2 x}\,dx=$$

$$=-\int\sqrt{1+z^2}\,dz$$

$$=-\left(\frac{z}{2}\sqrt{1+z^2}+\frac{1}{2}\ln|z+\sqrt{1+z^2}|\right)+c$$

$$=-\left(\frac{\cos x}{2}\sqrt{1+\cos^2 x}+\right.$$

$$\left.+\frac{1}{2}\ln|\cos x+\sqrt{1+\cos^2 x}|\right)+c$$

$$A_M=-\pi[\cos x\cdot\sqrt{1+\cos^2 x}+$$
$$+\ln|\cos x+\sqrt{1+\cos^2 x}|]_0^{\frac{\pi}{2}}$$
$$=-\pi[0+0-\sqrt{2}-\ln(1+\sqrt{2})]$$
$$\mathrel{\hat=}\pi[\sqrt{2}+\ln(1+\sqrt{2})]E^2$$
$$\mathrel{\hat=}7{,}210\,E^2$$

5. $f(x)=\frac{1}{x}$

$x_1=3;\quad x_2=7$

Das zugehörige unbestimmte Integral wird durch Substitution gelöst.

$x^2=\sinh t;\quad dx=\frac{\cosh t}{2x}\,dt$

$\sinh^2 t+1=\cosh^2 t$

$$A_M=2\pi\int_{x_1}^{x_2} y\sqrt{1+[f'(x)]^2}\,dx$$

$$=2\pi\int_3^7\frac{1}{x}\sqrt{1+\frac{1}{x^4}}\,dx$$

$$=2\pi\int_3^7\frac{1}{x^3}\sqrt{x^4+1}\,dx$$

$$\int\frac{1}{x^3}\sqrt{x^4+1}\,dx=\frac{1}{2}\int\frac{1}{x^4}\sqrt{\sinh^2 t+1}\cdot\cosh t\,dt$$

3.7

$\int \frac{1}{\sinh^2 x}\,dx$ ► Kap. 2.1, Band 4

Rücksubstitution:

$x^2 = \sinh t$; $t = \operatorname{Arsinh} x^2$

$$\int \frac{1}{x^3}\sqrt{x^4+1}\,dx = \frac{1}{2}\int \frac{\sqrt{\sinh^2 t+1}}{\sinh^2 t}\cosh t\,dt$$

$$= \frac{1}{2}\int \frac{\cosh^2 t}{\sinh^2 t}\,dt$$

$$= \frac{1}{2}\int \frac{1+\sinh^2 t}{\sinh^2 t}\,dt$$

$$= \frac{1}{2}\int \frac{1}{\sinh^2 t}\,dt + \frac{1}{2}\int dt$$

$$= -\frac{1}{2}\coth t + \frac{1}{2}t + c$$

$$= -\frac{1}{2}\frac{\cosh t}{\sinh t} + \frac{1}{2}t + c$$

$$= -\frac{1}{2}\frac{\sqrt{\sinh^2 t+1}}{\sinh t} + \frac{1}{2}t + c$$

$$= -\frac{1}{2}\frac{\sqrt{x^4+1}}{x^2} + \frac{1}{2}\operatorname{Arsinh} x^2 + c$$

$\operatorname{Arsinh} z = \ln\left(z+\sqrt{z^2+1}\right)$

$$A_M = \pi\left[\operatorname{Arsinh} x^2 - \frac{\sqrt{x^4+1}}{x^2}\right]_3^7$$

$$= \pi\left[\ln\left(x^2+\sqrt{x^4+1}\right) - \frac{1}{x^2}\sqrt{x^4+1}\right]_3^7$$

$$= \pi\left[\ln\left(49+\sqrt{2402}\right) - \frac{1}{49}\sqrt{2402} - \ln\left(9+\sqrt{82}\right) + \frac{1}{9}\sqrt{82}\right]$$

$$= \pi\left[\ln\frac{49+\sqrt{2402}}{9+\sqrt{82}} + \frac{1}{9}\sqrt{82} - \frac{1}{49}\sqrt{2402}\right]$$

$$\approx \pi\left[\ln\frac{98{,}01}{18{,}056} + \frac{9{,}056}{9} - \frac{49{,}01}{49}\right]$$

$$\approx \pi\left[\ln 5{,}428 + 1{,}006 - 1{,}000\right]$$

$$\approx \pi\left[1{,}691 + 1{,}006 - 1{,}000\right]$$

$$\mathrel{\widehat{=}} 5{,}331\,E^2$$

6. $f(x)=\sqrt{1-x^2}$

$x_1=0{,}5; \quad x_2=1$

$$A_M=2\pi\int_{x_1}^{x_2} y\sqrt{1+[f'(x)]^2}\,\mathrm{d}x$$

$$=2\pi\int_{0,5}^{1}\sqrt{1-x^2}\sqrt{1+\left(\frac{-x}{\sqrt{1-x^2}}\right)^2}\,\mathrm{d}x$$

$$=2\pi\int_{0,5}^{1}\sqrt{1-x^2}\sqrt{\frac{1-x^2+x^2}{1-x^2}}\,\mathrm{d}x$$

$$=2\pi\int_{0,5}^{1}\mathrm{d}x$$

$$A_M=2\pi[x]_{0,5}^{1}$$

$$\mathrel{\hat=}\pi E^2\mathrel{\hat=}3{,}1416\,E^2$$

7. $y=\frac{2}{3}\sqrt{9-x^2}$

$y_1=0; \quad y_2=2$

$y=\frac{2}{3}\sqrt{9-x^2}; \quad x=\frac{3}{2}\sqrt{4-y^2}$

$$\frac{\mathrm{d}x}{\mathrm{d}y}=\frac{-3y}{2\sqrt{4-y^2}}$$

$$\left(\frac{\mathrm{d}x}{\mathrm{d}y}\right)^2=\left(\frac{-3y}{2\sqrt{4-y^2}}\right)^2$$

$\int\sqrt{a^2+x^2}\,\mathrm{d}x$ ▶ Kap. 2.4, Band 4

$$A_M=2\pi\int_{y_1}^{y_2} x\cdot\sqrt{1+\left(\frac{\mathrm{d}x}{\mathrm{d}y}\right)^2}\,\mathrm{d}y$$

$$=2\pi\int_{0}^{2}\frac{3}{2}\sqrt{4-y^2}\sqrt{1+\left(\frac{-3y}{2\sqrt{4-y^2}}\right)^2}\,\mathrm{d}y$$

$$=3\pi\int_{0}^{2}\sqrt{4-y^2}\sqrt{1+\frac{9y^2}{4(4-y^2)}}\,\mathrm{d}y$$

$$=3\pi\int_{0}^{2}\sqrt{4-y^2+\frac{9}{4}y^2}\,\mathrm{d}y$$

$$=3\pi\int_{0}^{2}\sqrt{4+\frac{5}{4}y^2}\,\mathrm{d}y$$

$$=\frac{3\sqrt{5}}{2}\pi\int_{0}^{2}\sqrt{\frac{16}{5}+y^2}\,\mathrm{d}y$$

$$=\frac{3\sqrt{5}}{2}\pi\left[\left(\frac{y}{2}\sqrt{\frac{16}{5}+y^2}+\frac{8}{5}\ln\left|y+\sqrt{\frac{16}{5}+y^2}\right|\right)\right]_0^2$$

$$A_M = \frac{3\sqrt{5}}{2}\pi\left[\sqrt{\frac{16}{5}+4}+\frac{8}{5}\ln\left|2+\sqrt{\frac{16}{5}+4}\right| - \frac{8}{5}\ln\sqrt{\frac{16}{5}}\right]$$

$$= \frac{3\sqrt{5}}{2}\pi\left[\frac{6}{\sqrt{5}}+\frac{8}{5}\ln\frac{2+\frac{6}{\sqrt{5}}}{\frac{4}{\sqrt{5}}}\right]$$

$$\mathrel{\hat{=}} \underline{\underline{\frac{3\sqrt{5}}{2}\pi\left[\frac{6}{\sqrt{5}}+\frac{8}{5}\ln\frac{1}{2}(\sqrt{5}+3)\right]E^2}}$$

$$A_M \approx \frac{3\cdot 2{,}236}{2}\pi\left[\frac{6}{2{,}236}+\frac{8}{5}\ln\frac{5{,}236}{2}\right]$$

$$\mathrel{\hat{=}} \underline{\underline{44{,}50\,E^2}}$$

8. $y=\sqrt{x^2+1}$

$y_1=1;\quad y_2=10$

$y=\sqrt{x^2+1} \Rightarrow x=\sqrt{y^2-1}$

$$\frac{dx}{dy}=\frac{y\sqrt{y^2-1}}{y^2-1}$$

$$\left(\frac{dx}{dy}\right)^2=\frac{y^2}{y^2-1}$$

$\int\sqrt{x^2-a^2}\,dx$ ▶ Kap. 2.4, Band 4

$$A_M = 2\pi\int_{y_1}^{y_2} x\cdot\sqrt{1+\left(\frac{dx}{dy}\right)^2}\,dy$$

$$= 2\pi\int_1^{10}\sqrt{y^2-1}\sqrt{1+\frac{y^2}{y^2-1}}\,dy$$

$$= 2\pi\int_1^{10}\sqrt{y^2-1+y^2}\,dy$$

$$= 2\pi\int_1^{10}\sqrt{2y^2-1}\,dy$$

$$= 2\sqrt{2}\,\pi\int_1^{10}\sqrt{y^2-\frac{1}{2}}\,dy$$

$$= 2\sqrt{2}\pi\left[\frac{y}{2}\sqrt{y^2-\frac{1}{2}}+\frac{1}{4}\ln\left|y+\sqrt{y^2-\frac{1}{2}}\right|\right]_1^{10}$$

$$= 2\sqrt{2}\pi\left[5\sqrt{99{,}5}-\frac{1}{4}\ln|10+\sqrt{99{,}5}|-\frac{1}{2}\sqrt{\frac{1}{2}}+\frac{1}{4}\ln\left|1+\sqrt{\frac{1}{2}}\right|\right]$$

$$A_M = \sqrt{2}\pi \left[10\sqrt{99{,}5} - \frac{\sqrt{2}}{2} + \frac{1}{2} \ln \frac{1+\frac{1}{2}\sqrt{2}}{10+\sqrt{99{,}5}} \right]$$

$$\approx 1{,}414 \cdot \pi \left[99{,}75 - 0{,}707 + \frac{1}{2} \ln \frac{1{,}707}{19{,}98} \right]$$

$$\approx 1{,}414 \cdot \pi \left[99{,}04 + \frac{1}{2} \cdot (-2{,}461) \right]$$

$$\mathrel{\widehat{=}} \underline{\underline{434{,}5\, E^2}}$$

9. $y = \sqrt{x^2 - 1}$

$y_1 = 0; \quad y_2 = 5$

$y = \sqrt{x^2 - 1}; \quad x = \sqrt{y^2 + 1}$

$\frac{dx}{dy} = \frac{y\sqrt{y^2+1}}{y^2+1}$

$\left(\frac{dx}{dy}\right)^2 = \frac{y^2}{y^2+1}$

$$A_M = 2\pi \int_{y_1}^{y_2} x \sqrt{1 + \left(\frac{dx}{dy}\right)^2}\, dy$$

$$= 2\pi \int_0^5 \sqrt{y^2+1} \sqrt{1 + \frac{y^2}{y^2+1}}\, dy$$

$$= 2\pi \int_0^5 \sqrt{y^2+1+y^2}\, dy$$

$$= 2\pi \int_0^5 \sqrt{2y^2+1}\, dy$$

$\int \sqrt{x^2+a^2}\, dx$ ► Kap. 2.4, Band 4

$$A_M = 2\sqrt{2}\pi \int_0^5 \sqrt{y^2 + \frac{1}{2}}\, dy$$

$$= \sqrt{2}\pi \left[y\sqrt{y^2+\frac{1}{2}} + \frac{1}{2} \ln \left| y + \sqrt{y^2+\frac{1}{2}} \right| \right]_0^5$$

$$= \sqrt{2}\pi \left[5\sqrt{25{,}5} + \frac{1}{2} \ln (5+\sqrt{25{,}5}) - \frac{1}{2} \ln \sqrt{\frac{1}{2}} \right]$$

$$= \sqrt{2}\pi \left[5\sqrt{25{,}5} + \frac{1}{2} \ln \left(\frac{5+\sqrt{25{,}5}}{\sqrt{\frac{1}{2}}} \right) \right]$$

$$\underline{\underline{= \sqrt{2}\pi \left[5\sqrt{25{,}5} + \frac{1}{2} \ln (5\sqrt{2}+\sqrt{51}) \right]}}$$

$$\approx 1{,}414 \cdot \pi \left[5 \cdot 5{,}050 + \frac{1}{2} \ln (5 \cdot 1{,}414 + 7{,}141) \right]$$

$$A_M \approx 1{,}414 \cdot \pi \left[25{,}25 + \frac{1}{2} \ln 14{,}21\right]$$

$$\hat{=} \underline{\underline{118{,}1\,E^2}}$$

10. $y = x\sqrt{x}$

$y_1 = 0; \quad y_2 = 4$

$y = x \cdot \sqrt{x} \Rightarrow x = y^{\frac{2}{3}}$

$\frac{dx}{dy} = \frac{2}{3} y^{-\frac{1}{3}}$

$\left(\frac{dx}{dy}\right)^2 = \frac{4}{9} y^{-\frac{2}{3}}$

$$A_M = 2\pi \int_{y_1}^{y_2} x \cdot \sqrt{1 + \left(\frac{dx}{dy}\right)^2}\, dy$$

$$= 2\pi \int_0^4 y^{\frac{2}{3}} \cdot \sqrt{1 + \left(\frac{2}{3} y^{-\frac{1}{3}}\right)^2}\, dy$$

$$= 2\pi \int_0^4 y^{\frac{2}{3}} \cdot \sqrt{1 + \frac{4}{9} y^{-\frac{2}{3}}}\, dy$$

$$= 2\pi \int_0^4 y^{\frac{2}{3}} \sqrt{y^{-\frac{2}{3}}\left(y^{\frac{2}{3}} + \frac{4}{9}\right)}\, dy$$

$$= 2\pi \int_0^4 y^{\frac{1}{3}} \sqrt{y^{\frac{2}{3}} + \frac{4}{9}}\, dy$$

Das zugehörige unbestimmte Integral wird durch Substitution gelöst.

$z = y^{\frac{2}{3}} + \frac{4}{9}; \quad dy = \frac{3}{2} y^{\frac{1}{3}}\, dz$

$y^{\frac{2}{3}} = z - \frac{4}{9}$

$$\int y^{\frac{1}{3}} \sqrt{y^{\frac{2}{3}} + \frac{4}{9}}\, dy =$$

$$= \frac{3}{2} \int y^{\frac{2}{3}} \sqrt{z}\, dz$$

$$= \frac{3}{2} \int \left(z - \frac{4}{9}\right) \sqrt{z}\, dz$$

$$= \frac{3}{2} \int z^{\frac{3}{2}} \cdot dz - \frac{2}{3} \int z^{\frac{1}{2}} \cdot dz$$

$$= \frac{3}{2} \cdot \frac{z^{\frac{5}{2}}}{\frac{5}{2}} - \frac{2}{3} \cdot \frac{z^{\frac{3}{2}}}{\frac{3}{2}} + c$$

$$= \frac{3}{5} z^2 \cdot \sqrt{z} - \frac{4}{9} z \cdot \sqrt{z} + c$$

$$= z\sqrt{z}\left(\frac{3}{5} z - \frac{4}{9}\right) + c$$

$$= \left(y^{\frac{2}{3}} + \frac{4}{9}\right) \sqrt{y^{\frac{2}{3}} + \frac{4}{9}} \left(\frac{3}{5} y^{\frac{2}{3}} + \frac{4}{15} - \frac{4}{9}\right) + c$$

$$=\left(\sqrt[3]{y^2}+\frac{4}{9}\right)\sqrt{\sqrt[3]{y^2}+\frac{4}{9}}\left(\frac{3}{5}\sqrt[3]{y^2}-\frac{8}{45}\right)+c$$

$$A_M=2\pi\left[\left(\sqrt[3]{y^2}+\frac{4}{9}\right)\sqrt{\sqrt[3]{y^2}+\frac{4}{9}}\left(\frac{3}{5}\sqrt[3]{y^2}-\frac{8}{45}\right)\right]_0^4$$

$$=2\pi\left(\sqrt[3]{16}+\frac{4}{9}\right)\sqrt{\sqrt[3]{16}+\frac{4}{9}}\left(\frac{3}{5}\sqrt[3]{16}-\frac{8}{45}\right)-$$

$$-2\pi\cdot\frac{4}{9}\sqrt{\frac{4}{9}}\left(-\frac{8}{45}\right)$$

$\sqrt[3]{16}\approx 2{,}520$

$\sqrt{2{,}964}\approx 1{,}722$

$$\approx 2\pi[2{,}964\cdot\sqrt{2{,}964}\cdot 1{,}334+0{,}053]$$

$$\triangleq \underline{\underline{43{,}11\,E^2}}$$

11. $y=e^x$

$y_1=1;\quad y_2=6$

$y=e^x;\quad x=\ln y;\quad \frac{dx}{dy}=\frac{1}{y}$

$$A_M=2\pi\int_{y_1}^{y_2}x\sqrt{1+\left(\frac{dx}{dy}\right)^2}\,dy$$

$$=2\pi\int_1^6\ln y\cdot\sqrt{1+\frac{1}{y^2}}\,dy$$

Dieses Integral wird mit der Simpsonschen Regel näherungsweise berechnet.

Berechnungstabelle für $f(y)=\ln y\cdot\sqrt{1+\frac{1}{y^2}}$:

y	$\frac{1}{y^2}$	$1+\frac{1}{y^2}$	$\sqrt{1+\frac{1}{y^2}}$	$\ln y$	$f(y)$
1	1,000	2,000	1,414	0,0000	0,000
1,5	0,444	1,444	1,202	0,4055	0,487
2	0,250	1,250	1,118	0,6931	0,775
2,5	0,160	1,160	1,077	0,9163	0,987
3	0,111	1,111	1,054	1,0986	1,158
3,5	0,082	1,082	1,040	1,2528	1,303
4	0,063	1,063	1,031	1,3863	1,429
4,5	0,049	1,049	1,024	1,5041	1,540
5	0,040	1,040	1,020	1,6094	1,642
5,5	0,033	1,033	1,016	1,7047	1,732
6	0,028	1,028	1,014	1,7918	1,817

$x_0=1$

$x_n=6$

$n=10$

$b=0{,}5$

$$A_M = 2\pi \int_1^6 \ln y \cdot \sqrt{1+\frac{1}{y^2}}\,dy$$

$$\approx 2\pi \cdot \frac{b}{3}\,(y_0+4y_1+2y_2+\ldots+2y_{n-2}+4y_{n-1}+y_n)$$

$$\approx 2\pi \cdot \frac{0{,}5}{3}\,(0{,}000+1{,}948+1{,}550+3{,}948+2{,}316+5{,}212+2{,}858+6{,}160+3{,}284+$$
$$+6{,}928+1{,}817)$$

$$\approx 2\pi \cdot \frac{0{,}5}{3} \cdot 36{,}021$$

$$\mathrel{\widehat{=}} \underline{\underline{37{,}72\,E^2}}$$

12. $y=4^x$

$y_1=1;\quad y_2=5$

$y=4^x;\quad x=\frac{\ln y}{\ln 4}=f(y)$

Dieses Integral wird näherungsweise mit der Simpsonschen Regel berechnet.

$$A_M = 2\pi \int_{y_1}^{y_2} x \cdot \sqrt{1+\left(\frac{dx}{dy}\right)^2}\,dy$$

$$= 2\pi \int_1^5 \frac{\ln y}{\ln 4}\sqrt{1+\frac{1}{y^2\cdot \ln^2 4}}\,dy$$

$$= \frac{2\pi}{\ln 4}\int_1^5 \ln y \cdot \sqrt{1+\frac{1}{(y\cdot \ln 4)^2}}\,dy$$

Berechnungstabelle für $f(y)=\ln y \cdot \sqrt{1+\frac{1}{(y\cdot \ln 4)^2}}$:

y	$y\cdot \ln 4$	$(y\cdot \ln 4)^{-2}$	$1+(y\cdot \ln 4)^{-2}$	$\sqrt{1+(y\cdot \ln 4)^{-2}}$	$\ln y$	$f(y)$
1,0	1,386	0,521	1,521	1,233	0,000	0,000
1,4	1,941	0,265	1,265	1,125	0,337	0,379
1,8	2,495	0,161	1,161	1,078	0,588	0,634
2,2	3,050	0,107	1,107	1,052	0,789	0,830
2,6	3,604	0,077	1,077	1,038	0,956	0,992
3,0	4,159	0,058	1,058	1,029	1,099	1,130
3,4	4,713	0,045	1,045	1,022	1,224	1,251
3,8	5,268	0,036	1,036	1,018	1,335	1,359
4,2	5,822	0,030	1,030	1,015	1,435	1,457
4,6	6,377	0,025	1,025	1,012	1,526	1,544
5,0	6,932	0,021	1,021	1,010	1,609	1,625

$x_0=1;\quad x_n=5;\quad n=10;\quad b=0{,}4$

$$A_M = \frac{2\pi}{\ln 4} \int_1^5 \ln y \cdot \sqrt{1+(y \cdot \ln 4)^{-2}}\, dy$$

$$\approx \frac{2\pi}{\ln 4} \cdot \frac{0{,}4}{3} (y_0 + 4y_1 + 2y_2 + \ldots + 2y_{n-2} + 4y_{n-1} + y_n)$$

$$\approx \frac{2\pi}{\ln 4} \cdot \frac{0{,}4}{3} (0{,}000 + 1{,}516 + 1{,}268 + 3{,}320 + 1{,}984 + 4{,}520 + 2{,}502 + 5{,}436 + 2{,}914 + 6{,}176 + 1{,}625)$$

$$\approx \frac{2\pi}{\ln 4} \cdot \frac{0{,}4}{3} \cdot 31{,}261$$

$$\hat{=} \underline{\underline{18{,}89\, E^2}}$$

13. Ermitteln Sie eine Formel zur Berechnung der Oberfläche einer Kugelzone.

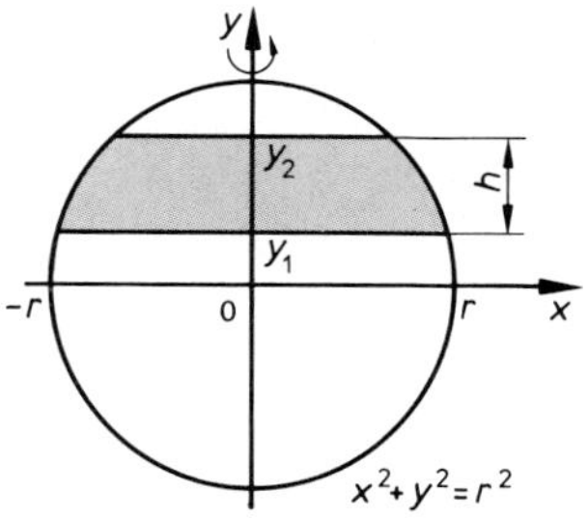

$$y_2 - y_1 = h$$

$$x^2 + y^2 = r^2 \Rightarrow x = \sqrt{r^2 - y^2}$$

$$\left(\frac{dx}{dy}\right)^2 = \left(\frac{-y}{\sqrt{r^2 - y^2}}\right)^2$$

$$A_M = 2\pi \int_{y_1}^{y_2} x \cdot \sqrt{1 + \left(\frac{dx}{dy}\right)^2}\, dy$$

$$= 2\pi \int_{y_1}^{y_2} \sqrt{r^2 - y^2} \sqrt{1 + \left(\frac{-y}{\sqrt{r^2 - y^2}}\right)^2}\, dy$$

$$= 2\pi \int_{y_1}^{y_2} \sqrt{r^2 - y^2} \sqrt{1 + \frac{y^2}{r^2 - y^2}}\, dy$$

$$= 2\pi \int_{y_1}^{y_2} \sqrt{r^2 - y^2 + y^2}\, dy$$

$$= 2\pi r \int_{y_1}^{y_2} dy$$

$$= 2\pi r [y]_{y_1}^{y_2}$$

$$= 2\pi r (y_2 - y_1)$$

$$= \underline{\underline{2\pi r h}}$$

14. Welche Rotationsfläche beschreibt die Neilsche Parabel $[f(x)]^2 = ax^3$ bei Rotation um die x-Achse in den Grenzen $x_1 = 0$ und $x_2 = 5$?

$$A_M = 2\pi \int_{x_1}^{x_2} y \sqrt{1 + [f'(x)]^2}\, dx$$

$$= \sqrt{a}\, 2\pi \int_0^5 x\sqrt{x} \sqrt{1 + \left(\sqrt{a} \cdot \frac{3}{2} x^{\frac{1}{2}}\right)^2}\, dx$$

3.7

$$[f(x)]^2 = ax^3 \Rightarrow f(x) = \sqrt{a}\, x^{\frac{3}{2}}$$

$$= \sqrt{a} \cdot x\sqrt{x}$$

$$f'(x) = \sqrt{a} \cdot \frac{3}{2}\, x^{\frac{1}{2}}$$

$$A_M = 2\pi\sqrt{a} \int_0^5 x\sqrt{x} \sqrt{1 + \frac{9}{4}ax}\, dx$$

$$= 3\pi a \int_0^5 x\sqrt{x} \sqrt{\frac{4}{9a} + x}\, dx$$

$$= 3\pi a \int_0^5 x \sqrt{x^2 + \frac{4}{9a}x}\, dx$$

$$A_M = 3\pi a \int_0^5 x \sqrt{x^2 + \frac{4}{9a}x + \frac{4}{81a^2} - \frac{4}{81a^2}}\, dx$$

$$= 3\pi a \int_0^5 x \sqrt{\left(x + \frac{2}{9a}\right)^2 - \frac{4}{81a^2}}\, dx$$

Das zugehörige unbestimmte Integral wird durch Substitution gelöst.

$$z = x + \frac{2}{9a}; \quad dx = dz$$

$$x = z - \frac{2}{9a}$$

$$\int x \sqrt{\left(x + \frac{2}{9a}\right)^2 - \frac{4}{81a^2}}\, dx =$$

$$= \int \left(z - \frac{2}{9a}\right) \sqrt{z^2 - \frac{4}{81a^2}}\, dz$$

$$= \int z \sqrt{z^2 - \frac{4}{81a^2}}\, dz - \frac{2}{9a} \int \sqrt{z^2 - \frac{4}{81a^2}}\, dz$$

$$= \qquad F_1 \qquad - \qquad F_2$$

Zur Lösung des Integrals F_1 wird eine weitere Substitution benutzt.

$$t = z^2 - \frac{4}{81a^2}; \quad dz = \frac{dt}{2z}$$

$$F_1 = \frac{1}{2} \int \sqrt{t}\, dt$$

$$= \frac{1}{2} \int t^{\frac{1}{2}}\, dt$$

$$= \frac{1}{2} \cdot \frac{t^{\frac{3}{2}}}{\frac{3}{2}} + c_1$$

$$= \frac{1}{3}\, t\sqrt{t} + c_1$$

$$= \underline{\frac{1}{3}\left(z^2 - \frac{4}{81a^2}\right) \sqrt{z^2 - \frac{4}{81a^2}} + c_1}$$

$\int \sqrt{x^2-a^2}\,dx$ ▶ Kap. 2.4, Band 4

$$F_2=\frac{2}{9a}\left(\frac{z}{2}\sqrt{z^2-\frac{4}{81a^2}}-\right.$$

$$\left.-\frac{2}{81a^2}\cdot\ln\left|z+\sqrt{z^2-\frac{4}{81a^2}}\right|\right)+c_2$$

$$=\frac{1}{9a}\left(z\sqrt{z^2-\frac{4}{81a^2}}-\right.$$

$$\left.-\frac{4}{81a^2}\cdot\ln\left|z+\sqrt{z^2-\frac{4}{81a^2}}\right|\right)+c_2$$

Damit läßt sich das unbestimmte Integral angeben. ($c=c_1-c_2$)

$$\int x\sqrt{\left(x+\frac{2}{9a}\right)^2-\frac{4}{81a^2}}\,dx=$$

$$=\frac{1}{3}\left(z^2-\frac{4}{81a^2}\right)\sqrt{z^2-\frac{4}{81a^2}}-\frac{1}{9a}\left(z\sqrt{z^2-\frac{4}{81a^2}}-\frac{4}{81a^2}\cdot\ln\left|z+\sqrt{z^2-\frac{4}{81a^2}}\right|\right)+c$$

$$=\frac{1}{3}\left(x^2+\frac{4}{9a}x\right)\sqrt{x^2+\frac{4}{9a}x}-\frac{x+\frac{2}{9a}}{9a}\sqrt{x^2+\frac{4}{9a}x}+$$

$$+\frac{4}{729a^3}\cdot\ln\left|x+\frac{2}{9a}+\sqrt{x^2+\frac{4}{9a}x}\right|+c$$

$$A_M=3\pi a\left[\frac{1}{3}\left(x^2+\frac{4}{9a}x\right)\sqrt{x^2+\frac{4}{9a}x}-\frac{x+\frac{2}{9a}}{9a}\sqrt{x^2+\frac{4}{9a}x}+\right.$$

$$\left.+\frac{4}{729a^3}\cdot\ln\left|x+\frac{2}{9a}+\sqrt{x^2+\frac{4}{9a}x}\right|\right]_0^5$$

$$=3\pi a\left[\frac{1}{3}\left(25+\frac{20}{9a}\right)\sqrt{25+\frac{20}{9a}}-\frac{5+\frac{2}{9a}}{9a}\sqrt{25+\frac{20}{9a}}+\right.$$

$$\left.+\frac{4}{729a^3}\cdot\ln\left|5+\frac{2}{9a}+\sqrt{25+\frac{20}{9a}}\right|-\frac{4}{729a^3}\cdot\ln\left|\frac{2}{9a}\right|\right]$$

$$\mathrel{\hat=}\pi\left[\frac{1}{27\sqrt{a}}(225a+20)^{\frac{3}{2}}-\frac{45a+2}{81a\sqrt{a}}\sqrt{225a+20}+\right.$$

$$\left.+\frac{4}{243a^2}\cdot\ln\frac{1}{2}|45a+2+\sqrt{9a(225a+20)}|\right]\cdot E^2$$

15. $y=\ln|x+1|;\quad y'=\dfrac{1}{x+1}$

a) $x_1=0;\quad x_2=4$

b) $y_1=0;\quad y_2=1$

Dieses Integral wird näherungsweise mit der Simpsonschen Regel berechnet.

a) x-Achse = Rotationsachse

$$A_M=2\pi\int_{x_1}^{x_2} y\sqrt{1+(y')^2}\,dx$$

$$=2\pi\int_0^4 \ln(x+1)\cdot\sqrt{1+\frac{1}{(x+1)^2}}\,dx$$

Berechnungstabelle für $f(x)=\ln|x+1|\cdot\sqrt{1+\dfrac{1}{(x+1)^2}}$:

x	$x+1$	$(x+1)^{-2}$	$1+(x+1)^{-2}$	$\sqrt{1+(x+1)^{-2}}$	$\ln\lvert x+1\rvert$	$f(x)$
0	1	1,000	2,000	1,414	0,000	0,000
0,5	1,5	0,444	1,444	1,202	0,406	0,488
1	2	0,250	1,250	1,118	0,693	0,775
1,5	2,5	0,160	1,160	1,077	0,916	0,987
2	3	0,111	1,111	1,054	1,099	1,158
2,5	3,5	0,082	1,082	1,040	1,253	1,303
3	4	0,063	1,063	1,031	1,386	1,429
3,5	4,5	0,049	1,049	1,024	1,504	1,540
4	5	0,040	1,040	1,020	1,609	1,641

$x_0=0;\quad x_n=4;\quad n=8;\quad b=0{,}5$

$$A_M=2\pi\int_0^4 \ln|x+1|\cdot\sqrt{1+(x+1)^{-2}}\,dx$$

$$A_M\approx 2\pi\cdot\frac{0{,}5}{3}\,(0{,}000+1{,}952+1{,}550+3{,}948+2{,}316+5{,}212+2{,}858+6{,}160+1{,}641)$$

$$\approx 2\pi\cdot\frac{0{,}5}{3}\cdot 25{,}637$$

$$\triangleq \underline{\underline{26{,}85\,E^2}}$$

$y=\ln|x+1|;\quad x=e^y-1$

$$\frac{dx}{dy}=e^y\Rightarrow\left(\frac{dx}{dy}\right)^2=e^{2y}$$

b) y-Achse = Rotationsachse

$$A_M=2\pi\int_{y_1}^{y_2} x\cdot\sqrt{1+\left(\frac{dx}{dy}\right)^2}\,dy$$

Das zugehörige unbestimmte Integral wird durch Substitution gelöst.

$$A_M = 2\pi \int_0^1 (e^y - 1)\sqrt{1 + e^{2y}}\, dy$$

$$z = e^y \Rightarrow \frac{dx}{dy} = e^y$$

$$dy = \frac{dz}{e^y} = \frac{dz}{z}$$

$$F = \int (e^y - 1)\sqrt{1 + e^{2y}}\, dy$$

$$= \int (z - 1)\sqrt{1 + z^2} \cdot \frac{dz}{z}$$

$$= \int \sqrt{1 + z^2}\, dz - \int \frac{\sqrt{1 + z^2}}{z}\, dz$$

$$= F_1 \quad - \quad F_2$$

$\int \sqrt{a^2 + x^2}\, dx$ ▶ Kap. 2.4, Band 4

$$F_1 = \frac{z}{2}\sqrt{1 + z^2} + \frac{1}{2} \ln |z + \sqrt{1 + z^2}| + c_1$$

$$= \frac{1}{2} (z\sqrt{1 + z^2} + \ln |z + \sqrt{1 + z^2}|) + c_1$$

Substitution:

$1 + z^2 = t^2; \quad dz = \frac{t \cdot dt}{z}$

$z^2 = t^2 - 1$

Für $\frac{1}{t^2 - 1} = \frac{1}{(t+1)(t-1)}$ kann eine Partialbruchzerlegung durchgeführt werden mit dem Ergebnis:

$$\frac{1}{t^2 - 1} = \frac{-\frac{1}{2}}{t+1} + \frac{\frac{1}{2}}{t-1}$$

Nun läßt sich das unbestimmte Integral angeben. $(c = c_1 - c_2)$

$$F_2 = \int \frac{\sqrt{1 + z^2}}{z}\, dz$$

$$= \int \frac{\sqrt{t^2}}{z} \cdot \frac{t\, dt}{z}$$

$$= \int \frac{t^2}{t^2 - 1}\, dt$$

$$= \int \left(1 + \frac{1}{t^2 - 1}\right) dt$$

$$= \int \left(1 + \frac{-\frac{1}{2}}{t+1} + \frac{\frac{1}{2}}{t-1}\right) dt$$

$$= t - \frac{1}{2} \ln |t+1| + \frac{1}{2} \ln |t-1| + c_2$$

$$= t + \frac{1}{2} \ln \left|\frac{t-1}{t+1}\right| + c_2$$

$$= \sqrt{1 + z^2} + \frac{1}{2} \ln \left|\frac{\sqrt{1 + z^2} - 1}{\sqrt{1 + z^2} + 1}\right| + c_2$$

$$F=\frac{1}{2}\left(z\sqrt{1+z^2}+\ln|z+\sqrt{1+z^2}|\right)-\sqrt{1+z^2}-\frac{1}{2}\ln\left|\frac{\sqrt{1+z^2}-1}{\sqrt{1+z^2}+1}\right|+c$$

$$=\frac{1}{2}\left(e^y\sqrt{1+e^{2y}}+\ln|e^y+\sqrt{1+e^{2y}}|\right)-\sqrt{1+e^{2y}}-\frac{1}{2}\ln\left|\frac{\sqrt{1+e^{2y}}-1}{\sqrt{1+e^{2y}}+1}\right|+c$$

$$A_M=2\pi\cdot[F]_0^1$$

$$=2\pi\left[\frac{1}{2}\left(e\sqrt{1+e^2}+\ln|e+\sqrt{1+e^2}|\right)-\sqrt{1+e^2}-\frac{1}{2}\ln\left|\frac{\sqrt{1+e^2}-1}{\sqrt{1+e^2}+1}\right|-\right.$$

$$\left.-\frac{1}{2}\left(\sqrt{2}+\ln|1+\sqrt{2}|+\sqrt{2}+\frac{1}{2}\ln\left|\frac{\sqrt{2}-1}{\sqrt{2}+1}\right|\right]\right.$$

$$=2\pi\left[\sqrt{1+e^2}\left(\frac{e}{2}-1\right)+\ln(e+\sqrt{1+e^2})-\frac{1}{2}\ln\frac{\sqrt{1+e^2}-1}{\sqrt{1+e^2}+1}+\right.$$

$$\left.+\frac{1}{2}\sqrt{2}-\ln(1+\sqrt{2})+\frac{1}{2}\ln(\sqrt{2}-1)\right]$$

$$\approx 2\pi\left[2{,}896\cdot 0{,}3591+\ln 5{,}614-\frac{1}{2}\ln 0{,}4867+0{,}7071-\ln 2{,}414+\frac{1}{2}\ln 0{,}4142\right]$$

$$\approx 2\pi\,[1{,}040+1{,}725+0{,}3601+0{,}7071-0{,}8813-0{,}4407]$$

$$\approx 2\pi\,[1{,}040+1{,}725+0{,}360+0{,}707-0{,}881-0{,}441]$$

$$\mathrel{\hat=}\underline{\underline{15{,}77\,E^2}}$$

16. $y=\sinh x$

a) $x_1=1;\quad x_2=3$

b) $y_1=0;\quad y_2=4$

Das zugehörige unbestimmte Integral löst man durch Substitution.

$z=\cosh x;\quad dx=\dfrac{dz}{\sinh x}$

$\int\sqrt{a^2+x^2}\,dx$ ► Kap. 2.4, Band 4

a) x-Achse = Rotationsachse

$$A_M=2\pi\int_{x_1}^{x_2} y\sqrt{1+(y')^2}\,dx$$

$$=2\pi\int_1^3 \sinh x\cdot\sqrt{1+\cosh^2 x}\,dx$$

$$F=\int \sinh x\cdot\sqrt{1+\cosh^2 x}\,dx$$

$$=\int\sqrt{1+z^2}\,dz$$

$$F=\frac{z}{2}\sqrt{1+z^2}+\frac{1}{2}\ln|z+\sqrt{1+z^2}|+c$$

$$=\underline{\frac{1}{2}(\cosh x\cdot\sqrt{1+\cosh^2 x}+}$$

$$\underline{+\ln|\cosh x+\sqrt{1+\cosh^2 x}|)+c}$$

$$A_M=\pi[\cosh x\cdot\sqrt{1+\cosh^2 x}+$$

$$+\ln(\cosh x+\sqrt{1+\cosh^2 x})]_1^3$$

$$=\pi[\cosh 3\cdot\sqrt{1+\cosh^2 3}+\ln(\cosh 3+\sqrt{1+\cosh^2 3})-$$

$$-\cosh 1\cdot\sqrt{1+\cosh^2 1}-\ln(\cosh 1+\sqrt{1+\cosh^2 1})]$$

$$\approx\pi[10{,}07\cdot\sqrt{102{,}4}+\ln(10{,}07+\sqrt{102{,}4})-$$

$$-1{,}543\cdot\sqrt{3{,}381}-\ln(1{,}543+\sqrt{3{,}381})]$$

$$\approx\pi\left[10{,}07\cdot 10{,}12+\ln\frac{10{,}07+10{,}12}{1{,}543+1{,}839}-1{,}543\cdot 1{,}839\right]$$

$$\approx\pi[101{,}9+\ln 5{,}970-2{,}838]$$

$$\approx\pi[101{,}9+1{,}787-2{,}838]$$

$$\approx\pi[101{,}9+1{,}8-2{,}8]$$

$$\triangleq\underline{\underline{317{,}0\,E^2}}$$

b) y-Achse = Rotationsachse

$$A_M=2\pi\int_{y_1}^{y_2} x\cdot\sqrt{1+\left(\frac{dx}{dy}\right)^2}\,dy$$

$y=\sinh x \Rightarrow x=\operatorname{Arsinh} y$

$\frac{dx}{dy}=\frac{1}{\sqrt{y^2+1}}$

$$=2\pi\int_0^4 \operatorname{Arsinh} y\cdot\sqrt{1+\frac{1}{y^2+1}}\,dy$$

$\operatorname{Arsinh} y=\ln(y+\sqrt{y^2+1})$

$$=2\pi\int_0^4 \ln(y+\sqrt{y^2+1})\cdot\frac{\sqrt{y^2+2}}{\sqrt{y^2+1}}\,dy$$

Dieses Integral wird näherungsweise mit der Simpsonschen Regel berechnet.

Berechnungstabelle für $f(y)=\ln(y+\sqrt{y^2+1})\cdot(y^2+2)^{\frac{1}{2}}\cdot(y^2+1)^{-\frac{1}{2}}$:

y	y^2	y^2+1	y^2+2	$\sqrt{y^2+1}$	$\sqrt{y^2+2}$	$y+\sqrt{y^2+1}$	Arsinh y	$f(y)$
0	0,000	1,000	2,000	1,000	1,414	1,000	0,0000	0,000
0,5	0,250	1,250	2,250	1,118	1,500	1,618	0,4812	0,646
1	1,000	2,000	3,000	1,414	1,732	2,414	0,8813	1,079
1,5	2,250	3,250	4,250	1,803	2,062	3,303	1,195	1,367
2	4,000	5,000	6,000	2,236	2,449	4,236	1,444	1,582
2,5	6,250	7,250	8,250	2,693	2,872	5,193	1,647	1,756
3	9,000	10,00	11,00	3,162	3,317	6,162	1,818	1,907
3,5	12,25	13,25	14,25	3,640	3,775	7,140	1,966	2,039
4	16,00	17,00	18,00	4,123	4,243	8,123	2,095	2,156

$x_0=0;\quad x_n=4;\quad n=8;\quad b=0{,}5$

$$A_M=2\pi\int_0^4 \operatorname{Arsinh} y\,\sqrt{1+\frac{1}{y^2+1}}\,dy$$

$$\approx 2\pi\cdot\frac{b}{3}(y_0+4y_1+2y_2+\ldots+2y_{n-2}+4y_{n-1}+y_n)$$

$$\approx 2\pi\cdot\frac{0{,}5}{3}(0{,}000+2{,}584+2{,}158+5{,}468+3{,}164+7{,}024+3{,}814+8{,}156+2{,}156)$$

$$\approx\frac{\pi}{3}\cdot 34{,}524$$

$$\mathrel{\widehat{=}}\underline{\underline{36{,}15\,E^2}}$$

17. $y=\cosh x \Rightarrow y'=\sinh x$

a) $x_1=0;\quad x_2=2$

b) $y_1=1;\quad y_2=6$

Das zugehörige unbestimmte Integral wird durch Substitution gelöst.

$z=\sinh x;\quad dz=\cosh x\cdot dx$

$\int\sqrt{a^2+x^2}\,dx$ ► Kap. 2.4, Band 4

a) x-Achse = Rotationsachse

$$A_M=2\pi\int_{x_1}^{x_2} y\sqrt{1+(y')^2}\,dx$$

$$=2\pi\int_0^2\cosh x\cdot\sqrt{1+\sinh^2 x}\,dx$$

$$F=\int\cosh x\cdot\sqrt{1+\sinh^2 x}\,dx$$

$$=\int\sqrt{1+z^2}\,dz$$

$$F=\frac{z}{2}\sqrt{1+z^2}+\frac{1}{2}\ln|z+\sqrt{1+z^2}|+c$$

$$=\frac{1}{2}\underline{(\sinh x\cdot\sqrt{1+\sinh^2 x}+}$$

$$\underline{+\ln|\sinh x+\sqrt{1+\sinh^2 x}|)+c}$$

$\sinh 0=0$

$$A_M=2\pi\,[F]_0^2$$

$$=\underline{\underline{\pi\,[\sinh 2\cdot\sqrt{1+\sinh^2 2}+}}$$

$$\underline{\underline{+\ln|\sinh 2+\sqrt{1+\sinh^2 2}|]}}$$

$$\approx\pi\,[3{,}627\cdot\sqrt{14{,}15}+\ln(3{,}627+\sqrt{14{,}15})]$$

$$\approx\pi\,[3{,}627\cdot 3{,}761+\ln 7{,}388]$$

$$\mathrel{\hat{=}}\underline{\underline{49{,}14\,E^2}}$$

b) y-Achse = Rotationsachse

$y=\cosh x;\quad x=\operatorname{Arcosh} y$

$$\frac{dx}{dy}=\frac{1}{\sqrt{y^2-1}}$$

$$A_M=2\pi\int_{y_1}^{y_2} x\cdot\sqrt{1+\left(\frac{dx}{dy}\right)^2}\,dy$$

$$=2\pi\int_1^6 \operatorname{Arcosh} y\cdot\sqrt{1+\frac{1}{y^2-1}}\,dy$$

$$=2\pi\int_1^6 \operatorname{Arcosh} y\cdot\frac{y}{\sqrt{y^2-1}}\,dy$$

Das zugehörige unbestimmte Integral wird durch partielle Integration gelöst.

$u=\operatorname{Arcosh} y;\quad du=\dfrac{dy}{\sqrt{y^2-1}}$

$dv=\dfrac{y}{\sqrt{y^2-1}}\,dy;\quad v=\displaystyle\int\frac{y\cdot dy}{\sqrt{y^2-1}}=\sqrt{y^2-1}$

$$F=\int \operatorname{Arcosh} y\cdot\frac{y}{\sqrt{y^2-1}}\,dy$$

$$=\operatorname{Arcosh} y\cdot\sqrt{y^2-1}-\int\sqrt{y^2-1}\cdot\frac{dy}{\sqrt{y^2-1}}$$

$$=\sqrt{y^2-1}\cdot\operatorname{Arcosh} y-\int dy$$

$$=\underline{\sqrt{y^2-1}\cdot\operatorname{Arcosh} y-y+c}$$

$$A_M = 2\pi \cdot [F]_1^6$$

$$= 2\pi [\sqrt{35} \cdot \text{Arcosh } 6 - 6 + 1]$$

$$= 2\pi (\sqrt{35} \cdot \text{Arcosh } 6 - 5)$$

$$\approx 2\pi (5{,}916 \cdot 2{,}478 - 5)$$

$$\mathrel{\widehat{=}} 60{,}70\, E^2$$

18. $y = \text{Arsinh } x \Rightarrow y' = \dfrac{1}{\sqrt{x^2+1}}$

a) $x_1 = 0; \quad x_2 = 5$

b) $y_1 = 1; \quad y_2 = 3$

$\text{Arsinh } x = \ln (x + \sqrt{x^2+1})$

Dieses Integral wird näherungsweise mit der Simpsonschen Regel berechnet.

a) x-Achse = Rotationsachse

$$A_M = 2\pi \int_{x_1}^{x_2} y \cdot \sqrt{1 + (y')^2}\, dy$$

$$= 2\pi \int_0^5 \text{Arsinh } x \cdot \sqrt{1 + \frac{1}{x^2+1}}\, dx$$

$$= 2\pi \int_0^5 \ln (x + \sqrt{x^2+1}) \cdot \frac{\sqrt{x^2+2}}{\sqrt{x^2+1}}\, dx$$

Berechnungstabelle für $f(x) = \ln (x + \sqrt{x^2+1}) \cdot (x^2+2)^{\frac{1}{2}} \cdot (x^2+1)^{-\frac{1}{2}}$:

x	x^2	x^2+1	x^2+2	$\sqrt{x^2+1}$	$\sqrt{x^2+2}$	$x+\sqrt{x^2+1}$	Arsinh x	$f(x)$
0	0,000	1,000	2,000	1,000	1,414	1,000	0,0000	0,000
0,5	0,250	1,250	2,250	1,118	1,500	1,618	0,4812	0,646
1	1,000	2,000	3,000	1,414	1,732	2,414	0,8813	1,079
1,5	2,250	3,250	4,250	1,803	2,062	3,303	1,195	1,367
2	4,000	5,000	6,000	2,236	2,449	4,236	1,444	1,582
2,5	6,250	7,250	8,250	2,693	2,872	5,193	1,647	1,756
3	9,000	10,00	11,00	3,162	3,317	6,162	1,818	1,907
3,5	12,25	13,25	14,25	3,640	3,775	7,140	1,966	2,039
4	16,00	17,00	18,00	4,123	4,243	8,123	2,095	2,156
4,5	20,25	21,25	22,25	4,610	4,717	9,110	2,209	2,260
5	25,00	26,00	27,00	5,099	5,196	10,099	2,313	2,357

$x_0 = 0; \quad x_n = 5; \quad n = 10; \quad b = 0{,}5$

$$A_M = 2\pi \int_0^5 \text{Arsinh } x \cdot \sqrt{1 + \frac{1}{x^2+1}}\, dx$$

$$\approx 2\pi \cdot \frac{b}{3} (y_0 + 4y_1 + 2y_2 + \ldots + 2y_{n-2} + 4y_{n-1} + y_n)$$

$$A_M \approx \frac{\pi}{3}(0{,}000+2{,}584+2{,}158+5{,}468+3{,}164+7{,}024+3{,}814+8{,}156+4{,}312+9{,}040+2{,}357)$$

$$\approx \frac{\pi}{3}\cdot 48{,}077$$

$$\mathrel{\hat=} \underline{\underline{50{,}35\,E^2}}$$

$y = \text{Arsinh}\ x \Rightarrow x = \sinh y$

$\frac{dx}{dy} = \cosh y$

Das zugehörige unbestimmte Integral wird durch Substitution gelöst.

$z = \cosh y; \quad dz = \sinh y \cdot dy$

$\int \sqrt{a^2+x^2}\,dx$ ▶ Kap. 2.4, Band 4

b) y-Achse = Rotationsachse

$$A_M = 2\pi \int_{y_1}^{y_2} x\sqrt{1+\left(\frac{dx}{dy}\right)^2}\,dy$$

$$= 2\pi \int_1^3 \sinh y \cdot \sqrt{1+\cosh^2 y}\,dy$$

$$F = \int \sinh y \cdot \sqrt{1+\cosh^2 y}\,dy$$

$$= \int \sqrt{1+z^2}\,dz$$

$$= \frac{z}{2}\sqrt{1+z^2} + \frac{1}{2}\ln|z+\sqrt{1+z^2}| + c$$

$$= \underline{\frac{1}{2}(\cosh y \cdot \sqrt{1+\cosh^2 y} +}$$

$$\underline{+\ln|\cosh y + \sqrt{1+\cosh^2 y}|) + c}$$

Die Ausrechnung dieses bestimmten Integrals entnimmt man der vorangegangenen Aufgabe 16a.

$$A_M = \pi\left[\cosh y \cdot \sqrt{1+\cosh^2 y} + \right.$$

$$\left. + \ln|\cosh y + \sqrt{1+\cosh^2 y}|\right]_1^3$$

$$\mathrel{\hat=} \underline{\underline{317{,}0\,E^2}}$$

19. $y = \tan x \Rightarrow y' = \frac{1}{\cos^2 x}$

a) $x_1 = 0; \quad x_2 = \frac{\pi}{4}$

b) $y_1 = 0; \quad y_2 = 4$

Das zugehörige unbestimmte Integral wird durch Substitution gelöst.

a) x-Achse = Rotationsachse

$$A_M = 2\pi \int_{x_1}^{x_2} y\sqrt{1+(y')^2}\,dx$$

$$= 2\pi \int_0^{\frac{\pi}{4}} \tan x \cdot \sqrt{1+\frac{1}{\cos^4 x}}\,dx$$

3.7

$$z^2=1+\frac{1}{\cos^4 x}; \quad dx=\frac{z\cdot\cos^5 x}{2\cdot\sin x}\,dz$$

$$\cos^4 x=\frac{1}{z^2-1}$$

Eine Partialbruchzerlegung von

$$\frac{1}{z^2-1}$$

ergibt:

$$\frac{1}{z^2-1}=\frac{-\frac{1}{2}}{z+1}+\frac{\frac{1}{2}}{z-1}$$

Zur Rücktransformation formt man z noch mittels der goniometrischen Beziehung $1+\tan^2 x=\frac{1}{\cos^2 x}$ um.

$$z^2=1+\frac{1}{\cos^4 x}$$

$$z=\sqrt{2+2\tan^2 x+\tan^4 x}$$

$$\tan\frac{\pi}{4}=1; \quad \tan 0=0$$

$$F=\int \tan x\sqrt{1+\frac{1}{\cos^4 x}}\,dx$$

$$=\int \frac{\sin x}{\cos x}\sqrt{z^2}\cdot\frac{z\cdot\cos^5 x}{2\cdot\sin x}\,dz$$

$$=\frac{1}{2}\int z^2\cdot\cos^4 x\,dz$$

$$=\frac{1}{2}\int\frac{z^2}{z^2-1}\,dz$$

$$=\frac{1}{2}\int\left(1+\frac{1}{z^2-1}\right)dz$$

$$=\frac{1}{2}\int\left(1+\frac{A}{z+1}+\frac{B}{z-1}\right)dz$$

$$=\frac{1}{2}\int\left(1+\frac{-\frac{1}{2}}{z+1}+\frac{\frac{1}{2}}{z-1}\right)dz$$

$$=\frac{z}{2}-\frac{1}{4}\ln|z+1|+\frac{1}{4}\ln|z-1|+c$$

$$=\frac{z}{2}+\frac{1}{4}\ln\left|\frac{z-1}{z+1}\right|+c$$

$$=\underline{\frac{1}{2}\sqrt{2+2\tan^2 x+\tan^4 x}+}$$

$$\underline{+\frac{1}{4}\ln\left|\frac{\sqrt{2+2\tan^2 x+\tan^4 x}-1}{\sqrt{2+2\tan^2 x+\tan^4 x}+1}\right|+c}$$

$$A_M=2\pi\,[F]_0^{\frac{\pi}{4}}$$

$$=\pi\left[\sqrt{2+2+1}+\frac{1}{2}\ln\left|\frac{\sqrt{2+2+1}-1}{\sqrt{2+2+1}+1}\right|-\right.$$

$$\left.-\sqrt{2}-\frac{1}{2}\ln\left|\frac{\sqrt{2}-1}{\sqrt{2}+1}\right|\right]$$

$$A_M=\pi\left[\sqrt{5}-\sqrt{2}+\frac{1}{2}\ln\frac{\sqrt{5}-1}{\sqrt{5}+1}-\frac{1}{2}\ln\frac{\sqrt{2}-1}{\sqrt{2}+1}\right]$$

$$=\pi\left[\sqrt{5}-\sqrt{2}+\frac{1}{2}\ln 0{,}3820-\frac{1}{2}\ln 0{,}1716\right]$$

$y = \tan x \Rightarrow x = \text{Arctan } y$

$$\frac{dx}{dy} = \frac{1}{1+y^2}$$

Dieses Integral wird näherungsweise mit der Simpsonschen Regel berechnet.

$$A_M \approx \pi\,[2{,}2361 - 1{,}4142 - 0{,}4812 + 0{,}8814]$$

$$\mathrel{\widehat{=}} \underline{\underline{3{,}839\,E^2}}$$

b) y-Achse = Rotationsachse

$$A_M = 2\pi \int_{y_1}^{y_2} x \sqrt{1 + \left(\frac{dx}{dy}\right)^2}\, dy$$

$$= 2\pi \int_0^4 \text{Arctan } y \cdot \sqrt{1 + \frac{1}{(1+y^2)^2}}\, dy$$

Berechnungstabelle für $f(y) = \text{Arctan } y \cdot \sqrt{1+(1+y^2)^{-2}}$:

y	y^2	$1+y^2$	$(1+y^2)^{-2}$	$1+(1+y^2)^{-2}$	$\sqrt{1+(1+y^2)^{-2}}$	Arctan y	$f(y)$
0	0,000	1,000	1,000	2,000	1,414	0,000	0,000
0,5	0,250	1,250	0,640	1,640	1,281	0,464	0,594
1	1,000	2,000	0,250	1,250	1,118	0,785	0,878
1,5	2,250	3,250	0,095	1,095	1,046	0,983	1,028
2	4,000	5,000	0,040	1,040	1,020	1,107	1,129
2,5	6,250	7,250	0,019	1,019	1,009	1,190	1,201
3	9,000	10,00	0,010	1,010	1,005	1,249	1,255
3,5	12,25	13,25	0,006	1,006	1,003	1,292	1,296
4	16,00	17,00	0,003	1,003	1,001	1,326	1,327

$x_0 = 0;\quad x_n = 4;\quad n = 8;\quad b = 0{,}5$

$$A_M = \int_0^4 \text{Arctan } y \cdot \sqrt{1+(1+y^2)^{-2}}\, dy$$

$$\approx 2\pi \cdot \frac{b}{3}\,(y_0 + 4y_1 + 2y_2 + \ldots + 2y_{n-2} + 4y_{n-1} + y_n)$$

$$\approx 2\pi \cdot \frac{0{,}5}{3}\,(0{,}000 + 2{,}376 + 1{,}756 + 4{,}112 + 2{,}258 + 4{,}804 + 2{,}510 + 5{,}184 + 1{,}327)$$

$$\approx \frac{\pi}{3} \cdot 24{,}327$$

$$\mathrel{\widehat{=}} \underline{\underline{25{,}48\,E^2}}$$

3.7

20. $y = \text{Arcsin } x \Rightarrow y' = \frac{1}{\sqrt{1-x^2}}$

a) $x_1 = 0;\quad x_2 = 0{,}5$

b) $y_1 = 0;\quad y_2 = \pi$

Dieses Integral wird näherungsweise mit der Simpsonschen Regel berechnet.

a) x-Achse = Rotationsachse

$$A_M = 2\pi \int_{x_1}^{x_2} y\sqrt{1+(y')^2}\,\mathrm{d}x$$

$$= 2\pi \int_0^{0,5} \text{Arcsin } x \cdot \sqrt{1+\frac{1}{1-x^2}}\,\mathrm{d}x$$

Berechnungstabelle für $f(x) = \text{Arcsin } x \cdot \sqrt{1+\frac{1}{1-x^2}}$:

x	x^2	$1-x^2$	$\frac{1}{1-x^2}$	$1+\frac{1}{1-x^2}$	$\sqrt{1+\frac{1}{1-x^2}}$	Arcsin x	$f(x)$
0,000	0,0000	1,0000	1,000	2,000	1,414	0,0000	0,0000
0,125	0,0156	0,9844	1,016	2,016	1,420	0,1253	0,1779
0,250	0,0625	0,9375	1,067	2,067	1,438	0,2527	0,3634
0,375	0,1406	0,8594	1,164	2,164	1,471	0,3844	0,5655
0,500	0,2500	0,7500	1,333	2,333	1,527	0,5236	0,7995

$x_0 = 0;\quad x_n = 0{,}5;\quad n = 4;\quad b = 0{,}125$

$$A_M = 2\pi \int_0^{0,5} \text{Arcsin } x \cdot \sqrt{1+\frac{1}{1-x^2}}\,\mathrm{d}x$$

$$\approx 2\pi \cdot \frac{b}{3}(y_0 + 4y_1 + 2y_2 + 4y_3 + y_4)$$

$$\approx 2\pi \cdot \frac{0{,}125}{3}(0{,}0000 + 0{,}7116 + 0{,}7268 + 2{,}2620 + 0{,}7995)$$

$$\approx 2\pi \cdot \frac{0{,}125}{3} \cdot 4{,}4999$$

$$\underline{\underline{\mathrel{\widehat{=}} 1{,}178\,E^2}}$$

b) y-Achse = Rotationsachse

$$A_M = 2\pi \int_{y_1}^{y_2} x \cdot \sqrt{1+\left(\frac{\mathrm{d}x}{\mathrm{d}y}\right)^2}\,\mathrm{d}y$$

$y = \text{Arcsin } x \Rightarrow x = \sin y$

$\frac{\mathrm{d}x}{\mathrm{d}y} = \cos y$

Das zugehörige unbestimmte Integral wird durch Substitution gelöst.

$z = \cos y; \quad dz = -\sin y \cdot dy$

$\int \sqrt{a^2 + x^2}\, dx$ ▶ Kap. 2.4, Band 4

$$A_M = 2\pi \int_0^{\pi} \sin y \cdot \sqrt{1 + \cos^2 y}\, dy$$

$$F = \int \sin y \cdot \sqrt{1 + \cos^2 y}\, dy$$

$$= -\int \sqrt{1 + z^2}\, dz$$

$$= -\frac{1}{2}\left(z\sqrt{1+z^2} + \ln|z + \sqrt{1+z^2}|\right) + c$$

$$\underline{= -\frac{1}{2}\left(\cos y \cdot \sqrt{1+\cos^2 y} + \ln|\cos y + \sqrt{1+\cos^2 y}|\right) + c}$$

$$A_M = 2\pi\,[F]_0^{\pi}$$

$$= -\pi(-1 \cdot \sqrt{2} + \ln|-1+\sqrt{2}| - 1\sqrt{2}$$

$$-\ln|1+\sqrt{2}|)$$

$$\underline{\underline{= \pi\left(2\sqrt{2} + \ln\left|\frac{1+\sqrt{2}}{\sqrt{2}-1}\right|\right)}}$$

$$A_M \approx \pi\left(2 \cdot 1{,}414 + \ln\frac{2{,}414}{0{,}4142}\right)$$

$$\approx \pi\,(2{,}828 + \ln 5{,}828)$$

$$\hat{=}\ \underline{\underline{14{,}42\,E^2}}$$

3.8 Schwerpunkte und Drehmomente

● Linienschwerpunkte

1. $f(x)=3x-4$

$x_1=3; \quad x_2=7$

$$y_s=\frac{\int\limits_{x_1}^{x_2} f(x)\sqrt{1+[f'(x)]^2}\,dx}{\int\limits_{x_1}^{x_2}\sqrt{1+[f'(x)]^2}\,dx}$$

$$=\frac{\int\limits_3^7 (3x-4)\sqrt{1+9}\,dx}{\int\limits_3^7\sqrt{1+9}\,dx}$$

$$y_s=\frac{\int\limits_3^7 (3x-4)\,dx}{\int\limits_3^7 dx}$$

$$=\frac{\left[\frac{3}{2}x^2-4x\right]_3^7}{[x]_3^7}$$

$$=\frac{\frac{3}{2}\cdot 49-28-\frac{3}{2}\cdot 9+12}{7-3}$$

$$=\frac{\frac{3}{2}\cdot 40-16}{4}$$

$$\mathrel{\widehat{=}} \underline{\underline{11\,E}}$$

$$x_s=\frac{\int\limits_{x_1}^{x_2} x\sqrt{1+[f'(x)]^2}\,dx}{\int\limits_{x_1}^{x_2}\sqrt{1+[f'(x)]^2}\,dx}$$

$$= \frac{\int\limits_3^7 x\sqrt{1+9}\,dx}{\int\limits_3^7 \sqrt{1+9}\,dx}$$

$$= \frac{\int\limits_3^7 x\,dx}{\int\limits_3^7 dx}$$

$$= \frac{\left[\frac{1}{2}x^2\right]_3^7}{[x]_3^7}$$

$$= \frac{\frac{1}{2}(49-9)}{7-3}$$

$$\mathrel{\widehat{=}} \underline{\underline{5E}}$$

2. $f(x) = -x+2$

$x_1 = 0; \quad x_2 = 10$

$$l = \int\limits_{x_1}^{x_2} \sqrt{1+[f'(x)]^2}\,dx$$

$$= \int\limits_0^{10} \sqrt{1+1}\,dx$$

$$= [\sqrt{2}x]_0^{10}$$

$$\mathrel{\widehat{=}} \underline{\underline{10\sqrt{2}E}}$$

$$y_s = \frac{1}{l}\int\limits_{x_1}^{x_2} f(x)\sqrt{1+[f'(x)]^2}\,dx$$

$$= \frac{1}{l}\int\limits_0^{10} (-x+2)\sqrt{1+1}\,dx$$

3.8

$$=\frac{1}{10}\int_0^{10}(-x+2)\,\mathrm{d}x$$

$$=\frac{1}{10}\left[-\frac{x^2}{2}+2x\right]_0^{10}$$

$$=\frac{1}{10}(-50+20)$$

$$\mathrel{\widehat{=}}\underline{\underline{-3E}}$$

$$x_s=\frac{1}{l}\int_{x_1}^{x_2}x\sqrt{1+[f'(x)]^2}\,\mathrm{d}x$$

$$=\frac{1}{l}\int_0^{10}x\sqrt{1+1}\,\mathrm{d}x$$

$$=\frac{1}{10}\int_0^{10}x\,\mathrm{d}x$$

$$=\frac{1}{10}\left[\frac{x^2}{2}\right]_0^{10}$$

$$=\frac{1}{10}\cdot 50$$

$$\mathrel{\widehat{=}}\underline{\underline{5E}}$$

3. $f(x)=3x^2$

$x_1=2;\quad x_2=4$

$\int\sqrt{a^2+x^2}\,\mathrm{d}x$ ▶ Kap. 2.4, Band 4

$$l=\int_{x_1}^{x_2}\sqrt{1+[f'(x)]^2}\,\mathrm{d}x$$

$$=\int_2^4\sqrt{1+36x^2}\,\mathrm{d}x$$

$$=6\int_2^4\sqrt{\frac{1}{36}+x^2}\,\mathrm{d}x$$

$$=6\left[\frac{x}{2}\sqrt{\frac{1}{36}+x^2}+\frac{1}{72}\ln\left|x+\sqrt{\frac{1}{36}+x^2}\right|\right]_2^4$$

$$=\left[\frac{x}{2}\sqrt{1+36x^2}+\frac{1}{12}\ln\left|x+\sqrt{\frac{1}{36}+x^2}\right|\right]_2^4$$

$$=2\sqrt{577}+\frac{1}{12}\ln\left|4+\sqrt{\frac{577}{36}}\right|-\sqrt{145}-$$

$$-\frac{1}{12}\ln\left|2+\sqrt{\frac{145}{36}}\right|$$

$$=2\sqrt{577}-\sqrt{145}+\frac{1}{12}\ln\frac{24+\sqrt{577}}{12+\sqrt{145}}$$

$$\approx 2\cdot 24{,}02-12{,}04+\frac{1}{12}\ln\frac{48{,}02}{24{,}04}$$

$$\approx 48{,}04-12{,}04+0{,}06$$

$$\mathrel{\widehat{=}} \underline{\underline{36{,}06\,E}}$$

$$y_s=\frac{1}{l}\int_{x_1}^{x_2} f(x)\cdot\sqrt{1+[f'(x)]^2}\,\mathrm{d}x$$

$$=\frac{1}{l}\int_2^4 3x^2\cdot\sqrt{1+36x^2}\,\mathrm{d}x$$

Das zugehörige unbestimmte Integral wird mit der in Kap. 2.5, Band 4, durch partielle Integration hergeleiteten Rekursionsformel bestimmt.

$$=\frac{18}{l}\int_2^4 x^2\cdot\sqrt{\frac{1}{36}+x^2}\,\mathrm{d}x$$

$$F=\int x^2\sqrt{\frac{1}{36}+x^2}\,\mathrm{d}x$$

$a^2=\frac{1}{36}$; $m=2$

$$=\frac{x}{4}\left(\frac{1}{36}+x^2\right)^{\frac{3}{2}}-\frac{\frac{1}{36}}{4}\int x^0\cdot\sqrt{\frac{1}{36}+x^2}\,\mathrm{d}x$$

$$=\frac{x}{4}\left(\frac{1}{36}+x^2\right)^{\frac{3}{2}}-\frac{1}{144}\int\sqrt{\frac{1}{36}+x^2}\,\mathrm{d}x$$

Das Integral $6\int_2^4\sqrt{\frac{1}{36}+x^2}\,\mathrm{d}x$ wurde bereits für l berechnet.

$$y_s=\left[\frac{9x}{2l}\sqrt{\left(\frac{1}{36}+x^2\right)^3}\right]_2^4-\frac{1}{48l}\cdot\underbrace{6\int_2^4\sqrt{\frac{1}{36}+x^2}\,\mathrm{d}x}_{l}$$

3.8

$$y_s=\left[\frac{9x}{2l}\left(\frac{1}{36}+x^2\right)\sqrt{\frac{1}{36}+x^2}\right]_2^4-\frac{1}{48}$$

$$=\frac{1}{l}\left(18\cdot\frac{577}{36}\cdot\sqrt{\frac{577}{36}}-9\cdot\frac{145}{36}\cdot\sqrt{\frac{145}{36}}\right)-\frac{1}{48}$$

$$=\frac{1}{4l}\left(2\cdot 577\cdot\frac{1}{6}\sqrt{577}-145\cdot\frac{1}{6}\sqrt{145}\right)-\frac{1}{48}$$

$$\approx\frac{1}{24l}\,(2\cdot 577\cdot 24{,}02-145\cdot 12{,}04)-\frac{1}{48}$$

$$\approx\frac{25970}{865{,}4}-\frac{1}{48}\approx 30{,}01-0{,}02$$

$$\mathrel{\hat{=}}\underline{\underline{29{,}99\,E}}$$

Das zugehörige unbestimmte Integral wird durch Substitution gelöst.

$$x_s=\frac{1}{l}\int_{x_1}^{x_2} x\sqrt{1+[f'(x)]^2}\,\mathrm{d}x$$

$$=\frac{1}{l}\int_2^4 x\sqrt{1+36x^2}\,\mathrm{d}x$$

$z=1+36x^2;\quad \mathrm{d}x=\dfrac{\mathrm{d}z}{72x}$

$$F=\int x\sqrt{1+36x^2}\,\mathrm{d}x$$

$$=\frac{1}{72}\int\sqrt{z}\,\mathrm{d}z$$

$$=\frac{1}{72}\int z^{\frac{1}{2}}\cdot\mathrm{d}z$$

$$=\frac{1}{72}\cdot\frac{2}{3}\,z^{\frac{3}{2}}+c$$

$$=\underline{\underline{\frac{1}{108}\,(1+36x^2)\sqrt{1+36x^2}+c}}$$

$$x_s=\frac{1}{l}\,[F]_2^4$$

$$=\frac{1}{108l}\,[577\cdot\sqrt{577}-145\cdot\sqrt{145}]$$

$$\approx\frac{577\cdot 24{,}02-145\cdot 12{,}04}{108\cdot 36{,}06}$$

$$\mathrel{\hat{=}}\underline{\underline{3{,}110\,E}}$$

4. $f(x)=\sqrt{x}$

$x_1=0; \quad x_2=7$

Zur Berechnung der Bogenlänge l benutzt man mit Vorteil die Umkehrfunktion $f^{-1}(x)$.

Damit lautet die Bogenlängenbestimmung für die Umkehrfunktion:

$f^{-1}(x)=x^2$

$x_1=0; \quad x_2=\sqrt{7}$

$\int\sqrt{a^2+x^2}\,dx$ ▶ Kap. 2.4, Band 4

$y=\sqrt{x}; \quad x=y^2$

$$f^{-1}(x)=x^2$$

$x_1=0; \quad y_1=0$

$x_2=7; \quad y_2=\sqrt{7}$

$$l=\int_{x_1}^{x_2}\sqrt{1+[(f^{-1}(x)']^2}\,dx$$

$$=\int_0^{\sqrt{7}}\sqrt{1+4x^2}\,dx$$

$$=2\int_0^{\sqrt{7}}\sqrt{\frac{1}{4}+x^2}\,dx$$

$$=\left[x\sqrt{\frac{1}{4}+x^2}+\frac{1}{4}\ln\left|x+\sqrt{\frac{1}{4}+x^2}\right|\right]_0^{\sqrt{7}}$$

$$=\sqrt{7}\sqrt{\frac{1}{4}+7}+\frac{1}{4}\ln\left|\sqrt{7}+\sqrt{\frac{1}{4}+7}\right|-0-\frac{1}{4}\ln\left|\sqrt{\frac{1}{4}}\right|$$

$$=\frac{1}{2}\sqrt{203}+\frac{1}{4}\ln\frac{\sqrt{7}+\frac{1}{2}\sqrt{29}}{\frac{1}{2}}$$

$$=\frac{1}{2}\sqrt{203}+\frac{1}{2}\ln(2\sqrt{7}+\sqrt{29})$$

$$\approx\frac{1}{2}\cdot 14{,}25+\frac{1}{4}\ln(2\cdot 2{,}646+5{,}385)$$

$$\hat{=}\,7{,}717\,E$$

$$y_s=\frac{1}{l}\int_{x_1}^{x_2}f(x)\sqrt{1+[f'(x)]^2}\,dx$$

$$=\frac{1}{l}\int_0^7\sqrt{x}\sqrt{1+\left(\frac{1}{2\sqrt{x}}\right)^2}\,dx$$

3.8

$$=\frac{1}{l}\int_0^7 \sqrt{x\left(1+\frac{1}{4x}\right)}\,\mathrm{d}x$$

$$=\frac{1}{l}\int_0^7 \sqrt{x+\frac{1}{4}}\,\mathrm{d}x$$

$$=\frac{1}{l}\left[\frac{2}{3}\left(x+\frac{1}{4}\right)\sqrt{x+\frac{1}{4}}\right]_0^7$$

$$=\frac{2}{3l}\left[\left(7+\frac{1}{4}\right)\sqrt{7+\frac{1}{4}}-\frac{1}{4}\sqrt{\frac{1}{4}}\right]$$

$$y_s=\frac{2}{3l}\left[\frac{29}{4}\cdot\frac{1}{2}\sqrt{29}-\frac{1}{4}\cdot\frac{1}{2}\right]$$

$$=\frac{1}{12l}(29\sqrt{29}-1)$$

$$\mathrel{\widehat{=}}\underline{\underline{1{,}676\,E}}$$

$$x_s=\frac{1}{l}\int_{x_1}^{x_2} x\cdot\sqrt{1+[f'(x)]^2}\,\mathrm{d}x$$

$$=\frac{1}{l}\int_0^7 x\sqrt{1+\frac{1}{4x}}\,\mathrm{d}x$$

Es wird die quadratische Ergänzung gebildet.

$$=\frac{1}{l}\int_0^7 \sqrt{x^2+\frac{1}{4}x}\,\mathrm{d}x$$

$$=\frac{1}{l}\int_0^7 \sqrt{x^2+\frac{1}{4}x+\frac{1}{64}-\frac{1}{64}}\,\mathrm{d}x$$

$$=\frac{1}{l}\int_0^7 \sqrt{\left(x+\frac{1}{8}\right)^2-\frac{1}{64}}$$

Das zugehörige unbestimmte Integral wird durch Substitution gelöst.

$$\int\sqrt{\left(x+\frac{1}{8}\right)^2-\frac{1}{64}}\,\mathrm{d}x=$$

$z=x+\frac{1}{8};\quad \mathrm{d}x=\mathrm{d}z$

$$=\int\sqrt{z^2-\frac{1}{64}}\,\mathrm{d}z$$

$\int \sqrt{x^2-a^2}\,dx$ ▶ Kap. 2.4, Band 4

$$=\frac{z}{2}\sqrt{z^2-\frac{1}{64}}-\frac{1}{128}\ln\left|z+\sqrt{z^2-\frac{1}{64}}\right|+c$$

$$=\underline{\underline{\frac{1}{2}\left(x+\frac{1}{8}\right)\sqrt{x^2+\frac{1}{4}x}-}}$$

$$\underline{\underline{-\frac{1}{128}\ln\left|x+\frac{1}{8}+\sqrt{x^2+\frac{1}{4}x}\right|+c}}$$

$\frac{1}{64}\ln\frac{1}{8}=-\frac{1}{64}\ln 8$

$$x_s=\frac{1}{2l}\left[\left(x+\frac{1}{8}\right)\sqrt{x^2+\frac{x}{4}}-\frac{1}{64}\ln\left|x+\frac{1}{8}+\sqrt{x^2+\frac{x}{4}}\right|\right]_0^7$$

$$=\frac{1}{2l}\left[\frac{57}{8}\sqrt{\frac{203}{4}}-\frac{1}{64}\ln\left(\frac{57}{8}+\sqrt{\frac{203}{4}}\right)-0+\frac{1}{64}\ln\frac{1}{8}\right]$$

$$=\frac{1}{2l}\left[\frac{57}{16}\sqrt{203}-\frac{1}{64}\ln\left(57+4\sqrt{203}\right)\right]$$

$$=\frac{1}{32l}\left[57\sqrt{203}-\frac{1}{4}\ln\left(57+4\sqrt{203}\right)\right]$$

$$\approx\frac{57\cdot 14{,}25-\frac{1}{4}\ln\left(57+4\cdot 14{,}25\right)}{32\cdot 7{,}717}$$

$$\mathrel{\hat=}\underline{\underline{3{,}284\,E}}$$

5. $f(x)=\sqrt{2+x}$

$x_1=-2;\quad x_2=2$

Zur Berechnung der Bogenlänge benutzt man mit Vorteil die Umkehrfunktion $f^{-1}(x)$. Damit läßt sich die Berechnung der entsprechenden Bogenlänge l der Umkehrfunktion $f^{-1}(x)$ formulieren.

$f^{-1}(x)=x^2-2$

$x_1=0;\quad x_2=2$

$\int \sqrt{a^2+x^2}\,dx$ ▶ Kap. 2.4, Band 4

$$f(x)=\sqrt{2+x}\Rightarrow [f(x)]^2=2+x$$

$$x=[f(x)]^2-2$$

$$f^{-1}(x)=x^2-2$$

$x_1=-2;\quad f(x_1)=0$

$x_2=2;\quad f(x_2)=2$

$$l=\int_{x_1}^{x_2}\sqrt{1+[(f^{-1}(x)')]^2}\,dx$$

$$=\int_0^2\sqrt{1+4x^2}\,dx$$

$$=2\int_0^2\sqrt{\frac{1}{4}+x^2}\,dx$$

$$=\left[x\sqrt{\frac{1}{4}+x^2}+\frac{1}{4}\ln\left|x+\sqrt{\frac{1}{4}+x^2}\right|\right]_0^2$$

$$=2\sqrt{\frac{17}{4}}+\frac{1}{4}\ln\left|2+\sqrt{\frac{17}{4}}\right|-0-\frac{1}{4}\ln\left|\sqrt{\frac{1}{4}}\right|$$

$$=\sqrt{17}+\frac{1}{4}\ln\frac{2+\frac{1}{2}\sqrt{17}}{\frac{1}{2}}$$

$$=\sqrt{17}+\frac{1}{4}\ln(4+\sqrt{17})$$

$$\approx 4{,}123+\frac{1}{4}\ln(4+4{,}123)$$

$$\hat{=}\underline{\underline{4{,}647\,E}}$$

$$y_s=\frac{1}{l}\int_{x_1}^{x_2} f(x)\sqrt{1+[f'(x)]^2}\,\mathrm{d}x$$

$$=\frac{1}{l}\int_{-2}^{2}\sqrt{2+x}\sqrt{1+\left(\frac{1}{2\sqrt{2+x}}\right)^2}\,\mathrm{d}x$$

$$=\frac{1}{l}\int_{-2}^{2}\sqrt{2+x}\sqrt{1+\frac{1}{4(2+x)}}\,\mathrm{d}x$$

$$=\frac{1}{l}\int_{-2}^{2}\sqrt{2+x+\frac{1}{4}}\,\mathrm{d}x$$

$$=\frac{1}{l}\int_{-2}^{2}\sqrt{x+\frac{9}{4}}\,\mathrm{d}x$$

$$y_s=\frac{2}{3l}\left[\left(x+\frac{9}{4}\right)\sqrt{x+\frac{9}{4}}\right]_{-2}^{2}$$

$$=\frac{2}{3l}\left[\frac{17}{4}\sqrt{\frac{17}{4}}-\frac{1}{4}\sqrt{\frac{1}{4}}\right]$$

$$=\frac{2}{3l}\left[\frac{17}{8}\sqrt{17}-\frac{1}{8}\right]$$

$$=\frac{1}{12l}\left(17\sqrt{17}-1\right)$$

$$\mathrel{\widehat{=}}\underline{\underline{1{,}234\,E}}$$

$$x_s=\frac{1}{l}\int_{x_1}^{x_2} x\sqrt{1+[f'(x)]^2}\,\mathrm{d}x$$

$$=\frac{1}{l}\int_{-2}^{2} x\sqrt{1+\frac{1}{4(2+x)}}\,\mathrm{d}x$$

Zur Ermittlung des unbestimmten Integrals wird zunächst substituiert.

$z=2+x;\quad \mathrm{d}x=\mathrm{d}z$

$x=z-2$

$$F=\int x\sqrt{1+\frac{1}{4(2+x)}}\,\mathrm{d}x$$

$$=\int (z-2)\sqrt{1+\frac{1}{4z}}\,\mathrm{d}z$$

$$=\int z\sqrt{1+\frac{1}{4z}}\,\mathrm{d}z-2\int\sqrt{1+\frac{1}{4z}}\,\mathrm{d}z$$

$$=\qquad F_1\qquad-\qquad F_2$$

Die Teilintegrale F_1 und F_2 werden nun einzeln berechnet.

$$F_1=\int z\sqrt{1+\frac{1}{4z}}\,\mathrm{d}z$$

$$=\int\sqrt{z^2+\frac{z}{4}}\,\mathrm{d}z$$

$$=\underline{\underline{\frac{1}{2}\left(z+\frac{1}{8}\right)\sqrt{z^2+\frac{z}{4}}-}}$$

$$\underline{\underline{-\frac{1}{128}\ln\left|z+\frac{1}{8}+\sqrt{z^2+\frac{z}{4}}\right|+c_1}}$$

Substitution:

$t^2=4+\frac{1}{z};\quad 2t\,\mathrm{d}t=-\frac{\mathrm{d}z}{z^2}$

$z^2=\frac{1}{(t^2-4)^2}$

$\mathrm{d}z=-\frac{2t}{(t^2-4)^2}\,\mathrm{d}t$

$$F_2=2\int\sqrt{1+\frac{1}{4z}}\,\mathrm{d}z$$

$$=\int\sqrt{4+\frac{1}{z}}\,\mathrm{d}z$$

$$=-\int\sqrt{t^2}\,\frac{2t}{(t^2-4)^2}\,\mathrm{d}t$$

$$=-2\int\frac{t^2}{(t^2-4)^2}\,\mathrm{d}t$$

3.8

Für diesen Integranden wird jetzt eine Partialbruchzerlegung durchgeführt.	$= -2 \int \frac{t^2}{[(t+2)(t-2)]^2}\,dt$ $= -2 \int \frac{t^2}{(t+2)^2(t-2)^2}\,dt$

$$\frac{t^2}{(t+2)^2(t-2)^2} = \frac{A}{t+2} + \frac{B}{(t+2)^2} + \frac{C}{t-2} + \frac{D}{(t-2)^2}$$

$$= \frac{A(t+2)(t-2)^2 + B(t-2)^2 + C(t+2)^2(t-2) + D(t+2)^2}{(t^2-4)^2}$$

$$= \frac{A(t-2)(t^2-4) + B(t-2)^2 + C(t^2-4)(t+2) + D(t+2)^2}{(t^2-4)^2}$$

$$= \frac{A(t^3-2t^2-4t+8) + B(t^2-4t+4) + C(t^3+2t^2-4t-8) + D(t^2+4t+4)}{(t^2-4)^2}$$

$$= \frac{t^3(A+C) + t^2(-2A+B+2C+D) + t(-4A-4B-4D) + 8A+4B-8C+4D}{(t^2-4)^2}$$

Koeffizientenvergleich:

$$\begin{array}{ll}
\text{I}: & A + C = 0 \Rightarrow A = -C \\
\text{II}: & -2A + B + 2C + D = 1 \\
\text{III}: & -4A - 4B - 4C + 4D = 0 \\
\text{IV}: & 8A + 4B - 8C + 4D = 0 \\
\text{II}: & B + 4C + D = 1 \\
\text{III}: & -4B + 4D = 0 \Rightarrow B = D \\
\text{IV}: & 4B - 16C + 4D = 0 \\
\text{II}: & 4C + 2D = 1 \quad \| \cdot 4 \\
\text{IV}: & -16C + 8D = 0 \quad + \\
\hline
 & 16D = 4 \Rightarrow D = \frac{1}{4} = B
\end{array}$$

$$\text{IV}: \quad -16C + 8D = 0 \Rightarrow -16C + 2 = 0$$

$$C = \frac{1}{8}; \quad A = -\frac{1}{8}$$

Damit läßt sich F_2 in Partialbrüche zerlegt angeben.

$$F_2 = -2 \int \left(\frac{-\frac{1}{8}}{t+2} + \frac{\frac{1}{4}}{(t+2)^2} + \frac{\frac{1}{8}}{t-2} + \frac{\frac{1}{4}}{(t-2)^2} \right) dt$$

$$=\frac{1}{4}\int\frac{\mathrm{d}t}{t+2}-\frac{1}{2}\int\frac{\mathrm{d}t}{(t+2)^2}-\frac{1}{4}\int\frac{\mathrm{d}t}{t-2}-\frac{1}{2}\int\frac{\mathrm{d}t}{(t-2)^2}$$

$$=\frac{1}{4}\ln|t+2|+\frac{1}{2}\cdot\frac{1}{t+2}-\frac{1}{4}\ln|t-2|+\frac{1}{2}\cdot\frac{1}{t-2}+c_2$$

$$=\frac{1}{4}\ln\left|\frac{t+2}{t-2}\right|+\frac{1}{2}\left(\frac{1}{t+2}+\frac{1}{t-2}\right)+c_2$$

$$=\frac{1}{4}\ln\left|\frac{t+2}{t-2}\right|+\frac{t}{t^2-4}+c_2$$

Rücksubstitution: $t^2=4+\frac{1}{z}\Rightarrow t=\sqrt{4+\frac{1}{z}}$

$$F_2=\frac{1}{4}\ln\left|\frac{\sqrt{4+\frac{1}{z}}+2}{\sqrt{4+\frac{1}{z}}-2}\right|+\frac{\sqrt{4+\frac{1}{z}}}{4+\frac{1}{z}-4}+c_2$$

$$=\underline{\underline{\frac{1}{4}\ln\left|\frac{\sqrt{4z+1}+2\sqrt{z}}{\sqrt{4z+1}-2\sqrt{z}}\right|+\sqrt{z(4z+1)}+c_2}}$$

Mit $c=c_1+c_2$ kann nun das Integral F angegeben werden.

$$F=F_1-F_2$$

$$=\frac{1}{2}\left(z+\frac{1}{8}\right)\sqrt{z^2+\frac{z}{4}}-\frac{1}{128}\ln\left|z+\frac{1}{8}+\sqrt{z^2+\frac{z}{4}}\right|-\frac{1}{4}\ln\left|\frac{\sqrt{4z+1}+2\sqrt{z}}{\sqrt{4z+1}-2\sqrt{z}}\right|-\sqrt{z(4z+1)}+c$$

$$=\underline{\underline{\frac{1}{4}\left[(2+x)+\frac{1}{8}\right]\sqrt{(2+x)[4(2+x)+1]}-\frac{1}{128}\ln\left|(2+x)+\frac{1}{8}+\frac{1}{2}\sqrt{(2+x)[4(2+x)+1]}\right|-}}$$

$$\underline{\underline{-\frac{1}{4}\ln\left|\frac{\sqrt{4(2+x)+1}+2\sqrt{2+x}}{\sqrt{4(2+x)+1}-2\sqrt{2+x}}\right|-\sqrt{(2+x)[4(2+x)+1]}+c}}$$

$$x_s=\frac{1}{l}\cdot[F]_{-2}^{2}$$

$$=\frac{1}{l}\left[\frac{1}{4}\cdot\frac{33}{8}\sqrt{4\cdot 17}-\frac{1}{128}\ln\left(\frac{33}{8}+\frac{1}{2}\sqrt{4\cdot 17}\right)-\frac{1}{4}\ln\frac{\sqrt{17}+2\sqrt{4}}{\sqrt{17}-2\sqrt{4}}-\sqrt{4\cdot 17}\right]-$$

$$-\frac{1}{l}\left[0-\frac{1}{128}\ln\frac{1}{8}-\frac{1}{4}\ln\frac{\sqrt{1}}{\sqrt{1}}-0\right]$$

3.8

$$x_s = \frac{1}{l}\left[\frac{33}{16}\sqrt{17} - \frac{1}{128}\ln\left(\frac{33}{8}+\sqrt{17}\right) - \frac{1}{4}\ln\frac{\sqrt{17}+4}{\sqrt{17}-4} - 2\sqrt{17} + \frac{1}{128}\ln\frac{1}{8}\right]$$

$$= \frac{1}{l}\left[\sqrt{17}\left(\frac{33}{16}-2\right) - \frac{1}{128}\ln\left(33+8\sqrt{17}\right) - \frac{1}{4}\ln\frac{\sqrt{17}+4}{\sqrt{17}-4}\right]$$

$$\approx \frac{1}{l}\left[4{,}123\cdot 0{,}0625 - \frac{1}{128}\ln 65{,}98 - \frac{1}{4}\ln\frac{8{,}123}{0{,}1231}\right]$$

$$\approx \frac{0{,}2577 - 0{,}0327 - 1{,}0475}{4{,}647}$$

$$x_s \mathrel{\widehat{=}} \underline{\underline{-0{,}1770\,E}}$$

6. $f(x) = \sqrt{9-x^2}$

$x_1 = 1; \quad x_2 = 3$

$$l = \int_{x_1}^{x_2} \sqrt{1+[f'(x)]^2}\,dx$$

$$= \int_1^3 \sqrt{1+\left(\frac{-x}{\sqrt{9-x^2}}\right)^2}\,dx$$

$$= \int_1^3 \sqrt{1+\frac{x^2}{9-x^2}}\,dx$$

$$= \int_1^3 \sqrt{\frac{9-x^2+x^2}{9-x^2}}\,dx$$

$\int \frac{dx}{\sqrt{a^2-x^2}}$ ► Kap. 2.4, Band 4

$$= 3\int_1^3 \frac{dx}{\sqrt{9-x^2}}$$

$$= 3\left[\operatorname{Arcsin}\frac{x}{3}\right]_1^3$$

$$= 3\operatorname{Arcsin} 1 - 3\operatorname{Arcsin}\frac{1}{3}$$

$$\approx 3\left(\frac{\pi}{2} - 0{,}3398\right)$$

$$\mathrel{\widehat{=}} \underline{\underline{3{,}693\,E}}$$

$$y_s = \frac{1}{l} \int_{x_1}^{x_2} f(x) \sqrt{1+[f'(x)]^2}\, \mathrm{d}x$$

$$= \frac{1}{l} \int_{1}^{3} \sqrt{9-x^2} \sqrt{1+\frac{x^2}{9-x^2}}\, \mathrm{d}x$$

$$= \frac{1}{l} \int_{1}^{3} \sqrt{9-x^2+x^2}\, \mathrm{d}x$$

$$= \frac{3}{l} \int_{1}^{3} \mathrm{d}x$$

$$= \frac{3}{l} [x]_1^3$$

$$= \frac{6}{l}$$

$$\mathrel{\widehat{=}} \underline{\underline{1{,}625\, E}}$$

$$x_s = \frac{1}{l} \int_{x_1}^{x_2} x \sqrt{1+[f'(x)]^2}\, \mathrm{d}x$$

$$= \frac{1}{l} \int_{1}^{3} x \sqrt{1+\frac{x^2}{9-x^2}}\, \mathrm{d}x$$

$$= \frac{3}{l} \int_{1}^{3} \frac{x}{\sqrt{9-x^2}}\, \mathrm{d}x$$

$$= -\frac{3}{l} [\sqrt{9-x^2}]_1^3$$

$$= \frac{3}{l} [-0+\sqrt{8}]$$

$$x_s = \frac{6}{l} \sqrt{2}$$

$$\mathrel{\widehat{=}} \underline{\underline{2{,}297\, E}}$$

7. $f(x)=\sqrt{16-4x^2}$

$x_1=-1; \quad x_2=1$

Aufgrund des zur $f(x)$-Achse symmetrischen Kurvenverlaufs ergibt sich mit den obigen Grenzen X_1 und x_2:

$$x_s=0.$$

$$\underline{\underline{x_s=0}}$$

$$l=\int_{x_1}^{x_2}\sqrt{1+[f'(x)]^2}\,\mathrm{d}x$$

$$=\int_{-1}^{1}\sqrt{1+\left(\frac{4x}{\sqrt{16-4x^2}}\right)^2}\,\mathrm{d}x$$

$$=\int_{-1}^{1}\sqrt{1+\frac{16x^2}{16-4x^2}}\,\mathrm{d}x$$

$$=\int_{-1}^{1}\sqrt{\frac{16-4x^2+16x^2}{16-4x^2}}\,\mathrm{d}x$$

Auch dieser Integrand gestattet aufgrund seiner Symmetrieeigenschaft eine Vereinfachung des Integrals.

$$=\int_{-1}^{1}\sqrt{\frac{16+12x^2}{16-4x^2}}\,\mathrm{d}x$$

Das Integral wird nun näherungsweise mit der Simpsonschen Regel berechnet.

$$=2\cdot\int_{0}^{1}\sqrt{\frac{4+3x^2}{4-x^2}}\,\mathrm{d}x$$

Berechnungstabelle für $f(x)=\sqrt{\dfrac{4+3x^2}{4-x^2}}$:

x	x^2	$3x^2$	$3x^2+4$	$4-x^2$	$\frac{4+3x^2}{4-x^2}$	$f(x)$
0	0,00	0,00	4,00	4,00	1,000	1,000
0,1	0,01	0,03	4,03	3,99	1,010	1,005
0,2	0,04	0,12	4,12	3,96	1,040	1,020
0,3	0,09	0,27	4,27	3,91	1,092	1,045
0,4	0,16	0,48	4,48	3,84	1,167	1,080
0,5	0,25	0,75	4,75	3,75	1,267	1,126
0,6	0,36	1,08	5,08	3,64	1,396	1,182
0,7	0,49	1,47	5,47	3,51	1,558	1,248
0,8	0,64	1,92	5,92	3,36	1,762	1,327
0,9	0,81	2,43	6,43	3,19	2,016	1,420
1	1,00	3,00	7,00	3,00	2,333	1,527

$x_0=0$

$x_n=1$

$n=10$

$b=0{,}1$

$$l = 2\int_0^1 \sqrt{\frac{4+3x^2}{4-x^2}}\,\mathrm{d}x$$

$$\approx 2\cdot\frac{b}{3}\,(f(x_0)+4f(x_1)+2f(x_2)+\ldots+2f(x_{n-2})+4f(x_{n-1})+f(x_n))$$

$$\approx 2\cdot\frac{0{,}1}{3}\,(1{,}000+4{,}020+2{,}040+4{,}180+2{,}160+4{,}504+2{,}364+4{,}992+2{,}654+5{,}680+1{,}527)$$

$$\approx 2\cdot\frac{0{,}1}{3}\cdot 35{,}121$$

$$\hat{=}\,\underline{\underline{2{,}341\,E}}$$

$$y_s = \frac{1}{l}\int_{x_1}^{x_2} f(x)\sqrt{1+[f'(x)]^2}\,\mathrm{d}x$$

$$= \frac{1}{l}\int_{-1}^{1} \sqrt{16-4x^2}\cdot\sqrt{1+\frac{16x^2}{16-4x^2}}\,\mathrm{d}x$$

$$= \frac{1}{l}\int_{-1}^{1} \sqrt{16-4x^2+16x^2}\,\mathrm{d}x$$

Aufgrund der Symmetrieeigenschaft des Integranden läßt sich das Integral vereinfachen.

$$= \frac{2}{l}\int_{0}^{1} \sqrt{16+12x^2}\,\mathrm{d}x$$

$\int \sqrt{a^2+x^2}\,\mathrm{d}x$ ▶ Kap. 2.4, Band 4

$$= \frac{4\sqrt{3}}{l}\int_{0}^{1} \sqrt{\frac{4}{3}+x^2}\,\mathrm{d}x$$

$$= \frac{4\sqrt{3}}{l}\left[\frac{x}{2}\sqrt{\frac{4}{3}+x^2}+\frac{2}{3}\ln\left|x+\sqrt{\frac{4}{3}+x^2}\right|\right]_0^1$$

$$= \frac{4\sqrt{3}}{l}\left[\frac{1}{2}\sqrt{\frac{7}{3}}+\frac{2}{3}\ln\left|1+\sqrt{\frac{7}{3}}\right|-\frac{2}{3}\ln\sqrt{\frac{4}{3}}\right]$$

$$= \frac{2\sqrt{3}}{l}\left[\sqrt{\frac{7}{3}}+\frac{4}{3}\ln\frac{1+\sqrt{\frac{7}{3}}}{\sqrt{\frac{4}{3}}}\right]$$

$$= \frac{2\sqrt{3}}{l}\left[\frac{\sqrt{7}}{\sqrt{3}}+\frac{4}{3}\ln\frac{\sqrt{3}+\sqrt{7}}{2}\right]$$

$$\approx \frac{2\cdot 1{,}732}{2{,}341}\left[\frac{2{,}646}{1{,}732}+\frac{4}{3}\ln\frac{1{,}732+2{,}646}{2}\right]$$

$$\approx 1{,}480\left[1{,}528+\frac{4}{3}\ln 2{,}189\right]$$

$$\hat{=}\ \underline{\underline{3{,}808\,E}}$$

8. $f(x)=\sqrt{x^2+1}$

$x_1=-2;\quad x_2=2$

$x_s=\underline{\underline{0}}$

Aufgrund der Symmetrieeigenschaft von $f(x)=\sqrt{x^2+1}$ ergibt sich mit den obigen Grenzen sofort $x_s=0$, und später lassen sich dadurch einige Integrale vereinfachen.

$$l=\int_{x_1}^{x_2}\sqrt{1+[f'(x)]^2}\,\mathrm{d}x$$

$$=2\cdot\int_0^2\sqrt{1+\frac{x^2}{x^2+1}}\,\mathrm{d}x$$

$$=2\cdot\int_0^2\sqrt{\frac{x^2+1+x^2}{x^2+1}}\,\mathrm{d}x$$

$$=2\cdot\int_0^2\sqrt{\frac{2x^2+1}{x^2+1}}\,\mathrm{d}x$$

Dieses Integral wird näherungsweise mit der Simpsonschen Regel berechnet.

Berechnungstabelle für $f(x)=\sqrt{\dfrac{2x^2+1}{x^2+1}}$:

x	x^2	$2x^2$	$2x^2+1$	x^2+1	$\dfrac{2x^2+1}{x^2+1}$	$f(x)$
0	0,00	0,00	1,00	1,00	1,000	1,000
0,2	0,04	0,08	1,08	1,04	1,038	1,019
0,4	0,16	0,32	1,32	1,16	1,138	1,067
0,6	0,36	0,72	1,72	1,36	1,265	1,125
0,8	0,64	1,28	2,28	1,64	1,390	1,179
1,0	1,00	2,00	3,00	2,00	1,500	1,225
1,2	1,44	2,88	3,88	2,44	1,590	1,261
1,4	1,96	3,92	4,92	2,96	1,662	1,289
1,6	2,56	5,12	6,12	3,56	1,719	1,311
1,8	3,24	6,48	7,48	4,24	1,764	1,328
2	4,00	8,00	9,00	5,00	1,800	1,342

$x_0=0$

$x_n=2$

$n=10$

$b=0{,}2$

$$l=2\cdot\int_0^2 \sqrt{\frac{2x^2+1}{x^2+1}}\,\mathrm{d}x$$

$$\approx 2\cdot\frac{b}{3}\left(f(x_0)+4f(x_1)+2f(x_2)+\ldots+2f(x_{n-2})+4f(x_{n-1})+f(x_n)\right)$$

$$\approx 2\cdot\frac{0{,}2}{3}\,(1{,}000+4{,}076+2{,}134+4{,}500+2{,}358+4{,}900+2{,}522+5{,}156+$$

$$+2{,}622+5{,}312+1{,}342)$$

$$\approx 2\cdot\frac{0{,}2}{3}\cdot 35{,}922$$

$$\widehat{=}\,\underline{\underline{4{,}790\,E}}$$

$\int\sqrt{x^2+a^2}\,\mathrm{d}x$ ▶ Kap. 2.4, Band 4

$$y_s=\frac{1}{l}\int_{x_1}^{x_2} f(x)\sqrt{1+[f'(x)]^2}\,\mathrm{d}x$$

$$=\frac{2}{l}\int_0^2 \sqrt{x^2+1}\sqrt{1+\frac{x^2}{x^2+1}}\,\mathrm{d}x$$

$$=\frac{2}{l}\int_0^2 \sqrt{x^2+1+x^2}\,\mathrm{d}x$$

$$=\frac{2}{l}\int_0^2 \sqrt{2x^2+1}\,\mathrm{d}x$$

$$=\frac{2\sqrt{2}}{l}\int_0^2 \sqrt{x^2+\frac{1}{2}}\,\mathrm{d}x$$

$$=\frac{\sqrt{2}}{l}\left[x\sqrt{x^2+\frac{1}{2}}+\frac{1}{2}\ln\left|x+\sqrt{x^2+\frac{1}{2}}\right|\right]_0^2$$

$$=\frac{\sqrt{2}}{l}\left[2\sqrt{\frac{9}{2}}+\frac{1}{2}\ln\left|2+\sqrt{\frac{9}{2}}\right|-\frac{1}{2}\ln\left|\sqrt{\frac{1}{2}}\right|\right]$$

$$=\frac{1}{l}\left[6+\frac{\sqrt{2}}{2}\ln\frac{2+\frac{3}{\sqrt{2}}}{\frac{1}{\sqrt{2}}}\right]$$

$$=\frac{1}{l}\left[6+\frac{\sqrt{2}}{2}\ln\left(2\sqrt{2}+3\right)\right]$$

$$\approx\frac{6+0{,}7071\cdot\ln(2{,}828+3)}{4{,}790}$$

$$\mathrel{\hat=}\underline{\underline{1{,}513\,E}}$$

9. $f(x)=\sqrt{x^2-1}$

$x_1=1;\quad x_2=4$

$$l=\int_{x_1}^{x_2}\sqrt{1+[f'(x)]^2}\,dx$$

$$=\int_1^4\sqrt{1+\frac{x^2}{x^2-1}}\,dx$$

$$=\int_1^4\sqrt{\frac{2x^2-1}{x^2-1}}\,dx;\quad \sqrt{\frac{2x^2-1}{x^2-1}}=\varphi(x)$$

$$=\int_1^4\varphi(x)\,dx$$

Die Berechnung der Bogenlänge ist durch geschlossene Integration kaum durchführbar. Da auch eine numerische Integration hier wegen $\varphi(1)=\infty$ nicht möglich ist, wird die entsprechende Bogenlänge der Umkehrfunktion berechnet, wobei das gleiche Integral wie bei der Berechnung von l in der vorangegangenen Aufgabe auftritt.

Damit läßt sich die Berechnung der entsprechenden Bogenlänge der Umkehrfunktion $f^{-1}(x)$ formulieren.

$$f(x)=\sqrt{x^2-1}\Rightarrow[f(x)]^2=x^2-1$$

$$x^2=[f(x)]^2+1$$

$$f^{-1}(x)=\underline{\underline{\sqrt{x^2+1}}}$$

$f^{-1}(x)=\sqrt{x^2+1}$

$x_1=0;\quad x_2=\sqrt{15}$

$x_1=1;\quad f(x_1)=0$

$x_2=4;\quad f(x_2)=\sqrt{15}$

$$l=\int_0^{\sqrt{15}}\sqrt{1+[(f^{-1}(x))']^2}\,dx$$

$$=\int_0^{\sqrt{15}}\sqrt{1+\frac{x^2}{x^2+1}}\,dx$$

Dieses Integral wird näherungsweise mit der Simpsonschen Regel berechnet.

$$=\int_0^{\sqrt{15}}\sqrt{\frac{2x^2+1}{x^2+1}}\,dx$$

Berechnungstabelle für $\varphi(x)=\sqrt{\frac{2x^2+1}{x^2+1}}$: $(\sqrt{15}\approx 3{,}8730)$

x	x^2	$2x^2$	$2x^2+1$	x^2+1	$\frac{2x^2+1}{x^2+1}$	$\varphi(x)$
0,0000	0,0000	0,000	1,000	1,000	1,000	1,000
0,3873	0,1500	0,300	1,300	1,150	1,130	1,063
0,7746	0,6000	1,200	2,200	1,600	1,375	1,173
1,1619	1,3500	2,700	3,700	2,350	1,574	1,255
1,5492	2,4000	4,800	5,800	3,400	1,706	1,306
1,9365	3,7500	7,500	8,500	4,750	1,789	1,338
2,3238	5,4000	10,80	11,80	6,400	1,844	1,358
2,7111	7,3500	14,70	15,70	8,350	1,880	1,371
3,0984	9,6000	19,20	20,20	10,60	1,906	1,381
3,4857	12,1500	24,30	25,30	13,15	1,924	1,387
3,8730	15,0000	30,00	31,00	16,00	1,938	1,392

$x_0=0$;

$x_n=\sqrt{15}$;

$n=10$;

$b=0{,}3873$

$$l=\int_0^{\sqrt{15}}\sqrt{\frac{2x^2+1}{x^2+1}}\,\mathrm{d}x$$

$$\approx\frac{b}{3}\left(\varphi(x_0)+4\varphi(x_1)+2\varphi(x_2)+\ldots+2\varphi(x_{n-2})+4\varphi(x_{n-1})+\varphi(x_n)\right)$$

$$\approx\frac{0{,}3873}{3}(1{,}000+4{,}252+2{,}346+5{,}020+2{,}612+5{,}352+2{,}716+5{,}484+2{,}762+5{,}548+1{,}392)$$

$$\approx\frac{0{,}3873}{3}\cdot 38{,}484$$

$$\mathrel{\hat{=}}\underline{\underline{4{,}968\,E}}$$

Die Schwerpunktskoordinate y_s wird mit der ursprünglichen Funktion berechnet.

$$y_s\frac{1}{l}\int_{x_1}^{x_2} f(x)\sqrt{1+[f'(x)]^2}\,\mathrm{d}x$$

$$=\frac{1}{l}\int_1^4\sqrt{x^2-1}\sqrt{1+\frac{x^2}{x^2-1}}\,\mathrm{d}x$$

$$=\frac{1}{l}\int_1^4\sqrt{x^2-1+x^2}\,\mathrm{d}x$$

3.8

$\int \sqrt{x^2 - a^2}\, dx$ ► Kap. 2.4, Band 4

$$= \frac{\sqrt{2}}{l} \int_1^4 \sqrt{x^2 - \frac{1}{2}}\, dx$$

$$= \frac{\sqrt{2}}{l} \left[\frac{x}{2} \sqrt{x^2 - \frac{1}{2}} - \frac{1}{4} \ln \left| x + \sqrt{x^2 - \frac{1}{2}} \right| \right]_1^4$$

$$= \frac{\sqrt{2}}{4l} \left[8\sqrt{\frac{31}{2}} - \ln\left(4 + \sqrt{\frac{31}{2}}\right) - \right.$$

$$\left. -2\sqrt{\frac{1}{2}} + \ln\left(1 + \sqrt{\frac{1}{2}}\right) \right]$$

$$= \frac{\sqrt{2}}{4l} \left[\frac{2}{\sqrt{2}} (4\sqrt{31} - 1) + \ln \frac{1 + \sqrt{\frac{1}{2}}}{4 + \sqrt{\frac{31}{2}}} \right]$$

$$= \frac{1}{4l} \left[2(4\sqrt{31} - 1) + \sqrt{2} \ln \frac{\sqrt{2} + 1}{4\sqrt{2} + \sqrt{31}} \right]$$

$$\approx \frac{2(4 \cdot 5{,}568 - 1) + 1{,}414 \ln \frac{2{,}414}{11{,}224}}{4 \cdot 4{,}968}$$

$$\mathrel{\widehat{=}} \underline{\underline{2{,}032\, E}}$$

Die Schwerpunktskoordinate x_s berechnet man am vorteilhaftesten wieder mit der Umkehrfunktion, für die man dann jedoch y_s^{-1} zu bestimmen hat.

$$y_s^{-1} = \frac{1}{l} \int_0^{\sqrt{15}} f^{-1}(x) \sqrt{1 + [(f^{-1}(x)']^2}\, dx$$

$$= \frac{1}{l} \int_0^{\sqrt{15}} \sqrt{x^2 + 1} \sqrt{1 + \frac{x^2}{x^2 + 1}}\, dx$$

$$= \frac{1}{l} \int_0^{\sqrt{15}} \sqrt{x^2 + 1 + x^2}\, dx$$

$\int \sqrt{x^2 + a^2}\, dx$ ► Kap. 2.4, Band 4

$$y_s^{-1} = \frac{\sqrt{2}}{l} \int_0^{\sqrt{15}} \sqrt{x^2 + \frac{1}{2}}\, dx$$

$$= \frac{\sqrt{2}}{2l} \left[x \sqrt{x^2 + \frac{1}{2}} + \frac{1}{2} \ln \left| x + \sqrt{x^2 + \frac{1}{2}} \right| \right]_0^{\sqrt{15}}$$

$$=\frac{\sqrt{2}}{2l}\left[\sqrt{15\cdot 15{,}5}+\frac{1}{2}\ln\left(\sqrt{15}+\sqrt{15{,}5}\right)-0-\right.$$

$$\left.-\frac{1}{2}\ln\sqrt{\frac{1}{2}}\right]$$

$$=\frac{\sqrt{2}}{2l}\left[\sqrt{15\cdot 15{,}5}+\frac{1}{2}\ln\left(\sqrt{30}+\sqrt{31}\right)\right]$$

$$\approx\frac{\sqrt{2}}{2l}\left[\sqrt{232{,}5}+\frac{1}{2}\ln 11{,}045\right]$$

$$\approx\frac{1{,}414}{2\cdot 4{,}968}\,(15{,}25+1{,}20)$$

$$\approx 2{,}341 \Rightarrow x_s \mathrel{\widehat{=}} \underline{\underline{2{,}341\,E}}$$

10. $f(x)=x\cdot\sqrt{x}$

$x_1=0;\quad x_2=3$

$f'(x)=(x^{\frac{3}{2}})'=\frac{3}{2}\,x^{\frac{1}{2}}$

$[f'(x)]^2=\frac{9}{4}\,x$

$$l=\int_{x_1}^{x_2}\sqrt{1+[f'(x)]^2}\,\mathrm{d}x$$

$$=\int_0^3\sqrt{1+\left(\frac{3}{2}\sqrt{x}\right)^2}\,\mathrm{d}x$$

$$=\frac{3}{2}\int_0^3\sqrt{\frac{4}{9}+x}\,\mathrm{d}x$$

$$=\frac{3}{2}\left[\frac{2}{3}\left(x+\frac{4}{9}\right)\sqrt{x+\frac{4}{9}}\right]_0^3$$

$$=\frac{31}{9}\sqrt{\frac{31}{9}}-\frac{4}{9}\cdot\frac{2}{3}$$

$$=\frac{1}{27}\left(31\sqrt{31}-8\right)$$

$$\mathrel{\widehat{=}}\underline{\underline{6{,}097\,E}}$$

$$y_s=\frac{1}{l}\int_{x_1}^{x_2} f(x)\sqrt{1+[f'(x)]^2}\,\mathrm{d}x$$

$$=\frac{1}{l}\int_0^3 x\sqrt{x}\,\sqrt{1+\frac{9}{4}\,x}\,\mathrm{d}x$$

3.8

Es wird die quadratische Ergänzung gebildet.

$$= \frac{3}{2l} \int_0^3 x \sqrt{x^2 + \frac{4}{9} x}\, dx$$

$$y_s = \frac{3}{2l} \int_0^3 x \sqrt{x^2 + \frac{4}{9} x + \frac{4}{81} - \frac{4}{81}}\, dx$$

Das zugehörige unbestimmte Integral wird durch Substitution gelöst.

$$= \frac{3}{2l} \int_0^3 x \sqrt{\left(x + \frac{2}{9}\right)^2 - \frac{4}{81}}\, dx$$

$z = x + \frac{2}{9}$; $\quad dx = dz$

$$F = \int x \sqrt{\left(x + \frac{2}{9}\right)^2 - \frac{4}{81}}\, dx$$

$x = z - \frac{2}{9}$

$$= \int \left(z - \frac{2}{9}\right) \sqrt{z^2 - \frac{4}{81}}\, dz$$

$$= \int z \sqrt{z^2 - \frac{4}{81}}\, dz - \frac{2}{9} \int \sqrt{z^2 - \frac{4}{81}}\, dz$$

$$= \qquad F_1 \qquad - \qquad F_2$$

Substitution:

$z^2 - \frac{4}{81} = t$; $\quad dz = \frac{dt}{2z}$

$$F_1 = \int z \sqrt{z^2 - \frac{4}{81}}\, dz$$

$$= \frac{1}{2} \int \sqrt{t}\, dt$$

$$= \frac{1}{2} \int t^{\frac{1}{2}} \cdot dt$$

$$= \frac{1}{3} t \sqrt{t} + c_1$$

$$= \frac{1}{3} \left(z^2 - \frac{4}{81}\right) \sqrt{z^2 - \frac{4}{81}} + c_1$$

$\int \sqrt{x^2 - a^2}\, dx$ ▶ Kap. 2.4, Band 4

$$F_2 = \frac{2}{9} \int \sqrt{z^2 - \frac{4}{81}}\, dz$$

$$= \frac{2}{9} \left[\frac{z}{2} \sqrt{z^2 - \frac{4}{81}} - \frac{2}{81} \ln \left| z + \sqrt{z^2 - \frac{4}{81}} \right| \right] + c_2$$

Damit läßt sich F angeben.

$c = c_1 - c_2$

$$= \frac{1}{9} \left[z \sqrt{z^2 - \frac{4}{81}} - \frac{4}{81} \ln \left| z + \sqrt{z^2 - \frac{4}{81}} \right| \right] + c_2$$

$$F = F_1 - F_2$$

$$= \frac{1}{3}\left(x^2 + \frac{4}{9}x\right)\sqrt{x^2 + \frac{4}{9}x} - \frac{1}{9}\left(x + \frac{2}{9}\right)\sqrt{x^2 + \frac{4}{9}x} + \frac{4}{729}\ln\left|x + \frac{2}{9} + \sqrt{x^2 + \frac{4}{9}x}\right| + c$$

$$y_s = \left[\frac{3}{2l}\cdot F\right]_0^3$$

$$= \frac{3}{2l}\left[\frac{1}{3}\left(9 + \frac{12}{9}\right)\sqrt{9 + \frac{12}{9}} - \frac{1}{9}\left(3 + \frac{2}{9}\right)\sqrt{9 + \frac{12}{9}} + \frac{4}{729}\ln\left(3 + \frac{2}{9} + \sqrt{9 + \frac{12}{9}}\right) - \right.$$

$$\left. - 0 + 0 - \frac{4}{729}\ln\frac{2}{9}\right]$$

$$= \frac{3}{2l}\left[\frac{1}{3}\cdot\frac{93}{9}\cdot\frac{1}{3}\sqrt{93} - \frac{1}{9}\cdot\frac{29}{9}\cdot\frac{1}{3}\sqrt{93} + \frac{4}{729}\ln\left(\frac{1}{2}(29 + 3\sqrt{93})\right)\right]$$

$$= \frac{1}{54l}\left[93\sqrt{93} - \frac{29}{3}\sqrt{93} + \frac{4}{9}\ln\left(\frac{1}{2}(29 + 3\sqrt{93})\right)\right]$$

$$= \frac{1}{162l}\left[250\sqrt{93} + \frac{4}{3}\ln\left(\frac{1}{2}(29 + 3\sqrt{93})\right)\right]$$

$$\approx \frac{1}{162\cdot 6{,}097}\left[250\cdot 9{,}644 + \frac{4}{3}\ln\left(\frac{1}{2}(29 + 3\cdot 9{,}644)\right)\right]$$

$$\triangleq \underline{\underline{2{,}446\,E}}$$

$$x_s = \frac{1}{l}\int_{x_1}^{x_2} x\sqrt{1 + [f'(x)]^2}\,dx$$

$$= \frac{1}{l}\int_0^3 x\sqrt{1 + \frac{9}{4}x}\,dx$$

$$= \frac{3}{2l}\int_0^3 x\sqrt{\frac{4}{9} + x}\,dx$$

Das zugehörige unbestimmte Integral wird durch Substitution gelöst.

$$F = \int x\sqrt{\frac{4}{9} + x}\,dx$$

$$z = \frac{4}{9} + x; \quad dx = dz$$

$$x = z - \frac{4}{9}$$

$$= \int\left(z - \frac{4}{9}\right)\sqrt{z}\,dz$$

$$= \int z^{\frac{3}{2}}\,dz - \frac{4}{9}\int z^{\frac{1}{2}}\,dz$$

$$= \frac{2}{5} z^{\frac{5}{2}} - \frac{8}{27} z^{\frac{3}{2}} + c$$

$$= 2z^{\frac{3}{2}} \left(\frac{z}{5} - \frac{4}{27}\right) + c$$

$$F = 2\left(x + \frac{4}{9}\right)\sqrt{x + \frac{4}{9}}\left(\frac{x + \frac{4}{9}}{5} - \frac{4}{27}\right) + c$$

$$x_s = \frac{3}{2l} [F]_0^3$$

$$= \frac{3}{l}\left[\frac{31}{9}\sqrt{\frac{31}{9}}\left(\frac{31}{45} - \frac{4}{27}\right) - \frac{4}{9}\sqrt{\frac{4}{9}}\left(\frac{4}{45} - \frac{4}{27}\right)\right]$$

$$= \frac{1}{81l}\left[31\sqrt{31}\left(\frac{31}{5} - \frac{4}{3}\right) - 32\left(\frac{1}{5} - \frac{1}{3}\right)\right]$$

$$= \frac{1}{1215l} [31 \cdot \sqrt{31} \cdot 73 + 32 \cdot 2]$$

$$\approx \frac{31 \cdot 73 \cdot 5{,}568 + 64}{1215 \cdot 6{,}097}$$

$$\mathrel{\hat{=}} \underline{\underline{1{,}710\,E}}$$

11. $\alpha = 270°$; $r = 100$ mm

Die Formel für y_s ist im Beispiel des Kap. 3.8, Bd. 4 entwickelt.

$$y_s = \frac{360° \cdot r \cdot \sin\frac{\alpha}{2}}{\pi \cdot \alpha}$$

$$= \frac{360° \cdot 100 \text{ mm} \cdot \sin 135°}{\pi \cdot 270°}$$

$$= \frac{4 \cdot 100 \cdot \frac{1}{2}\sqrt{2}}{\pi \cdot 3} \text{ mm}$$

$$= \underline{\underline{\frac{200\sqrt{2}}{3\pi} \text{ mm}}}$$

$$\approx \underline{\underline{30{,}01 \text{ mm}}}$$

12. $\alpha = 50°$; $r = 6$ cm

Die Formel für y_s ist im Beispiel des Kap. 3.8, Bd. 4 entwickelt.

$$y_s = \frac{360° \cdot r \cdot \sin\frac{\alpha}{2}}{\pi \cdot \alpha}$$

$$= \frac{360° \cdot 6 \text{ cm} \cdot \sin 25°}{\pi \cdot 50°}$$

$$\approx \frac{36 \cdot 6 \cdot 0{,}4226}{\pi \cdot 5}\,\text{cm}$$

$$\approx \underline{\underline{5{,}810\ \text{cm}}}$$

13. $\alpha = \frac{3}{2}\pi;\quad r = 4$ cm

$\frac{3}{2}\pi \mathrel{\hat{=}} 270°$

Die Formel für y_s ist im Beispiel des Kap. 3.8, Bd. 4 entwickelt.

$$y_s = \frac{360° \cdot r \cdot \sin\frac{\alpha}{2}}{\pi \cdot \alpha}$$

$$= \frac{360° \cdot 4\ \text{cm} \cdot \sin 135°}{\pi \cdot 270°}$$

$$= \frac{4 \cdot 4 \cdot \frac{1}{2}\sqrt{2}}{\pi \cdot 3}\,\text{cm}$$

$$= \underline{\underline{\frac{8\sqrt{2}}{3\pi}\,\text{cm} \approx 1{,}200\ \text{cm}}}$$

14. $\alpha = \frac{\pi}{6};\quad r = 20$ cm

$\frac{\pi}{6} \mathrel{\hat{=}} 30°$

Die Formel für y_s ist im Beispiel des Kap. 3.8, Bd. 4 entwickelt.

$$y_s = \frac{360° \cdot r \cdot \sin\frac{\alpha}{2}}{\pi \cdot \alpha}$$

$$= \frac{360° \cdot 20\ \text{cm} \cdot \sin 15°}{\pi \cdot 30°}$$

$$= \frac{1}{\pi} \cdot 12 \cdot 20 \cdot \sin 15°\ \text{cm}$$

$$\approx \frac{1}{\pi} \cdot 12 \cdot 20 \cdot 0{,}2588\ \text{cm}$$

$$\approx \underline{\underline{19{,}77\ \text{cm}}}$$

15. $f(x) = 2x + 4$

Die Länge l des Kurvenstücks läßt sich leicht elementar berechnen.

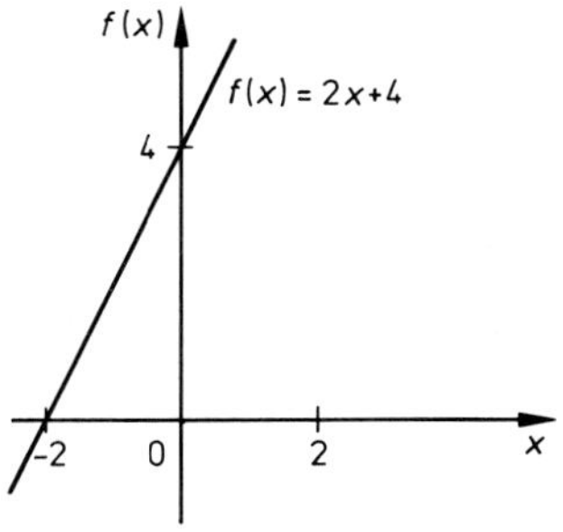

$$l = \sqrt{2^2 + 4^2}$$

$$= \sqrt{20}$$

$$\mathrel{\hat{=}} \underline{\underline{2\sqrt{5}\,E}}$$

$$y_s = \frac{1}{l}\int_{x_1}^{x_2} f(x)\sqrt{1 + [f'(x)]^2}\,\mathrm{d}x$$

$$= \frac{1}{l}\int_{-2}^{0} (2x + 4)\sqrt{1 + 2^2}\,\mathrm{d}x$$

$$y_s = \frac{\sqrt{5}}{2\sqrt{5}}\,[(x^2+4x)]_{-2}^{0}$$

$$= -\frac{1}{2}\,(4-8)$$

$$\mathrel{\hat{=}} \underline{\underline{2\,E}}$$

$$x_s = \frac{1}{l}\int_{x_1}^{x_2} x\sqrt{1+[f'(x)]^2}\,\mathrm{d}x$$

$$= \frac{1}{l}\int_{-2}^{0} x\sqrt{1+2^2}\,\mathrm{d}x$$

$$= \frac{\sqrt{5}}{2\sqrt{5}}\left[\frac{x^2}{2}\right]_{-2}^{0}$$

$$= \left[\frac{x^2}{4}\right]_{-2}^{0}$$

$$\mathrel{\hat{=}} \underline{\underline{-1\,E}}$$

16. $f(x) = x^2 - 2$

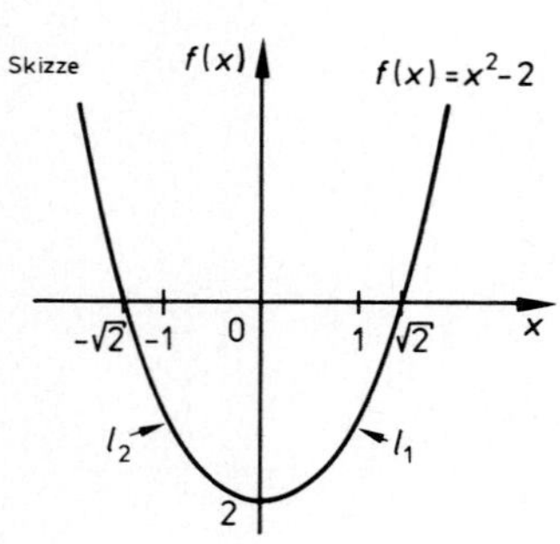

Es wird zunächst der Schwerpunkt S_1 des Kurvenstücks l_1 berechnet.

$\int \sqrt{a^2+x^2}\,\mathrm{d}x$ ► Kap. 2.4, Band 4

$$l_1 = \int_{x_1}^{x_2} \sqrt{1+[f'(x)]^2}\,\mathrm{d}x$$

$$= \int_{0}^{\sqrt{2}} \sqrt{1+4x^2}\,\mathrm{d}x$$

$$= 2\int_{0}^{\sqrt{2}} \sqrt{\frac{1}{4}+x^2}\,\mathrm{d}x$$

$$= \left[x\sqrt{\frac{1}{4}+x^2}+\frac{1}{4}\ln\left|x+\sqrt{\frac{1}{4}+x^2}\right|\right]_0^{\sqrt{2}}$$

$$= \sqrt{2}\sqrt{\frac{1}{4}+2}+\frac{1}{4}\ln\left(\sqrt{2}+\sqrt{\frac{1}{4}+2}\right)-0-\frac{1}{4}\ln\sqrt{\frac{1}{4}}$$

$$l_1 = \frac{3}{2}\sqrt{2}+\frac{1}{4}\ln\,(2\sqrt{2}+3)$$

$$= \frac{1}{4}\,[6\sqrt{2}+\ln\,(2\sqrt{2}+3)]$$

$$\approx \frac{1}{4}\,[6 \cdot 1{,}414 + \ln\,(2 \cdot 1{,}414 + 3)]$$

$$l_1 \mathrel{\hat{=}} \underline{\underline{2{,}562\,E}}$$

$$y_{s_1} = \frac{1}{l_1} \int\limits_{x_1}^{x_2} f(x)\sqrt{1 + [f'(x)]^2}\,\mathrm{d}x$$

$$= \frac{1}{l_1} \int\limits_{0}^{\sqrt{2}} (x^2 - 2)\sqrt{1 + 4x^2}\,\mathrm{d}x$$

$$= \frac{2}{l_1} \int\limits_{0}^{\sqrt{2}} (x^2 - 2)\sqrt{\frac{1}{4} + x^2}\,\mathrm{d}x$$

$$= \frac{2}{l_1} \int\limits_{0}^{\sqrt{2}} x^2\sqrt{\frac{1}{4} + x^2}\,\mathrm{d}x - \frac{4}{l_1} \int\limits_{0}^{\sqrt{2}} \sqrt{\frac{1}{4} + x^2}\,\mathrm{d}x$$

$$= \qquad F_1 \qquad - \qquad F_2$$

F_2 läßt sich leicht berechnen, wenn man

$$l_1 = 2 \int\limits_{0}^{\sqrt{2}} \sqrt{\frac{1}{4} + x^2}\,\mathrm{d}x$$

benutzt.

$$F_2 = \frac{4}{l_1} \int\limits_{0}^{\sqrt{2}} \sqrt{\frac{1}{4} + x^2}\,\mathrm{d}x$$

$$= \frac{4 \cdot \int\limits_{0}^{\sqrt{2}} \sqrt{\frac{1}{4} + x^2}\,\mathrm{d}x}{2 \cdot \int\limits_{0}^{\sqrt{2}} \sqrt{\frac{1}{4} + x^2}\,\mathrm{d}x}$$

$$\mathrel{\hat{=}} \underline{\underline{2\,E}}$$

Bei der Berechnung von F_1 bestimmt man zunächst das zugehörige unbestimmte Integral, indem man die in Kap. 2.5, Band 4, durch partielle Integration gewonnene Rekursionsformel verwendet.

$$\int x^2 \sqrt{\frac{1}{4} + x^2}\,\mathrm{d}x =$$

$$= \frac{x}{4}\left(\frac{1}{4} + x^2\right)^{\frac{3}{2}} - \frac{\frac{1}{4}}{4} \int x^0 \cdot \sqrt{\frac{1}{4} + x^2}\,\mathrm{d}x$$

$$= \frac{x}{4}\left(\frac{1}{4} + x^2\right)\sqrt{\frac{1}{4} + x^2} - \frac{1}{16} \int \sqrt{\frac{1}{4} + x^2}\,\mathrm{d}x$$

3.8

$$F_1 = \left[\frac{x}{2l_1}\left(\frac{1}{4}+x^2\right)\sqrt{\frac{1}{4}+x^2}\right]_0^{\sqrt{2}} - \frac{\frac{1}{8}\int\limits_0^{\sqrt{2}} \sqrt{\frac{1}{4}+x^2}\,\mathrm{d}x}{2\int\limits_0^{\sqrt{2}} \sqrt{\frac{1}{4}+x^2}\,\mathrm{d}x}$$

$$= \left[\frac{x}{2l_1}\left(\frac{1}{4}+x^2\right)\sqrt{\frac{1}{4}+x^2}\right]_0^{\sqrt{2}} - \frac{1}{16}$$

$$= \frac{1}{2l_1}\left[\sqrt{2}\cdot\frac{9}{4}\cdot\frac{3}{2} - 0\right] - \frac{1}{16}$$

$$= \frac{27\sqrt{2}}{16l_1} - \frac{1}{16} \approx \frac{27\cdot 1{,}414}{16\cdot 2{,}562} - \frac{1}{16}$$

$$\mathrel{\hat{=}} \underline{\underline{0{,}869\,E}}$$

$$y_{s_1} = F_1 - F_2$$

$$\approx 0{,}869 - 2$$

$$\mathrel{\hat{=}} \underline{\underline{-1{,}131\,E}}$$

$$x_{s_1} = \frac{1}{l_1}\int\limits_{x_1}^{x_2} x\sqrt{1+[f'(x)]^2}\,\mathrm{d}x$$

$$= \frac{1}{l_1}\int\limits_0^{\sqrt{2}} x\sqrt{1+4x^2}\,\mathrm{d}x$$

Das zugehörige unbestimmte Integral wird durch Substitution gelöst.

$$= \frac{2}{l_1}\int\limits_0^{\sqrt{2}} x\sqrt{\frac{1}{4}+x^2}\,\mathrm{d}x$$

$$z = \frac{1}{4}+x^2; \quad \mathrm{d}x = \frac{\mathrm{d}z}{2x}$$

$$\int x\sqrt{\frac{1}{4}+x^2}\,\mathrm{d}x = \frac{1}{2}\int\sqrt{z}\,\mathrm{d}z$$

$$= \frac{1}{2}\int z^{\frac{1}{2}}\,\mathrm{d}z$$

$$= \frac{1}{2}\cdot\frac{2}{3}\,z^{\frac{3}{2}} + c$$

$$= \underline{\underline{\frac{1}{3}\left(\frac{1}{4}+x^2\right)\sqrt{\frac{1}{4}+x^2} + c}}$$

$$x_{s_1} = \frac{2}{3l_1}\left[\left(\frac{1}{4}+x^2\right)\sqrt{\frac{1}{4}+x^2}\,\right]_0^{\sqrt{2}}$$

$$= \frac{2}{3l_1}\left[\frac{9}{4}\cdot\frac{3}{2}-\frac{1}{4}\cdot\frac{1}{2}\right]$$

$$= \frac{26}{12l_1}$$

$$\approx \frac{13}{6\cdot 2{,}562}$$

$$\mathrel{\hat{=}} \underline{\underline{0{,}846\,E}}$$

Aufgrund des symmetrischen Kurvenverlaufs (insbesondere also $l_1 = l_2$) lassen sich leicht der Linienschwerpunkt S_2 des Kurvenstücks l_2 und der Linienschwerpunkt S des aus l_1 und l_2 bestehenden Kurvenstücks angeben.

$$\Rightarrow \underline{\underline{S_1\langle 0{,}846\,E;\ -1{,}131\,E\rangle}}$$

$$\underline{\underline{S_2\langle -0{,}846\,E;\ -1{,}131\,E\rangle}}$$

$$S\langle x_s;\ y_s\rangle$$

$$S\left\langle \frac{x_{s_1}+x_{s_2}}{2};\ y_{s_1}\right\rangle$$

$$\underline{\underline{S\langle 0;\ -1{,}131\,E\rangle}}$$

17. $f(x) = x^2 + \frac{1}{2}x - 3$

$f'(x) = 2x + \frac{1}{2}$

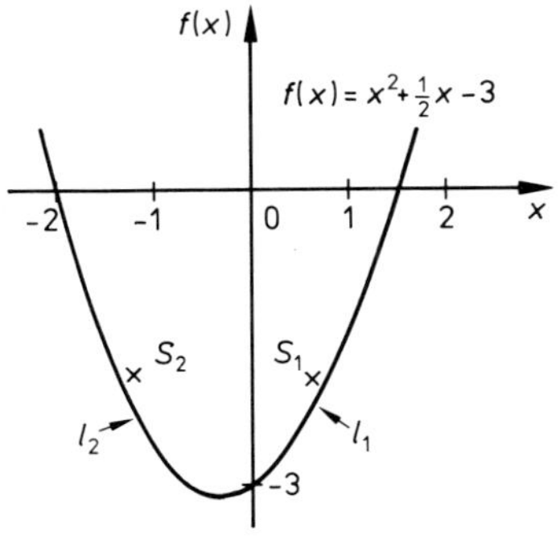

Es sind zwei Linienschwerpunkte zu berechnen.

Nullstellen:

$$x^2 + \frac{1}{2}x - 3 = 0 \Rightarrow x_{1;2} = -\frac{1}{4} \pm \sqrt{\frac{1}{16}+3}$$

$$= -\frac{1}{4} \pm \frac{7}{4}$$

$$x_1 = \frac{3}{2};\quad x_2 = -2$$

$$l_1 = \int_0^{x_1} \sqrt{1+[f'(x)]^2}\,dx$$

$$= \int_0^{\frac{3}{2}} \sqrt{1+\left(2x+\frac{1}{2}\right)^2}\,dx$$

$$F = \int \sqrt{1+\left(2x+\frac{1}{2}\right)^2}\,dx$$

3.8

Das zu l_1 gehörige unbestimmte Integral wird durch Substitution gelöst.

$z = 2x + \frac{1}{2}; \quad dx = \frac{dz}{2}$

$\int \sqrt{a^2 + x^2}\, dx$ ► Kap. 2.4, Band 4

$$F = \frac{1}{2} \int \sqrt{1+z^2}\, dz$$

$$= \frac{1}{2}\left[\frac{z}{2}\sqrt{1+z^2} + \frac{1}{2}\ln\left|z + \sqrt{1+z^2}\right|\right] + c$$

$$\underline{\underline{= \frac{1}{4}\left[\left(2x+\frac{1}{2}\right)\sqrt{1+\left(2x+\frac{1}{2}\right)^2} + \right.}}$$

$$\underline{\underline{\left. + \ln\left|2x+\frac{1}{2}+\sqrt{1+\left(2x+\frac{1}{2}\right)^2}\right|\right] + c}}$$

$$l_1 = [F]_0^{\frac{3}{2}}$$

$$= \frac{1}{4}\left[3{,}5\sqrt{1+3{,}5^2} + \ln\left(3{,}5 + \sqrt{1+3{,}5^2}\right) - \right.$$

$$\left. - \frac{1}{2}\sqrt{1+\frac{1}{4}} - \ln\left(\frac{1}{2} + \sqrt{1+\frac{1}{4}}\right)\right]$$

$$= \frac{1}{4}\left[3.5 \cdot \sqrt{1+3{,}5^2} + \ln\frac{7+2\sqrt{1+3{,}5^2}}{1+\sqrt{5}} - \frac{1}{4}\sqrt{5}\right]$$

$$\approx \frac{1}{4}\left[3{,}5 \cdot \sqrt{13{,}25} + \ln\frac{7+2\sqrt{13{,}25}}{1+\sqrt{5}} - \frac{\sqrt{5}}{4}\right]$$

$$\approx \frac{1}{4}\left[3{,}5 \cdot 3{,}640 + \ln\frac{14{,}28}{3{,}236} - \frac{2{,}236}{4}\right]$$

$$\hat{=} \underline{\underline{3{,}416\,E}}$$

Die Berechnung von l_2 erfolgt mit dem gleichen Integral F.

$$l_2 = [F]_{-2}^{0}$$

$$= \frac{1}{4}\left[\frac{1}{2}\sqrt{1+\frac{1}{4}} + \ln\left(\frac{1}{2}+\sqrt{1+\frac{1}{4}}\right) + 3{,}5\sqrt{1+3{,}5^2} - \right.$$

$$\left. - \ln\left(-3{,}5 + \sqrt{1+3{,}5^2}\right)\right]$$

$$= \frac{1}{4}\left[\frac{\sqrt{5}}{4} + 3{,}5\sqrt{1+3{,}5^2} + \ln\frac{1+\sqrt{5}}{2\sqrt{1+3{,}5^2} - 7}\right]$$

Genauer Wert: $\sqrt{1+3{,}5^2} \approx 3{,}64005$

$$\approx \frac{1}{4}\left[\frac{2{,}236}{4} + 3{,}5 \cdot 3{,}640 + \ln\frac{3{,}236}{0{,}2801}\right]$$

$$\hat{=} \underline{\underline{3{,}936\,E}}$$

$$y_{s_1}=\frac{1}{l_1}\int\limits_0^{x_1} f(x)\sqrt{1+[f'(x)]^2}\,\mathrm{d}x$$

$$=\frac{1}{l_1}\int\limits_0^{\frac{3}{2}}\left(x^2+\frac{1}{2}x-3\right)\sqrt{1+\left(2x+\frac{1}{2}\right)^2}\,\mathrm{d}x$$

$$=\frac{1}{l_1}\int\limits_0^{\frac{3}{2}} x^2\cdot\sqrt{1+\left(2x+\frac{1}{2}\right)^2}\,\mathrm{d}x+$$

$$+\frac{1}{2l_1}\int\limits_0^{\frac{3}{2}} x\sqrt{1+\left(2x+\frac{1}{2}\right)^2}\,\mathrm{d}x-$$

$$-\frac{3}{l_1}\int\limits_0^{\frac{3}{2}}\sqrt{1+\left(2x+\frac{1}{2}\right)^2}\,\mathrm{d}x$$

$$=F_1+F_2-F_3$$

Unter Benutzung der Integralschreibweise für l_1 läßt sich F_3 sofort angeben.

$$F_3=\frac{3}{l_1}\int\limits_0^{\frac{3}{2}}\sqrt{1+\left(2x+\frac{1}{2}\right)^2}\,\mathrm{d}x$$

$$F_3=\frac{3\int\limits_0^{\frac{3}{2}}\sqrt{1+\left(2x+\frac{1}{2}\right)^2}\,\mathrm{d}x}{\int\limits_0^{\frac{3}{2}}\sqrt{1+\left(2x+\frac{1}{2}\right)^2}\,\mathrm{d}x}$$

$$\mathrel{\hat=}\underline{\underline{3\,E}}$$

Für F_2 löst man zunächst das zugehörige unbestimmte Integral durch Substitution.

$$2x+\frac{1}{2}=z;\quad \mathrm{d}x=\frac{\mathrm{d}z}{2}$$

$$x=\frac{1}{2}\left(z-\frac{1}{2}\right)$$

$$\int x\sqrt{1+\left(2x+\frac{1}{2}\right)^2}\,\mathrm{d}x=$$

$$=\int\frac{1}{2}\left(z-\frac{1}{2}\right)\sqrt{1+z^2}\cdot\frac{\mathrm{d}z}{2}$$

$$=\frac{1}{4}\int\left(z-\frac{1}{2}\right)\sqrt{1+z^2}\,\mathrm{d}z$$

$$=\frac{1}{4}\int z\sqrt{1+z^2}\,\mathrm{d}z-\frac{1}{8}\int\sqrt{1+z^2}\,\mathrm{d}z$$

3.8

Das erste Teilintegral wird durch erneute Substitution gelöst, während man das zweite Teilintegral nicht weiter behandelt, da es vom gleichen Typ ist wie das von l_1.

$$1+z^2=t; \quad dz=\frac{dt}{2z}$$

$$\int z\sqrt{1+z^2}\,dz=\frac{1}{2}\int\sqrt{t}\,dt$$

$$=\frac{1}{2}\int t^{\frac{1}{2}}\,dt$$

$$=\frac{1}{3}\,t^{\frac{3}{2}}+c$$

$$=\frac{1}{3}\,(1+z^2)\sqrt{1+z^2}+c$$

Rücksubstitution:

$$1+z^2=1+\left(2x+\frac{1}{2}\right)^2$$

$$dz=2dx$$

$$\int x\sqrt{1+\left(2x+\frac{1}{2}\right)^2}\,dx=$$

$$=\frac{1}{12}\left[1+\left(2x+\frac{1}{2}\right)^2\right]^{\frac{3}{2}}-\frac{1}{4}\int\sqrt{1+\left(2x+\frac{1}{2}\right)^2}\,dx$$

$$F_2=\frac{1}{2l_1}\int_0^{\frac{3}{2}} x\sqrt{1+\left(2x+\frac{1}{2}\right)^2}\,dx$$

$$=\frac{1}{24l_1}\left[\left[1+\left(2x+\frac{1}{2}\right)^2\right]^{\frac{3}{2}}\right]_0^{\frac{3}{2}}-$$

$$-\frac{1}{l_1}\cdot\frac{1}{8}\int_0^{\frac{3}{2}}\sqrt{1+\left(2x+\frac{1}{2}\right)^2}\,dx$$

$$=\frac{1}{24l_1}\left[\left[1+\left(2x+\frac{1}{2}\right)^2\right]^{\frac{3}{2}}\right]_0^{\frac{3}{2}}-\frac{1}{8}$$

$$F_2=\frac{1}{24l_1}\left[(1+3{,}5^2)\sqrt{1+3{,}5^2}-\right.$$

$$\left.-\left(1+\frac{1}{4}\right)\sqrt{1+\frac{1}{4}}\right]-\frac{1}{8}$$

$$=\frac{1}{24l_1}\left[13{,}25\sqrt{13{,}25}-\frac{5\sqrt{5}}{8}\right]-\frac{1}{8}$$

$$\approx\frac{13{,}25\cdot3{,}640-\frac{1}{8}\cdot5\cdot2{,}236}{24\cdot3{,}416}-\frac{1}{8}$$

$$\mathrel{\hat=}0{,}447\,E$$

Zur Lösung des zu F_1 gehörenden unbestimmten Integrals wird zunächst wieder substituiert.

$$z = 2x + \frac{1}{2}; \quad dx = \frac{dz}{2}$$

$$x = \frac{1}{2}\left(z - \frac{1}{2}\right)$$

$$\int x^2 \cdot \sqrt{1 + \left(2x + \frac{1}{2}\right)^2}\, dx = \int \frac{\left(z - \frac{1}{2}\right)^2}{4} \sqrt{1+z^2}\, \frac{dz}{2}$$

$$= \frac{1}{8} \int \left(z^2 - z + \frac{1}{4}\right) \sqrt{1+z^2}\, dz$$

$$= \frac{1}{8} \underbrace{\int z^2 \cdot \sqrt{1+z^2}\, dz}_{\text{siehe Kap. 2.5 Aufgabe 74}} - \frac{1}{8} \underbrace{\int z \sqrt{1+z^2}\, dz}_{\text{siehe bei } F_2} + \frac{1}{32} \int \sqrt{1+z^2}\, dz$$

$$= \frac{1}{8}\left[\frac{z}{4}(1+z^2)^{\frac{3}{2}} - \frac{1}{4}\int \sqrt{1+z^2}\, dz\right] -$$

$$- \frac{1}{8} \cdot \frac{1}{3}(1+z^2)^{\frac{3}{2}} + \frac{1}{32} \int \sqrt{1+z^2}\, dz$$

$$= (1+z^2)^{\frac{3}{2}} \cdot \left(\frac{z}{32} - \frac{1}{24}\right) + c$$

$$= \frac{1}{8}\left(\frac{z}{4} - \frac{1}{3}\right)(1+z^2)^{\frac{3}{2}} + c$$

$$= \frac{1}{96}\left(6x - \frac{5}{2}\right)\left[1 + \left(2x + \frac{1}{2}\right)^2\right] \sqrt{1 + \left(2x + \frac{1}{2}\right)^2} + c$$

Nun läßt sich F_1 berechnen.

$$F_1 = \frac{1}{96 l_1}\left[\left(6x - \frac{5}{2}\right)\left[1 + \left(2x + \frac{1}{2}\right)^2\right] \cdot \right.$$

$$\left. \cdot \sqrt{1 + \left(2x + \frac{1}{2}\right)^2}\right]_0^{\frac{3}{2}}$$

$$= \frac{1}{96 l_1}\left[\frac{13}{2}(1 + 3{,}5^2)\sqrt{1 + 3{,}5^2} + \right.$$

$$\left. + \frac{5}{2}\left(1 + \frac{1}{4}\right)\sqrt{1 + \frac{1}{4}}\right]$$

Die Schwerpunktskoordinate y_{s_2} läßt sich nun mit den gleichen Integralen berechnen.

$$=\frac{1}{192 l_1}\left[13\cdot 13{,}25\sqrt{13{,}25}+\frac{1}{8}\cdot 5\cdot 5\cdot\sqrt{5}\right]$$

$$\approx\frac{13\cdot 13{,}25\cdot 3{,}640+\frac{1}{8}\cdot 25\cdot 2{,}236}{192\cdot 3{,}416}$$

$$\hat{=}\underline{\underline{0{,}967\,E}}$$

$$y_{s_1}=F_1+F_2-F_3$$

$$\approx 0{,}967+0{,}447-3$$

$$\hat{=}\underline{\underline{-1{,}586\,E}}$$

$$y_{s_2}=\frac{1}{l_2}\int\limits_{x_2}^{0} f(x)\sqrt{1+[f'(x)]^2}\,\mathrm{d}x$$

$$=\frac{1}{l_2}\int\limits_{-2}^{0}\left(x^2+\frac{1}{2}x-3\right)\sqrt{1+\left(2x+\frac{1}{2}\right)^2}\,\mathrm{d}x$$

$$=\frac{1}{l_2}\int\limits_{-2}^{0} x^2\sqrt{1+\left(2x+\frac{1}{2}\right)^2}\,\mathrm{d}x+$$

$$+\frac{1}{2l_2}\int\limits_{-2}^{0} x\sqrt{1+\left(2x+\frac{1}{2}\right)^2}\,\mathrm{d}x-$$

$$-\frac{3}{l_2}\int\limits_{-2}^{0}\sqrt{1+\left(2x+\frac{1}{2}\right)^2}\,\mathrm{d}x$$

$$=F_1^*+F_2^*-F_3^*$$

$$F_3^*\hat{=}\underline{\underline{3\,E}}$$

$$F_2^*=\frac{1}{24 l_2}\left[\left[1+\left(2x+\frac{1}{2}\right)^2\right]^{\frac{3}{2}}\right]_{-2}^{0}-\frac{1}{8}$$

$$=\frac{1}{24 l_2}\left[\left(1+\frac{1}{4}\right)\sqrt{1+\frac{1}{4}}-\right.$$

$$\left.-(1+3{,}5^2)\sqrt{1+3{,}5^2}\right]-\frac{1}{8}$$

$$F_2^* = \frac{1}{24 l_2}\left[\frac{5\sqrt{5}}{8} - 13{,}25\sqrt{13{,}25}\right] - \frac{1}{8}$$

$$\approx \frac{\frac{1}{8}\cdot 5\cdot 2{,}236 - 13{,}25\cdot 3{,}640}{24\cdot 3{,}936} - \frac{1}{8}$$

$$\mathrel{\hat{=}} \underline{\underline{-0{,}620\,E}}$$

$$F_1^* = \frac{1}{96 l_2}\left[\left(6x - \frac{5}{2}\right)\left[1 + \left(2x + \frac{1}{2}\right)^2\right]\cdot\right.$$

$$\left.\cdot\sqrt{1 + \left(2x + \frac{1}{2}\right)^2}\,\right]_{-2}^{0}$$

$$= \frac{1}{96 l_2}\left[-\frac{5}{2}\left(1 + \frac{1}{4}\right)\sqrt{1 + \frac{1}{4}} -\right.$$

$$\left. -\left(-12 - \frac{5}{2}\right)(1 + 3{,}5^2)\sqrt{1 + 3{,}5^2}\,\right]$$

$$= \frac{1}{96 l_2}\left[-\frac{5\cdot 5\sqrt{5}}{2\cdot 4\cdot 2} + \frac{29}{2}\cdot 13{,}25\sqrt{13{,}25}\right]$$

$$= \frac{1}{192 l_2}\left[29\cdot 13{,}25\sqrt{13{,}25} - \frac{25\sqrt{5}}{8}\right]$$

$$\approx \frac{29\cdot 13{,}25\cdot 3{,}640 - \frac{1}{8}\cdot 25\cdot 2{,}236}{192\cdot 3{,}936}$$

$$\mathrel{\hat{=}} \underline{\underline{1{,}842\,E}}$$

$$y_{s_2} = F_1^* + F_2^* - F_3^*$$

$$\approx 1{,}842 - 0{,}620 - 3$$

$$\mathrel{\hat{=}} \underline{\underline{-1{,}778\,E}}$$

Jetzt werden die Schwerpunktskoordinaten x_{s_1} und x_{s_2} berechnet, wobei die bei der Berechnung von y_{s_1} und y_{s_2} auftretenden Integrale F_2 und F_2^* benutzt werden können.

$$x_{s_1} = \frac{1}{l_1}\int_0^{x_1} x\sqrt{1 + [f'(x)]^2}\,dx$$

$$= \frac{1}{l_1}\int_0^{\frac{3}{2}} x\sqrt{1 + \left(2x + \frac{1}{2}\right)^2}\,dx$$

$$=2\cdot F_2$$

$$\mathrel{\hat{=}}\underline{\underline{0{,}894\,E}}$$

$$x_{s_2}=\frac{1}{l_2}\int_{x_2}^{0} x\sqrt{1+[f'(x)]^2}\,\mathrm{d}x$$

$$x_{s_2}=\frac{1}{l_2}\int_{-2}^{0} x\sqrt{1+\left(2x+\frac{1}{2}\right)^2}\,\mathrm{d}x$$

$$=2\cdot F_2^*$$

$$\mathrel{\hat{=}}\underline{\underline{-1{,}240\,E}}$$

$$\Rightarrow \underline{\underline{S_1\langle 0{,}894\,E;\ -1{,}586\,E\rangle}}$$

$$\underline{\underline{S_2\langle -1{,}240\,E;\ -1{,}778\,E\rangle}}$$

18. $f(x)=\frac{2}{3}x-2$

Die Länge des Kurvenstücks läßt sich leicht elementar berechnen.

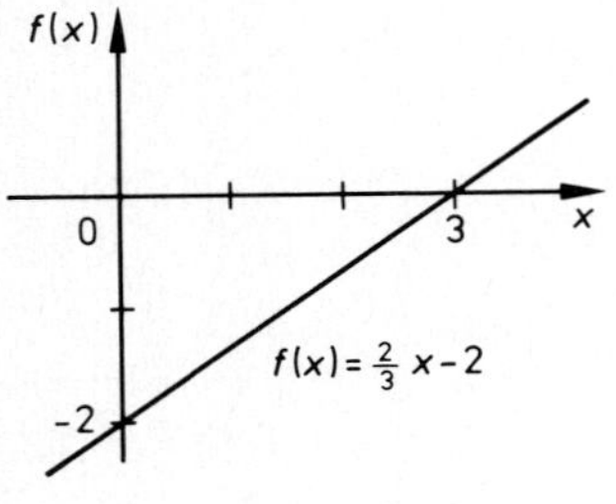

$$l=\sqrt{2^2+3^2}$$

$$=\sqrt{4+9}$$

$$\mathrel{\hat{=}}\underline{\underline{\sqrt{13}\,E}}$$

$$y_s=\frac{1}{l}\int_{x_1}^{x_2} y\sqrt{1+[f'(x)]^2}\,\mathrm{d}x$$

$$=\frac{1}{l}\int_{0}^{3}\left(\frac{2}{3}x-2\right)\sqrt{1+\frac{4}{9}}\,\mathrm{d}x$$

$$=\frac{\frac{1}{3}\sqrt{13}}{13}\left[\frac{1}{3}x^2-2x\right]_0^3$$

$$=\frac{1}{3}(3-6)$$

$$\mathrel{\hat{=}}\underline{\underline{-1\,E}}$$

$$x_s = \frac{1}{l} \int_{x_1}^{x_2} x\sqrt{1+[f'(x)]^2}\, dx$$

$$= \frac{1}{l} \int_0^3 x\sqrt{1+\frac{4}{9}}\, dx$$

$$= \frac{1}{3} \cdot \left[\frac{x^2}{2}\right]_0^3$$

$$\mathrel{\hat{=}} \underline{\underline{\frac{3}{2}}}\, E$$

19. $(x+2{,}5)^2+(y-2)^2=16$

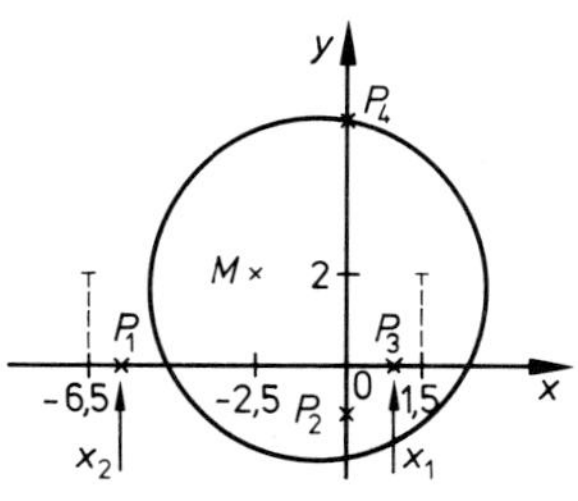

Es werden zunächst die vier Punkte P_1, P_2, P_3 und P_4 bestimmt, welche die vier Kreisbögen begrenzen.

Nullstellen:

$y=0; \quad (x+2{,}5)^2+2^2=4^2$

$(x+2{,}5)^2=12$

$x+2{,}5=\pm\sqrt{12}$

$x_1=\underline{\underline{2\sqrt{3}-2{,}5}}; \quad x_2=\underline{\underline{-2\sqrt{3}-2{,}5}}$

$\Rightarrow P_1\langle -2\sqrt{3}-2{,}5;\ 0\rangle$

$P_3\langle 2\sqrt{3}-2{,}5;\ 0\rangle$

Bestimmung von P_2 und P_4:

$x=0; \quad 2{,}5^2+(y-2)^2=4^2$

$(y-2)^2=16-6{,}25$

$y-2 = \pm\sqrt{9{,}75}$

$y=\pm\sqrt{9{,}75}+2$

$\Rightarrow P_2\langle 0;\ -\sqrt{9{,}75}+2\rangle$

$P_4\langle 0;\ \sqrt{9{,}75}+2\rangle$

Jetzt wird mittels

$\bar{x}=x+2{,}5$ und

$\bar{y}=y-2$

3.8

eine Koordinatentransformation vorgenommen, so daß der Kreismittelpunkt M in den Nullpunkt des $\bar{x}, \bar{y}$-Koordinatensystems übergeht.

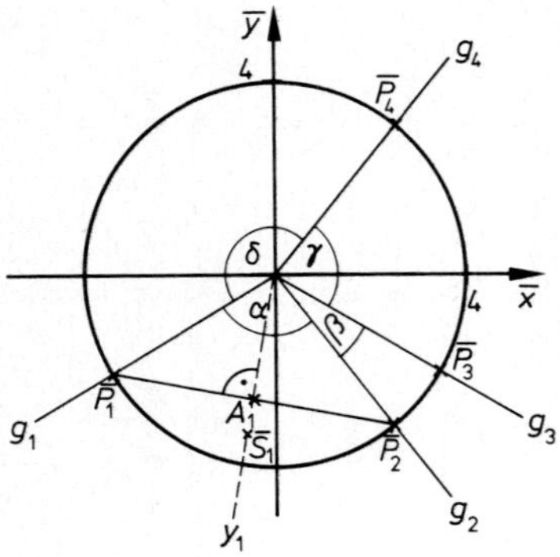

Man bestimmt nun mit der Formel $\tan(g_1, g_2) = \frac{m_2 - m_1}{1 + m_1 m_2}$ die Winkel $\alpha, \beta, \gamma, \delta$.

Nach Transformation:

$$\bar{x}^2 + \bar{y}^2 = 16$$

$$\bar{P}_1 \langle -2\sqrt{3};\ -2 \rangle$$

$$\bar{P}_2 \langle 2{,}5;\ -\sqrt{9{,}75} \rangle$$

$$\bar{P}_3 \langle 2\sqrt{3};\ -2 \rangle$$

$$\bar{P}_4 \langle 2{,}5;\ \sqrt{9{,}75} \rangle$$

Bestimmung von α:

$$g_1 = \frac{1}{\sqrt{3}} x; \quad g_2 = -\frac{\sqrt{9{,}75}}{2{,}5} x$$

$$\tan \alpha = \frac{-\frac{\sqrt{9{,}75}}{2{,}5} - \frac{1}{\sqrt{3}}}{1 - \frac{\sqrt{9{,}75}}{2{,}5\sqrt{3}}}$$

$$= \frac{-\sqrt{3}\sqrt{9{,}75} - 2{,}5}{2{,}5\sqrt{3} - \sqrt{9{,}75}}$$

$$\approx -6{,}553$$

$$\alpha \approx \underline{\underline{98{,}68^\circ}}$$

Bestimmung von β:

$$g_2 = -\frac{\sqrt{9{,}75}}{2{,}5} x; \quad g_3 = -\frac{1}{\sqrt{3}} x$$

$$\tan \beta = \frac{-\frac{1}{\sqrt{3}} + \frac{\sqrt{9{,}75}}{2{,}5}}{1 + \frac{\sqrt{9{,}75}}{2{,}5\sqrt{3}}}$$

$$= \frac{-2{,}5 + \sqrt{3}\sqrt{9{,}75}}{2{,}5\sqrt{3} + \sqrt{9{,}75}}$$

$$\approx 0{,}3903$$

$$\beta \approx \underline{\underline{21{,}32^\circ}}$$

Bestimmung von γ:

$$g_4=\frac{\sqrt{9{,}75}}{2{,}5}\,x;\quad g_3=-\frac{1}{\sqrt{3}}\,x$$

$$\tan\gamma=\frac{\frac{\sqrt{9{,}75}}{2{,}5}+\frac{1}{\sqrt{3}}}{1-\frac{\sqrt{9{,}75}}{2{,}5\sqrt{3}}}$$

$$=\frac{\sqrt{3}\sqrt{9{,}75}+2{,}5}{2{,}5\sqrt{3}-\sqrt{9{,}75}}=-\tan\alpha$$

$$\approx 6{,}553$$

Der Winkel δ wird aus der Beziehung $\alpha+\beta+\gamma+\delta=360°$ bestimmt.

$$\gamma\approx\underline{\underline{81{,}32°}}\qquad\delta\approx\underline{\underline{158{,}68°}}$$

Jetzt werden mit der Formel von Kap. 3.8, Band 4, die Abstände r_i der Schwerpunkte $\bar{S}_i$ $(i=1, 2, 3, 4)$ vom Nullpunkt im $\bar{x},\bar{y}$-Koordinatensystem bestimmt.

$$r_1\approx\frac{360°\cdot 4\cdot\sin 49{,}34°}{\pi\cdot 98{,}68°}$$

$$\mathrel{\hat{=}}\underline{\underline{3{,}524\,E}}$$

$$r_2\approx\frac{360°\cdot 4\cdot\sin 10{,}66°}{\pi\cdot 21{,}32°}$$

$$\mathrel{\hat{=}}\underline{\underline{3{,}977\,E}}$$

$$r_3\approx\frac{360°\cdot 4\cdot\sin 40{,}66°}{\pi\cdot 81{,}32°}$$

$$\mathrel{\hat{=}}\underline{\underline{3{,}673\,E}}$$

$$r_4\approx\frac{360°\cdot 4\cdot\sin 79{,}34°}{\pi\cdot 158{,}68°}$$

$$\mathrel{\hat{=}}\underline{\underline{2{,}839\,E}}$$

Der Schwerpunkt $\bar{S}_1$ liegt auf der Geraden y_1, die durch den Mittelpunkt A_1 der Strecke $\overline{\bar{P}_1\bar{P}_2}$ und den Nullpunkt verläuft. Sein Abstand vom Nullpunkt ist r_1.

Bestimmung von A_1 und y_1:

$$A_1\left\langle\frac{-2\sqrt{3}+2{,}5}{2};\ \frac{-2-\sqrt{9{,}75}}{2}\right\rangle$$

$$A_1\langle -0{,}4821.\ -2{,}562\rangle$$

$$y_1\approx\frac{-2{,}562}{-0{,}4821}\,x$$

$$\approx\underline{\underline{5{,}314x}}$$

3.8

Da $\bar{S}_1 \langle \bar{x}_{s_1}; \bar{y}_{s_1} \rangle$ auf der Geraden y_1 liegt, lassen sich seine Koordinaten mit dem Abstand r_1 bestimmen.

$$r_1^2 = (\bar{x}_{s_1})^2 + (\bar{y}_{s_1})^2$$

$$3{,}524^2 \approx (\bar{x}_{s_1})^2 + 5{,}314^2 \cdot (\bar{x}_{s_1})^2$$

$$12{,}42 \approx (\bar{x}_{s_1})^2 \, (1 + 28{,}24)$$

$$\bar{x}_{s_1} \approx \pm \sqrt{\frac{12{,}42}{29{,}24}}$$

$$\approx \pm 0{,}6518$$

Die Lösung $\bar{x}_{s_1} \approx 0{,}6518$ kommt hier nicht in Betracht, da $\bar{x}_{s_1}$ negativ sein muß.

$$\bar{x}_{s_1} \approx \underline{\underline{-0{,}6518}}$$

$$\bar{y}_{s_1} \approx 5{,}314 \cdot (-0{,}6518)$$

$$\approx \underline{\underline{-3{,}464}}$$

Völlig analog werden nun die Schwerpunkte $\bar{S}_2$, $\bar{S}_3$ und $\bar{S}_4$ berechnet.

Berechnung von $\bar{S}_2$:

$$A_2 \left\langle \frac{2{,}5 + 2\sqrt{3}}{2}; \frac{-\sqrt{9{,}75} - 2}{2} \right\rangle$$

$$A_2 \langle 2{,}982; -2{,}562 \rangle$$

$$y_2 \approx \frac{-2{,}562}{2{,}982} x$$

$$\approx \underline{\underline{-0{,}8592x}}$$

$$r_2^2 = (\bar{x}_{s_2})^2 + (\bar{y}_{s_2})^2$$

$$3{,}977^2 \approx (\bar{x}_{s_2})^2 + 0{,}8592^2 \cdot (\bar{x}_{s_2})^2$$

$$\bar{x}_{s_2} \approx \pm \sqrt{\frac{15{,}82}{1{,}738}}$$

$$\approx \pm 3{,}017$$

Die Lösung $\bar{x}_{s_2} \approx -3{,}017$ kommt nicht in Betracht.

$$\bar{x}_{s_2} \approx \underline{\underline{3{,}017}}$$

$$\bar{y}_{s_2} \approx -0{,}8592 \cdot 3{,}017$$

$$\approx \underline{\underline{-2{,}592}}$$

Berechnung von $\bar{S}_3$:

$$A_3 \left\langle \frac{2{,}5 + 2\sqrt{3}}{2}; \frac{-2 + \sqrt{9{,}75}}{2} \right\rangle$$

$$A_3 \langle 2{,}982; 0{,}5615 \rangle$$

$$y_3 \approx \frac{0{,}5615}{2{,}982}\,x$$

$$\approx \underline{\underline{0{,}1883\,x}}$$

$$r_3^2 = (\bar{x}_{s_3})^2 + (\bar{y}_{s_3})^2$$

$$3{,}673^2 \approx (\bar{x}_{s_3})^2 + 0{,}1883^2 \cdot (\bar{x}_{s_3})^2$$

$$\bar{x}_{s_3} \approx \pm\sqrt{\frac{13{,}49}{1{,}035}}$$

$$\approx \pm 3{,}610$$

Die Lösung $\bar{x}_{s_3} \approx -3{,}610$ kann hier nicht in Betracht kommen.

$$\bar{x}_{s_3} \approx \underline{\underline{3{,}610}}$$

$$\bar{y}_{s_3} \approx 0{,}1883 \cdot 3{,}610$$

$$\approx \underline{\underline{0{,}6798}}$$

Berechnung von $\bar{S}_4$:

$$A_4 \left\langle \frac{2{,}5 - 2\sqrt{3}}{2};\ \frac{\sqrt{9{,}75} - 2}{2} \right\rangle$$

$$A_4 \langle -0{,}4821;\ 0{,}5615 \rangle$$

$$y_4 \approx \frac{0{,}5615}{-0{,}4821}\,x$$

$$\approx \underline{\underline{-1{,}165\,x}}$$

$$r_4^2 = (\bar{x}_{s_4})^2 + (\bar{y}_{s_4})^2$$

$$2{,}839^2 \approx (\bar{x}_{s_4})^2 + 1{,}165^2 \cdot (\bar{x}_{s_4})^2$$

$$\bar{x}_{s_4} \approx \pm\sqrt{\frac{8{,}060}{2{,}357}}$$

$$\approx \pm 1{,}849$$

Die Lösung $\bar{x}_{s_4} \approx +1.849$ ist hier uninteressant.

$$\bar{x}_{s_4} \approx \underline{\underline{-1{,}849}}$$

$$\bar{y}_{s_4} \approx -1{,}165 \cdot (-1{,}849)$$

$$\approx \underline{\underline{2{,}154}}$$

Die berechneten Schwerpunkte $\bar{S}_i$ sind jetzt in das x, y-Koordinaten-

$$S_1 \langle \bar{x}_{s_1} - 2{,}5;\ \bar{y}_{s_1} + 2 \rangle$$

$$\underline{\underline{S_1 \langle -3{,}152\,E;\ -1{,}464\,E \rangle}}$$

system zurückzutransformieren mittels

$x = \bar{x} - 2{,}5$ und

$y = \bar{y} + 2.$

$S_2 \langle \bar{x}_{s_2} - 2{,}5;\ \bar{y}_{s_2} + 2 \rangle$

$\underline{\underline{S_2 \langle 0{,}517\,E;\ -0{,}592\,E \rangle}}$

$S_3 \langle \bar{x}_{s_3} - 2{,}5;\ \bar{y}_{s_3} + 2 \rangle$

$\underline{\underline{S_3 \langle 1{,}110\,E;\ 2{,}680\,E \rangle}}$

$S_4 \langle \bar{x}_{s_4} - 2{,}5;\ \bar{y}_{s_4} + 2 \rangle$

$\underline{\underline{S_4 \langle -4{,}349\,E;\ 4{,}154\,E \rangle}}$

20. $(x-3)^2 + (y+1)^2 = 16$

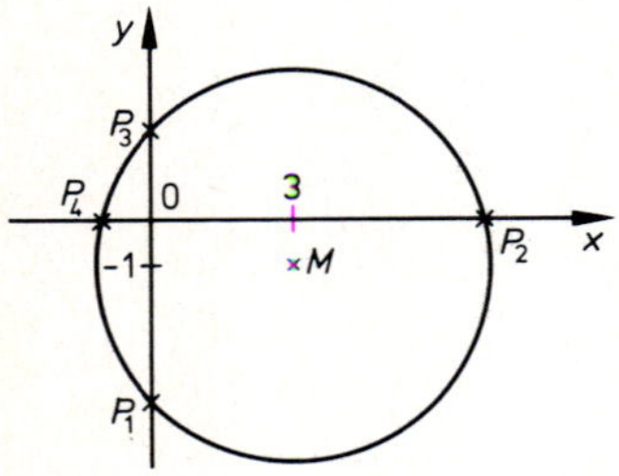

Die restlichen Koordinaten sind alle 0.

Die weitere Lösung erfolgt nun wie in der vorangegangenen Aufgabe 41.

Koordinatentransformation:

$\bar{x} = x - 3$

$\bar{y} = y + 1$

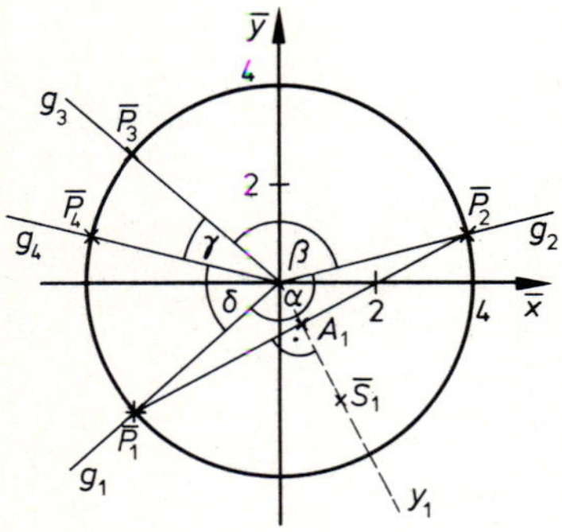

Berechnung der Punkte $P_1, \ldots, P_4$:

$y = 0;\quad (x-3)^2 + 1 = 16$

$(x-3)^2 = 15$

$x = \pm\sqrt{15} + 3$

$x_2 = 3 + \sqrt{15};\quad x_4 = 3 - \sqrt{15}$

$x = 0;\quad 9 + (y+1)^2 = 16$

$(y+1)^2 = 7$

$y = \pm\sqrt{7} - 1$

$y_1 = -1 - \sqrt{7};\quad y_2 = \sqrt{7} - 1$

$P_1 \langle 0;\ -1 - \sqrt{7} \rangle$

$P_2 \langle 3 + \sqrt{15};\ 0 \rangle$

$P_3 \langle 0;\ \sqrt{7} - 1 \rangle$

$P_4 \langle 3 - \sqrt{15};\ 0 \rangle$

$\bar{P}_1 \langle -3;\ -\sqrt{7} \rangle$

$\bar{P}_2 \langle \sqrt{15};\ 1 \rangle$

$\bar{P}_3 \langle -3;\ \sqrt{7} \rangle$

$\bar{P}_4 \langle -\sqrt{15};\ 1 \rangle$

$\bar{x}^2 + \bar{y}^2 = 16$

Die Winkel α, β, γ, δ werden mit der Formel

$$\tan(g_1, g_2) = \frac{m_2 - m_1}{1 + m_1 \cdot m_2}$$

berechnet.

Bestimmung von α:

$$g_1 = \frac{\sqrt{7}}{3}x; \quad g_2 = \frac{1}{\sqrt{15}}x$$

$$\tan\alpha = \frac{\frac{1}{\sqrt{15}} - \frac{\sqrt{7}}{3}}{1 + \frac{\sqrt{7}}{3\sqrt{15}}}$$

$$= \frac{3 - \sqrt{7}\sqrt{15}}{3\sqrt{15} + \sqrt{7}}$$

$$\approx -0{,}5081$$

$$\alpha \approx \underline{\underline{153{,}06^\circ}}$$

Bestimmung von β:

$$g_2 = \frac{1}{\sqrt{15}}x; \quad g_3 = -\frac{\sqrt{7}}{3}x$$

$$\tan\beta = \frac{-\frac{\sqrt{7}}{3} - \frac{1}{\sqrt{15}}}{1 - \frac{\sqrt{7}}{3\sqrt{15}}}$$

$$= \frac{-\sqrt{15}\sqrt{7} - 3}{3\sqrt{15} - \sqrt{7}}$$

$$\approx -1{,}476$$

$$\beta \approx \underline{\underline{124{,}11^\circ}}$$

Bestimmung von γ:

$$g_3 = -\frac{\sqrt{7}}{3}x; \quad g_4 = -\frac{1}{\sqrt{15}}x$$

$$\tan\gamma = \frac{-\frac{1}{\sqrt{15}} + \frac{\sqrt{7}}{3}}{1 + \frac{\sqrt{7}}{3\sqrt{15}}}$$

3.8

$$= \frac{-3+\sqrt{7}\sqrt{15}}{3\sqrt{15}+\sqrt{7}}$$

$$\approx 0{,}5081$$

$$\gamma \approx \underline{\underline{26{,}94^\circ}}$$

Der Winkel δ wird mit der Beziehung $\alpha+\beta+\gamma+\delta=360^\circ$ bestimmt.

$$\delta \approx \underline{\underline{55{,}89^\circ}}$$

Jetzt werden mit der Formel von Kap. 3.8, Band 4, die Abstände r_i der Schwerpunkte $\bar{S}_i$ $(i=1, 2, 3, 4)$ vom Nullpunkt im $\bar{x}, \bar{y}$-Koordinatensystem ermittelt.

$$r_1 \approx \frac{360^\circ \cdot 4 \cdot \sin 76{,}53^\circ}{\pi \cdot 153{,}06^\circ}$$

$$\mathrel{\hat{=}} \underline{\underline{2{,}911\,E}}$$

$$r_2 \approx \frac{360^\circ \cdot 4 \cdot \sin 62{,}05^\circ}{\pi \cdot 124{,}11^\circ}$$

$$\mathrel{\hat{=}} \underline{\underline{3{,}263\,E}}$$

$$r_3 \approx \frac{360^\circ \cdot 4 \cdot \sin 13{,}47^\circ}{\pi \cdot 26{,}94^\circ}$$

$$\mathrel{\hat{=}} \underline{\underline{3{,}963\,E}}$$

$$r_4 \approx \frac{360^\circ \cdot 4 \cdot \sin 27{,}95^\circ}{\pi \cdot 55{,}90^\circ}$$

$$\mathrel{\hat{=}} \underline{\underline{3{,}843\,E}}$$

Der Schwerpunkt $\bar{S}_1$ liegt auf der Geraden y_1, die durch den Mittelpunkt A_1 der Strecke $\overline{P_1 P_2}$ und den Nullpunkt verläuft. Sein Abstand vom Nullpunkt ist r_1.

Berechnung von $\bar{S}_1$:

$$A_1 \left\langle \frac{-3+\sqrt{15}}{2}; \frac{-\sqrt{7}+1}{2} \right\rangle$$

$$A_1 \langle 0{,}4365;\ -0{,}8229 \rangle$$

$$y_1 \approx \frac{-0{,}8229}{0{,}4365}\,x$$

$$\approx \underline{\underline{-1{,}885\,x}}$$

Da $\bar{S}_1 \langle \bar{x}_{s_1}; \bar{y}_{s_1} \rangle$ auf der Geraden y_1 liegt, lassen sich seine Koordinaten mit dem Abstand r_1 bestimmen.

$$r_1^2 = (\bar{x}_{s_1})^2 + (\bar{y}_{s_1})^2$$

$$2{,}911^2 \approx (\bar{x}_{s_1})^2 + 1{,}885^2\,(\bar{x}_{s_1})^2$$

$$(\bar{x}_{s_1})^2 \approx \frac{2{,}911^2}{1+1{,}885^2}$$

$$\bar{x}_{s1} \approx \pm\sqrt{\frac{8{,}474}{4{,}553}}$$

$$\approx \pm 1{,}364$$

Hier kommt nur die positive Wurzel in Frage.

$$\bar{x}_{s1} \approx \underline{\underline{1{,}364}}$$

$$\bar{y}_{s1} \approx -1{,}885 \cdot 1{,}364$$

$$\approx \underline{\underline{-2{,}571}}$$

Die Schwerpunkte $\bar{S}_2$, $\bar{S}_3$ und $\bar{S}_4$ werden völlig analog zu $\bar{S}_1$ berechnet.

Berechnung von $\bar{S}_2$:

$$A_2\left\langle \frac{\sqrt{15}-3}{2}; \frac{1+\sqrt{7}}{2} \right\rangle$$

$$A_2\langle 0{,}4365; 1{,}823\rangle$$

$$y_2 \approx \frac{1{,}823}{0{,}4365}x$$

$$\approx \underline{\underline{4{,}176x}}$$

$$r_2^2 = (\bar{x}_{s2}) + (\bar{y}_{s2})^2$$

$$3{,}263^2 \approx (\bar{x}_{s2})^2 + 4{,}176^2(\bar{x}_{s2})^2$$

$$\bar{x}_{s2} \approx \pm\sqrt{\frac{10{,}65}{18{,}44}}$$

$$\approx \pm 0{,}7599$$

Die Lösung $\bar{x}_{s2} \approx -0{,}7599$ kommt hier nicht in Betracht.

$$\bar{x}_{s2} \approx \underline{\underline{0{,}7599}}$$

$$\bar{y}_{s2} \approx 4{,}176 \cdot 0{,}7599$$

$$\approx \underline{\underline{3{,}173}}$$

Berechnung von $\bar{S}_3$:

$$A_3\left\langle \frac{-3-\sqrt{15}}{2}; \frac{\sqrt{7}+1}{2} \right\rangle$$

$$A_3\langle -3{,}437; 1{,}823\rangle$$

$$y_3 \approx \frac{1{,}823}{-3{,}437}x$$

$$\approx \underline{\underline{-0{,}5304x}}$$

3.8

$$r_3^2 = (\bar{x}_{s_3})^2 + (\bar{y}_{s_3})^2$$

$$3{,}963^2 \approx (\bar{x}_{s_3})^2 + 0{,}5304^2 (\bar{x}_{s_3})^2$$

$$\bar{x}_{s_3} \approx \pm \sqrt{\frac{15{,}71}{1{,}281}}$$

$$\approx \pm 3{,}501$$

Hier interessiert nur die negative Lösung.

$$\bar{x}_{s_3} \approx \underline{\underline{-3{,}501}}$$

$$\bar{y}_{s_3} \approx -0{,}5304 \cdot (-3{,}501)$$

$$\approx \underline{\underline{1{,}857}}$$

Berechnung von $\bar{S}_4$:

$$A_4 \left\langle \frac{-\sqrt{15}-3}{2}; \frac{1-\sqrt{7}}{2} \right\rangle$$

$$A_4 \langle -3{,}437; \ -0{,}8229 \rangle$$

$$y_4 \approx \frac{-0{,}8229}{-3{,}437} x$$

$$\approx \underline{\underline{0{,}2394 x}}$$

$$r_4^2 = (\bar{x}_{s_4})^2 + (\bar{y}_{s_4})^2$$

$$3{,}843^2 \approx (\bar{x}_{s_4})^2 + 0{,}2394^2 (\bar{x}_{s_4})^2$$

$$\bar{x}_{s_4} \approx \pm \sqrt{\frac{14{,}77}{1{,}057}}$$

$$\approx \pm 3{,}737$$

Hier kommt nur die negative Lösung in Betracht.

$$\bar{x}_{s_4} \approx \underline{\underline{-3{,}737}}$$

$$\bar{y}_{s_4} \approx 0{,}2394 \cdot (-3{,}737)$$

$$\approx \underline{\underline{-0{,}8946}}$$

Die berechneten Schwerpunkte $\bar{S}_i$ sind jetzt in das x, y-Koordinatensystem zurückzutransformieren mittels

$x = \bar{x} + 3$ und

$y = \bar{y} - 1$.

$$S_1 \langle \bar{x}_{s_1} + 3; \ \bar{y}_{s_1} - 1 \rangle$$

$$\underline{\underline{S_1 \langle 4{,}364\,E; \ -3{,}571\,E \rangle}}$$

$$S_2 \langle \bar{x}_{s_2} + 3; \ \bar{y}_{s_2} - 1 \rangle$$

$$\underline{\underline{S_2 \langle 3{,}760\,E; \ 2{,}173\,E \rangle}}$$

$S_3 \langle \bar{x}_{s_3}+3;\ \bar{y}_{s_3}-1 \rangle$

$\underline{\underline{S_3 \langle -0{,}501\,E;\ 0{,}857\,E \rangle}}$

$S_4 \langle \bar{x}_{s_4}+3;\ \bar{y}_{s_4}-1 \rangle$

$\underline{\underline{S_4 \langle -0{,}737\,E;\ -1{,}895\,E \rangle}}$

● Flächenschwerpunkte

21. Bestimmen Sie die Lage des Schwerpunktes im Trapez.

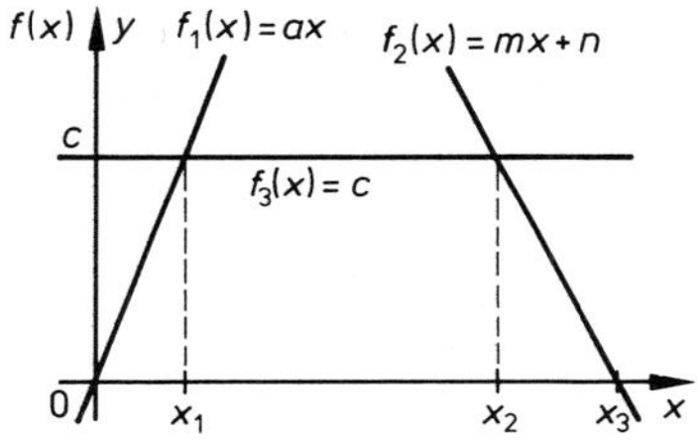

Es seien gegeben: c, x_1, x_2, x_3.

Die Fläche eines Trapezes läßt sich elementar berechnen mittels

$A = m \cdot h.$

$$A = m \cdot h$$

$$= \frac{x_3 + (x_2 - x_1)}{2} \cdot c$$

$$= \underline{\underline{\frac{c}{2}(x_3 + x_2 - x_1)}}$$

Bestimmung der Geraden $f_1(x)$ und $f_2(x)$:

a) $f_1(x) = a \cdot x$

$$x = x_1;\quad c = a \cdot x_1$$

$$a = \frac{c}{x_1}$$

$$\underline{\underline{f_1(x) = \frac{c}{x_1} \cdot x}}$$

b) $f_2(x) = mx + n$

$$\left.\begin{aligned} x = x_2;\quad c &= mx_2 + n \\ x = x_3;\quad 0 &= mx_3 + n \end{aligned}\right\} -$$

$$c = m(x_2 - x_3)$$

$$m = \frac{-c}{x_3 - x_2}$$

$$0 = mx_3 + n \Rightarrow n = \frac{cx_3}{x_3 - x_2}$$

$$\underline{\underline{f_2(x) = -\frac{c}{x_3 - x_2}\,x + \frac{cx_3}{x_3 - x_2}}}$$

3.8

Die Berechnung von y_s führt auf drei einfache Teilintegrale F_1, F_2 und F_3.

$$y_s = \frac{1}{2A} \int_a^b [f(x)]^2 \, dx$$

$$= \frac{1}{2A} \left(\int_0^{x_1} [f_1(x)]^2 \, dx + \int_{x_1}^{x_2} [f_2(x)]^2 \, dx + \int_{x_2}^{x_3} [f_3(x)]^2 \, dx \right)$$

$$= \frac{1}{2A} (F_1 + F_2 + F_3)$$

$$F_1 = \int_0^{x_1} \frac{c^2}{x_1^2} \cdot x^2 \, dx$$

$$= \left[\frac{c^2}{x_1^2} \cdot \frac{x^3}{3} \right]_0^{x_1}$$

$$= \underline{\underline{\frac{c^2 \cdot x_1}{3}}}$$

$$F_2 = \int_{x_1}^{x_2} c^2 \, dx$$

$$= [c^2 \cdot x]_{x_1}^{x_2}$$

$$= \underline{\underline{c^2 (x_2 - x_1)}}$$

$$F_3 = \int_{x_2}^{x_3} \left(-\frac{c}{x_3 - x_2} \, x + \frac{c x_3}{x_3 - x_2} \right)^2 dx$$

$$= \left[-\frac{x_3 - x_2}{3c} \left(\frac{-c}{x_3 - x_2} \, x + \frac{c x_3}{x_3 - x_2} \right)^3 \right]_{x_2}^{x_3}$$

$$= \frac{x_3 - x_2}{3c} \left(\frac{-c x_2}{x_3 - x_2} + \frac{c x_3}{x_3 - x_2} \right)^3$$

$$= \frac{x_3 - x_2}{3c} \, c^3 \underbrace{\left(\frac{-x_2 + x_3}{x_3 - x_2} \right)^3}_{=1}$$

$$= \underline{\underline{\frac{c^2}{3} (x_3 - x_2)}}$$

$$y_s = \frac{1}{2A} \left[\frac{c^2}{3} \, x_1 + c^2 (x_2 - x_1) + \frac{c^2}{3} (x_3 - x_2) \right]$$

$$=\frac{c^2}{6A}\,[x_1+3x_2-3x_1+x_3-x_2]$$

$$=\frac{c}{3}\cdot\frac{x_3+2x_2-2x_1}{x_3+x_2-x_1}$$

Die Berechnung von x_s führt ebenfalls auf drei einfache Teilintegrale F_1, F_2 und F_3.

$$x_s=\frac{1}{A}\int\limits_a^b f(x)\cdot x\,\mathrm{d}x$$

$$=\frac{1}{A}\left(\int\limits_0^{x_1} f_1(x)\cdot x\,\mathrm{d}x+\int\limits_{x_1}^{x_2} f_2(x)\cdot x\,\mathrm{d}x+\int\limits_{x_2}^{x_3} f_3(x)\cdot x\,\mathrm{d}x\right)$$

$$=\frac{1}{A}\,(F_1\qquad + \qquad F_2 \qquad + \qquad F_3)$$

$$F_1=\int\limits_0^{x_1}\frac{c}{x_1}\cdot x^2\,\mathrm{d}x$$

$$=\left[\frac{c}{x_1}\cdot\frac{x^3}{3}\right]_0^{x_1}$$

$$=\frac{c\,x_1^2}{3}$$

$$F_2=\int\limits_{x_1}^{x_2} c\,x\,\mathrm{d}x$$

$$=\left[c\,\frac{x^2}{2}\right]_{x_1}^{x_2}$$

$$=\frac{c}{2}\,(x_2^2-x_1^2)$$

$$F_3=\int\limits_{x_2}^{x_3}\left(-\frac{c}{x_3-x_2}\,x+\frac{c\,x_3}{x_3-x_2}\right)\cdot x\,\mathrm{d}x$$

$$=\left[\frac{c}{x_3-x_2}\left(-\frac{x^3}{3}+x_3\cdot\frac{x^2}{2}\right)\right]_{x_2}^{x_3}$$

$$=\frac{c}{x_3-x_2}\left(-\frac{x_3^3}{3}+x_3\cdot\frac{x_3^2}{2}+\frac{x_2^3}{3}-x_3\cdot\frac{x_2^2}{2}\right)$$

$$=-\frac{c}{3}\cdot\frac{x_3^3-x_2^3}{x_3-x_2}+\frac{cx_3}{2}\cdot\frac{x_3^2-x_2^2}{x_3-x_2}$$

$$F_3 = -\frac{c}{3}(x_3^2+x_3x_2+x_2^2)+\frac{c}{2}(x_3^2+x_3x_2)$$

Nun läßt sich x_s angeben.

$$x_s = \frac{1}{A}\left[\frac{c}{3}x_1^2+\frac{c}{2}(x_2^2-x_1^2)- -\frac{c}{3}(x_3^2+x_3x_2+x_2^2)+\frac{c}{2}(x_3^2+x_3x_2)\right]$$

$$= \frac{c}{6A}[2x_1^2+3x_2^2-3x_1^2-2x_3^2-2x_3x_2- -2x_2^2+3x_3^2+3x_3x_2]$$

$$= \frac{c}{6A}[x_3^2+x_2^2-x_1^2+x_3x_2]$$

$$= \frac{1}{3}\cdot\frac{x_3^2+x_2^2-x_1^2+x_3x_2}{x_3+x_2-x_1}$$

22.

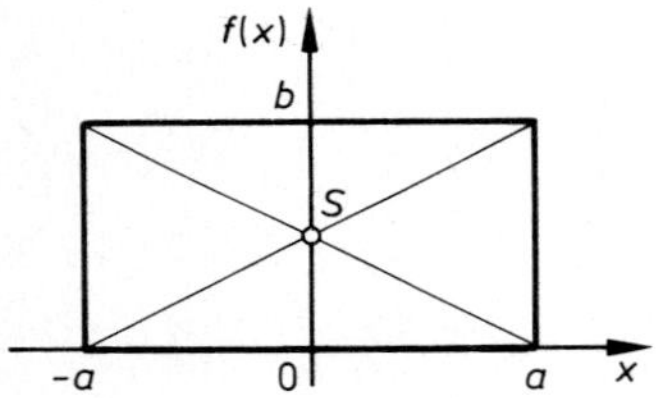

Ohne Beschränkung der Allgemeinheit kann das Rechteck wie oben in ein Koordinatensystem gelegt werden.

Der Schnittpunkt S der Diagonalen lautet:

$$S = \left\langle 0; \frac{b}{2}\right\rangle$$

$$A = 2a\cdot b$$

$$y_s = \frac{1}{2A}\int_{x_1}^{x_2}[f(x)]^2\,dx$$

$$= \frac{1}{2A}\int_{-a}^{a} b^2\,dx$$

$$= \left[\frac{b^2}{2A}x\right]_{-a}^{a}$$

$$= \frac{b^2}{2A}\cdot 2a$$

$$= \frac{b}{2}$$

Der Schwerpunkt hat die Koordinaten $x_s=0$, $y_s=\frac{b}{2}$ Längeneinheiten und ist deshalb mit dem Schnittpunkt S der Diagonalen identisch.

$$x_s = \frac{1}{A}\int_{x_1}^{x_2} f(x)\cdot x\,dx$$

$$= \frac{1}{A}\int_{-a}^{a} bx\,dx$$

$$= \frac{b}{A}\left[\frac{x^2}{2}\right]_{-a}^{a} = \frac{b}{2A}(a^2-a^2) = 0$$

Bei den Aufgaben 23, 24, 25, 26 sind die Schwerpunkte der Flächen zu bestimmen, die von den Parabeln in den angegebenen Grenzen eingeschlossen werden bzw. mit der x-Achse eingeschlossen werden.

23. $f(x)=x^3$

$x_1=0;\quad x_2=4$

Skizze

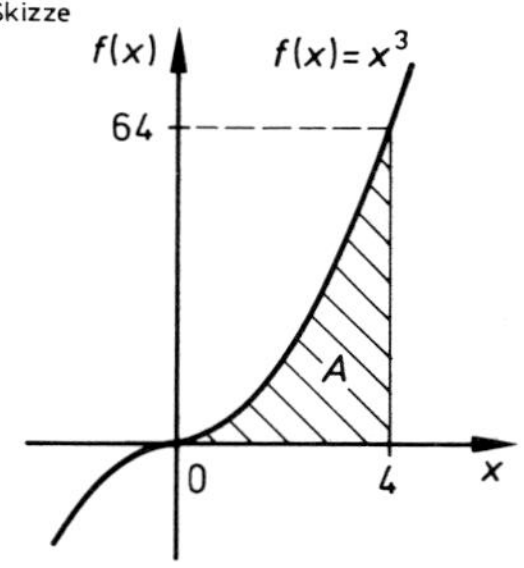

$$A=\int_0^4 x^3\,\mathrm{d}x$$

$$=\left[\frac{x^4}{4}\right]_0^4$$

$$\mathrel{\widehat{=}} 64\,E^2$$

$$y_s=\frac{1}{2A}\int_{x_1}^{x_2} y^2\,\mathrm{d}x$$

$$=\frac{1}{2A}\int_0^4 x^6\,\mathrm{d}x$$

$$=\frac{1}{2A}\left[\frac{x^7}{7}\right]_0^4$$

$$\mathrel{\widehat{=}}\frac{128}{7}\,E \mathrel{\widehat{=}} 18{,}286\,E$$

$$x_s=\frac{1}{A}\int_{x_1}^{x_2} f(x)\cdot x\,\mathrm{d}x$$

$$=\frac{1}{A}\int_0^4 x^4\,\mathrm{d}x$$

$$=\frac{1}{A}\left[\frac{x^5}{5}\right]_0^4$$

$$\mathrel{\widehat{=}}\frac{16}{5}\,E \mathrel{\widehat{=}} 3{,}2\,E$$

24. $f(x)=3x^2$

$x_1=-4; \quad x_2=2$

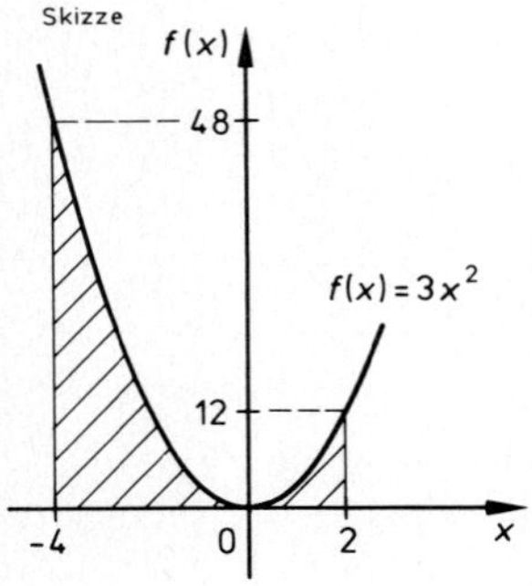

$$A=\int_{x_1}^{x_2} f(x)\,\mathrm{d}x$$

$$=3\int_{-4}^{2} x^2\,\mathrm{d}x$$

$$=[x^3]_{-4}^{2}$$

$$=8+64$$

$$\mathrel{\widehat{=}} \underline{\underline{72\,E^2}}$$

$$y_s=\frac{1}{2A}\int_{x_1}^{x_2} [f(x)]^2\,\mathrm{d}x$$

$$=\frac{9}{2A}\int_{-4}^{2} x^4\,\mathrm{d}x$$

$$=\frac{9}{10A}[x^5]_{-4}^{2}$$

$$=\frac{9}{720}(32+1024)$$

$$\mathrel{\widehat{=}} \underline{\underline{13{,}2\,E}}$$

$$x_s=\frac{1}{A}\int_{x_1}^{x_2} f(x)\cdot x\,\mathrm{d}x$$

$$=\frac{3}{A}\int_{-4}^{2} x^3\,\mathrm{d}x$$

$$=\frac{3}{4A}[x^4]_{-4}^{2}$$

$$=\frac{3}{288}(16-256)$$

$$\mathrel{\widehat{=}} \underline{\underline{-2{,}5\,E}}$$

25. $f(x)^2 = x^4 - 2x^2$

$x_1 = 0; \quad x_2 = \sqrt{2}$

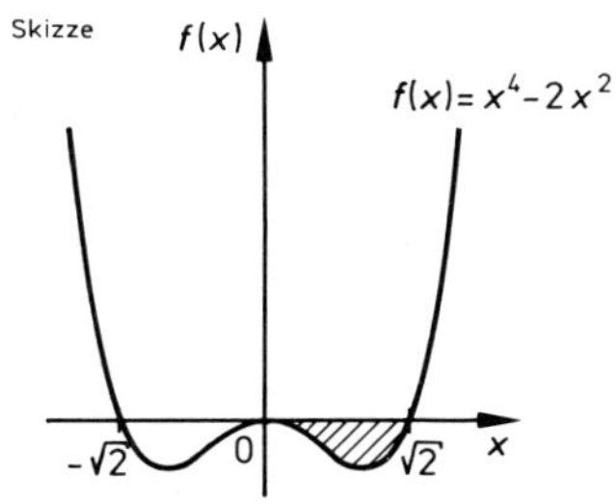

$$y_s = \frac{\frac{1}{2} \cdot \int_{x_1}^{x_2} [f(x)]^2 \, dx}{\int_{x_1}^{x_2} f(x) \, dx}$$

$$= \frac{\frac{1}{2} \int_0^{\sqrt{2}} (x^4 - 2x^2)^2 \, dx}{\int_0^{\sqrt{2}} (x^4 - 2x^2) \, dx}$$

$$= \frac{\frac{1}{2} \left[\frac{x^9}{9} - \frac{4}{7} x^7 + \frac{4}{5} x^5\right]_0^{\sqrt{2}}}{\left[\frac{x^5}{5} - \frac{2}{3} x^3\right]_0^{\sqrt{2}}}$$

$$y_s = \frac{\left[x^5 \left(\frac{x^4}{9} - \frac{4}{7} x^2 + \frac{4}{5}\right)\right]_0^{\sqrt{2}}}{\left[2x^3 \left(\frac{x^2}{5} - \frac{2}{3}\right)\right]_0^{\sqrt{2}}}$$

$$= \frac{4\sqrt{2} \left(\frac{4}{9} - \frac{8}{7} + \frac{4}{5}\right)}{4\sqrt{2} \left(\frac{2}{5} - \frac{2}{3}\right)}$$

$$= \frac{\frac{32}{315}}{\frac{-4}{15}}$$

$$= -\frac{32 \cdot 15}{315 \cdot 45}$$

$$\mathrel{\hat{=}} -\frac{8}{21} \, E \mathrel{\hat{=}} 0{,}38095 \, E$$

$$x_s = \frac{\int_{x_1}^{x_2} x \cdot f(x) \, dx}{\int_{x_1}^{x_2} f(x) \, dx}$$

Das Integral im Nenner entnimmt man der Berechnung von y_s.

$$= \frac{\int_0^{\sqrt{2}} (x^5 - 2x^3)\,\mathrm{d}x}{\int_0^{\sqrt{2}} (x^4 - 2x^2)\,\mathrm{d}x}$$

$$= \frac{\left[\frac{x^6}{6} - \frac{x^4}{2}\right]_0^{\sqrt{2}}}{-\frac{8}{15}\sqrt{2}}$$

$$= \frac{\frac{8}{6} - \frac{4}{2}}{-\frac{8}{15}\sqrt{2}}$$

Erweiterung mit $\sqrt{2}$

$$= \frac{-\frac{2}{3}}{-\frac{8}{15}\sqrt{2}} \cdot \frac{\sqrt{2}}{\sqrt{2}}$$

$$= \frac{2 \cdot 15 \cdot \sqrt{2}}{8 \cdot 3 \cdot 2}$$

$$= \underline{\underline{\frac{15}{24}\sqrt{2}\,E \mathrel{\widehat{=}} 0{,}88388\,E}}$$

26. $f(x) = \sqrt{2+x}$

$x_1 = -2; \quad x_2 = 2$

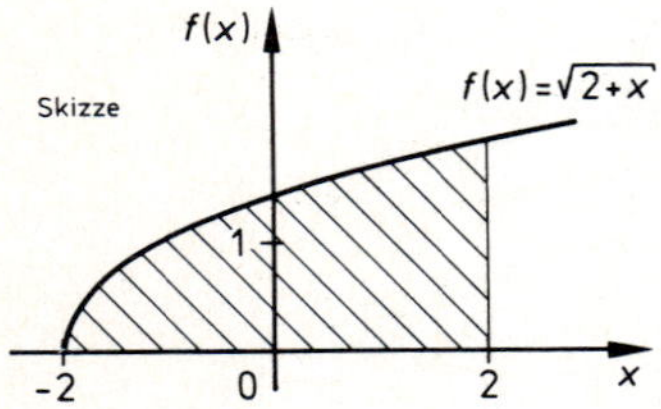

$$A = \int_{x_1}^{x_2} f(x)\,\mathrm{d}x$$

$$= \int_{-2}^{2} \sqrt{2+x}\,\mathrm{d}x$$

$$= \left[\frac{2}{3}(2+x)\sqrt{2+x}\right]_{-2}^{2}$$

$$= \frac{2}{3} \cdot 4 \cdot \sqrt{4}$$

$$\mathrel{\widehat{=}} \underline{\underline{\frac{16}{3}\,E^2}}$$

$$y_s = \frac{1}{2A} \int_{x_1}^{x_2} [f(x)]^2 \, dx$$

$$= \frac{1}{2A} \int_{-2}^{2} (2+x) \, dx$$

$$= \frac{1}{2A} \left[2x + \frac{x^2}{2} \right]_{-2}^{2}$$

$$= \frac{3}{32} (4+2+4-2)$$

$$\mathrel{\hat{=}} \frac{2}{4} E \mathrel{\hat{=}} 0{,}75 E$$

$$x_s = \frac{1}{A} \int_{x_1}^{x_2} x \cdot f(x) \, dx$$

$$= \frac{1}{A} \int_{-2}^{2} x \sqrt{2+x} \, dx$$

Das zugehörige unbestimmte Integral wird durch Substitution gelöst.

$z = 2 + x; \quad dx = dz$

$x = z - 2$

$$\int x \sqrt{2+x} \, dx = \int (z-2) \sqrt{z} \, dz$$

$$= \int z^{\frac{3}{2}} \, dz - 2 \int z^{\frac{1}{2}} \, dz$$

$$= \frac{2}{5} z^{\frac{5}{2}} - \frac{4}{3} z^{\frac{3}{2}} + c$$

$$= \frac{2}{5} (2+x)^2 \sqrt{2+x} - \frac{4}{3} (2+x) \sqrt{2+x} + c$$

$$x_s = \frac{1}{A} \left[\frac{2}{5} (2+x)^2 \sqrt{2+x} - \frac{4}{3} (2+x) \sqrt{2+x} \right]_{-2}^{2}$$

$$= \frac{3}{16} \left[\frac{2}{5} \cdot 16 \cdot 2 - \frac{4}{3} \cdot 4 \cdot 2 \right]$$

$$= \frac{3}{16} \left(\frac{64}{5} - \frac{32}{3} \right) = \frac{3}{16} \cdot \frac{32}{15}$$

$$\mathrel{\hat{=}} \frac{2}{5} E \mathrel{\hat{=}} 0{,}4 E$$

27. $f(x)=\frac{1}{2}\sqrt{x^3+2x^2}$

$x_1=-2; \quad x_2=2$

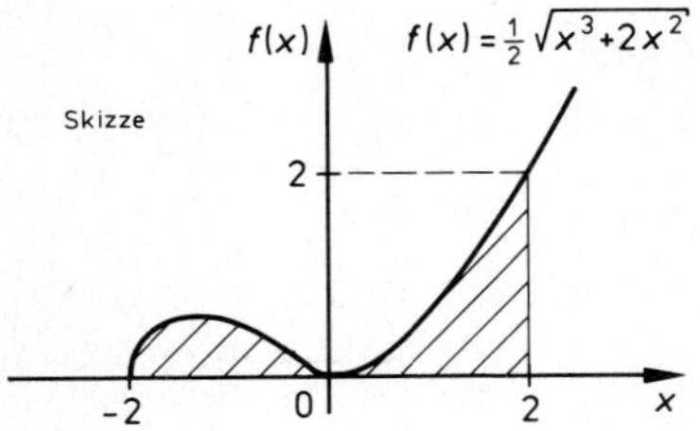

Man formt zunächst die Funktion $f(x)=\frac{1}{2}\sqrt{x^3+2x^2}$ um, wobei man hier beachten muß, daß $\sqrt{x^2}=|x|$ gesetzt wird.

$$f(x)=\frac{1}{2}\sqrt{x^3+2x^2}$$
$$=\frac{1}{2}\sqrt{x^2(x+2)}$$
$$=\frac{1}{2}|x|\cdot\sqrt{x+2}$$
$$=\begin{cases}\frac{x}{2}\sqrt{x+2} & \text{für } x\geq 0\\ -\frac{x}{2}\sqrt{x+2} & \text{für } x\leq 0\end{cases}$$

Nun wird die Fläche A berechnet.

$$A=\int_{x_1}^{x_2} f(x)\,\mathrm{d}x$$
$$=\int_{-2}^{2}\frac{|x|}{2}\sqrt{x+2}\,\mathrm{d}x$$
$$=\int_{-2}^{0}\left(-\frac{x}{2}\sqrt{x+2}\right)\mathrm{d}x+\int_{0}^{2}\frac{x}{2}\sqrt{x+2}\,\mathrm{d}x$$
$$=-\frac{1}{2}\int_{-2}^{0}x\sqrt{x+2}\,\mathrm{d}x+\frac{1}{2}\int_{0}^{2}x\sqrt{x+2}\,\mathrm{d}x$$

Es wird jetzt das zugehörige unbestimmte Integral berechnet.

$z=x+2; \quad \mathrm{d}x=\mathrm{d}z$

$x=z-2$

$$\int x\sqrt{x+2}\,\mathrm{d}x=\int(z-2)\sqrt{z}\,\mathrm{d}z$$
$$=\int z^{\frac{3}{2}}\,\mathrm{d}z-2\int z^{\frac{1}{2}}\,\mathrm{d}z$$
$$=\frac{2}{5}z^{\frac{5}{2}}-\frac{4}{3}z^{\frac{3}{2}}+c$$
$$\int x\sqrt{x+2}\,\mathrm{d}x=z^{\frac{3}{2}}\left(\frac{2}{5}z-\frac{4}{3}\right)+c$$
$$=(x+2)\sqrt{x+2}\left[\frac{2}{5}(x+2)-\frac{4}{3}\right]+c$$

$$A=\left[-(x+2)\sqrt{x+2}\left(\frac{1}{5}(x+2)-\frac{2}{3}\right)\right]_{-2}^{0}+$$

$$+\left[(x+2)\sqrt{x+2}\left(\frac{1}{5}(x+2)-\frac{2}{3}\right)\right]_{0}^{2}$$

$$=-2\cdot\sqrt{2}\left[\frac{2}{5}-\frac{2}{3}\right]+0+4\cdot 2\left[\frac{4}{5}-\frac{2}{3}\right]-$$

$$-2\cdot\sqrt{2}\left[\frac{2}{5}-\frac{2}{3}\right]$$

$$=\frac{8}{15}\sqrt{2}+\frac{16}{15}+\frac{8}{15}\sqrt{2}$$

$$\mathrel{\widehat{=}}\underline{\underline{\frac{16}{15}(1+\sqrt{2})E^2\mathrel{\widehat{=}}2{,}5751\,E^2}}$$

$$y_s=\frac{1}{2A}\int_{x_1}^{x_2}[f(x)]^2\,\mathrm{d}x$$

$$=\frac{1}{2A}\int_{-2}^{2}\frac{1}{4}(x^3+2x^2)\,\mathrm{d}x$$

$$=\frac{1}{8A}\left[\frac{x^4}{4}+\frac{2}{3}x^3\right]_{-2}^{2}$$

$$=\frac{1}{8A}\left(4+\frac{16}{3}-4+\frac{16}{3}\right)$$

$$=\frac{4}{3A}$$

$$\mathrel{\widehat{=}}\underline{\underline{\frac{5}{4(1+\sqrt{2})}E\mathrel{\widehat{=}}0{,}51778\,E}}$$

$$x_s=\frac{1}{A}\int_{x_1}^{x_2}f(x)\cdot x\,\mathrm{d}x$$

$$=\frac{1}{2A}\int_{x_1}^{2}x\cdot|x|\cdot\sqrt{x+2}\,\mathrm{d}x$$

$$=\frac{1}{2A}\int_{-2}^{0}(-x^2\cdot\sqrt{x+2})\,\mathrm{d}x+\frac{1}{2A}\int_{0}^{2}x^2\cdot\sqrt{x+2}\,\mathrm{d}x$$

3.8

Das zugehörige unbestimmte Integral wird durch Substitution gelöst.

$z=x+2;\quad dx=dz$

$x=z-2$

$$F=\int x^2\sqrt{x+2}\,dx$$

$$=\int (z-2)^2\cdot\sqrt{z}\,dz$$

$$F=\int (z^2-4z+4)\sqrt{z}\,dz$$

$$=\int\left(z^{\frac{5}{2}}-4z^{\frac{3}{2}}+4z^{\frac{1}{2}}\right)dz$$

$$=\frac{2}{7}z^{\frac{7}{2}}-\frac{8}{5}z^{\frac{5}{2}}+\frac{8}{3}z^{\frac{3}{2}}+c$$

$$=2z^{\frac{3}{2}}\left(\frac{1}{7}z^2-\frac{4}{5}z+\frac{4}{3}\right)+c$$

$$=2(x+2)\sqrt{x+2}\left[\frac{1}{7}(x+2)^2-\frac{4}{5}(x+2)+\frac{4}{3}\right]+c$$

$$x_s=-\frac{1}{2A}[F]_{-2}^{0}+\frac{1}{2A}[F]_0^2$$

$$=-\frac{1}{A}\left[2\sqrt{2}\left(\frac{4}{7}-\frac{8}{5}+\frac{4}{3}\right)-0\right]+$$

$$+\frac{1}{A}\left[4\cdot 2\left(\frac{16}{7}-\frac{16}{5}+\frac{4}{3}\right)-2\sqrt{2}\left(\frac{4}{7}-\frac{8}{5}+\frac{4}{3}\right)\right]$$

$$=-\frac{1}{A}\cdot 2\sqrt{2}\,\frac{32}{105}+\frac{1}{A}\left[8\,\frac{44}{105}-2\sqrt{2}\,\frac{32}{105}\right]$$

$$=\frac{1}{A}\left(-\frac{64}{105}\sqrt{2}+\frac{352}{105}-\frac{64}{105}\sqrt{2}\right)$$

$$=\frac{1}{105A}(352-128\sqrt{2})$$

$$=\frac{32}{105A}(11-4\sqrt{2})$$

$$\mathrel{\hat=}\frac{2(11-4\sqrt{2})}{7(1+\sqrt{2})}E\mathrel{\hat=}0{,}63235\,E$$

28. $f(x) = x\sqrt{x}$

$x_1 = 0; \quad x_2 = 10$

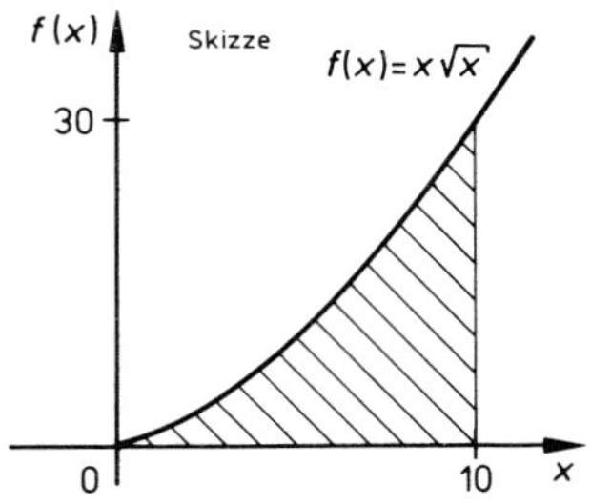

$$A = \int_{x_1}^{x_2} f(x)\,dx$$

$$= \int_0^{10} x^{\frac{3}{2}}\,dx$$

$$= \left[\frac{2}{5} x^2 \sqrt{x}\right]_0^{10}$$

$$\mathrel{\widehat{=}} 40\sqrt{10}\,E^2 \mathrel{\widehat{=}} 126{,}5\,E^2$$

$$y_s = \frac{1}{2A} \int_{x_1}^{x_2} [f(x)]^2\,dx$$

$$= \frac{1}{2A} \int_0^{10} x^3\,dx$$

$$y_s = \frac{1}{2A} \left[\frac{x^4}{4}\right]_0^{10}$$

Erweiterung mit $\sqrt{10}$

$$= \frac{1250}{40\sqrt{10}} \cdot \frac{\sqrt{10}}{\sqrt{10}}$$

$$\mathrel{\widehat{=}} \frac{25}{8} \sqrt{10}\,E \mathrel{\widehat{=}} 9{,}881\,E$$

$$x_s = \frac{1}{A} \int_{x_1}^{x_2} y \cdot x\,dx$$

$$= \frac{1}{A} \int_0^{10} x^{\frac{5}{2}}\,dx$$

$$= \frac{1}{A} \left[\frac{2}{7} x^3 \cdot \sqrt{x}\right]_0^{10}$$

$$= \frac{2000\sqrt{10}}{7A}$$

$$= \frac{2000\sqrt{10}}{7 \cdot 40 \cdot \sqrt{10}}$$

$$\mathrel{\widehat{=}} \frac{50}{7}\,E \mathrel{\widehat{=}} 7{,}143\,E$$

3.8

29. $f(x)=\sqrt{\dfrac{1-x}{1+x}}$

$x_1=0;\quad x_2=1$

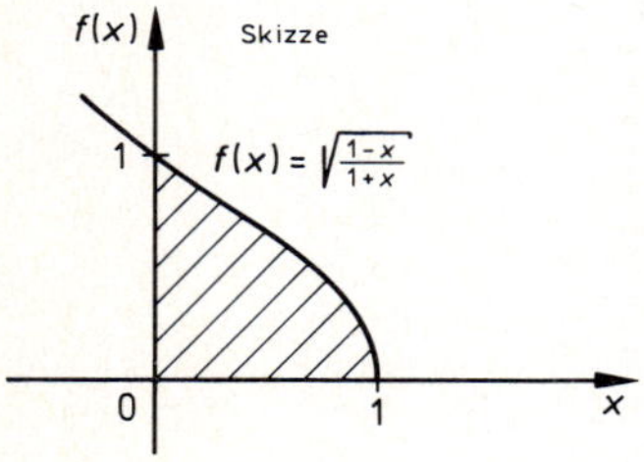

$\int \dfrac{dx}{\sqrt{a^2-x^2}}$ ► Kap. 2.4, Band 4

$$A=\int_{x_1}^{x_2} f(x)\,dx$$

$$=\int_0^1 \sqrt{\frac{1-x}{1+x}}\,dx$$

$$=\int_0^1 \sqrt{\frac{1-x}{1+x}\cdot\frac{1-x}{1-x}}\,dx$$

$$=\int_0^1 \sqrt{\frac{(1-x)^2}{1-x^2}}\,dx$$

$$=\int_0^1 \frac{1-x}{\sqrt{1-x^2}}\,dx$$

$$=\int_0^1 \frac{dx}{\sqrt{1-x^2}}+\int_0^1 \frac{-x}{\sqrt{1-x^2}}\,dx$$

$\text{Arcsin } 1=\dfrac{\pi}{2};\quad \text{Arcsin } 0=0$

$$A=[\text{Arcsin } x]_0^1+[\sqrt{1-x^2}]_0^1$$

$$=\text{Arcsin } 1-\text{Arcsin } 0+0-1$$

$$\mathrel{\widehat{=}}\left(\frac{\pi}{2}-1\right)E\mathrel{\widehat{=}}0{,}5708\,E$$

$$y_s=\frac{1}{2A}\int_{x_1}^{x_2}[f(x)]^2\,dx$$

$$=\frac{1}{2A}\int_0^1 \frac{1-x}{1+x}\,dx$$

$\dfrac{x}{x+1}=1-\dfrac{1}{x+1}$

$$=\frac{1}{2A}\int_0^1 \frac{dx}{1+x}-\frac{1}{2A}\int_0^1 \frac{x}{1+x}\,dx$$

$$=\frac{1}{2A}\left[\int_0^1 \frac{dx}{1+x}-\int_0^1 dx+\int_0^1 \frac{dx}{1+x}\right]$$

$$=\frac{1}{2A}\,[2\ln|1+x|-x]_0^1$$

$$=\frac{1}{2A}[2\cdot\ln 2-1]$$

$$\mathrel{\widehat{=}}\frac{2\cdot\ln 2-1}{\pi-2}E \mathrel{\widehat{=}} 0{,}3383\,E$$

$$x_s=\frac{1}{A}\int_{x_1}^{x_2} f(x)\cdot x\,\mathrm{d}x$$

Es wird die bei der Flächenberechnung hergeleitete Umformung von $f(x)$ benutzt.

$$=\frac{1}{A}\int_0^1 x\cdot\sqrt{\frac{1-x}{1+x}}\,\mathrm{d}x$$

$$=\frac{1}{A}\int_0^1 x\,\frac{1-x}{\sqrt{1-x^2}}\,\mathrm{d}x$$

$$=\frac{1}{A}\int_0^1 \frac{x}{\sqrt{1-x^2}}\,\mathrm{d}x-\frac{1}{A}\int_0^1 \frac{x^2}{\sqrt{1-x^2}}\,\mathrm{d}x$$

$$= \qquad F_1 \qquad - \qquad F_2$$

$$F_1=-\frac{1}{A}\left[\sqrt{1-x^2}\right]_0^1$$

$$=\frac{1}{A}$$

Zur Berechnung von F_2 löst man zunächst das zugehörige unbestimmte Integral durch partielle Integration.

$$\int\frac{x^2}{\sqrt{1-x^2}}\,\mathrm{d}x=\int \underset{\substack{\downarrow\\ u}}{x}\cdot\underbrace{\frac{x\,\mathrm{d}x}{\sqrt{1-x^2}}}_{\mathrm{d}v}$$

$$=-x\cdot\sqrt{1-x^2}-\int\left(-\sqrt{1-x^2}\right)\mathrm{d}x$$

$\int\sqrt{a^2-x^2}\,\mathrm{d}x$ ▶ Kap. 2.4, Band 4

$$=-x\cdot\sqrt{1-x^2}+\int\sqrt{1-x^2}\,\mathrm{d}x$$

$$=-x\cdot\sqrt{1-x^2}+\frac{x}{2}\sqrt{1-x^2}+$$

$$+\frac{1}{2}\operatorname{Arcsin}x+c$$

$$=\frac{1}{2}\left(\operatorname{Arcsin}x-x\sqrt{1-x^2}\right)+c$$

Arcsin $1=\frac{\pi}{2}$; Arcsin $0=0$

$$F_2=\frac{1}{2A}\left[\operatorname{Arcsin} x - x\sqrt{1-x^2}\right]_0^1$$

$$=\frac{1}{2A}\left(\frac{\pi}{2}-0-0+0\right)$$

$$=\frac{\pi}{4A}$$

$$x_s=\frac{1}{A}-\frac{\pi}{4A}$$

$$=\frac{1}{A}\left(1-\frac{\pi}{4}\right)$$

$$=\frac{4-\pi}{4A}$$

$$\widehat{=}\frac{4-\pi}{2\pi-4}\,E\,\widehat{=}\,0{,}3760\,E$$

30. $f(x)=3^x$

$x_1=0$; $x_2=2$

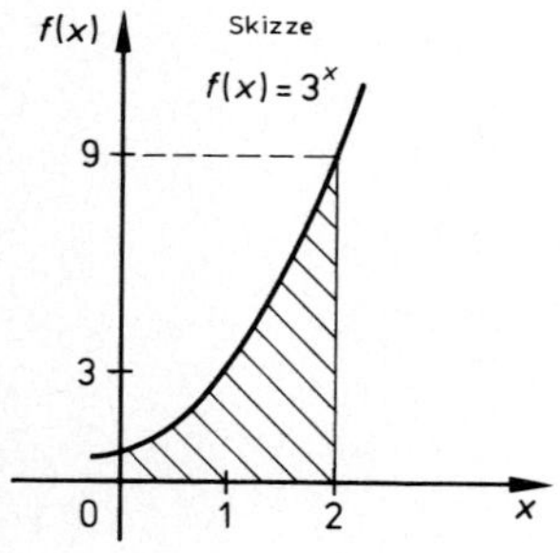

$$A=\int_{x_1}^{x_2} f(x)\,dx$$

$$=\int_0^2 3^x\,dx$$

$$=\int_0^2 e^{x\cdot\ln 3}\,dx$$

$$=\left[\frac{1}{\ln 3}\cdot e^{x\cdot\ln 3}\right]_0^2$$

$$=\left[\frac{3^x}{\ln 3}\right]_0^2$$

$$=\frac{1}{\ln 3}(9-1)$$

$$\widehat{=}\frac{8}{\ln 3}\,E^2\,\widehat{=}\,7{,}282\,E^2$$

$$y_s=\frac{1}{2A}\int_{x_1}^{x_2}[f(x)]^2\,dx$$

$$y_s = \frac{1}{2A} \int_0^2 3^{2x}\,dx$$

$$= \frac{1}{2A} \int_0^2 e^{2x \cdot \ln 3}\,dx$$

$$= \frac{1}{2A} \int_0^2 e^{x \cdot 2 \ln 3}\,dx$$

$$= \frac{1}{2A} \left[\frac{e^{x \cdot 2 \ln 3}}{2 \ln 3}\right]_0^2$$

$$= \left[\frac{3^{2x}}{4 \cdot A \cdot \ln 3}\right]_0^2$$

$$= \frac{1}{4 \cdot A \cdot \ln 3}(81 - 1)$$

$$= \frac{80}{4 \cdot \frac{8}{\ln 3} \cdot \ln 3}$$

$$\mathrel{\hat{=}} \frac{5}{2} E \mathrel{\hat{=}} 2{,}5\,E$$

$$x_s = \frac{1}{A} \int_{x_1}^{x_2} f(x) \cdot x\,dx$$

$$= \frac{1}{A} \int_0^2 x \cdot 3^x\,dx$$

$$= \frac{1}{A} \int_0^2 x \cdot e^{x \cdot \ln 3}\,dx$$

Das zugehörige unbestimmte Integral wird durch partielle Integration gelöst.

$u = x; \quad du = dx$

$dv = e^{x \cdot \ln 3}\,dx; \quad v = \int e^{x \cdot \ln 3}\,dx$

$$= \frac{1}{\ln 3} \cdot e^{x \cdot \ln 3}$$

$$\int x \cdot e^{x \cdot \ln 3}\,dx = x \cdot \frac{e^{x \cdot \ln 3}}{\ln 3} - \int \frac{e^{x \cdot \ln 3}}{\ln 3}\,dx$$

$$= x \cdot \frac{3^x}{\ln 3} - \frac{3^x}{\ln^2 3} + c$$

$$= \frac{3^x}{\ln 3}\left(x - \frac{1}{\ln 3}\right) + c$$

$$x_s = \left[\frac{3^x}{A \cdot \ln 3}\left(x - \frac{1}{\ln 3}\right)\right]_0^2$$

$$= \frac{1}{8}\left[9\left(2 - \frac{1}{\ln 3}\right) - 1\left(0 - \frac{1}{\ln 3}\right)\right]$$

$$= \frac{1}{8}\left[18 - \frac{9}{\ln 3} + \frac{1}{\ln 3}\right]$$

$$\mathrel{\widehat{=}} \underline{\underline{\frac{1}{4}\left(9 - \frac{4}{\ln 3}\right) E}}$$

$$\mathrel{\widehat{=}} \underline{\underline{1{,}340\, E}}$$

31. $f(x) = 2^x + 2^{-x}$

$x_1 = -2; \quad x_2 = 2$

Die Kurve der Funktion

$f(x) = 2^x + 2^{-x}$

ist symmetrisch zur $f(x)$-Achse, da $f(x) = f(-x)$ gilt. Damit ergibt sich sofort $x_s = 0$ und eine Vereinfachung der Integrale zur Bestimmung von A und y_s.

$$x_s = \underline{\underline{0}}$$

$$A = \int_{x_1}^{x_2} f(x)\, dx$$

$$= \int_{-2}^{2} (2^x + 2^{-x})\, dx$$

$$= 2 \int_0^2 (e^{x \cdot \ln 2} + e^{-x \cdot \ln 2})\, dx$$

$$= 2\left[\frac{e^{x \cdot \ln 2}}{\ln 2} - \frac{e^{-x \cdot \ln 2}}{\ln 2}\right]_0^2$$

$$= \frac{2}{\ln 2}\, [2^x - 2^{-x}]_0^2$$

$$= \frac{2}{\ln 2}\left(4 - \frac{1}{4} - 1 + 1\right)$$

$$\mathrel{\widehat{=}} \underline{\underline{\frac{15}{2 \cdot \ln 2}\, E^2 \mathrel{\widehat{=}} 10{,}82\, E^2}}$$

$$y_s = \frac{1}{2A} \int_{x_1}^{x_2} [f(x)]^2\, dx$$

$$= \frac{1}{2A} \int_{-2}^{2} (2^x + 2^{-x})^2\, dx$$

$2^{2x} = (2^2)^x = 4^x$

$2^{-2x} = (2^2)^{-x} = 4^{-x}$

$\ln 4 = \ln 2^2 = 2 \cdot \ln 2$

$$y_s = \frac{1}{A} \int_0^2 (2^{2x} + 2 \cdot 2^{x-x} + 2^{-2x})\,dx$$

$$= \frac{1}{A} \int_0^2 (4^x + 4^{-x} + 2)\,dx$$

$$= \frac{1}{A} \int_0^2 (e^{x \cdot \ln 4} + e^{-x \cdot \ln 4} + 2)\,dx$$

$$= \frac{1}{A} \left[\frac{e^{x \cdot \ln 4}}{\ln 4} - \frac{e^{-x \cdot \ln 4}}{\ln 4} + 2x \right]_0^2$$

$$y_s = \frac{1}{2A \cdot \ln 2} [4^x - 4^{-x} + 4x \cdot \ln 2]_0^2$$

$$= \frac{1}{15} \left(16 - \frac{1}{16} + 8 \cdot \ln 2 - 1 + 1 - 0 \right)$$

$$\mathrel{\hat=} \frac{1}{15} \left(\frac{255}{16} + 8 \cdot \ln 2 \right) E$$

$$\mathrel{\hat=} \underline{\underline{\left(\frac{17}{16} + \frac{8}{15} \cdot \ln 2 \right) E}}$$

$$\mathrel{\hat=} \underline{\underline{1{,}432\,E}}$$

32. $f(x) = \ln |x+1|$

$x_1 = 0; \quad x_2 = 4$

Das zugehörige unbestimmte Integral wird durch Substitution und partielle Integration bestimmt.

$z = x + 1; \quad dx = dz$

$$A = \int_{x_1}^{x_2} f(x)\,dx$$

$$= \int_0^4 \ln |x+1|\,dx$$

$$\int \ln |x+1|\,dx = \int \underbrace{\ln |z|}_{u} \cdot \underbrace{dz}_{dv}$$

$$= z \cdot \ln |z| - \int z \cdot \frac{1}{z} \cdot dz$$

$$= z \cdot \ln |z| - \int dz$$

$$= z \cdot \ln |z| - z + c$$

$$= z(\ln|z| - 1) + c$$

$$= \underline{\underline{(x+1)\,[\ln|x+1| - 1] + c}}$$

$$A = \Big[(x+1)\,[\ln|x+1| - 1]\Big]_0^4$$

$$= 5(\ln 5 - 1) - 1(0 - 1)$$

$$\mathrel{\widehat{=}} \underline{\underline{(5 \cdot \ln 5 - 4)\,E^2 \mathrel{\widehat{=}} 4{,}047\,E^2}}$$

Das zugehörige unbestimmte Integral wird durch Substitution und partielle Integration gelöst.

$z = x + 1; \quad dx = dz$

$$y_s = \frac{1}{2A} \int_{x_1}^{x_2} [f(x)]^2\,dx$$

$$= \frac{1}{2A} \int_0^4 \ln^2|x+1|\,dx$$

$$F = \int \ln^2|x+1|\,dx$$

$$= \int \ln^2|z|\,dz$$

$u = \ln^2 z; \quad du = \frac{2\ln|z|}{z}\,dz$

$dv = dz; \quad v = z$

Das Integral $\int \ln|z|\,dz$ wurde bereits oben bei der Flächenberechnung bestimmt.

$$F = z \cdot \ln^2|z| - \int z \cdot \frac{2\ln|z|}{z}\,dz$$

$$= z \cdot \ln^2|z| - 2\int \ln|z|\,dz$$

$$= z \cdot \ln^2|z| - 2z(\ln|z| - 1) + c$$

$$= z(\ln^2|z| - 2\ln|z| + 2) + c$$

$$= \underline{\underline{(x+1)\,[\ln^2|x+1| - 2\ln|x+1| + 2] + c}}$$

$$y_s = \frac{1}{2A}\,[F]_0^4$$

$$= \frac{1}{2A}\,[5(\ln^2 5 - 2\ln 5 + 2) - 1(0 - 0 + 2)]$$

$$= \frac{1}{2A}\,[5\ln^2 5 - 10\ln 5 + 8]$$

$$\mathrel{\widehat{=}} \underline{\underline{\frac{5 \cdot \ln 5(\ln 5 - 2) + 8}{2(5 \cdot \ln 5 - 4)}\,E}}$$

$$\mathrel{\widehat{=}} \underline{\underline{0{,}6001\,E}}$$

Man löst nun das zugehörige unbestimmte Integral.

$$x_s = \frac{1}{A} \int_{x_1}^{x_2} f(x) \cdot x \, dx$$

$$= \frac{1}{A} \int_0^4 x \cdot \ln |x+1| \, dx$$

Substitution:

$z = x+1; \quad dx = dz$

$x = z-1$

Das erste Teilintegral wird durch partielle Integration bestimmt; das zweite Teilintegral wurde bereits bei der Flächenberechnung ermittelt.

$$F = \int x \cdot \ln |x+1| \, dx$$

$$= \int (z-1) \cdot \ln |z| \, dz$$

$$= \int z \cdot \ln |z| \, dz - \int \ln |z| \, dz$$

$$= \int \underbrace{\ln |z|}_{u} \cdot \underbrace{z \, dz}_{dv} - z(\ln |z| - 1)$$

$$= \ln |z| \cdot \frac{z^2}{2} - \int \frac{z^2}{2} \cdot \frac{1}{z} \, dz - z(\ln |z| - 1)$$

$$= \frac{z^2}{2} \ln |z| - \frac{z^2}{4} - z(\ln |z| - 1) + c$$

$$= \frac{z^2}{2} \left(\ln |z| - \frac{1}{2} \right) - z(\ln |z| - 1) + c$$

$$= \frac{(x+1)^2}{2} \left[\ln |x+1| - \frac{1}{2} \right] - (x+1) [\ln |x+1| - 1] + c$$

$$x_s = \frac{1}{A} [F]_0^4$$

$$= \frac{1}{A} \left[\frac{25}{2} \left(\ln 5 - \frac{1}{2} \right) - 5(\ln 5 - 1) - \right.$$

$$\left. - \frac{1}{2} \left(0 - \frac{1}{2} \right) + 1(0-1) \right]$$

$$= \frac{1}{A} \left[\frac{25}{2} \ln 5 - \frac{25}{4} - 5 \ln 5 + 5 + \frac{1}{4} - 1 \right]$$

$$= \frac{1}{A} \left[\frac{15}{2} \ln 5 - 2 \right]$$

$$\mathrel{\widehat{=}} \frac{15 \cdot \ln 5 - 4}{2(5 \cdot \ln 5 - 4)} \, E \mathrel{\widehat{=}} 2{,}488 \, E$$

33. $f(x)=\cosh x$

$x_1=-1;\quad x_2=1$

Da die Kurve der Funktion

$$f(x)=\cosh x=\frac{1}{2}(e^x+e^{-x})$$

wegen $f(x)=f(-x)$ zur $f(x)$-Achse symmetrisch ist, ergibt sich mit den obigen Grenzen sofort $x_s=0$. Ferner lassen sich durch diese Symmetrieeigenschaft einige Integrale vereinfachen.

$\sinh 1=1{,}1752$

$$\underline{\underline{x_s=0}}$$

$$A=\int_{x_1}^{x_2} f(x)\,dx$$

$$=\int_{-1}^{1}\cosh x\,dx$$

$$=2\int_{0}^{1}\cosh x\,dx$$

$$=2[\sinh x]_0^1$$

$$=2\sinh 1\triangleq 2{,}350\,E^2$$

$$y_s=\frac{1}{2A}\int_{x_1}^{x_2}[f(x)]^2\,dx$$

$$=\frac{1}{2A}\int_{-1}^{1}\cosh^2 x\,dx$$

$$=\frac{1}{A}\int_{0}^{1}\left[\frac{1}{2}(e^x+e^{-x})\right]^2 dx$$

$$=\frac{1}{A}\int_{0}^{1}\frac{1}{4}(e^{2x}+2e^{x-x}+e^{-2x})\,dx$$

$$y_s=\frac{1}{4A}\int_{0}^{1}(e^{2x}+2+e^{-2x})\,dx$$

$$=\frac{1}{4A}\left[\frac{e^{2x}}{2}+2x-\frac{e^{-2x}}{2}\right]_0^1$$

$$=\frac{1}{4A}\left(\frac{e^2}{2}+2-\frac{e^{-2}}{2}-\frac{1}{2}-0+\frac{1}{2}\right)$$

$$=\frac{1}{8A}(e^2-e^{-2}+4)$$

$$\mathrel{\widehat{=}} \underline{\underline{\frac{e^2 - e^{-2} + 4}{16 \sinh 1} E}}$$

$$y_s \mathrel{\widehat{=}} \underline{\underline{0{,}5985\, E}}$$

34. $f(x) = \operatorname{Arsinh} x$

$x_1 = 0; \quad x_2 = 5$

Das zugehörige unbestimmte Integral wird durch partielle Integration gelöst.

$$A = \int_{x_1}^{x_2} f(x)\,\mathrm{d}x$$

$$= \int_0^5 \operatorname{Arsinh} x\,\mathrm{d}x$$

$$\int \underbrace{\operatorname{Arsinh} x}_{u} \cdot \underbrace{\mathrm{d}x}_{\mathrm{d}v} = x \cdot \operatorname{Arsinh} x - \int x \cdot \frac{\mathrm{d}x}{\sqrt{x^2+1}}$$

$$= \underline{\underline{x \cdot \operatorname{Arsinh} x - \sqrt{x^2+1} + c}}$$

$$A = [x \cdot \operatorname{Arsinh} x - \sqrt{x^2+1}]_0^5$$

$$= 5 \cdot \operatorname{Arsinh} 5 - \sqrt{26} - 0 + 1$$

$$\mathrel{\widehat{=}} \underline{\underline{(5 \cdot \operatorname{Arsinh} 5 - \sqrt{26} + 1)\, E^2}}$$

$$\approx 5 \cdot 2{,}312 - 5{,}099 + 1$$

$$\mathrel{\widehat{=}} \underline{\underline{7{,}461\, E^2}}$$

$$y_s = \frac{1}{2A} \int_{x_1}^{x_2} [f(x)]^2\,\mathrm{d}x$$

Das Integral wird näherungsweise mit der Simpsonschen Regel berechnet.

$$= \frac{1}{2A} \int_0^5 \operatorname{Arsinh}^2 x\,\mathrm{d}x$$

$$\approx \frac{1}{2A} \cdot \frac{b}{3} \left(f(x_0) + 4f(x_1) + 2f(x_2) + \cdots + 4f(x_{n-2}) + \right.$$

$$\left. + 2f(x_{n-1}) + f(x_n)\right)$$

$$y_s \approx \frac{1}{2A} \cdot \frac{0{,}5}{3} (0{,}000 + 0{,}924 + 1{,}552 + 5{,}712 + 4{,}170 +$$

$$+ 10{,}852 + 6{,}610 + 15{,}460 + 8{,}778 +$$

$$+ 19{,}520 + 5{,}345)$$

3.8

Berechnungstabelle für

$f(x) = \text{Arsinh}^2\, x$

x	Arsinh x	$\text{Arsinh}^2\, x$
0	0,000	0,000
0,5	0,481	0,231
1	0,881	0,776
1,5	1,195	1,428
2	1,444	2,085
2,5	1,647	2,713
3	1,818	3,305
3,5	1,966	3,865
4	2,095	4,389
4,5	2,209	4,880
5	2,312	5,345

$x_0 = 0; \quad x_n = 5$

$n = 10; \quad b = 0{,}5$

$$y_s \approx \frac{1}{2A} \cdot \frac{0{,}5}{3} \cdot 78{,}923 \approx \frac{6{,}577}{A} \approx \frac{6{,}577}{7{,}461} \mathrel{\hat{=}} \underline{\underline{0{,}8815\, E}}$$

$$x_s = \frac{1}{A} \int_{x_1}^{x_2} f(x) \cdot x\, \mathrm{d}x = \frac{1}{A} \int_0^5 x \cdot \text{Arsinh}\, x\, \mathrm{d}x$$

Das zugehörige unbestimmte Integral wird durch partielle Integration gelöst.

$$F = \int x \cdot \text{Arsinh}\, x\, \mathrm{d}x = \int \underbrace{\text{Arsinh}\, x}_{u} \cdot \underbrace{x\, \mathrm{d}x}_{\mathrm{d}v}$$

$$= \frac{x^2}{2} \cdot \text{Arsinh}\, x - \int \frac{x^2}{2} \cdot \frac{\mathrm{d}x}{\sqrt{x^2+1}}$$

Das verbliebene Integral ist in Kap. 2.4, Band 4 gelöst worden ($a^2 = 1$).

$$= \frac{x^2}{2} \cdot \text{Arsinh}\, x - \frac{1}{2} \int \frac{x^2\, \mathrm{d}x}{\sqrt{x^2+1}}$$

$$= \frac{x^2}{2} \cdot \text{Arsinh}\, x - \frac{1}{2} \left(\frac{x}{2} \sqrt{x^2+1} - \frac{1}{2} \text{Arsinh}\, x \right) + c$$

$$= \underline{\underline{\frac{1}{4} \text{Arsinh}\, x \cdot (2x^2+1) - \frac{x}{4} \sqrt{x^2+1} + c}}$$

Arsinh 0 = 0

$$x_s = \frac{1}{4A} \left[(2x^2+1) \cdot \text{Arsinh}\, x - x \sqrt{x^2+1} \right]_0^5$$

$$= \frac{1}{4A} \left[51 \cdot \text{Arsinh}\, 5 - 5\sqrt{26} - 0 + 0 \right]$$

$$\mathrel{\hat{=}} \underline{\underline{\frac{51 \cdot \text{Arsinh}\, 5 - 5\sqrt{26}}{4(5 \cdot \text{Arsinh}\, 5 - \sqrt{26} + 1)}\, E}}$$

$$x_s \approx \frac{51 \cdot 2{,}312 - 6 \cdot 5{,}099}{4(5 \cdot 2{,}312 - 5{,}099 + 1)}$$

$$\mathrel{\hat{=}} \underline{\underline{3{,}097\,E}}$$

35. $f(x) = x^2 + \frac{x}{2} - 3$

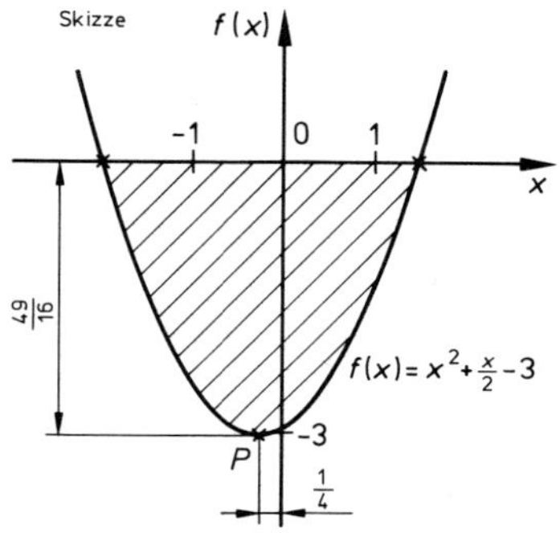

$$f(x) = x^2 + \frac{x}{2} - 3$$

$$= x^2 + \frac{x}{2} + \frac{1}{16} - \frac{1}{16} - 3$$

$$= \left(x + \frac{1}{4}\right)^2 - \frac{49}{16}$$

Man formt zunächst die Parabel in ihre Normalform um. Man erhält als Scheitelpunkt:

$$P\left\langle -\frac{1}{4};\ -\frac{49}{16}\right\rangle$$

$$P\left\langle -\frac{1}{4};\ -\frac{49}{16}\right\rangle \Rightarrow x_s \mathrel{\hat{=}} \underline{\underline{-\frac{1}{4}\,E \mathrel{\hat{=}} -0{,}25\,E}}$$

Daraus folgt sofort $x_s = -\frac{1}{4}$.

Die Schwerpunktskoordinate y_s berechnet man unter Verwendung des Ergebnisses aus Kap. 3.8, Band 4.

Aufgrund der anderen Lage der Parabel ist darauf zu achten, daß es hier

$y_s = \frac{2}{5}\,l \left(\text{statt } \frac{3}{5}\right)$ heißen muß!

$$y_s = \frac{2}{5}\,l$$

$$= \frac{2}{5}\left(-\frac{49}{16}\right)$$

$$\mathrel{\hat{=}} \underline{\underline{-\frac{49}{40}\,E \mathrel{\hat{=}} -1{,}225\,E}}$$

36. $f(x) = \frac{x^2 - 1}{x - 2}$

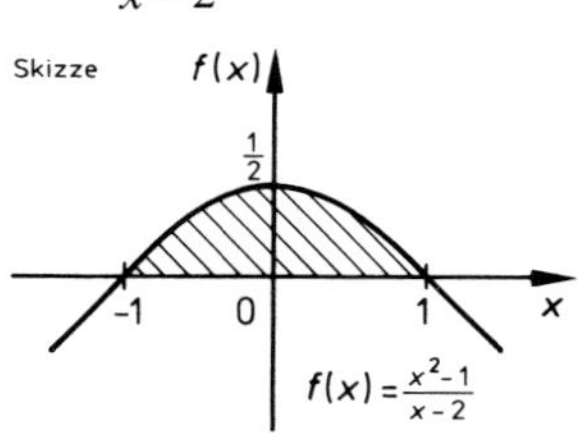

Nullstellen:

$$x^2 - 1 = (x+1)(x-1) = 0$$

$$x_0 = -1; \quad x_1 = 1$$

3.8

Umformung der Funktion:

$$(x^2-1):(x-2)=x+2+\frac{3}{x-2}$$
$$\underline{x^2-2x}$$
$$2x-1$$
$$\underline{2x-4}$$
$$3$$

$$A=\int_{x_0}^{x_1} f(x)\,\mathrm{d}x$$

$$=\int_{-1}^{1}\left(x+2+\frac{3}{x-2}\right)\mathrm{d}x$$

$$=\left[\frac{x^2}{2}+2x+3\ln|x-2|\right]_{-1}^{1}$$

$$=\frac{1}{2}+2+3\ln|-1|-\frac{1}{2}+2-3\ln|-3|$$

$$=4+3\ln 1-3\ln 3$$

$$\mathrel{\widehat{=}}\underline{\underline{(4-3\ln 3)E^2\mathrel{\widehat{=}}0{,}7042\,E^2}}$$

$$y_s=\frac{1}{2A}\int_{x_0}^{x_1}[f(x)]^2\,\mathrm{d}x$$

$$=\frac{1}{2A}\int_{-1}^{1}\left(x+2+\frac{3}{x-2}\right)^2\mathrm{d}x$$

$$=\frac{1}{2A}\int_{-1}^{1}\left(x^2+4+\frac{9}{(x-2)^2}+4x+\frac{6x}{x-2}+\frac{12}{x-2}\right)\mathrm{d}x$$

$$(6x+12):(x-2)=6+\frac{24}{x-2}$$
$$\underline{6x-12}$$
$$24$$

$$=\frac{1}{2A}\int_{-1}^{1}\left(x^2+4x+4+\frac{6x+12}{x-2}+\frac{9}{(x-2)^2}\right)\mathrm{d}x$$

$$=\frac{1}{2A}\int_{-1}^{1}\left(x^2+4x+10+\frac{24}{x-2}+\frac{9}{(x-2)^2}\right)\mathrm{d}x$$

$$=\frac{1}{2A}\left[\frac{x^3}{3}+2x^2+10x+24\ln|x-2|-\frac{9}{x-2}\right]_{-1}^{1}$$

$$y_s=\frac{1}{2A}\left(\frac{1}{3}+2+10+24\ \ln\ |-1|+9+\frac{1}{3}-2+\right.$$

$$\left.+10-24\ \ln\ |-3|-3\right)$$

$$=\frac{1}{2A}\left(26+\frac{2}{3}+24\ \ln\ 1-24\ \ln\ 3\right)$$

$$=\frac{1}{A}\left(\frac{40}{3}-12\ \ln\ 3\right)$$

$$\mathrel{\widehat{=}}\underline{\underline{\frac{4(10-9\ \ln\ 3)}{3(4-3\ \ln\ 3)}\,E}}$$

$$\mathrel{\widehat{=}}\underline{\underline{0{,}2130\,E}}$$

$$x_s=\frac{1}{A}\int_{x_0}^{x_1} f(x)\cdot x\,\mathrm{d}x$$

$$=\frac{1}{A}\int_{-1}^{1} x\left(x+2+\frac{3}{x-2}\right)\mathrm{d}x$$

$$3x:(x-2)=3+\frac{6}{x-2}$$
$$\frac{3x-6}{6}$$

$$=\frac{1}{A}\int_{-1}^{1}\left(x^2+2x+\frac{3x}{x-2}\right)\mathrm{d}x$$

$$=\frac{1}{A}\int_{-1}^{1}\left(x^2+2x+3+\frac{6}{x-2}\right)\mathrm{d}x$$

$$=\frac{1}{A}\left[\frac{x^3}{3}+x^2+3x+6\ \ln\ |x+2|\right]_{-1}^{1}$$

$$=\frac{1}{A}\left(\frac{1}{3}+1+3+6\ \ln\ |-1|+\frac{1}{3}-\right.$$

$$\left.-1+3-6\ \ln\ |-3|\right)$$

$$=\frac{1}{A}\left(\frac{2}{3}+6+6\ \ln\ 1-6\ \ln\ 3\right)$$

$$=\frac{1}{A}\left(\frac{20}{3}-6\ \ln\ 3\right)$$

Hier gilt $x_s = \frac{y_s}{2}$, wie die Rechnung zeigt.

$$x_s = \frac{2(10-9\ln 3)}{3(4-3\ln 3)} = \frac{y_s}{2}$$

$$\triangleq 0{,}1065\,E$$

37. $f(x) = \sin x$

Hierbei ist es offensichtlich nur sinnvoll, den Flächenschwerpunkt einer der unendlich vielen gleich großen Teilflächen zwischen zwei benachbarten Nullstellen zu bestimmen.

Hier wird gewählt:

$x_0 = 0; \quad x_1 = \pi$

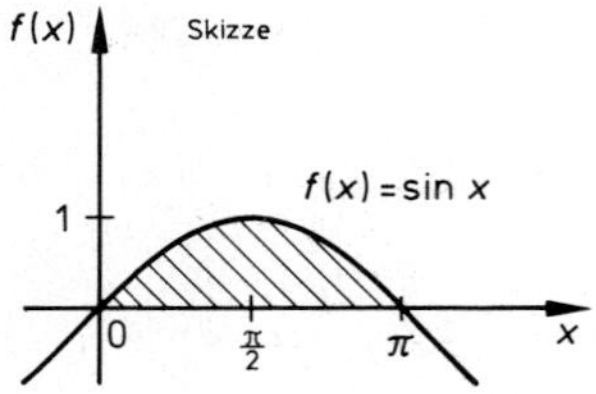

$$A = \int_{x_0}^{x_1} f(x)\,dx = \int_0^{\pi} \sin x\,dx = [-\cos x]_0^{\pi} = 1 + 1 \triangleq 2E^2$$

Aufgrund des Kurvenverlaufs von $y = \sin x$ ergibt sich sofort $x_s = \frac{\pi}{2}$.

$$x_s \triangleq \frac{\pi}{2}\,E$$

$\int \sin^2 x\,dx$ ▶ Kap. 2.5, Band 4

$$y_s = \frac{1}{2A}\int_{x_0}^{x_1} [f(x)]^2\,dx = \frac{1}{2A}\int_0^{\pi} \sin^2 x\,dx = \frac{1}{2A}\left[-\frac{1}{4}\sin 2x + \frac{1}{2}x\right]_0^{\pi} = \frac{1}{4}\left(0 + \frac{\pi}{2} + 0 - 0\right) \triangleq \frac{\pi}{8}\,E$$

Damit lassen sich auch die Schwerpunkte aller Teilflächen angeben.

$$\left.\begin{aligned} x_s &= \frac{\pi}{2} + n\cdot\pi \\ y_s &= (-1)^n \cdot \frac{\pi}{8} \end{aligned}\right\} \quad n = 0,\ \pm 1,\ \pm 2, \ldots$$

38. $f(x)=4x^2-2x^4$

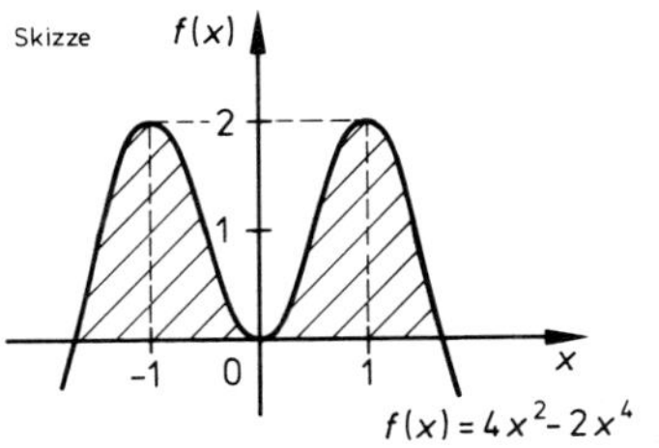

Für $x=0$ besitzt die Funktion eine doppelte Nullstelle, so daß nur die beiden anderen Nullstellen für die Integrationsgrenzen in Frage kommen.

Da die Kurve der Funktion $f(x)=4x^2-2x^4$ wegen $f(x)=f(-x)$ zur $f(x)$-Achse symmetrisch ist, ergibt sich sofort $x_s=0$. Ferner lassen sich dadurch auch einige Integrale vereinfachen.

$$f(x)=4x^2-2x^4$$
$$=2x^2(2-x^2)$$
$$=2x^2(\sqrt{2}+x)(\sqrt{2}-x)$$

Nullstellen: $x_{0;1}=0;\quad x_2=-\sqrt{2};\quad x_3=\sqrt{2}$

$$\underline{\underline{x_s=0}}$$

$$A=\int_{x_2}^{x_3} f(x)\,\mathrm{d}x$$

$$=\int_{-\sqrt{2}}^{\sqrt{2}} (4x^2-2x^4)\,\mathrm{d}x$$

$$=4\int_0^{\sqrt{2}} (2x^2-x^4)\,\mathrm{d}x$$

$$=4\left[\frac{2}{3}x^3-\frac{x^5}{5}\right]_0^{\sqrt{2}}$$

$$=4\left(\frac{2}{3}2\sqrt{2}-\frac{4\sqrt{2}}{5}\right)$$

$$=16\sqrt{2}\left(\frac{1}{3}-\frac{1}{5}\right)$$

$$\underline{\underline{\hat{=}\frac{32}{15}\sqrt{2}E^2\hat{=}3{,}017E^2}}$$

$$y_s=\frac{1}{2A}\int_{x_2}^{x_3} [f(x)]^2\,\mathrm{d}x$$

$$=\frac{1}{2A}\int_{-\sqrt{2}}^{\sqrt{2}} (4x^2-2x^4)^2\,\mathrm{d}x$$

$$=\frac{4}{A}\int_0^{\sqrt{2}} (2x^2-x^4)^2\,\mathrm{d}x$$

$$=\frac{4}{A}\int_0^{\sqrt{2}} (4x^4-4x^6+x^8)\,\mathrm{d}x$$

$$y_s = \frac{4}{A}\left[\frac{4}{5}x^5 - \frac{4}{7}x^7 + \frac{1}{9}x^9\right]_0^{\sqrt{2}}$$

$$= \left[\frac{4x^5}{A}\left(\frac{4}{5} - \frac{4}{7}x^2 + \frac{1}{9}x^4\right)\right]_0^{\sqrt{2}}$$

$$= \frac{16\sqrt{2}}{A}\left(\frac{4}{5} - \frac{8}{7} + \frac{4}{9}\right)$$

$$= \frac{64\sqrt{2}}{A}\left(\frac{1}{5} - \frac{2}{7} + \frac{1}{9}\right)$$

$$= \frac{64\sqrt{2}}{\frac{32}{15}\sqrt{2}} \cdot \frac{8}{315}$$

$$\mathrel{\hat{=}} \frac{16}{21}E \mathrel{\hat{=}} 0{,}7619\,E$$

Bemerkung: Für die nachfolgenden Aufgaben 39, 40, 41, 42 ist es notwendig, die in Kap. 3.8, Band 4 angegebenen Formeln zur Flächenschwerpunktsberechnung zu verallgemeinern. Die Verallgemeinerung ist so vorzunehmen, daß der Schwerpunkt einer von zwei Kurven eingeschlossenen Fläche berechnet werden kann.

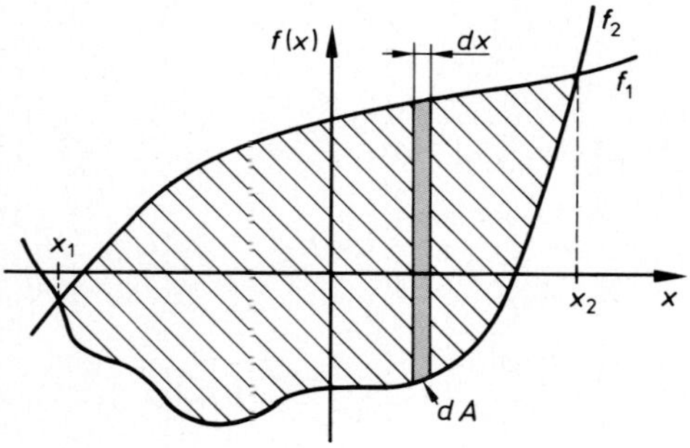

Hier wurde ohne Beschränkung der Allgemeinheit angenommen, daß im Integrationsintervall $x_1 < x < x_2$ stets gilt $f_1(x) > f_2(x)$.

Nun gilt: $\mathrm{d}M_x = \frac{f_1(x)+f_2(x)}{2} \cdot \mathrm{d}A$; $\mathrm{d}A = (f_1(x) - f_2(x)) \cdot \mathrm{d}x$

$$M_x = \frac{1}{2}\int_{x_1}^{x_2} [(f_1(x))^2 - (f_2(x))^2]\,\mathrm{d}x$$

$$= y_s \cdot A = y_s \cdot \int_{x_1}^{x_2} [f_1(x) - f_2(x)]\,\mathrm{d}x$$

$$\Rightarrow \quad y_s = \frac{\frac{1}{2}\int\limits_{x_1}^{x_2} [(f_1(x))^2 - (f_2(x))^2]\,\mathrm{d}x}{\int\limits_{x_1}^{x_2} [f_1(x) - f_2(x)]\,\mathrm{d}x}$$

Völlig analog erhält man einen Ausdruck für x_s.

$$x_s = \frac{\int\limits_{x_1}^{x_2} x\,[f_1(x) - f_2(x)]\,\mathrm{d}x}{\int\limits_{x_1}^{x_2} [f_1(x) - f_2(x)]\,\mathrm{d}x}$$

Man erkennt leicht, daß die Formeln für die Lage des Schwerpunktes einer Fläche Spezialfälle der hier hergleiteten sind. Dazu setzt man $f_1(x) = f(x)$ und schreibt für die x-Achse $f_2(x) = 0$; die Formeln sind dann identisch.

39. $R(x) = x^2 \pm \sqrt{2 - x^2}$

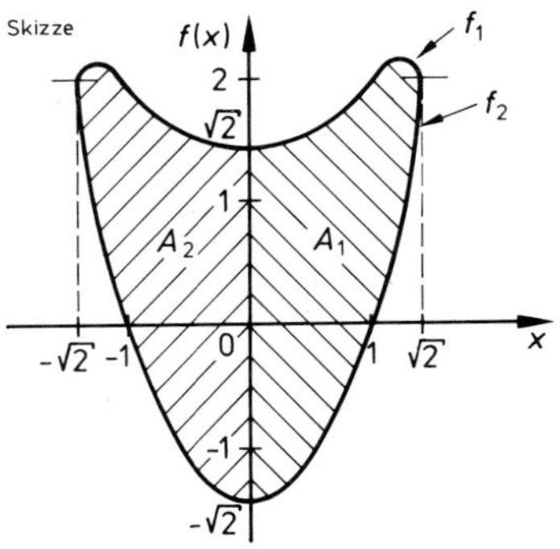

Die beiden Graphen mit den Funktionsgleichungen $f_1(x)$ und $f_2(x)$ treffen in den Punkten $\langle\sqrt{2}; 2\rangle$ und $\langle -\sqrt{2}; 2\rangle$ zusammen.

$R(x) = x^2 \pm \sqrt{2 - x^2}$

$f_1(x) = x^2 + \sqrt{2 - x^2}$

$f_2(x) = x^2 - \sqrt{2 - x^2}$

$f_1(x) > f_2(x) \quad$ für $\quad -\sqrt{2} < x < \sqrt{2}$

$$f_1(x) - f_2(x) = x^2 + \sqrt{2 - x^2} - x^2 + \sqrt{2 - x^2}$$
$$= 2\sqrt{2 - x^2}$$

$$A_1 = \int\limits_0^{\sqrt{2}} [f_1(x) - f_2(x)]\,\mathrm{d}x$$

$$= 2\int\limits_0^{\sqrt{2}} \sqrt{2 - x^2}\,\mathrm{d}x$$

$$= \left[x\sqrt{2 - x^2} + 2\ \mathrm{Arcsin}\,\frac{x}{\sqrt{2}}\right]_0^{\sqrt{2}}$$

3.8

Es wird zunächst der Schwerpunkt der Teilfläche A_1 berechnet:

$S_1 \langle x_{s_1}; y_{s_1} \rangle$

$\int \sqrt{a^2 - x^2}\, dx$ ▶ Kap. 2.4, Band 4

$\text{Arcsin } 1 = \frac{\pi}{2}$; $\text{Arcsin } 0 = 0$

$A_1 = 0 + 2 \text{ Arcsin } 1 - 0 - 2 \text{ Arcsin } 0$

$\hat{=} \pi E^2$

$[f_1(x)]^2 = x^4 + 2x^2 \cdot \sqrt{2-x^2} + 2 - x^2$

$[f_2(x)]^2 = x^4 - 2x^2 \cdot \sqrt{2-x^2} + 2 - x^2$

$$y_{s_1} = \frac{1}{2A_1} \int_0^{\sqrt{2}} [(f_1(x))^2 - (f_2(x))^2]\, dx$$

$$= \frac{1}{2A_1} \int_0^{\sqrt{2}} 4x^2 \cdot \sqrt{2-x^2}\, dx$$

$$= \frac{2}{\pi} \int_0^{\sqrt{2}} x^2 \cdot \sqrt{2-x^2}\, dx$$

Das zugehörige unbestimmte Integral wird mit der in Kap. 2.5 durch partielle Integration ermittelten Rekursionsformel für $\int x^m \cdot \sqrt{a^2 - x^2}\, dx$ bestimmt.

$m = 2$; $a^2 = 2$

$$\int x^2 \cdot \sqrt{2-x^2}\, dx =$$

$$= -\frac{x}{4}(2-x^2)^{\frac{3}{2}} + \frac{2}{4} \int x^0 \cdot \sqrt{2-x^2}\, dx$$

$$= -\frac{x}{4}(2-x^2)^{\frac{3}{2}} + \frac{1}{2} \int \sqrt{2-x^2}\, dx$$

$\int \sqrt{a^2 - x^2}\, dx$ ▶ Kap. 2.4, Band 4

$$= -\frac{x}{4}(2-x^2)^{\frac{3}{2}} + \frac{1}{2}\left(\frac{x}{2}\sqrt{2-x^2} + \text{Arcsin } \frac{x}{\sqrt{2}}\right) + c$$

$$= -\frac{x}{4}\sqrt{(2-x^2)^3} + \frac{1}{4}\left(x\sqrt{2-x^2} + 2 \text{ Arcsin } \frac{x}{\sqrt{2}}\right) + c$$

$\text{Arcsin } 1 = \frac{\pi}{2}$; $\text{Arcsin } 0 = 0$

$$y_{s_1} = \frac{1}{2\pi}\left[-x\sqrt{(2-x^2)^3} + x\sqrt{2-x^2} + 2 \text{ Arcsin } \frac{x}{\sqrt{2}}\right]_0^{\sqrt{2}}$$

$$= \frac{1}{2\pi}[-0 + 0 + 2 \text{ Arcsin } 1 + 0 - 0 - 2 \text{ Arcsin } 0]$$

$$= \frac{1}{2\pi} \cdot \pi$$

$$\hat{=} \frac{1}{2} E$$

$$x_{s_1}=\frac{1}{A_1}\int_0^{\sqrt{2}} x\,[f_1(x)-f_2(x)]\,\mathrm{d}x$$

$$=\frac{1}{A_1}\int_0^{\sqrt{2}} x\cdot 2\sqrt{2-x^2}\,\mathrm{d}x$$

Das zugehörige unbestimmte Integral wird durch Substitution gelöst.

$$=\frac{2}{\pi}\int_0^{\sqrt{2}} x\cdot\sqrt{2-x^2}\,\mathrm{d}x$$

$z=2-x^2;\quad \mathrm{d}x=-\frac{\mathrm{d}z}{2x}$

$$\int x\sqrt{2-x^2}\,\mathrm{d}x=-\frac{1}{2}\int\sqrt{z}\,\mathrm{d}z$$

$$=-\frac{1}{2}\int z^{\frac{1}{2}}\,\mathrm{d}z$$

$$=-\frac{1}{2}\cdot\frac{z^{\frac{3}{2}}}{\frac{3}{2}}+c$$

$$=-\frac{1}{3}(2-x^2)\sqrt{2-x^2}+c$$

$$x_{s_1}=-\frac{2}{3\pi}\left[(2-x^2)\sqrt{2-x^2}\right]_0^{\sqrt{2}}$$

$$=0+\frac{2}{3\pi}\cdot 2\cdot\sqrt{2}$$

$$\triangleq\frac{4\cdot\sqrt{2}}{3\pi}E\triangleq 0{,}6002\,E$$

Da $A_1=A_2$ läßt sich leicht der Schwerpunkt S_2 der Fläche A_2 und der der Gesamtfläche $A=A_1+A_2$ angeben, welcher mit $S\langle x_s;\,y_s\rangle$ bezeichnet wird.

Man könnte hier statt y_{s_1} auch y_{s_2} nehmen, da $y_{s_1}=y_{s_2}$.

$$S_2\langle x_{s_2};\,y_{s_2}\rangle=S_2\langle -x_{s_1};\,y_{s_1}\rangle$$

$$\triangleq S_2\langle -0{,}6002\,E;\ 0{,}5\,E\rangle$$

$$S\left\langle\frac{x_{s_1}+x_{s_2}}{2};\,y_{s_1}\right\rangle$$

$$\triangleq S\left\langle 0;\,\frac{1}{2}E\right\rangle$$

40. $R(x) = \pm\sqrt{9+x}$

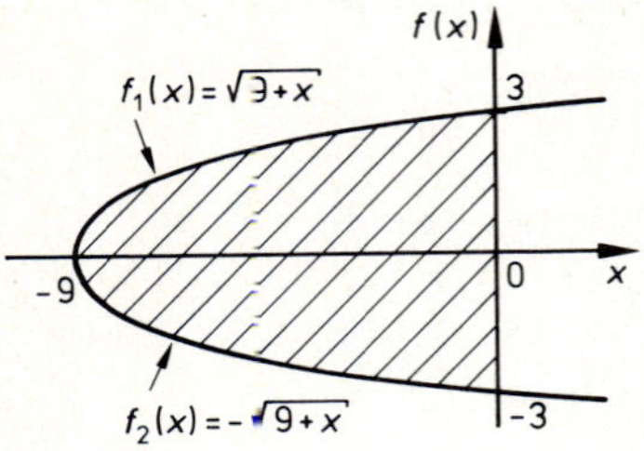

$$R(x) = \pm\sqrt{9+x}$$

$$f_1(x) = \sqrt{9+x}$$

$$f_2(x) = -\sqrt{9+x}$$

$$f_1(x) - f_2(x) = 2\sqrt{9+x}$$

Da $R(x) = \pm\sqrt{9+x}$ zur x-Achse symmetrisch ist, muß gelten $y_s = 0$.

$$\underline{\underline{y_s = 0}}$$

$$A = \int_{-9}^{0} [f_1(x) - f_2(x)]\,dx$$

$$= 2\int_{-9}^{0} \sqrt{9+x}\,dx$$

Das zugehörige unbestimmte Integral wird durch Substitution gelöst.

$z = 9 + x;\quad dx = dz$

$$\int \sqrt{9+x}\,dx = \int \sqrt{z}\,dz$$

$$= \int z^{\frac{1}{2}}\,dz$$

$$= \frac{2}{3}\,z^{\frac{3}{2}} + c$$

$$\underline{\underline{= \frac{2}{3}\,(9+x)\sqrt{9+x} + c}}$$

$$A = \frac{4}{3}\,[(9+x)\sqrt{9+x}]_{-9}^{0}$$

$$= \frac{4}{3} \cdot 9 \cdot 3$$

$$\mathrel{\widehat{=}} \underline{\underline{36\,E^2}}$$

$$x_s = \frac{1}{A}\int_{-9}^{0} x\,[f_1(x) - f_2(x)]\,dx$$

$$= \frac{2}{A}\int_{-9}^{0} x\sqrt{9+x}\,dx$$

Das zugehörige unbestimmte Integral wird durch Substitution gelöst.

$z = 9 + x;\quad dx = dz$

$x = z - 9$

$$\int x\sqrt{9+x}\,dx = \int (z-9)\sqrt{z}\,dz$$

$$= \int z^{\frac{3}{2}}\,dz - 9\int z^{\frac{1}{2}}\,dz$$

$$= \frac{2}{5}z^{\frac{5}{2}} - 6z^{\frac{3}{2}} + c$$

$$= 2z^{\frac{3}{2}}\left(\frac{1}{5}z - 3\right) + c$$

$$= 2(9+x)\sqrt{9+x}\left[\frac{1}{5}(9+x) - 3\right] + c$$

$$x_s = \frac{4}{A}\left[(9+x)\sqrt{9+x}\left(\frac{1}{5}(9+x) - 3\right)\right]_{-9}^{0}$$

$$= \frac{1}{9}\cdot 9\cdot 3\left[\frac{1}{5}\cdot 9 - 3\right] - 0$$

$$= 3\cdot\frac{9-15}{5}$$

$$\mathrel{\hat=} -\frac{18}{5}\,E \mathrel{\hat=} -3{,}6\,E$$

41. $R(x) = \pm\sqrt{25-x^2}$

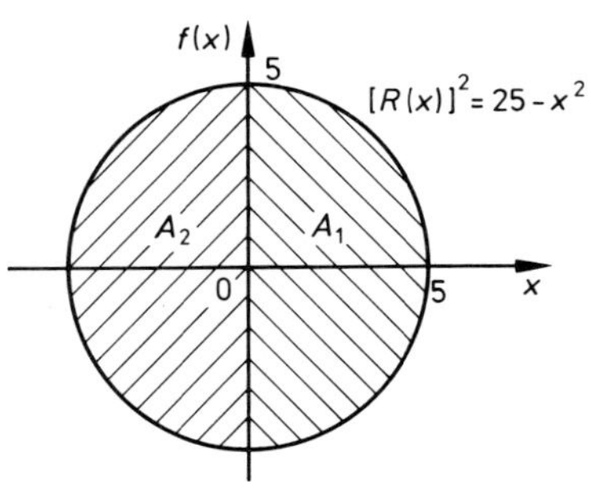

Die Schwerpunkte S_1 und S_2 der Teilflächen A_1 und A_2 bestimmt man unter Heranziehung des entsprechenden Beispiels aus Kap. 3.8, Band 4. Man beachte jedoch, daß es hier x_s statt y_s heißen muß.

Der Schwerpunkt S der Gesamtfläche $A = A_1 + A_2$ ergibt sich zu $S\langle 0; 0\rangle$.

$R(x) = \pm\sqrt{25-x^2}$ symmetrisch zur x-Achse

$$y_{s_1} = y_{s_2} = 0$$

$$x_{s_1} = \frac{4r}{3\pi}$$

$$= \frac{20}{3\pi} \mathrel{\hat=} 2{,}122\,E$$

$$x_{s_2} = -\frac{20}{3\pi} \mathrel{\hat=} -2{,}122\,E$$

$S_1\langle x_{s_1}; y_{s_1}\rangle$

$$\mathrel{\hat=} S_1\langle 2{,}122\,E;\ 0\rangle$$

$S_2\langle x_{s_2}; y_{s_2}\rangle$

$$\mathrel{\hat=} S_2\langle -2{,}122\,E;\ 0\rangle$$

3.8

42. $R(x) = \pm\sqrt{4-x}$

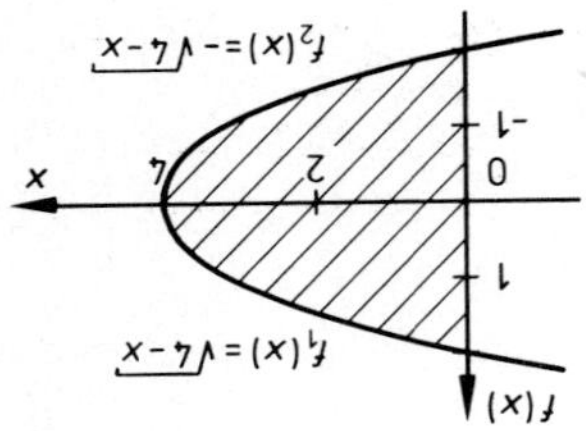

$$R(x) = \pm\sqrt{4-x}$$

$$f_1(x) = \sqrt{4-x}$$

$$f_2(x) = -\sqrt{4-x}$$

$$f_1(x) - f_2(x) = 2\sqrt{4-x}$$

Da $R(x) = \pm\sqrt{4-x}$ zur x-Achse symmetrisch ist, muß gelten $y_s = 0$.

$$\underline{\underline{y_s = 0}}$$

$$A = \int_0^4 [f_1(x) - f_2(x)]\,dx$$

$$= 2\int_0^4 \sqrt{4-x}\,dx$$

$$= -\frac{4}{3}\left[(4-x)\sqrt{4-x}\right]_0^4$$

$$= \frac{4}{3}\cdot 4\cdot 2$$

$$\underline{\underline{\hat{=}\,\frac{32}{3}\,E^2 \,\hat{=}\, 10{,}67\,E^2}}$$

$$x_s = \frac{1}{A}\int_0^4 x[f_1(x) - f_2(x)]\,dx$$

$$= \frac{2}{A}\int_0^4 x\sqrt{4-x}\,dx$$

Das zugehörige unbestimmte Integral wird durch Substitution gelöst.

$z = 4 - x;\quad dx = -dz$

$x = 4 - z$

$$\int x\sqrt{4-x}\,dx = -\int (4-z)\sqrt{z}\,dz$$

$$= -4\int z^{\frac{1}{2}}\,dz + \int z^{\frac{3}{2}}\,dz$$

$$= -\frac{8}{3}\,z^{\frac{3}{2}} + \frac{2}{5}\,z^{\frac{5}{2}} + c$$

$$=2z^{\frac{3}{2}}\left(\frac{1}{5}z-\frac{4}{3}\right)+c$$

$$=2(4-x)\sqrt{4-x}\left[\frac{1}{5}(4-x)-\frac{4}{3}\right]+c$$

$$x_s=\frac{4}{A}\left[(4-x)\sqrt{4-x}\left(\frac{1}{5}(4-x)-\frac{4}{3}\right)\right]_0^4$$

$$=0-\frac{3}{8}\cdot 4\cdot 2\left[\frac{4}{5}-\frac{4}{3}\right]$$

$$=-12\cdot\left(\frac{1}{5}-\frac{1}{3}\right)$$

$$\hat{=}\frac{24}{15}E\,\hat{=}\,1{,}6E$$

- Körperschwerpunkte

43. Quadratische Pyramide

Durch geeignete Lage der Pyramide in einem Koordinatensystem erreicht man $x_s=z_s=0$.

Für das Volumen einer Pyramide mit quadratischer Grundfläche gilt:

$$V=\frac{1}{3}a^2\cdot h$$

$$h:(h-y)=\frac{a}{2}:x$$

$$y=-\frac{2b}{a}x+h=f(x)$$

A: untere Fläche der Scheibe dV

$$y=-\frac{2b}{a}x+h;\quad x=\frac{a}{2h}(h-y)$$

$$x=f(y)$$

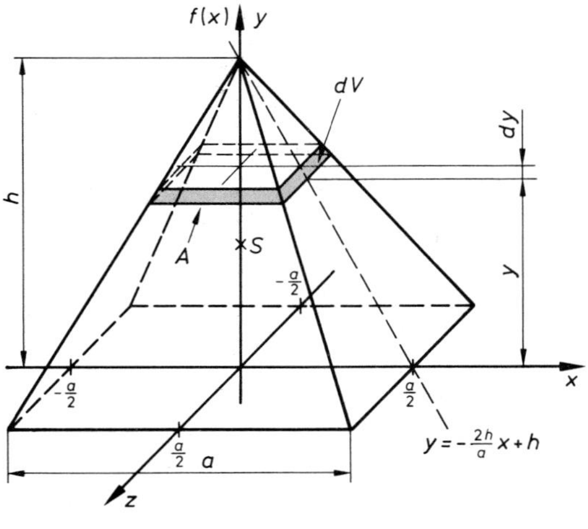

$x_s=z_s=0$

$$f(y)=\frac{a}{2h}(h-y)$$

3.8

$$dV = A \cdot dy$$

$$A = (2x)^2 = 4x^2 = 4[f(y)]^2$$

$$dV = 4[f(y)]^2 \cdot dy$$

$$y_s = \frac{\int_0^h y\,dV}{V}$$

$$[f(y)]^2 = \left[\frac{a}{2h}(h-y)\right]^2$$

$$y_s = \frac{\int_0^h y \cdot [f(y)]^2\,dy}{V}$$

$$= \frac{\int_0^h y \cdot 4\left[\frac{a}{2h}(h-y)\right]^2}{\frac{1}{3}a^2h}$$

$$= \frac{\int_0^h y \cdot \frac{a^2}{h^2}(h-y)^2}{\frac{1}{3}a^2h}$$

$$= \frac{\int_0^h y\left(1-\frac{y}{h}\right)^2 dy}{\frac{h}{3}}$$

$$= \frac{3}{h}\int_0^h \left(y - \frac{2}{h}y^2 + \frac{y^3}{h^2}\right) dy$$

$$= \frac{3}{h}\left[\frac{1}{2}y^2 - \frac{2}{3h}y^3 + \frac{1}{4h^2}y^4\right]_0^h$$

$$= \frac{3}{h}\left(\frac{1}{2}h^2 - \frac{2}{3}h^2 + \frac{1}{4}h^2\right)$$

$$= 3h\left(\frac{1}{2} - \frac{2}{3} + \frac{1}{4}\right)$$

$$\hat{=} \underline{\underline{\frac{h}{4}\,E}}$$

44. Tetraeder

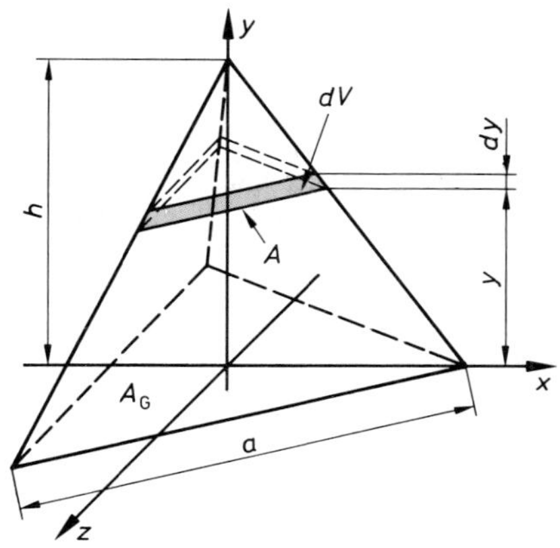

A: untere Fläche der Scheibe dV

Legt man das Tetraeder mit einer Fläche so in die x,z-Ebene, daß der Schwerpunkt der Grundfläche im Nullpunkt liegt, so gilt $x_s = z_s = 0$.

$$\underline{\underline{x_s = z_s = 0}}$$

Mit den üblichen Methoden der Geometrie berechnet man leicht $h = a\sqrt{\frac{2}{3}}$ und für eine Dreiecksfläche (insbesondere also Grundfläche) $A_G = \frac{a^2}{4}\sqrt{3}$.

$$A_G = \frac{1}{2} \cdot a \cdot \frac{a}{2}\sqrt{3}$$

In ähnlichen Dreiecken bilden die Flächeninhalte und die Quadrate gleichliegender Strecken gleiche Verhältnisse:

$$A_G : A = h^2 : (h-y)^2$$

$$A = \frac{A_G (h-y)^2}{h^2}$$

$$A = \frac{1}{2} \cdot a\left(1 - \frac{y}{h}\right) \cdot \frac{a\left(1 - \frac{y}{h}\right)}{2}\sqrt{3}$$

$$= \frac{a^2}{4}\sqrt{3}\left(1 - \frac{y}{h}\right)^2$$

$$\mathrm{d}V = A \cdot \mathrm{d}y$$

$$y_s = \frac{1}{V}\int y \, \mathrm{d}V$$

$$= \frac{1}{V}\int y \cdot A \, \mathrm{d}y$$

$$V = \frac{1}{3} A_G \cdot h$$

$$= \frac{1}{12} a^2 h\sqrt{3}$$

$$y_s = \frac{12}{a^2 h\sqrt{3}} \int_0^h y \cdot \frac{a^2}{4}\sqrt{3}\left(1 - \frac{y}{h}\right)^2 \mathrm{d}y$$

$$= \frac{3}{h}\int_0^h \left(y - \frac{2}{h}y^2 + \frac{y^3}{h^2}\right)\mathrm{d}y$$

Dieses Integral wurde bereits in der vorangegangenen Aufgabe 43 gelöst.

$$= \frac{h}{4}$$

$$\underline{\underline{\hat{=} \frac{a}{4}\sqrt{\frac{2}{3}}\, E}}$$

45. Kegelstumpf

Durch geeignete Lage des Kegelstumpfs im Koordinatensystem erreicht man $\underline{\underline{x_s = z_s = 0}}$

Für das Volumen eines Kegelstumpfs gilt: $V = \frac{\pi h}{3}(r_1^2 + r_1 r_2 + r_2^2)$

$$\frac{h}{r_1 - r_2} = \frac{y}{r_1 - x}$$

$$\Rightarrow y = \frac{h(r_1 - x)}{r_1 - r_2}$$

$$= \frac{h(x - r_1)}{r_2 - r_1}$$

$$\Rightarrow x = r_1 + \frac{y(r_2 - r_1)}{h} = f(y)$$

$$[f(y)]^2 = \left(r_1 + \frac{y(r_2 - r_1)}{h}\right)^2$$

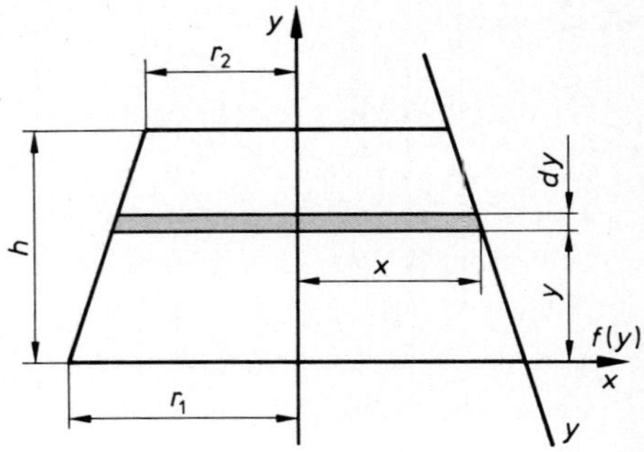

$$y_s = \frac{\pi \cdot \int_0^h y \cdot [f(y)]^2 \, dy}{V}$$

$$= \frac{\pi}{V} \cdot \int_0^h y \cdot \left(r_1 + y \frac{r_2 - r_1}{h}\right)^2 dy$$

$$= \frac{\pi}{V} \int_0^h y \cdot \left(\frac{r_2 - r_1}{h} y + r_1\right)^2 dy$$

$$= \frac{\pi}{V} \int_0^h \left[\frac{(r_2 - r_1)^2}{h^2} y^3 + 2r_1 \frac{r_2 - r_1}{h} y^2 + r_1^2 y\right] dy$$

$$= \frac{\pi}{V} \left[\frac{(r_2 - r_1)^2}{4h^2} y^4 + \frac{2r_1(r_2 - r_1)}{3h} y^3 + \frac{r_1^2}{2} y^2\right]_0^h$$

$$= \frac{\pi h^2}{V} \left[\frac{(r_2 - r_1)^2}{4} + \frac{2r_1(r_2 - r_1)}{3} + \frac{r_1^2}{2}\right]$$

$$y_s = \frac{\pi h^2}{12V} [3(r_2 - r_1)^2 + 8r_1(r_2 - r_1) + 6r_1^2]$$

$$= \frac{\pi h^2}{12V}]3r_2^2 - 6r_2 r_1 + 3r_1^2 + 8r_1 r_2 - 8r_1^2 + 6r_1^2]$$

$$= \frac{\pi h^2}{12V} [3r_2^2 + 2r_1 r_2 + r_1^2]$$

$$= \frac{\pi h^2 (3r_2^2 + 2r_1 r_2 + r_1^2}{4\pi h(r_1^2 + r_1 r_2 + r_2^2)}$$

$$\mathrel{\hat{=}} \underline{\underline{\frac{h(r_1^2 + 2r_1 r_2 + 3r_2^2)}{4(r_1^2 + r_1 r_2 + r_2^2)}}} \, E$$

46. Kugelabschnitt

Durch geeignete Lage des Kugelabschnittes im Koordinatensystem erreicht man $\underline{\underline{x_s = z_s = 0.}}$

Für das Volumen eines Kugelabschnittes gilt:

$$V = \frac{\pi h^2}{3}(3r - h)$$

$$x^2 + y^2 = r^2$$

$$\Rightarrow y = \sqrt{r^2 - x^2}$$

$$\Rightarrow x^2 = r^2 - y^2 = [f(y)]^2$$

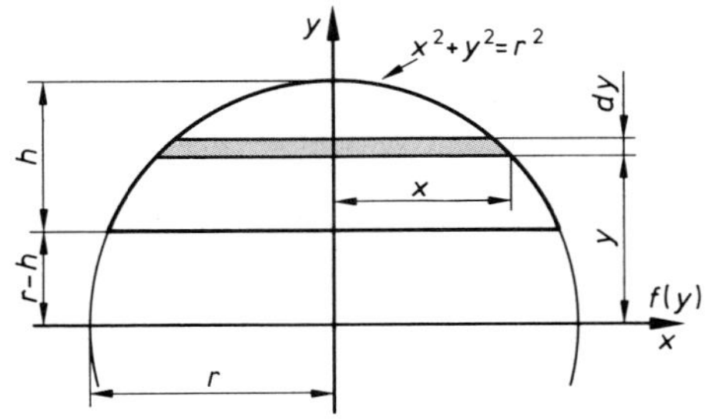

$$y_s = \frac{\pi \int\limits_{r-h}^{r} y \cdot [f(y)]^2 \, dy}{V}$$

$$= \frac{\pi}{V} \int\limits_{r-h}^{r} y(r^2 - y^2) \, dy$$

$$= \frac{\pi}{V} \left[\frac{r^2 \cdot y^2}{2} - \frac{y^4}{4} \right]_{r-h}^{r}$$

$$= \frac{\pi}{4V} [2r^4 - r^4 - 2r^2(r-h)^2 + (r-h)^4]$$

$$= \frac{\pi}{4V} [r^4 - 2r^4 + 4r^3h - 2r^2h^2 + r^4 - 4r^3h +$$
$$+ 6r^2h^2 - 4rh^3 + h^4]$$

$$= \frac{\pi}{4V} [4r^2h^2 - 4rh^3 + h^4]$$

$$= \frac{\pi h^2 (4r^2 - 4rh + h^2)}{4 \frac{\pi h^2}{3}(3r - h)}$$

$$\hat{=} \underline{\underline{\frac{3(2r-h)^2}{4(3r-h)} E}}$$

47. Kugelausschnitt

Durch geeignete Lage des Kugelausschnittes im Koordinatensystem erreicht man $\underline{\underline{x_s = z_s = 0.}}$

$$V = \frac{2\pi}{3} r^2 \cdot h$$

Für den Kegel gilt:

$$\frac{y}{x} = \frac{r-h}{\sqrt{2rh-h^2}}$$

$$y = \frac{r-h}{\sqrt{2rh-h^2}} x$$

$$x^2 = \frac{y^2(2rh-h^2)}{(r-h)^2} = [f(y)]^2$$

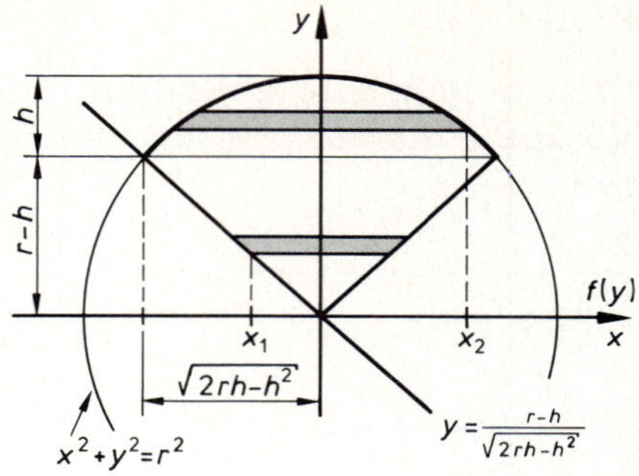

Für die Kugelkappe gilt:

$$x^2 + y^2 = r^2$$

$$y = \sqrt{r^2 - x^2}$$

$$x^2 = r^2 - y^2 = [f(y)]^2$$

$$y_s = \frac{\pi \int y \cdot [f(y)]^2 \, \mathrm{d}y}{V}$$

$$= \frac{\pi}{V}\left[\int_0^{r-h} y \cdot y^2 \frac{2rh-h^2}{(r-h)^2} \, \mathrm{d}y + \int_{r-h}^{r} y \cdot (r^2 - y^2) \, \mathrm{d}y\right]$$

$$= \frac{\pi}{V}\left[\frac{2rh-h^2}{(r-h)^2} \int_0^{r-h} y^3 \, \mathrm{d}y + \int_{r-h}^{r} y(r^2 - y^2) \, \mathrm{d}y\right]$$

$$= \frac{\pi}{V}\left[F_1 \qquad + \qquad F_2\right]$$

Das Integral F_2 wurde bereits in der vorangegangenen Aufgabe 46 gelöst.

$$\underline{\underline{F_2 = \frac{h^2}{4}(2r-h)^2}}$$

$$F_1 = \left[\frac{(2rh-h^2)}{(r-h)^2} \cdot \frac{y^4}{4}\right]_0^{r-h}$$

$$= \frac{h(2r-h)}{4(r-h)^2}(r-h)^4$$

$$\underline{\underline{= \frac{h}{4}(2r-h)(r-h)^2}}$$

Damit läßt sich y_s angeben.

$$y_s = \frac{\pi}{V}(F_1 + F_2)$$

$$= \frac{\pi h(2r-h)}{4V}[h(2r-h) + (r-h)^2]$$

$$= \frac{\pi h(2r-h)}{4 \cdot \frac{2}{3}\pi r^2 h}[2rh - h^2 + r^2 - 2rh + h^2]$$

$$\mathrel{\widehat{=}} \underline{\underline{\frac{3}{8}(2r-h)E}}$$

48. Kugelschicht

Durch geeignete Lage der Kugelschicht im Koordinatensystem erreicht man $\underline{\underline{x_s = z_s = 0.}}$

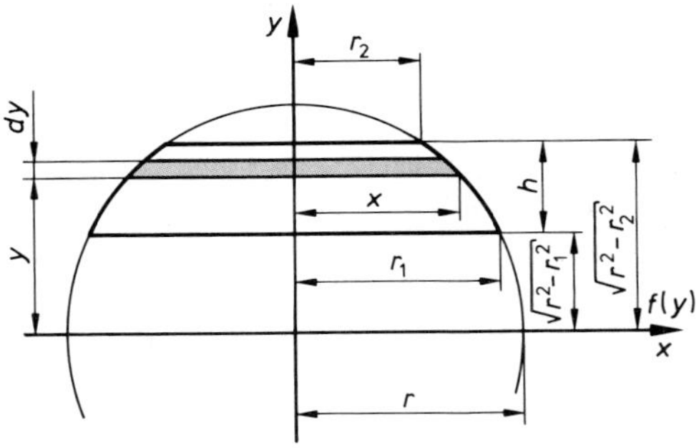

$$V = \frac{\pi h}{6}(3r_1^2 + 3r_2^2 + h^2)$$

$$x^2 + y^2 = r^2$$

$$\Rightarrow y = \sqrt{r^2 - x^2}$$

$$\Rightarrow x^2 = r^2 - y^2 = [f(y)]^2$$

$$y_s = \frac{\pi \cdot \int\limits_{\sqrt{r^2-r_1^2}}^{\sqrt{r^2-r_2^2}} y \cdot [f(y)]^2 \,\mathrm{d}y}{V}$$

$$= \frac{\pi}{V} \int\limits_{\sqrt{r^2-r_1^2}}^{\sqrt{r^2-r_2^2}} y \cdot (r^2 - y^2)\,\mathrm{d}y$$

$$= \frac{\pi}{V} \int\limits_{\sqrt{r^2-r_1^2}}^{\sqrt{r^2-r_2^2}} (r^2 y - y^3)\,\mathrm{d}y$$

$$= \frac{\pi}{V}\left[\frac{r^2y^2}{2} - \frac{y^4}{4}\right]_{\sqrt{r^2-r_1^2}}^{\sqrt{r^2-r_2^2}}$$

$$= \frac{\pi}{4V}[2r^2(r^2 - r_2^2) - (r^2 - r_2^2)^2 - 2r^2(r^2 - r_1^2) +$$

$$+ (r^2 - r_1^2)^2]$$

$$y_s=\frac{\pi}{4V}\,[2r^4-2r^2r_2^2-r^4+2r_2^2-r_2^4-2r^4+$$

$$+2r^2r_1^2+r^4-2r^2r_1^2+r_1^4]$$

$$=\frac{\pi(r_1^4-r_2^4)}{4\cdot\frac{1}{6}\,\pi h(3r_1^2+3r_2^2+h^2)}$$

$$\mathrel{\hat=}\underline{\underline{\frac{3(r_1^4-r_2^4)}{2h(3r_1^2+3r_2^2+h^2)}\,E}}$$

49. Pyramidenstumpf mit quadratischer Grundfläche

A_s: untere Fläche der Scheibe dV

Durch geeignete Lage des Pyramidenstumpfs erreicht man $\underline{\underline{x_s=z_s=0.}}$

Das Volumen dieses Pyramidenstumpfs lautet:

$$V=\frac{h}{3}\,(A_1+\sqrt{A_1\cdot A_2}+A_2)$$

$$=\frac{h}{3}\,(a^2+ab+b^2)$$

$$\frac{h}{y}=\frac{\frac{a}{2}-\frac{b}{2}}{\frac{a}{2}-\frac{x}{2}}=\frac{a-b}{a-x}$$

$$y=\frac{h(a-x)}{a-b}$$

$$x=a+\frac{y(b-a)}{a-b}=f(y)$$

$$[f(y)]^2=\left(\frac{b-a}{h}\,y+a\right)^2$$

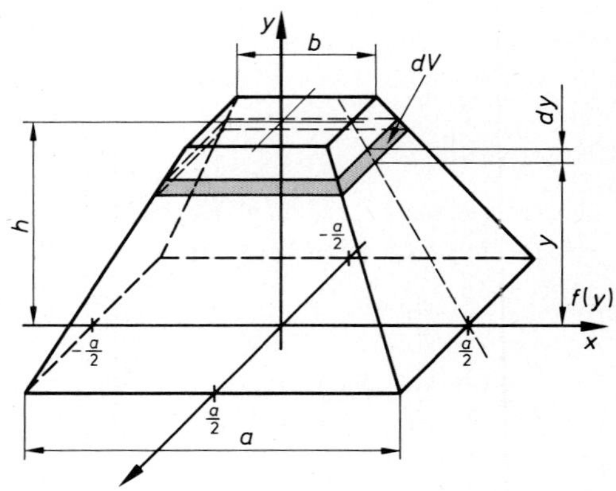

Scheibenfläche: $A_s=x\cdot x=x^2$

Grundfläche: $A_1=a\cdot a=a^2$

Deckfläche: $A_2=b\cdot b=b^2$

$$y_s=\frac{\int\limits_0^h y\cdot[f(y)]^2\,dy}{V}$$

$$=\frac{1}{V}\int\limits_0^h y\left(\frac{b-a}{h}\,y+a\right)^2 dy$$

$$=\frac{1}{V}\int\limits_0^h\left[\frac{(b-a)^2}{h^2}\,y^3+\frac{2a(b-a)}{h}\,y^2+a^2y\right]dy$$

$$=\frac{1}{V}\left[\frac{(b-a)^2}{4h^2}\,y^4+\frac{2a(b-a)}{3h}\,y^3+\frac{a^2}{2}\,y^2\right]_0^h$$

$$y_s = \frac{h^2}{12V}\,[3(b-a)^2 + 8a(b-a) + 6a^2]$$

$$= \frac{h^2}{12V}\,[3b^2 - 6ab + 3a^2 + 8ab - 8a^2 + 6a^2]$$

$$= \frac{h^2}{12V}\,[3b^2 + 2ab + a^2]$$

$$= \frac{h^2(3b^2 + 2ab + a^2)}{12 \cdot \frac{h}{3}\,(a^2 + ab + b^2)}$$

$$\mathrel{\hat=} \frac{h(a^2 + 2ab + 3b^2)}{4(a^2 + ab + b^2)}\,E$$

50. $f(x) = \sqrt{9 - x^2}$

$x_1 = 0;\quad x_2 = 2$

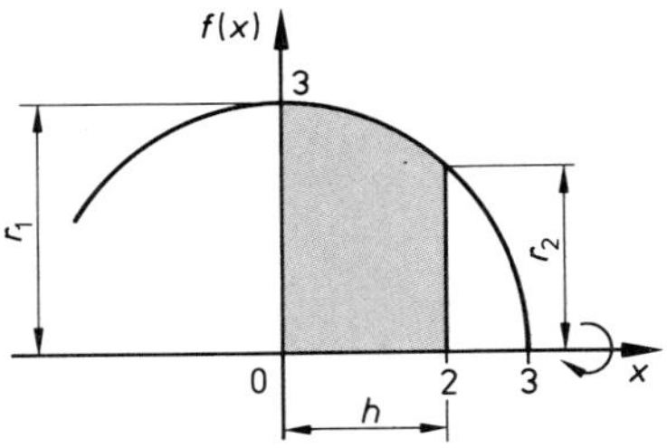

Offensichtlich handelt es sich bei dem hier entstehenden Körper um eine Kugelschicht. Wegen $y_s = z_s = 0$ läßt sich x_s mit der in der vorangegangenen Aufgabe 48 angegebenen Formel berechnen, wobei man nur y_s durch x_s (wegen der anderen Lage des Körpers) zu ersetzen hat.

$y_s = z_s = 0$

$r_1 = 3$

$r_2 = \sqrt{9 - 2^2}$

$= \sqrt{5}$

$h = 2$

$$x_s = \frac{3(r_1^4 - r_2^4)}{2h(3r_1^2 + 3r_2^2 + h^2)}$$

$$= \frac{3(81 - 25)}{4(27 + 15 + 4)}$$

$$\mathrel{\hat=} \frac{21}{23}\,E \mathrel{\hat=} 0{,}91304\,E$$

51. $f(x) = \sqrt{x^2 - 16}$

$x_1 = 4;\quad x_2 = 5$

Berechnung von V siehe Kap. 3.6

$y_s = z_s = 0$

$$V = \pi \int_4^5 [f(x)]^2\,dx$$

52. $f(x)=x\sqrt{x}$

$x_1=0;\quad x_2=3$

$[f(x)]^2=x^3$

$$=\pi\int_4^5 (x^2-16)\,\mathrm{d}x$$

$$=\pi\left[\frac{x^3}{3}-16x\right]_4^5$$

$$=\pi\left(\frac{125}{3}-80-\frac{64}{3}+64\right)$$

$$=\pi\left(\frac{61}{3}-16\right)$$

$$\mathrel{\widehat{=}}\underline{\underline{\frac{13}{3}\,\pi E^3}}$$

$$x_s=\frac{\pi\cdot\int_4^5 x\,[f(x)]^2\,\mathrm{d}x}{V}$$

$$=\frac{\pi}{V}\int_4^5 x(x^2-16)\,\mathrm{d}x$$

$$=\frac{\pi}{V}\left[\frac{x^4}{4}-8x^2\right]_4^5$$

$$=\frac{\pi}{V}\left(\frac{625}{4}-200-64+128\right)$$

$$=\frac{81\pi}{4V}$$

$$\mathrel{\widehat{=}}\underline{\underline{\frac{243}{52}\,E\mathrel{\widehat{=}}4{,}6731\,E}}$$

$$\underline{\underline{y_s=z_s=0}}$$

$$V=\pi\int_0^3 [f(x)]^2\,\mathrm{d}x$$

$$=\pi\int_0^3 x^3\,\mathrm{d}x$$

$$V = \frac{\pi}{4}\,[x^4]_0^3$$

$$\mathrel{\widehat{=}} \frac{81\pi}{4}\,E^3$$

$$x_s = \frac{\pi \cdot \int\limits_0^3 x\,[f(x)]^2\,\mathrm{d}x}{V}$$

$$= \frac{\pi}{V} \int\limits_0^3 x^4\,\mathrm{d}x$$

$$= \frac{\pi}{5V}\,[x^5]_0^3$$

$$= \frac{243\pi}{5V}$$

$$\mathrel{\widehat{=}} \frac{12}{5}\,E \mathrel{\widehat{=}} 2{,}4\,E$$

$$y_s = z_s = 0$$

53. $f(x) = \frac{1}{2}\sqrt{x^3 + 2x^2}$

$x_1 = -2; \quad x_2 = 0$

$[f(x)]^2 = \frac{1}{4}\,(x^3 + 2x^2)$

$$V = \pi \int\limits_{-2}^{0} [f(x)]^2\,\mathrm{d}x$$

$$V = \frac{\pi}{4} \int\limits_{-2}^{0} (x^3 + 2x^2)\,\mathrm{d}x$$

$$= \frac{\pi}{4}\left[\frac{x^4}{4} + \frac{2}{3}\,x^3\right]_{-2}^{0}$$

$$= -\frac{\pi}{4}\left(4 - \frac{16}{3}\right)$$

$$\mathrel{\widehat{=}} \frac{\pi}{3}\,E^3$$

$$x_s = \frac{\pi \cdot \int_{-2}^{0} x \cdot [f(x)]^2 \, dx}{V}$$

$$= \frac{\pi}{V} \int_{-2}^{0} x \cdot \frac{1}{4} (x^3 + 2x^2) \, dx$$

$$= \frac{3}{4} \left[\frac{x^5}{5} + \frac{1}{2} x^4 \right]_{-2}^{0}$$

$$= -\frac{3}{4} \left(-\frac{32}{5} + 8 \right)$$

$$\mathrel{\hat{=}} -\frac{6}{5} E \mathrel{\hat{=}} -1{,}2 E$$

54. $f(x) = \sin x$

$x_1 = 0; \quad x_2 = \pi$

$\int \sin^2 x \, dx$ ▶ Kap. 2.5

$$y_s = z_s = 0$$

$$V = \pi \int_{0}^{\pi} [f(x)]^2 \, dx$$

$$V = \pi \int_{0}^{\pi} \sin^2 x \, dx$$

$$= \pi \left[-\frac{1}{4} \sin 2x + \frac{1}{2} x \right]_{0}^{\pi}$$

$$= \pi \left(-0 + \frac{\pi}{2} + 0 - 0 \right)$$

$$\mathrel{\hat{=}} \frac{\pi^2}{2} E^3$$

$$x_s = \frac{\pi \cdot \int_{0}^{\pi} x \cdot [f(x)]^2 \, dx}{V}$$

Das zugehörige unbestimmte Integral wird durch partielle Integration gelöst.

$$= \frac{\pi}{V} \int_{0}^{\pi} x \cdot \sin^2 x \, dx$$

$u = x;\quad du = dx$

$dv = \sin^2 x\,dx;$

$$v = \int \sin^2 x\,dx$$

$$= -\frac{1}{4}\sin 2x + \frac{x}{2}$$

$$\int x \cdot \sin^2 x\,dx$$

$$= x\left(-\frac{1}{4}\sin 2x + \frac{x}{2}\right) - \int\left(-\frac{1}{4}\sin 2x + \frac{x}{2}\right)dx$$

$$= -\frac{x}{4}\sin 2x + \frac{x^2}{2} + \frac{1}{4}\int \sin 2x\,dx - \frac{1}{2}\int x\,dx$$

$$= -\frac{x}{4}\sin 2x + \frac{x^2}{2} - \frac{1}{8}\cos 2x - \frac{1}{4}x^2 + c$$

$$\underline{\underline{= \frac{1}{4}x^2 - \frac{x}{4}\sin 2x - \frac{1}{8}\cos 2x + c}}$$

$$x_s = \frac{\pi}{V}\left[\frac{1}{4}x^2 - \frac{x}{4}\sin 2x - \frac{1}{8}\cos 2x\right]_0^{\pi}$$

$$= \frac{2}{\pi}\left[\frac{\pi^2}{4} - 0 - \frac{1}{8} - 0 + 0 + \frac{1}{8}\right]$$

$$\underline{\underline{\mathrel{\widehat{=}} \frac{\pi}{2}\,E \mathrel{\widehat{=}} 1{,}5708\,E}}$$

$$\underline{\underline{y_s = z_s = 0}}$$

55. $f(x) = \tanh x$

$x_1 = 0;\quad x_2 = 2$

Man benutzt die Beziehungen

$\tanh x = \dfrac{\sinh x}{\cosh x}$ und

$\cosh^2 x - \sinh^2 x = 1.$

$$V = \pi\int_0^2 [f(x)]^2\,dx$$

$$V = \pi\int_0^2 \tanh^2 x\,dx$$

$$= \pi\int_0^2 \frac{\sinh^2 x}{\cosh^2 x}\,dx$$

$$= \pi\int_0^2 \frac{\cosh^2 x - 1}{\cosh^2 x}\,dx$$

$$= \pi\int_0^2 \left(1 - \frac{1}{\cosh^2 x}\right)dx$$

$$V = \pi [x - \tanh x]_0^2$$

$$\mathrel{\widehat{=}} \pi(2 - \tanh 2)\, E^3$$

$$x_s = \frac{\pi \int\limits_0^2 x \cdot [f(x)]^2 \, dx}{V}$$

$$= \frac{\pi}{V} \int\limits_0^2 x \cdot \tanh^2 x \, dx$$

$$= \frac{\pi}{V} \int\limits_0^2 x \cdot \tanh^2 x \, dx$$

Das zugehörige unbestimmte Integral wird durch partielle Integration gelöst.

$u = x; \quad du = dx$

$dv = \tanh^2 x \cdot dx;$

$v = \int \tanh^2 x \, dx$

$\quad = x - \tanh x$

$$\int x \cdot \tanh^2 x \, dx =$$

$$= x(x - \tanh x) - \int (x - \tanh x) \, dx$$

$$= x(x - \tanh x) - \int x \, dx + \int \tanh x \, dx$$

$f(x) = \cosh x; \quad f'(x) = \sinh x$

$$= x(x - \tanh x) - \frac{x^2}{2} + \int \frac{\sinh x}{\cosh x} \, dx$$

$$= x^2 - x \cdot \tanh x - \frac{x^2}{2} + \int \frac{f'(x)}{f(x)} \, dx$$

Die Betragsstriche bei der Logarithmusfunktion entfallen, da $\cosh x > 0$ für alle x gilt.

$$= \frac{x^2}{2} - x \cdot \tanh x + \ln (\cosh x) + c$$

$\cosh 0 = 1; \quad \tanh 0 = 0$

$$x_s = \frac{\pi}{V} \left[\frac{x^2}{2} - x \cdot \tanh x + \ln (\cosh x) \right]_0^2$$

$$= \frac{\pi}{V} [2 - 2 \tanh 2 + \ln (\cosh 2)]$$

$$= \frac{\pi [2 - 2 \tanh 2 + \ln (\cosh 2)]}{\pi (2 - \tanh 2)}$$

$$= \frac{2 - 2 \tanh 2 + \ln (\cosh 2)}{2 - \tanh 2}$$

$$x_s \approx \frac{2-2\cdot 0{,}9640+\ln 3{,}762}{2-0{,}9640}$$

$$\mathrel{\widehat{=}} \underline{\underline{1{,}348\,E}}$$

56. $f(x)=\sqrt{x^2-1}$

$f(x_1)=0; \quad f(x_2)=4$

$y=f(x); \quad x=f(y)$

$y=\sqrt{x^2-1}; \quad x^2=y^2+1$

$$\underline{\underline{x_s=z_s=0}}$$

$$V=\pi\int_0^4 x^2\,\mathrm{d}y$$

$$V=\pi\int_0^4 (y^2+1)\,\mathrm{d}y$$

$$=\pi\left[\frac{y^3}{3}+y\right]_0^4$$

$$=\pi\left(\frac{64}{3}+4\right)$$

$$\mathrel{\widehat{=}} \underline{\underline{\frac{76}{3}\,\pi\,E^3}}$$

$x^2=y^2+1=[f(y)]^2$

$$y_s=\frac{\pi\int_0^4 y\,[f(y)]^2\,\mathrm{d}y}{V}$$

$$=\frac{\pi}{V}\int_0^4 y(y^2+1)\,\mathrm{d}y$$

$$=\frac{\pi}{V}\left[\frac{y^4}{4}+\frac{y^2}{2}\right]_0^4$$

$$=\frac{\pi}{V}\,(64+8)$$

$$=\frac{72\pi}{\frac{76}{3}\,\pi}$$

$$\mathrel{\widehat{=}} \underline{\underline{\frac{54}{19}\,E \mathrel{\widehat{=}} 2{,}8421\,E}}$$

57. $f(x) = x\sqrt{x} = y \quad \blacktriangleright x = f(y)$

$f(x_1) = 0; \quad f(x_2) = 5$

$y = x\sqrt{x} = x^{\frac{3}{2}}; \quad x^2 = y^{\frac{4}{3}}$

$\underline{\underline{x_s = z_s = 0}}$

$$V = \pi \int_0^5 x^2 \, dy$$

$$= \pi \int_0^5 y^{\frac{4}{3}} \, dy$$

$$= \pi \cdot \frac{3}{7} \left[y^2 \cdot \sqrt[3]{y} \right]_0^5$$

$$\underline{\underline{\mathrel{\hat{=}} \frac{75}{7} \pi \sqrt[3]{5} \, E^3}}$$

$x^2 = [f(y)]^2 = y^{\frac{4}{3}}$

$$y_s = \frac{\pi \int_0^5 y \, [f(y)]^2 \, dy}{V}$$

$$= \frac{\pi}{V} \int_0^5 y \cdot y^{\frac{4}{3}} \, dy$$

$$y_s = \frac{3\pi}{10\,V} \left[y^3 \cdot \sqrt[3]{y} \right]_0^5$$

$$= \frac{3\pi \cdot 125 \cdot \sqrt[3]{5}}{10 \cdot \frac{75}{7} \pi \cdot \sqrt[3]{5}}$$

$$\underline{\underline{\mathrel{\hat{=}} \frac{7}{2} \, E \mathrel{\hat{=}} 3{,}5 \, E}}$$

58. $f(x) = \sinh x = y$

$f(x_1) = 0; \quad f(x_2) = 3$

$y = \sinh x; \quad x = \operatorname{Arsinh} y$

Dieses Integral wird näherungsweise mit der Simpsonschen Regel berechnet.

$\underline{\underline{x_s = z_s = 0}}$

$$V = \pi \int_0^3 x^2 \, dy$$

$$V = \pi \int_0^3 \operatorname{Arsinh}^2 y \, dy$$

Berechnungstabelle für
$\text{Arsinh}^2\, y$ und $y \cdot \text{Arsinh}^2\, y$:

y	$\text{Arsinh}\, y$	$\text{Arsinh}^2\, y$	$y \cdot \text{Arsinh}^2\, y$
0	0,000	0,000	0,000
0,3	0,296	0,088	0,026
0,6	0,569	0,324	0,194
0,9	0,809	0,654	0,589
1,2	1,016	1,032	1,239
1,5	1,195	1,428	2,142
1,8	1,350	1,823	3,281
2,1	1,487	2,211	4,643
2,4	1,609	2,589	6,213
2,7	1,719	2,955	7,978
3	1,818	3,305	9,915

$x_0 \mathrel{\hat{=}} 0; \quad x_n \mathrel{\hat{=}} 3$

$n = 10; \quad b = 0{,}3$

(*) Dieses Integral wird ebenfalls näherungsweise mit der Simpsonschen Regel berechnet.

$$V \approx \frac{\pi \cdot b}{3}\,(y_0 + 4y_1 + 2y_2 + \ldots + y_n)$$

$$\approx \frac{\pi \cdot 0{,}3}{3}\,(0{,}000 + 0{,}352 + 0{,}648 + 2{,}616 + 2{,}064 + 5{,}712 + 3{,}646 + 8{,}844 + 5{,}178 + 11{,}820 + 3{,}305)$$

$$\approx \pi \cdot 0{,}1 \cdot 44{,}185$$

$$\mathrel{\hat{=}} \underline{\underline{\pi \cdot 4{,}419\, E^3}}$$

$$y_s = \frac{\pi \int_0^3 y\,[f(y)]^2\, dy}{V}$$

$$= \frac{1}{V} \int_0^3 y \cdot \pi\, \text{Arsinh}^2\, y\, dy$$

$$= \frac{\pi}{V} \int_0^3 y \cdot \text{Arsinh}^2\, y\, dy \quad (*)$$

$$\approx \frac{\pi}{V} \cdot \frac{0{,}3}{3}\,(0{,}000 + 0{,}104 + 0{,}388 + 2{,}356 + 2{,}478 + 8{,}568 + 6{,}562 + 18{,}572 + 12{,}426 + 31{,}912 + 9{,}915)$$

$$\approx \frac{0{,}1}{4{,}419} \cdot 93{,}281$$

$$\mathrel{\hat{=}} \underline{\underline{2{,}111\, E}}$$

59. $f(x) = \cosh x = y$

$x_1 = 0; \quad x_2 = 2$

$x_1 = 0; \quad y_1 = \cosh 0 = 1$

$x_2 = 2; \quad y_2 = \cosh 2 \approx 3{,}7622$

$y = \cosh x; \quad x = \text{Arcosh}\, y$

$$\underline{\underline{x_s = z_s = 0}}$$

$$V = \pi \int_1^{\cosh 2} x^2\, dy$$

$$V = \pi \int_1^{\cosh 2} \text{Arcosh}^2\, y\, dy$$

Das für V auftretende Integral wird ebenso wie das unten folgende für y_s näherungsweise mit der Simpsonschen Regel berechnet.

Berechnungstabelle für $\operatorname{Arcosh}^2 y$ und $y \cdot \operatorname{Arcosh}^2 y$:

y	$\operatorname{Arcosh} y$	$\operatorname{Arcosh}^2 y$	$y \cdot \operatorname{Arcosh}^2 y$
1,000	0,000	0,000	0,000
1,276	0,727	0,529	0,674
1,552	1,008	1,016	1,577
1,829	1,212	1,469	2,687
2,105	1,376	1,893	3,986
2,381	1,513	2,289	5,451
2,657	1,633	2,667	7,085
2,935	1,739	3,024	8,876
3,210	1,834	3,364	10,80
3,486	1,921	3,690	12,86
3,762	2,000	4,000	15,05

$x_0 \mathrel{\hat{=}} 1{,}000; \quad x_n \mathrel{\hat{=}} 3{,}762$

$n = 10; \qquad b = 0{,}2762$

$$V \approx \pi \cdot \frac{b}{3}\,(y_0 + 4y_1 + 2y_2 + \ldots + 2y_{n-2} + 4y_{n-1} + y_n)$$

$$\approx \pi \cdot \frac{0{,}2762}{3}\,(0{,}000 + 2{,}116 + 2{,}032 + 5{,}876 + 3{,}786 + 9{,}156 + 5{,}334 + 12{,}096 + 6{,}728 + 14{,}760 + 4{,}000)$$

$$\approx \pi \cdot \frac{0{,}2762}{3} \cdot 65{,}884$$

$$\mathrel{\hat{=}} \underline{\underline{\pi \cdot 6{,}066\,E^3}}$$

$$y_s = \frac{\displaystyle\int_1^{\cosh 2} y\,[f(y)]^2\,\mathrm{d}y}{V}$$

$$= \frac{\pi}{V} \int_1^{\cosh 2} y \cdot \operatorname{Arcosh}^2 y\,\mathrm{d}y$$

$$\approx \frac{\pi}{V} \cdot \frac{0{,}2762}{3}\,(0{,}00 + 2{,}70 + 3{,}15 + 10{,}75 + 7{,}97 + 21{,}80 + 14{,}17 + 35{,}50 + 21{,}60 + 51{,}44 + 15{,}05)$$

$$\approx \frac{\pi}{V} \cdot \frac{0{,}2762}{3} \cdot 184{,}13$$

$$\approx \frac{0{,}2762 \cdot 184{,}13}{6{,}066 \cdot 3}$$

$$\mathrel{\hat{=}} \underline{\underline{2{,}795\,E}}$$

60. Offensichtlich gilt $\underline{\underline{x_s = z_s = 0.}}$

V_{KA}: Volumen des Kugelausschnittes

y_{KA}: zugehöriger Schwerpunktsabstand

V_{HK}: Volumen der Halbkugel

y_{HK}: zugehöriger Schwerpunktsabstand

$$\Sigma M = 0$$

$$V_{HK} \cdot y_{HK} - V_{KA} \cdot y_{KA} = V \cdot y_s$$

$$\underline{\underline{y_s = \frac{1}{V}\,(V_{HK} \cdot y_{HK} - V_{KA} \cdot y_{KA})}}$$

$$V_{HK} = \frac{1}{7} \cdot \frac{4\pi}{3}\,50^3 \quad \mathrel{\hat{=}} \underline{\underline{\frac{25}{3} \cdot 10^4 \pi\,E^3}}$$

$V = V_{HK} - V_{KA}$: Volumen des interessierenden Körpers

y_s: gesuchter Schwerpunktsabstand

$$V_{KA} = \frac{2\pi}{3} \cdot 50^2 \cdot 10 \mathrel{\hat{=}} \underline{\underline{\frac{5}{3} \cdot 10^4 \pi\, E^3}}$$

$$V = V_{HK} - V_{KA} \mathrel{\hat{=}} \underline{\underline{\frac{20}{3}\, 10^4 \pi\, E^3}}$$

Der Schwerpunktsabstand y_{KA} wird mit der in der vorangegangenen Aufgabe 47 entwickelten Formel berechnet. Der Schwerpunktsabstand y_{HK} wird ebenfalls mit dieser Formel bestimmt, indem man $h = r$ setzt.

$$y_{KA} = \frac{3}{8}(2r - h) = \frac{3}{8}(100 - 10) \mathrel{\hat{=}} \underline{\underline{\frac{135}{4}\, E}}$$

$$y_{HK} = \frac{3}{8}(2r - r) = \frac{3}{8}\, r \mathrel{\hat{=}} \underline{\underline{\frac{75}{4}\, E}}$$

Diese Teilergebnisse werden jetzt in die obige Formel für y_s eingesetzt.

$$y_s = \frac{\frac{25}{3} \cdot 10^4 \cdot \pi \cdot \frac{75}{4} - \frac{5}{3} \cdot 10^4 \cdot \pi \cdot \frac{135}{4}}{\frac{20}{3} \cdot 10^4 \cdot \pi} = \frac{25 \cdot 75 - 5 \cdot 135}{20 \cdot 4} \mathrel{\hat{=}} \underline{\underline{15\, E}}$$

61. Offensichtlich gilt $\underline{\underline{x_s = z_s = 0}}$.

Entsprechend den Maßen der Zeichnung ist:

$$f(x) = \frac{1}{10}\, x^2 = y$$

$$y = \frac{x^2}{10} \Rightarrow x = \sqrt{10y}$$

Für den Rotationskörper gilt $x > 10$

$$V = \pi \int_{y_1}^{y_2} x^2\, \mathrm{d}y = \pi \int_{10}^{90} (\sqrt{10y} - 10)^2\, \mathrm{d}y = \pi \int_{10}^{90} (10y - 20\sqrt{10}\, y^{\frac{1}{2}} + 100)\, \mathrm{d}y$$

3.8

$\Rightarrow x = \sqrt{10y} - 10$

$x^2 = (\sqrt{10y} - 10)^2$

$\sqrt{90} = 3\sqrt{10}$

$$V = \pi\left[5y^2 - \frac{40\sqrt{10}}{3}\,y\sqrt{y} + 100y\right]_{10}^{90}$$

$$= \pi\left(40500 - \frac{40\sqrt{10}}{3}\,90\sqrt{90} + 9000 - 500 + \right.$$

$$\left. + \frac{40\sqrt{10}}{3} \cdot 10 \cdot \sqrt{10} - 1000\right)$$

$$\mathrel{\widehat{=}} \frac{\pi}{3} \cdot 40000\,E^3$$

$x^2 = (\sqrt{10y} - 10)^2 = [f(y)]^2$

$$y_s = \frac{\pi \int\limits_{10}^{90} y\,[f(y)]^2\,\mathrm{d}y}{V}$$

$$= \frac{\pi}{V} \int\limits_{10}^{90} y(\sqrt{10}y - 10)^2\,\mathrm{d}y$$

$$y_s = \frac{\pi}{V} \int\limits_{10}^{90} (10y^2 - 20\sqrt{10}y^{\frac{3}{2}} + 100y)\,\mathrm{d}y$$

$$= \frac{\pi}{V}\left[\frac{10}{3}y^3 - 8\sqrt{10}y^2\sqrt{y} + 50y^2\right]_{10}^{90}$$

$$= \frac{\pi}{V}\,y^2\left[\frac{10}{3}y - 8\sqrt{10}\,\sqrt{y} + 50\right]_{10}^{90}$$

$$= \frac{\pi}{V}\left[8100\left(300 - 240 + 50\right) - 100\left(\frac{100}{3} - 80 + 50\right)\right]$$

$$= \frac{\pi}{V}\left[891000 - \frac{1000}{3}\right]$$

$$= \frac{\pi}{3V} \cdot 2672000$$

$$= \frac{\pi \cdot 2672000}{3 \cdot \frac{\pi}{3} \cdot 40000}$$

$$\mathrel{\widehat{=}} \frac{334}{5}\,E \mathrel{\widehat{=}} 66{,}8\,E$$

62. Offensichtlich gilt $\underline{\underline{y_s = z_s = 0}}$.

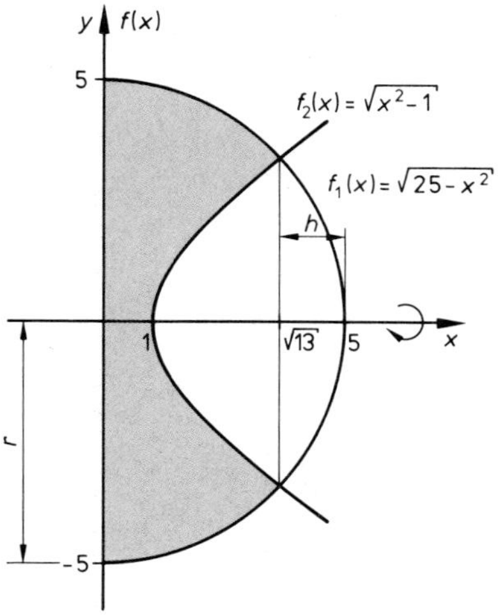

Der Schnittpunkt der beiden Kurven berechnet sich aus

$\sqrt{25-x^2} = \sqrt{x^2-1}$

$\Rightarrow x = \sqrt{13}$

V_{HK}: Volumen der Halbkugel

x_{HK}: zugehöriger Schwerpunktsabstand

V_H: Volumen des Hyperboloids in den Grenzen $1 \le x \le \sqrt{13}$

x_H: zugehöriger Schwerpunktsabstand

V_{KA}: Volumen des Kugelabschnittes in den Grenzen $\sqrt{13} \le x \le 5$

x_{KA}: zugehöriger Schwerpunktsabstand

$V = V_{HK} - V_H - V_{KA}$: Volumen des interessierenden Körpers

x_s: gesuchter Schwerpunktsabstand

$\Sigma M = 0$

$V_{HK} \cdot x_{HK} - V_H \cdot x_H - V_{KA} \cdot x_{KA} = V \cdot x_s$

$$\underline{\underline{x_s = \frac{V_{HK} \cdot x_{HK} - V_H \cdot x_H - V_{KA} \cdot x_{KA}}{V}}}$$

Es werden zunächst die Volumina der drei Teilkörper berechnet.

$$V_{HK} = \frac{2}{3}\pi r^3 = \frac{2}{3}\pi \cdot 125 \mathrel{\hat{=}} \underline{\underline{\frac{250}{3}\pi E^3}}$$

$f_2(x) = \sqrt{x^2-1}$

$[f_2(x)]^2 = x^2 - 1$

$$V_H = \pi \int_1^{\sqrt{13}} [f_2(x)]^2 \, dx$$

3.8

$$V_H = \pi \int_1^{\sqrt{13}} (x^2 - 1)\,dx$$

$$= \pi \left[\frac{x^3}{3} - x\right]_1^{\sqrt{13}}$$

$$= \frac{\pi}{3} (13\sqrt{13} - 3\sqrt{13} - 1 + 3)$$

$$\mathrel{\widehat{=}} \frac{2\pi}{3} (5\sqrt{13} + 1) E^3$$

$$V_{KA} = \frac{\pi}{3} h^2 (3r - h)$$

$$= \frac{\pi}{3} (5 - \sqrt{13})^2 [15 - (5 - \sqrt{13})]$$

$$= \frac{\pi}{3} (25 - 10\sqrt{13} + 13)(10 + \sqrt{13})$$

$$= \frac{\pi}{3} (38 - 10\sqrt{13})(10 + \sqrt{13})$$

$$= \frac{\pi}{3} (380 + 38\sqrt{13} - 100\sqrt{13} - 130)$$

$$\mathrel{\widehat{=}} \frac{\pi}{3} (250 - 62\sqrt{13}) E^3$$

Damit läßt sich das Volumen V des interessierenden Körpers berechnen.

$$V = V_{HK} - V_H - V_{KA}$$

$$= \frac{250}{3}\pi - \frac{10}{3}\pi\sqrt{13} - \frac{2}{3}\pi - \frac{250}{3}\pi + \frac{62}{3}\pi\sqrt{13}$$

$$= -\frac{2}{3}\pi + \frac{52}{3}\pi\sqrt{13}$$

$$\mathrel{\widehat{=}} \frac{2}{3}\pi (26\sqrt{13} - 1) E^3$$

Jetzt werden die einzelnen Momente berechnet.

$$V_{HK} \cdot x_{HK} = \frac{250}{3}\pi \cdot \frac{3}{8} r$$

Die Beziehung $x_{HK} = \frac{3}{8} r$ entnimmt

$$= \frac{250}{8}\pi \cdot 5$$

man für $h=r$ der vorangegangenen Aufgabe 46 oder 47.

$f_2(x)=\sqrt{x^2-1}$

$[f_2(x)]^2=x^2-1$

$$V_{HK}\cdot x_{HK}\mathrel{\widehat{=}}\underline{\underline{\frac{625}{4}\pi E^4}}$$

$$V_H\cdot x_H=V_H\cdot\frac{\pi\int\limits_1^{\sqrt{13}}x[f_2(x)]^2\,\mathrm{d}x}{V_H}$$

$$=\pi\int\limits_1^{\sqrt{13}}x(x^2-1)\,\mathrm{d}x$$

$$=\pi\left[\frac{x^4}{4}-\frac{x^2}{2}\right]_1^{\sqrt{13}}$$

$$=\frac{\pi}{4}(169-26-1+2)$$

$$\mathrel{\widehat{=}}\underline{\underline{36\pi E^4}}$$

Die Beziehung $x_{KA}=\dfrac{3(2r-h)^2}{4(3r-h)}$ entnimmt man der vorangegangenen Aufgabe 46.

$$V_{KA}\cdot x_{KA}=\frac{\pi}{3}(250-62\sqrt{13})\cdot\frac{3\cdot(2r-h)^2}{4\cdot(3r-h)}$$

$$=\frac{\pi}{4}(250-62\sqrt{13}\;\frac{[10-(5-\sqrt{13})]^2}{15-(5-\sqrt{13})}$$

$$=\frac{\pi(250-62\sqrt{13})(5+\sqrt{13})^2}{4(10+\sqrt{13})}$$

$$=\frac{\pi(250-62\sqrt{13})(38+10\sqrt{13})}{4(10+\sqrt{13})}$$

$$=\frac{\pi(9500+2500\sqrt{13}-2356\sqrt{13}-8060)}{4(10+\sqrt{13})}$$

$$=\frac{\pi(1440+144\sqrt{13})}{4(10+\sqrt{13})}$$

$$=\frac{\pi\cdot 144(10+\sqrt{13})}{4(10+\sqrt{13})}$$

$$\mathrel{\widehat{=}}\underline{\underline{36\pi E^4}}$$

Diese drei Momente und der Wert für V werden in die zu Beginn der Aufgabe entwickelte Gleichung für x_s eingesetzt.

$$x_s = \frac{\frac{625}{4}\pi - 36\pi - 36\pi}{\frac{2}{3}\pi(26\sqrt{13}-1)}$$

$$\mathrel{\hat{=}} \frac{1011}{8(26\sqrt{13}-1)}\,E$$

$$\mathrel{\hat{=}} \underline{\underline{1{,}362\,E}}$$

3.9 Guldinsche Regeln

- Rotationsflächen

1. Wegen der Symmetrieeigenschaften des Rotationskörpers braucht man nur den Bereich $0 \le x \le 4$ zu betrachten, und das Ergebnis mit 2 zu multiplizieren.

$$f(x) = \sqrt{x}$$

$$f'(x) = \frac{1}{2\sqrt{x}}$$

$$[f'(x)]^2 = \frac{1}{4x}$$

$$A_x = 2\left[4^2\pi + 2\pi\int_0^4 f(x)\sqrt{1+[f'(x)]^2}\,dx\right]$$

$$= 2\left[16\pi + 2\pi\int_0^4 \sqrt{x}\cdot\sqrt{1+\left(\frac{1}{2\sqrt{x}}\right)^2}\,dx\right]$$

$$= 32\pi + 4\pi\int_0^4 \sqrt{x}\sqrt{1+\frac{1}{4x}}\,dx$$

$$= 32\pi + 4\pi\int_0^4 \sqrt{x+\frac{1}{4}}\,dx$$

$$= 32\pi + 4\pi\left[\frac{2}{3}\left(x+\frac{1}{4}\right)\sqrt{x+\frac{1}{4}}\right]_0^4$$

$$= 32\pi + \frac{8\pi}{3}\left(\frac{17}{4}\sqrt{\frac{17}{4}} - \frac{1}{4}\sqrt{\frac{1}{4}}\right)$$

$$= 32\pi + \frac{\pi}{3}(17\sqrt{17}-1)$$

$$\mathrel{\hat{=}} \underline{\underline{\frac{\pi}{3}(95+17\sqrt{17})\,E^2}}$$

$$A_x \mathrel{\hat{=}} \underline{\underline{172{,}9\,E^2}}$$

2. Der entstehende Rotationskörper besitzt drei Teilflächen, zu deren Berechnung zunächst die Schnittpunkte der Geraden bestimmt werden müssen.

$f_1(x)=y_1$

$f_2(x)=y_2$

$f_3(x)=y_3$

$$\left.\begin{array}{l} f_1(x)=3x-2 \\ f_2(x)=-x+6 \end{array}\right\} x_{s_1}=2$$

$$\left.\begin{array}{l} f_2(x)=-x+6 \\ f_3(x)=x-4 \end{array}\right\} x_{s_2}=5$$

$$A_y=2\pi\int_0^{x_{s_1}} x\sqrt{1+(y_1')^2}\,dx+2\pi\int_{x_{s_1}}^{x_{s_2}} x\sqrt{1+(y_2')^2}\,dx+$$

$$+2\pi\int_0^{x_{s_2}} x\sqrt{1+(y_3')^2}\,dx$$

$$=2\pi\int_0^2 x\sqrt{1+9}\,dx+2\pi\int_2^5 x\sqrt{1+1}\,dx+$$

$$+2\pi\int_0^5 x\sqrt{1+1}\,dx$$

$$=2\pi\left[\sqrt{10}\int_0^2 x\,dx+\sqrt{2}\int_2^5 x\,dx+\sqrt{2}\int_0^5 x\,dx\right]$$

$$=2\pi\left[\sqrt{10}\left[\frac{x^2}{2}\right]_0^2+\sqrt{2}\left[\frac{x^2}{2}\right]_2^5+\sqrt{2}\left[\frac{x^2}{2}\right]_0^5\right]$$

$$A_y=2\pi\left[2\sqrt{10}+\frac{\sqrt{2}}{2}(25-4)+25\,\frac{\sqrt{2}}{2}\right]$$

$$=2\pi\left[2\sqrt{10}+\frac{46}{2}\sqrt{2}\right]$$

$$\hat{=}\,2\pi\,[2\sqrt{10}+23\sqrt{2}]\,E^2$$

$$\hat{=}\,244{,}1\,E^2$$

3. Bei dieser Aufgabe hat man die Oberflächen zweier Teilkörper zu berechnen, da die Guldinsche Regel i.a. nicht für bewegte Linien gilt, die die Rotationsachse schneiden.

$$A_y^*=2\pi\int_0^4 x\sqrt{1+[f'(x)]^2}\,dx$$

$f(x)=\frac{3}{2}x$

$f'(x)=\frac{3}{2} \Rightarrow [f'(x)]^2=\frac{9}{4}$

$$A_y^*=2\pi\int_0^4 x\cdot\sqrt{1+\frac{9}{4}}\,dx$$

$$=\sqrt{13}\pi\left[\frac{x^2}{2}\right]_0^4$$

$$=\underline{\underline{8\sqrt{13}\pi\,\text{cm}^2}}$$

$$A_y^{**}=2\pi\int_{-2}^0 x\sqrt{1+\frac{9}{4}}\,dx$$

$$=\sqrt{13}\pi\left[\frac{x^2}{2}\right]_{-2}^0$$

Es interessiert hier nur der Betrag der Fläche.

$$=-2\sqrt{13}\pi$$

$$|A_y^{**}|=\underline{\underline{2\sqrt{13}\pi\,\text{cm}^2}}$$

Jetzt sind noch die obere und untere Deckfläche zu berechnen.

$$A_o=\underline{\underline{16\pi\,\text{cm}^2}}$$

$$A_u=\underline{\underline{4\pi\,\text{cm}^2}}$$

Nun läßt sich die gesamte Oberfläche A angeben.

$$A=A_y^*+|A_y^{**}|+A_o+A_u$$

$$=8\sqrt{13}\pi+2\sqrt{13}\pi+16\pi+4\pi$$

$$=\underline{\underline{10\pi(\sqrt{13}+2)\,\text{cm}^2}}$$

$$\approx\underline{\underline{176{,}1\ \text{cm}^2}}$$

4. $f_2(x)=(x-3)^2$

Die gesamte Oberfläche wird mit A bezeichnet, die obere Deckfläche mit A_o und die untere mit A_u.

$$A_y=2\pi\int_1^3 x\sqrt{1+[2(x-3)]^2}\,dx$$

$$=2\pi\int_1^3 x\sqrt{1+4(x-3)^2}\,dx$$

Das zugehörige unbestimmte Integral wird durch Substitution gelöst.

$$=4\pi\int_1^3 x\sqrt{\frac{1}{4}+(x-3)^2}\,dx$$

$z=x-3;\quad dx=dz$

$x=z+3$

$$F=\int x\sqrt{\frac{1}{4}+(x-3)^2}\,dx$$

$$F = \int (z+3)\sqrt{\frac{1}{4}+z^2}\,dz$$

$$= \int z\sqrt{\frac{1}{4}+z^2}\,dz + 3\int\sqrt{\frac{1}{4}+z^2}\,dz$$

$$= \quad F_1 \quad + \quad F_2$$

Substitution:

$t=\frac{1}{4}+z^2;\quad dz=\frac{dt}{2z}$

$$F_1 = \int z\sqrt{\frac{1}{4}+z^2}\,dz$$

$$= \frac{1}{2}\int\sqrt{t}\,dt$$

$$= \frac{1}{3}\,t\sqrt{t}+c_1$$

$$= \frac{1}{3}\left(\frac{1}{4}+z^2\right)^{\frac{3}{2}}+c_1$$

$\int\sqrt{a^2+x^2}\,dx$ ▶ Kap. 2.4

$$F_2 = 3\int\sqrt{\frac{1}{4}+z^2}\,dz$$

$$= \frac{3}{2}\left[z\sqrt{\frac{1}{4}+z^2}+\frac{1}{4}\ln\left|z+\sqrt{\frac{1}{4}+z^2}\right|\right]+c_2$$

$$F = F_1 + F_2$$

$c=c_1+c_2$

$$= \frac{1}{3}\left(\frac{1}{4}+z^2\right)^{\frac{3}{2}}+\frac{3}{2}\left[z\sqrt{\frac{1}{4}+z^2}+\frac{1}{4}\ln\left|z+\sqrt{\frac{1}{4}+z^2}\right|\right]+c$$

$$= \frac{1}{3}\left[\frac{1}{4}+(x-3)^2\right]^{\frac{3}{2}}+\frac{3}{2}(x-3)\sqrt{\frac{1}{4}+(x-3)^2}+$$

$$+\frac{3}{8}\ln\left|x-3+\sqrt{\frac{1}{4}+(x-3)^2}\right|+c$$

$$A_y = 4\pi\,[F]_1^3$$

$$= 4\pi\left[\frac{1}{3}\cdot\frac{1}{4}\sqrt{\frac{1}{4}}+0+\frac{3}{8}\ln\sqrt{\frac{1}{4}}+\frac{1}{3}\cdot\frac{17}{4}\sqrt{\frac{17}{4}}+\right.$$

$$\left.+3\sqrt{\frac{17}{4}}+\frac{3}{8}\ln\left(-2+\sqrt{\frac{17}{4}}\right)\right]$$

$$A_y=\pi\left[\frac{1}{6}+\frac{3}{2}\ln\frac{1}{2}-\frac{17}{6}\sqrt{17}+6\sqrt{17}-\right.$$

$$\left.-\frac{3}{2}\ln\left(\frac{1}{2}\sqrt{17}-2\right)\right]$$

$$A_y=\frac{\pi}{6}\left[1-17\sqrt{17}+36\sqrt{17}-9\ln(\sqrt{17}-4)\right]$$

$$=\frac{\pi}{6}\left[1+19\sqrt{17}-9\ln(\sqrt{17}-4)\right]$$

$$\approx\frac{\pi}{6}\left[1+19\cdot 4{,}1231-9\ln 0{,}1231\right]$$

$$\approx\frac{\pi}{6}\left[1+78{,}339-9\cdot(-2{,}0948)\right]$$

$$\mathrel{\hat{=}}\underline{\underline{51{,}413\,E^2}}$$

$$\left.\begin{array}{l} A_o\mathrel{\hat{=}}\underline{\underline{\pi E^2}} \\ A_u\mathrel{\hat{=}}\underline{\underline{9\pi E^2}} \end{array}\right\}\Rightarrow A_o+A_u=10\pi$$

$$A=A_y+A_o+A_u$$

$$\mathrel{\hat{=}}\underline{\underline{82{,}829\,E^2}}$$

5. Die den Körpermaßen angepaßte Funktion für $f_1(x)=\sqrt{2px}$ lautet:

$$f_1(x)=\sqrt{\frac{455}{24}\,x}$$

Man berechnet hieraus leicht

$$x_1=\frac{15^2\cdot 24}{455}\approx 11{,}868.$$

$$x_2=120+x_1\approx 131{,}868$$

$$f_1(x)=\sqrt{\frac{455}{24}\,x}\Rightarrow$$

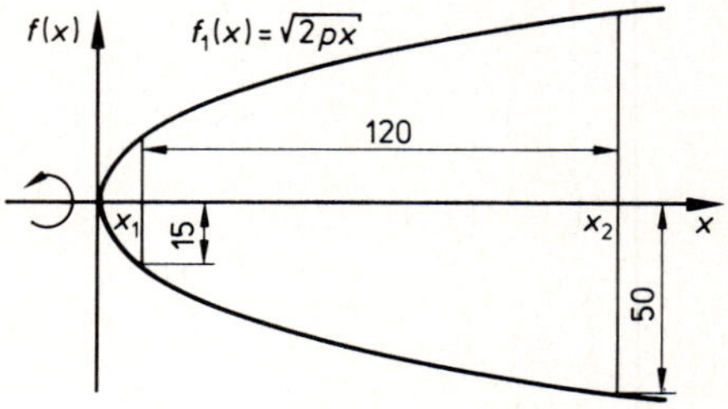

$$A_x=2\pi\int_{x_1}^{x_2} f_1(x)\sqrt{1+[f_1'(x)]^2}\,dx$$

$$=2\pi\int_{x_1}^{x_2}\sqrt{\frac{455}{24}\,x}\sqrt{1+\frac{1}{4}\cdot\frac{455}{24x}}\,dx$$

$$\Rightarrow f_1'(x) = \frac{1}{2\sqrt{\frac{455}{24}x}} \cdot \frac{455}{24}$$

$$= \frac{1}{2}\sqrt{\frac{455}{24x}}$$

$$A_x = 2\pi \int_{x_1}^{x_2} \sqrt{\frac{455}{24}} \sqrt{x + \frac{455}{96}}\, dx$$

$$= \pi \sqrt{\frac{455}{6}} \int_{x_1}^{x_2} \sqrt{x + \frac{455}{96}}\, dx$$

$$\approx \pi \sqrt{\frac{455}{6}} \left[\frac{2}{3}\left(x + \frac{455}{96}\right)\sqrt{x + \frac{455}{96}}\right]_{11{,}868}^{131{,}868}$$

$$\approx \frac{2\pi}{3} \sqrt{75{,}83}\, [136{,}6 \sqrt{136{,}6} - 16{,}61 \sqrt{16{,}61}]$$

$$\approx \frac{2\pi}{3}\, 8{,}708\, [136{,}6 \cdot 11{,}69 - 16{,}61 \cdot 4{,}076]$$

$$\mathrel{\widehat{=}} \underline{\underline{27890\, E^2}}$$

- Rotationsvolumen

6. Zunächst werden die Integrationsgrenzen bestimmt.

$f(x) = 15 = \sqrt{40^2 - x^2}$

$[f(x)]^2 = 40^2 - x^2$

Die Symmetrieeigenschaft des Integranden erlaubt es, bei diesen Grenzen das Integral zu vereinfachen.

$$x^2 + 15^2 = 40^2$$

$$\sqrt{40^2 - x^2} = 15$$

$$40^2 - x^2 = 15^2$$

$$x^2 = 1375$$

$$x_1 = -\sqrt{1375}; \quad x_2 = \sqrt{1375}$$

$$V_x = \pi \int_{x_1}^{x_2} (40^2 - x^2)\, dx - \pi \int_{x_1}^{x_2} 15^2\, dx$$

$$= \pi \int_{x_1}^{x_2} (1375 - x^2)\, dx$$

$$= 2\pi \int_{0}^{x_2} (1375 - x^2)\, dx$$

$$= 2\pi \left[1375x - \frac{x^3}{3}\right]_0^{\sqrt{1375}}$$

$$V_x = 2\pi\left(1375\sqrt{1375} - \frac{1}{3}\,1375\sqrt{1375}\right)$$

$$\mathrel{\widehat{=}} \frac{\pi}{3}\,5500\sqrt{1375}\,E^3$$

$$\mathrel{\widehat{=}} 2{,}136\cdot 10^5\,E^3$$

7. Die den Körpermaßen angepaßten Funktionen lauten

$$f_2(x) = \frac{30}{\sqrt{800}}\sqrt{x^2-100}$$

$$f_1(x) = \frac{x^2}{10} + 10$$

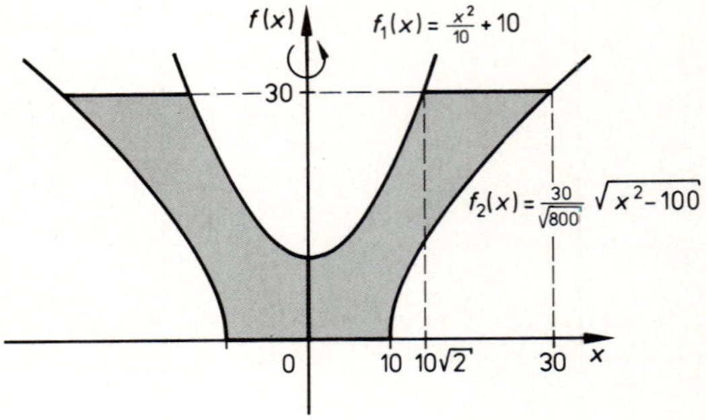

Da der entstehende Rotationskörper aus zwei gleichen Teilen besteht, langt es, den rechts skizzierten Rotationskörper zu berechnen, aus dem man durch Multiplikation mit 2 das Gesamtvolumen V erhält.

Das unbestimmte Integral $\int x\sqrt{x^2-100}\,\mathrm{d}x$ berechnet man mit der Substitution $z = x^2 - 100$.

$$V_y = 2\pi\int_{10}^{30} x\cdot f_2(x)\,\mathrm{d}x - 2\pi\int_{0}^{10\sqrt{2}} x\cdot f_1(x)\,\mathrm{d}x$$

$$= 2\pi\int_{10}^{30}\frac{30}{\sqrt{800}}\sqrt{x^2-100}\cdot x\,\mathrm{d}x - 2\pi\int_{0}^{10\sqrt{2}}\left(\frac{x^2}{10}+10\right)\cdot x\,\mathrm{d}x$$

$$= \frac{60\pi}{\sqrt{800}}\int_{10}^{30} x\sqrt{x^2-100}\,\mathrm{d}x - 2\pi\int_{0}^{10\sqrt{2}}\left(\frac{x^3}{10}+10x\right)\mathrm{d}x$$

$$= \frac{60\pi}{\sqrt{800}}\cdot\frac{1}{3}\left[(x^2-100)\sqrt{x^2-100}\right]_{10}^{30} - 2\pi\left[\frac{x^4}{40}+5x^2\right]_{0}^{10\sqrt{2}}$$

$$= \frac{20\pi}{\sqrt{800}}\left[800\cdot\sqrt{800}-0\right] - 2\pi\left[1000+1000-0\right]$$

$$= 16000\pi - 4000\pi$$

$$\mathrel{\widehat{=}} 12000\pi\,E^3$$

$$V = 2\cdot V_y$$

$$= 2\cdot 12000\pi$$

$$\mathrel{\widehat{=}} 75398\,E^3$$

8. $f(x)=x\sqrt{x}$

$$V_x=\pi\int_0^3 [f(x)]^2\,dx$$
$$=\pi\int_0^3 (x\sqrt{x})^2\,dx$$
$$=\pi\int_0^3 x^3\,dx$$
$$=\pi\left[\frac{x^4}{4}\right]_0^3$$
$$\triangleq\frac{81}{4}\pi E^3\triangleq 63{,}62\,E^3$$

9. Die den Körpermaßen angepaßte Funktion lautet: $f(x)=\sqrt{10x}$.

$$V_x=\pi\int_{10}^{70}(\sqrt{10x})^2\,dx-\pi\int_{10}^{70}10^2\,dx$$
$$=\pi\int_{10}^{70}(10x-100)\,dx$$
$$=\pi\left[5x^2-100x\right]_{10}^{70}$$
$$=\pi(24500-7000-500+1000)$$
$$\triangleq 18000\pi\,E^3\triangleq 56549\,E^3$$

10. Der skizzierte Körper entsteht durch Rotation der Kurve von

$f_1(x)=\frac{1}{2}\sqrt{x^3+2x^2}$ für $-2\leq x\leq 0$

um die y-Achse.

Wegen der Symmetrie von $f_1(x)=\frac{1}{2}\sqrt{x^3+2x^2}$ zur x-Achse entstehen zwei gleiche Teilkörper. Es genügt also, den Rotationskörper

$$f_1(x)=\frac{1}{2}\sqrt{x^3+2x^2}$$
$$V_y=2\pi\int_{-2}^{0} f_1(x)\cdot x\,dx$$
$$=2\pi\int_{-2}^{0}\frac{x}{2}\sqrt{x^3+2x^2}\,dx$$
$$=\pi\int_{-2}^{0}x^2\sqrt{x+2}\,dx$$

3.9

von $f_1(x)=\frac{1}{2}\sqrt{x^3+2x^2}$ zu berechnen, da sich das Gesamtvolumen V dann durch Multiplikation mit 2 ergibt.

Das zu V_y gehörende unbestimmte Integral wird durch Substitution gelöst.

$z=x+2;\quad dx=dz$

$x=z-2$

$$\int x^2\sqrt{x+2}\,dx=\int (z-2)^2\sqrt{z}\,dz$$

$$=\int (z^2-4z+4)\sqrt{z}\,dz$$

$$=\int\left(z^{\frac{5}{2}}-4z^{\frac{3}{2}}+4z^{\frac{1}{2}}\right)dz$$

$$=\frac{2}{7}z^{\frac{7}{2}}-\frac{8}{5}z^{\frac{5}{2}}+\frac{8}{3}z^{\frac{3}{2}}+c$$

$$=2z^{\frac{3}{2}}\left[\frac{z^2}{7}-\frac{4}{5}z+\frac{4}{3}\right]+c$$

$$=2(x+2)\sqrt{x+2}\left[\frac{1}{7}(x+2)^2-\frac{4}{5}(x+2)+\frac{4}{3}\right]+c$$

$$V_y=2\pi\left[(x+2)\sqrt{x+2}\left[\frac{1}{7}(x+2)^2-\frac{4}{5}(x+2)+\frac{4}{3}\right]_{-2}^{0}\right.$$

$$=2\pi\cdot 2\cdot\sqrt{2}\left[\frac{4}{7}-\frac{8}{5}+\frac{4}{3}\right]$$

$$=16\pi\sqrt{2}\left(\frac{1}{7}-\frac{2}{5}+\frac{1}{3}\right)$$

$$\mathrel{\widehat{=}}\frac{128\pi\sqrt{2}}{105}\,E^3$$

$$V=2\cdot V_y$$

$$\mathrel{\widehat{=}}\frac{256}{105}\pi\sqrt{2}\,E^3\mathrel{\widehat{=}}10{,}83\,E^3$$

3.10 Trägheitsmomente

(Der Term $\int_m r^2\,\mathrm{d}m = I$ wird als Trägheitsmoment einer Masse m bezeichnet.)

- Linienförmige Massen

1. $f(x) = 3x + 7$ ▶ $x_1 = 2;\quad x_2 = 8$

In die Gleichung für das axiale Trägheitsmoment I_x wird

$\mathrm{d}l = \sqrt{1 + [f'(x)]^2}\,\mathrm{d}x$

eingesetzt (Kap. 3.5).

$y = 3x + 7 \Rightarrow f'(x) = 3;\quad [f'(x)]^2 = 9$

$a = x_1 = 2;\quad b = x_2 = 8$

Die Summe $(9x^2 + 42x + 49)$ wird gliedweise integriert.

In das gesuchte I_x ist dann der jeweilige Wert für die Längendichte σ einzusetzen.

$$I_x = \sigma \cdot \int_a^b y^2\,\mathrm{d}l$$

$$= \sigma \cdot \int_a^b y^2 \cdot \sqrt{1 + [f'(x)]^2}\,\mathrm{d}x$$

$$= \sigma \cdot \int_2^8 (3x + 7)^2 \cdot \sqrt{1 + 3^2}\,\mathrm{d}x$$

$$= \sigma \cdot \sqrt{10} \int_2^8 (9x^2 + 42x + 49)\,\mathrm{d}x$$

$$= \sigma \cdot \sqrt{10} \cdot [3x^3 + 21x^2 + 49x]_2^8$$

$$= \sigma \cdot \sqrt{10}\,[3272 - 206]$$

$$\underline{\underline{I_x = 3066 \cdot \sqrt{10} \cdot \sigma}}$$

Entsprechend wird das axiale Trägheitsmoment I_y berechnet.

Auch hier bleibt die Längendichte $\sigma = \frac{m}{l}$ [kg · m^{-1}] einzusetzen.

$$I_y = \sigma \cdot \int_a^b x^2\,\mathrm{d}l$$

$$= \sigma \cdot \int_a^b x^2 \cdot \sqrt{1 + [f'(x)]^2}\,\mathrm{d}x$$

$$= \sigma \cdot \sqrt{10} \int_2^8 x^2\,\mathrm{d}x$$

$$= \sigma \cdot \sqrt{10} \left[\frac{x^3}{3}\right]_2^8 = \sigma \cdot \sqrt{10} \cdot \left[\frac{512}{3} - \frac{8}{3}\right]$$

$$\underline{\underline{I_y = 168 \cdot \sqrt{10} \cdot \sigma}}$$

3.10

Die Summe beider axialer Trägheitsmomente I_x und I_y ergibt das polare Trägheitsmoment I_p.

$$I_p = I_x + I_y$$

$$= 3066 \cdot \sqrt{10} \cdot \sigma + 168 \cdot \sqrt{10} \cdot \sigma$$

$$I_p = \underline{\underline{3234 \cdot \sqrt{10} \cdot \sigma}}$$

2. $f(x) = \cosh x \quad \blacktriangleright x_1 = 0; \quad x_2 = 0{,}5$

$y = \cosh x$

$f'(x) = y' = \sinh x$

$[f'(x)]^2 = \sinh^2 x$

$\cosh^2 x - \sinh^2 x = 1$

$a = x_1 = 0$

$b = x_2 = 0{,}5$

$\sinh 0 = 0$

$\sinh 0{,}5 = 0{,}52109$

$\cosh 0{,}5 = 1{,}12763$

$$I_x = \sigma \cdot \int_a^b y^2 \cdot \sqrt{1 + [f'(x)]^2}\, dx$$

$$= \sigma \int_{x_1}^{x_2} \cosh^2 x \sqrt{1 + \sinh^2 x}\, dx$$

$$= \sigma \int_0^{0,5} \cosh^2 x \cdot \cosh x\, dx$$

$$= \sigma \int_0^{0,5} \cosh^3 x\, dx$$

$$= \sigma \left[\frac{1}{3} \sinh x \cdot \cosh^2 x + \frac{2}{3} \sinh x\right]_0^{0,5}$$

$$= \sigma \left[\frac{1}{3} \sinh 0{,}5 \cdot \cosh^2 0{,}5 + \frac{2}{3} \sinh 0{,}5\right]$$

$$\approx \sigma \cdot [0{,}22086 + 0{,}34739]$$

$$I_x \approx \underline{\underline{\sigma \cdot 0{,}56825}}$$

$$\int x^n \cdot \cosh x\, dx = c + x^n \cdot \sinh x - n \int x^{n-1} \cdot \sinh x\, dx$$

$$\int x \cdot \sinh x\, dx = x \cdot \cosh x - \sinh x + c$$

$$I_y = \sigma \cdot \int_0^{0,5} x^2 \cdot \cosh x\, dx$$

$$= \sigma \cdot [x^2 \cdot \sinh x - 2x \cosh x + 2 \sinh x]_0^{0,5}$$

$$= \sigma \cdot [0{,}5^2 \cdot \sinh 0{,}5 - 2 \cdot 0{,}5 \cosh 0{,}5 + 2 \cdot \sinh 0{,}5]$$

$$\approx \sigma \cdot [0{,}25 \cdot 0{,}521 - 1{,}1276 + 2 \cdot 0{,}521]$$

$$I_y \approx \sigma \cdot 0{,}04465$$

$$I_p = I_x + I_y$$

$$\approx \sigma \cdot 0{,}56825 + \sigma \cdot 0{,}04465$$

$$I_p \approx 0{,}6129\,\sigma$$

3. $f(x) = \sqrt{16-x^2}$ ▶ $x_1 = 1;\quad x_2 = 4$

$$y = f(x) = \sqrt{16-x^2}$$

$$\Rightarrow x^2 + y^2 = 16$$ ▶ Kreis

$$f'(x) = -\frac{x}{\sqrt{16-x^2}}$$

$$[f'(x)]^2 = \frac{x^2}{16-x^2}$$

$$\int \sqrt{a^2-x^2}\,\mathrm{d}x =$$

$$= \frac{x}{2}\sqrt{a^2-x^2} + \frac{a^2}{2}\text{ Arcsin }\frac{x}{a} + c$$

$$a = 4;\quad x_1 = 1;\quad x_2 = 4$$

$$\text{Arcsin } 1 = \frac{\pi}{2} = 1{,}57079\ldots$$

$$\text{Arcsin } \frac{1}{4} = 0{,}252680\ldots$$

$$\sqrt{1+[f'(x)]^2} = \sqrt{1+\frac{x^2}{16-x^2}}$$

$$= \sqrt{\frac{16}{16-x^2}}$$

$$= \frac{4}{\sqrt{16-x^2}}$$

$$I_x = \sigma \cdot \int_a^b y^2 \cdot \sqrt{1+[f'(x)]^2}\,\mathrm{d}x$$

$$= \sigma \cdot \int_{x_1}^{x_2} (16-x^2) \cdot \sqrt{1+\frac{x^2}{16-x^2}}\,\mathrm{d}x$$

$$= \sigma \cdot \int_1^4 (16-x^2) \cdot \sqrt{\frac{16-x^2+x^2}{16-x^2}}\,\mathrm{d}x$$

$$= \sigma \cdot 4 \cdot \int_1^4 \sqrt{16-x^2}\,\mathrm{d}x$$

$$= \sigma \cdot 4 \cdot \left[\frac{x}{2}\sqrt{16-x^2} + 8\text{ Arcsin }\frac{x}{4}\right]_1^4$$

$$= \sigma \cdot 4 \cdot \left[8\text{ Arcsin } 1 - \frac{1}{2}\sqrt{15} - 8 \cdot \text{Arcsin }\frac{1}{4}\right]$$

$$\approx \sigma \cdot 4 \cdot 8{,}60846$$

$$I_x \approx 34{,}43387\,\sigma$$

$$I_y = \sigma \cdot \int_a^b x^2 \cdot \sqrt{1+[f'(x)]^2}\,\mathrm{d}x$$

$$= \sigma \cdot 4 \cdot \int_{x_1}^{x_2} x^2 \cdot \frac{1}{\sqrt{16-x^2}}\,\mathrm{d}x$$

$$\int \frac{x^2}{\sqrt{a^2-x^2}}\,dx =$$

$$= -\frac{x}{2}\sqrt{a^2-x^2} + \frac{a^2}{2}\,\text{Arcsin}\,\frac{x}{a} + c$$

$$a=4; \quad x_1=1; \quad x_2=4$$

$$I_y = \sigma\cdot 4\cdot\left[-\frac{x}{2}\sqrt{16-x^2} + 8\,\text{Arcsin}\,\frac{x}{4}\right]_1^4$$

$$= \sigma\cdot 4\cdot\left[8\cdot\text{Arcsin}\,1 + \frac{1}{2}\sqrt{15}\right.$$

$$\left. -8\,\text{Arcsin}\,\frac{1}{4}\right]_1^4$$

$$\approx \sigma\cdot 4\cdot 12{,}48137$$

$$I_y \approx \underline{\underline{49{,}92549\cdot\sigma}}$$

$$I_p = I_x + J_y \approx 34{,}43\sigma + 49{,}93\sigma$$

$$I_p \approx \underline{\underline{84{,}36\sigma}}$$

4. $f(x) = x\sqrt{x}$ ▶ $x_1=1; \quad x_2=4$

$$[f(x)]^2 = y^2 = x^3$$

$$y = \sqrt{x^3} = x^{\frac{3}{2}}$$

$$y' = \frac{3}{2}\sqrt{x}$$

$$I_x = \sigma \int_a^b y^2\sqrt{1+[f(x)']^2}\,dx$$

$$= \sigma \int_{x_1}^{x_2} x^3\sqrt{1+\left(\frac{3}{2}\sqrt{x}\right)^2}\,dx$$

$$= \sigma\cdot\frac{3}{2}\int_1^4 x^3\sqrt{\frac{4}{9}+x}\,dx$$

Das Integral $\int_1^4 x^3\sqrt{\frac{4}{9}+x}\,dx = \int \varphi(x)\,dx$ wird numerisch mit der Simpsonschen Regel berechnet:

$$\int_1^4 \varphi(x)\,dx \approx \frac{b}{3}\,(y_0 + 4y_1 + 2y_2 + 4y_3 + y_4)$$

$$\int_1^4 \varphi(x)\,dx \approx \frac{0{,}75}{3}\cdot(1{,}20 + 4\cdot 7{,}93 + 2\cdot 26{,}87 + 4\cdot 65{,}91 + 135{,}04)$$

$$\approx 0{,}25\cdot(1{,}20 + 31{,}72 + 53{,}74 + 263{,}64 + 135{,}04)$$

$$\approx 0{,}25\cdot 485{,}34 \approx \underline{121{,}34}$$

Wertetafel:

x	x^3	$\sqrt{\frac{4}{9}+x}$	$\varphi(x)$	► $b=0{,}75$; $n=4$
1	1	1,20	1,20	y_0
1,75	5,36	1,48	7,93	y_1
2,50	15,62	1,72	26,87	y_2
3,25	34,33	1,92	65,91	y_3
4	64	2,11	135,04	y_4

Das näherungsweise bestimmte Integral wird in die Formel von I_x eingesetzt.

$$I_x \approx \sigma \cdot \frac{3}{2} \cdot 121{,}34$$

$$I_x \approx \underline{\underline{182 \cdot \sigma}}$$

Das Integral

$$\int_1^4 x^2 \cdot \sqrt{\frac{4}{9}+x}\,\mathrm{d}x = \int_1^4 \varphi(x)\,\mathrm{d}x$$

wird ebenfalls numerisch mit der Simpsonschen Regel berechnet.

$$I_y = \sigma \int_a^b x^2 \cdot \sqrt{1+[f'(x)]^2}\,\mathrm{d}x$$

$$= \sigma \cdot \frac{3}{2} \int_1^4 x^2 \cdot \sqrt{\frac{4}{9}+x}\,\mathrm{d}x$$

$$= \sigma \cdot \frac{3}{2} \int_1^4 \varphi(x)\,\mathrm{d}x$$

Wertetafel:

x	x^2	$\sqrt{\frac{4}{9}+x}$	$\varphi(x)$	► $b=0{,}75$; $n=4$
1	1	1,20	1,20	y_0
1,75	3,06	1,48	4,53	y_1
2,50	6,25	1,72	10,75	y_2
3,25	10,56	1,92	20,28	y_3
4	16	2,11	33,76	y_4

$$\int_1^4 \varphi(x)\,dx \approx \frac{0{,}75}{3} \cdot (1{,}20 + 4 \cdot 4{,}53 + 2 \cdot 10{,}75 + 4 \cdot 20{,}28 + 33{,}76)$$

$$\approx 0{,}25 \cdot (1{,}20 + 18{,}12 + 21{,}50 + 81{,}12 + 33{,}76)$$

$$\approx 0{,}25 \cdot 155{,}70 \approx \underline{38{,}93}$$

Das axiale Trägheitsmoment I_y mit der Längendichte

$\sigma = \frac{m}{l}$ [kg · m^{-1}]

ist damit näherungsweise bestimmt.

$$I_y = \sigma \cdot \frac{3}{2} \int_1^4 \varphi(x)\,dx$$

$$\approx \sigma \cdot \frac{3}{2} \cdot 38{,}93$$

$$I_y \approx \underline{\underline{58{,}395\,\sigma}}$$

Das polare Trägheitsmoment I_p ist gleich der Summe der entsprechenden axialen Trägheitsmomente I_x und I_y.

$$I_p = I_x + I_y$$

$$\approx 182\,\sigma + 58{,}395\,\sigma$$

$$I_p \approx \underline{\underline{240{,}4\,\sigma}}$$

5. $f(x) = \frac{1}{2}\,e^x$ ► $x_1 = 1; \quad x_2 = 3$

$$[f(x)]^2 = y^2 = \frac{1}{4}\,e^{2x}$$

$$f'(x) = y' = \frac{1}{2}\,e^x$$

$$[f'(x)]^2 = y'^2 = \frac{1}{4}\,e^{2x}$$

$$I_x = \sigma \int_a^b y^2 \sqrt{1 + [f'(x)]^2}\,dx$$

$$= \sigma \int_{x_1}^{x_2} \frac{1}{4}\,e^{2x} \sqrt{1 + \frac{1}{4}\,e^{2x}}\,dx$$

$$I_x = \sigma\,\frac{1}{8} \int_1^3 e^{2x} \sqrt{4 + e^{2x}}\,dx$$

$$I_y = \sigma \int_a^b x^2 \sqrt{1 + [f'(x)]^2}\,dx$$

$$I_y = \sigma \cdot \frac{1}{2} \int_1^3 x^2 \sqrt{4 + e^{2x}}\,dx$$

Die Integrale

$$\int_1^3 e^{2x} \sqrt{4 + e^{2x}}\,dx = \int_1^3 \varphi_1(x)\,dx$$

$$\int_1^3 x^2 \sqrt{4 + e^{2x}}\,dx = \int_1^3 \varphi_2(x)\,dx$$

werden numerisch berechnet

Wertetafel: ▶ $b=0{,}5;\ n=4$

x	e^{2x}	$\sqrt{4+e^{2x}}$	x^2	$\varphi_1(x)$	$\varphi_2(x)$	
1	7,39	3,37	1	24,90	3,37	y_0
1,5	20,08	4,91	2,25	98,59	11,05	y_1
2,0	54,60	7,65	4	417,69	30,60	y_2
2,5	148,41	12,34	6,25	1831,38	77,12	y_3
3	403,43	20,18	9	8141,22	181,62	y_4

$$\int_1^3 \varphi(x)\,dx \approx \frac{b}{3}(y_0+4y_1+2y_2+4y_3+y_4)$$

$$\int_1^3 \varphi_1(x)\,dx \approx \frac{0{,}5}{3}(24{,}90+4\cdot 98{,}59+2\cdot 417{,}69+4\cdot 1831{,}38+8141{,}22)$$

$$\approx 0{,}16\overline{6}\cdot 16721{,}38 \approx \underline{2786{,}9}$$

$$\int_1^3 \varphi_2(x)\,dx \approx \frac{0{,}5}{3}(3{,}37+4\cdot 11{,}05+2\cdot 30{,}60+4\cdot 77{,}12+181{,}62)$$

$$\approx 0{,}16\overline{6}\cdot 598{,}87 \approx \underline{99{,}81}$$

Hier wurde das Intervall zwischen $a=x_1=1$ und $b=x_2=3$ in $n=4$ gleiche Abschnitte zerlegt. Mit wachsendem n wächst die Genauigkeit der Näherungswerte für die Trägheitsmomente.

$$I_x=\sigma\cdot\frac{1}{8}\cdot\int_1^3 \varphi_1(x)\,dx \approx \underline{\underline{348{,}4\cdot\sigma}}$$

$$I_y=\sigma\cdot\frac{1}{2}\int_1^3 \varphi_2(x)\,dx \approx \underline{\underline{49{,}9\cdot\sigma}}$$

$$I_p=I_x+I_y$$

$$I_p \approx \underline{\underline{398{,}3\cdot\sigma}}$$

6. $f(x)=\sinh x$ ▶ $x_1=0;\quad x_2=0{,}5$

$f(x)=y=\sinh x$

$f'(x)=y'=\cosh x$

$$I_x=\sigma\cdot\int_a^b y^2\cdot\sqrt{1+[f'(x)]^2}\,dx$$

3.10

$$\int_0^{0,5} \sinh^2 x \cdot \sqrt{1+\cosh^2 x}\,\mathrm{d}x = \int_0^{0,5} \varphi_1(x)\,\mathrm{d}x$$

$$\int_0^{0,5} x^2 \cdot \sqrt{1+\cosh^2 x}\,\mathrm{d}x = \int_0^{0,5} \varphi_2(x)\,\mathrm{d}x$$

$$I_x = \sigma \cdot \int_0^{0,5} \sinh^2 x \cdot \sqrt{1+\cosh^2 x}\,\mathrm{d}x$$

$$I_y = \sigma \cdot \int_0^{0,5} x^2 \cdot \sqrt{1+\cosh^2 x}\,\mathrm{d}x$$

Wertetafel:

$b=0{,}125$;

$n=4$

x	$\cosh x$	$\sqrt{1+\cosh^2 x}$	$\sinh^2 x$	x^2	$\varphi_1(x)$	$\varphi_2(x)$	
0	1	1,4142	0		0	0	y_0
0,125	1,0078	1,4198	0,0157	0,0156	0,0223	0,0221	y_1
0,250	1,0314	1,4366	0,0638	0,0625	0,0917	0,0898	y_2
0,375	1,0711	1,4654	0,1473	0,1406	0,2158	0,2060	y_3
0,5	1,1276	1,5072	0,2715	0,25	0,4092	0,3768	y_4

$$\int_0^{0,5} \varphi(x)\,\mathrm{d}x \approx \frac{b}{3}\,(y_0+4y_1+2y_2+4y_3+y_4)$$

$$\int_0^{0,5} \varphi_1(x)\,\mathrm{d}x \approx \frac{0{,}125}{3}\cdot(0-4\cdot 0{,}022+2\cdot 0{,}092+4\cdot 0{,}216+0{,}409)$$

$$\approx \frac{0{,}125}{3}\cdot 1{,}545 \approx \underline{0{,}064}$$

$$\int_0^{0,5} \varphi_2(x)\,\mathrm{d}x \approx \frac{0{,}125}{3}\cdot(0+4\cdot 0{,}022+2\cdot 0{,}0898+4\cdot 0{,}206+0{,}3768)$$

$$\approx \frac{0{,}125}{3}\cdot 1{,}468 \approx \underline{0{,}061}$$

Beim Vergleich der Ergebnisse mit denen der Aufgabe 2 fällt auf, daß sich bei Aufgabe 6 die Trägheitsmomente I_x und I_y erst in der dritten Dezimale unterscheiden.

$$I_x = \sigma \cdot \int_0^{0,5} \varphi_1(x)\,dx = \underline{\underline{0,064 \cdot \sigma}}$$

$$I_y = \sigma \cdot \int_0^{0,5} \varphi_2(x)\,dx = \underline{\underline{0,061 \cdot \sigma}}$$

$$I_p = I_x + I_y = \underline{\underline{0,125\,\sigma}}$$

7. $f(x) = mx + n = y \quad \blacktriangleright x_1 = a; \quad x_2 = b$

$f'(x) = m$

$[f'(x)]^2 = m^2$

$$I_y = \sigma \cdot \int_a^b x^2 \cdot \sqrt{1 + [f'(x)]^2}\,dx$$

$$= \sigma \cdot \int_a^b x^2 \cdot \sqrt{1 + m^2}\,dx$$

$$= \sigma \cdot \sqrt{1 + m^2} \cdot \int_a^b x^2\,dx$$

$$= \sigma \cdot \sqrt{1 + m^2} \cdot \left[\frac{x^3}{3}\right]_a^b$$

$$\underline{\underline{I_y = \sigma \cdot \sqrt{1 + m^2} \cdot \frac{1}{3}(b^3 - a^3)}}$$

$$I_x = \sigma \cdot \int_a^b y^2 \cdot \sqrt{1 + [f'(x)]^2}\,dx$$

$$= \sigma \cdot \int_a^b (mx + n)^2 \cdot \sqrt{1 + m^2}\,dx$$

$$= \sigma \cdot \sqrt{1 + m^2} \cdot \int_a^b (m^2x^2 + 2mnx + n^2)\,dx$$

$$= \sigma \cdot \sqrt{1 + m^2} \cdot \left[m^2\frac{x^3}{3} + mnx^2 + n^2x\right]_a^b$$

$$= \sigma \cdot \sqrt{1 + m^2} \cdot \left[\left(m^2\frac{b^3}{3} + mnb^2 + n^2b\right) - \left(m^2\frac{a^3}{3} + mna^2 + n^2a\right)\right]$$

$$\underline{\underline{I_x = \sigma \cdot \sqrt{1 + m^2} \cdot \left[\frac{m^2}{3}(b^3 - a^3) + mn(b^2 - a^2) + n^2(b - a)\right]}}$$

$$I_p = I_x + I_y = \sigma \cdot \sqrt{1 + m^2} \cdot \left[\frac{m^2}{3}(b^3 - a^3) + mn(b^2 - a^2) + n^2(b - a)\right] + \sigma \cdot \sqrt{1 + m^2} \cdot \frac{1}{3}(b^3 - a^3)$$

$$\underline{\underline{I_p = \frac{1}{3}\sigma\sqrt{1 + m^2} \cdot [(b^3 - a^3)(1 + m^2) + 3 \cdot mn(b^2 - a^2) + 3n^2(b - a)]}}$$

8. $f(y) = \sqrt{y} + 3 \quad \blacktriangleright y_1 = 0; \quad y_2 = 4$

$$x = \sqrt{y} + 3$$

$$y = (x-3)^2 = x^2 - 6x + 9$$

$$y' = f'(x) = 2x - 6 = 2(x-3)$$

$$[f'(x)]^2 = 4(x-3)^2$$

$$y_1 = 0 \Rightarrow x_1 = \sqrt{0} + 3 = 3$$

$$y_2 = 4 \Rightarrow x_2 = \sqrt{4} + 3 = 5$$

$$(x-3)^4 \cdot \sqrt{1 + 4(x-3)^2} = \varphi_1(x)$$

$$x^2 \cdot \sqrt{1 + 4(x-3)^2} = \varphi_2(x)$$

$$I_x = \sigma \cdot \int_a^b y^2 \cdot \sqrt{ + [f'(x)]^2}\, dx$$

$$= \sigma \cdot \int_{x_1}^{x_2} (x-3)^4 \cdot \sqrt{1 + 4(x-3)^2}\, dx$$

$$= \sigma \cdot \int_3^5 (x-3)^4 \cdot \sqrt{1 + 4(x-3)^2}\, dx$$

$$I_x = \sigma \cdot \int_3^5 \varphi_1(x)\, dx$$

$$I_y = \sigma \cdot \int_3^5 x^2 \cdot \sqrt{1 + 4(x-3)^2}\, dx$$

$$I_y = \sigma \cdot \int_3^5 \varphi_2(x)\, dx$$

Wertetafel: $b = 0{,}5$; $n = 4$

x	x	$(x-\ )^2$	$(x-3)^4$	$\sqrt{1+4(x-3)^2}$	$\varphi_1(x)$	$\varphi_2(x)$	
3,0	9	0	0	1,0	0	9	y_0
3,5	12,25	0,25	0,0625	1,41421	0,0884	17,324	y_1
4,0	16	1,0	1,0	2,23607	2,2361	35,777	y_2
4,5	20,25	2,25	5,0625	3,16228	16,0090	64,036	y_3
5,0	25	4,0	16	4,12310	65,9697	103,078	y_4

$$\int_3^5 \varphi(x\ \ dx \approx \frac{b}{3}(y_0 + 4y_1 + 2y_2 + 4y_3 + y_4)$$

$$\int_3^5 \varphi_1(x)\, dx \approx \frac{0{,}5}{3}(0 + 4 \cdot 0{,}0884 + 2 \cdot 2{,}2361 + 4 \cdot 16{,}0090 + 65{,}9697)$$

$$\int_3^5 \varphi_1(x)\,dx \approx \frac{0{,}5}{3}\cdot 134{,}83 \approx \underline{22{,}47}$$

$$\int_3^5 \varphi_2(x)\,dx \approx \frac{0{,}5}{3}\cdot(9+4\cdot 17{,}324+2\cdot 35{,}777+4\cdot 64{,}036+103{,}073)$$

$$\approx \frac{0{,}5}{3}\cdot 509{,}07 \approx \underline{84{,}84}$$

Die beiden näherungsweise mit der Simpsonschen Regel (s. Bd. 4, Kap. 3.2) ermittelten Integrale werden in die Formeln für I_x und I_y eingesetzt.

$$I_x = \sigma\cdot\int_3^5 \varphi_1(x)\,dx \approx \underline{\underline{22{,}47\cdot\sigma}}$$

$$I_y = \sigma\cdot\int_3^5 \varphi_2(x)\,dx \approx \underline{\underline{84{,}84\cdot\sigma}}$$

$$I_p = I_x + I_y \approx \underline{\underline{107{,}31\,\sigma}}$$

- Flächenförmige Massen

9. Quadrat

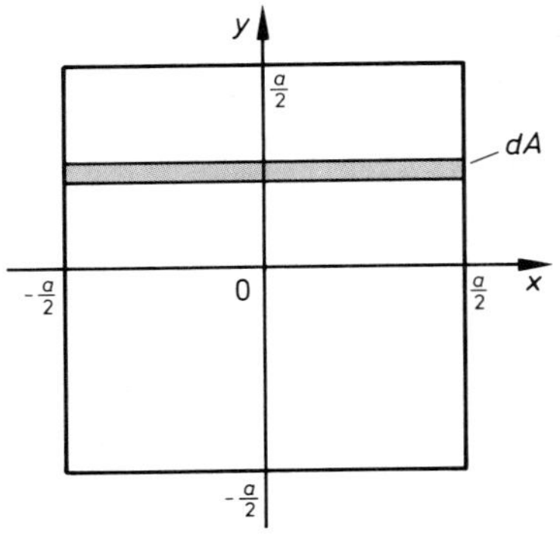

$$I_x = y = \tau\int_A y^2\cdot dA \blacktriangleright dA = a\cdot dy$$

$$= \tau\int_{-\frac{a}{2}}^{\frac{a}{2}} y^2\cdot a\cdot dy$$

$$= \tau\left[a\cdot\frac{y^3}{3}\right]_{-\frac{a}{2}}^{\frac{a}{2}}$$

$$= \tau\,\frac{a}{3}\left(\frac{a^3}{8}+\frac{a^3}{8}\right)$$

$$= \tau\,\frac{a^4}{\underline{\underline{12}}};\quad \tau = \frac{m}{A} = \frac{m}{a^2}$$

$$I_x = \frac{m\cdot a^2}{\underline{\underline{12}}}$$

10. gleichseitiges Dreieck

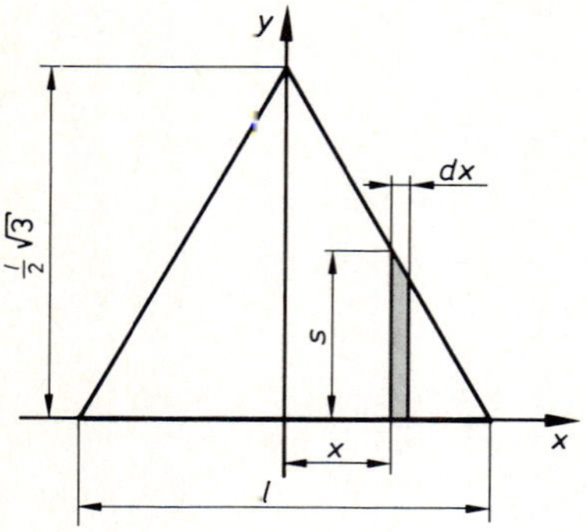

Die Strecke s wird durch eine Verhältnisgleichung ermittelt.

$$\frac{s}{\frac{l}{2}\sqrt{3}}=\frac{\frac{l}{2}-x}{\frac{l}{2}} \Rightarrow s=\sqrt{3}\left(\frac{l}{2}-x\right)$$

$$I_y=\tau\int_A x^2\,\mathrm{d}A;\quad \mathrm{d}A=s\cdot\mathrm{d}x$$

$$=2\tau\int_0^{\frac{l}{2}} x^2\cdot s\,\mathrm{d}x$$

$$=2\tau\int_0^{\frac{l}{2}} x^2\cdot\sqrt{3}\left(\frac{l}{2}-x\right)\mathrm{d}x$$

$$=2\sqrt{3}\tau\int_0^{\frac{l}{2}}\left(\frac{l}{2}x^2-x^3\right)\mathrm{d}x$$

$$=2\sqrt{3}\tau\left[\frac{l}{6}x^3-\frac{1}{4}x^4\right]_0^{\frac{l}{2}}$$

$$=2\sqrt{3}\tau\left(\frac{l}{6}\cdot\frac{l^3}{8}-\frac{1}{4}\cdot\frac{l^4}{16}\right)$$

$$=\tau\,\frac{\sqrt{3}}{96}\,l^4;\quad \tau=\frac{m}{A}=\frac{4m}{l^2\sqrt{3}}$$

$$I_y=\frac{m\cdot l^2}{24}$$

11. regelmäßiges Sechseck

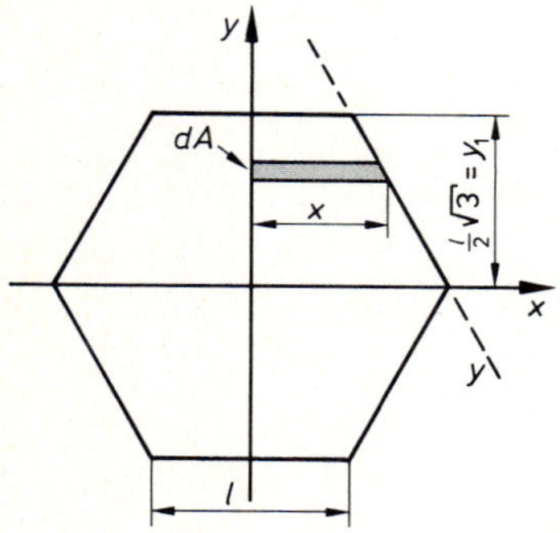

$$y=\sqrt{3}(l-x)\Rightarrow x=l-\frac{y}{\sqrt{3}}$$

$$I_x=4\tau\cdot\int_A y^2\,\mathrm{d}A;\quad \mathrm{d}A=x\cdot\mathrm{d}y$$

$$=4\tau\int_0^{y_1} y^2\cdot x\,\mathrm{d}y$$

$$=4\tau\int_0^{y_1} y^2\cdot\left(l-\frac{y}{\sqrt{3}}\right)\mathrm{d}y$$

$$=4\tau\int_0^{y_1}\left(ly^2-\frac{y^3}{\sqrt{3}}\right)\mathrm{d}y$$

$$=4\tau\left[\frac{l}{3}y^3-\frac{1}{4\sqrt{3}}y^4\right]_0^{\frac{l}{2}\sqrt{3}}$$

Wegen der vier gleichen Teilflächen läßt sich das Trägheitsmoment mit dem einer Teilfläche berechnen.

$$I_x = 4\tau\left(\frac{l}{3}\cdot\frac{l^3}{8}\,3\sqrt{3} - \frac{1}{4\sqrt{3}}\cdot\frac{l^4}{16}\cdot 9\right)$$

$$= \frac{l^4}{2}\,\tau\left(\sqrt{3} - \frac{3\sqrt{3}}{8}\right)$$

$$= \tau\,\frac{5}{16}\sqrt{3}\,l^4;\quad \tau = \frac{m}{A};\quad A = \frac{3}{2}\,l^2\sqrt{3}$$

$$I_x = \underline{\underline{\frac{m\cdot 5l^2}{24}}}$$

12. Rhombus

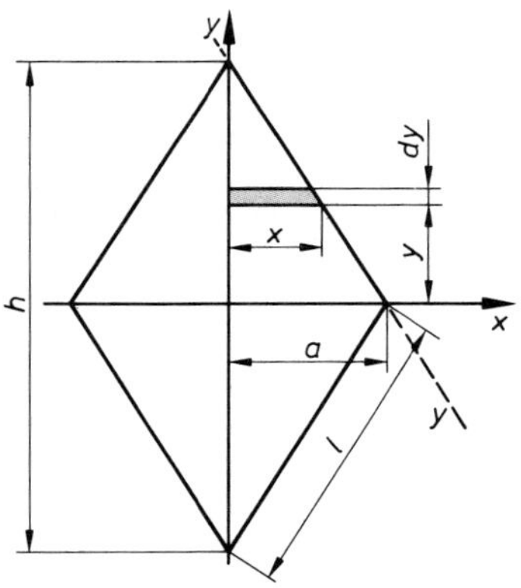

Wegen der Symmetrie der Fläche, bezüglich der x- und y-Achse, läßt sich das Trägheitsmoment durch das Vierfache des Trägheitsmomentes der Fläche im oberen rechten Quadranten angeben.

Die Größe a läßt sich noch durch l und h ausdrücken.

$$I_x = 4\tau\cdot\int_A y^2\cdot \mathrm{d}A;\quad \mathrm{d}A = x\cdot \mathrm{d}y$$

$$y = \frac{h}{2a}(a-x) \Rightarrow x = a - \frac{2a}{h}\,y$$

$$I_x = 4\tau\int_0^{\frac{h}{2}} y^2\cdot x\cdot \mathrm{d}y$$

$$= 4\tau\int_0^{\frac{h}{2}} y^2\left(a - \frac{2a}{h}\,y\right)\mathrm{d}y$$

$$= 4a\tau\int_0^{\frac{h}{2}}\left(y^2 - \frac{2}{h}\,y^3\right)\mathrm{d}y$$

$$= 4a\tau\left[\frac{y^3}{3} - \frac{1}{2h}\,y^4\right]_0^{\frac{h}{2}}$$

$$= 4a\tau\left(\frac{h^3}{24} - \frac{h^3}{32}\right)$$

$$= \frac{ah^3}{2}\,\tau\left(\frac{1}{3} - \frac{1}{4}\right)$$

$$= \tau\,\frac{ah^3}{24};\quad \tau = \frac{m}{A} = \frac{m}{a\cdot h}$$

$$I_x = \frac{m}{a\cdot b}\cdot\frac{a\cdot b^3}{24} = \underline{\underline{\frac{mb^2}{24}}}$$

13. Halbkreis

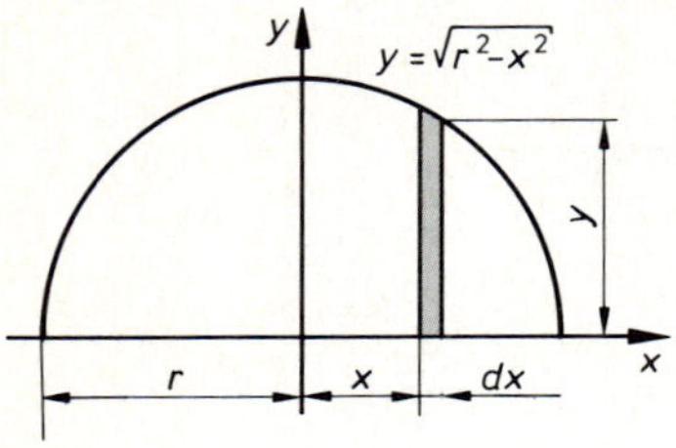

Wegen der Symmetrie der Fläche zur y-Achse läßt sich das Integral vereinfachen mit den neuen Grenzen 0 und r.

Das Integral $\int x^2\sqrt{r^2-x^2}\,\mathrm{d}x$ wird mit der in Kap. 2.5, Aufgabe 75, durch partielle Integration gewonnenen Rekursionsformel ermittelt.

$\int\sqrt{a^2-x^2}\,\mathrm{d}x$ ▶ Kap. 2.4, Band 4

$$I_y=2\tau\cdot\int_A x^2\,\mathrm{d}A;\quad \mathrm{d}A=y\cdot\mathrm{d}x$$

$$=2\tau\cdot\int_0^r x^2\cdot y\,\mathrm{d}x$$

$$=2\tau\cdot\int_0^r x^2\sqrt{r^2-x^2}\,\mathrm{d}x$$

$$=2\tau\cdot\left[-\frac{x}{4}(r^2-x^2)^{\frac{3}{2}}\right]_0^r+\frac{r^2}{2}\tau\int_0^r x^0\sqrt{r^2-x^2}\,\mathrm{d}x$$

$$=\tau\cdot\left[-\frac{x}{2}(r^2-x^2)^{\frac{3}{2}}\right]_0^r+\frac{r^2}{2}\tau\int_0^r\sqrt{r^2-x^2}\,\mathrm{d}x$$

$$=0+\frac{r^2}{2}\tau\left[\frac{x}{2}\sqrt{r^2-x^2}+\frac{r^2}{2}\operatorname{Arcsin}\frac{x}{r}\right]_0^r$$

$$=\frac{r^2}{2}\tau\left[0+\frac{r^2}{2}\operatorname{Arcsin}1-0-\frac{r^2}{2}\operatorname{Arcsin}0\right]$$

$$=\tau\cdot\frac{r^2}{2}\cdot\frac{r^2}{2}\cdot\frac{\pi}{2}=\frac{\tau\pi r^4}{8}\quad \blacktriangleright\ \tau=\frac{m}{A}=\frac{2m}{r^2\pi}$$

$$\underline{\underline{I_y=\frac{mr^2}{4}}}$$

14. Kreisausschnitt

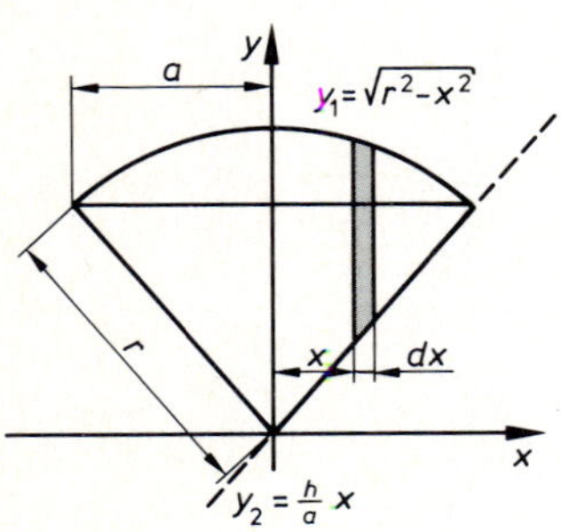

$a=\sqrt{r^2-h^2}$

$$I_y=2\tau\cdot\int_A x^2\,\mathrm{d}A;\quad \mathrm{d}A=(y_1-y_2)\cdot\mathrm{d}x$$

$$=2\tau\cdot\int_0^a x^2\cdot(y_1-y_2)\,\mathrm{d}x$$

$$=2\tau\cdot\int_0^a x^2\cdot\left(\sqrt{r^2-x^2}-\frac{h}{a}x\right)\mathrm{d}x$$

$$=2\tau\cdot\int_0^a x^2\cdot\sqrt{r^2-x^2}\,\mathrm{d}x-\frac{2h}{a}\cdot\tau\cdot\int_0^a x^3\,\mathrm{d}x$$

$$I_y = 2\tau \cdot \left[-\frac{x}{4}(r^2-x^2)^{\frac{3}{2}} \right]_0^a + \frac{r^2}{2} \cdot \tau \cdot \int_0^a x^0 \cdot \sqrt{r^2-x^2}\,\mathrm{d}x -$$

$$-\frac{h}{2a} \cdot \tau \cdot [x^4]_0^a$$

$\int x^2 \cdot \sqrt{a^2-x^2}\,\mathrm{d}x$

▶ Kap. 2.5; Aufg. 75

$\int \sqrt{a^2-x^2}\,\mathrm{d}x$ ▶ Kap. 2.4, Band 4

$$= \left[-\frac{a}{2}(r^2-a^2)^{\frac{3}{2}} + \frac{r^2}{2} \int_0^a \sqrt{r^2-x^2}\,\mathrm{d}x - \frac{ha^3}{2} \right] \cdot \tau$$

$$= \left\{ -\frac{a}{2}(r^2-a^2)^{\frac{3}{2}} - \frac{ha^3}{2} + \right.$$

$$\left. + \frac{r^2}{2} \left[\frac{x}{2}\sqrt{r^2-x^2} + \frac{r^2}{2} \operatorname{Arcsin} \frac{x}{r} \right]_0^a \right\} \cdot \tau$$

$$= \left\{ -\frac{a}{2}(r^2-a^2)\sqrt{r^2-a^2} - \frac{ha^3}{2} + \right.$$

$$\left. + \frac{r^2}{2} \left[\frac{a}{2}\sqrt{r^2-a^2} + \frac{r^2}{2} \operatorname{Arcsin} \frac{a}{r} \right] \right\} \cdot \tau$$

$a = \sqrt{r^2-h^2} \Rightarrow r^2 - a^2 = h^2$

$a^2 = r^2 - h^2$

$$= \left\{ -\frac{a}{2} h^2 \cdot \sqrt{h^2} - \frac{ha^3}{2} + \frac{ar^2}{4}\sqrt{h^2} + \frac{r^4}{4} \operatorname{Arcsin} \frac{a}{r} \right\} \cdot \tau$$

$$= \left\{ \frac{ah}{4}(r^2 - 2h^2 - 2a^2) + \frac{r^4}{4} \operatorname{Arcsin} \frac{a}{r} \right\} \cdot \tau$$

$$I_y = \left\{ \frac{r^4}{4} \operatorname{Arcsin} \frac{\sqrt{r^2-h^2}}{r} - \frac{hr^2}{4}\sqrt{r^2-h^2} \right\} \cdot \tau; \quad \tau = \frac{m}{A}$$

15. $y = x^2$

$x_1 = 2; \quad x_2 = -2$

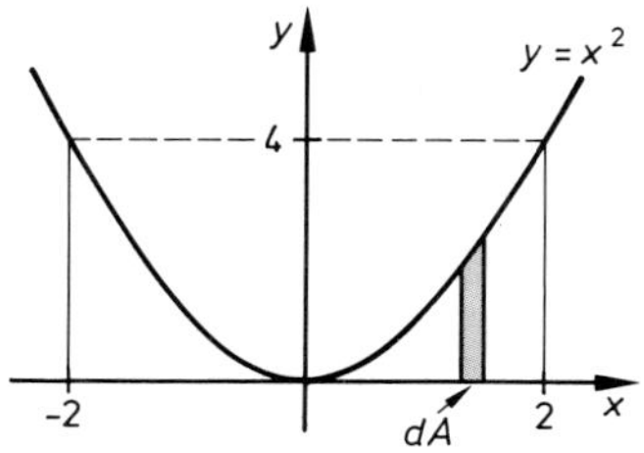

1) x-Achse ist Bezugsachse

$$I_x = 2\tau \cdot \int_A y^2\,\mathrm{d}A$$

$$\mathrm{d}A = (2-x) \cdot \mathrm{d}y$$

$$I_x = 2\tau \int_0^4 y^2 \cdot (2-x)\,\mathrm{d}y$$

$$= 2\tau \int_0^4 y^2 \cdot (2-\sqrt{y})\,\mathrm{d}y$$

3.10

$$A=\int_0^2 x^2\,\mathrm{d}x$$

$$=\left[\frac{x^3}{3}\right]_0^2$$

$$=\frac{8}{3}$$

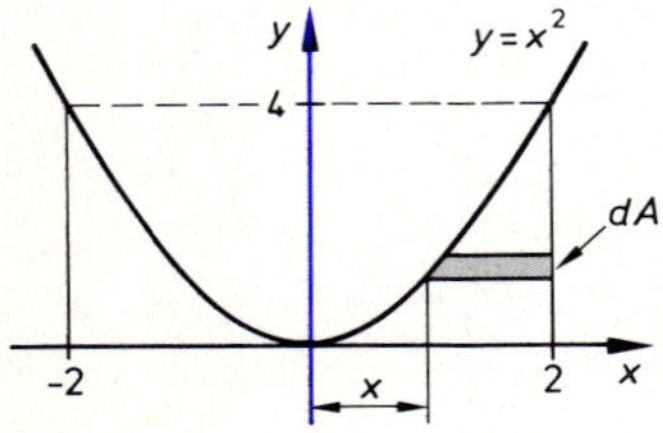

$$A=\int_0^2 x^2\cdot\mathrm{d}x$$

$$=\left[\frac{x^3}{3}\right]_0^2$$

$$=\frac{8}{3}$$

16. $y=2x-4$

$x_1=-2;\quad x_2=0$

$$I_x=2\tau\int_0^4\left(2y^2-y^{\frac{5}{2}}\right)\mathrm{d}y$$

$$=2\tau\left[\frac{2}{3}y^3-\frac{2}{7}y^3\sqrt{y}\right]_0^4$$

$$=2\tau\left(\frac{2}{3}\cdot 64-\frac{2}{7}\cdot 64\cdot 2\right)$$

$$=256\tau\left(\frac{1}{3}-\frac{2}{7}\right)$$

$$=\tau\cdot\frac{256}{21}=\frac{m}{A}\cdot\frac{256}{21};\quad A=\frac{8}{3}$$

$$\underline{\underline{I_x=m\cdot\frac{32}{7}}}$$

2) y-Achse ist Bezugsachse

$$I_y=2\tau\int x^2\,\mathrm{d}A;\quad \mathrm{d}A=y\cdot\mathrm{d}x$$

$$2\tau\int_0^2 x^2\cdot y\,\mathrm{d}x$$

$$=2\tau\int_0^2 x^4\,\mathrm{d}x=\frac{2}{5}\,\tau\,[x^5]_0^2$$

$$=\tau\cdot\frac{64}{5}=\frac{m}{A}\cdot\frac{64}{5};\ A=\frac{8}{3}$$

$$\underline{\underline{I_y=m\cdot\frac{24}{5}}}$$

1) x-Achse ist Bezugsachse

$$I_x=\tau\int_{A_2} y^2\cdot\mathrm{d}A_2+\tau\int_{A_1} y^2\cdot\mathrm{d}A_1$$

$$\mathrm{d}A_1=2\cdot\mathrm{d}y$$

$$\mathrm{d}A_2=\left[2-\left(\frac{y}{2}+2\right)\right]\cdot\mathrm{d}y=-\frac{y}{2}\,\mathrm{d}y$$

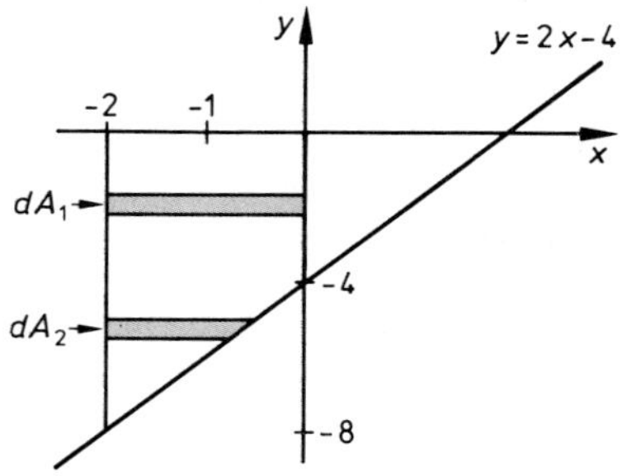

$$A=\frac{8+4}{2}\cdot 2=12$$

$$I_x=-\tau\int_{-8}^{-4} y^2\cdot\frac{y}{2}\,\mathrm{d}y+\tau\int_{-4}^{0} y^2\cdot 2\mathrm{d}y$$

$$=\tau\left\{-\frac{1}{8}\,[y^4]_{-8}^{-4}+\frac{2}{3}\,[y^3]_{-4}^{0}\right\}$$

$$=\tau\left[-\frac{1}{8}\,(256-4096)+\frac{2}{3}\cdot 64\right]$$

$$=\tau\left(\frac{3840}{8}+\frac{128}{3}\right)$$

$$=\tau\left(480+\frac{128}{3}\right)$$

$$=\tau\cdot\frac{1568}{3}=\frac{m}{A}\cdot\frac{1568}{3};\;A=12$$

$$\underline{\underline{I_x=m\cdot\frac{392}{9}}}$$

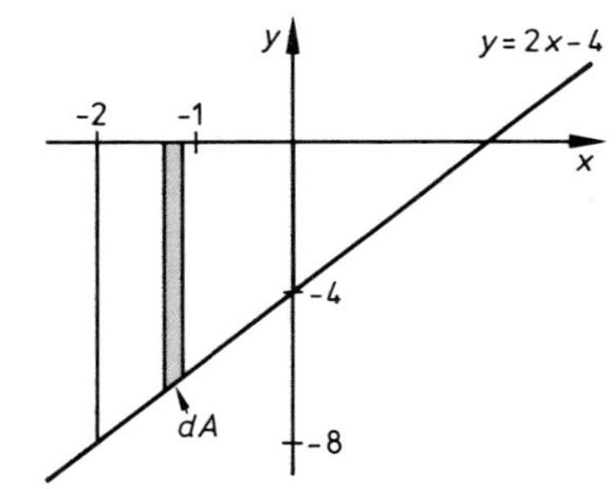

$$A=12$$

2) y-Achse ist Bezugsachse

$$I_y=\tau\int_A x^2\,\mathrm{d}A$$

$$\mathrm{d}A=(0-y)\cdot\mathrm{d}x=-y\cdot\mathrm{d}x$$

$$I_y=-\tau\int_{-2}^{0} x^2\cdot y\,\mathrm{d}x$$

$$=-\tau\int_{-2}^{0} x^2(2x-4)\,\mathrm{d}x$$

$$=-\tau\int_{-2}^{0} (2x^3-4x^2)\,\mathrm{d}x$$

$$=-\tau\left[\frac{1}{2}\,x^4-\frac{4}{3}\,x^3\right]_{-2}^{0}$$

$$=\tau\left(\frac{1}{2}\cdot 16+\frac{4}{3}\cdot 8\right)$$

$$=\tau\left(8+\frac{32}{3}\right)$$

$$I_y = \tau \cdot \frac{56}{3} = \frac{m}{A} \cdot \frac{56}{3}; \; A = 12$$

$$I_y = m \cdot \frac{14}{9}$$

17. $y = \sqrt{x^2+1}$; $x = f(y)$

$y_1 = 1$; $y_2 = 5$

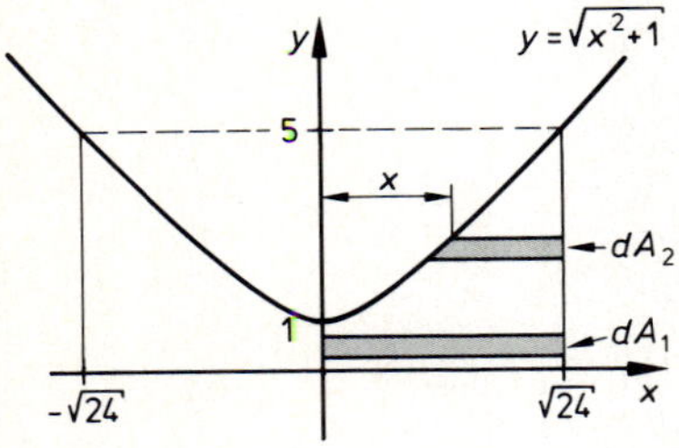

1) x-Achse ist Bezugsachse

$$I_x = 2\tau \cdot \int_{A_1} y^2 \cdot dA_1 + 2\tau \cdot \int_{A_2} y^2 \cdot dA_2$$

$$dA_1 = \sqrt{24} \cdot dy$$

$$dA_2 = (\sqrt{24} - x)\,dy$$

$$= (\sqrt{24} - \sqrt{y^2-1})\,dy$$

$$I_x = 2\tau \cdot \sqrt{24} \int_0^1 y^2\,dy + 2\tau \cdot \int_1^5 y^2 (\sqrt{24} - \sqrt{y^2-1})\,dy$$

$\int x^2 \sqrt{x^2-a^2}\,dx$

▶ Kap. 2.5, Aufg. 76

$$= 2\tau \cdot \sqrt{24} \int_0^1 y^2\,dy + 2\tau \cdot \sqrt{24} \int_1^5 y^2\,dy -$$

$$-2\tau \cdot \int_1^5 y^2 \cdot \sqrt{y^2-1}\,dy$$

$\int \sqrt{x^2-a^2}\,dx$

▶ Kap. 2.4, Band 4

$$= \frac{2\tau \cdot \sqrt{24}}{3} \Big[y^3 \Big]_0^5 - 2\tau \cdot \left[\frac{y}{4} (y^2-1)^{\frac{3}{2}} \right]_1^5 -$$

$$-2\tau \cdot \frac{1}{4} \int_1^5 \sqrt{y^2-1}\,dy$$

$$= \frac{250}{3} \sqrt{24} \cdot \tau - \frac{5}{2} \cdot 24\sqrt{24} \cdot \tau$$

$$-\frac{1}{2} \cdot \tau \left[\frac{y}{2} \sqrt{y^2-1} - \frac{1}{2} \ln |y + \sqrt{y^2-1}| \right]_1^5$$

$\ln 1 = 0$; $\sqrt{24} = 2\sqrt{6}$

$$I_x = \tau \cdot \left[\sqrt{24} \left(\frac{250}{3} - 60 \right) - \frac{5}{4} \sqrt{24} + \right.$$

$$\left. + \frac{1}{4} \ln |5 + \sqrt{24}| - \frac{1}{4} \ln 1 \right]$$

$$= \tau \cdot \left[\frac{265}{6} \sqrt{6} + \frac{1}{4} \ln (5 + \sqrt{24}) \right]$$

$$A = \int_0^{\sqrt{24}} \sqrt{x^2+1}\,dx$$

$$= \left[\frac{x}{2}\sqrt{x^2+1} + \right.$$

$$\left. + \frac{1}{2}\ln|x+\sqrt{x^2+1}|\right]_0^{\sqrt{24}}$$

$$\approx 15{,}055$$

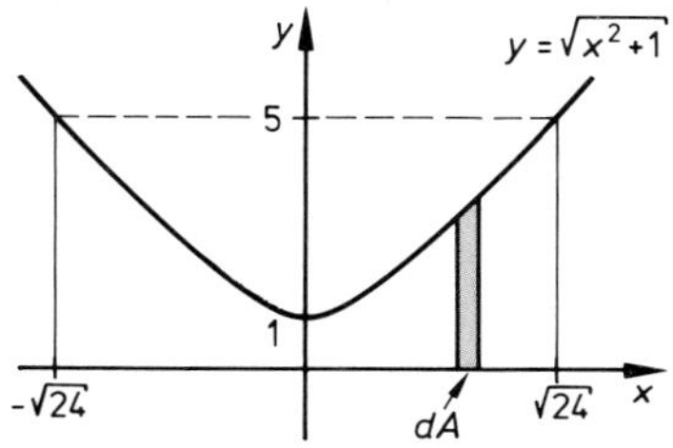

$$\int x^2\sqrt{x^2+a^2}\,dx$$

▶ Kap. 2.5, Aufg. 74

$$\int \sqrt{x^2+a^2}\,dx$$

▶ Kap. 2.4, Band 4

$$\sqrt{24} = 2\sqrt{6}$$

$$\ln 1 = 0$$

$$I_x = \tau \cdot \left[\frac{265}{6} \cdot 2{,}449 + \frac{1}{4}\ln 9{,}899\right]$$

$$= \tau \cdot 109 = \frac{m}{A} \cdot 109;\ A \approx 15{,}055$$

$$I_x = \underline{\underline{m \cdot 7{,}24}}$$

2) y-Achse ist Bezugsachse

$$I_y = 2\tau \cdot \int_A x^2 \cdot dA$$

$$dA = y \cdot dx$$

$$= \sqrt{x^2+1}\,dx$$

$$I_y = 2\tau \int_0^{\sqrt{24}} x^2 \cdot \sqrt{x^2+1}\,dx$$

$$= 2\tau\left[\frac{x}{4}(x^2+1)^{\frac{3}{2}}\right]_0^{\sqrt{24}} - \frac{1}{2}\tau \int_0^{\sqrt{24}} x^0 \cdot \sqrt{x^2+1}\,dx$$

$$= \left[\frac{x}{2}\tau(x^2+1)^{\frac{3}{2}}\right]_0^{\sqrt{24}} - \frac{1}{2}\tau \int_0^{\sqrt{24}} \sqrt{x^2+1}\,dx$$

$$= \sqrt{6} \cdot 25\sqrt{25} \cdot \tau -$$

$$- \frac{1}{2}\tau \cdot \left[\frac{x}{2}\sqrt{x^2+1} + \frac{1}{2}\ln|x+\sqrt{x^2+1}|\right]_0^{\sqrt{24}}$$

$$= \tau \cdot \left(125\sqrt{6} - \frac{1}{2}\sqrt{6}\sqrt{25} - \frac{1}{4}\ln|\sqrt{24}+\sqrt{25}| + \right.$$

$$\left. + 0 + \frac{1}{4}\ln|\sqrt{1}|\right)$$

$$= \tau \cdot \left[125\sqrt{6} - \frac{5}{2}\sqrt{6} - \frac{1}{4}\ln(\sqrt{24}+5)\right]$$

$$= \tau \cdot \left[\frac{245}{2}\sqrt{6} - \frac{1}{4}\ln(\sqrt{24}+5)\right]$$

$$I_y \approx \tau \cdot \left(\frac{245}{2} \cdot 2{,}449 - \frac{1}{4} \ln 9{,}899\right)$$

$$= \tau \cdot 299{,}2 = \frac{m}{A} \cdot 299{,}2; \; A \approx 15{,}055$$

$$I_y = m \cdot 19{,}874$$

18. $f(x) = \frac{2}{3}\sqrt{9-x^2} = y$

$x_1 = -3; \quad x_2 = 3$

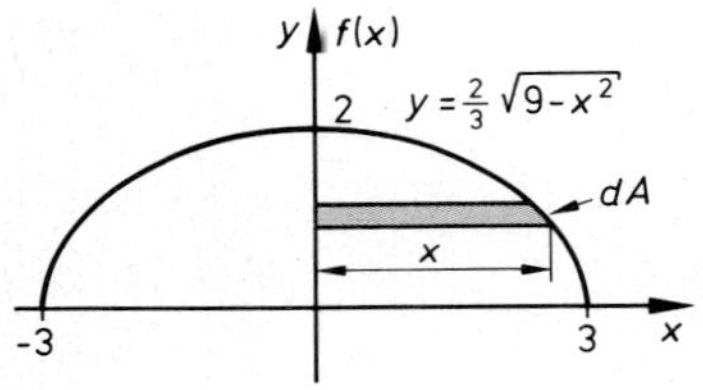

$A = \frac{1}{2}\, ab\pi = \frac{1}{2} \cdot 3 \cdot 2 \cdot \pi = 3\pi$

$\int x^2 \cdot \sqrt{a^2 - x^2}\, dx$

▶ Kap. 2.5, Aufg. 75

$\int \sqrt{a^2 - x^2}\, dx$

▶ Kap. 2.4, Band 4

Arcsin $0 = 0$; Arcsin $1 = \frac{\pi}{2}$

1) x-Achse ist Bezugsachse

$$I_x = 2\tau \cdot \int_A y^2\, dA$$

$$dA = x \cdot dy$$

$$= \frac{3}{2}\sqrt{4-y^2}\, dy$$

$$I_x = 3\tau \cdot \int_0^2 y^2 \cdot \sqrt{4-y^2}\, dy$$

$$= \tau \cdot \left[-\frac{3y}{4}(4-y^2)^{\frac{3}{2}}\right]_0^2 + 3\tau \cdot \int_0^2 \sqrt{4-y^2}\, dy$$

$$= 0 + 3\tau \cdot \left[\frac{y}{2}\sqrt{4-y^2} + 2 \text{ Arcsin } \frac{x}{2}\right]_0^2$$

$$= \tau \cdot 6 \text{ Arcsin } 1$$

$$= \tau \cdot 3\pi = \frac{m}{A} \cdot 3\pi; \; A = 3\pi$$

$$I_x = m \cdot 1$$

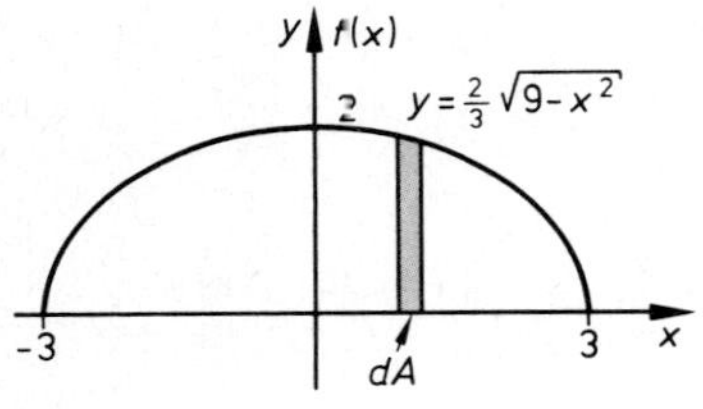

2) y-Achse ist Bezugsachse

$$I_y = 2\tau \cdot \int_A x^2\, dA$$

$$dA = y \cdot dx$$

$$= \frac{2}{3}\sqrt{9-x^2}\, dx$$

Man benutzt die gleichen Integralformeln wie oben.

$$I_y = \frac{4}{3}\tau\cdot\int_0^3 x^2\cdot\sqrt{9-x^2}\,dx$$

$$= \tau\cdot\left[-\frac{x}{3}(9-x^2)^{\frac{3}{2}}\right]_0^3 + 3\tau\cdot\int_0^3\sqrt{9-x^2}\,dx$$

$$= 0+3\tau\cdot\left[\frac{x}{2}\sqrt{9-x^2}+\frac{9}{2}\text{ Arcsin }\frac{x}{3}\right]_0^3$$

$$= \tau\cdot\frac{27}{2}\text{ Arcsin } 1$$

$$= \tau\cdot\frac{27}{4}\pi = \frac{m}{A}\cdot\frac{27}{4}\pi;\quad A=3\pi$$

$$\underline{\underline{I_y = m\cdot\frac{9}{4}}}$$

19. $f(x)=\sin x=y$

$x_1=0;\quad x_2=\pi$

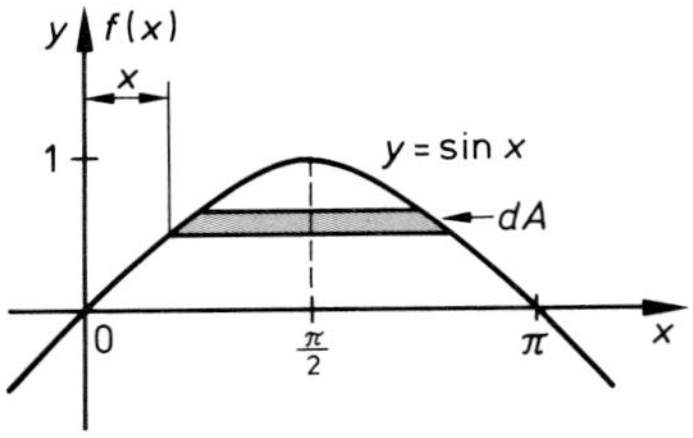

$$A=\int_0^\pi \sin x\,dx$$

$$=[\cos x]_0^\pi=2$$

1) x-Achse ist Bezugsachse

$$I_x=\tau\int_A y^2\,dA$$

$$dA=2\cdot\left(\frac{\pi}{2}-x\right)dy$$

$$=2\left(\frac{\pi}{2}-\text{Arcsin } y\right)dy$$

$$I_x=\tau\cdot\int_0^1 y^2\cdot 2\left(\frac{\pi}{2}-\text{Arcsin } y\right)dy$$

$$=\pi\tau\cdot\int_0^1 y^2\cdot dy-2\tau\cdot\int_0^1 y^2\cdot\text{Arcsin } y\,dy$$

$$= \qquad I_1 \qquad - \qquad I_2$$

$$I_1=\pi\tau\cdot\left[\frac{1}{3}y^3\right]_0^1$$

$$=\tau\cdot\frac{\pi}{3}$$

3.10

Das zu I_2 gehörige unbestimmte Integral wird zunächst partiell integriert.

$$\int y^2 \cdot \operatorname{Arcsin} y \, dy = \int \underbrace{\operatorname{Arcsin} y}_{u_1} \cdot \underbrace{y^2 \, dy}_{dv_1}$$

$$= \frac{y^3}{3} \operatorname{Arcsin} y - \frac{1}{3} \int \frac{y^3}{\sqrt{1-y^2}} \, dy$$

$$= \frac{y^3}{3} \operatorname{Arcsin} y - \frac{1}{3} \int \underset{\substack{\downarrow \\ u_2}}{y^2} \cdot \underset{dv_2}{\frac{y \, dy}{\sqrt{1-y^2}}}$$

$$= \frac{y^3}{3} \operatorname{Arcsin} y + \frac{1}{3} y^2 \cdot \sqrt{1-y^2} - \frac{2}{3} \int \sqrt{1-y^2} \cdot y \, dy$$

$$= \frac{y^3}{3} \operatorname{Arcsin} y + \frac{y^2}{3} \sqrt{1-y^2} + \frac{2}{9} (1-y^2) \sqrt{1-y^2} + c$$

$$= \underline{\frac{1}{9} \sqrt{1-y^2} \, (y^2+2) + \frac{y^3}{3} \operatorname{Arcsin} y + c}$$

$$I_2 = 2\tau \cdot \left[\frac{1}{9} \sqrt{1-y^2} \, (y^2+2) + \frac{y^3}{3} \operatorname{Arcsin} y \right]_0^1$$

$\operatorname{Arcsin} 0 = 0; \quad \operatorname{Arcsin} 1 = \frac{\pi}{2}$

$$= \tau \cdot \left(\frac{2}{3} \operatorname{Arcsin} 1 + \frac{4}{9} \right)$$

$$= \underline{2\tau \cdot \left(\frac{\pi}{6} - \frac{2}{9} \right)}$$

$$I_x = I_1 - I_2$$

$$= \tau \cdot \frac{\pi}{3} - 2\tau \left(\frac{\pi}{6} - \frac{2}{9} \right); \quad \tau = \frac{m}{A} = \frac{m}{2}$$

$$= \underline{\underline{\tau \cdot \frac{4}{9} = m \cdot \frac{2}{9}}}$$

2) y-Achse ist Bezugsachse

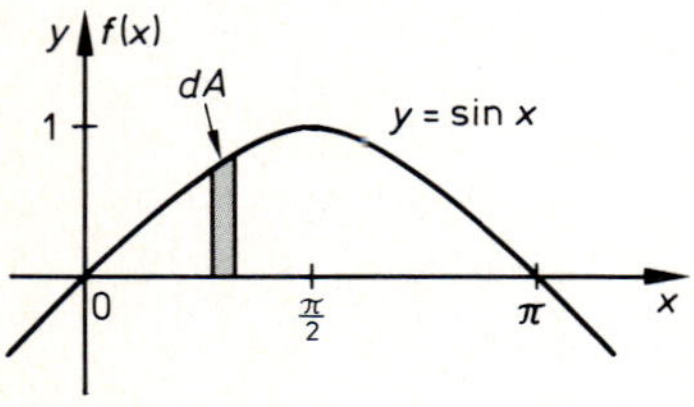

$$I_y = \tau \cdot \int_A x^2 \, dA$$

$$dA = y \cdot dx$$

$$= \sin x \cdot dx$$

$$I_y = \tau \cdot \int_0^{\pi} x^2 \cdot \sin x \, dx$$

Das zugehörige unbestimmte Integral wird durch partielle Integration gelöst.

$$\int \underset{\underset{u_1}{\downarrow}}{x^2} \cdot \underbrace{\sin x \, dx}_{dv_1} = -x^2 \cdot \cos x + 2 \int \underset{\underset{u_2}{\downarrow}}{x} \cdot \underbrace{\cos x \, dx}_{dv_2}$$

$$= -x^2 \cdot \cos x + 2x \cdot \sin x - 2 \int \sin x \, dx$$

$$= -x^2 \cdot \cos x + 2x \cdot \sin x + 2 \cos x + c$$

$$\hat{=} \cos x \cdot (2 - x^2) + 2x \cdot \sin x + c$$

$$I_y = \tau \cdot [\cos x \cdot (2 - x^2) + 2x \cdot \sin x]_0^{\pi}$$

$$= \tau \cdot (-1 \cdot (2 - \pi^2) + 0 - 1 \cdot 2 - 0)$$

$$= \tau \cdot (\pi^2 - 4) = \frac{m}{A} \cdot (\pi^2 - 4); \; A = 2$$

$$I_y = m \cdot \left(\frac{\pi^2}{2} - 2\right)$$

20. $y = e^x; \quad x = f(y)$

$y_1 = 1; \quad y_2 = 9$

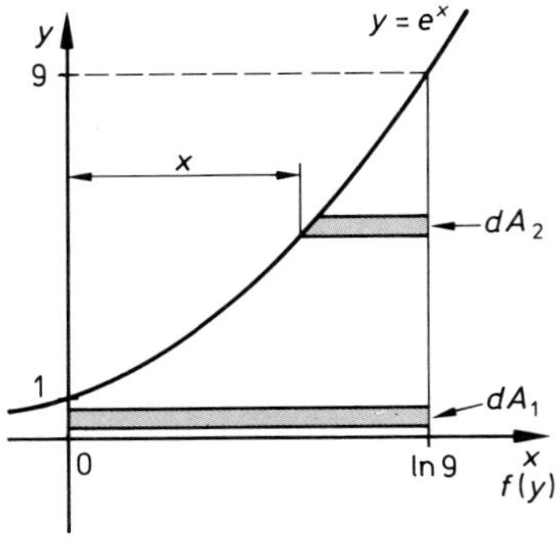

$$A = \int_0^{\ln 9} e^x \, dx$$

$$= [e^x]_0^{\ln 9}$$

$$= e^{\ln 9} - e^0 = 8$$

1) x-Achse ist Bezugsachse

$$I_x = \tau \cdot \int_{A_1} y^2 \cdot dA_1 + \tau \cdot \int_{A_2} y^2 \cdot dA_2$$

$$dA_1 = \ln 9 \cdot dy$$

$$dA_2 = (\ln 9 - x)\, dy$$

$$= (\ln 9 - \ln y)\, dy$$

$$I_x = \tau \cdot \int_0^1 y^2 \cdot \ln 9 \, dy + \tau \cdot \int_1^9 y^2 \cdot (\ln 9 - \ln y)\, dy$$

$$= \ln 9 \tau \cdot \int_0^1 y^2 \, dy + \ln 9 \tau \cdot \int_1^9 y^2 \, dy - \tau \cdot \int_1^9 y^2 \cdot \ln y \, dy$$

$$= \ln 9 \tau \cdot \int_0^9 y^2 \, dy - \tau \cdot \int_1^9 y^2 \cdot \ln y \, dy$$

$$= \quad I_1 \quad - \quad I_2$$

3.10

$$I_1 = \ln 9\tau \cdot \left[\frac{y^3}{3}\right]_0^9$$

$$= \underline{\tau \cdot 243 \cdot \ln 9}$$

Das zu I_2 gehörende unbestimmte Integral wird durch partielle Integration gelöst.

$$\int y^2 \cdot \ln y \cdot \mathrm{d}y = \int \underbrace{\ln y}_{u} \cdot \underbrace{y^2\,\mathrm{d}y}_{\mathrm{d}v}$$

$$= \frac{1}{3} y^3 \cdot \ln y - \frac{1}{3} \int y^3 \cdot \frac{\mathrm{d}y}{y}$$

$$= \frac{1}{3} y^3 \cdot \ln y - \frac{1}{9} y^3 + c$$

$$= \frac{1}{9} y^3 (3 \ln y - 1) + c$$

$$I_2 = \tau \cdot \left[\frac{1}{9} y^3 (3 \ln y - 1)\right]_1^9$$

$$= \tau \cdot \left[81(2 \ln 9 - 1) - \frac{1}{9}(3 \ln 1 - 1)\right]$$

$$= \tau \cdot \left(243 \ln 9 - 81 + \frac{1}{9}\right)$$

$$= \underline{\tau \cdot \left(243 \cdot \ln 9 - \frac{728}{9}\right)}$$

$$I_x = I_1 - I_2$$

$$= \tau \cdot 243 \cdot \ln 9 - \tau \cdot \left(243 \cdot \ln 9 - \frac{728}{9}\right)$$

$$= \tau \cdot \frac{728}{9} = \frac{m}{A} \cdot \frac{728}{9}; \quad A = 8$$

$$I_x = \underline{\underline{m \cdot \frac{91}{9}}}$$

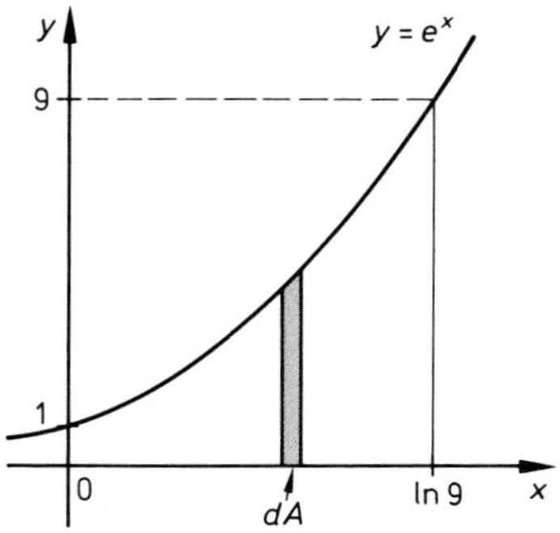

2) y-Achse ist Bezugsachse

$$I_y = \tau \cdot \int_A x^2 \, dA$$

$$dA = y \cdot dx$$

$$= e^x \cdot dx$$

$$I_y = \tau \cdot \int_0^{\ln 9} x^2 \cdot e^x \, dx$$

Das zugehörige unbestimmte Integral wird durch partielle Integration gelöst.

$$\int \underset{\substack{\downarrow \\ u_1}}{x^2} \cdot \underbrace{e^x \, dx}_{dv_1} = x^2 \cdot e^x - 2 \int \underset{\substack{\downarrow \\ u_2}}{x} \cdot \underbrace{e^x \, dx}_{dv_2}$$

$$= x^2 \cdot e^x - 2xe^x + 2 \int e^x \cdot dx$$

$$= x^2 \cdot e^x - 2xe^x + 2e^x + c$$

$$= \underline{e^x(x^2 - 2x + 2) + c}$$

$e^{\ln 9} = 9$

$$I_y = \tau \cdot [e^x(x^2 - 2x + 2)]_0^{\ln 9}$$

$$= \tau \cdot [9(\ln^2 9 - 2 \ln 9 + 2) - 2]$$

$$= \tau \cdot [9 \ln 9 (\ln 9 - 2) + 16]$$

$$\approx \tau \cdot 19{,}9 \approx \frac{m}{A} \cdot 19{,}9; \quad A = 8$$

$$\approx \underline{\underline{m \cdot 2{,}488}}$$

- Körperförmige Massen

21. Hohlzylinder

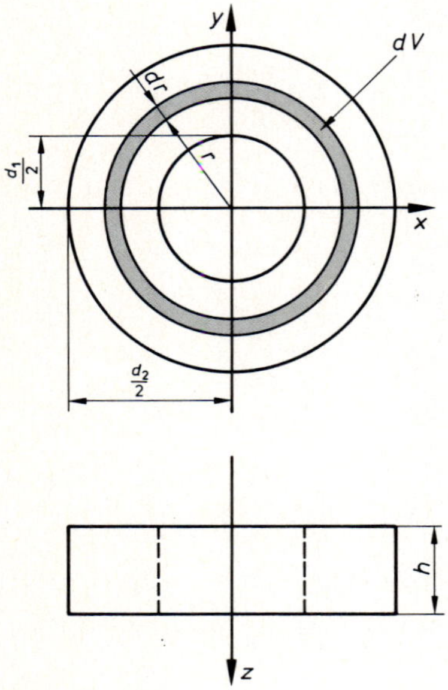

$$I_z = \varrho \cdot \int_V (x^2+y^2)\,\mathrm{d}V; \quad \mathrm{d}V = 2r\pi \cdot h \cdot \mathrm{d}r$$
$$x^2+y^2=r^2$$

$$= \varrho \cdot \int_V r^2\,\mathrm{d}V$$

$$= \varrho \cdot \int_{\frac{d_1}{2}}^{\frac{d_2}{2}} r^2 \cdot 2r\pi \cdot h\,\mathrm{d}r$$

$$= 2\pi h\varrho \cdot \int_{\frac{d_1}{2}}^{\frac{d_2}{2}} r^3\,\mathrm{d}r$$

$$= 2\pi h\varrho \cdot \left[\frac{r^4}{4}\right]_{\frac{d_1}{2}}^{\frac{d_2}{2}}$$

$$= \frac{\pi h\varrho}{2} \cdot \left(\frac{d_2^4}{16} - \frac{d_1^4}{16}\right)$$

$$= \frac{\pi h\varrho}{32} \cdot (d_2^4 - d_1^4)$$

$$\blacktriangleright\ \varrho = \frac{m}{V} \quad \blacktriangleright\ V = \frac{\pi h}{4}\,(d_2^2 - d_1^2)$$

$$I_z = m \cdot \frac{d_2^2 + d_1^2}{8}$$

22. zylindrischer Kreisring

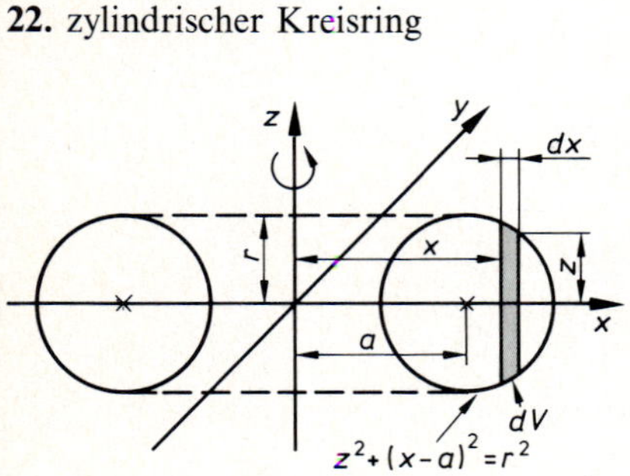

$$I_z = \varrho \cdot \int_V (x^2+y^2)\,\mathrm{d}V; \quad x^2+y^2=r^2; \quad r^2=x^2$$

$$= \varrho \cdot \int_V x^2\,\mathrm{d}V$$

$$\mathrm{d}V = 2\pi x \cdot 2z \cdot \mathrm{d}x$$

$$= 4\pi x\sqrt{r^2-(x-a)^2}\,\mathrm{d}x$$

$$I_z = 4\pi\varrho \cdot \int_{a-r}^{a+r} x^3\sqrt{r^2-(x-a)^2}\,\mathrm{d}x$$

Zur Lösung des zugehörigen unbestimmten Integrals führt man zunächst eine Substitution durch.

$x-a=t;\quad dx=dt$

$x=t+a$

$V=2\pi^2ar^2$ ▶ zylindr. Kreisring

$\varrho=\frac{m}{V}=\frac{m}{2\pi^2ar^2}$

$$\int x^3\sqrt{r^2-(x-a)^2}\,dx=$$

$$=\int(t+a)^3\cdot\sqrt{r^2-t^2}\,dt$$

$$=\int(t^3+3t^2a+3ta^2+a^3)\sqrt{r^2-t^2}\,dt$$

$$=\int t^3\sqrt{r^2-t^2}\,dt+3a\int t^2\sqrt{r^2-t^2}\,dt+$$

$$+3a^2\int t\sqrt{r^2-t^2}\,dt+a^3\int\sqrt{r^2-t^2}\,dt$$

$$=I_1+I_2+I_3+I_4$$

Substitution:

$r^2-t^2=u^2;\quad dt=-\frac{u}{t}\,du$

$t^2=r^2-u^2$

$$I_1=\int t^3\sqrt{r^2-t^2}\,dt$$

$$=-\int t^3\sqrt{u^2}\,\frac{u}{t}\,du$$

$$=-\int(r^2-u^2)u^2\,du$$

$$=-r^2\int u^2\,du+\int u^4\,du$$

$$=-\frac{r^2u^3}{3}+\frac{u^5}{5}+c_1$$

$$=-\frac{r^2}{3}\sqrt{(r^2-t^2)^3}+\frac{1}{5}\sqrt{(r^2-t^2)^5}+c_1$$

$$=-\frac{r^2}{3}\sqrt{[r^2-(x-a)^2]^3}+\frac{1}{5}\sqrt{[r^2-(x-a)^2]^5}+c_1$$

$\int x^2\sqrt{a^2-x^2}\,dx$

▶ Kap. 2.5., Aufg. 75

$\int\sqrt{a^2-x^2}\,dx$

▶ Kap. 2.4, Band 4

$$I_2=3a\int t^2\sqrt{r^2-t^2}\,dt$$

$$=3a\left[-\frac{t}{4}(r^2-t^2)^{\frac{3}{2}}+\frac{r^2}{4}\int\sqrt{r^2-t^2}\,dt\right]$$

$$=3a\left[-\frac{t}{4}(r^2-t^2)\sqrt{r^2-t^2}+\frac{r^2}{8}\,t\sqrt{r^2-t^2}+\right.$$

$$\left.+\frac{r^4}{8}\,\mathrm{Arcsin}\,\frac{t}{r}\right]+c_2$$

3.10

$$I_2=\frac{3a}{8}\left[t\sqrt{r^2-t^2}\,(2t^2-r^2)+r^4\cdot\text{Arcsin}\,\frac{t}{r}\right]+c_2$$

$$=\frac{3a}{8}\left[(x-a)\sqrt{r^2-(x-a)^2}\,[2(x-a)^2-r^2]+\right.$$

$$\left.+r^4\cdot\text{Arcsin}\,\frac{x-a}{r}\right]+c_2$$

Substitution:

$r^2-t^2=v;\quad \mathrm{d}t=-\dfrac{\mathrm{d}v}{2t}$

$$I_3=3a^2\int t\sqrt{r^2-t^2}\,\mathrm{d}t$$

$$=-\frac{3a^2}{2}\int\sqrt{v}\,\mathrm{d}v$$

$$=-a^2v^{\frac{3}{2}}+c_3$$

$$=-a^2\sqrt{(r^2-t^2)^3}+c_3$$

$$=-a^2\sqrt{[r^2-(x-a)^2]^3}+c_3$$

$\int\sqrt{a^2-x^2}\,\mathrm{d}x$ ▶ Kap. 2.4, Band 4

$$I_4=a^3\int\sqrt{r^2-t^2}\,\mathrm{d}t$$

$$=a^3\left[\frac{t}{2}\sqrt{r^2-t^2}+\frac{r^2}{2}\,\text{Arcsin}\,\frac{t}{r}\right]+c_4$$

$$=\frac{a^3}{2}\left[(x-a)\sqrt{r^2-(x-a)^2}+r^2\cdot\text{Arcsin}\,\frac{x-a}{r}\right]+c_4$$

Nun läßt sich I_z angeben.

$$I_z=4\pi\varrho\,[I_1+I_2+I_3+I_4]_{a-r}^{a+r}$$

$$=4\pi\varrho\,[I_1]_{a-r}^{a+r}+4\pi\varrho\,[I_2]_{a-r}^{a+r}+4\pi\varrho\,[I_3]_{a-r}^{a+r}+4\pi\varrho\,[I_4]_{a-r}^{a+r}$$

$$=4\pi\varrho\left[-\frac{r^2}{3}\sqrt{[r^2-(x-a)^2]^3}+\frac{1}{5}\sqrt{[r^2-(x-a)^2]^5}\right]_{a-r}^{a+r}$$

$$+\frac{3a\pi\varrho}{2}\left[(x-a)\sqrt{r^2-(x-a)^2}\,[2(x-a)^2-r^2]+r^4\cdot\text{Arcsin}\,\frac{x-a}{r}\right]_{a-r}^{a+r}-$$

$$-4\pi\varrho a^2\left[\sqrt{[r^2-(x-a)^2]^3}\right]_{a-r}^{a+r}+2\pi\varrho a^3\left[(x-a)\sqrt{r^2-(x-a)^2}+r^2\cdot\text{Arcsin}\,\frac{x-a}{r}\right]_{a-r}^{a+r}$$

$$=0+\frac{3a\pi\varrho}{2}\,[0+r^4\cdot\text{Arcsin}\,1-0-r^4\cdot\text{Arcsin}\,(-1)]-$$

$$-0+2\pi\varrho a^3\,[0+r^2\cdot\text{Arcsin}\,1-0-r^2\cdot\text{Arcsin}\,(-1)]$$

$$I_z = \frac{3a\pi\varrho}{2}\left[r^4 \cdot \frac{\pi}{2} - r^4 \cdot \left(-\frac{\pi}{2}\right)\right] + 2\pi\varrho a^3\left[r^2 \cdot \frac{\pi}{2} - r^2 \cdot \left(-\frac{\pi}{2}\right)\right]$$

$$= \frac{3}{2}\, a\pi^2 r^4 \varrho + 2\pi^2 r^2 a^3 \varrho$$

$$= \frac{a}{2}\, \pi^2 r^2 \varrho (3r^2 + 4a^2) \Rightarrow I_z = \frac{a\pi^2 r^2 m}{2 \cdot 2\pi^2 a r^2}(3r^2 + 4a^2) = m \cdot \frac{3r^2 + 4a^2}{4}$$

23. Kugelausschnitt

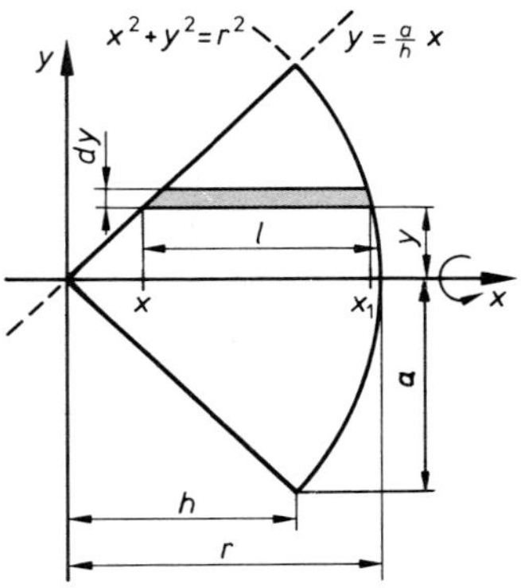

$$x = \frac{h}{a}y; \quad x_1 = \sqrt{r^2 - y^2}$$

$$l = x_1 - x = \sqrt{r^2 - y^2} - \frac{h}{a}y$$

Für I_1 wird zunächst das zugehörige unbestimmte Integral ermittelt, welches genau dem Integral I_1 der vorangegangenen Aufgabe 22 entspricht (jedoch dort t statt y).

$$a^2 = r^2 - h^2 \Rightarrow r^2 - a^2 = h^2$$

$$I_x = \varrho \cdot \int_V (y^2 + z^2)\,\mathrm{d}V; \; y^2 + z^2 = r^2; \; r = y$$

$$= \varrho \cdot \int_V y^2\,\mathrm{d}V$$

$$\mathrm{d}V = 2\pi y \cdot l \cdot \mathrm{d}y$$

$$= 2\pi y\left(\sqrt{r^2 - y^2} - \frac{h}{a}y\right)\mathrm{d}y$$

$$I_x = \varrho \cdot \int_0^a y^2 \cdot 2\pi y\left(\sqrt{r^2 - y^2} - \frac{h}{a}y\right)\mathrm{d}y$$

$$= 2\pi\varrho \cdot \int_0^a y^3\left(\sqrt{r^2 - y^2} - \frac{h}{a}y\right)\mathrm{d}y$$

$$= 2\pi\varrho \cdot \int_0^a y^3 \cdot \sqrt{r^2 - y^2}\,\mathrm{d}y - \frac{2\pi\varrho \cdot h}{a}\int_0^a y^4\,\mathrm{d}y$$

$$= \qquad I_1 \qquad - \qquad I_2$$

$$\int y^3 \sqrt{r^2 - y^2}\,\mathrm{d}y =$$

$$= -\frac{r^2}{3}\sqrt{(r^2 - y^2)^3} + \frac{1}{5}\sqrt{(r^2 - y^2)^5} + c$$

$$I_1 = 2\pi\varrho\left[-\frac{r^2}{3}\sqrt{(r^2 - y^2)^3} + \frac{1}{5}\sqrt{(r^2 - y^2)^5}\right]_0^a$$

$$= 2\pi\varrho\left[-\frac{r^2}{3}\sqrt{(r^2 - a^2)^3} + \frac{1}{5}\sqrt{(r^2 - a^2)^5} + \right.$$

$$\left. + \frac{r^2}{3} \cdot \sqrt{r^6} - \frac{1}{5}\sqrt{r^{10}}\right]$$

$$I_1 = 2\pi\varrho\left[-\frac{r^2}{3}h^3 + \frac{1}{5}h^5 + \frac{r^2}{3}r^3 - \frac{1}{5}r^5\right]$$

$$= 2\pi\varrho\left[\frac{r^2}{3}(r^3 - h^3) - \frac{1}{5}(r^5 - h^5)\right]$$

$$I_2 = \frac{2\pi\varrho h}{a}\int_0^a y^4\,\mathrm{d}y$$

$$= \frac{2\pi\varrho h}{a}\cdot\left[\frac{y^5}{5}\right]_0^a$$

$$= \frac{2}{5}\pi\varrho h a^4$$

$$= \frac{2}{5}\pi\varrho h(r^2 - h^2)^2$$

$$I_x = I_1 - I_2$$

$$= 2\pi\varrho\left[\frac{r^2}{3}(r^3 - h^3) - \frac{1}{5}(r^5 - h^5) - \frac{h}{5}(r^2 - h^2)^2\right]$$

$$V = \frac{2}{3}r^2\pi(r - h)$$

$$I_x = \frac{2\pi m}{V}\left[\frac{r^2}{3}(r^3 - h^3) - \frac{1}{5}(r^5 - h^5) - \frac{h}{5}(r^2 - h^2)^2\right]$$

24. Ellipsoid

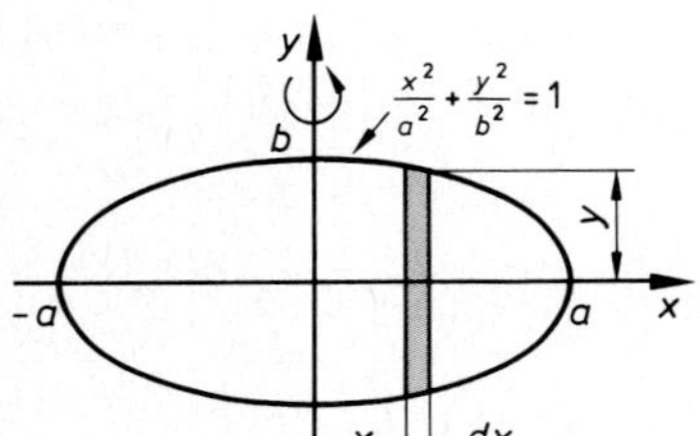

$$I_y = \varrho\cdot\int_V (x^2 + z^2)\,\mathrm{d}V;\quad x^2 + z^2 = r^2;\quad r = x$$

$$= \varrho\int_V x^2\,\mathrm{d}V$$

$$\mathrm{d}V = 2\pi x\cdot 2y\cdot\mathrm{d}x$$

$$= 2\pi x\cdot 2\sqrt{b^2 - \frac{b^2}{a^2}x^2}\,\mathrm{d}x$$

$$= 4\pi x\cdot\frac{b}{a}\sqrt{a^2 - x^2}\,\mathrm{d}x$$

$$I_y = \varrho\cdot\int_0^a x^2\cdot\frac{4\pi b}{a}x\sqrt{a^2 - x^2}\,\mathrm{d}x$$

Das zu I_y gehörende unbestimmte Integral entnimmt man dem Integral I_1 der vorangegangenen Aufgabe 22 oder 23.

$$I_y = \frac{4\pi b}{a}\varrho \cdot \int_0^a x^3 \sqrt{a^2 - x^2}\,dx$$

$$= \frac{4\pi b}{a}\varrho \cdot \left[-\frac{a^2}{3}\sqrt{(a^2-x^2)^3} + \frac{1}{5}\sqrt{(a^2-x^2)^5}\right]_0^a$$

$$= \frac{4\pi b}{a}\varrho \cdot \left[-0 + 0 + \frac{a^2}{3}\cdot\sqrt{a^6} - \frac{1}{5}\sqrt{a^{10}}\right]$$

$$= \frac{4\pi b}{a}\varrho \cdot \left[\frac{a^5}{3} - \frac{a^5}{5}\right]$$

$$V = 2\pi \int_0^a \frac{b^2}{a^2}(a^2 - x^2)\,dx = \frac{4}{3}\pi a b^2$$

$$= \frac{8\pi b a^4}{15}\cdot \varrho \Rightarrow I_y = \frac{8\pi b a^4}{15}\cdot\frac{m}{V};\quad V = \frac{4}{3}\pi a b^2$$

$$I_y = m \cdot \frac{2a^3}{5b}$$

25. $f(x) = x\sqrt{x} = y; \quad y^2 = x^3$

$x_1 = 0; \quad x_2 = 3$

Man benutzt die in Kap. 3.10, Band 4 hergeleiteten Formeln für I_x für einen Rotationskörper, der durch den Graphen einer Funktion erzeugt wird.

$$I_x = \frac{m}{2}\cdot\frac{\int_{x_1}^{x_2} y^4\,dx}{\int_{x_1}^{x_2} y^2\,dx}$$

$$= \frac{m}{2}\cdot\frac{\int_0^3 x^6\,dx}{\int_0^3 x^3\,dx} = \frac{m}{2}\left[\frac{\frac{x^7}{7}}{\frac{x^4}{4}}\right]_0^3$$

$$I_x = m\cdot\frac{54}{7}$$

26. $f(x) = \ln|x| = y$

$x_1 = 1; \quad x_2 = 4$

I_x ▶ Kap. 3.10, Band 4
siehe Aufgabe 25

$$I_x = \frac{m}{2}\cdot\frac{\int_{x_1}^{x_2} y^4\,dx}{\int_{x_1}^{x_2} y^2\,dx}$$

3.10

Das zugehörige unbestimmte Integral wird durch wiederholte partielle Integration gelöst.

$$I_x = \frac{m}{2} \cdot \frac{\int_1^4 \ln^4 |x| \, dx}{\int_1^4 \ln^2 |x| \, dx}$$

$$\int \underbrace{\ln^4 |x|}_{u_1} \cdot \underset{\downarrow \atop dv_1}{dx} = x \cdot \ln^4 |x| - 4 \int \ln^3 |x| \, dx$$

$$\int \underbrace{\ln^3 |x|}_{u_2} \cdot \underset{\downarrow \atop dv_2}{dx} = x \cdot \ln^3 |x| - 3 \int \ln^2 |x| \, dx$$

$$\int \underbrace{\ln^2 |x|}_{u_3} \cdot \underset{\downarrow \atop dv_3}{dx} = x \cdot \ln^2 |x| - 2 \int \ln |x| \, dx$$

$$\int \underbrace{\ln |x|}_{u_4} \cdot \underset{\downarrow \atop dv_4}{dx} = x \cdot \ln |x| - \int dx$$

$$= x \cdot \ln |x| - x + c$$

$$\int_1^4 \ln^4 |x| \, dx =$$

$$= [x \cdot \ln^4 |x| - 4x \cdot \ln^3 |x| + 12x \cdot \ln^2 |x| -$$

$$- 24x \cdot \ln |x| + 24x]_1^4$$

$\ln 1 = 0$

$$= 4 \cdot \ln^4 4 - 16 \ln^3 4 + 48 \ln^2 4 - 96 \ln 4 +$$

$$+ 96 - 24$$

$\ln 4 \approx 1{,}38629$

$$\approx 14{,}773 - 42{,}627 + 92{,}246 - 133{,}084 + 72$$

$$\approx 3{,}308$$

$$\int_1^4 \ln^2 |x| \, dx = [x \ln^2 |x| - 2(x \ln |x| - x)]_1^4$$

$$= 2{,}6$$

$$I_x = \frac{m}{2} \cdot \frac{3{,}308}{2{,}6} = \underline{\underline{m \cdot 0{,}64}}$$

27. $f(x)=\sin x=y$

$x_1=0; \quad x_2=\pi$

I_x ▶ siehe Aufgabe 26

$\int \sin^m x \, dx$ ▶ Kap. 2.5, Band 4

$$I_x=\frac{m}{2}\cdot\frac{\int_{x_1}^{x_2} y^4 \, dx}{\int_{x_1}^{x_2} y^2 \, dx}$$

$$=\frac{m}{2}\cdot\frac{\int_0^{\pi} \sin^4 x \, dx}{\int_0^{\pi} \sin^2 x \, dx}$$

$$\int \sin^4 x \, dx=-\frac{1}{4}\sin^3 x\cdot\cos x+\frac{3}{4}\int \sin^2 x \, dx$$

$$=-\frac{1}{4}\sin^3 x\cdot\cos x-\frac{3}{8}\sin x\cdot\cos x+\frac{3}{8}\int dx$$

$$=\underline{-\frac{1}{4}\sin^3 x\cdot\cos x-\frac{3}{16}\sin 2x+\frac{3}{8}x+c}$$

$$\int_0^{\pi} \sin^4 x \, dx=\left[-\frac{1}{4}\sin^3 x\cdot\cos x-\frac{3}{16}\sin 2x+\frac{3}{8}x\right]_0^{\pi}$$

$$=\left[-0-0+\frac{3}{8}\pi+0+0-0\right]=\underline{\frac{3}{8}\pi}$$

$$\int_0^{\pi} \sin^2 x \, dx=\left[\frac{x}{2}-\frac{1}{4}\sin(2x)\right]_0^{\pi}$$

$$=\underline{\frac{\pi}{2}}$$

$$I_x=\frac{m}{2}\cdot\frac{\frac{3}{8}\pi}{\frac{1}{2}\pi}=\underline{\underline{m\cdot\frac{3}{8}}}$$

3.10

28. $f(x) = \tanh x = y$

$x_1 = 0; \quad x_2 = 2$

I_x ▶ Kap. 3.10, Band 4 Rotationskörper

Zur Berechnung des zugehörigen unbestimmten Integrals benutzt man zunächst die Beziehungen

$\tanh x = \dfrac{\sinh x}{\cosh x}$ und

$\sinh^2 x = \cosh^2 x - 1.$

$$I_x = \frac{m}{2} \cdot \frac{\int\limits_{x_1}^{x_2} y^4 \, dx}{\int\limits_{x_1}^{x_2} y^2 \, dx}$$

$$= \frac{m}{2} \cdot \frac{\int\limits_{0}^{2} \tanh^4 \, dx}{\int\limits_{0}^{2} \tanh^2 \, dx}$$

$$\int \tanh^4 x \cdot dx = \int \left(\frac{\sinh x}{\cosh x}\right)^4 dx$$

$$= \int \left(\frac{\sinh^2 x}{\cosh^2 x}\right)^2 dx$$

$$= \int \left(\frac{\cosh^2 x - 1}{\cosh^2 x}\right)^2 dx$$

$$= \int \left(1 - \frac{1}{\cosh^2 x}\right)^2 dx$$

$$= \int \left(1 - \frac{2}{\cosh^2 x} + \frac{1}{\cosh^4 x}\right) dx$$

$$= \int dx - 2 \int \frac{dx}{\cosh^2 x} + \int \frac{dx}{\cosh^4 x}$$

$$= F_1 + F_2 + F_3$$

$F_1 = \underline{x + c_1}$

$F_2 = \underline{-2 \tanh x + c_2}$

Partielle Integration:

$u = \dfrac{1}{\cosh^2 x} \Rightarrow du = -\dfrac{2 \sinh x}{\cosh^3 x} dx$

$\tanh x = \dfrac{\sinh x}{\cosh x}$

$\sinh^2 x = \cosh^2 x - 1$

$$F_3 = \int \frac{dx}{\cosh^4 x}$$

$$= \int \underbrace{\frac{1}{\cosh^2 x}}_{u} \cdot \underbrace{\frac{dx}{\cosh^2 x}}_{dv}$$

$$= \frac{1}{\cosh^2 x} \cdot \tanh x - \int \tanh x \cdot \frac{-2 \sinh x}{\cosh^3 x} dx$$

$$F_3 = \frac{\tanh x}{\cosh^2 x} + 2\int \frac{\sinh^2 x}{\cosh^4 x}\,dx$$

$$= \frac{\tanh x}{\cosh^2 x} + 2\int \frac{\cosh^2 x - 1}{\cosh^4 x}\,dx$$

$$= \frac{\tanh x}{\cosh^2 x} + 2\int \left(\frac{1}{\cosh^2 x} - \frac{1}{\cosh^4 x}\right)dx$$

$$= \frac{\tanh x}{\cosh^2 x} + 2\int \frac{dx}{\cosh^2 x} - 2\int \frac{dx}{\cosh^4 x}$$

$$= \frac{\tanh x}{\cosh^2 x} + 2\tanh x - 2 \cdot F_3 + c_3$$

$$3F_3 = \frac{\tanh x}{\cosh^2 x} + 2\tanh x + c_3$$

$c_4 = \frac{1}{3}c_3$

$$\underline{F_3 = \frac{1}{3} \cdot \frac{\tanh x}{\cosh^2 x} + \frac{2}{3}\tanh x + c_4}$$

$$\int \tanh^4 x \cdot dx = F_1 + F_2 + F_3$$

$$= x - 2\tanh x + \frac{2}{3}\tanh x +$$

$$+ \frac{1}{3} \cdot \frac{\tanh x}{\cosh^2 x} + c$$

$c = c_1 + c_2 + c_4$

$$= x - \frac{4}{3}\tanh x + \frac{1}{3} \cdot \frac{\tanh x}{\cosh^2 x} + c$$

$$\underline{= x - \frac{1}{3}\tanh x \left(4 - \frac{1}{\cosh^2 x}\right) + c}$$

$\tanh 0 = 0; \quad \cosh 0 = 1$

$\tanh 2 \approx 0{,}96403$

$\cosh 2 \approx 3{,}76220$

$$\int_0^2 \tanh^4 x\,dx = \left[x - \frac{1}{3}\tanh x\left(4 - \frac{1}{\cosh^2 x}\right)\right]_0^2$$

$$= \left[2 - \frac{1}{3}\tanh 2\left(4 - \frac{1}{\cosh^2 2}\right)\right]$$

$$\approx \underline{0{,}7373}$$

$$\int_0^2 \tanh^2 x\,dx = [x - \tanh x]_0^2 = \underline{1{,}036}$$

$$I_x = \frac{m}{2} \cdot \frac{0{,}7373}{1{,}036} = \underline{\underline{m \cdot 0{,}356}}$$

29. $f(x)=\sqrt{x^2-1}=y$

$x_1=-5; \quad x_2=5$

$\Rightarrow y_1=0; \quad y_2=\sqrt{24}$

Man entwickelt zunächst völlig analog wie in Kap. 3.10, Band 4, Rotationskörper, eine Formel für I_y bei Rotation um die y-Achse.

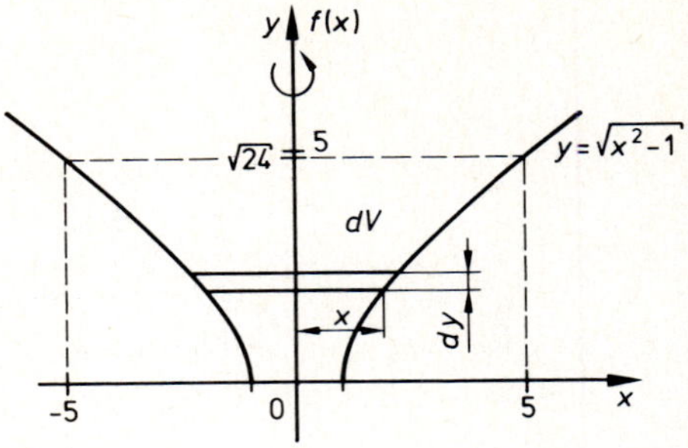

$$I_y=\frac{m}{2}\cdot\frac{\int_{y_1}^{y_2} x^4\,dy}{\int_{y_1}^{y_2} x^2\,dy}$$

$y=\sqrt{x^2-1}$

$\Rightarrow x^2=y^2+1$

$x^4=y^4+2y^2+1$

$$I_y=\frac{m}{2}\cdot\frac{\int_0^{\sqrt{24}} (y^4+2y^2+1)\,dy}{\int_0^{\sqrt{24}} (y^2+1)\,dy}$$

$$=\frac{m}{2}\cdot\frac{\left[\frac{1}{5}y^5+\frac{2}{3}y^3+y\right]_0^{\sqrt{24}}}{\left[\frac{1}{3}y^3+y\right]_0^{\sqrt{24}}}$$

$$=\frac{m}{2}\cdot\frac{\frac{1}{5}(\sqrt{24})^5-\frac{2}{3}(\sqrt{24})^3+\sqrt{24}}{\frac{1}{3}(\sqrt{24})^3+\sqrt{24}}$$

$$=\frac{m}{2}\cdot 14{,}69$$

$$I_y=\underline{\underline{m\cdot 7{,}344}}$$

30. $f(x)=x\cdot\sqrt{x}=y$

$x_1=0;\quad x_2=4$

$\Rightarrow y_1=0;\quad y_2=8$

Man benutzt die in der vorangegangenen Aufgabe 29 entwickelte Formel für I_y.

$$y=x\cdot\sqrt{x}\Rightarrow x=y^{\frac{2}{3}}$$

$$x^2=y^{\frac{4}{3}}$$

$$x^4=y^{\frac{8}{3}}$$

$$I_y=\frac{m}{2}\cdot\frac{\int\limits_{y_1}^{y_2}x^4\,dy}{\int\limits_{y_1}^{y_2}x^2\,dy}$$

$$=\frac{m}{2}\cdot\frac{\int\limits_0^8 y^{\frac{8}{3}}\cdot dy}{\int\limits_0^8 y^{\frac{4}{3}}\cdot dy}$$

$$=\frac{m}{2}\cdot\frac{\left[\frac{3}{11}\,y^{\frac{11}{3}}\right]_0^8}{\left[\frac{3}{7}\,y^{\frac{7}{3}}\right]_0^8}$$

$$=\frac{m}{2}\cdot\frac{3\cdot 7\cdot 2^{11}}{11\cdot 3\cdot 2^7}$$

$$=m\cdot\frac{7}{11}\cdot 2^3$$

$$\underline{\underline{I_y=m\cdot\frac{56}{11}}}$$

31. $f(x)=e^x\Rightarrow x=\ln y$

$x_1=0;\quad x_2=2$

$\Rightarrow y_1=1;\quad y_2=e^2$

Man benutzt die in der vorangegangenen Aufgabe 29 entwickelte Formel für I_y.

Das Integral $\int \ln^4 y\cdot dy$ entnimmt man der vorangegangenen Aufgabe 26 (jedoch hier y statt x).

$\ln e^2=2;\quad \ln 1=0$

$$I_y=\frac{m}{2}\cdot\frac{\int\limits_{y_1}^{y_2}x^4\,dy}{\int\limits_{y_1}^{y_2}x^2\,dy}$$

$$=\frac{m}{2}\cdot\frac{\int\limits_1^{e^2}\ln^4 y\,dy}{\int\limits_1^{e^2}\ln^2 y\,dy}$$

$$=\frac{m}{2}\cdot\frac{[y\ln^4 y-4y\ln^3 y+12y\ln^2 y-24y\ln y+24y]_1^{e^2}}{[y\ln^2 y-2y\ln y+2y]_1^{e^2}}$$

$$=\frac{m}{2}\cdot\frac{e^2\ln^4 e^2-4e^2\ln^3 e^2+12e^2\ln^2 e^2-24e^2\ln e^2+24e^2-24}{e^2\ln^2 e^2-2e^2\ln e^2+2e^2-2}$$

$$I_y = \frac{m}{2} \cdot \frac{16e^2 - 32e^2 + 48e^2 - 48e^2 - 24e^2 - 24}{4e^2 - 4e^2 + 2e^2 - 2}$$

$$= \frac{m}{2} \cdot \frac{4(e^2 - 3)}{e^2 - 1}$$

$$\underline{\underline{I_y \approx m \cdot 1{,}374}}$$

32. $f(x) = \cosh x = y$

$x_1 = -2; \quad x_2 = 2$

Der Körper existiert nur in der yz-Ebene, daher ist $I_{xy} = 0$.

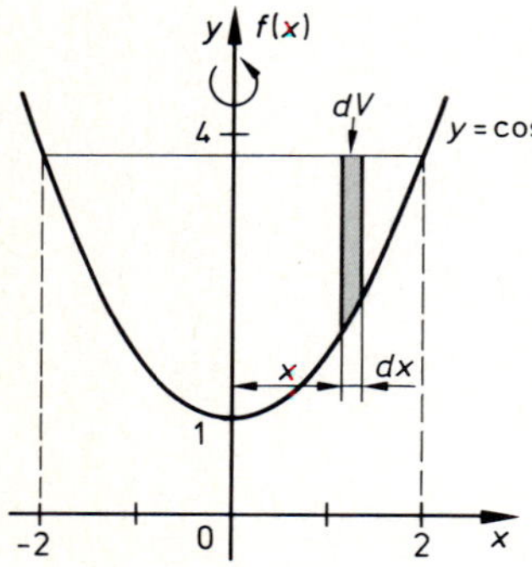

$$F_1 = \cosh 2 \int_0^2 x^3\,dx = 3{,}762 \left[\frac{x^4}{4}\right]_0^2$$

$$= \underline{15{,}048}$$

$$F_2 = \int \underset{\substack{\downarrow \\ u_1}}{x^3} \cdot \underbrace{\cosh x\,dx}_{dv_1}$$

$$= x^3 \cdot \sinh x - 3 \int \underset{\substack{\downarrow \\ u_2}}{x^2} \cdot \underbrace{\sinh x\,dx}_{dv_2}$$

$$= x^3 \cdot \sinh x - 3x^2 \cdot \cosh x +$$

$$+ 6 \int \underset{\substack{\downarrow \\ u_3}}{x} \cdot \underbrace{\cosh x\,dx}_{dv_3}$$

$$I_y = I_{xy} + I_{yz}; \quad I_{xy} = 0$$

$$= I_{yz} = \varrho \cdot \int_V x^2\,dV$$

$$dV = 2\pi x \cdot dx \cdot (\cosh 2 - y)$$

$$= 2\pi x \cdot dx \cdot (\cosh 2 - \cosh x)$$

$$= \varrho \cdot \int_0^2 x^2 \cdot 2\pi x \cdot dx \cdot (\cosh 2 - \cosh x)$$

$$= 2\pi\varrho \cdot \int_0^2 x^3 (\cosh 2 - \cosh x)\,dx$$

$$= 2\pi\varrho \cdot \left[\int_0^2 x^3 \cosh 2\,dx - \int_0^2 x^3 \cosh x\,dx\right]$$

$$= 2\pi\varrho \cdot \left[\qquad F_1 \qquad - \qquad F_2 \qquad\right]$$

$$F_2 = x^3 \cdot \sinh x - 3x^2 \cdot \cosh x + $$
$$+ 6x \cdot \sinh - 6 \int \sinh x \, \mathrm{d}x$$
$$= \sinh x \cdot (x^3 + 6x) -$$
$$- \cosh x \cdot (3x^2 + 6) + c$$
$$= [x(x^2+6) \sinh x -$$
$$- 3(x^2+2) \cosh x]_0^2$$
$$= 20 \sinh 2 - 18 \cosh 2 - 0 + 6$$
$$F_2 = \underline{10{,}818}$$

$$I_y = 2\pi\varrho \cdot (15{,}048 - 10{,}818)$$
$$= 2\pi\varrho \cdot 4{,}23$$
$$= 8{,}46\pi \cdot \varrho$$
$$I_y \approx \underline{\underline{26{,}58 \cdot \varrho}} \quad ▶ \varrho = \frac{m}{V}$$

4. Differentialgleichungen

4.1 Grundbegriffe

1. $y''=x\cdot e^x$

$$y''=(y')'=x\cdot e^x$$

$$\int x\cdot e^x\,dx=e^x(x-1)+c_1$$

$$y'=\int x\cdot e^x\,dx$$

$$y'=x\cdot e^x-e^x+c_1$$

$$y=\int x\cdot e^x\,dx-\int e^x\,dx+c_1\int dx$$

$$c_2-c_3+c_4=c$$

$$y=e^x(x-1)+c_2-e^x-c_3+c_1x+c_4$$

2. $y''-x=0$

$$y''=(y')'=x$$

$$y'=\int x\,dx=\frac{x^2}{2}+c_1$$

$$y=\int (y')\,dx=\frac{1}{2}\int x^2\,dx+c_1\int dx$$

$$c_2+c_3=c$$

$$y=\frac{1}{2\cdot 3}x^3+c_2+c_1x+c_3$$

$$y=\frac{1}{6}x^3+c_1x+c$$

3. $2y'-\cos x=0$

$$y'=\frac{1}{2}\cos x$$

$$y=\frac{1}{2}\int \cos x\,dx$$

$$y=\frac{1}{2}\sin x+c$$

4. $x\cdot y''=3y'$

$$x\cdot y''=3y' \quad \blacktriangleright\ y'=z;\quad y''=z'$$

$$z'=\frac{dz}{dx}$$

$$x\cdot z'=3z$$

$$x\cdot\frac{dz}{dx}=3z$$

$$\frac{dz}{z}=\frac{3\,dx}{x}$$

$$\int \frac{dz}{z} = 3 \int \frac{dx}{x}$$

$$\ln z = 3 \ln x$$

$$z = x^3 \quad \blacktriangleright z = y'$$

$$y' = x^3 \Rightarrow y = \int x^3\, dx = \underline{\underline{\frac{x^4}{4} + c}}$$

5. $y \cdot \ln x = x \cdot y'$

$$y \cdot \ln x = x \cdot \frac{dy}{dx}$$

$$\frac{\ln x}{x}\, dx = \frac{1}{y}\, dy$$

$$\int \frac{\ln x}{x}\, dx = \int \frac{1}{y}\, dy$$

$$\frac{1}{2} \ln^2 x = \ln y$$

$$y = \underline{\underline{e^{\frac{1}{2}\ln^2 x} + c}}$$

6. $y' \cdot y + y' + x = 0$

$$y'(y+1) = -x$$

$$\frac{dy}{dx}(y+1) = -x$$

$$\int (y+1)\, dy = -\int x\, dx$$

$$\frac{y^2}{2} + y = -\frac{x^2}{2} + c_1$$

$c_2 = 2c_1$

$$y^2 + 2y = -x^2 + c_2$$

$c = 1 + c_2$

$$y = -1 \pm \sqrt{1 - x^2 + c_2}$$

$$= \underline{\underline{-1 \pm \sqrt{c - x^2}}}$$

7. $y' - x^2 = 3e^x$

$$y' = 3e^x + x^2$$

$$\frac{dy}{dx} = 3e^x + x^2$$

$$dy = (3e^x + x^2)\, dx$$

$$\int dy = \int (3e^x + x^2)\,dx$$

$$\underline{\underline{y = 3e^x + \frac{1}{3}x^3 + c}}$$

8. $\sin x - e^x = y'$

$$\frac{dy}{dx} = \sin x - e^x$$

$$dy = (\sin x - e^x)\,dx$$

$$\int dy = \int (\sin x - e^x)\,dx$$

$$y = \underline{\underline{-\cos x - e^x + c}}$$

9. $y \cdot y' = x + 1$

$$y \cdot \frac{dy}{dx} = x + 1$$

$$y \cdot dy = (x+1) \cdot dx$$

$$\int y\,dy = \int (x+1)\,dx$$

$$\frac{y^2}{2} = \frac{x^2}{2} + x + c_1$$

$c = 2c_1$

$$y = \underline{\underline{\pm\sqrt{x^2 + 2x + c}}}$$

10. $y' \cdot y^2 = y' - x^2$

Die Lösung ist nicht nach y auflösbar, daher implizite Lösung.

$$y'(y^2 - 1) = -x^2$$

$$dy(y^2 - 1) = (-x^2)\,dx$$

$$\int (y^2 - 1)\,dy = -\int x^2\,dx$$

$$\underline{\underline{\frac{y^3}{3} - y = -\frac{x^3}{3} + c}}$$

11. $\frac{dy}{dx} - 3x = e^x$

$$\frac{dy}{dx} = e^x + 3x$$

$$\int dy = \int (e^x + 3x)\,dx$$

$$\underline{\underline{y = e^x + \frac{3}{2}x^2 + c}}$$

12. $y' - x^2 = x^2 - y'$

$$2y' = 2x^2 \quad \| :2$$

$$\frac{dy}{dx} = x^2$$

$$\int dy = \int x^2\, dx$$

$$\underline{\underline{y = \frac{x^3}{3} + c}}$$

13. $\dfrac{dy}{dx} + \cos x = 1$

$$dy = (1 - \cos x)\, dx$$

$$\int dy = \int (1 - \cos x)\, dx$$

$$y = \underline{\underline{x - \sin x + c}}$$

14. $y^3 \cdot y' = \sqrt{x^2 - 1}$

$$\int \sqrt{x^2 - a^2}\, dx =$$

$$= \frac{x}{2} \sqrt{x^2 - a^2} -$$

$$- \frac{a^2}{2} \ln |x + \sqrt{x^2 - a^2}|$$

$c = 4c_1$

$$y^3 \cdot \frac{dy}{dx} = \sqrt{x^2 - 1}$$

$$\int y^3 \cdot dy = \int \sqrt{x^2 - 1}\, dx$$

$$\frac{y^4}{4} = \frac{x}{2} \sqrt{x^2 - 1} - \frac{1}{2} \ln |x + \sqrt{x^2 - 1}| + c_1$$

$$y^4 = 2x\sqrt{x^2 - 1} - 2 \ln |x + \sqrt{x^2 - 1}| + c$$

$$\underline{\underline{y = \pm \sqrt[4]{2x\sqrt{x^2 - 1} - \ln (x + \sqrt{x^2 - 1})^2 + c}}}$$

15. $x^2 \cdot y' = x^4 - x^2$

Teilt man die Differentialgleichung durch x^2, so muß man zunächst $x \neq 0$ verlangen.

Betrachtet man die für $x \neq 0$ erhaltene Lösung der Differentialgleichung, so erkennt man, daß die Lösung auch für $x = 0$ die Differentialgleichung erfüllt und somit die allgemeine Lösung für alle x ist.

$$x \neq 0 \Rightarrow y' = x^2 - 1$$

$$\frac{dy}{dx} = x^2 - 1$$

$$dy = (x^2 - 1)\, dx$$

$$\int dy = \int (x^2 - 1)\, dx$$

$$\underline{\underline{y = \frac{x^3}{3} - x + c}}$$

16. $e^x \cdot y' = y$

Man erkennt leicht die partikuläre Lösung $y=0$.

Zur weiteren Behandlung sei $y \neq 0$ vorausgesetzt.

Partikuläre Lösung: $\underline{\underline{y=0}}$

$$y \neq 0 \Rightarrow y' \cdot \frac{1}{y} = e^{-x}$$

$$\frac{dy}{dx} \cdot \frac{1}{y} = e^{-x}$$

$$\int \frac{dy}{y} = \int e^{-x}\,dx$$

$$\ln|y| = -e^{-x} + c_1$$

$$e^{\ln|y|} = e^{-e^{-x}+c_1}$$

$$= e^{-(e^{-x})} \cdot e^{c_1}$$

$c = e^{c_1}$

$$y = \underline{\underline{c \cdot e^{-(e^{-x})}}}$$

Mit $c=0$ ist die partikuläre Lösung enthalten.

17. $y'' = 7x^3$

$$\frac{dy'}{dx} = 7x^3$$

$$\int dy' = 7\int x^3\,dx$$

$$y' = \frac{7}{4}x^4 + c_1$$

$$\frac{dy}{dx} = \frac{7}{4}x^4 + c_1$$

$$\int dy = \int \left(\frac{7}{4}x^4 + c_1\right) dx$$

$$y = \underline{\underline{\frac{7}{20}x^5 + c_1 x + c_2}}$$

18. $\frac{d^2y}{dx^2} = \sin x$

$$\frac{d^2y}{dx^2} = y'' = \sin x$$

$$\frac{dy'}{dx} = \sin x$$

$$\int dy' = \int \sin x\,dx$$

$$y' = -\cos x + c_1$$

$$\frac{dy}{dx} = -\cos x + c_1$$

$$\int dy = \int (-\cos x + c_1)\, dx$$

$$y = \underline{\underline{-\sin x + c_1 x + c_2}}$$

19. $3x - y'' = a$

$$y'' = 3x - a$$

$$\frac{dy'}{dx} = 3x - a$$

$$\int dy' = \int (3x - a)\, dx$$

$$y' = \frac{3}{2} x^2 - ax + c_1$$

$$\frac{dy}{dx} = \frac{3}{2} x^2 - ax + c_1$$

$$\int dy = \int \left(\frac{3}{2} x^2 - ax + c_1\right) dx$$

$$y = \underline{\underline{\frac{1}{2} x^3 - \frac{a}{2} x^2 + c_1 x + c_2}}$$

20. $y'' = y'$

Partikuläre Lösung:

Man erkennt als partikuläre Lösung sofort $y = a = \text{const.}$

$$\underline{\underline{y = a = \text{const.}}}$$

Zur weiteren Lösung betrachtet man nun nur noch Funktionen mit $y' \neq 0$, d.h. nichtkonstante Funktionen.

$$y' \neq 0 \Rightarrow y'' \cdot \frac{1}{y'} = 1$$

$$\frac{dy'}{dx} \cdot \frac{1}{y'} = 1$$

$$\frac{dy'}{y} = dx$$

$$\int \frac{dy'}{y'} = \int dx$$

$$\ln |y'| = x + c_1^*$$

$$e^{\ln |y'|} = e^{x + c_1^*}$$

$$= e^x \cdot e^{c_1^*}$$

$e^{c_1^*} = c_1$

$$y' = c_1 \cdot e^x$$

Offensichtlich ist mit $c_1 = c_2 = 0$ bzw. $c_1 = 0$ die obige partikuläre Lösung in der allgemeinen Lösung enthalten.

$$\frac{dy}{dx} = c_1 \cdot e^x$$

$$\int dy = \int c_1 \cdot e^x \, dx$$

$$\underline{\underline{y = c_1 \cdot e^x + c_2}}$$

21. $y'' = x \cdot \cos x$

$$\frac{dy'}{dx} = x \cdot \cos x$$

$$\int dy' = \int \underset{\substack{\downarrow \\ u_1}}{x} \cdot \underbrace{\cos x \, dx}_{dv_1}$$

$$y' = x \cdot \sin x - \int \sin x \, dx$$

$$= x \cdot \sin x + \cos x + c_1$$

$$\frac{dy}{dx} = x \cdot \sin x + \cos x + c_1$$

$$\int dy = \int (x \cdot \sin x + \cos x + c_1) \, dx$$

$$y = \int \underset{\substack{\downarrow \\ u_2}}{x} \cdot \underbrace{\sin x \, dx}_{dv_2} + \sin x + c_1 x$$

$$= -x \cdot \cos x + \int \cos x \, dx + \sin x + c_1 x$$

$$= -x \cdot \cos x + \sin x + \sin x + c_1 x + c_2$$

$$= \underline{\underline{2 \sin x - x \cdot \cos x + c_1 x + c_2}}$$

4.2 Differentialgleichungen erster Ordnung

4.2.1 Differentialgleichungen mit getrennten Variablen

1. $y' = \frac{y}{2a}$

Partikuläre Lösung: $\underline{\underline{y=0}}$

Voraussetzung: $y \neq 0$

$$\Rightarrow \frac{y'}{y} = \frac{1}{2a}$$

$$\frac{dy}{dx} \cdot \frac{1}{y} = \frac{1}{2a}$$

$$\int \frac{dy}{y} = \frac{1}{2a} \int dx$$

$$\ln|y| = \frac{x}{2a} + c_1$$

$$e^{\ln|y|} = e^{\frac{x}{2a} + c_1}$$

$$= e^{\frac{x}{2a}} \cdot e^{c_1}$$

$c = e^{c_1}$

$$y = \underline{\underline{c \cdot e^{\frac{x}{2a}}}}$$

Die partikuläre Lösung ist in der allgemeinen Lösung auch enthalten ($c=0$).

2. $y' = axy$

Partikuläre Lösung: $y=0$

Voraussetzung: $y \neq 0$

$$\Rightarrow y' \cdot \frac{1}{y} = ax$$

$$\frac{dy}{dx} \cdot \frac{1}{y} = ax$$

$$\int \frac{dy}{y} = a \int x\, dx$$

$$\ln|y| = \frac{ax^2}{2} + c_1$$

$$e^{\ln|y|} = e^{\frac{a}{2}x^2 + c_1}$$

$$= e^{\frac{a}{2}x^2} \cdot \underbrace{e^{c_1}}_{c}$$

$$y = \underline{\underline{c \cdot e^{\frac{a}{2}x^2}}}$$

Mit $c=0$ ist die partikuläre Lösung in der allgemeinen Lösung enthalten.

3. $y' - 1 = x^2 + x^4$

$$\frac{dy}{dx} = 1 + x^2 + x^4$$

$$\int dy = \int (1 + x^2 + x^4)\, dx$$

$$y = x + \frac{x^3}{3} + \frac{x^5}{5} + c$$

4. $y' - x^3 = y - x^3$

Die Lösung dieser Differentialgleichung entnimmt man der vorangegangenen Aufgabe 1 mit $a = \frac{1}{2}$.

$$y' = y + x^3 - x^3$$

$$y' = y$$

$$y = c \cdot e^x$$

5. $\frac{y'}{2x} = y^2$

Singuläre Lösung: $y = 0$

Voraussetzung: $y \neq 0$

$$\Rightarrow \quad y' \cdot \frac{1}{y^2} = 2x$$

$$\frac{dy}{dx} \cdot \frac{1}{y^2} = 2x$$

$$\int \frac{dy}{y^2} = 2 \int x\, dx$$

$$-\frac{1}{y} = x^2 + c$$

Die Lösung der Differentialgleichung besitzt also eine singuläre Lösung.

$$y = -\frac{1}{x^2 + c}$$

$$y = 0$$

6. $y' = \frac{y^2}{x^2}$

Man erkennt leicht die Lösung $y = 0$, die, wie sich später zeigt, singulär ist.

Singuläre Lösung: $y = 0$

Voraussetzung: $y \neq 0$

$$\Rightarrow \quad y' \cdot \frac{1}{y^2} = \frac{1}{x^2}$$

$$\frac{dy}{dx} \cdot \frac{1}{y^2} = \frac{1}{x^2}$$

$$\int \frac{dy}{y^2} = \int \frac{dx}{x^2}$$

$$-\frac{1}{y} = -\frac{1}{x} + c$$

$$= -\frac{1 - c \cdot x}{x}$$

$$y = \frac{x}{1 - c \cdot x}$$

$$y = 0$$

7. $2xy^2 = y'$

Die Lösung dieser Differentialgleichung entnimmt man der vorangegangenen Aufgabe 5.

Singuläre Lösung: $\underline{\underline{y=0}}$

Voraussetzung: $y \neq 0$

$$\Rightarrow y' \cdot \frac{1}{y^2} = 2x \Rightarrow y = -\frac{1}{x^2 + c}$$

$$y = -\frac{1}{x^2 + c}$$

$$y = 0$$

8. $y' = \dfrac{b^2 \cdot x}{a^2 \cdot y}$

$$\frac{dy}{dx} = \frac{b^2 \cdot x}{a^2 \cdot y}$$

$$a^2 y \cdot dy = b^2 x \cdot dx$$

$$a^2 \int y \, dy = b^2 \int x \, dx$$

$$a^2 \cdot \frac{y^2}{2} = b^2 \cdot \frac{x^2}{2} + c_1 \quad \| \cdot 2$$

$$a^2 y^2 = b^2 x^2 + 2c_1$$

$c = -2c_1$

Lösung in impliziter Form (Kegelschnitt).

$$\underline{\underline{b^2 x^2 - a^2 y^2 = c}}$$

9. $y' = \dfrac{2}{\sqrt{a^2 + x^2}}$

$$\int \frac{dx}{\sqrt{a^2 + x^2}} = \ln |x + \sqrt{a^2 + x^2}|$$

$$\frac{dy}{dx} = \frac{2}{\sqrt{a^2 + x^2}}$$

$$\int dy = 2 \int \frac{dx}{\sqrt{a^2 + x^2}}$$

$$y = \underline{\underline{2 \ln |x + \sqrt{a^2 + x^2}| + c}}$$

10. $x^2+2x=y'$

$$\frac{dy}{dx}=x^2+2x$$

$$\int dy=\int (x^2+2x)\,dx$$

$$\underline{\underline{y=\frac{x^3}{3}+x^2+c}}$$

11. $x\cdot y'=y\cdot \ln y$

Aus der Aufgabenstellung ergibt sich (wegen ln y), daß $y>0$ gelten muß. Zur weiteren Behandlung der Differentialgleichung ist somit nur zunächst $x \neq 0$ vorauszusetzen.

Das Integral $\int \frac{\frac{1}{y}}{\ln y}\,dy$ ist von der Form $\int \frac{f'(x)}{f(x)}\,dx$ mit $f(x) \mathrel{\hat{=}} \ln y$.

Diese Lösung erfüllt die Differentialgleichung auch für $x=0$, so daß sie die allgemeine Lösung ist.

$$x\cdot\frac{dy}{dx}=y\cdot \ln y$$

Voraussetzung: $x \neq 0$

$$\Rightarrow \frac{dy}{y\cdot \ln y}=\frac{dx}{x}$$

$$\int \frac{dy}{y\cdot \ln y}=\int \frac{dx}{x}$$

$$\int \frac{\frac{1}{y}}{\ln y}\,dy=\int \frac{dx}{x}$$

$$\ln|\ln y|=\ln|x|+c_1$$

$$e^{\ln|\ln y|}=e^{\ln|x|+c_1}=e^{\ln|x|}\cdot \underbrace{e^{c_1}}_{c}$$

$$\ln y=c\cdot x$$

$$e^{\ln y}=e^{c\cdot x}$$

$$y=\underline{\underline{e^{c\cdot x}}}$$

12. $(1-x^2)\,dy+xy\cdot dx=0$

Als partikuläre Lösung erkennt man sofort $y=0$. Zur weiteren Lösung der Differentialgleichung muß man zunächst voraussetzen $y \neq 0$ und $1-x^2 \neq 0$, d.h. $y\cdot(1-x^2)\neq 0$.

Partikuläre Lösung: $\underline{\underline{y=0}}$

Voraussetzung: $y\cdot(1-x^2)\neq 0$

$$(1-x^2)\,dy+xy\cdot dx=0 \quad \|:y(1-x^2)$$

$$\frac{dy}{y}+\frac{x}{1-x^2}\,dx=0$$

$$\int\frac{dy}{y}=-\int\frac{x}{1-x^2}\,dx$$

$$=\frac{1}{2}\int\frac{-2x}{1-x^2}\,dx=\frac{1}{2}\int\frac{f'(x)}{f(x)}\,dx$$

$e^{c_1} = c$

$\ln|y| = \frac{1}{2}\ln|1-x^2| + c_1$

$e^{\ln|y|} = e^{\frac{1}{2}\ln|1-x^2|} + c_1$

$= (e^{\ln|1-x^2|})^{\frac{1}{2}} \cdot e^{c_1}$

$$\underline{\underline{y = c \cdot \sqrt{|1-x^2|}}}$$

Mit $c=0$ ist die partikuläre Lösung hierin enthalten. Für $1-x^2=0$, d.h. $|x|=1$, erfüllt diese Lösung ebenfalls die Differentialgleichung, so daß sie die allgemeine Lösung darstellt.

13. $y' = \frac{\sin x - \cos x}{\sin x + \cos x}$

$\frac{dy}{dx} = \frac{\sin x - \cos x}{\sin x + \cos x}$

$\int dy = \int \frac{\sin x - \cos x}{\sin x + \cos x}\, dx$

Substitution:

$z = \sin x + \cos x$

$\Rightarrow dz = (\cos x - \sin x)\, dx$

$y = -\int \frac{\cos x - \sin x}{\sin x + \cos x}\, dx$

$= -\int \frac{dz}{z}$

$= -\ln|z| + c$

$= \underline{\underline{-\ln|\sin x + \cos x| + c}}$

14. $y' = e^x \cdot y$

Partikuläre Lösung: $\underline{\underline{y=0}}$

Voraussetzung: $y \neq 0$

$\Rightarrow\ y' \cdot \frac{1}{y} = e^x$

$\frac{dy}{dx} \cdot \frac{1}{y} = e^x$

$\int \frac{dy}{y} = \int e^x\, dx$

$\ln|y| = e^x + c_1$

$e^{\ln|y|} = e^{e^x + c_1} = e^{(e^x)} \cdot \underbrace{e^{c_1}}_{c}$

$$\underline{\underline{y = c \cdot e^{(e^x)}}}$$

Mit $c=0$ ist die partikuläre Lösung hierin enthalten.

15. $\sqrt{y'} = y' \cdot x$

Singuläre Lösung: $y' = 0$

$y' = 0 \Rightarrow \underline{\underline{y = a = \text{const.}}}$

Voraussetzung: $y' \neq 0, \quad x \neq 0$

$$\Rightarrow \quad 1 = \frac{y'}{\sqrt{y'}} \cdot x \quad \blacktriangleright \text{quadrieren}$$

$$1 = y' \cdot x^2$$

$$\frac{1}{x^2} = \frac{dy}{dx}$$

$$\int \frac{dx}{x^2} = \int dy$$

$$y = -\frac{1}{x} + c \quad \blacktriangleright \text{für } x \neq 0$$

$$y = a = \text{const.}$$

16. $y' = (y \cdot y')^2$

Singuläre Lösung: $y' = 0$

$y' = 0 \Rightarrow \underline{\underline{y = a = \text{const.}}}$

Voraussetzung: $y' \neq 0$

$$\Rightarrow \quad 1 = y^2 \cdot y'$$

$$1 = y^2 \cdot \frac{dy}{dx}$$

$$\int y^2\, dy = \int dx$$

$$\frac{1}{3} y^3 = x + c_1$$

$c = 3c_1$

$$y = \sqrt[3]{3x + c}$$

$$y = a = \text{const.}$$

17. $dy = \dfrac{dx}{x(x^2 + 2x + 1)}$

$$\int dy = \int \frac{dx}{x(x+1)^2}$$

$$= \int \left(\frac{A}{x} + \frac{B}{x+1} + \frac{C}{(x+1)^2}\right) dx$$

$$= \int \frac{A(x+1)^2 + Bx(x+1) + Cx}{x(x+1)^2}\, dx$$

Koeffizientenvergleich:

I: $A+B \quad =0$

II: $2A+B+C=0$

III: $A \quad =1$

I: $1+B=0 \Rightarrow B=-1$

II: $2-1+C=0 \Rightarrow C=-1$

$$\int \mathrm{d}y=\int \frac{A(x^2+2x+1)+B(x^2+x)+Cx}{x(x+1)^2}\,\mathrm{d}x$$

$$=\int \frac{x^2(A+B)+x(2A+B+C)+A}{x(x+1)^2}\,\mathrm{d}x$$

$$=\int \left(\frac{1}{x}-\frac{1}{x+1}-\frac{1}{(x+1)^2}\right)\mathrm{d}x$$

$$=\ln|x|-\ln|x+1|+\frac{1}{x+1}+c$$

$$\int \mathrm{d}y=\ln\left|\frac{x}{x+1}\right|+\frac{1}{x+1}+c$$

18. $y'=\dfrac{x^2\sqrt{x^2+4}}{y^2\sqrt{y^2+9}}$

Beide Integrale haben die gleiche Form und werden mit der in 2.5., Aufgabe 74, hergeleiteten Rekursionsformel bestimmt.

$$\int \sqrt{x^2+a^2}\,\mathrm{d}x=$$

$$\frac{x}{2}\sqrt{x^2+a^2}+\frac{a^2}{2}\ln|x+\sqrt{x^2+a^2}|+c$$

$$\frac{\mathrm{d}y}{\mathrm{d}x}=\frac{x^2\sqrt{x^2+4}}{y^2\sqrt{y^2+9}}$$

$$\int y^2\sqrt{y^2+9}\,\mathrm{d}y=\int x^2\sqrt{x^2+4}\,\mathrm{d}x$$

$$\frac{y}{4}\sqrt{(y^2+9)^3}-\frac{9}{4}\int\sqrt{y^2+9}\,\mathrm{d}y=$$

$$=\frac{x}{4}\sqrt{(x^2+4)^3}-\frac{4}{4}\int\sqrt{x^2+4}\,\mathrm{d}x \quad \|\cdot 4$$

$$y\sqrt{(y^2+9)^3}-9\left[\frac{y}{2}\sqrt{y^2+9}+\frac{9}{2}\ln|y+\sqrt{y^2+9}|\right]=$$

$$=x\sqrt{(x^2+4)^3}-$$

$$-4\left[\frac{x}{2}\sqrt{x^2+4}+2\ln|x+\sqrt{x^2+4}|\right]+c$$

$$y(y^2+9)\sqrt{y^2+9}-\frac{9}{2}y\sqrt{y^2+9}-\frac{81}{2}\ln|y+\sqrt{y^2+9}|=$$

$$=x(x^2+4)\sqrt{x^2+4}-2x\sqrt{x^2+4}-$$

$$-8\ln|x+\sqrt{x^2+4}|+c$$

$$\frac{y}{2}(2y^2+9)\sqrt{y^2+9}-\frac{81}{2}\ln|y+\sqrt{y^2+9}|=$$

$$=x(x^2+2)\sqrt{x^2+4}-8\ln|x+\sqrt{x^2+4}|+c$$

Die Lösung ist nur in impliziter Form möglich.

$$y(2y^2+9)\sqrt{y^2+9}-81\ln|y+\sqrt{y^2+9}|=$$

$$=x(2x^2+4)\sqrt{x^2+4}-16\ln|x+\sqrt{x^2+4}|+c$$

19. $y \cdot x \cdot \sin(2x) = y'$

Partikuläre Lösung: $\underline{\underline{y=0}}$

Voraussetzung: $y \neq 0$

► $x \cdot \sin 2x = y' \cdot \frac{1}{y}$

$$\frac{dy}{dx} \cdot \frac{1}{y} = x \cdot \sin 2x$$

Partielle Integration

$$\int \frac{dy}{y} = \int \underset{u}{\underset{\downarrow}{x}} \cdot \underbrace{\sin 2x\,dx}_{dv}$$

$$= -\frac{1}{2} x \cos 2x + \frac{1}{2} \int \cos 2x\,dx$$

$$\ln|y| = -\frac{x}{2} \cos 2x + \frac{1}{4} \sin 2x + c_1$$

$$e^{\ln|y|} = e^{\frac{1}{4}\sin 2x - \frac{x}{2}\cos 2x + c_1}$$

$$= e^{\frac{1}{4}(\sin 2x - 2x\cos 2x)} \cdot \underbrace{e^{c_1}}_{c}$$

Mit $c=0$ ist die partikuläre Lösung hierin enthalten.

$$\underline{\underline{y = c \cdot e^{\frac{1}{4}(\sin 2x - 2x\cos 2x)}}}$$

20. $\frac{dx}{dy} = \ln y$

$$dx = \ln y\,dy$$

$$\int dx = \int \ln y\,dy$$

$$x = \underline{\underline{y(\ln y - 1) + c}}$$

21. $dx(e^y + e^{-y}) = dy(e^x + e^{-x})$

$$\int \frac{dy}{e^y + e^{-y}} = \int \frac{dx}{e^x + e^{-x}}$$

Da beide Integrale die gleiche Form haben, langt es, eines zu berechnen.

$$\int \frac{dx}{e^x + e^{-x}} = \int \frac{dx}{e^x + e^{-x}} \cdot \frac{e^x}{e^x}$$

Substitution:

$t = e^x \Rightarrow dx = \frac{dt}{e^x} = \frac{dt}{t}$

$$= \int \frac{e^x \cdot dx}{e^{2x} + 1}$$

$$= \int \frac{dt}{t^2 + 1}$$

$$= \text{Arctan } t + c$$

$$= \underline{\underline{\text{Arctan } e^x + c}}$$

Lösung in impliziter Form.

$$\underline{\underline{\text{Arctan } e^y = \text{Arctan } e^x + c}}$$

22. $\left(\frac{dy}{dx}\right)^3 = x^2 \cdot y^3$

$\frac{dy}{dx} = y' \Rightarrow y'^3 = x^2 \cdot y^3$

Partikuläre Lösung: $\underline{\underline{y=0}}$

Voraussetzung: $y \neq 0$

Es wird die 3. Wurzel gezogen.

$$y'^3 \cdot \frac{1}{y^3} = x^2$$

$$\frac{y'}{y} = x^{\frac{2}{3}}$$

$$\frac{dy}{y} = x^{\frac{2}{3}} \cdot dx$$

$$\int \frac{dy}{y} = \int x^{\frac{2}{3}}\, dx$$

$$\ln|y| = \frac{3}{5}\, x^{\frac{5}{3}} + c_1$$

$$e^{\ln|y|} = e^{\frac{3}{5}x\sqrt[3]{x^2} + c_1} = e^{\frac{3}{5}x\sqrt[3]{x^2}} \cdot \underbrace{e^{c_1}}_{c}$$

Mit $c=0$ ist die partikuläre Lösung hierin enthalten.

$$\underline{\underline{y = c \cdot e^{\frac{3}{5}x\sqrt[3]{x^2}}}}$$

23. $(x+y)^2 = y'$

Man nimmt zunächst eine Substitution vor.

$z = x + y; \quad y = z - x$

$$y' = \frac{dy}{dx} = \frac{d(z-x)}{dx}$$

$$= \frac{dz}{dx} - \frac{dx}{dx}$$

$$= \frac{dz}{dx} - 1$$

$$z^2 = \frac{dz}{dx} - 1$$

$$\frac{dz}{dx} = z^2 + 1$$

$$\frac{dz}{z^2+1} = dx$$

$$\int \frac{dz}{z^2+1} = \int dx$$

$$\text{Arctan } z = x + c$$

$$z = \tan(x+c)$$

$$x + y = \tan(x+c)$$

$$\underline{\underline{y = \tan(x+c) - x}}$$

24. $y'^2 \cdot y = x^2 \cdot y' - y'$

Singuläre Lösung: $y' = 0$

$y' = 0 \Rightarrow \underline{\underline{y = a = \text{const.}}}$

Voraussetzung: $y' \neq 0$

$\Rightarrow$ Division durch y' erlaubt.

$$y' \cdot y = x^2 - 1$$

$$\frac{dy}{dx} \cdot y = x^2 - 1$$

$$\int y\,dy = \int (x^2 - 1)\,dx$$

$$\frac{y^2}{2} = \frac{x^3}{3} - x + c_1 \quad \| \cdot 2$$

$c = 2c_1$

$$y^2 = \frac{2}{3}x^3 - 2x + c$$

$$y = \pm\sqrt{\frac{2}{3}x^3 - 2x + c}$$

$$y = a = \text{const.}$$

25. $y'^2 - 2x - x^2 = 0$

$$y'^2 = x^2 + 2x$$

$$y' = \pm\sqrt{x^2 + 2x}$$

$$= \pm\sqrt{x^2 + 2x + 1 - 1}$$

$$= \pm\sqrt{(x+1)^2 - 1}$$

$$\frac{dy}{dx} = \pm\sqrt{(x+1)^2 - 1}$$

Substitution:

$z = x + 1 \Rightarrow dx = dz$

$\int \sqrt{x^2 - a^2}\,dx =$

$\frac{x}{2}\sqrt{x^2 - a^2} - \frac{a^2}{2}\ln|x + \sqrt{x^2 - a^2}|$

$$\int dy = \pm\int \sqrt{(x+1)^2 - 1}\,dx$$

$$y = \pm\int \sqrt{z^2 - 1}\,dz$$

$$= \pm\left[\frac{z}{2}\sqrt{z^2 - 1} - \frac{1}{2}\ln|z + \sqrt{z^2 - 1}|\right] + c$$

$$y = \underline{\underline{\pm\frac{1}{2}\,[(x+1)\sqrt{x^2 + 2x} -}}$$

$$\underline{\underline{-\ln|x + 1 + \sqrt{x^2 + 2x}|] + c}}$$

26. $y' \cdot \text{Arcsin}\, y = x^2$

Partielle Integration

$$\frac{dy}{dx} \cdot \text{Arcsin}\, y = x^2$$

$$\int \underbrace{\text{Arcsin}\, y}_{u}\, \underset{dv}{\underset{\downarrow}{dy}} = \int x^2\, dx$$

$$y \cdot \text{Arcsin}\, y - \int \frac{y}{\sqrt{1-y^2}}\, dy = \frac{1}{3} x^3$$

Lösung in impliziter Form.

$$\underline{\underline{y \cdot \text{Arcsin}\, y + \sqrt{1-y^2} = \frac{1}{3} x^3 + c}}$$

27. $x \cdot e^{x^2} = y' \cdot e^y$

Substitution:

$x^2 = z \Rightarrow dx = \dfrac{dz}{2x}$

$$x \cdot e^{x^2} = \frac{dy}{dx} \cdot e^y$$

$$\int e^y \cdot dy = \int x \cdot e^{x^2}\, dx$$

$$= \frac{1}{2} \int e^z\, dz$$

$$e^y = \frac{1}{2} e^z + c$$

$$= \frac{1}{2} e^{x^2} + c$$

$$\ln(e^y) = \ln\left(\frac{1}{2} e^{x^2} + c\right)$$

$$\underline{\underline{y = \ln\left(\frac{1}{2} e^{x^2} + c\right)}}$$

28. $y \cdot \ln x = y'$

Partikuläre Lösung: $\underline{\underline{y = 0}}$

Voraussetzung: $y \neq 0$

$$\Rightarrow \ln x = \frac{1}{y} \cdot y'$$

$$\frac{dy}{dx} \cdot \frac{1}{y} = \ln x$$

$$\int \frac{dy}{y} = \int \ln x\, dx$$

$$\ln|y| = x\cdot\ln x - x + c_1$$

$$e^{\ln|y|} = e^{x(\ln x-1)+c_1} = e^{x(\ln x-1)}\cdot\underbrace{e^{c_1}}_{c}$$

Mit $c=0$ ist die partikuläre Lösung hierin enthalten.

$$\underline{\underline{y = c\cdot e^{x(\ln x-1)}}}$$

29. $x\cdot\sinh x = y'\cdot\cosh y$

Partielle Integration

$$x\cdot\sinh x = \frac{dy}{dx}\cdot\cosh y$$

$$\int\cosh y\cdot dy = \int \underset{\downarrow\atop u}{x}\cdot\underbrace{\sinh x\,dx}_{dv}$$

$$= x\cdot\cosh x - \int\cosh x\,dx$$

$$\sinh y = x\cdot\cosh x - \sinh x + c$$

$$y = \underline{\underline{\operatorname{Arsinh}\,[x\cdot\cosh x - \sinh x + c]}}$$

30. $\dfrac{\operatorname{Arsinh} x}{\operatorname{Arcosh} y} = y'$

Partielle Integration

$$\frac{dy}{dx} = \frac{\operatorname{Arsinh} x}{\operatorname{Arcosh} y}$$

$$\int\underbrace{\operatorname{Arcosh} y}_{u_1}\,\underbrace{dy}_{dv_1} = \int\underbrace{\operatorname{Arsinh} x}_{u_2}\,\underbrace{dx}_{dv_2}$$

$$y\cdot\operatorname{Arcosh} y - \int\frac{y}{\sqrt{y^2-1}}\,dy =$$

$$= x\cdot\operatorname{Arsinh} x - \int\frac{x}{\sqrt{x^2+1}}\,dx$$

$$\underline{\underline{y\cdot\operatorname{Arcosh} y - \sqrt{y^2-1} = x\cdot\operatorname{Arsinh} x - \sqrt{x^2+1} + c}}$$

4.2.2 Differentialgleichungen mit homogenen Variablen

Bemerkung: Einige der zu lösenden Differentialgleichungen dieses Abschnittes sind keine Differentialgleichungen mit homogenen Variablen, sie lassen sich aber ebenfalls durch die Substitution $y = x\cdot z$ lösen. (Aufg. 8, 12, 16, 17, 18, 19, 20)

1. $y'\cdot x = -(x+y)$

$y = x\cdot z \Rightarrow dy = z\cdot dx + x\cdot dz$

$$dy\cdot x = -(x+y)\,dx$$

$$(z\cdot dx + x\cdot dz)x = -x\cdot dx - x\cdot z\cdot dx$$

Voraussetzung: $x \neq 0 \Rightarrow$ Division durch x erlaubt.

$$z \cdot \mathrm{d}x + x \cdot \mathrm{d}z = -\mathrm{d}x - z \cdot \mathrm{d}x$$

$$x \cdot \mathrm{d}z = \mathrm{d}x(-1 - 2z)$$

$$-\frac{\mathrm{d}z}{1+2z} = \frac{\mathrm{d}x}{x}$$

$$\int \frac{2}{1+2z}\,\mathrm{d}z \mathrel{\hat=} \int \frac{f'(x)}{f(x)}\,\mathrm{d}x$$

$$-\frac{1}{2} \int \frac{2}{1+2z}\,\mathrm{d}z = \int \frac{\mathrm{d}x}{x}$$

$$-\frac{1}{2} \ln |1+2z| = \ln |x| + c_1$$

$z = \frac{y}{x}$

$$-\frac{1}{2} \ln \left|1 + \frac{2y}{x}\right| = \ln |x| + c_1$$

$$-\frac{1}{2} \ln \left|1 + \frac{2y}{x}\right| - \ln |x| = c_1$$

$$\frac{1}{2} \ln \left|1 + \frac{2y}{x}\right| + \frac{2}{2} \ln |x| = -c_1$$

$$\frac{1}{2}\left[\ln \left|1 + \frac{2y}{x}\right| + \ln x^2\right] = -c_1 \quad \| \cdot 2$$

$$\ln x^2 \cdot \left|1 + \frac{2y}{x}\right| = -2c_1$$

$$\ln |x^2 + 2yx| = -2c_1$$

$$\mathrm{e}^{\ln |x^2+2yx|} = \mathrm{e}^{-2c_1}$$

$\mathrm{e}^{-2c_1} = c$

$$x^2 + 2yx = c$$

$$y = \frac{c - x^2}{2x}; \quad x \neq 0$$

2. $y' \cdot x = y$

Diese Differentialgleichung läßt sich am einfachsten durch Trennung der Variablen lösen.

Partikuläre Lösung: $y = 0$

Voraussetzung: $y \neq 0$, $x \neq 0$

$$\Rightarrow y' \cdot \frac{1}{y} = \frac{1}{x}$$

$$\frac{\mathrm{d}y}{\mathrm{d}x} \cdot \frac{1}{y} = \frac{1}{x}$$

$$\int \frac{\mathrm{d}y}{y} = \int \frac{\mathrm{d}x}{x}$$

In dieser Lösung ist die partikuläre Lösung enthalten (mit $c=0$) und sie gilt auch für $x=0$, d.h. sie ist die allgemeine Lösung.

$$\ln|y|=\ln|x|+c_1$$

$$e^{\ln|y|}=e^{\ln|x|+c_1}=e^{\ln|x|}\cdot\underbrace{e^{c_1}}_{c}$$

$$y=c\cdot x$$

3. $y'=\dfrac{x+y}{x}$

Aus der Aufgabenstellung ergibt sich bereits $x\neq 0$.

$$\frac{dy}{dx}=\frac{x+y}{x}$$

$$dy=\left(1+\frac{y}{x}\right)dx$$

$y=x\cdot z\Rightarrow dy=x\cdot dz+z\cdot dx$

$$x\cdot dz+z\cdot dx=(1+z)\,dx$$

$$x\cdot dz=dx$$

$$dz=\frac{dx}{x}$$

$$\int dz=\int\frac{dx}{x}$$

$$z=\ln|x|+c$$

$z=\dfrac{y}{x}$

$$y=x(\ln|x|+c)$$

4. $y'\cdot x^2-y\cdot x=x^2+y^2$

$y=x\cdot z\Rightarrow dy=x\cdot dz+z\cdot dx$

$$dy\cdot x^2-y\cdot x\cdot dx=(x^2+y^2)\,dx$$

$$(x\cdot dz+z\cdot dx)x^2-x^2\cdot z\cdot dx=(x^2+x^2\cdot z^2)\,dx$$

Voraussetzung: $x\neq 0$; Division durch x^2

$$x\cdot dz+z\cdot dx-z\cdot dx=(1+z^2)\,dx$$

$$x\cdot dz=(1+z^2)\,dx$$

$$\int\frac{dz}{1+z^2}=\int\frac{dx}{x}$$

$$\text{Arctan}\,z=\ln|x|+c$$

$$\tan(\text{Arctan}\,z)=\tan(\ln|x|+c)$$

$$z=\tan(\ln|x|+c)$$

$z=\dfrac{y}{x}$

$$y=x\cdot\tan(\ln|x|+c)$$

für $x\neq 0$

5. $y' \cdot x \cdot y = y^2 - x^2$

$y = x \cdot z \Rightarrow dy = x \cdot dz + z \cdot dx$

$$dy \cdot x \cdot y = (y^2 - x^2)\,dx$$

$$(x \cdot dz + z \cdot dx) \cdot x^2 \cdot z = (x^2 \cdot z^2 - x^2)\,dx$$

Voraussetzung: $x \neq 0$; Division durch x^2

$$(x \cdot dz + z \cdot dx) z = (z^2 - 1)\,dx$$

$$z \cdot x \cdot dz + z^2 \cdot dx = z^2 \cdot dx - dx$$

$$z \cdot x \cdot dz = -dx$$

$$\int z \cdot dz = -\int \frac{dx}{x}$$

$$\frac{1}{2} z^2 = -\ln|x| + c_1 \quad \| \cdot 2$$

$$z^2 = -2 \ln|x| + 2c_1$$

$c = 2c_1$

$$= c - \ln x^2$$

$z = \frac{y}{x}$

$$y = \pm x \sqrt{c - \ln x^2}; \quad x \neq 0$$

6. $\frac{x}{y} + \frac{y}{x} = y'$

Aus der Aufgabenstellung ist ersichtlich, daß bereits $y \neq 0$ und $x \neq 0$ gilt.

$y = x \cdot z \Rightarrow dy = x \cdot dz + z \cdot dx$

$$y' = \frac{x}{y} + \frac{y}{x} \quad \| \cdot xy$$

$$xyy' = x^2 + y^2$$

$$x^2 \cdot z(x \cdot dz + z \cdot dx) = (x^2 + x^2 \cdot z^2)\,dx \quad \| : x^2$$

$$z(x \cdot dz + z \cdot dx) = (1 + z^2)\,dx$$

$$z \cdot x \cdot dz + z^2 \cdot dx = dx + z^2 \cdot dx$$

$$z \cdot x \cdot dz = dx$$

$$z \cdot dz = \frac{dx}{x}$$

$$\int z \cdot dz = \int \frac{dx}{x}$$

$$\frac{1}{2} z^2 = \ln|x| + c_1 \quad \| \cdot 2$$

$$z^2 = 2 \ln|x| + 2c_1$$

$2c_1 = c; \quad z = \frac{y}{x}$

$$y = \pm x \sqrt{\ln x^2 + c}$$

7. $\mathrm{d}y \cdot x = (y - x) \cdot \mathrm{d}x$

$y = x \cdot z \Rightarrow \mathrm{d}y = x \cdot \mathrm{d}z + z \cdot \mathrm{d}x$

$z = \frac{y}{x}$

$x^2 \cdot \mathrm{d}z + x \cdot z \cdot \mathrm{d}x = (x \cdot z - x) \cdot \mathrm{d}x$

Voraussetzung: $x \neq 0$; Division durch x

$x \cdot \mathrm{d}z + z \cdot \mathrm{d}x = z\,\mathrm{d}x - \mathrm{d}x$

$x \cdot \mathrm{d}z = -\mathrm{d}x$

$$\int \mathrm{d}z = -\int \frac{\mathrm{d}x}{x}$$

$z = -\ln|x| + c$

$y = \underline{\underline{x(c - \ln|x|); \quad x \neq 0}}$

8. $y' - \frac{y}{x} = \tan\frac{y}{x}$

$y = x \cdot z \Rightarrow \mathrm{d}y = x \cdot \mathrm{d}z + z \cdot \mathrm{d}x$

$\frac{y}{x} = z$

Aus der Aufgabenstellung ergibt sich bereits $x \neq 0$.

$\tan z = \frac{\sin z}{\cos z}$

$$\int \frac{\cos z}{\sin z}\,\mathrm{d}z \mathrel{\widehat{=}} \int \frac{f'(x)}{f(x)}\,\mathrm{d}x$$

$z = \frac{y}{x}$

$\frac{\mathrm{d}y}{\mathrm{d}x} - z = \tan z$

$\mathrm{d}y = (z + \tan z)\,\mathrm{d}x$

$x \cdot \mathrm{d}z + z \cdot \mathrm{d}x = z \cdot \mathrm{d}x + \tan z \cdot \mathrm{d}x$

$x \cdot \mathrm{d}z = \tan z \cdot \mathrm{d}x$

$$\int \frac{\mathrm{d}z}{\tan z} = \int \frac{\mathrm{d}x}{x}$$

$$\int \frac{\cos z}{\sin z}\,\mathrm{d}z = \int \frac{\mathrm{d}x}{x}$$

$\ln|\sin z| = \ln|x| + c_1$

$$e^{\ln|\sin z|} = e^{\ln|x| + c_1} = e^{\ln|x|} \cdot \underbrace{e^{c_1}}_{c}$$

$\sin z = c \cdot x$

$z = \operatorname{Arcsin}(c \cdot x)$

$y = \underline{\underline{x \cdot \operatorname{Arcsin}(c \cdot x)}}$

9. $(x + y) \cdot \mathrm{d}x - (x - y) \cdot \mathrm{d}y = 0$

$y = x \cdot z \Rightarrow \mathrm{d}y = x \cdot \mathrm{d}z + z \cdot \mathrm{d}x$

$(x + x \cdot z) \cdot \mathrm{d}x - (x - x \cdot z) \cdot (x \cdot \mathrm{d}z + z \cdot \mathrm{d}x) = 0$

Voraussetzung: $x \neq 0$; Division durch x

$(1 + z)\,\mathrm{d}x - (1 - z)(x \cdot \mathrm{d}z + z \cdot \mathrm{d}x) = 0$

$(1 + z)\,\mathrm{d}x - x(1 - z)\,\mathrm{d}z - (z - z^2)\,\mathrm{d}x = 0$

$(1 + z^2)\,\mathrm{d}x - x(1 - z)\,\mathrm{d}z = 0$

$$\frac{dx}{x}=\frac{1-z}{1+z^2}\,dz$$

$$\int \frac{2z}{1+z^2}\,dz \mathrel{\widehat{=}} \int \frac{f'(x)}{f(x)}\,dx$$

$$\int \frac{dx}{x}=\int\left(\frac{1}{1+z^2}-\frac{z}{1+z^2}\right)dz$$

$$=\int \frac{dz}{1+z^2}-\frac{1}{2}\int \frac{2z}{1+z^2}\,dz$$

$z=\frac{y}{x}$

$$\ln|x|=\operatorname{Arctan} z-\frac{1}{2}\ln|1+z^2|+c$$

Die Lösung ist nur in impliziter Form angebbar.

$$\ln|x|=\operatorname{Arctan}\frac{y}{x}-\frac{1}{2}\ln\frac{x^2+y^2}{x^2}+c$$

für $x \neq 0$

10. $x^2+xy+y^2=x^2\cdot y'$

$y=z\cdot x \Rightarrow dy=z\cdot dx+x\cdot dz$

$$(x^2+xy+y^2)\,dx=x^2\cdot dy$$

$$(x^2+x^2z+x^2z^2)\,dx=x^2(z\cdot dx+x\cdot dz)$$

Voraussetzung: $x \neq 0$; Division durch x^2

$$(1+z+z^2)\,dx=z\cdot dx+x\cdot dz$$

$$(1+z^2)\,dx=x\cdot dz$$

$$\int \frac{dz}{1+z^2}=\int \frac{dx}{x}$$

$$\operatorname{Arctan} z=\ln|x|+c$$

$$\tan(\operatorname{Arctan} z)=\tan(\ln|x|+c)$$

$$z=\tan(\ln|x|+c)$$

$z=\frac{y}{x}$

$$y=x\cdot\tan(\ln|x|+c)$$

für $x \neq 0$

11. $y'=\frac{2xy}{3x^2-y^2}$

$y=x\cdot z \Rightarrow dy=x\cdot dz+z\cdot dx$

$$y'\cdot(3x^2-y^2)=2xy$$

$$dy\cdot(3x^2-y^2)=2xy\cdot dx$$

$$(x\cdot dz+z\cdot dx)(3x^2-x^2z^2)=2x^2z\cdot dx$$

Voraussetzung: $x \neq 0$; Division durch x^2

$$(x\cdot dz+z\cdot dx)(3-z^2)=2z\cdot dx$$

$$3x\cdot dz+3z\cdot dx-xz^2\cdot dz-z^3\,dx=2z\cdot dx$$

$$(3x-xz^2)\,dz+(z-z^3)\,dx=0$$

4.2.2

Der Integrand des Integrals

$$\int \frac{3-z^2}{z^3-z}\,dz$$

wird in Partialbrüche zerlegt.

Koeffizientenvergleich:

$$\begin{aligned} \text{I: } & A+B+C=-1 \\ \text{II: } & -B+C=0 \\ \text{III: } & -A=3;\ \underline{\underline{A=-3}} \end{aligned}$$

$$\text{I: } -3+B+C=-1$$

$$\left.\begin{aligned} B+C&=2 \\ \text{II: } -B+C&=0 \end{aligned}\right\}+$$

$$2C=2;\ \underline{\underline{C=1}}$$

$$\text{II: } -B+C=0;\ \underline{\underline{B=1}}$$

$$x(3-z^2)\,dz=(z^3-z)\,dx$$

$$\int \frac{3-z^2}{z^3-z}\,dz=\int \frac{dx}{x}$$

$$\begin{aligned} \frac{3-z^2}{z^3-z}&=\frac{3-z^2}{z(z^2-1)} \\ &=\frac{3-z^2}{z(z+1)(z-1)} \\ &=\frac{A}{z}+\frac{B}{z+1}+\frac{C}{z-1} \\ &=\frac{A(z^2-1)+B(z-1)z+C(z+1)z}{z^3-z} \\ &=\frac{z^2(A+B+C)+z(-B+C)-A}{z^3-z} \\ &=\frac{-3}{z}+\frac{1}{z+1}+\frac{1}{z-1} \end{aligned}$$

$$\int \frac{3-z^2}{z^3-z}\,dz=\int \frac{dx}{x}$$

$$\int \left(\frac{-3}{z}+\frac{1}{z+1}+\frac{1}{z-1}\right)dz=\int \frac{dx}{x}$$

$$-3\ln|z|+\ln|z+1|+\ln|z-1|=\ln|x|+c_1$$

$$-\ln|z|^3+\ln|(z+1)(z-1)|=\ln|x|+c_1$$

$$-\ln|z^3|+\ln|z^2-1|=\ln|x|+c_1$$

$$\ln\left|\frac{z^2-1}{z^3}\right|=\ln|x|+c_1$$

$$e^{\ln\left|\frac{z^2-1}{z^3}\right|}=e^{\ln|x|+c_1}$$

$e^{c_1}=c$

$$=e^{\ln|x|}\cdot e^{c_1}$$

$$\frac{z^2-1}{z^3}=c\cdot x$$

$y=x\cdot z\Rightarrow z=\frac{y}{x}$

$$z^2-1=c\cdot x\cdot z^3$$

$$\frac{y^2}{x^2}-1=c\cdot\frac{y^3}{x^2}\quad\Big\|\cdot x^2$$

Lösung in impliziter Form.

$$\underline{\underline{y^2-x^2=c\cdot y^3;\quad x\neq 0}}$$

12. $y' = \frac{y}{x} \cdot \ln \frac{y}{x}$

$y = x \cdot z \Rightarrow dy = x \cdot dz + z \cdot dx$

$\frac{y}{x} = z$

Aus der Aufgabenstellung folgt bereits $x > 0$, $y > 0$, d.h. auch $z > 0$.

$\int \frac{\frac{1}{z}}{\ln z - 1}\, dz \mathrel{\hat{=}} \int \frac{f'(x)}{f(x)}\, dx$

$z = \frac{y}{x}$

$\frac{dy}{dx} = z \cdot \ln z$

$x \cdot dz + z \cdot dx = z \cdot \ln z \cdot dx$

$x \cdot dz = z(\ln z - 1)\, dx$

$\int \frac{dz}{z(\ln z - 1)} = \int \frac{dx}{x}$

$\int \frac{\frac{1}{z}}{\ln z - 1}\, dz = \int \frac{dx}{x}$

$\ln |\ln z - 1| = \ln |x| + c_1$

$e^{\ln |\ln z - 1|} = e^{\ln |x| + c_1} = e^{\ln |x|} \cdot \underbrace{e^{c_1}}_{c}$

$\ln z - 1 = c \cdot x$

$\ln z = c \cdot x + 1$

$e^{\ln z} = e^{c \cdot x + 1}$

$z = e^{c \cdot x + 1}$

$y = \underline{\underline{x \cdot e^{c \cdot x + 1}; \quad x > 0}}$

13. $x \cdot dy - y \cdot dx = y \cdot dy$

$y = x \cdot z \Rightarrow dy = x \cdot dz + z \cdot dx$

$(x - y)\, dy = y \cdot dx$

$(x - x \cdot z)(x \cdot dz + z \cdot dx) = x \cdot z \cdot dx$

Voraussetzung: $x \neq 0$; Division durch x

$(1 - z)(x \cdot dz + z \cdot dx) = z \cdot dx$

$x \cdot dz + z \cdot dx - zx \cdot dz - z^2 \cdot dx = z \cdot dx$

$x(1 - z)\, dz - z^2 \cdot dx = 0$

Weitere Voraussetzung: $z \neq 0$ (d.h. $y \neq 0$)

$\Rightarrow \frac{1 - z}{z^2}\, dz = \frac{dx}{x}$

$\int \left(\frac{1}{z^2} - \frac{1}{z}\right) dz = \int \frac{dx}{x}$

$-\frac{1}{z} - \ln |z| = \ln |x| + c$

$-\frac{1}{z} = \ln |x| + \ln |z| + c$

$$-\frac{1}{z}=\ln|x\cdot z|+c \quad \| \cdot z$$

$$-1=z\cdot\ln|x\cdot z|+c\cdot z$$

$$-1=\frac{y}{x}\cdot\ln|y|+c\cdot\frac{y}{x}$$

$z=\frac{y}{x}$

Lösung in impliziter Form.

$$\frac{y}{x}(\ln|y|+c)+1=0; \quad x \neq 0; \quad y \neq 0$$

14. $y^2+(x^2-xy)y'=0$

$y=x\cdot z \Rightarrow \mathrm{d}y=x\cdot\mathrm{d}z+z\cdot\mathrm{d}x$

$$y'(x^2-xy)=-y^2$$

$$\mathrm{d}y(x^2-xy)=-y^2\cdot\mathrm{d}x$$

$$(x\cdot\mathrm{d}z+z\cdot\mathrm{d}x)(x^2-x^2z)=-x^2z^2\cdot\mathrm{d}x$$

Voraussetzung: $x \neq 0$; Division durch x^2

$$(x\cdot\mathrm{d}z+z\cdot\mathrm{d}x)(1-z)=-z^2\cdot\mathrm{d}x$$

$$x(1-z)\,\mathrm{d}z+(z-z^2)\mathrm{d}x=-z^2\,\mathrm{d}x$$

$$x(1-z)\,\mathrm{d}z=-z\cdot\mathrm{d}x$$

Weitere Voraussetzung: $z \neq 0$ (d.h. $y \neq 0$)

Division durch z erlaubt.

$$\frac{1-z}{z}\mathrm{d}z=-\frac{\mathrm{d}x}{x}$$

$$\int\left(\frac{1}{z}-1\right)\mathrm{d}z=-\int\frac{\mathrm{d}x}{x}$$

$$\ln|z|-z=-\ln|x|+c$$

$$\ln|z|+\ln|x|=z+c$$

$$\ln|z\cdot x|=z+c$$

$z=\frac{y}{x}$

Lösung in impliziter Form.

$$\ln|y|=\frac{y}{x}+c; \quad x \neq 0; \quad y \neq 0$$

15. $y^2\cdot\mathrm{d}x-3x^2\cdot\mathrm{d}x+2xy\cdot\mathrm{d}y=0$

$y=x\cdot z \Rightarrow \mathrm{d}y=x\cdot\mathrm{d}z+z\cdot\mathrm{d}x$

$$0=(y^2-3x^2)\,\mathrm{d}x+2xy\cdot\mathrm{d}y$$

$$=(x^2\cdot z^2-3x^2)\,\mathrm{d}x+2x^2\cdot z(x\cdot\mathrm{d}z+z\cdot\mathrm{d}x)$$

Voraussetzung: $x \neq 0$; Division durch x^2

$$0=(z^2-3)\,\mathrm{d}x+2z(x\cdot\mathrm{d}z+z\cdot\mathrm{d}x)$$

$$0=(3z^2-3)\,\mathrm{d}x+2xz\cdot\mathrm{d}z$$

$$-3(z^2-1)\,dx = 2xz \cdot dz$$

$$-3\frac{dx}{x} = \frac{2z}{z^2-1}\,dz$$

$$-3\int \frac{dx}{x} = \int \frac{2z}{z^2-1}\,dz \qquad \int \frac{2z}{z^2-1}\,dz \mathrel{\widehat{=}} \int \frac{f'(x)}{f(x)}\,dx$$

$$-3\ln|x| = \ln|z^2-1| + c_1$$

$$e^{-3\ln|x|} = e^{\ln|z^2-1|+c_1}$$

$$e^{\ln|x^{-3}|} = e^{\ln|z^2-1|} \cdot e^{c_1} \qquad e^{c_1} = c_2$$

$$x^{-3} = (z^2-1) \cdot c_2 \qquad c = \frac{1}{c_2}; \quad z = \frac{y}{x}$$

$$z^2 - 1 = \frac{c}{x^3}$$

$$\frac{y^2}{x^2} - 1 = \frac{c}{x^3} \qquad \| \cdot x^2$$

$$y^2 - x^2 = \frac{c}{x}$$

$$\underline{\underline{y = \pm\sqrt{x^2 + \frac{c}{x}}; \quad x \neq 0}}$$

16. $xy' = y + \sqrt{y^2 - x^2}$

$y = x \cdot z \Rightarrow dy = x \cdot dz + z \cdot dx$

$$x \cdot dy = (y + \sqrt{y^2 - x^2})\,dx$$

$$x(x \cdot dz + z \cdot dx) = (xz + \sqrt{x^2z^2 - x^2})\,dx$$

$$= (xz + x\sqrt{z^2-1}\,dx$$

Voraussetzung: $x \neq 0$; Division durch x

$$x \cdot dz + z \cdot dx = z \cdot dx + \sqrt{z^2-1}\,dx$$

$$x \cdot dz = \sqrt{z^2-1}\,dx$$

$$\int \frac{dz}{\sqrt{z^2-1}} = \int \frac{dx}{x} \qquad \int \frac{dx}{\sqrt{x^2-a^2}} = \ln|x + \sqrt{x^2-a^2}|$$

$$\ln|z + \sqrt{z^2-1}| = \ln|x| + c_1$$

$$e^{\ln|z+\sqrt{z^2-1}|} = e^{\ln|x|+c_1} = e^{\ln|x|} \cdot \underbrace{e^{c_1}}_{c}$$

$$z + \sqrt{z^2-1} = c \cdot x \qquad z = \frac{y}{x}$$

$$\frac{y}{x}+\sqrt{\frac{y^2}{x^2}-1}=c\cdot x \quad \| \cdot x$$

Lösung in impliziter Form.

$$y+\sqrt{y^2-x^2}=cx^2; \quad x\neq 0$$

17. $xy'=y(\ln y-\ln x)$

$$x\cdot y'=y\cdot\ln\frac{y}{x}$$

$y=x\cdot z\Rightarrow \mathrm{d}y=x\cdot\mathrm{d}z+z\cdot\mathrm{d}x$

$\frac{y}{x}=z$

$$x\cdot\mathrm{d}y=y\cdot\ln\frac{y}{x}\cdot\mathrm{d}x$$

$$x(x\cdot\mathrm{d}z+z\cdot\mathrm{d}x)=x\cdot z\cdot\ln z\cdot\mathrm{d}x \quad \| :x$$

Die Aufgabenstellung setzt bereits $y>0$ und $x>0$ voraus, d.h. auch $z>0$.

$$x\cdot\mathrm{d}z+z\cdot\mathrm{d}x=z\cdot\ln z\cdot\mathrm{d}x$$

$$x\cdot\mathrm{d}z=z(\ln z-1)\,\mathrm{d}x$$

$$\frac{\mathrm{d}z}{z(\ln z-1)}=\frac{\mathrm{d}x}{x}$$

$$\int\frac{\frac{1}{z}}{\ln z-1}\,\mathrm{d}z\mathrel{\hat{=}}\int\frac{f'(x)}{f(x)}\,\mathrm{d}x$$

$$\int\frac{\frac{1}{z}}{\ln z-1}\,\mathrm{d}z=\int\frac{\mathrm{d}x}{x}$$

$$\ln|\ln z-1|=\ln|x|+c_1$$

$$\mathrm{e}^{\ln|\ln z-1|}=\mathrm{e}^{\ln|x|+c_1}=\mathrm{e}^{\ln|x|}\cdot\underbrace{\mathrm{e}^{c_1}}_{c}$$

$$\ln z-1=c\cdot x$$

$$\ln z=c\cdot x+1$$

$$\mathrm{e}^{\ln z}=\mathrm{e}^{c\cdot x+1}$$

$z=\frac{y}{x}$

$$z=\mathrm{e}^{c\cdot x+1}$$

$$y=x\cdot\mathrm{e}^{c\cdot x+1}; \quad x>0$$

18. $y\cdot\mathrm{d}x+\sqrt{4xy}\cdot\mathrm{d}y=x\cdot\mathrm{d}y$

$$y\cdot\mathrm{d}x=(x-\sqrt{4xy})\,\mathrm{d}y$$

$y=x\cdot z\Rightarrow \mathrm{d}y=x\cdot\mathrm{d}z+z\cdot\mathrm{d}x$

$$x\cdot z\cdot\mathrm{d}x=(x-\sqrt{4x^2z})(x\cdot\mathrm{d}z+z\cdot\mathrm{d}x)$$

Aus der Aufgabenstellung folgt, daß stets $4xy\geq 0$ gelten muß, d.h. $x\cdot y\geq 0$.

$$=(x-2x\sqrt{z})(x\cdot\mathrm{d}z+z\cdot\mathrm{d}x)$$

Voraussetzung: $x\neq 0$; Division durch x

$$z\cdot\mathrm{d}x=(1-2\sqrt{z})(x\cdot\mathrm{d}z+z\cdot\mathrm{d}x)$$

$$z\cdot\mathrm{d}x=x(1-2\sqrt{z})\,\mathrm{d}z+(z-2z\sqrt{z})\,\mathrm{d}x$$

$$0=x(1-2\sqrt{z})\,\mathrm{d}z-2z\sqrt{z}\,\mathrm{d}x$$

Weitere Voraussetzung: $z \neq 0$ (d.h. $y \neq 0$)

$$\frac{1-2\sqrt{z}}{2z\sqrt{z}}\,dz=\frac{dx}{x}$$

$$\int \frac{1}{2z\sqrt{z}}\,dz-\int \frac{dz}{z}=\int \frac{dx}{x}$$

$$\frac{1}{2}\int z^{-\frac{3}{2}}\,dz-\int \frac{dz}{z}=\int \frac{dx}{x}$$

$$\frac{1}{2}\cdot\frac{z^{-\frac{1}{2}}}{-\frac{1}{2}}-\ln|z|=\ln|x|+c$$

$$-z^{-\frac{1}{2}}=\ln|x|+\ln|z|+c$$

$z=\frac{y}{x}$

$$-\frac{1}{\sqrt{z}}=\ln|x\cdot z|+c$$

$$-\sqrt{\frac{x}{y}}=\ln|y|+c$$

Lösung in impliziter Form

$$0=\sqrt{\frac{x}{y}}+\ln|y|+c;\quad x\cdot y>0$$

19. $\frac{2y(y-x)}{x^2-2xy+y^2}=y'$

$$y'=\frac{2y(y-x)}{(x-y)^2}$$

$$=\frac{-2y(x-y)}{(x-y)^2}$$

$$=\frac{-2y}{x-y}$$

$y=x\cdot z \Rightarrow dy=x\cdot dz+z\cdot dx$

$$0=(x-y)\,dy+2y\cdot dx$$

$$0=(x-xz)(x\cdot dz+z\cdot dx)+2xz\cdot dx$$

Voraussetzung: $x \neq 0$; Division durch x

$$0=(1-z)(x\cdot dz+z\cdot dx)+2z\cdot dx$$

$$0=x(1-z)\,dz+(z-z^2+2z)\,dx$$

$$0=x(1-z)\,dz+(3z-z^2)\,dx$$

$$-x(1-z)\,dz=(3z-z^2)\,dx$$

$$\int \frac{1-z}{3z-z^2}\,dz=-\int \frac{dx}{x}$$

$$\int \frac{z-1}{z(z-3)}\,\mathrm{d}z = -\int \frac{\mathrm{d}x}{x}$$

Eine Partialbruchzerlegung ergibt leicht $A=\frac{1}{3}$; $B=\frac{2}{3}$.

$$\blacktriangleright \int \left(\frac{A}{z}+\frac{B}{z-3}\right)\mathrm{d}z = \frac{1}{3}\int \left(\frac{1}{z}+\frac{2}{z-3}\right)\mathrm{d}z$$

$$\frac{1}{3}\ln|z|+\frac{2}{3}\ln|z-3| = -\ln|x|+c_1 \quad \| \cdot 3$$

$$\ln|z|+\ln(z-3)^2 = -3\ln|x|+3c_1$$

$$\ln|z(z-3)^2| = \ln|x^{-3}|+3c_1$$

$$\mathrm{e}^{\ln|z(z-3)^2|} = \mathrm{e}^{\ln|x^{-3}|+3c_1}$$

$$= \mathrm{e}^{\ln|x^{-3}|}\cdot \mathrm{e}^{3c_1}$$

$\mathrm{e}^{3c_1}=c$

$$z(z-3)^2 = c\cdot x^{-3}$$

$z=\frac{y}{x}$

$$\frac{y}{x}\left(\frac{y}{x}-3\right)^2 = c\cdot x^{-3}$$

$$\frac{y}{x^3}(y-3x)^2 = c\cdot x^{-3} \quad \| \cdot x^3$$

Lösung in impliziter Form.

$$\underline{\underline{y(y-3x)^2 = c;\quad x \neq 0}}$$

20. $y'=\frac{y}{x}+\sqrt{1+\left(\frac{y}{x}\right)^2}$

$$\mathrm{d}y = \left(\frac{y}{x}+\sqrt{1+\left(\frac{y}{x}\right)^2}\right)\mathrm{d}x$$

$y=x\cdot z \Rightarrow \mathrm{d}y = x\cdot \mathrm{d}z + z\cdot \mathrm{d}x$

$\frac{y}{x}=z$

$$x\cdot\mathrm{d}z + z\cdot\mathrm{d}x = (z+\sqrt{1+z^2})\,\mathrm{d}x$$

$$= z\cdot\mathrm{d}x + \sqrt{1+z^2}\,\mathrm{d}x$$

$$x\cdot\mathrm{d}z = \sqrt{1+z^2}\,\mathrm{d}x$$

Aus der Aufgabenstellung folgt bereits $x\neq 0$, so daß dies nicht mehr extra vorausgesetzt werden muß.

$$\int \frac{\mathrm{d}z}{\sqrt{1+z^2}} = \int \frac{\mathrm{d}x}{x}$$

$\int \frac{\mathrm{d}x}{\sqrt{a^2+x^2}} = \ln|x+\sqrt{a^2+x^2}|$

$$\ln|z+\sqrt{1+z^2}| = \ln|x|+c_1$$

$$\mathrm{e}^{\ln|z+\sqrt{1+z^2}|} = \mathrm{e}^{\ln|x|+c_1} = \mathrm{e}^{\ln|x|}\cdot \underbrace{\mathrm{e}^{c_1}}_{c}$$

$$z+\sqrt{1+z^2} = c\cdot x$$

$z=\frac{y}{x}$

$$\frac{y}{x}+\sqrt{1+\frac{y^2}{x^2}} = c\cdot x \quad \| \cdot x$$

Lösung in impliziter Form.

$$\underline{\underline{y+\sqrt{x^2+y^2} = c\cdot x^2;\quad x\neq 0}}$$

4.2.3 Lineare Differentialgleichungen

1. $y'+2xy=\frac{x}{e^{x^2}}$

$$y=u\cdot v\Rightarrow\frac{dy}{dx}=u\cdot\frac{dv}{dx}+v\cdot\frac{du}{dx}$$

$$u=u(x);\quad v=v(x)$$

Bei der Methode von Bernoulli ist die hier auftretende Integrationskonstante c_1 stets beliebig wählbar. Man wählt deshalb c_1 stets so, daß die spätere Rechnung möglichst einfach wird.

1. Lösung nach der Methode von Bernoulli

$$u\cdot\frac{dv}{dx}+v\cdot\frac{du}{dx}+2xuv=x\cdot e^{-x^2}$$

$$u\underbrace{\left(\frac{dv}{dx}+2xv\right)}_{=0}+v\cdot\frac{du}{dx}=x\cdot e^{-x^2}$$

$$\frac{dv}{dx}=-2xv$$

$$\int\frac{dv}{v}=-2\int x\,dx$$

$$\ln|v|=-x^2+c_1$$

$$e^{\ln|v|}=e^{-x^2+c_1}=e^{-x^2}\cdot e^{c_1}$$

Wählen: $c_1=0$

$$\underline{\underline{\Rightarrow v=e^{-x^2}}}$$

$$u\cdot 0+e^{-x^2}\cdot\frac{du}{dx}=x\cdot e^{-x^2}\quad\|:e^{-x^2}$$

$$\frac{du}{dx}=x$$

$$\int du=\int x\,dx$$

$$\underline{u=\frac{x^2}{2}+c}$$

$$y=u\cdot v$$

$$\underline{\underline{y=e^{-x^2}\left(\frac{x^2}{2}+c\right)}}$$

2. Lösung nach der Methode von Lagrange

$$y'+2xy=0$$

$$dy=-2xy\cdot dx$$

$$\int\frac{dy}{y}=-2\int x\,dx$$

$$\ln|y| = -x^2 + c_1$$

$$e^{\ln|y|} = e^{-x^2+c_1} = e^{-x^2} \cdot \underbrace{e^{c_1}}_{c}$$

$$y = c \cdot e^{-x^2}$$

$$\Rightarrow y = \underline{\underline{c(x) \cdot e^{-x^2}}}$$

Dieser Ausdruck für y' wird in die Differentialgleichung eingesetzt.

$$y' = c'(x) \cdot e^{-x^2} - 2xe^{-x^2} \cdot c(x)$$

$$c'(x) \cdot e^{-x^2} - 2xe^{-x^2} \cdot c(x) + 2x \cdot c(x) \cdot e^{-x^2} =$$

$$= x \cdot e^{-x^2}$$

$$c'(x) \cdot e^{-x^2} = x \cdot e^{-x^2} \quad \| : e^{-x^2}$$

$$\frac{dc(x)}{dx} = x$$

$$\int dc(x) = \int x\,dx$$

$$\underline{c(x) = \frac{x^2}{2} + k}$$

$$y = \underline{\underline{e^{-x^2}\left(\frac{x^2}{2} + k\right)}}$$

2. $y' = e^x - y$

1. Lösung nach der Methode von Bernoulli

$$y = u \cdot v \Rightarrow \frac{dy}{dx} = u \cdot \frac{dv}{dx} + v \cdot \frac{du}{dx}$$

$u = u(x); \quad v = v(x)$

$$u \cdot \frac{dv}{dx} + v \cdot \frac{du}{dx} = e^x - u \cdot v$$

$$u \underbrace{\left(\frac{dv}{dx} + v\right)}_{=0} + v \cdot \frac{du}{dx} = e^x$$

$$\frac{dv}{dx} = -v$$

$$\int \frac{dv}{v} = -\int dx$$

Wählen: $c_1 = 0$

$$\ln|v| = -x + c_1$$

$$\underline{v = e^{-x}}$$

$$u \cdot 0 + e^{-x} \cdot \frac{du}{dx} = e^x \quad \| \cdot e^x$$

$$\frac{du}{dx}=e^{2x}$$

$$\int du=\int e^{2x}\,dx$$

$$\underline{u=\frac{1}{2}e^{2x}+c}$$

$y=f(x)=u(x)\cdot v(x)$

$$y=u\cdot v$$

$$=\left(\frac{1}{2}e^{2x}+c\right)\cdot e^{-x}$$

$$\underline{\underline{=\frac{1}{2}e^{x}+c\cdot e^{-x}}}$$

2. Lösung nach der Methode von Lagrange

$$y'+y=0$$

$$\frac{dy}{dx}=-y$$

$$\int\frac{dy}{y}=-\int dx$$

$$\ln|y|=-x+c_1$$

$$e^{\ln|y|}=e^{-x+c_1}=e^{-x}\cdot\underbrace{e^{c_1}}_{c}$$

$$y=c\cdot e^{-x}\Rightarrow y=\underline{\underline{c(x)\cdot e^{-x}}}$$

Einsetzen in die Differentialgleichung.

$$y'=c'(x)\cdot e^{-x}-e^{-x}\cdot c(x)$$

$$c'(x)\cdot e^{-x}-e^{-x}\cdot c(x)=e^{x}-c(x)\cdot e^{-x}$$

$$c'(x)\cdot e^{-x}=e^{x}\quad\|\cdot e^{x}$$

$$\frac{dc(x)}{dx}=e^{2x}$$

$$\int dc(x)=\int e^{2x}\,dx$$

$$\underline{c(x)=\frac{1}{2}e^{2x}+k}$$

$$y=\left(\frac{1}{2}\,e^{2x}+k\right)\cdot e^{-x}$$

$$=\frac{1}{2}\,e^{x}+k\cdot e^{-x}$$

3. $y'-y=x^2-1$

1. Lösung nach der Methode von Bernoulli

$y=u\cdot v \Rightarrow y'=u\cdot v'+v\cdot u'$

$y=f(x)=u(x)\cdot v(x)$

$$u\cdot v'+v\cdot u'-u\cdot v=x^2-1$$

$$\underbrace{u(v'-v)}_{=0}+v\cdot u'=x^2-1$$

$$\frac{dv}{dx}=v$$

$$\int\frac{dv}{v}=\int dx$$

Wählen: $c_1=0$

$$\ln|v|=x+c_1$$

$$v=e^x$$

$$u\cdot 0+e^x\cdot u'=x^2-1 \quad \| :e^x$$

$$\frac{du}{dx}=(x^2-1)\cdot e^{-x}$$

$$\int du=\int x^2\cdot e^{-x}\,dx-\int e^{-x}\,dx$$

Das Integral $\int x^2\cdot e^{-x}\,dx$ wird durch partielle Integration gelöst.

$$u=\int x^2\cdot e^{-x}\,dx+e^{-x}$$

$$\int x^2\cdot e^{-x}\,dx=x^2\cdot(-e^{-x})-\int(-e^{-x})\cdot 2x\,dx$$

$$=-x^2\cdot e^{-x}+2\int x\cdot e^{-x}\,dx$$

$$=-x^2\cdot e^{-x}+2\Big[x(-e^{-x})-$$

$$-\int(-e^{-x})\,dx\Big]$$

$$\int x^2 \cdot e^{-x} dx = -x^2 \cdot e^{-x} - 2x \cdot e^{-x} + 2 \int e^{-x} dx$$

$$= -x^2 \cdot e^{-x} - 2x \cdot e^{-x} - 2e^{-x} + c$$

$$= -e^{-x}(x^2 + 2x + 2) + c$$

$$\underline{u = -e^{-x}(x^2 + 2x + 2) + e^{-x} + c}$$

$$y = u \cdot v$$

$$= [-e^{-x}(x^2 + 2x + 2) + e^{-x} + c] \cdot e^x$$

$$= -(x^2 + 2x + 2) + (e^{-x} + c)e^x$$

$$\underline{\underline{= ce^x - x^2 - 2x - 1}}$$

2. Lösung nach der Methode von Lagrange

$$y' - y = 0$$

$$\frac{dy}{dx} = y$$

$$\int \frac{dy}{y} = \int dx$$

$$\ln |y| = x + c_1$$

$c = e^{c_1}$

$$y = c \cdot e^x$$

$$\underline{\underline{y = c(x) \cdot e^x}}$$

Einsetzen in die Differentialgleichung.

$$y' = c'(x) \cdot e^x + c(x) \cdot e^x$$

$$c'(x) \cdot e^x + c(x) \cdot e^x - c(x) \cdot e^x = x^2 - 1$$

$$c'(x) \cdot e^x = x^2 - 1 \quad \| : e^x$$

$$c'(x) = (x^2 - 1) \cdot e^{-x}$$

Dieses Integral wurde bereits oben unter 1 gelöst.

$$c(x) = \int (x^2 - 1) \cdot e^{-x} dx$$

$$\underline{c(x) = -e^{-x}(x^2 + 2x + 2) + e^{-x} + k}$$

$$y = c(x) \cdot e^x = -x^2 - 2x - 2 + 1 + ke^x$$

$$= \underline{\underline{ke^x - x^2 - 2x - 1}}$$

4.2.3

4. $y' = e^{3x} - 2y$

$y = u \cdot v \Rightarrow y' = u \cdot v' + v \cdot u'$

$y = f(x) = u(x) \cdot v(x)$

1. Lösung nach der Methode von Bernoulli

$$u \cdot v' + v \cdot u' = e^{3x} - 2u \cdot v$$

$$u\underbrace{(v' + 2v)}_{=0} + v \cdot u' = e^{3x}$$

$$\frac{dv}{dx} = -2v$$

$$\int \frac{dv}{v} = -2 \int dx$$

$$\ln|v| = -2x + c_1$$

Wählen: $c_1 = 0$

$$\underline{v = e^{-2x}}$$

$$u \cdot 0 + e^{-2x} \cdot u' = e^{3x} \quad \| : e^{2x}$$

$$\frac{du}{dx} = e^{5x}$$

$$\int du = \int e^{5x}\, dx$$

$$\underline{u = \frac{1}{5} e^{5x} + c}$$

$$y = u \cdot v$$

$$= \left(\frac{1}{5} e^{5x} + c\right) e^{-2x}$$

$$\underline{\underline{= \frac{1}{5} e^{3x} + c \cdot e^{-2x}}}$$

2. Lösung nach der Methode von Lagrange

$$y' + 2y = 0$$

$$\frac{dy}{dx} = -2y$$

$$\int \frac{dy}{y} = -2 \int dx$$

$$\ln|y| = -2x + c_1$$

$$e^{\ln|y|} = e^{-2x + c_1} = e^{-2x} \cdot \underbrace{e^{c_1}}_{c}$$

$$y=c\cdot e^{-2x} \Rightarrow \underline{\underline{y=c(x)\cdot e^{-2x}}}$$

Einsetzen in die Differentialgleichung.

$$y'=c'(x)\cdot e^{-2x}-2e^{-2x}\cdot c(x)$$

$$c'(x)\cdot e^{-2x}-2e^{-2x}\cdot c(x)=e^{3x}-2c(x)\cdot e^{-2x}$$

$$c'(x)\cdot e^{-2x}=e^{3x} \quad \| \cdot e^{2x}$$

$$c'(x)=e^{5x}$$

$$\underline{c(x)=\frac{1}{5}e^{5x}+k}$$

$$y=c(x)\cdot e^{-2x}$$

$$\underline{\underline{=\frac{1}{5}e^{3x}+k\cdot e^{-2x}}}$$

5. $y'\cdot x=y+x^2\cdot\sin x$

$y=u\cdot v \Rightarrow y'=u\cdot v'+v\cdot u'$

$y=f(x)=u(x)\cdot v(x)$

1. Lösung nach der Methode von Bernoulli

$$(u\cdot v'+v\cdot u')\cdot x=u\cdot v+x^2\cdot\sin x$$

$$u\underbrace{(xv'-v)}_{=0}+xv\cdot u'=x^2\cdot\sin x$$

$$x\cdot\frac{dv}{dx}=v$$

Voraussetzung: $x\neq 0$; Division durch x

$$\int\frac{dv}{v}=\int\frac{dx}{x}$$

Wählen: $c_1=0$

$$\ln|v|=\ln|x|+c_1$$

$$\underline{v=x}$$

$$u\cdot 0+x^2\cdot u'=x^2\cdot\sin x \quad \| :x^2$$

$$\frac{du}{dx}=\sin x$$

$$\underline{u=-\cos x+c}$$

Diese Lösung erfüllt die Differentialgleichung auch für $x=0$, d.h. sie ist die allgemeine Lösung.

$$y=u\cdot v$$

$$\underline{\underline{=x(c-\cos x)}}$$

4.2.3

Hier wird ebenfalls zunächst $x \neq 0$ gefordert; die Lösung wird wie oben jedoch auch für $x=0$ gelten.

2. Lösung nach der Methode von Lagrange

$$y' \cdot x - y = 0 \quad \| :x$$

$$y' = \frac{y}{x}$$

$$\int \frac{dy}{y} = \int \frac{dx}{x}$$

$$\ln |y| = \ln |x| + c_1$$

$$e^{\ln |y|} = e^{\ln |x| + c_1} = e^{\ln |x|} \cdot \underbrace{e^{c_1}}_{c}$$

$$y = c \cdot x \Rightarrow \underline{\underline{y = c(x) \cdot x}}$$

Einsetzen in die Differentialgleichung

$$y' = c'(x) \cdot x + c(x)$$

$$c'(x) \cdot x^2 + c(x) \cdot x = c(x) \cdot x + x^2 \cdot \sin x$$

$$c'(x) \cdot x^2 = x^2 \cdot \sin x \quad \| :x^2$$

$$c'(x) = \sin x$$

$$\underline{c(x) = -\cos x + k}$$

$$y = \underline{\underline{x(k - \cos x)}}$$

6. $y'x = x \cdot \sin x - y$

$y = u \cdot v \Rightarrow y' = u \cdot v' + v \cdot u'$

$y = f(x) = u(x) \cdot v(x)$

1. Lösung nach der Methode von Bernoulli

$$(u \cdot v' + v \cdot u') \cdot x = x \cdot \sin x - u \cdot v$$

$$u\underbrace{(v' \cdot x + v)}_{=0} + x \cdot v \cdot u' = x \cdot \sin x$$

$$\frac{dv}{dx} \cdot x = -v$$

Voraussetzung: $x \neq 0$; Division durch x

$$\int \frac{dv}{v} = -\int \frac{dx}{x}$$

Wählen: $c_1 = 0$

$$\ln |v| = -\ln |x| + c_1$$

$$\ln |v| = \ln \left|\frac{1}{x}\right|$$

$$\underline{v=\frac{1}{x}}$$

$$u\cdot 0+u'=x\cdot\sin x$$

$$\int du=\int x\cdot\sin x\,dx$$

Partielle Integration

$$u=x(-\cos x)-\int(-\cos x)\,dx$$

$$\underline{=-x\cdot\cos x+\sin x+c}$$

$$y=u\cdot v$$

$$\underline{\underline{=-\cos x+\frac{1}{x}(\sin x+c);\quad x\neq 0}}$$

2. Lösung nach der Methode von Lagrange

$$y'\cdot x+y=0$$

Voraussetzung: $x\neq 0$; Division durch x

$$\frac{dy}{dx}=-\frac{y}{x}$$

$$\int\frac{dy}{y}=-\int\frac{dx}{x}$$

$$\ln|y|=-\ln|x|+c_1$$

$$e^{\ln|y|}=e^{-\ln|x|+c_1}=e^{\ln\left|\frac{1}{x}\right|}\cdot\underbrace{e^{c_1}}_{c}$$

$$y=\frac{c}{x}\Rightarrow\underline{\underline{y=\frac{c(x)}{x}}}$$

Einsetzen in die Differentialgleichung

$$y'=\frac{x\cdot c'(x)-c(x)}{x^2}=\frac{c'(x)}{x}-\frac{c(x)}{x^2}$$

$$c'(x)-\frac{c(x)}{x}=x\cdot\sin x-\frac{c(x)}{x}$$

$$c'(x)=x\cdot\sin x$$

Das Integral $\int x\cdot\sin x\,dx$ wurde bereits unter Teil 1 gelöst.

$$\int dc(x)=\int x\cdot\sin x\,dx$$

$$\underline{c(x)=-x\cdot\cos x+\sin x+k}$$

$$y = \frac{1}{x} \cdot c(x)$$

$$= -\cos x + \frac{1}{x}(\sin x + k); \quad x \neq 0$$

7. $y' + y + \cos x - e^{2x} = 0$

$y = u \cdot v \Rightarrow y' = u \cdot v' + v \cdot u'$

$y = f(x) = u(x) \cdot v(x)$

1. Lösung nach der Methode von Bernoulli

$$u \cdot v' + v \cdot u' + u \cdot v = e^{2x} - \cos x$$

$$\underbrace{u(v' + v)}_{=0} + v \cdot u' = e^{2x} - \cos x$$

$$\frac{dv}{dx} = -v$$

$$\int \frac{dv}{v} = -\int dx$$

Wählen: $c_1 = 0$

$$\ln |v| = -x + c_1$$

$$v = e^{-x}$$

$$u \cdot 0 + e^{-x} \cdot u' = e^{2x} - \cos x \quad \| \cdot e^x$$

$$u' = e^{3x} - e^x \cdot \cos x$$

$$u = \int (e^{3x} - e^x \cdot \cos x)\, dx$$

$$= \int e^{3x} \cdot dx - \int e^x \cdot \cos x\, dx$$

Das Integral $\int e^x \cdot \cos x\, dx$ wird durch partielle Integration gelöst.

$$= \frac{1}{3} e^{3x} - \int e^x \cdot \cos x\, dx$$

$$F = \int e^x \cdot \cos x\, dx$$

$$= e^x \cdot \sin x - \int \sin x \cdot e^x\, dx$$

$$= e^x \cdot \sin x - \int e^x \cdot \sin x\, dx$$

$$= e^x \cdot \sin x - \left[e^x(-\cos x) - \int (-\cos x) \cdot e^x\, dx \right]$$

$$F = e^x \cdot \sin x + e^x \cdot \cos x - \underbrace{\int e^x \cdot \cos x \, dx}_{F}$$

$$2F = e^x \cdot \sin x + e^x \cdot \cos x + c_1$$

$c = \frac{1}{2} c_1$

$$F = \frac{e^x}{2} (\sin x + \cos x) + c$$

$$u = \frac{1}{3} e^{3x} - F$$

$$= \frac{1}{3} e^{3x} - \frac{1}{2} e^x (\sin x + \cos x) + c$$

$$y = u \cdot v$$

$$= \frac{1}{3} e^{2x} - \frac{1}{2} (\sin x + \cos x) + c \cdot e^{-x}$$

2. Lösung nach der Methode von Lagrange

$$y' + y = 0$$

$$\frac{dy}{dx} = -y$$

$$\int \frac{dy}{y} = -\int dx$$

$$\ln |y| = -x + c_1$$

$$e^{\ln |y|} = e^{-x + c_1} = e^{-x} \cdot \underbrace{e^{c_1}}_{c}$$

$$y = c \cdot e^{-x} \Rightarrow y = c(x) \cdot e^{-x}$$

Einsetzen in die Differentialgleichung

$$y' = c'(x) \cdot e^{-x} - e^{-x} \cdot c(x)$$

$$c'(x) \cdot e^{-x} - e^{-x} \cdot c(x) + c(x) \cdot e^{-x} + \cos x - e^{2x} = 0$$

$$c'(x) \cdot e^{-x} = e^{2x} - \cos x \quad \| \cdot e^x$$

$$c'(x) = e^{3x} - e^x \cdot \cos x$$

Dieses Integral wurde bereits unter Teil 1 gelöst.

$$c(x) = \int (e^{3x} - e^x \cdot \cos x) \, dx$$

$$= \frac{1}{3} e^{3x} - \frac{1}{2} e^x (\sin x + \cos x) + k$$

$$y = c(x) \cdot e^{-x}$$

$$= \underline{\underline{\frac{1}{3} e^{2x} - \frac{1}{2} (\sin x + \cos x) + k \cdot e^{-x}}}$$

8. $y' + ay = b \cdot e^{cx}$

1. Lösung nach der Methode von Bernoulli

$y = u \cdot v \Rightarrow y' = u \cdot v' + v \cdot u'$

$$u \cdot v' + v \cdot u' + auv = b \cdot e^{cx}$$

$y = f(x) = u(x) \cdot v(x)$

$$u\underbrace{(v' + av)}_{=0} + v \cdot u' = b \cdot e^{cx}$$

$$\frac{dv}{dx} = -av$$

$$\int \frac{dv}{v} = -a \int dx$$

Wählen: $c_1 = 0$

$$\ln |v| = -ax + c_1$$

$$\underline{v = e^{-ax}}$$

$$u \cdot 0 + e^{-ax} \cdot u' = b \cdot e^{cx} \quad \| \cdot e^{ax}$$

$$u' = b \cdot e^{x(a+c)}$$

$$\underline{u = \frac{b}{a+c} e^{x(a+c)} + c_2}$$

$$y = u \cdot v$$

$$= \underline{\underline{\frac{b}{a+c} e^{cx} + c_2 \cdot e^{-ax}}}$$

2. Lösung nach der Methode von Lagrange

$$y' + ay = 0$$

$$\frac{dy}{dx} = -ay$$

$$\int \frac{dy}{y} = -a \int dx$$

$$\ln |y| = -ax + c_1$$

$c_2 = e^{c_1}$

$$y = c_2 \cdot e^{-ax} \Rightarrow \underline{\underline{y = c_2(x) \cdot e^{-ax}}}$$

Einsetzen in die Differentialgleichung

$$y' = c_2'(x) \cdot e^{-ax} - ac_2(x) \cdot e^{-ax}$$

$$c_2'(x) \cdot e^{-ax} - ac_2(x) \cdot e^{-ax} + ac_2(x) \cdot e^{-ax} = b \cdot e^{cx}$$

$$c_2'(x) \cdot e^{-ax} = b \cdot e^{cx} \quad \| \cdot e^{ax}$$

$$c_2'(x) = b \cdot e^{x(a+c)}$$

$$\underline{c_2(x) = \frac{b}{a+c} e^{x(a+c)} + k}$$

$$y = c_2(x) \cdot e^{-ax}$$

$$= \underline{\underline{\frac{b}{a+c} e^{cx} + k \cdot e^{-ax}}}$$

9. $y' + ay - b \cdot \sin(cx) = 0$

$y = u \cdot v \Rightarrow y' = u \cdot v' + v \cdot u'$

$y = f(x) = u(x) \cdot v(x)$

1. Lösung nach der Methode von Bernoulli

$$u \cdot v' + v \cdot u' + auv - b \sin cx = 0$$

$$u\underbrace{(v' + av)}_{=0} + v \cdot u' - b \sin cx = 0$$

$$\frac{dv}{dx} = -av$$

$$\int \frac{dv}{v} = -a \int dx$$

Wählen: $c_1 = 0$

$$\ln |v| = -ax + c_1$$

$$\underline{v = e^{-ax}}$$

$$u \cdot 0 + e^{-ax} \cdot u' - b \sin cx = 0 \quad \| \cdot e^{ax}$$

$$u' = b \cdot e^{ax} \cdot \sin cx$$

Dieses Integral wird durch partielle Integration gelöst.

$$u = b \int e^{ax} \cdot \sin cx \, dx$$

$$= -\frac{b}{c} e^{ax} \cdot \cos cx + \frac{ab}{c} \int e^{ax} \cdot \cos cx \, dx$$

$$= -\frac{b}{c} e^{ax} \cdot \cos cx +$$

$$+ \frac{ab}{c} \left[e^{ax} \cdot \frac{\sin cx}{c} - \frac{a}{c} \int e^{ax} \cdot \sin cx \, dx \right]$$

$$u = -\frac{b}{c}\, e^{ax} \cdot \cos cx + \frac{ab}{c^2}\, e^{ax} \cdot \sin cx -$$

$$-\frac{a^2}{c^2} \cdot b \underbrace{\int e^{ax} \cdot \sin cx \, dx}_{u}$$

$1 + \frac{a^2}{c^2} = \frac{a^2 + c^2}{c^2}$

$$\left(1 + \frac{a^2}{c^2}\right) u = \frac{b}{c}\, e^{ax} \left(\frac{a}{c} \sin cx - \cos cx\right) + c_2$$

$c_3 = c_2 \cdot \frac{c^2}{a^2 + c^2}$

$$\underline{u = \frac{bc}{a^2 + c^2}\, e^{ax} \left(\frac{a}{c} \sin cx - \cos cx\right) + c_3}$$

$$y = u \cdot v$$

$$\underline{\underline{= \frac{bc}{a^2 + c^2} \left(\frac{a}{c} \sin cx - \cos cx\right) + c_3 \cdot e^{-ax}}}$$

2. Lösung nach der Methode von Lagrange

$$y' + ay = 0$$

$$\frac{dy}{dx} = -ay$$

$$\int \frac{dy}{y} = -a \int dx$$

$$\ln |y| = -ax + c_1$$

$c_2 = e^{c_1}$

$$y = c_2 \cdot e^{-ax} \Rightarrow \underline{\underline{y = c_2(x) \cdot e^{-ax}}}$$

Einsetzen in die Differentialgleichung

$$y' = c_2'(x) \cdot e^{-ax} - ac_2(x) \cdot e^{-ax}$$

$$c_2'(x) \cdot e^{-ax} - ac_2(x) \cdot e^{-ax} + ac_2(x) \cdot e^{-ax} - b \cdot \sin cx = 0$$

$$c_2'(x) \cdot e^{-ax} = b \sin cx \quad \| \cdot e^{ax}$$

$$c_2'(x) = b \cdot e^{ax} \cdot \sin cx$$

Dieses Integral wurde bereits unter Teil 1 gelöst.

$$c_2(x) = b \int e^{ax} \cdot \sin cx \, dx$$

$$\underline{= \frac{bc}{a^2 + c^2}\, e^{ax} \left(\frac{a}{c} \sin cx - \cos cx\right) + k}$$

$$y = c_2(x) \cdot e^{-ax}$$

$$= \frac{b}{a^2+c^2}(a \cdot \sin cx - c \cdot \cos cx) + k \cdot e^{-ax}$$

10. $y' = \frac{y}{x} + \frac{1}{\ln x}$

1. Lösung nach der Methode von Bernoulli

$y = u \cdot v \Rightarrow y' = u \cdot v' + v \cdot u'$

$y = f(x) = u(x) \cdot v(x)$

$$u \cdot v' + v \cdot u' = \frac{uv}{x} + \frac{1}{\ln x}$$

Aus der Aufgabenstellung folgt bereits $x > 0$

$$\underbrace{u\left(v' - \frac{v}{x}\right)}_{=0} + v \cdot u' = \frac{1}{\ln x}$$

$$\frac{dv}{dx} = \frac{v}{x}$$

$$\int \frac{dv}{v} = \int \frac{dx}{x}$$

Wählen: $c_1 = 0$

$$\ln |v| = \ln |x| + c_1$$

$$\underline{v = x}$$

$$u \cdot 0 + x \cdot u' = \frac{1}{\ln x} \quad \Big\| \cdot \frac{1}{x}$$

$$u' = \frac{\frac{1}{x}}{\ln x}$$

$$\int \frac{\frac{1}{x}}{\ln x}\, dx = \int \frac{f'(x)}{f(x)}\, dx$$

$$u = \int \frac{\frac{1}{x}}{\ln x}\, dx$$

$$= \underline{\ln |\ln x| + c}$$

$$y = u \cdot v$$

$$= \underline{\underline{x(\ln |\ln x| + c)}}$$

2. Lösung nach der Methode von Lagrange

$$y' - \frac{y}{x} = 0$$

$$\frac{dy}{dx} = \frac{y}{x}$$

$$\int \frac{dy}{y} = \int \frac{dx}{x}$$

$$\ln|y| = \ln|x| + c_1$$

$c = e^{c_1}$

$$y = c \cdot x \Rightarrow \underline{\underline{y = c(x) \cdot x}}$$

Einsetzen in die Differentialgleichung

$$y' = c'(x) \cdot x + c(x)$$

$$c'(x) \cdot x + c(x) = c(x) + \frac{1}{\ln x}$$

$$c'(x) \cdot x = \frac{1}{\ln x} \quad \Big\| \cdot \frac{1}{x}$$

$$c'(x) = \frac{\frac{1}{x}}{\ln x}$$

$$c(x) = \int \frac{\frac{1}{x}}{\ln x}\, dx$$

$$= \underline{\ln|\ln x| + k}$$

$$y = c(x) \cdot x$$

$$= \underline{\underline{x(\ln|\ln x| + k)}}$$

11. $y' = a + bx + cy$

1. Lösung nach der Methode von Bernoulli

$y = u \cdot v \Rightarrow y' = u \cdot v' + v \cdot u'$

$y = f(x) = u(x) \cdot v(x)$

$$u \cdot v' + v \cdot u' = a + bx + cuv$$

$$u\underbrace{(v' - cv)}_{=0} + v \cdot u' = a + bx$$

$$\frac{dv}{dx} = cv$$

$$\int \frac{dv}{v} = c \int dx$$

Wählen: $c_1 = 0$

$$\ln|v| = cx + c_1$$

$$\underline{v = e^{cx}}$$

$$u \cdot 0 + e^{cx} \cdot u' = a + bx \quad \| \cdot e^{-cx}$$

$$u' = (a + bx) \cdot e^{-cx}$$

$$u = \int (a + bx) e^{-cx} \, dx$$

$$= a \int e^{-cx} \, dx + b \int x \cdot e^{-cx} \, dx$$

$$= -\frac{a}{c} e^{-cx} + b \int x \cdot e^{-cx} \, dx$$

Partielle Integration

$$= -\frac{a}{c} e^{-cx} + b \left[-\frac{x}{c} e^{-cx} + \frac{1}{c} \int e^{-cx} \, dx \right]$$

$$= -\frac{a}{c} e^{-cx} - \frac{bx}{c} e^{-cx} - \frac{b}{c^2} e^{-cx} + c_1$$

$$= -\frac{1}{c} e^{-cx} \left(a + bx + \frac{b}{c} \right) + c_1$$

$$y = u \cdot v$$

$$= -\frac{1}{c} \left(a + bx + \frac{b}{c} \right) + c_1 \cdot e^{cx}$$

2. Lösung nach der Methode von Lagrange

$$y' - cy = 0$$

$$\frac{dy}{dx} = cy$$

$$\int \frac{dy}{y} = c \int dx$$

$$\ln |y| = cx + c_1$$

$c_2 = e^{c_1}$

$$y = c_2 \cdot e^{cx} \Rightarrow y = c_2(x) \cdot e^{cx}$$

Einsetzen in die Differentialgleichung.

$$y' = c_2'(x) \cdot e^{cx} + c \cdot c_2(x) \cdot e^{cx}$$

$$c_2'(x) \cdot e^{cx} + c \cdot c_2(x) \cdot e^{cx} = a + bx + c \cdot c_2{}^{(x)} \cdot e^{cx}$$

$$c_2'(x) \cdot e^{cx} = a + bx \quad \| \cdot e^{-cx}$$

$$c_2'(x) = (a + bx) e^{-cx}$$

4.2.3

Dieses Integral wurde bereits unter Teil 1 gelöst.

$$c_2(x)=\int (a+bx)e^{-cx}\,dx$$

$$=-\frac{1}{c}e^{-cx}\left(a+bx+\frac{b}{c}\right)+c_2$$

$$y=k(x)\cdot e^{cx}$$

$$=-\frac{1}{c}\left(a+bx+\frac{b}{c}\right)+k\cdot e^{cx}$$

12. $xy'+1=e^x+y$

$y=u\cdot v \Rightarrow y'=u\cdot v'+v\cdot u'$

$y=f(x)=u(x)\cdot v(x)$

1. Lösung nach der Methode von Bernoulli

$$x(u\cdot v'+v\cdot u')+1=e^x+uv$$

$$u\underbrace{(xv'-v)}_{=0}+xv\cdot u'+1=e^x$$

$$x\cdot\frac{dv}{dx}=v$$

Voraussetzung: $x\neq 0$; Division durch x

$$\int\frac{dv}{v}=\int\frac{dx}{x}$$

Wählen: $c_1=0$

$$\ln|v|=\ln|x|+c_1$$

$$\underline{v=x}$$

$$u\cdot 0+x^2\cdot u'+1=e^x$$

$$u'=\frac{e^x-1}{x^2}$$

$$u=\int\frac{e^x}{x^2}\,dx-\int\frac{dx}{x^2}$$

$$=\int\frac{e^x}{x^2}\cdot dx+\frac{1}{x}$$

Bei der Lösung des Integrals $\int\frac{e^x}{x^2}\,dx$ läßt sich eine Integration durch Reihenentwicklungen nicht vermeiden.

$$e^x=1+\frac{x}{1!}+\frac{x^2}{2!}+\frac{x^3}{3!}+\frac{x^4}{4!}+\ldots$$

$$\frac{e^x}{x^2}=\frac{1}{x^2}+\frac{1}{x}+\frac{1}{2!}+\frac{x}{3!}+\frac{x^2}{4!}+\ldots$$

$$\int \frac{e^x}{x^2}\,dx = -\frac{1}{x} + \ln|x| + \frac{x}{1\cdot 2!} + \frac{x^2}{2\cdot 3!} + \frac{x^3}{3\cdot 4!} + \ldots + c$$

$$\underline{\underline{u = \ln|x| + \frac{x}{1\cdot 2!} + \frac{x^2}{2\cdot 3!} + \frac{x^3}{3\cdot 4!} + \ldots + c}}$$

$$y = u \cdot v$$

$$\underline{\underline{= c\cdot x + x\cdot \ln|x| + \frac{x^2}{1\cdot 2!} + \frac{x^3}{2\cdot 3!} + \frac{x^4}{3\cdot 4!} + \ldots}}$$

für $x \neq 0$

2. Lösung nach der Methode von Lagrange

$$xy' - y = 0$$

Voraussetzung: $x \neq 0$; Division durch x

$$\frac{dy}{dx} = \frac{y}{x}$$

$$\int \frac{dy}{y} = \int \frac{dx}{x}$$

$$\ln|y| = \ln|x| + c_1$$

$c = e^{c_1}$

$$y = c\cdot x \Rightarrow y = \underline{\underline{c(x)\cdot x}}$$

$$y' = c'(x)\cdot x + c(x)$$

Einsetzen in die Differentialgleichung

$$x^2\cdot c'(x) + c(x)\cdot x + 1 = e^x + c(x)\cdot x$$

$$x^2\cdot c'(x) + 1 = e^x \quad \| : x^2$$

$$c'(x) = \frac{e^x - 1}{x^2}$$

Diese Integrale wurden bereits unter Teil 1 gelöst.

$$c(x) = \int \frac{e^x}{x^2}\,dx - \int \frac{1}{x^2}\,dx$$

$$\underline{= \ln|x| + \frac{x}{1\cdot 2!} + \frac{x^2}{2\cdot 3!} +}$$

$$\underline{+ \frac{x^3}{3\cdot 4!} + \ldots + k}$$

$$y = c(x) \cdot x$$

$$= k \cdot x + x \cdot \ln|x| + \frac{x^2}{1 \cdot 2!} + \frac{x^3}{2 \cdot 3!} + \frac{x^4}{3 \cdot 4!} + \ldots$$

für $x \neq 0$

13. $y'(1-x^2) + xy = 1$

$y = u \cdot v \Rightarrow y' = u \cdot v' + v \cdot u'$

$y = f(x) = u(x) \cdot v(x)$

1. Lösung nach der Methode von Bernoulli

$$(uv' + vu')(1-x^2) + xuv = 1$$

$$u\underbrace{[v'(1-x^2) + xv]}_{=0} + vu'(1-x^2) = 1$$

$$\frac{dv}{dx}(1-x^2) = -xv$$

Voraussetzung: $|x| \neq 1$; Division durch $1-x^2$

$$\int \frac{dv}{v} = \int \frac{-x}{1-x^2}\,dx$$

$$= \frac{1}{2}\int \frac{-2x}{1-x^2}\,dx$$

$\int \frac{-2x}{1-x^2}\,dx = \int \frac{f'(x)}{f(x)}\,dx$

$$\ln|v| = \frac{1}{2}\ln|1-x^2| + c_1$$

Wählen: $c_1 = 0$

$$= \ln|1-x^2|^{\frac{1}{2}}$$

$$v = \sqrt{|1-x^2|}$$

Zur weiteren Lösung muß man für $|x|$ zwei Fälle unterscheiden.

$$v = \begin{cases} \sqrt{1-x^2} & \text{für } |x| < 1 \\ \sqrt{x^2-1} & \text{für } |x| > 1 \end{cases}$$

1. Fall: $v = \sqrt{1-x^2}$; $|x| < 1$

$$u \cdot 0 + \sqrt{1-x^2} \cdot u' \cdot (1-x^2) = 1$$

$$u' = \frac{1}{(1-x^2)\sqrt{1-x^2}}$$

$$u = \int \frac{1}{(1-x^2)^{\frac{3}{2}}}\,dx$$

Substitution:

$1 - x^2 = z^2 \Rightarrow dx = -\frac{z \cdot dz}{x}$

$$= \int \frac{1}{z^3} \cdot \frac{-z\,dz}{\sqrt{1-z^2}}$$

$x=\sqrt{1-z^2}$; $\quad dx=-\dfrac{z\cdot dz}{\sqrt{1-z^2}}$

Substitution:

$z=\sin t \Rightarrow dz=\cos t\cdot dt$

$\sqrt{1-\sin^2 t}=\cos t$; $\quad \cot t=\dfrac{\cos t}{\sin t}$

$$u=-\int \frac{dz}{z^2\cdot\sqrt{1-z^2}}$$

$$=-\int \frac{\cos t\,dt}{\sin^2 t\cdot\sqrt{1-\sin^2 t}}$$

$$=-\int \frac{dt}{\sin^2 t}$$ ► Grundintegral

$$=\cot t+c$$

$$=\frac{\sqrt{1-\sin^2 t}}{\sin t}+c$$

$$=\frac{\sqrt{1-z^2}}{z}+c$$

$$=\frac{x}{\sqrt{1-x^2}}+c$$

$y=u\cdot v$

Diese Lösung erfüllt die Differentialgleichung auch noch für $|x|=1$.

$$=x+c\cdot\sqrt{1-x^2} \quad \text{für } |x|\leq 1$$

2. Fall: $v=\sqrt{x^2-1}$; $\quad |x|>1$

$$u\cdot 0+\sqrt{x^2-1}\cdot u'\cdot(1-x^2)=1$$

$$u'=\frac{1}{\sqrt{x^2-1}\,(1-x^2)}$$

Substitution:

$x^2-1=z^2 \Rightarrow dx=\dfrac{z\cdot dz}{x}$

$x=\sqrt{1+z^2}$; $\quad dx=\dfrac{z\cdot dz}{\sqrt{1+z^2}}$

$$u=-\int \frac{dx}{(x^2-1)^{\frac{3}{2}}}$$

$$=-\int \frac{1}{z^3}\cdot\frac{z\,dz}{\sqrt{1+z^2}}$$

Substitution:

$z=\sinh t \Rightarrow dz=\cosh t\cdot dt$

$\sqrt{1+\sinh^2 t}=\cosh t$

$$u=-\int \frac{dz}{z^2\cdot\sqrt{1+z^2}}$$

$$=-\int \frac{\cosh t\,dt}{\sinh^2 t\cdot\sqrt{1+\sinh^2 t}}$$

$$=-\int \frac{dt}{\sinh^2 t}$$ ► Grundintegral

$\coth t = \dfrac{\cosh t}{\sinh t}$

$$u = \coth t + c$$

$$= \frac{\sqrt{1+\sinh^2 t}}{\sinh t} + c$$

$$= \frac{\sqrt{1+z^2}}{z} + c$$

$$= \frac{x}{\sqrt{x^2-1}} + c$$

$$y = u \cdot v$$

$$= x + c \cdot \sqrt{x^2-1} \quad \text{für } |x| \geq 1$$

Diese Lösung erfüllt die Differentialgleichung auch noch für $|x|=1$.

Die Lösungen in den Fällen 1. und 2. lassen sich unter Verwendung von Betragsstrichen zu einer Lösung zusammenfassen.

$$y = x + c \cdot \sqrt{|1-x^2|} \quad \text{für alle } x$$

2. Lösung nach der Methode von Lagrange

$$y'(1-x^2) + xy = 0$$

Voraussetzung: $|x| \neq 1$ ▶ Division durch $1-x^2$

$$\frac{dy}{dx} = -\frac{xy}{1-x^2}$$

$$\int \frac{dy}{y} = -\int \frac{x}{1-x^2}\, dx$$

$$= \frac{1}{2} \int \frac{-2x}{1-x^2}\, dx$$

$\int \dfrac{-2x}{1-x^2}\, dx = \int \dfrac{f'(x)}{f(x)}\, dx$

$$\ln |y| = \frac{1}{2} \ln |1-x^2| + c_1$$

$$= \ln \sqrt{|1-x^2|} + c_1$$

$c = e^{c_1}$

$$y = \sqrt{|1-x^2|} \cdot c$$

$$y = c(x) \cdot \sqrt{|1-x^2|}$$

Zur weiteren Lösung muß man für $|x|$ zwei Fälle unterscheiden.

$$y = \begin{cases} c(x) \cdot \sqrt{1-x^2} & \text{für } |x| < 1 \\ c(x) \cdot \sqrt{x^2-1} & \text{für } |x| > 1 \end{cases}$$

1. Fall: $y=c(x)\cdot\sqrt{1-x^2}$; $|x|<1$

Einsetzen in die Differentialgleichung.

$$y'=c(x)\cdot\frac{-x}{\sqrt{1-x^2}}+c'(x)\cdot\sqrt{1-x^2}$$

$$\underbrace{c(x)\cdot\frac{-x(1-x^2)}{\sqrt{1-x^2}}}_{-c(x)\cdot x\sqrt{1-x^2}}+c'(x)(1-x^2)\sqrt{1-x^2}+{}$$

$$+xc(x)\cdot\sqrt{1-x^2}=1$$

$$c'(x)(1-x^2)\sqrt{1-x^2}=1$$

$$c'(x)=\frac{1}{(1-x^2)\sqrt{1-x^2}}$$

Dieses Integral wurde bereits unter Teil 1 im 1. Fall berechnet.

$$c(x)=\int\frac{dx}{(1-x^2)^{\frac{3}{2}}}$$

$$=\frac{x}{\sqrt{1-x^2}}+k$$

$$y=c(x)\cdot\sqrt{1-x^2}$$

Diese Lösung erfüllt die Differentialgleichung auch noch für $|x|=1$.

$$=x+k\cdot\sqrt{1-x^2}\quad\text{für } |x|\leq 1$$

2. Fall: $y=c(x)\cdot\sqrt{x^2-1}$; $|x|>1$

Einsetzen in die Differentialgleichung.

$$y'=c'(x)\cdot\sqrt{x^2-1}+c(x)\,\frac{x}{\sqrt{x^2-1}}$$

$$(1-x^2)\cdot c'(x)\cdot\sqrt{x^2-1}+c(x)\,\frac{x(1-x^2)}{\sqrt{x^2-1}}+{}$$

$$+x\cdot c(x)\cdot\sqrt{x^2-1}=1$$

$$(1-x^2)\cdot c'(x)\cdot\sqrt{x^2-1}=1$$

$$c'(x)=\frac{1}{(1-x^2)\sqrt{x^2-1}}$$

$$=-\frac{1}{(x^2-1)\sqrt{x^2-1}}$$

Dieses Integral wurde bereits unter Teil 1 im 2. Fall berechnet.

$$c(x) = -\int \frac{dx}{(x^2-1)^{\frac{3}{2}}}$$

$$= \frac{x}{\sqrt{x^2-1}} + k$$

$$y = c(x) \cdot \sqrt{x^2-1}$$

Diese Lösung erfüllt die Differentialgleichung auch noch für $|x| = 1$.

$$= x + k \cdot \sqrt{x^2-1} \quad \text{für } |x| \geq 1$$

Die Lösungen in den Fällen 1. und 2. lassen sich unter Verwendung von Betragsstrichen zu einer Lösung zusammenfassen.

$$y = x + k \cdot \sqrt{|1-x^2|} \quad \text{für alle } x$$

14. $\frac{y'}{\sin x} - y = 1 - \cos x$

1. Lösung nach der Methode von Bernoulli

$$y' - \sin x \cdot y = \sin x(1-\cos x)$$

$y = u \cdot v \Rightarrow y' = uv' + vu'$

$$uv' + vu' - uv \cdot \sin x = \sin x \cdot (1 - \cos x)$$

$y = f(x) = u(x) \cdot v(x)$

$$\underbrace{u(v' - v \cdot \sin x)}_{=0} + vu' = \sin x(1-\cos x)$$

Aus der Aufgabenstellung ergibt sich $\sin x \neq 0$, d.h. $x \neq n \cdot \pi$ mit $n = 0, \pm 1, \pm 2, \ldots$

$$\frac{dv}{dx} = v \cdot \sin x$$

$$\int \frac{dv}{v} = \int \sin x \, dx$$

Wählen: $c_1 = 0$

$$\ln |v| = -\cos x + c_1$$

$$v = e^{-\cos x}$$

$$u \cdot 0 + e^{-\cos x} \cdot u' = \sin x(1-\cos x) \quad \| \cdot e^{\cos x}$$

$$u' = \sin x(1-\cos x) e^{\cos x}$$

Substitution:

$z = \cos x \Rightarrow dx = \frac{dz}{-\sin x}$

$$u = \int \sin x(1-\cos x) e^{\cos x} dx$$

$$= -\int (1-z) e^z dz$$

$$= -\int e^z dz + \int z \cdot e^z dz$$

$$u = -e^z + \int z \cdot e^z \, dz$$

Partielle Integration

$$= -e^z + z \cdot e^z - \int e^z \, dz$$

$$= -e^z + z \cdot e^z - e^z + c$$

$$= e^z (z-2) + c$$

$$= \underline{e^{\cos x} \cdot (\cos x - 2) + c}$$

$$y = u \cdot v$$

$$= \underline{\underline{\cos x - 2 + c \cdot e^{-\cos x}}}$$

2. Lösung nach der Methode von Lagrange

$$\frac{y'}{\sin x} - y = 0 \quad \| \cdot \sin x$$

$$\frac{dy}{dx} = y \cdot \sin x$$

$$\int \frac{dy}{y} = \int \sin x \, dx$$

$$\ln |y| = -\cos x + c_1$$

$$e^{\ln |y|} = e^{-\cos x + c_1} = e^{-\cos x} \cdot \underbrace{e^{c_1}}_{c}$$

$$y = c \cdot e^{-\cos x} \Rightarrow y = \underline{\underline{c(x) \cdot e^{-\cos x}}}$$

Einsetzen in die Differentialgleichung

$$y' = c'(x) \cdot e^{-\cos x} + c(x) \cdot \sin x \cdot e^{-\cos x}$$

$$\frac{c'(x)}{\sin x} e^{-\cos x} + c(x) \cdot e^{-\cos x} - c(x) \cdot e^{-\cos x} = 1 - \cos x$$

$$\frac{c'(x)}{\sin x} e^{-\cos x} = 1 - \cos x \quad \| \cdot \sin x \cdot e^{\cos x}$$

$$c'(x) = \sin x (1 - \cos x) e^{\cos x}$$

Dieses Integral wurde bereits unter Teil 1 gelöst

$$c(x) = \int \sin x (1 - \cos x) e^{\cos x} \cdot dx$$

$$= \underline{e^{\cos x} \cdot (\cos x - 2) + k}$$

$$y=c(x)\cdot e^{-\cos x}$$
$$=\underline{\underline{\cos x-2+k\cdot e^{-\cos x}}}$$

15. $y'+y\cdot\cos x=\frac{1}{2}\sin(2x)$

1. Lösung nach der Methode von Bernoulli

$y=u\cdot v\Rightarrow y'=uv'+vu'$

$y=f(x)=u(x)\cdot v(x)$

$$uv'+vu'+uv\cdot\cos x=\frac{1}{2}\sin 2x$$

$$u\underbrace{(v'+v\cdot\cos x)}_{=0}+vu'=\frac{1}{2}\sin 2x$$

$$\frac{dv}{dx}=-v\cdot\cos x$$

$$\int\frac{dv}{v}=-\int\cos x\,dx$$

Wählen: $c_1=0$

$$\ln|v|=-\sin x+c_1$$
$$v=\underline{e^{-\sin x}}$$

$\sin 2x=2\cos x\cdot\sin x$

$$u\cdot 0+e^{-\sin x}\cdot u'=\frac{1}{2}\sin 2x\quad\|\cdot e^{\sin x}$$

$$u'=\frac{1}{2}\sin 2x\,e^{\sin x}$$

Substitution:

$\sin x=z\Rightarrow dx=\frac{dz}{\cos x}$

Partielle Integration

$$u=\int\sin x\cdot\cos x\cdot e^{\sin x}\,dx$$
$$=\int z\cdot e^z\cdot dz$$
$$=z\cdot e^z-\int e^z\,dz$$
$$u=z\cdot e^z-e^z+c$$
$$=e^z(z-1)+c$$
$$=\underline{e^{\sin x}(\sin x-1)+c}$$

$$y=u\cdot v$$
$$=\underline{\underline{\sin x-1+c\cdot e^{-\sin x}}}$$

2. Lösung nach der Methode von Lagrange

$y' + y \cdot \cos x = 0$

$$\frac{dy}{dx} = -y \cdot \cos x$$

$$\int \frac{dy}{y} = -\int \cos x \, dx$$

$c = e^{c_1}$

$$\ln |y| = -\sin x + c_1$$

$$y = c \cdot e^{-\sin x} \Rightarrow y = \underline{\underline{c(x) \cdot e^{-\sin x}}}$$

$y' = c'(x) \cdot e^{-\sin x} - \cos x \cdot c(x) \cdot e^{-\sin x}$

Einsetzen in die Differentialgleichung

$$c'(x) \cdot e^{-\sin x} - \cos x \cdot c(x) \cdot e^{-\sin x} + \cos x \cdot c(x) \cdot e^{-\sin x} = \frac{1}{2} \sin 2x$$

$$c'(x) \cdot e^{-\sin x} = \frac{1}{2} \sin 2x \quad \| \cdot e^{\sin x}$$

$$c'(x) = \frac{1}{2} \sin 2x \cdot e^{\sin x}$$

Dieses Integral wurde bereits unter Teil 1 gelöst

$$c(x) = \int \cos x \cdot \sin x \cdot e^{\sin x} \, dx = \underline{\underline{e^{\sin x}(\sin x - 1) + k}}$$

$$y = c(x) \cdot e^{-\sin x} = \underline{\underline{\sin x - 1 + k \cdot e^{-\sin x}}}$$

16. $y' - yx = x^2 - 1$

1. Lösung nach der Methode von Bernoulli

$$y' - yx = x^2 - 1$$

$y = u(x) \cdot v(x) = u \cdot v$

$y' = u \cdot \frac{dv}{dx} + v \frac{du}{dx}$

$$u \cdot \frac{dv}{dx} + v \frac{du}{dx} - u \cdot v \cdot x = x^2 - 1$$

Aus $\left[\frac{dv}{dx} - v \cdot x\right] = 0$ wird

$v = v(x)$ ermittelt.

$$u \cdot \left[\frac{dv}{dx} - v \cdot x\right] + v \frac{du}{dx} = x^2 - 1$$

$$\frac{dv}{dx} - v \cdot x = 0$$

Mit $v(x)=e^{\frac{x^2}{2}}$ wird das Produkt $u\cdot\left[\frac{dv}{dx}-v\cdot x\right]=0$.

$$\int\frac{dv}{v}=\int x\,dx$$

$$\ln v=\frac{x^2}{2}+c_1$$

$$e^{\ln v}=e^{\frac{x^2}{2}+c_1}=e^{\frac{x^2}{2}}\cdot e^{c_1};\ c_1=0$$

$$v=e^{\frac{x^2}{2}}$$

Aus der Restgleichung wird $u=u(x)$ durch Integration bestimmt.

$$v\cdot\frac{du}{dx}=x^2-1$$

$$\frac{du}{dx}=\frac{x^2-1}{v}$$

$$du=\frac{x^2-1}{e^{\frac{x^2}{2}}}\,dx$$

$$\int du=\int e^{-\frac{x^2}{2}}(x^2-1)\,dx$$

$$u=u(x)=\underline{-x\cdot e^{-\frac{x^2}{2}}+c_2}$$

$$\int e^{-\frac{x^2}{2}}(x^2-1)\,dx$$

$$=\int e^{-\frac{x^2}{2}}\cdot x\cdot x\,dx-\int e^{-\frac{x^2}{2}}\,dx$$

$$=-x\cdot e^{-\frac{x^2}{2}}+\int e^{-\frac{x^2}{2}}\,dx-$$

$$-\int e^{-\frac{x^2}{2}}\,dx+c_2$$

Die ermittelten Werte für $u(x)$ und $v(x)$ werden in die Gleichung $y=u(x)\cdot v(x)$ eingesetzt.

$$y=\quad u(x)\quad\cdot v(x)$$

$$y=(-x\,e^{-\frac{x^2}{2}}+c_2)\cdot e^{\frac{x^2}{2}}$$

$$y=\quad -x\quad +c_2\quad\cdot e^{\frac{x^2}{2}}$$

Das Ergebnis ist die *allgemeine* Lösung der gegebenen Differentialgleichung.

$$\Rightarrow f=\underline{\underline{\langle x\mapsto c_2\cdot e^{\frac{x^2}{2}}-x\rangle}}$$

Man setzt $F(x)=0$

$$\Rightarrow y'-y\cdot x=0;\ x^2-1=0$$

$$\frac{dy}{dx}-y\cdot x=0$$

$$\frac{dy}{y}=x\,dx$$

$$\int\frac{dy}{y}=\int x\,dx\Rightarrow\ln y=\frac{x^2}{2}+\ln c_1(x)$$

$$\underline{y=c_1(x)\cdot e^{\frac{x^2}{2}}}$$

$$\underline{y'=c_1(x)\cdot e^{\frac{x^2}{2}}\cdot x+e^{\frac{x^2}{2}}\cdot\frac{dc_1(x)}{dx}}$$

2. Lösung nach der Methode von Lagrange

$$y'-yx=x^2-1$$

$$c_1(x)\cdot e^{\frac{x^2}{2}}\cdot x+e^{\frac{x^2}{2}}\cdot\frac{dc_1(x)}{dx}-c_1(x)\,e^{\frac{x^2}{2}}\cdot x=x^2-1$$

$$e^{\frac{x^2}{2}}\cdot\frac{dc_1(x)}{dx}=x^2-1$$

$$\frac{dc_1(x)}{dx}=\frac{x^2-1}{e^{\frac{x^2}{2}}}$$

Die sich bei der Lösung der Gleichung $y' - yx = 0$ ergebende Integrationskonstante ist eine Funktion von x.

$$dc_1(x) = \frac{x^2 - 1}{e^{\frac{x^2}{2}}}\,dx = e^{-\frac{x^2}{2}}(x^2 - 1)\,dx$$

$$\int c_1(x)\,dx = \int e^{-\frac{x^2}{2}}(x^2 - 1)\,dx$$

$$\underline{c_1(x) = -x \cdot e^{-\frac{x^2}{2}} + c_2}$$

$c_1(x)$ wird in die Teillösung für y eingesetzt.

$$y = c_1(x) \cdot e^{\frac{x^2}{2}}$$

$$= (-x \cdot e^{-\frac{x^2}{2}} + c_2) \cdot e^{\frac{x^2}{2}}$$

Das Ergebnis ist die gleiche *allgemeine* Lösung, wie sie nach der Methode von Bernoulli ermittelt wurde.

$$y = -x + c_2 \cdot e^{\frac{x^2}{2}}$$

$$\Rightarrow f = \underline{\underline{\langle x \mapsto c_2 \cdot e^{\frac{x^2}{2}} - x \rangle}}$$

17. $y' \cdot x^2 + y = x$

1\. Lösung nach der Methode von Bernoulli

$y = u \cdot v \Rightarrow y' = uv' + vu'$

$(uv' + vu')x^2 + uv = x$

$y = f(x) = u(x) \cdot v(x)$

$$u\underbrace{(x^2 v' + v)}_{=0} + x^2 v u' = x$$

$$x^2 v' = -v$$

Voraussetzung: $x \neq 0$; Division durch x^2

$$\int \frac{dv}{v} = -\int \frac{dx}{x^2}$$

Wählen: $c_1 = 0$

$$\ln |v| = \frac{1}{x} + c_1$$

$$\underline{v = e^{\frac{1}{x}}}$$

$$u \cdot 0 + x^2 \cdot e^{\frac{1}{x}} \cdot u' = x \quad \| : x^2 \cdot e^{\frac{1}{x}}$$

$$u' = \frac{1}{x} \cdot e^{-\frac{1}{x}}$$

Dieses Integral läßt sich nur nach einer Reihenentwicklung lösen.

$$u = \int \frac{1}{x} \cdot e^{-\frac{1}{x}}\,dx$$

$$e^z = 1 + z + \frac{z^2}{2!} + \frac{z^3}{3!} + \frac{z^4}{4!} + \dots$$

$$z = -\frac{1}{x}$$

$$e^{-\frac{1}{x}} = 1 - \frac{1}{x} + \frac{1}{2!x^2} - \frac{1}{3!x^3} + \frac{1}{4!x^4} - + \dots$$

$$\frac{1}{x} \cdot e^{-\frac{1}{x}} = \frac{1}{x} - \frac{1}{x^2} + \frac{1}{2!x^3} - \frac{1}{3!x^4} + \frac{1}{4!x^5} - + \dots$$

$$u = \ln|x| + \frac{1}{x} - \frac{1}{2!2x^2} + \frac{1}{3!3x^3} - \frac{1}{4!4x^4} + - \dots + c$$

$$y = u \cdot v$$

$$= e^{\frac{1}{x}} \left(\ln|x| + \frac{1}{x} - \frac{1}{2!2x^2} + \frac{1}{3!3x^3} - \frac{1}{4!4x^4} + - \dots + c \right)$$

für $x \neq 0$

2. Lösung nach der Methode von Lagrange

$$y' \cdot x^2 + y = 0$$

Voraussetzung: $x \neq 0$; Division durch x^2

$$\frac{dy}{dx} = -\frac{y}{x^2}$$

$$\int \frac{dy}{y} = -\int \frac{dx}{x^2}$$

$$\ln|y| = \frac{1}{x} + c_1$$

$c = e^{c_1}$

$$y = c \cdot e^{\frac{1}{x}} \Rightarrow y = c(x) \cdot e^{\frac{1}{x}}$$

Einsetzen in die Differentialgleichung

$$y' = c'(x) \cdot e^{\frac{1}{x}} - \frac{c(x)}{x^2} e^{\frac{1}{x}}$$

$$x^2 \cdot c'(x) \cdot e^{\frac{1}{x}} - c(x) \cdot e^{\frac{1}{x}} + c(x) \cdot e^{\frac{1}{x}} = x$$

$$x^2 \cdot c'(x) \cdot e^{\frac{1}{x}} = x \quad \| : x^2 \cdot e^{\frac{1}{x}}$$

$$c'(x) = \frac{1}{x} \cdot e^{-\frac{1}{x}}$$

Dieses Integral wurde bereits unter Teil 1 gelöst.

$$c(x) = \int \frac{1}{x} \cdot e^{-\frac{1}{x}} dx$$

$$= \ln|x| + \frac{1}{x} - \frac{1}{2!2x^2} + \frac{1}{3!3x^3} - \frac{1}{4!4x^4} + - \dots + k$$

$$y = c(x) \cdot e^{\frac{1}{x}}$$

$$= e^{\frac{1}{x}} \left(\ln|x| + \frac{1}{x} - \frac{1}{2!2x^2} + \frac{1}{3!3x^3} - \frac{1}{4!4x^4} + - \ldots + k \right)$$

für $x \neq 0$

18. $y' + \frac{1}{1+x} y + x^2 = 0$

1. Lösung nach der Methode von Bernoulli

$y = u \cdot v \Rightarrow y' = uv' + vu'$

$y = f(x) = u(x) \cdot v(x)$

Aus der Aufgabenstellung ergibt sich bereits $x \neq -1$.

$$uv' + vu' + \frac{uv}{1+x} + x^2 = 0$$

$$\underbrace{u\left(v' + \frac{v}{1+x}\right)}_{=0} + vu' + x^2 = 0$$

$$\frac{dv}{dx} = \frac{-v}{1+x}$$

$$\int \frac{dv}{v} = -\int \frac{dx}{1+x}$$

Wählen: $c_1 = 0$

$-\ln|1+x| = \ln|1+x|^{-1}$

$$\ln|v| = -\ln|1+x| + c_1$$

$$v = \frac{1}{1+x}$$

$$u \cdot 0 + \frac{u'}{1+x} + x^2 = 0 \quad \| \cdot (1+x)$$

$$u' = -x^2(1+x)$$

$$u = -\int (x^2 + x^3)\,dx$$

$$= -\frac{x^3}{3} - \frac{x^4}{4} + c_2$$

$$y = u \cdot v$$

$c = 12c_2$

$$= \frac{c - 4x^3 - 3x^4}{12(1+x)}$$

2. Lösung nach der Methode von Lagrange

$$y'+\frac{1}{1+x}\,y=0$$

$$\frac{dy}{dx}=\frac{-y}{1+x}$$

$$\int\frac{dy}{y}=-\int\frac{dx}{1+x}$$

$$\ln|y|=-\ln|1+x|+c_1$$

$$e^{\ln|y|}=e^{-\ln|1+x|+c_1}=e^{\ln\left|\frac{1}{1+x}\right|}\cdot\underbrace{e^{c_1}}_{c}$$

$$y=c\cdot\frac{1}{1+x}\Rightarrow y=\frac{c(x)}{1+x}$$

$$y'=c'(x)\cdot\frac{1}{1+x}-c(x)\cdot\frac{1}{(1+x)^2}$$

Einsetzen in die Differentialgleichung

$$\frac{c'(x)}{1+x}-\frac{c(x)}{(1+x)^2}+\frac{1}{1+x}\cdot\frac{c(x)}{1+x}+x^2=0$$

$$\frac{c'(x)}{1+x}+x^2=0$$

$$c'(x)=-x^2(1+x)$$

$$c(x)=-\int(x^2+x^3)\,dx$$

$$=-\frac{x^3}{3}-\frac{x^4}{4}+c_2$$

$$y=\frac{c(x)}{1+x}$$

$k=12c_2$

$$=\frac{k-4x^3-3x^4}{12(1+x)}$$

19. $y'+y\cdot\cos x=e^{-\sin x}$

$y=u\cdot v\Rightarrow y'=uv'+vu'$

$y=f(x)=u(x)\cdot v(x)$

1. Lösung nach der Methode von Bernoulli

$$uv'+vu'+uv\cdot\cos x=e^{-\sin x}$$

$$\underbrace{u(v'+v\cdot\cos x)}_{=0}+vu'=e^{-\sin x}$$

$$\frac{dv}{v} = -v \cdot \cos x$$

$$\int \frac{dv}{v} = -\int \cos x \, dx$$

Wählen: $c_1 = 0$

$$\ln |v| = -\sin x + c_1$$

$$\underline{v = e^{-\sin x}}$$

$$u \cdot 0 + e^{-\sin x} \cdot u' = e^{-\sin x} \quad \| \cdot e^{\sin x}$$

$$u' = 1$$

$$\underline{u = x + c}$$

$$y = u \cdot v$$

$$= \underline{\underline{(x+c)\, e^{-\sin x}}}$$

2. Lösung nach der Methode von Lagrange

$$y' + y \cdot \cos x = 0$$

$$\frac{dy}{dx} = -y \cdot \cos x$$

$$\int \frac{dy}{y} = -\int \cos x \, dx$$

$$\ln |y| = -\sin x + c_1$$

$$e^{\ln |y|} = e^{-\sin x + c_1} = e^{-\sin x} \cdot \underbrace{e^{c_1}}_{c}$$

$$y = c \cdot e^{-\sin x} \Rightarrow y = \underline{\underline{c(x) \cdot e^{-\sin x}}}$$

$$y' = c'(x) \cdot e^{-\sin x} - \cos x \cdot c(x) \cdot e^{-\sin x}$$

Einsetzen in die Differentialgleichung

$$c'(x) \cdot e^{-\sin x} - \cos x \cdot c(x) \cdot e^{-\sin x} + c(x) \cdot e^{-\sin x} \cdot \cos x = e^{-\sin x}$$

$$c'(x) \cdot e^{-\sin x} = e^{-\sin x} \quad \| \cdot e^{\sin x}$$

$$c'(x) = 1$$

$$c(x) = \underline{\underline{x + k}}$$

$$y = c(x) \cdot e^{-\sin x}$$
$$= \underline{\underline{(x+k)\,e^{-\sin x}}}$$

20. $y' + y \cdot \tan x = \sin(2x)$

$y = u \cdot v \Rightarrow y' = uv' + vu'$

$y = f(x) = u(x) \cdot v(x)$

Aus der Aufgabenstellung geht bereits $\cos x \neq 0$ hervor

1. Lösung nach der Methode von Bernoulli

$$uv' + vu' + uv \cdot \tan x = \sin(2x)$$

$$\underbrace{u(v' + v \cdot \tan x)}_{=0} + vu' = \sin(2x)$$

$$\frac{dv}{dx} = -v \cdot \tan x$$

$$\int \frac{dv}{v} = -\int \tan x \, dx$$

$$= -\int \frac{\sin x}{\cos x} \, dx$$

$$-\int \frac{\sin x}{\cos x} \cdot dx = \int \frac{f'(x)}{f(x)} \, dx$$

$$\ln |v| = \ln |\cos x| + c_1$$

Wählen: $c_1 = 0$

$$v = \underline{\cos x}$$

$$u \cdot 0 + \cos x \cdot u' = \sin(2x)$$
$$= 2 \sin x \cdot \cos x \quad \| : \cos x$$
$$u' = 2 \sin x$$
$$u = 2 \int \sin x$$
$$= \underline{-2 \cos x + c}$$

$$y = u \cdot v$$
$$= \underline{\underline{\cos x \cdot (c - 2 \cos x)}}$$

2. Lösung nach der Methode von Lagrange

$$y' + y \cdot \tan x = 0$$

$$\frac{dy}{dx} = -y \cdot \tan x$$

$$\int \frac{dy}{y} = -\int \tan x \cdot dx$$

$$= -\int \frac{\sin x}{\cos x} \cdot dx$$

$c = e^{c_1}$

Einsetzen in die Differentialgleichung.

$$\ln|y| = \ln|\cos x| + c_1$$

$$y = \cos x \cdot c \Rightarrow \underline{\underline{y = c(x) \cdot \cos x}}$$

$$y' = c'(x) \cdot \cos x - c(x) \cdot \sin x$$

$$c'(x) \cdot \cos x - c(x) \cdot \sin x + c(x) \cdot \underbrace{\cos x \cdot \tan x}_{\sin x} = \sin(2x)$$

$$c'(x) \cdot \cos x = \sin(2x)$$

$$= 2 \sin x \cdot \cos x \quad \| : \cos x$$

$$c'(x) = 2 \sin x$$

$$c(x) = 2 \int \sin x \cdot dz$$

$$= \underline{\underline{-2 \cos x + k}}$$

$$y = c(x) \cdot \cos x$$

$$= \underline{\underline{(k - 2 \cos x) \cdot \cos x}}$$

21. $y' - 2y = -x + 3$

$y = u(x) \cdot v(x) = u \cdot v$

$y' = u \cdot \frac{dv}{dx} + v \frac{du}{dx}$

Aus $\left[\frac{du}{dx} - 2 \cdot u\right] = 0$ wird $u = u(x)$ ermittelt.

Mit $u = e^{2x}$ wird das Produkt $v \cdot \left[\frac{du}{dx} - 2u\right] = 0.$

Aus der Restgleichung $u \cdot \frac{dv}{dx} = -x + 3$ wird $v = v(x)$ durch Integration bestimmt.

1. Lösung nach der Methode von Bernoulli

$$y' - 2 \cdot y = -x + 3$$

$$u \cdot \frac{dv}{dx} + v \cdot \frac{du}{dx} - 2 \cdot u \cdot v = -x + 3$$

$$v \cdot \left[\frac{du}{dx} - 2 \cdot u\right] + u \cdot \frac{dv}{dx} = -x + 3$$

$$\frac{du}{dx} - 2u = 0$$

$$\int \frac{du}{u} = \int 2\,dx$$

$$\ln u = 2x + c_1 \Rightarrow \underline{u = e^{2x} \cdot e^{c_1}}$$

$$c_1 = 0 \Rightarrow u = e^{2x}$$

$$u \cdot \frac{dv}{dx} = -x + 3$$

$$\frac{dv}{dx} = \frac{-x + 3}{u} \blacktriangleright u = e^{2x}$$

$$\int e^{-2x}\cdot(3-x)\,dx$$

$$=3\int e^{-2x}\,dx-\int x\cdot e^{-2x}\,dx$$

$$=-\frac{3}{2}e^{-2x}-\left[x\cdot\left(-\frac{1}{2}e^{-2x}\right)-\right.$$

$$\left.-\frac{1}{4}e^{-2x}\right]+c_2$$

$$dv=e^{-2x}(3-x)\,dx$$

$$v=\int e^{-2x}\cdot(3-x)\,dx$$

$$v=e^{-2x}\cdot\left(\frac{1}{2}x-\frac{5}{4}\right)+c_2$$

Die ermittelten Werte für $u(x)$ und $v(x)$ werden in die Gleichung $y=u(x)\cdot v(x)$ eingesetzt.

Das Ergebnis ist die *allgemeine* Lösung der gegebenen Differentialgleichung.

$$y=u(x)\cdot v(x)$$

$$y=e^{2x}\cdot\left[e^{-2x}\cdot\left(\frac{1}{2}x-\frac{5}{4}\right)+c_2\right]$$

$$y=\frac{1}{2}x-\frac{5}{4}+e^{2x}\cdot c_2$$

$$f=\left\langle x\mapsto\frac{1}{2}x+e^{2x}\cdot c_2-\frac{5}{4}\right\rangle$$

2. Lösung nach der Methode von Lagrange

Man setzt $-x+3=0$, dann ist

$$y'-2y=0\Rightarrow\frac{dy}{dx}=y\cdot 2$$

$$\int\frac{dy}{y}=\int 2\,dx$$

$$\ln y=2x+c_1$$

$$y=e^{2x+c_1}=e^{2x}\cdot e^{c_1}$$

$$=c_3(x)\cdot e^{2x}$$

Die Integrationskonstante $e^{c_1}=c_3(x)$ ist eine Funktion von x.

$$y'-2y=-x+3$$

$$y'-2y=0$$

$$y=c_3(x)\cdot e^{2x}$$

$$y'=\frac{dy}{dx}=c_3(x)\cdot e^{2x}\cdot 2+c_3'(x)\cdot e^{2x}$$

Die beiden Teillösungen für y und y' werden in die Ausgangsgleichung $y'-2y=-x+3$ eingesetzt.

$$c_3(x)\cdot e^{2x}\cdot 2+c_3'(x)\cdot e^{2x}-2\cdot c_3(x)\cdot e^{2x}=-x+3$$

$$\Rightarrow c_3'(x)\cdot e^{2x}=-x+3$$

$$c_3'(x)=(-x+3)\cdot e^{-2x}$$

Durch Integration wird die Größe $c_3(x)$ ermittelt.

$$\int c_3'(x)=\int e^{-2x}\cdot(3-x)\,dx$$

$$c_3(x)=e^{-2x}\left(\frac{1}{2}x-\frac{5}{4}\right)+c_2$$

$c_3(x)$ wird in die Gleichung

$y=c_3(x)\cdot e^{2x}$

eingesetzt.

Das Ergebnis ist die gleiche *allgemeine* Lösung, wie sie vorher nach der Methode von Bernoulli ermittelt wurde.

$$y=\left[e^{-2x}\left(\frac{1}{2}x-\frac{5}{4}\right)+c_2\right]\cdot e^{2x}$$

$$y=\frac{1}{2}x-\frac{5}{4}+e^{2x}\cdot c_2$$

$$\underline{\underline{f=\left\langle x\mapsto\frac{1}{2}x+e^{2x}\cdot c_2-\frac{5}{4}\right\rangle}}$$

4.3 Differentialgleichungen zweiter Ordnung

1. $y''=\dfrac{1}{x}$

$$y''=\frac{dy'}{dx}=\frac{1}{x}$$

Aus der Aufgabenstellung ergibt sich $x\neq 0$

$$\int dy'=\int\frac{dx}{x}$$

$$y'=\ln|x|+c_1$$

Zur weiteren Lösung müssen die Fälle $x>0$ und $x<0$ unterschieden werden.

$$=\begin{cases}\ln x+c_1 & \text{für } x>0\\ \ln(-x)+c_1 & \text{für } x<0\end{cases}$$

<u>1. Fall:</u> $y'=\ln x+c_1;\quad x>0$

$$\int dy=\int(\ln x+c_1)\,dx$$

Partielle Integration

$$y=\int\underbrace{\ln x}_{u}\,\underbrace{dx}_{dv}+c_1\int dx$$

$$=x\cdot\ln x-\int dx+c_1\cdot x$$

$$=x(\ln x+c_1-1)+c_2$$

$c_3=c_1-1$

$$=\underline{\underline{x(\ln x+c_3)+c_2;\quad x>0}}$$

4.3

2. Fall: $y' = \ln(-x) + c_1; \quad x < 0$

$$\int dy = \int [\ln(-x) + c_1]\, dx$$

Partielle Integration

$$y = \int \underbrace{\ln(-x)}_{u} \cdot \underbrace{dx}_{dv} + c_1 \int dx$$

$$= x \cdot \ln(-x) - \int x \cdot \frac{-1}{-x}\, dx + c_1 \cdot x$$

$$= x \cdot \ln(-x) - \int dx + c_1 \cdot x$$

$$= x[\ln(-x) - 1 + c_1] + c_2$$

$c_3 = -1 + c_1$

$$= x[\ln(-x) + c_3] + c_2; \quad x < 0$$

Unter Verwendung von Betragsstrichen lassen sich die beiden Lösungen zusammenfassen, Umbenennung: $c_3 \triangleq c_1$

$$y = x(\ln|x| + c_1) + c_2$$

2. $\dfrac{d^2y}{dx^2} = f(x)$

$$\frac{d^2y}{dx^2} = \frac{dy'}{dx} = f(x)$$

$$\int dy' = \int f(x)\, dx$$

$$y' = \int f(x)\, dx + c_1$$

$$y = \int \left[\int f(x) \cdot dx + c_1\right] dx + c_2$$

3. $y'' - x^3 = 0$

$$y'' = \frac{dy'}{dx} = x^3$$

$$\int dy' = \int x^3\, dx$$

$$y' = \frac{x^4}{4} + c_1$$

$$\int dy = \int \left(\frac{x^4}{4} + c_1\right) dx$$

$$y = \frac{x^5}{20} + c_1 \cdot x + c_2$$

4. $y''=x+\sin x$

$$y''=\frac{dy'}{dx}=x+\sin x$$

$$\int dy'=\int (x+\sin x)\,dx$$

$$y'=\frac{x^2}{2}-\cos x+c_1$$

$$\int dy=\int\left(\frac{x^2}{2}+c_1-\cos x\right)dx$$

$$\underline{\underline{y=\frac{x^3}{6}+c_1\cdot x-\sin x+c_2}}$$

5. $y''=\dfrac{1}{\sqrt{1+x^2}}$

$$\int\frac{dx}{\sqrt{a^2+x^2}}=\ln|x+\sqrt{a^2+x^2}|+c$$

Hier sind keine Betragsstriche notwendig, da $x+\sqrt{1+x^2}>0$ für alle x gilt.

Partielle Integration

$$y''=\frac{dy'}{dx}=\frac{1}{\sqrt{1+x^2}}$$

$$\int dy'=\int\frac{dx}{\sqrt{1+x^2}}$$

$$y'=\ln(x+\sqrt{1+x^2})+c_1$$

$$\int dy=\int \underbrace{\ln(x+\sqrt{1+x^2})}_{u}\,\underbrace{dx}_{dv}+c_1\int dx$$

$$y=x\cdot\ln(x+\sqrt{1+x^2})-\int\frac{x\left(1+\frac{x}{\sqrt{1+x^2}}\right)}{x+\sqrt{1+x^2}}\,dx+c_1x$$

$$=x[\ln(x+\sqrt{1+x^2})+c_1]-\int\frac{x}{\sqrt{1+x^2}}\,dx$$

$$\underline{\underline{=x[\ln(x+\sqrt{1+x^2})+c_1]-\sqrt{1+x^2}+c_2}}$$

6. $y''=\tan x$

Bei der Lösung dieser Differentialgleichung läßt sich eine Reihenentwicklung nicht vermeiden

$$\tan x=x+\frac{1}{3}x^3+\frac{2}{15}x^5+\frac{17}{315}x^7+\frac{62}{2835}x^9+\ldots$$

für $|x|<\dfrac{\pi}{2}$

$$y''=\frac{dy'}{dx}=\tan x$$

$$\int dy'=\int\tan x\,dx$$

$$y' = c_1 + \frac{x^2}{2} + \frac{x^4}{4 \cdot 3} + \frac{2x^6}{6 \cdot 15} + \frac{17x^8}{8 \cdot 315} + \ldots$$

$$y = c_2 + c_1 \cdot x + \frac{x^3}{6} + \frac{x^5}{60} + \frac{x^7}{315} + \frac{17x^9}{22680} + \ldots$$

für $|x| < \frac{\pi}{2}$

7. $y'' = \sinh x$

$$y'' = \frac{dy'}{dx} = \sinh x$$

$$\int dy' = \int \sinh x \, dx$$

$$y' = \cosh x + c_1$$

$$\int dy = \int (\cosh x + c_1)\, dx$$

$$y = \sinh x + c_1 \cdot x + c_2$$

8. $y'' = e^{x^2}$

Die Lösung dieser Differentialgleichung ist nur durch Reihenentwicklung möglich

$$e^z = 1 + z + \frac{z^2}{2!} + \frac{z^3}{3!} + \frac{z^4}{4!} + \frac{z^5}{5!} + \ldots$$

$$z = x^2$$

$$e^{x^2} = 1 + x^2 + \frac{x^4}{2!} + \frac{x^6}{3!} + \frac{x^8}{4!} + \frac{x^{10}}{5!} + \ldots$$

$$y'' = \frac{dy'}{dx} = e^{x^2}$$

$$\int dy' = \int e^{x^2}\, dx$$

$$y' = c_1 + x + \frac{x^3}{3} + \frac{x^5}{5 \cdot 2!} + \frac{x^7}{7 \cdot 3!} + \frac{x^9}{9 \cdot 4!} + \ldots$$

$$y = c_2 + c_1 \cdot x + \frac{x^2}{2} + \frac{x^4}{12} + \frac{x^6}{30 \cdot 2!} + \frac{x^8}{56 \cdot 3!} +$$

$$+ \frac{x^{10}}{90 \cdot 4!} + \ldots$$

9. $y^{(4)} = \cos x$

$$y^{(4)} = \frac{dy'''}{dx} = \cos x$$

$$\int dy''' = \int \cos x \, dx$$

$$y''' = \frac{dy''}{dx} \qquad y''' = \sin x + c_1^*$$

$$\int dy'' = \int (\sin x + c_1^*) \, dx$$

$$y'' = \frac{dy'}{dx} \qquad y'' = -\cos x + c_1^* \cdot x + c_2^*$$

$$\int dy' = \int (-\cos x + c_1^* \cdot x + c_2^*) \, dx$$

$$y' = \frac{dy}{dx} \qquad y' = -\sin x + c_1^* \cdot \frac{x^2}{2} + c_2^* \cdot x + c_3$$

$$\int dy = \int \left(-\sin x + \frac{c_1^*}{2} \cdot x^2 + c_2^* \cdot x + c_3 \right) dx$$

$$y = \cos x + \frac{c_1^*}{6} x^3 + \frac{c_2^*}{2} x^2 + c_3 x + c_4$$

$$c_1 = \frac{1}{6} c_1^*; \quad c_2 = \frac{1}{2} c_2^* \qquad \underline{\underline{y = \cos x + c_1 x^3 + c_2 x^2 + c_3 x + c_4}}$$

10. $y''' = e^x$

$$y''' = \frac{dy''}{dx} = e^x$$

$$\int dy'' = \int e^x \, dx$$

$$y'' = e^x + c_1^*$$

$$\int dy' = \int (e^x + c_1^*) \, dx$$

$$y' = e^x + c_1^* \cdot x + c_2$$

$$\int dy = \int (e^x + c_1^* \cdot x + c_2) \, dx$$

$$y = e^x + c_1^* \cdot \frac{x^2}{2} + c_2 x + c_3$$

$$c_1 = \frac{1}{2} c_1^* \qquad \underline{\underline{= e^x + c_1 x^2 + c_2 x + c_3}}$$

4.3

11. $y^{(4)} = \sinh(2x)$ ▶ $y^{(4)} = \frac{dy'''}{dx} \Rightarrow dy''' = y^{(4)} \cdot dx$

$$\int dy''' = \int \sinh(2x)\,dx$$

$$y''' = \frac{1}{2}\cosh(2x) + c_1 \quad ▶ \; y''' = \frac{dy''}{dx} \Rightarrow dy'' = y''' \cdot dx$$

$$\int dy'' = \int \left(\frac{1}{2}\cosh(2x) + c_1\right) dx$$

$$y'' = \frac{1}{2}\int \cosh(2x)\,dx + \int c_1\,dx$$

$$= \frac{1}{4}\sinh(2x) + c_2 + c_1 x + c_3 \quad ▶ \; c_2 + c_3 = c_4$$

$$= \frac{1}{4}\sinh(2x) + c_1 x + c_4$$

$$y'' = \frac{dy'}{dx} \Rightarrow dy' = y'' \cdot dx$$

$$\int dy' = \int \left(\frac{1}{4}\sinh(2x) + c_1 x + c_4\right) dx$$

$$y' = \frac{1}{8}\cosh(2x) + c_5 + \frac{1}{2}c_1 x^2 + c_6 + c_4 x + c_7 \quad ▶ \; c_5 + c_6 + c_7 = c_8$$

$$= \frac{1}{8}\cosh(2x) + \frac{1}{2}c_1 x^2 + c_4 x + c_8$$

$$y' = \frac{dy}{dx} \Rightarrow dy = y' \cdot dx$$

$$\int dy = \int \left[\frac{1}{8}\cosh(2x) + \frac{1}{2}c_1 x^2 + c_4 x + c_8\right] dx$$

$$y = \frac{1}{16}\cosh(2x) + c_9 + \frac{1}{6}c_1 x^3 + c_{10} + \frac{1}{2}c_4 x^2 + c_{11} + c_8 x + c_{12}$$

$$\underline{\underline{y = \frac{1}{16}\cosh(2x) + \frac{1}{6}c_1 x^3 + \frac{1}{2}c_4 x^2 + c_8 x + k}}$$

12. $y^{(5)} = \cosh(ax)$ ▶ $y^{(5)} = \frac{dy^{(4)}}{dx} \Rightarrow dy^{(4)} = y^{(5)} \cdot dx$

$$\int dy^{(4)} = \int \cosh(ax)\,dx = \frac{1}{a}\sinh(ax) + c_1 = y^{(4)} = \frac{dy'''}{dx}$$

$$\int dy''' = \int \left[\frac{1}{a}\sinh(ax)+c_1\right]dx = \frac{1}{a^2}\cosh(ax)+c_2+c_1x+c_3$$

$$y''' = \frac{1}{a^2}\cosh(ax)+c_1x+c_4 = \frac{dy''}{dx}$$

$$\int dy'' = \int \left[\frac{1}{a^2}\cosh(ax)+c_1x+c_4\right]dx$$

$$y'' = \frac{1}{a^3}\sinh(ax)+c_5+\frac{1}{2}c_1x^2+c_6+c_4x+c_7$$

$$y'' = \frac{1}{a^3}\sinh(ax)+\frac{1}{2}c_1x^2+c_4x+c_8 = \frac{dy'}{dx}$$

$$\int dy' = \int \left[\frac{1}{a^3}\sinh(ax)+\frac{1}{2}c_1x^2+c_4x+c_8\right]dx$$

$$y' = \frac{1}{a^4}\cosh(ax)+c_9+\frac{1}{6}c_1x^3+c_{10}+\frac{1}{2}c_4x^2+c_{11}+c_8x+c_{12}$$

$$y' = \frac{1}{a^4}\cosh(ax)+\frac{1}{6}c_1x^3+\frac{1}{4}c_4x^2+c_8x+c_{13} = \frac{dy}{dx}$$

$$\int dy = \int \left[\frac{1}{a^4}\cosh(ax)+\frac{1}{6}c_1x^3+\frac{1}{4}c_4x^2+c_8x+c_{13}\right]dx$$

$$y = \frac{1}{a^5}\cosh(ax)+c_{14}+\frac{1}{24}c_1x^4+c_{15}+\frac{1}{12}c_4x^3+c_{16}+\frac{1}{2}c_8x^2+c_{17}+c_{13}x+c_{18}$$

$$\underline{\underline{y = \frac{1}{a^5}\cosh(ax)+\frac{1}{24}c_1x^4+\frac{1}{12}c_4x^3+\frac{1}{2}c_8x^2+c_{13}x+k}}$$

13. Zur Bestimmung der Momente müssen die Bereiche $0 \leq x \leq a$ und $a \leq x \leq a+b=l$ unterschieden werden

1. Bereich: $0 \leq x \leq a$

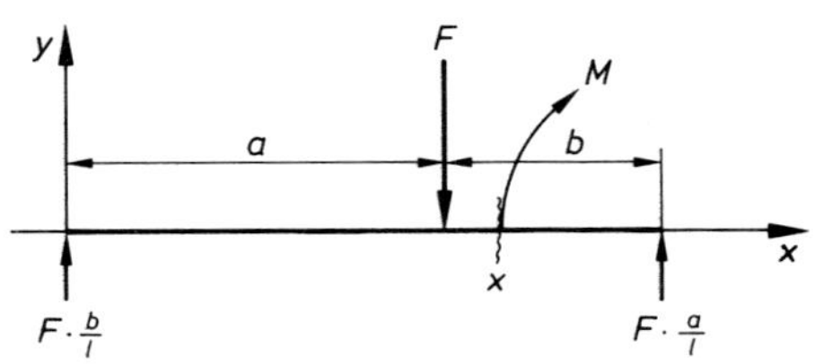

$$M - F\cdot\frac{b}{l}\cdot x = 0$$

$$\underline{\underline{M = F\cdot\frac{b}{l}\cdot x}} \quad \text{für } 0 \leq x \leq a$$

2. Bereich: $a \leq x \leq a+b=l$

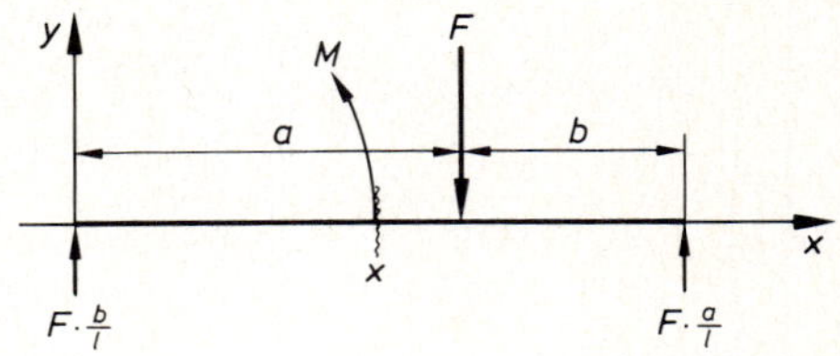

$$M - F \cdot \frac{a}{l} \cdot (l-x) = 0$$

$$M = F \cdot \frac{a}{l}(l-x) \quad \text{für } a \leq x \leq l$$

Es ist für jeden der beiden Bereiche eine Biegelinie zu bestimmen, die für $x=a$ zusammengefügt werden müssen

Bestimmung der Biegelinie y_1 für den Bereich $0 \leq x \leq a$:

$$y_1'' = -\frac{M}{E \cdot I}$$

$$\frac{\mathrm{d}y_1'}{\mathrm{d}x} = -\frac{F \cdot \frac{b}{l} \cdot x}{E \cdot I}$$

$$\int \mathrm{d}y_1' = -\frac{F \cdot b}{l \cdot E \cdot I} \int x \, \mathrm{d}x$$

$$y_1' = -\frac{F \cdot b}{2lEI} x^2 + c_1$$

$$y_1 = \int \left(-\frac{F \cdot b}{2lEI} x^2 + c_1 \right) \mathrm{d}x$$

$$= -\frac{F \cdot b}{6lEI} x^3 + c_1 \cdot x + c_2$$

Die Durchbiegung für $x=0$ ist 0

$$y_1(0) = 0 - c_2 = 0$$

$$y_1 = -\frac{F \cdot b}{6lEI} x^3 + c_1 \cdot x$$

Bestimmung der Biegelinie y_2 für den Bereich $a \leq x \leq l$:

$$y_2'' = -\frac{M}{E \cdot I}$$

$$\frac{dy_2'}{dx} = -\frac{F \cdot \frac{a}{l}(l-x)}{E \cdot I}$$

Substitution:

$z = l - x \Rightarrow dx = -dz$

$$\int dy_2' = -\frac{F \cdot a}{lEI} \int (l-x)\, dx$$

$$= \frac{F \cdot a}{lEI} \int z\, dz$$

$$y_2' = \frac{F \cdot a}{2lEI} z^2 + c_3$$

$$\int dy_2 = -\int \left(\frac{F \cdot a}{2lEI} z^2 + c_3 \right) dz$$

$$y_2 = -\frac{F \cdot a}{6lEI} z^3 - c_3 \cdot z + c_4$$

Die Konstante c_4 bestimmt man aus dem Randwert $y_2(l) = 0$

$$= -\frac{F \cdot a}{6lEI} (l-x)^3 - c_3(l-x) + c_4$$

$$y_2(l) = c_4 \quad c_4 = 0$$

$$y_2 = -\frac{F \cdot a}{6lEI} (l-x)^3 - c_3(l-x)$$

Die in den Funktionen y_1 und y_2 auftretenden Konstanten c_1 und c_3 müssen dadurch bestimmt werden, daß die beiden Funktionen bei $x = a$ zusammengesetzt sind, d.h. es gilt:

$y_1(a) = y_2(a)$

$y_1'(a) = y_2'(a)$

$$y_1(a) = y_2(a)$$

$$-\frac{Fba^3}{6lEI} + c_1 \cdot a = -\frac{Fab^3}{6lEI} - c_3 \cdot b$$

$$y_1'(a) = y_2'(a)$$

$$-\frac{Fba^2}{2lEI} + c_1 = +\frac{Fab^2}{2lEI} + c_3$$

$$c_1 = \frac{Fab(a+2b)}{6lEI}$$

$$c_3 = \frac{-Fab(2a+b)}{6lEI}$$

Diese Konstanten c_1 und c_3 werden in y_1 und y_2 eingesetzt

$$y_1 = -\frac{F \cdot b}{6lEI} x^3 + \frac{Fab(a+2b)}{6lEI} x$$

$$y_2 = -\frac{F \cdot a}{6lEI} (l-x)^3 + \frac{Fab(b+2a)}{6lEI} (l-x)$$

Zusammenfassung:

$$y=\begin{cases}\frac{Fbx}{6lEI}[a(a+2b)-x^2] & \text{für } 0\le x\le a\\ \frac{Fa(l-x)}{6lEI}[b(b+2a)-(l-x)^2] & \text{für } a\le x\le l\end{cases}$$

Die maximale Durchbiegung könnte im Bereich von y_1 oder y_2 liegen, so daß beide Funktionen differenziert werden müßten

$$y_1'=\frac{Fb}{6lEI}[a(a+2b)-3x^2]$$

$$y_1'=0$$

$$x_m^2=\frac{a}{3}(a+2b)$$

$$x_{m_{1;2}}=\pm\sqrt{\frac{a}{3}(a+2b)}$$

$$x_m=\sqrt{\frac{a}{3}(a+2b)}$$

Wegen $b<a$ folgt

$$\sqrt{\frac{a}{3}(a+2b)}<\sqrt{\frac{a}{3}(a+2a)}=a,$$

d.h. $x_m<a$. Die maximale Durchbiegung bei x_m liegt also im Bereich von y_1, so daß y_2 nicht mehr untersucht werden muß

$$\left(x_m=-\sqrt{\frac{a}{3}(a+2b)}<0 \text{ ist hier sinnlos.}\right)$$

Maximale Durchbiegung $y_{\max}$:

$$y_{\max}=y_1(x_m)$$

$$=\frac{Fb\sqrt{a(a+2b)}}{6\sqrt{3}lEI}\left[a(a+2b)-\frac{a}{3}(a+2b)\right]$$

$$=\frac{Fab(a+2b)\sqrt{a(a+2b)}}{9\sqrt{3}lEI}$$

14. Die Gesamtlast ergibt sich zu

$$F=\frac{1}{2}\,l\cdot q,$$

so daß die Auflagekraft in A und B jeweils $\frac{1}{4}\,l\cdot q$ beträgt

1. Bereich: $0\le x\le\frac{l}{2}$

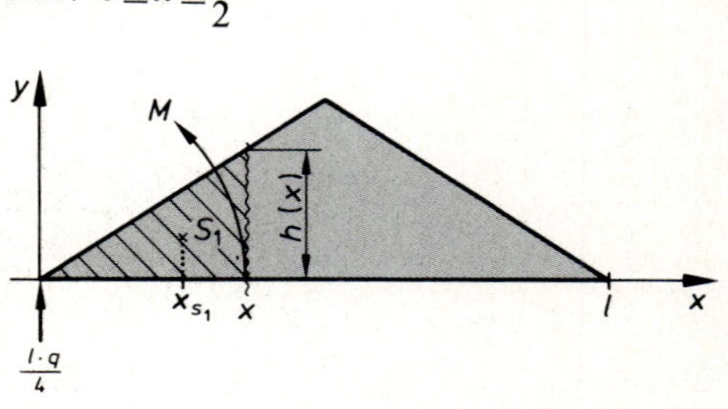

Der schraffierten Dreiecksfläche entspricht die Last $\frac{1}{2}\,h(x)\cdot x$. Die Schwerpunktsabszisse x_{s_1} läßt sich

$$h(x)=\frac{2q}{l}\,x$$

elementargeometrisch zu $x_{s_1} = \frac{2}{3}\, x$ berechnen

$$0 = M + (x - x_{s_1}) \cdot \frac{1}{2}\, h(x) \cdot x - x \cdot \frac{l \cdot q}{4}$$

$$M = \frac{l \cdot q}{4}\, x - \left(x - \frac{2}{3}\, x\right) \cdot \frac{1}{2} \cdot \frac{2q}{l}\, x \cdot x$$

$$= \frac{l \cdot q}{4}\, x - \frac{q}{3l}\, x^3 \quad \text{für } 0 \leq x \leq \frac{l}{2}$$

Bestimmung der Biegelinie y_1 für den Bereich $0 \leq x \leq \frac{l}{2}$:

$$y_1'' = -\frac{M}{EI}$$

$$\frac{\mathrm{d}y_1'}{\mathrm{d}x} = -\frac{q}{EI}\left(\frac{l}{4}\, x - \frac{1}{3l}\, x^3\right)$$

$$\int \mathrm{d}y_1' = -\frac{q}{EI} \int \left(\frac{l}{4}\, x - \frac{1}{3l}\, x^3\right) \mathrm{d}x$$

Aus Gründen der symmetrischen Belastung läßt sich c_1 ermitteln aus

$x_m = \frac{l}{2}$ mit $y_1'\left(\frac{l}{2}\right) = y_2'\left(\frac{l}{2}\right) = 0$

$$y_1' = -\frac{q}{EI}\left(\frac{l}{8}\, x^2 - \frac{1}{12l}\, x^4 + c_1\right)$$

$$0 = -\frac{q}{EI}\left(\frac{l}{8} \cdot \frac{l^2}{4} - \frac{1}{12l} \cdot \frac{l^4}{16} + c_1\right)$$

$$c_1 = -\frac{l^3}{32} + \frac{l^3}{192}$$

$$= -\frac{5l^3}{192}$$

$$y_1' = -\frac{q}{EI}\left(\frac{l}{8}\, x^2 - \frac{x^4}{12l} - \frac{5l^3}{192}\right)$$

$$\int \mathrm{d}y_1 = \frac{q}{EI} \int \left(\frac{x^4}{12l} - \frac{lx^2}{8} + \frac{5l^3}{192}\right) \mathrm{d}x$$

$y_1(0) = 0 \Rightarrow c_2$

$$y_1 = \frac{q}{EI}\left(\frac{x^5}{60l} - \frac{lx^3}{24} + \frac{5l^3 \cdot x}{192}\right) + c_2$$

$$y_1(0) = \frac{q}{EI} \cdot 0 + c_2 = 0 \Rightarrow c_2 = 0$$

Wegen der symmetrischen Belastung ist die Biegelinie zu $x=\frac{l}{2}$ symmetrisch. Für y_2 im Bereich $\frac{l}{2}\leq x\leq l$ hat man in y_1 nur x durch $l-x$ zu ersetzen.

$$y_1=\frac{qx}{12EI}\left(\frac{x^4}{5l}-\frac{lx^2}{2}+\frac{5l^3}{16}\right)$$

für $0\leq x\leq\frac{l}{2}$

$$y=\begin{cases}\dfrac{qx}{12EI}\left(\dfrac{x^4}{5l}-\dfrac{lx^2}{2}+\dfrac{5l^3}{16}\right) & \text{für } 0\leq x\leq\dfrac{l}{2}\\ \dfrac{q(l-x)}{12EI}\left[\dfrac{(l-x)^4}{5l}-\dfrac{l(l-x)^2}{2}+\dfrac{5l^3}{16}\right] & \text{für } \dfrac{l}{2}\leq x\leq l\end{cases}$$

Die maximale Durchbiegung kann man für $x_m=\frac{l}{2}$ aus y_1 berechnen

$$y_1\left(\frac{l}{2}\right)=\frac{ql}{24EI}\left(\frac{l^3}{80}-\frac{l^3}{8}+\frac{5l^3}{16}\right)$$

$$y_{\max}=\frac{ql^4}{120EI}$$

15. Bei dieser Aufgabe sind für x drei Bereiche zu unterscheiden

1. Bereich: $0\leq x\leq a$

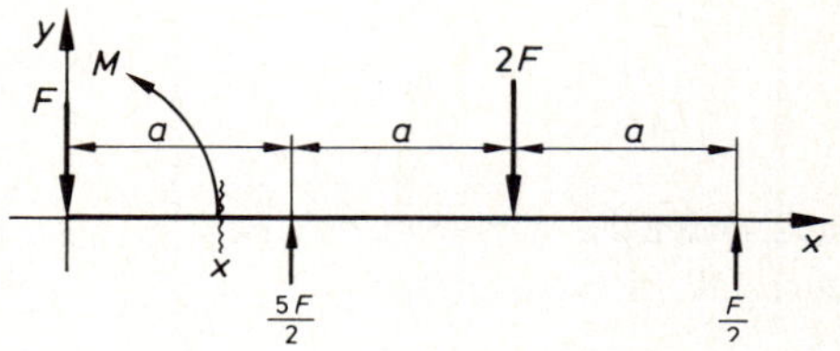

$$0=M+F\cdot x\Rightarrow M=-F\cdot x$$

y_1 : Biegelinie für $0\leq x\leq a$

$$y_1''=-\frac{M}{EI}$$

$$=\frac{F}{EI}x$$

$$y_1'=\frac{F}{2EI}x^2+c_1$$

$$y_1=\frac{F}{6EI}x^3+c_1x+c_2$$

Randwert: $y_1(a)=0\Rightarrow c_2$

$$0=\frac{Fa^3}{6EI}+c_1a+c_2$$

$$c_2=-\frac{Fa^3}{6EI}-c_1a$$

$$y_1 = \frac{F}{6EI}(x^3 - a^3) + c_1(x-a)$$

2. Bereich: $a \leq x \leq 2a$

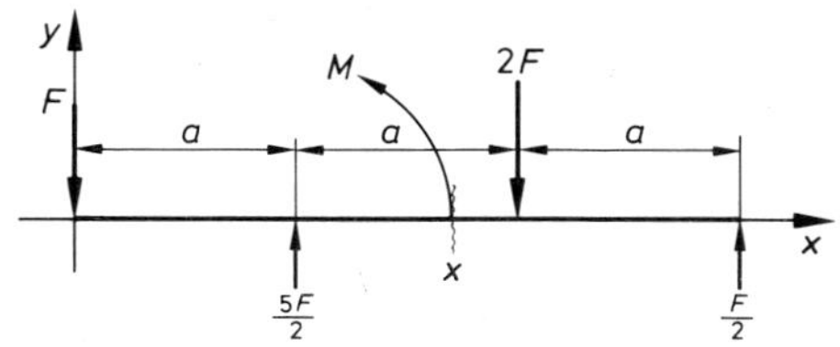

$$0 = M - \frac{5F}{2} \cdot (x-a) + F \cdot x$$

$$M = \frac{5F}{2}(x-a) - F \cdot x$$

$$= \frac{3F}{2}x - \frac{5aF}{2}$$

$$= \frac{F}{2}(3x - 5a)$$

y_2: Biegelinie für $a \leq x \leq 2a$

$$y_2'' = -\frac{M}{EI}$$

$$= -\frac{F}{2EI}(3x - 5a)$$

$$y_2' = -\frac{F}{2EI}\left(\frac{3}{2}x^2 - 5ax + c_3\right)$$

$$y_2 = -\frac{F}{2EI}\left(\frac{x^3}{2} - \frac{5a}{2}x^2 + c_3 x + c_4\right)$$

Randwert: $y_2(a) = 0 \Rightarrow c_4$

$$0 = -\frac{F}{2EI}\left(\frac{a^3}{2} - \frac{5a^3}{2} + c_3 a + c_4\right)$$

$$c_4 = \frac{5a^3}{2} - \frac{a^3}{2} - c_3 a$$

$$= \frac{4a^3}{2} - c_3 a$$

$$y_2 = -\frac{F}{2EI}\left[\frac{x^3}{2} - \frac{5a}{2}x^2 + c_3(x-a) + 2a^3\right]$$

4.3

3. Bereich: $2a \leq x \leq 3a$

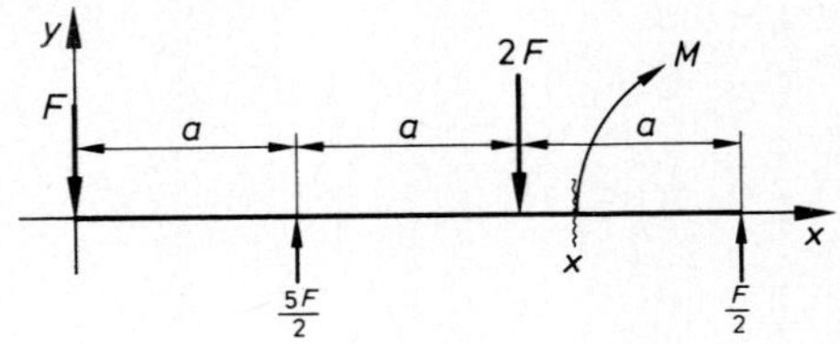

$$0 = M - \frac{F}{2}(3a - x) \Rightarrow M = \frac{F}{2}(3a - x)$$

y_3: Biegelinie für $2a \leq x \leq 3a$

$$y_3'' = -\frac{M}{EI}$$

$$= -\frac{F}{2EI}(3a - x)$$

$$y_3' = -\frac{F}{2EI}\left(3ax - \frac{x^2}{2} + c_5\right)$$

$$y_3 = -\frac{F}{2EI}\left(\frac{3a}{2}x^2 - \frac{x^3}{6} + c_5 x + c_6\right)$$

Randwert: $y_3(3a) = 0 \Rightarrow c_6$

$$0 = -\frac{F}{2EI}\left(\frac{27a^3}{2} - \frac{27a^3}{6} + 3ac_5 + c_6\right)$$

$$c_6 = -27a^3\left(\frac{1}{2} - \frac{1}{6}\right) - 3ac_5$$

$$= -9a^3 - 3ac_3$$

Die in den Funktionen y_1, y_2, y_3 noch enthaltenen Konstanten c_1, c_3, c_5 müssen nun durch das Zusammensetzen der drei Funktionen bestimmt werden.

$$y_3 = -\frac{F}{2EI}\left[\frac{3a}{2}x^2 - \frac{x^3}{6} + c_5(x - 3a) - 9a^3\right]$$

Bestimmung von c_3 und c_5:

Bedingungen: $y_2(2a) = y_3(2a)$

$y_2'(2a) = y_3'(2a)$

$$y_2(2a) = -\frac{F}{2EI}[4a^3 - 10a^3 + ac_3 + 2a^3]$$

$$= -\frac{F}{2EI}[ac_3 - 4a^3]$$

$$y_3(2a) = -\frac{F}{2EI}\left[6a^3 - \frac{4}{3}a^3 - ac_5 - 9a^3\right]$$

$$= -\frac{F}{2EI}\left[-\frac{13a^3}{3} - ac_5\right]$$

$$y_2(2a) = y_3(2a)$$

$$-\frac{F}{2EI}\,[ac_3 - 4a^3] = -\frac{F}{2EI}\left[-\frac{13a^3}{3} - ac_5\right]$$

$$c_3 - 4a^2 = -\frac{13a^2}{3} - c_5$$

Gleichung I

I: $$c_3 + c_5 = -\frac{1}{3}\,a^2$$

$$y_2'(2a) = -\frac{F}{2EI}\,(6a^2 - 10a^2 + c_3)$$

$$= -\frac{F}{2EI}\,(c_3 - 4a^2)$$

$$y_3'(2a) = -\frac{F}{2EI}\,(6a^2 - 2a^2 + c_5)$$

$$= -\frac{F}{2EI}\,(4a^2 + c_5)$$

$$y_2'(2a) = y_3'(2a)$$

$$-\frac{F}{2EI}\,(c_3 - 4a^2) = -\frac{F}{2EI}\,(4a^2 + c_5)$$

$$c_3 - 4a^2 = 4a^2 + c_5$$

Gleichung II

II: $$c_3 - c_5 = 8a^2$$

Aus den Gleichungen I und II werden c_3 und c_5 leicht ermittelt

I+II: $$2c_3 = -\frac{1}{3}\,a^2 + 8a^2 \Rightarrow c_3 = \underline{\frac{23}{6}\,a^2}$$

I−II: $$2c_5 = -\frac{1}{3}\,a^2 - 8a^2 \Rightarrow c_5 = \underline{-\frac{25}{6}\,a^2}$$

Die Konstante c_1 wird aus der Beziehung $y_1'(a) = y_2'(a)$ ermittelt

Bestimmung von c_1:

$$y_1'(a) = \frac{Fa^2}{2EI} + c_1$$

$$y_2'(a) = -\frac{F}{2EI}\left(\frac{3a^2}{2} - 5a^2 + \frac{23a^2}{6}\right)$$

$$y_2'(a) = -\frac{Fa^2}{6EI}$$

$$y_1'(a) = y_2'(a)$$

$$\frac{Fa^2}{2EI} + c_1 = -\frac{Fa^2}{6EI} \Rightarrow c_1 = -\frac{2Fa^2}{3EI}$$

Darstellung der Biegelinie für alle drei Bereiche in geschlossener Form:

$$y = \begin{cases} \frac{F}{6EI}(x^3 - 4a^2x + 3a^3) & \text{für } 0 \leq x \leq a \\ \frac{-F}{12EI}(3x^3 - 15ax^2 + 23a^2x - 11a^3) & \text{für } a \leq x \leq 2a \\ \frac{F}{12EI}(x^3 - 9ax^2 + 25a^2x - 21a^3) & \text{für } 2a \leq x \leq 3a \end{cases}$$

Zur Bestimmung der maximalen Durchbiegung müssen y_1', y_2' und y_3' gebildet werden.

$$y_1' = \frac{F}{6EI}(3x^2 - 4a^2)$$

$$y_1' = 0 \Rightarrow 3x^2 - 4a^2 = 0$$

$$x_{1;2} = \pm a\sqrt{\frac{4}{3}}$$

Sowohl x_1 als auch x_2 liegen außerhalb des Bereichs $0 \leq x \leq a$, so daß sie für die maximale Durchbiegung nicht in Frage kommen. Im Bereich $0 \leq x \leq a$ kann die maximale Durchbiegung deshalb nur im Randwert $x_{m_1} = 0$ eintreten.

$$y_1(0) = y_1(x_{m_1}) = y_{\max_1}$$

$$y_{\max_1} = \frac{Fa^3}{2EI}$$

$$y_2' = -\frac{F}{12EI}(9x^2 - 30ax + 23a^2)$$

$$y_2' = 0 \Rightarrow 9x^2 - 30ax + 23a^2 = 0$$

$$x^2 - \frac{10}{3}ax + \frac{23}{9}a^2 = 0$$

$$x_{1;2} = \frac{5}{3}a \pm \sqrt{\frac{25}{9}a^2 - \frac{23}{9}a^2}$$

Der Wert $x_1 = \frac{5}{3}a + \frac{\sqrt{2}}{3}a > 2a$ liegt nicht mehr im Gültigkeitsbereich $a \leq x \leq 2a$ von y_2, so daß nur für x_2 eine maximale Durchbiegung vorhanden sein kann.

$$x_{1;2} = \frac{5}{3}a \pm \frac{\sqrt{2}}{3}a$$

$$x_1 = \frac{5}{3}a + \frac{\sqrt{2}}{3}a > 2a \quad \blacktriangleright \text{ hier uninteressant}$$

$$\underline{\underline{x_{m_2} = \frac{a}{3}(5 - \sqrt{2})}}$$

$$y_{\max_2} = y_2(x_{m_2})$$

$$= \frac{-F}{12EI}\left[\frac{a^3}{9}(5-\sqrt{2})^3 - \frac{5a^3}{3}(5-\sqrt{2})^2 + \frac{23a^3}{3}(5-\sqrt{2}) - 11a^3\right]$$

$$= \frac{-F}{12EI}\left[\frac{a^3}{9}(155 - 77\sqrt{2}) - \frac{5a^3}{3}(27 - 10\sqrt{2}) + \frac{23a^3}{3}(5-\sqrt{2}) - 11a^3\right]$$

$$= -\frac{Fa^3}{108EI}[155 - 77\sqrt{2} - 405 + 150\sqrt{2} + 345 - 69\sqrt{2} - 99]$$

Man beachte, daß diese Durchbiegung in Richtung der positiven y-Achse auftritt (d.h. noch oben), da die Kraft F in diesem Koordinatensystem ein negatives Vorzeichen besitzt.

$$y_{\max_2} = -\frac{Fa^3}{108EI}[-4 + 4\sqrt{2}]$$

$$\underline{\underline{= -\frac{Fa^3}{27EI}(\sqrt{2} - 1)}}$$

$$y_3' = \frac{F}{12EI}(3x^2 - 18ax + 25a^2)$$

$$y_3' = 0 \Rightarrow 3x^2 - 18ax + 25a^2 = 0$$

$$x^2 - 6ax + \frac{25}{3}a^2 = 0$$

$$x_{1;2} = 3a \pm \sqrt{9a^2 - \frac{25}{3}a^2}$$

$$= 3a \pm a\sqrt{\frac{2}{3}}$$

Der Wert x_1 liegt nicht mehr im Gültigkeitsbereich von y_3, so daß

$$x_1 = 3a + a\sqrt{\frac{2}{3}} > 3 \quad \blacktriangleright \text{ hier uninteressant}$$

nur für x_2 eine maximale Durchbiegung vorhanden sein kann.

$$x_{m_3} = a\left(3-\sqrt{\frac{2}{3}}\right)$$

$$y_{\max_3} = y_3(x_{m_3})$$

$$= \frac{F}{12EI}\left[a^3\left(3-\sqrt{\frac{2}{3}}\right)^3 - 9a^3\left(3-\sqrt{\frac{2}{3}}\right)^2 + \right.$$

$$\left. + 25a^3\left(3-\sqrt{\frac{2}{3}}\right) - 21a^3\right]$$

$$= \frac{Fa^3}{12EI}\left[33-\frac{83}{3}\sqrt{\frac{2}{3}} - 9\left(\frac{29}{3}-6\sqrt{\frac{2}{3}}\right) + \right.$$

$$\left. + 25\left(3-\sqrt{\frac{2}{3}}\right) - 21\right]$$

$$= \frac{Fa^3}{12EI}\left[33-\frac{83}{3}\sqrt{\frac{2}{3}} - 87 + 54\sqrt{\frac{2}{3}} + \right.$$

$$\left. + 75 - 25\sqrt{\frac{2}{3}} - 21\right]$$

$$= \frac{Fa^3}{12EI}\cdot\frac{4}{3}\sqrt{\frac{2}{3}}$$

$$= \frac{Fa^3}{9EI}\sqrt{\frac{2}{3}}$$

16. Es sind für x drei Bereiche zu unterscheiden.

1. Bereich: $0 \leq x \leq a$

$l = 2a + b$

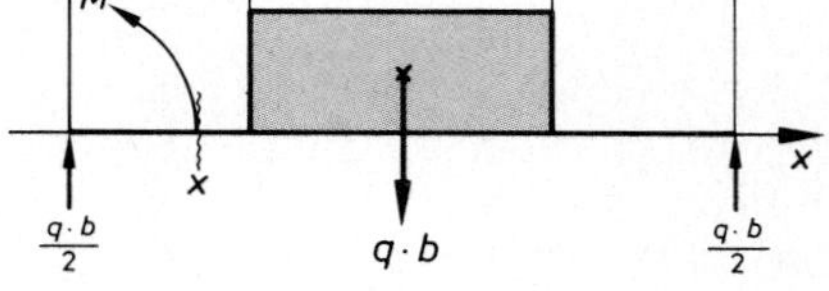

$$0 = M - \frac{q\cdot b}{2}x \Rightarrow M = \frac{q\cdot b}{2}x$$

y_1: Biegelinie für $0 \leq x \leq a$

$$y_1'' = -\frac{M}{E\cdot I}$$

$$= -\frac{qb}{2EI}x$$

$$y_1' = -\frac{qb}{4EI}x^2 + c_1$$

$$y_1 = -\frac{qb}{12EI}x^3 + c_1 x + c_2$$

Randwert: $y_1(0) = 0 \Rightarrow c_2$

$$0 = -0 + 0 + c_2 \Rightarrow c_2 = 0$$

$$\underline{\underline{y_1 = -\frac{qb}{12EI}x^3 + c_1 x}}$$

2. Bereich: $a \leq x \leq a+b$

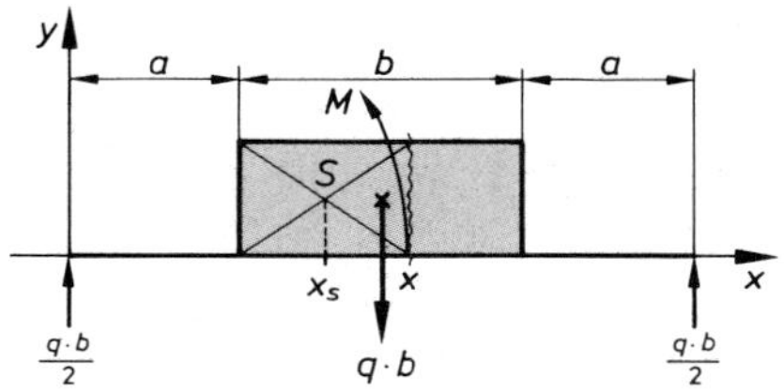

$$0 = M + q(x-a)\cdot(x-x_s) - \frac{qb}{2}x$$

$x_s = \frac{x+a}{2}$

$$M = \frac{qb}{2}x - q(x-a)\cdot\frac{x-a}{2}$$

$$= \frac{qb}{2}x - \frac{q}{2}(x-a)^2$$

$$= \frac{q}{2}[bx - (x-a)^2]$$

$$= \frac{q}{2}[bx - x^2 + 2ax - a^2]$$

$$= \frac{q}{2}[-x^2 + x(2a+b) - a^2]$$

x_2: Biegelinie für $a \leq x \leq a+b$

$$y_2'' = -\frac{M}{EI}$$

$$= -\frac{q}{2EI}[-x^2 + x(2a+b) - a^2]$$

$$= \frac{q}{2EI}[x^2 - x(2a+b) + a^2]$$

$$y_2' = \frac{q}{2EI}\left[\frac{x^3}{3} - \frac{x^2}{2}(2a+b) + a^2 x + c_3\right]$$

4.3

Wegen der symmetrischen Lastverteilung gilt $y_2'\left(a+\frac{b}{2}\right)=0$, womit sich c_3 bestimmen läßt.

$$0=\frac{q}{2EI}\left[\frac{(2a+b)^3}{24}-\frac{(2a+b)^3}{8}+\frac{a^2}{2}(2a+b)+c_3\right]$$

$$c_3=\frac{2a+b}{24}[-12a^2+3(2a+b)^2-(2a+b)^2]$$

$$=\frac{2a+b}{24}[-12a^2+2(2a+b)^2]$$

$$=\frac{2a+b}{24}[-12a^2+8a^2+8ab+2b^2]$$

$$=\frac{2a+b}{24}[-4a^2+8ab+2b^2]$$

$$=\frac{1}{12}(2a+b)(b^2+4ab-2a^2)$$

$$=\frac{1}{12}(2ab^2+8a^2b-4a^3+b^3+4ab^2-2a^2b)$$

$$\underline{\underline{=\frac{1}{12}(b^3+6ab^2+6a^2b-4a^3)}}$$

Die Konstanten c_1 und c_4 in den Funktionen y_1 und y_2 müssen mit den Homogenitätsbedingungen $y_1(a)=y_2(a)$ und $y_1'(a)=y_2'(a)$ gewonnen werden.

$$\underline{\underline{y_2=\frac{q}{2EI}\left[\frac{x^4}{12}-\frac{x^3}{6}(2a+b)+\frac{a^2x^2}{2}+c_3x+c_4\right]}}$$

Bestimmung von c_1:

$$y_1'(a)=-\frac{qb}{4EI}a^2+c_1$$

$$y_2'(a)=\frac{q}{2EI}\left[\frac{a^3}{3}-\frac{a^2}{2}(2a+b)+a^3+c_3\right]$$

$$=\frac{q}{2EI}\left[\frac{a^3}{3}-a^3-\frac{a^2b}{2}+a^3+c_3\right]$$

$$y_2'(a)=\frac{q}{2EI}\left[\frac{a^3}{3}-\frac{a^2b}{2}+\frac{1}{12}(b^3+6ab^2+6a^2b-4a^3)\right]$$

$$=\frac{q}{24EI}[4a^3-6a^2b+b^3+6ab^2+6a^2b-4a^3]$$

$$=\frac{qb^2}{24EI}(b+6a)$$

$$y_1'=y_2'(a)$$

$$-\frac{qb}{4EI}a^2+c_1=\frac{qb^2}{24EI}(b+6a)$$

$$c_1=\frac{qb}{24EI}(6a^2+6ab+b^2)$$

Bestimmung von c_4:

$$y_1(a)=-\frac{qba^3}{12EI}+\frac{qba}{24EI}(6a^2+6ab+b^2)$$

$$=\frac{qab}{24EI}(4a^2+6ab+b^2)$$

$$y_2(a)=\frac{q}{2EI}\left[\frac{a^4}{12}-\frac{a^3}{6}(2a+b)+\frac{a^4}{2}+c_3a+c_4\right]$$

$$=\frac{q}{24EI}[a^4-4a^4-2a^3b+6a^4+12ac_3+12c_4]$$

$$=\frac{q}{24EI}[3a^4-2a^3b+ab^3+6a^2b^2+6a^3b-$$

$$-4a^4+12c_4]$$

$$=\frac{q}{24EI}[-a^4+4a^3b+6a^2b^2+ab^3+12c_4]$$

$$y_1(a)=y_2(a)$$

$$ab(4a^2+6ab+b^2)=-a^4+4a^3b+6a^2b^2+ab^3+12c_4$$

$$4a^3b+6a^2b^2+ab^3=-a^4+4a^3b+6a^2b^2+ab^3+12c_4$$

$$0=-a^4+12c_4$$

$$c_4=\frac{a^4}{12}$$

3. Bereich: $a+b\leq x\leq l$

Die Biegelinie y_3 für diesen Bereich kann man leicht aus y_1 erhalten, da diese wegen der symmetrischen Belastung zu $x=\frac{l}{2}=\frac{1}{2}(2a+b)$ symmetrisch sind.

$$y_1=\frac{qbx}{24EI}(6a^2+6ab+b^2-2x^2)$$

$x:\blacktriangleright l-x$

$$y_3=\frac{qb(l-x)}{24EI}[6a^2+6ab+b^2-2(l-x)^2]$$

4.3

Darstellung der Biegelinie für alle drei Bereiche in geschlossener Form:

$$y=\begin{cases} \dfrac{qbx}{24EI}\,(6a^2+6ab+b^2-2x^2) & \text{für } 0\le x\le a \\[2ex] \dfrac{q}{24EI}\,[x^4-2x^3(2a+b)+6a^2x^2+x(b^3+6ab^2+6a^2b-4a^3)+a^4] & \text{für } a\le x\le a+b \\[2ex] \dfrac{qb(l-x)}{24EI}\,[6a^2+6ab+b^2-2(l-x)^2] & \text{für } a+b\le x\le l \end{cases}$$

Wegen der symmetrischen Lastverteilung liegt die maximale Durchbiegung bei $x_m=\frac{l}{2}=\frac{1}{2}(2a+b)$.

$$y_{\max}=y_2(x_m)=y_2\left(\frac{l}{2}\right)$$

$$=\frac{q}{24EI}\left[\frac{1}{16}(2a+b)^4-\frac{1}{4}(2a+b)^4+\frac{3}{2}a^2(2a+b)^2+\right.$$
$$\left.+\frac{1}{2}(2a+b)(b^3+6ab^2+6a^2b-4a^3)+a^4\right]$$

$$=\frac{q}{384EI}\,[(2a+b)^4-4(2a+b)^4+24(2a+b)^2a^2+$$
$$+8(2a+b)(b^3+6ab+6a^2b-4a^3)+16a^4]$$

$$=\frac{q}{384EI}\,[-3(16a^4+32a^3b+24a^2b^2+8ab^3+b^4)+24a^2(4a^2+4ab+b^2)+$$
$$+8(2a+b)(b^3+6ab^2+6a^2b-4a^3)+16a^4]$$

$$=\frac{q}{384EI}\,[-48a^4-96a^3b-72a^2b^2-24ab^3-3b^4+96a^4+96a^3b+24a^2b^2+$$
$$+16ab^3+96a^2b^2+96a^3b-64a^4+8b^4+48ab^3+48a^2b^2-32a^3b+16a^4]$$

$$=\frac{q}{384EI}\,[64a^3b+96a^2b^2+40ab^3+5b^4]$$

$$=\frac{qb}{384EI}\,(64a^3+96a^2b+40ab^2+5b^3)$$

17.

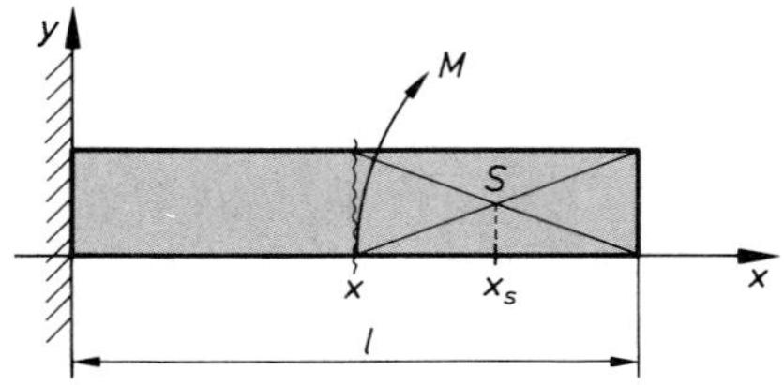

$x_s = \frac{l+x}{2}$

$$0 = M + q(l-x)\cdot(x_s - x)$$
$$= M + q(l-x)\cdot\frac{l-x}{2}$$
$$= M + \frac{q}{2}(l-x)^2$$
$$M = -\frac{q}{2}(l-x)^2$$
$$y'' = = \frac{M}{EI}$$
$$= \frac{q}{2EI}(l-x)^2$$

Substitution:

$z = l - x \Rightarrow dx = -dz$

$$y' = \frac{q}{2EI}\int (l-x)^2\,dx$$
$$= -\frac{q}{2EI}\int z^2\,dz$$
$$= -\frac{q}{6EI}z^3 + c_1$$
$$= -\frac{q}{6EI}(l-x)^3 + c_1$$

Randwert: $y'(0) = 0 \Rightarrow c_1$

$$0 = -\frac{q}{6EI}l^3 + c_1;\quad c_1 = \frac{ql^3}{6EI}$$
$$y' = \frac{q}{6EI}[l^3 - (l-x)^3]$$

Substitution:

$z = l - x \Rightarrow dx = -dz$

$$y = \frac{q}{6EI}\int [l^3 - (l-x)^3]\,dx$$
$$= -\frac{q}{6EI}\int (l^3 - z^3)\,dz$$
$$= -\frac{q}{6EI}\left(l^3\cdot z - \frac{z^4}{4} + c_2\right)$$

$$y = -\frac{q}{6EI}\left[(l-x)l^3 - \frac{1}{4}(l-x)^4 + c_2\right]$$

Randwert: $y(0)=0 \Rightarrow c_2$

$$0 = -\frac{q}{6EI}\left[l^4 - \frac{1}{4}l^4 + c_2\right]$$

$$0 = l^4 - \frac{1}{4}l^4 + c_2; \quad c_2 = -\frac{3}{4}l^4$$

$$y = -\frac{q}{6EI}\left[(l-x)l^3 - \frac{1}{4}(l-x)^4 - \frac{3}{4}l^4\right]$$

$$= \frac{q}{24EI}\,[(l-x)^4 - 4l^3(l-x) + 3l^4]$$

Die maximale Durchbiegung tritt im Randwert $z=l$ ein.

$$y_{\max} = y(l)$$

$$= \frac{ql^4}{8EI}$$

18. Für x sind wieder drei Bereiche zu unterscheiden.

1. Bereich: $0 \leq x \leq a$

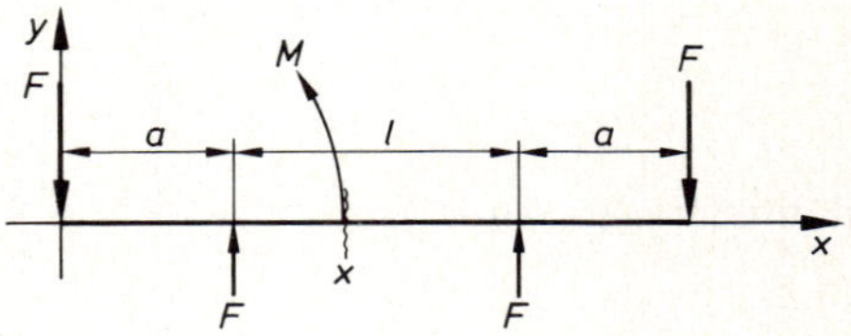

$$0 = M + x \cdot F \Rightarrow M = -x \cdot F$$

y_1: Biegelinie für $0 \leq x \leq a$

$$y_1'' = -\frac{M}{EI}$$

$$= \frac{F}{EI}x$$

$$y_1' = \frac{F}{2EI}x^2 + c_1$$

$$y_1 = \frac{F}{6EI}x^2 + c_1 x + c_2$$

Randwert: $y_1(a)=0 \Rightarrow c_2$

$$0 = \frac{F}{6EI}a^3 + c_1 a + c_2$$

$$c_2 = -\frac{F}{6EI}a^3 - c_1 a$$

$$y_1 = \frac{F}{6EI}(x^3 - a^3) + c_1(x-a)$$

2. Bereich: $a \leq x \leq a+l$

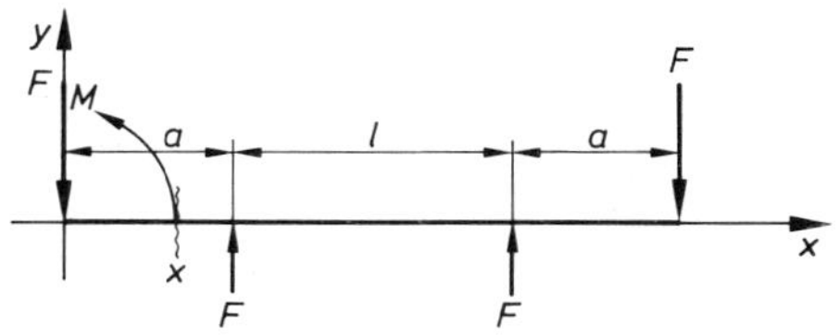

$$0 = M + x \cdot F - (x-a)F$$

$$= M + x \cdot F - x \cdot F + a \cdot F$$

$$M = -aF$$

y_2: Biegelinie für $a \leq x \leq a+l$

$$y_2'' = -\frac{M}{EI}$$

$$y_2'' = \frac{aF}{EI}$$

$$y_2' = \frac{aF}{EI} x + c_3$$

Wegen der symmetrischen Lastverteilung gilt:

$y_2'\left(a+\frac{l}{2}\right) = 0 \Rightarrow c_3$

$$0 = \frac{aF}{EI}\left(a+\frac{l}{2}\right) + c_3$$

$$c_3 = -\frac{aF}{EI}\left(a+\frac{l}{2}\right)$$

$$y_2' = \frac{aF}{EI}\left[x - \left(a+\frac{l}{2}\right)\right]$$

$$y_2 = \frac{aF}{EI}\left[\frac{x^2}{2} - \frac{x}{2}(2a+l) + c_4\right]$$

Randwert: $y_2(a) = 0 \Rightarrow c_4$

$$0 = \frac{aF}{EI}\left[\frac{a^2}{2} - \frac{a}{2}(2a+l) + c_4\right]$$

$$0 = \frac{a^2}{2} - a^2 - \frac{al}{2} + c_4$$

$$c_4 = \frac{a^2}{2} + \frac{al}{2}$$

$$= \frac{a}{2}(a+l)$$

$$y_2 = \frac{aF}{2EI}\left[x^2 - x(2a+l) + a(a+l)\right]$$

4.3

Die Konstante c_1 der Funktion y_1 wird nun aus der Homogenitätsbedingung $y_1'(a)=y_2'(a)$ ermittelt.

$$y_1'(a)=\frac{Fa^2}{2EI}+c_1$$

$$y_2'(a)=\frac{aF}{EI}\left[a-\left(a+\frac{l}{2}\right)\right]$$

$$=-\frac{alF}{2EI}$$

$$y_1'(a)=y_2'(a)$$

$$\frac{Fa^2}{2EI}+c_1=-\frac{alF}{2EI}$$

$$c_1=-\frac{aF}{2EI}(a+l)$$

$$\underline{\underline{y_1=\frac{F}{6EI}[x^3-a^3-3a(a+l)(x-a)]}}$$

Wegen der symmetrischen Lastverteilung ist die Biegelinie y_3 zu $x=a+\frac{l}{2}$ symmetrisch mit der Biegelinie y_1. Damit läßt sich y_3 sofort aus y_1 herleiten.

3. Bereich: $a+l\leq x\leq 2a+l$

$$y_1=y_1(x)$$

$$x:\ \blacktriangleright 2a+l-x$$

$$\underline{\underline{y_3=\frac{F}{6EI}[(2a+l-x)^3-a^3-3a(a+l)(a+l-x)]}}$$

Darstellung der Lösung für alle drei Bereiche in geschlossener Form:

$$\underline{\underline{y=\begin{cases}\frac{F}{6EI}[x^3-a^3-3a(a+l)(x-a)] & \text{für } 0\leq x\leq a\\ \frac{aF}{2EI}[x^2-x(2a+l)+a(a+l)] & \text{für } a\leq x\leq a+l\\ \frac{F}{6EI}[(2a+l-x)^3-a^3-3a(a+l)(a+l-x)] & \text{für } a+l\leq x\leq 2a+l\end{cases}}}$$

Es treten zwei maximale, verschiedene Durchbiegungen auf.

$$y_{\max_1}=y(0)=y_{\max_2}=y(2a+l)$$

$$y_{\max_1}=y_1(0)$$

$$=\frac{F}{6EI}[-a^3-3a(a+l)(-a)]$$

$$=\frac{F}{6EI}[-a^3+3a^3-3a^2l]$$

$$y_{\max_1}=\frac{Fa^2}{6EI}(2a+3l)=y_{\max_2}$$

$$y_{\max_3}=y\left(a+\frac{l}{2}\right)$$

$$=y_2\left(a+\frac{l}{2}\right)=y_2\left(\frac{2a+l}{2}\right)$$

$$=\frac{aF}{2EI}\left[\frac{1}{4}(2a+l)^2-\frac{1}{2}(2a+l)^2+a(a+l)\right]$$

$$=\frac{aF}{2EI}\left[-\frac{1}{4}(4a^2+4al+l^2)+a^2+al\right]$$

$$=\frac{aF}{2EI}\left[-a^2-al-\frac{l^2}{4}+a^2+al\right]$$

$$=-\frac{al^2F}{8EI}$$

19. $y''=\dfrac{1}{\sqrt{y}}$

$$y'=z\Rightarrow y''=\frac{dz}{dy}\cdot z$$

Aus der Aufgabenstellung folgt $y>0$.

$$\frac{dz}{dy}\cdot z=\frac{1}{\sqrt{y}}$$

$$\int z\,dz=\int y^{-\frac{1}{2}}\,dy$$

$$\frac{z^2}{2}=2y^{\frac{1}{2}}+c_1^* \quad \|\cdot 2$$

$$z^2=4\sqrt{y}+2c_1^*$$

$c_1=2c_1^*$

$$z=\sqrt{4\sqrt{y}+c_1}$$

Substitution:

$t=4\sqrt{y}+c_1\Rightarrow$

$$\Rightarrow dy=\frac{1}{2}\sqrt{y}\,dt$$

$$=\frac{1}{8}(t-c_1)\,dt$$

$$\int dx=\int\frac{dy}{\sqrt{4\sqrt{y}+c_1}}$$

$$=\frac{1}{8}\int\frac{t-c_1}{\sqrt{t}}\,dt$$

$$=\frac{1}{8}\int\left(\sqrt{t}-\frac{c_1}{\sqrt{t}}\right)dt$$

$$=\frac{1}{8}\left(\frac{2}{3}t\sqrt{t}-2c_1\sqrt{t}\right)+c_2$$

$$x=\frac{\sqrt{t}}{12}(t-3c_1)+c_2$$

$$=\frac{1}{12}\sqrt{4\sqrt{y}+c_1}\,(4\cdot\sqrt{y}-2c_1)+c_2;\quad y>0$$

20. $y''=a\cdot e^y$

$$y'=\frac{dy}{dx}=z\Rightarrow y''=\frac{dz}{dy}\cdot z$$

$$\frac{dz}{dy}\cdot z=a\cdot e^y$$

$$\int z\cdot dz=a\int e^y\,dy$$

$$\frac{z^2}{2}=a\cdot e^y+c_1^*\quad\|\cdot 2$$

$c_1=2c_1^*$

$$z^2=2ae^y+c_1$$

$$z=\sqrt{2ae^y+c_1}$$

Substitution:

$$t^2=2ae^y+c_1\Rightarrow$$

$$\Rightarrow 2t\,dt=2ae^y\,dy$$

$$dy=\frac{t\cdot dt}{ae^y}$$

$$=\frac{2t}{t^2-c_1}\cdot dt$$

$$\int\frac{dx}{a-x^2}=\frac{1}{\sqrt{a}}\text{ Artanh }\frac{x}{\sqrt{a}}+c$$

für $a>0$

$$\int\frac{dt}{c_1-t^2}=\frac{1}{\sqrt{c_1}}\text{ Artanh }\frac{t}{\sqrt{c_1}}+c_2$$

$$\int dx=\int\frac{dy}{\sqrt{2ae^y+c_1}}$$

$$=\int\frac{1}{t}\cdot\frac{2t}{t^2-c_1}\,dt$$

$$=2\int\frac{dt}{t^2-c_1}=-2\int\frac{dt}{c_1-t^2}$$

$$x=-2\frac{1}{\sqrt{c_1}}\text{ Artanh }\frac{t}{\sqrt{c_1}}+c_2$$

$$=-\frac{2}{\sqrt{c_1}}\text{ Artanh }\sqrt{\frac{2a}{c_1}e^y+1}+c_2;\quad c_1>0$$

21. $y^4-y^3\cdot y''=1$

$$y'=\frac{dy}{dx}=z\Rightarrow y''=\frac{dz}{dy}\cdot z$$

$$y^4-y^3\cdot\frac{dz}{dy}\cdot z=1$$

Voraussetzung: $y\neq 0$; Division durch y^3

$$y-\frac{dz}{dy}z=y^{-3}$$

$$\int z\cdot dz=\int(y-y^{-3})\,dy$$

$$\frac{z^2}{2}=\frac{y^2}{2}+\frac{y^{-2}}{2}+c_1 \quad \| \cdot 2$$

$$z^2=y^2+y^{-2}+2c_1$$

$$z=\sqrt{y^2+y^{-2}+2c_1}$$

$$=\frac{1}{y}\sqrt{y^4+2c_1y^2+1}$$

Substitution:

$$y^2=t \Rightarrow \mathrm{d}y=\frac{\mathrm{d}t}{2y}$$

$$\int \mathrm{d}x=\int \frac{y}{\sqrt{y^4+2c_1y^2+1}}\,\mathrm{d}y$$

$$=\frac{1}{2}\int \frac{\mathrm{d}t}{\sqrt{t^2+2c_1t+1}}$$

Substitution:

$$u=t+c_1 \Rightarrow \mathrm{d}u=\mathrm{d}t$$

$$=\frac{1}{2}\int \frac{\mathrm{d}t}{\sqrt{(t+c_1)^2+1-c_1^2}}$$

$$\int \frac{\mathrm{d}x}{\sqrt{x^2+a^2}}=\ln |x+\sqrt{x^2+a^2}|$$

$$a^2 \blacktriangleright 1-c_1^2$$

$$=\frac{1}{2}\int \frac{\mathrm{d}u}{\sqrt{u^2+1-c_1^2}}$$

$$x=\frac{1}{2}\ln \left|u+\sqrt{u^2+1-c_1^2}\right|+c_2$$

$$=\frac{1}{2}\ln \left|t+c_1+\sqrt{(t+c_1)^2+1-c_1^2}\right|+c_2$$

$$=\frac{1}{2}\ln \left|y^2+c_1+\sqrt{y^4+2c_1y^2+1}\right|+c_2$$

für $y \neq 0$

22. $y''=\frac{1}{y}$

$$y'=\frac{\mathrm{d}y}{\mathrm{d}x}=z \Rightarrow y''=\frac{\mathrm{d}z}{\mathrm{d}y}\cdot z$$

$$\frac{\mathrm{d}z}{\mathrm{d}y}\cdot z=\frac{1}{y}$$

Aus der Aufgabenstellung folgt $y \neq 0$.

$$\int z\,\mathrm{d}z=\int \frac{\mathrm{d}y}{y}$$

$$\frac{z^2}{2}=\ln |y|+c_1^* \quad \| \cdot 2$$

$$z^2=2\ln |y|+2c_1^*$$

$c_1=2c_1^*$

$$=\ln y^2+c_1$$

$$z=\sqrt{\ln y^2+c_1}$$

Substitution:

$t^2=\ln y^2+c_1 \Rightarrow$

$$\int \mathrm{d}x=\int \frac{\mathrm{d}y}{\sqrt{\ln y^2+c_1}}$$

$$\Rightarrow 2t\,dt = \frac{2y}{y^2}\,dy$$

$$dy = yt \cdot dt$$

Bei dieser Integration ist eine Reihenentwicklung unvermeidbar.

$$\int dx = \int \frac{yt \cdot dt}{t}$$

$$= \int y\,dt$$

$$= \int e^{\frac{t^2 - c_1}{2}}\,dt$$

$$= e^{-\frac{c_1}{2}} \int e^{\frac{t^2}{2}}\,dt$$

$$e^x = 1 + x + \frac{x^2}{2!} + \frac{x^3}{3!} + \frac{x^4}{4!} + \cdots$$

$$\blacktriangleright\; x = \frac{t^2}{2}$$

$$e^{\frac{t^2}{2}} = 1 + \frac{t^2}{2} + \frac{t^4}{4 \cdot 2!} + \frac{t^6}{8 \cdot 3!} + \frac{t^8}{16 \cdot 4!} + \cdots$$

$$\int e^{\frac{t^2}{2}}\,dt = c_2 + t + \frac{t^3}{6} + \frac{t^5}{5 \cdot 4 \cdot 2!} + \frac{t^7}{7 \cdot 8 \cdot 3!} + \frac{t^9}{9 \cdot 16 \cdot 4!} + \cdots$$

$$x = e^{-\frac{c_1}{2}} \left[c_2 + \sqrt{\ln y^2 + c_1} + \frac{(\sqrt{\ln y^2 + c_1})^3}{6} + \frac{(\sqrt{\ln y^2 + c_1})^5}{5 \cdot 4 \cdot 2!} + \frac{(\sqrt{\ln y^2 + c_1})^7}{7 \cdot 8 \cdot 3!} + \cdots \right]$$

für $y \neq 0$

23. $y^2 = k^2 \cdot y''$

$$y' = \frac{dy}{dx} = z \Rightarrow y'' = \frac{dz}{dy} \cdot z$$

$$y^2 = k^2 \cdot \frac{dz}{dy} \cdot z$$

$$\int y^2\,dy = k^2 \int z\,dz$$

$$\frac{y^3}{3} = k^2 \cdot \frac{z^2}{2} + c_1^* \quad \Big\| \cdot \frac{2}{k^2}$$

$$z^2 = \left(\frac{2}{3} y^3 - 2c_1^*\right) \cdot \frac{1}{k^2}$$

$$= \frac{1}{k^2} \cdot \frac{2}{3} (y^3 - 3c_1^*)$$

$c_1 = -3c_1^*$

$$z = \frac{1}{k} \sqrt{\frac{2}{3}} \sqrt{y^3 + c_1}$$

$$\int \mathrm{d}x = k\sqrt{\frac{3}{2}}\int \frac{\mathrm{d}y}{\sqrt{y^3+c_1}}$$

$$= k\sqrt{\frac{3}{2}}\int \frac{\mathrm{d}y}{\sqrt{c_1\left(1+\frac{y^3}{c_1}\right)}}$$

$$= k\sqrt{\frac{3}{2c_1}}\int \left(1+\frac{y^3}{c_1}\right)^{-\frac{1}{2}} \mathrm{d}y$$

Die Lösung dieses Integrals ist nur durch Reihenentwicklung möglich.

$$(1+x)^{-\frac{1}{2}} = 1+\binom{-\frac{1}{2}}{1}x+\binom{-\frac{1}{2}}{2}x^2+\binom{-\frac{1}{2}}{3}x^3+-\cdots$$

$$= 1-\frac{1}{2}x+\frac{1\cdot 3}{2\cdot 4}x^2-\frac{1\cdot 3\cdot 5}{2\cdot 4\cdot 6}x^3+\cdots$$

für $|x|<1$

► $\frac{y^3}{c_1}=x$

$$\left(1+\frac{y^3}{c_1}\right)^{-\frac{1}{2}} = 1-\frac{1}{2}\,\frac{y^3}{c_1}+\frac{1\cdot 3}{2\cdot 4}\,\frac{y^4}{c_1^2}-$$

$$-\frac{1\cdot 3\cdot 5}{2\cdot 4\cdot 6}\,\frac{y^9}{c_1^3}+-\cdots$$

für $|y^3|<|c_1|$

$$x = k\sqrt{\frac{3}{2c_1}}\int \left(1+\frac{y^3}{c_1}\right)^{-\frac{1}{2}} \mathrm{d}y$$

$$= k\sqrt{\frac{3}{2c_1}}\left[c_2+y-\frac{1}{2}\,\frac{y^4}{4c_1}+\frac{1\cdot 3}{2\cdot 4}\,\frac{y^7}{7c_1^2}-\right.$$

$$\left.-\frac{1\cdot 3\cdot 5}{2\cdot 4\cdot 6}\,\frac{y^{10}}{10c_1^3}+-\cdots\right]$$

$\left|\frac{y^3}{c_1}\right|<1 \Rightarrow |y^3|<|c_1|$

für $|y^3|<|c_1|$

24. $y''=y^2$

Diese Differentialgleichung ist ein Spezialfall der in der vorangegangenen Aufgabe 23 behandelten Differentialgleichung mit $k=1$.

$$x = \sqrt{\frac{3}{2c_1}}\left[c_2+y-\frac{1}{2}\,\frac{y^4}{4c_1}+\frac{1\cdot 3}{2\cdot 4}\,\frac{y^7}{7c_1^2}-\right.$$

$$\left.-\frac{1\cdot 3\cdot 5}{2\cdot 4\cdot 6}\,\frac{y^{10}}{10c_1^3}+-\cdots\right]$$

für $|y^3|<|c_1|$

25. $y^2 \cdot y'' = a$

$$y' = \frac{dy}{dx} = z \Rightarrow y'' = \frac{dz}{dy} \cdot z$$

$$y^2 \cdot \frac{dz}{dy} \cdot z = a$$

Voraussetzung: $y \neq 0$; Division durch y^2

$$\int z \cdot dz = a \int \frac{dy}{y^2}$$

$$\frac{z^2}{2} = -\frac{a}{y} + c_1^* \quad \| \cdot 2$$

$c_1 = 2c_1^*$

$$z^2 = -\frac{2a}{y} + c_1$$

$$z = \sqrt{c_1 - \frac{2a}{y}}$$

$$\int dx = \int \frac{dy}{\sqrt{c_1 - \frac{2a}{y}}}$$

Substitution:

$$c_1 - \frac{2a}{y} = t^2 \Rightarrow dy = \frac{ty^2}{a}\, dt$$

$$x = \int \frac{1}{t} \cdot \frac{ty^2}{a}\, dt$$

$$= \frac{1}{a} \int \frac{4a^2}{(c_1 - t^2)^2}\, dt$$

$$= 4a \int \frac{dt}{[(\sqrt{c_1} + t)(\sqrt{c_1} - t)]^2}$$

Der Integrand wird in Partialbrüche zerlegt.

$$= 4a \int \frac{dt}{(\sqrt{c_1} + t)^2 \cdot (\sqrt{c_1} - t)^2}$$

$$= 4a \int \left[\frac{A}{\sqrt{c_1} + t} + \frac{B}{(\sqrt{c_1} + t)^2} + \frac{C}{\sqrt{c_1} - t} + \right.$$
$$\left. + \frac{D}{(\sqrt{c_1} - t)^2} \right] dt$$

Koeffizientenvergleich:

$$1 = A(\sqrt{c_1} + t)(\sqrt{c_1} - t)^2 + B(\sqrt{c_1} - t)^2 + C(\sqrt{c_1} + t)^2 (\sqrt{c_1} - t) + D(\sqrt{c_1} + t)^2$$
$$= A(c_1 - t^2)(\sqrt{c_1} - t) + B(\sqrt{c_1} - t)^2 + C(c_1 - t^2)(\sqrt{c_1} + t) + D(\sqrt{c_1} + t)^2$$
$$= A(c_1 \sqrt{c_1} - c_1 t - \sqrt{c_1} t^2 + t^3) + B(c_1 - 2\sqrt{c_1} t + t^2) + C(c_1 \sqrt{c_1} + c_1 t - \sqrt{c_1} t^2 - t^3) +$$
$$+ D(c_1 + 2\sqrt{c_1} t + t^2)$$

$$1=t^3(A-C)+t^2(-A\sqrt{c_1}+B-C\sqrt{c_1}+D)+t(-Ac_1-2B\sqrt{c_1}+Cc_1+2D\sqrt{c_1})+$$
$$+Ac_1\sqrt{c_1}+Bc_1+Cc_1\sqrt{c_1}+Dc_1$$

$$\begin{array}{rll}
\text{I:} & 0=A-C & \Rightarrow A=C \\
\text{II:} & 0=-A\sqrt{c_1}+B-C\sqrt{c_1}+D & \\
\text{III:} & 0=-Ac_1-2B\sqrt{c_1}+Cc_1+2D\sqrt{c_1} & \\
\text{IV:} & 1=Ac_1\sqrt{c_1}+Bc_1+Cc_1\sqrt{c_1}+Dc_1 &
\end{array}$$

$$\begin{array}{rll}
\text{II:} & 0=-2A\sqrt{c_1}+B+D & \\
\text{III:} & 0=-2B\sqrt{c_1}+2D\sqrt{c_1} \quad \| :2\sqrt{c_1} & \Rightarrow B=D \\
\text{IV:} & 1=2Ac_1\sqrt{c_1}+Bc_1+Dc_1 &
\end{array}$$

$$\begin{array}{rl}
\text{II:} & 0=-2A\sqrt{c_1}+2B \quad \| \cdot c_1 \quad \}+ \\
\text{IV:} & 1=2Ac_1\sqrt{c_1}+2Bc_1 \\
\hline
 & 1= \quad 4Bc_1 \qquad \Rightarrow B=\dfrac{1}{4c_1}=D
\end{array}$$

$$\text{IV:} \quad 1=2Ac_1\sqrt{c_1}+\frac{1}{2} \qquad \Rightarrow A=\frac{1}{4c_1\sqrt{c_1}}=C$$

Damit läßt sich x berechnen:

$$x=4a\int\left[\frac{\frac{1}{4c_1\sqrt{c_1}}}{\sqrt{c_1}+t}+\frac{\frac{1}{4c_1}}{(\sqrt{c_1}+t)^2}+\frac{\frac{1}{4c_1\sqrt{c_1}}}{\sqrt{c_1}-t}+\frac{\frac{1}{4c_1}}{(\sqrt{c_1}-t)^2}\right]\mathrm{d}t$$

$$=\frac{a}{c_1}\int\left[\frac{1}{\sqrt{c_1}}\cdot\frac{1}{\sqrt{c_1}+t}+\frac{1}{(\sqrt{c_1}+t)^2}+\frac{1}{\sqrt{c_1}}\cdot\frac{1}{\sqrt{c_1}-t}+\frac{1}{(\sqrt{c_1}-t)^2}\right]\mathrm{d}t$$

$$=\frac{a}{c_1}\left[\frac{1}{\sqrt{c_1}}\ln|\sqrt{c_1}+t|-\frac{1}{\sqrt{c_1}+t}-\frac{1}{\sqrt{c_1}}\ln|\sqrt{c_1}-t|+\frac{1}{\sqrt{c_1}-t}\right]+c_2$$

$$=\frac{a}{c_1}\left[\frac{1}{\sqrt{c_1}}\ln\left|\frac{\sqrt{c_1}+t}{\sqrt{c_1}-t}\right|+\frac{2t}{c_1-t^2}\right]+c_2$$

$$=\frac{a}{c_1}\left[\frac{1}{\sqrt{c_1}}\ln\left|\frac{\sqrt{c_1}+\sqrt{c_1-\frac{2a}{y}}}{\sqrt{c_1}-\sqrt{c_1-\frac{2a}{y}}}\right|+\frac{2\sqrt{c_1-\frac{2a}{y}}}{c_1-\left(c_1-\frac{2a}{y}\right)}\right]+c_2$$

$$x=\frac{a}{c_1}\left[\frac{1}{\sqrt{c_1}}\ln\left|\frac{\sqrt{yc_1}+\sqrt{yc_1-2a}}{\sqrt{yc_1}-\sqrt{yc_1-2a}}\right|+\frac{1}{a}\sqrt{y(yc_1-2a)}\right]+c_2 \quad \text{für } y\neq 0$$

26. $y''=6y-4$

$$y'=\frac{dy}{dx}=z\Rightarrow y''=\frac{dz}{dy}\cdot z$$

$$\frac{dz}{dy}\cdot z=6y-4$$

$$\int z\,dz=\int(6y-4)\,dy$$

$$\frac{z^2}{2}=3y^2-4y+c_1^* \quad \|\cdot 2$$

$$z^2=6y^2-8y+2c_1^*$$

$$z=\sqrt{6y^2-8y+2c_1^*}$$

$$=\sqrt{6}\sqrt{y^2-\frac{4}{3}y+\frac{1}{3}c_1^*}$$

$$=\sqrt{6}\sqrt{y^2-\frac{4}{3}y+\frac{4}{9}-\frac{4}{9}+\frac{1}{3}c_1^*}$$

$$c_1=-\frac{4}{9}+\frac{1}{3}c_1^*$$

$$z=\sqrt{6}\sqrt{\left(y-\frac{2}{3}\right)^2+c_1}$$

$$\int dx=\frac{1}{\sqrt{6}}\int\frac{dy}{\sqrt{\left(y-\frac{2}{3}\right)^2+c_1}}$$

Substitution:

$$t=y-\frac{2}{3}\Rightarrow dy=dt$$

$$\int\frac{dx}{\sqrt{x^2+a^2}}=\ln|x+\sqrt{x^2+a^2}|$$

$$=\frac{\sqrt{6}}{6}\int\frac{dt}{\sqrt{t^2+c_1}}$$

$$x=\frac{\sqrt{6}}{6}\ln|t+\sqrt{t^2+c_1}|+c_2$$

$$=\frac{\sqrt{6}}{6}\ln\left|y-\frac{2}{3}+\sqrt{\left(y-\frac{2}{3}\right)^2+c_1}\right|+c_2$$

27. $y''=1+y'^2$

$$y'=z\Rightarrow y''=\frac{dz}{dx}$$

$$\frac{dz}{dx}=1+z^2$$

$$\int dx=\int\frac{dz}{1+z^2} \quad \blacktriangleright \text{Grundintegral}$$

$$x=\text{Arctan}\, z+c_1$$

$$\text{Arctan}\ z = x - c_1$$

$$z = \tan(x - c_1)$$

$$\frac{dy}{dx} = \tan(x - c_1)$$

$$\int dy = \int \tan(x - c_1)\,dx$$

$$\int \frac{-\sin(x-c_1)}{\cos(x-c_1)}\,dx = \int \frac{f'(x)}{f(x)}\,dx$$

$$y = -\int \frac{-\sin(x-c_1)}{\cos(x-c_1)}\,dx$$

$$= \underline{\underline{-\ln|\cos(x-c_1)| + c_2}}$$

28. $y''^2 = 1 + y'^2$

$$y'' = \sqrt{1 + y'^2}$$

$$y' = z \Rightarrow y'' = \frac{dz}{dx}$$

$$\frac{dz}{dx} = \sqrt{1 + z^2}$$

$$\int \frac{dz}{\sqrt{1+z^2}} = \text{Arsinh}\ z$$

$$\int \frac{dz}{\sqrt{1+z^2}} = \int dx$$

$$\text{Arsinh}\ z = x + c_1$$

$$z = \sinh(x + c_1)$$

$$y = \int \sinh(x + c_1)\,dx$$

$$= \underline{\underline{\cosh(x + c_1) + c_2}}$$

29. $y'' = e^{y'}$

$$\frac{dz}{dx} = e^z$$

$$y' = z; \quad y'' = \frac{dz}{dx}$$

$$\int e^{-z}\,dz = \int dx$$

$$-\int e^{-z}\,dz = -\int dx$$

$$e^{-z} = -x + c_1$$

$$\ln(e^{-z}) = \ln(c_1 - x)$$

$$-z = \ln(c_1 - x)$$

$$y' = -\ln(c_1 - x)$$

Substitution:

$c_1 - x = t \Rightarrow \mathrm{d}x = -\mathrm{d}t$

Partielle Integration

$$y = -\int \ln(c_1 - x)\,\mathrm{d}x$$

$$= \int \underbrace{\ln t}_{u}\, \underbrace{\mathrm{d}t}_{\mathrm{d}v}$$

$$= t \cdot \ln t - \int \frac{1}{t} \cdot t\,\mathrm{d}t$$

$$= t \cdot \ln t - t + c_2$$

$$= t\,(\ln t - 1) + c_2$$

$$= \underline{\underline{(c_1 - x)\,[\ln(c_1 - x) - 1] + c_2}}$$

30. $y'' = y'^3$

$y' = z;\quad y'' = \dfrac{\mathrm{d}z}{\mathrm{d}x}$

Singuläre Lösung: $y' = 0 \Rightarrow y = a = \text{const.}$

Voraussetzung: $y' \neq 0$

$$\frac{\mathrm{d}z}{\mathrm{d}x} = z^3$$

$$\int \frac{\mathrm{d}z}{z^3} = \int \mathrm{d}x$$

$$-\frac{1}{2z^2} = x + c_1^*$$

$$z^2 = -\frac{1}{2(x + c_1^*)}$$

$c_1 = -c_1^*$

$$= \frac{1}{2(c_1 - x)}$$

$$z = \frac{1}{\pm\sqrt{2(c_1 - x)}}$$

$$y = \pm\frac{1}{\sqrt{2}} \int \frac{\mathrm{d}x}{\sqrt{c_1 - x}}$$

$$= \pm\frac{1}{\sqrt{2}} \cdot \left(-2\sqrt{c_1 - x}\right) + c_2$$

$$y = \pm\sqrt{2(c_1 - x)} + c_2$$

$$y = a = \text{const.}$$

31. $y' \cdot y' - 3y''^2 = 0$

$$y' = z \Rightarrow y'' = \frac{dz}{dx}$$

$$y'^2 - 3y''^2 = 0$$

$$y'^2 = 3y''^2$$

$$y' = \pm\sqrt{3}\,y''$$

Partikuläre Lösung: $y' = 0 \Rightarrow y = a = \text{const.}$

Voraussetzung: $y' = z \neq 0$

$$z = \pm\sqrt{3}\,\frac{dz}{dx}$$

$$\pm\sqrt{3}\int\frac{dz}{z} = \int dx$$

$$\ln|z| = \pm\frac{1}{\sqrt{3}}\,x + c_1^*$$

$$e^{\ln|z|} = e^{\pm\frac{1}{\sqrt{3}}x + c_1^*} = e^{\pm\frac{1}{\sqrt{3}}x}\cdot\underbrace{e^{c_1^*}}_{c_1}$$

$$z = c_1\cdot e^{\pm\frac{1}{\sqrt{3}}x}$$

$$y = c_1\int e^{\pm\frac{1}{\sqrt{3}}x}\cdot dx$$

$$\underline{\underline{y = \pm\sqrt{3}\,c_1\cdot e^{\pm\frac{1}{\sqrt{3}}x} + c_2}}$$

Mit $c_1 = 0$ ist die partikuläre Lösung hierin enthalten.

32. $y''' + y''^2 = 0$

$$y'' = z \Rightarrow y''' = \frac{dz}{dx}$$

Singuläre Lösung: $y'' = 0 \Rightarrow y' = a$

$$y = ax + b$$

Voraussetzung: $y'' = z \neq 0$

$$\frac{dz}{dx} + z^2 = 0$$

$$\frac{dz}{dx} = -z^2$$

$$-\int\frac{dz}{z^2} = \int dx$$

$$\frac{1}{z} = x + c_1$$

$$z = \frac{1}{x + c_1} = y''$$

Zur weiteren Integration sind die Betragsstriche zu ersetzen.

$$y' = \int \frac{dx}{x+c_1}$$

$$= \ln |x+c_1| + c_2$$

1. Fall: $x+c_1>0$

$$y' = \ln (x+c_1) + c_2$$

$$y = \underline{\underline{(x+c_1)[\ln (x+c_1) - 1] + c_2 x + c_3}}$$

2. Fall: $x+c_1<0$

$$y' = \ln (-x-c_1) + c_2$$

$$y = \underline{\underline{(x+c_1)[\ln (-x-c_1) - 1] + c_2 x + c_3}}$$

Unter Benutzung von Betragsstrichen lassen sich die Ergebnisse der beiden Fallunterscheidungen zusammenfassen.

$$y = (x+c_1)[\ln |x+c_1| - 1] + c_2 x + c_3$$

$$y = ax + b$$

33. $xy'^2 = y$

$$(y')^2 = \frac{y}{x}$$

Trennung der Variablen

x, dx und y, dy

$$y' = \frac{\sqrt{y}}{\sqrt{x}} = \frac{dy}{dx}$$

$$\frac{dx}{\sqrt{x}} = \frac{dy}{\sqrt{y}}$$

Integration:

$$\int \frac{dx}{\sqrt{x}} = \int \frac{dy}{\sqrt{y}}$$

$$2\sqrt{x} + c_1 = 2\sqrt{y} + c_2$$

$\frac{c_1 - c_2}{2} = c$

$$\sqrt{y} = \sqrt{x} + \frac{c_1 - c_2}{2}$$

$$\sqrt{y} = \sqrt{x} + c$$

$$y = \underline{\underline{x + 2c\sqrt{x} + c^2}}$$